FLUCHTPUNKT LISSABON

Für Elke Hinrichs

Dierk Ludwig Schaaf

FLUCHTPUNKT LISSABON

Wie Helfer in
Vichy-Frankreich
Tausende vor
Hitler retteten

*D.L. Schaaf
Bonn, den 9.11.18*

Bibliografische Information der Deutschen Nationalbibliothek

Die Deutsche Nationalbibliothek verzeichnet
diese Publikation in der Deutschen Nationalbibliografie;
detaillierte bibliografische Daten sind im Internet
über http://dnb.dnb.de abrufbar.

ISBN 978-3-8012-0525-6

Copyright © 2018 by
Verlag J. H. W. Dietz Nachf. GmbH
Dreizehnmorgenweg 24, 53175 Bonn

Umschlag: Hermann Brandner, Köln
Umschlagfoto: ullstein bild - TopFoto
Typografie & Satz: Ralf Schnarrenberger, Hamburg
Druck und Verarbeitung: CPI books, Leck

Alle Rechte vorbehalten
Printed in Germany 2018

Besuchen Sie uns im Internet: www.dietz-verlag.de

1 | ARISTIDES DE SOUSA MENDES

Zwei Nachbarn, die sich nicht verstehen   9
Das General-Konsulat in Bordeaux   15
Chaos und Krise   19
Reaktionen aus Lissabon   28

2 | SALAZARS NEUTRALITÄT

Unter Kontrolle der PVDE   39
Die Windsors   46
»Operation Willy«   50

3 | DEMÜTIGUNGEN

Das Frauenlager Gurs   57
Das Männerlager Les Milles   64
Der Untergang von Paris   72
Der Waffenstillstand und die Regierung Pétain   83
Wunder von Lourdes   89

4 | VARIAN FRY

Luncheon im Commodore-Hotel   109
Ein stiller Amerikaner   113
Ankunft in Marseille   117
Zu Fuß über das Gebirge   132
Miriam Davenport und Walter Mehring   146

5 | LISA FITTKO UND WALTER BENJAMIN

Der Papier-Krieg   153
Lisa und der Philosoph   157
Benjamins Tod   162
»Wissen Sie, was ein Antifaschist ist?«   168

6 | ROOSEVELTS NEUTRALITÄT

Hendaye 181
Roosevelt und Franco 186
Montoire 192
Roosevelt und das Pétain-Régime 196
Roosevelt und die Flüchtlinge 205
Auslieferung auf Verlangen 214

7 | MARY JAYNE GOLD

Mademoiselle Miss 227
Le Vernet – ein Ansinnen 233
Villa Air-Bel 243
Staatsbesuch 250
Raymond Couraud, der »Killer« 263

8 | PIONIERE DER UNITARISCHEN KIRCHE

Robert Dexter, Charles Joy und die Sharps 269
Lissabon im Herbst 1940 276
Die Subak-Schwestern 279
Noel Haviland Field, ein Spion, der in die Kälte ging 283
Fluchtrichtung Schweiz 291

9 | »AUF DÜNNEM EIS«

Marseille im Winter 1941 295
Die Martinique-Route 307
Georg Stefan Troller 313
Peggy Guggenheim und Max Ernst 315
»Ein Wort – und alles ist gewonnen« 322
»Ein Wort – und alles ist verloren«, Leonora Carrington 326
Konsul Vladimir Vochoc 330

10 | ENDE DER DIENSTREISE

Vichy in der US-Diplomatie 1941   335
Vize-Konsul Hiram Bingham   339
Das Verhör   344
Die Abschiebung   348
Lissabon, letzter Hafen Europas   352
Varian Fry und Daniel Bénédite   357
Rückkehr, keine Heimkehr   359

11 | DIE ›BOCHES‹ RÄUMEN AUF

Erste Deportationen   369
Bénédite im Untergrund   375
Besetzung der ›freien‹ Zone   380
Annemasse – Genf   385
Marseille, der Alte Hafen   391

12 | DIE EINSAMKEIT DER RETTER   397

BIBLIOGRAPHIE

Quellen   415
Zeitungs-Artikel   418
Darstellungen   419
Bildnachweis   423

1 | ARISTIDES DE SOUSA MENDES

ZWEI NACHBARN, DIE SICH NICHT VERSTEHEN

Sind es Männer, die Geschichte machen? Staatsmänner? Helden? Verbrecher? Revolutionäre? Entdecker? Auch Frauen selbstverständlich? Oder sind es Ideen, Überzeugungen, Strukturen, gesellschaftliche Bedingungen?

Oder machen vielleicht auch Zufälle Geschichte? Zufälle, die die genannten Faktoren durcheinander wirbeln und den Menschen an eine Stelle bringen, wo er Historisches zu leisten hat?

Für jede These gibt es Argumente. Historiker gehen heute von den Strukturen als Motor der Geschichte aus. Aber am einfachsten lässt sich der Lauf der Geschichte immer noch an einzelnen Menschen nachvollziehen, vor allem dann, wenn es dramatisch wird und das Wort *Schicksal* verdient.

Wie viele Völker in Europa haben sich auch die Portugiesen zu Beginn des neuen Jahrtausends die Frage gestellt, wer aus ihrem Volk in seiner gesamten Geschichte wohl der bedeutendste gewesen sei. Die Antwort lautete: Antonio Salazar, der Diktator, der fast 40 Jahre das Land regierte. Er kam auf Platz eins, weil er Portugal aus dem Zweiten Weltkrieg herausgehalten hatte, so die häufigste Begründung.

Auf Platz drei aber wählten die Portugiesen Aristides de Sousa Mendes, der gegen den ausdrücklichen Befehl Salazars Tausende vor der Verfolgung durch Nazi-Deutschland und vor dem Holocaust gerettet hatte. Die Geschichte des 20. Jahrhunderts ist in der öffentlichen Diskussion des Landes noch wenig aufgearbeitet. Andererseits ist das Volk im Blick auf seine Geschichte offenbar tief gespalten.

Hinter der Frage, wer oder was die Geschichte bewegt, stellt sich die vielleicht wichtigere, ob und wann es dem Menschen gestattet ist, seinem persönlichen Rechtsempfinden zu folgen, statt den Anordnungen der Obrigkeit. Diese Frage mag für Deutschland einer Klärung nahe gekommen sein, nachdem das Nazi-Reich als Verbrecherstaat erkannt und die Verbrecher in Nürnberg und anderen Orts verurteilt wurden. Für Vichy-Frankreich dauerte die Klärung länger, für Spanien und Portugal hat sie erst begonnen. Und was ist mit den Vereinigten Staaten? Darf ein US-Bürger sich seiner Regierung widersetzen? Die Frage nach der moralischen Autonomie des Individuums, das ist zugleich die Frage nach seiner persönlichen Verantwortung, ist längst noch nicht beantwortet.

Salazar und Sousa Mendes, so hätte man annehmen können, die beiden Protagonisten des 20. Jahrhunderts, hätten sich gut verstehen müssen, waren sie doch fast gleich alt, kamen aus der gleichen Gegend und aus ländlichen Verhältnissen. Knapp vier Jahre Altersunterschied und zwanzig Kilometer Entfernung in den Bergen der Provinz *Beira Alta*, wo sie geboren wurden, das Jura-Studium in Coimbra, eine grundsätzlich konservative Einstellung und die Hinwendung zum Staatsdienst, sollte All' das nicht verbinden?

Aristides de Sousa Mendes wird am 19. Juli 1885 in dem Dorf *Cabanas de Viriato* bei *Viseu* geboren. Sein Zwillingsbruder César ist ihm zehn Minuten voraus. Die Söhne aus einer alten Adelsfamilie mit Landbesitz leben in einem Haus, das die übrigen Dorfbewohner Palast nennen, umgeben von Dienern und Hauslehrern. Der Vater José de Sousa Mendes, Richter am Appellationsgericht in Coimbra, genießt hohes Ansehen. Vater José und Mutter Angelina do Amaral e Abranches sind wohlhabend, monarchistisch eingestellt und katholisch. Der Vater gilt als gütig, die Mutter als streng.

Nur zwanzig Kilometer entfernt wird am 28. April 1889 in dem Dorf Vimeiro Antonio de Oliveira Salazar geboren. Sein Vater hat sich vom einfachen Landarbeiter zum Eigentümer eines kleinen Hofes hochgearbeitet. Man lebt bescheiden, das Haus steht direkt an der Straße. Antonio bewundert seinen zielstrebigen Vater, der den Hof bewirtschaftet, Saat und Erträge kalkuliert und dem Sohn beibringt, man dürfe niemals mehr ausgeben als man einnimmt. Das leuchtet dem Sohn ein. Die Mutter Maria do Resgate Salazar ist tief gläubige Katholikin. Sie beeinflusst ihn so sehr, dass er später – entgegen dem portugiesischen Brauch- ihren Namen annahm: Salazar.

Nach der Schulzeit meldet sich Aristides de Sousa Mendes wie sein Zwillingsbruder César zum Jura-Studium an der Universität Coimbra an. Die Hochschule ist nicht weit von zu Hause, aber sie ist die renommierteste in Portugal und war lange die einzige. Sie sieht sich in einer Reihe mit den alten, hoch geachteten Bildungszentren Bologna, Oxford und der Sorbonne in Paris. Die Gebäude, zum Teil aus dem Mittelalter, stehen auf einer Art Akropolis über der Stadt Coimbra. Vielfältig verwinkelte Treppen führen hinauf. Hier residierten die christlichen Könige Portugals, als Coimbra noch die Hauptstadt war, vor der Rückeroberung des Südens und Lissabons.

Die alten der Wissenschaft gewidmeten Gemäuer, die barocke Bibliotheca Joannina, benannt nach dem Gründer der Universität König Johann III., sowie die Kirche, sie alle voller kostbarer Schätze, stehen an drei Seiten um einen rechtwinkligen Platz. Man betritt dieses Plateau durch das Eiserne Tor von der Via Latina aus, einer Strasse, in der früher nur lateinisch gesprochen werden durfte. An der vierten Seite des Platzes hat man einen atemberaubenden Blick auf das von grünen Hängen gesäumte Tal und den Fluss Mondego, der unter dem Berg, unter den Füssen des Betrachters, durchzufließen scheint. Den Anblick dieses Ensembles hoch über der Stadt und dem Land, vielleicht auch über dem Alltag, vergisst man nicht: ein inspirierender Ort zwischen Himmel und Erde. Politische Macht, Religiöse Überzeugung und wissenschaftliche Erkenntnis, die besten portugiesischen Traditionen, scheinen sich hier verbündet zu haben.

Aber kann hier ein Aufbruch beginnen? Anfang des Jahrhunderts, als Sousa Mendes hier seine Aufnahmeprüfung besteht, ist Coimbra noch für Frauen verboten. Auch das ist Tradition. Die Studenten leben in Gemeinschaften, so genannten *Republiken*, von denen jede ihren eigenen Schlafsaal hat. Nach bestandenem Jura-Examen 1907 verlässt Sousa Mendes die Universität.

Im gleichen Jahr erscheint Antonio de Salazar an dem historischen Platz. Als Kind aus bescheidener Familie hat er nur mit Hilfe der Kirche über Priesterseminare den Hochschulzugang geschafft. Er hatte zunächst die Absicht, Theologie zu studieren, ändert aber 1908 seine Meinung. Salazar wählt das Jura-Studium und wendet sich der Volkswirtschaft und der Finanzpolitik zu, ohne sein Interesse an religiösen Fragen zu verlieren. Ein Kommilitone im Schlafsaal, seiner *Republik*, ist der Theologie-Student Manuel Goncalves Cerejera, mit dem er sich anfreundet. Die beiden verstehen sich, man unterstützt sich gegenseitig. Cerejera macht später Karriere in der Kirche, wird Erzbischof von Lissabon und Kardinal, der ranghöchste Kirchenfürst im Land. Nach der

Republik im Schlafsaal teilen sich Cerejera und Salazar zunächst in bestem Einvernehmen für eine lange Epoche die Macht über die gesamte Republik Portugal.

Im Jahre 1910 stürmen aufgebrachte Demonstranten die katholische Fakultät und Salazar ist entsetzt über ihre Verwüstungen. Sie stören nicht nur die Ordnung der Universität, sie stören sein Weltbild. Unordnung ist ihm zuwider. Der Student Salazar ist fleißig und diszipliniert. Er promoviert als einer der besten seines Jahrgangs und bleibt als Professor für politische Ökonomie an der Universität.

An der Tradition festzuhalten, auch an der kolonialen, ist der Leitgedanke der portugiesischen Gesellschaft und Politik. Seit den gescheiterten Versuchen Napoleons, das Land zu vereinnahmen und gegen England in Stellung zu bringen, gelten liberale Ideen als unportugiesisch. Die Kolonien erlauben Wohlstand für eine kleine Schicht. Große Teile der Gesellschaft werden von der Macht und von jedem Vermögen ausgeschlossen. Eine Schlüsselrolle spielt dabei die geringe Bildung breiter Schichten. Es fehlen Aufstiegsmöglichkeiten. Aber Bildungsreformen sind unerwünscht, auch aus der Sicht des Aufsteigers Salazar. Die wirtschaftliche Rückständigkeit des Landes muss schon dem Studenten in Coimbra bewusst gewesen sein, dem Professor für Ökonomie sollte sie alltäglicher Ausgangspunkt seiner Arbeit und Herausforderung sein. Aber sie stört ihn nie, weniger als jede soziale Unruhe.

Antonio Salazar soll sich damals um eine junge Frau bemüht haben – aus wohlhabender Familie. Aber er erreicht sein Ziel nicht. Die Eltern verbieten ihrer Tochter den Umgang mit dem armen Bauernsohn. Salazar heiratet nie. Er führt auch kein ausschweifendes Junggesellenleben. Cerejera erzählte nach Salazars Tod, dieser habe das Leben eines Mönchs geführt. Später zeigt er sich zwar durchaus gern mit eleganten Frauen, bleibt aber immer auf Distanz.

Ganz anders Aristides de Sousa Mendes: Er verliebt sich in seine drei Jahre jüngere Cousine Angelina, die er Gigi nennt, heiratet sie 1908 und die beiden haben noch in demselben Jahr in Coimbra ihr erstes Kind. Dreizehn weitere werden folgen.

Der junge Mann mit dem Jura-Examen tritt nicht in die Fußstapfen seines Vaters. Er will nicht Richter werden sondern Diplomat. Er will die Welt sehen. Er bewirbt sich – wie sein Zwillingsbruder César – im *Palacio das Neces-*

sidades, dem Außenministerium in Lissabon. Auch dort stehe korrekte Formalität hoch im Kurs. Das Königreich Portugal ist keine sehr bedeutende Macht mehr, aber Lissabon hat einmal regiert – was man der Stadt noch heute ansieht. Das Ministerium darauf, in der Welt und zu Hause seinen Rang zu wahren.

Sousa Mendes besteht auch diese Aufnahmeprüfung und wird im April 1910 zunächst Konsul zweiter Klasse in Demerara in Britisch Guayana. Doch bald hat er mit dem südamerikanischen Tropen-Klima solche Probleme, dass er schon nach einem Jahr die Rückkehr nach Lissabon beantragen muss. Nach einigen Monaten der Erholung kommt die zweite Mission: er wird der Vertreter Portugals beim Sultan von Sansibar, der ihn zu schätzen lernt und hoch dekoriert. Danach folgen Posten in Curitiba und Porto Alegre in Brasilien.

Portugal trat 1916 auf der Seite der Alliierten in den Ersten Weltkrieg ein. Expeditions-Truppen wurden nach Flandern und in die afrikanischen Kolonialgebiete entsandt. Ziel der militärischen Anstrengungen konnte nur sein, die Übersee-Gebiete vor einem Zugriff der Deutschen zu schützen. Aber die portugiesische Armee war weniger trainiert und vor allem schlechter ausgerüstet als andere. Deshalb wurde in Flandern wenig gesiegt, aber viel gestorben. Die Stimmung im Land wendete sich massiv gegen die Politik in Lissabon, zumal das Volk in dem Agrarland hungern musste. Militär-Putsche und kurzfristige autoritäre Regierungen lösten sich ab. Aristides de Sousa Mendes wurde 1919 aus dem diplomatischen Dienst in den einstweiligen Ruhestand versetzt. Das Ministerium warf ihm vor, Monarchist, d.h. Feind der Republik zu sein, die er jetzt zu vertreten hatte.

Antonio Salazar traf der gleiche Vorwurf. Er wurde als Professor in Coimbra abberufen, weil er in eine monarchistische Verschwörung verwickelt sein sollte. Er konnte allerdings schon bald an seinen Lehrstuhl zurückkehren, sowie auch Sousa Mendes 1920 einen neuen Auftrag bekam: das Konsulat in San Franzisko. Er setzte die Diplomaten-Karriere fort, wenn auch nicht so glatt und weniger erfolgreich als sein Bruder César.

Salazar gelang 1928 der Sprung an die Macht, den er sich angeblich niemals gewünscht hat. Präsident Carmona ersetzte das republikanische Regime durch eine Militär-Junta, schlug zwei linksgerichtete Aufstände nieder und berief den Ökonomie-Professor aus Coimbra als Finanzminister in die Regierung.

Sachverstand wird gebraucht, sein Ordnungssinn ist willkommen. Salazar erlangte und bekam von den Militärs vollständige Handlungsfreiheit. Man könnte sagen, er errichtete eine Diktatur in der Diktatur, es herrschte fortan das Diktat des Finanzministers. Parteien oder die öffentliche Meinung konnten ihn nicht stören. Schon seit 1926 wurde die Presse zensiert. Während weite Schichten des Volkes – nicht immer still – unter seiner strikten Sparpolitik litten, gelang es Salazar innerhalb von vier Jahren, die Staatsschulden unter Kontrolle zu bekommen und einen ausgeglichenen Haushalt vorzulegen. Ein wirtschaftlicher Aufschwung war das nicht, aber eine relative Stabilität war gewährleistet. Dieser relative Erfolg festigte seine Stellung.

Präsident Carmona war zufrieden mit seiner Leistung. Er ernannte Salazar, der faktisch bereits die Macht allein in der Hand hielt, 1932 zum Premierminister. Salazar gab dem Staat eine neue Verfassung. Sein »*Estado Novo*« folgte dem Beispiel Italiens oder Spaniens: ein autoritärer Ein-Parteien-Staat, mit mächtiger Geheimpolizei, wirksamem Unterdrückungs-Apparat, umfassender Jugend-Organisation, mit Pressezensur, ohne Streikrecht und Versammlungsfreiheit, aber nicht unbedingt faschistisch. Dazu fehlt die Ideologie.

Zu seinem ersten Außenminister machte Salazar César de Sousa Mendes, den Bruder von Aristides. Das dauerte aber nicht einmal ein Jahr, dann entließ der Diktator den Minister ohne jede Begründung, nachdem dieser ihm in einer Kabinettssitzung widersprochen hatte. Salazar konnte nichts so schlecht ertragen wie Widerspruch. Es ging um Reformen im Bildungssystem. César hatte das Beispiel Schweden genannt, wo er sich auskannte. Er wurde nunmehr als Botschafter nach Warschau entsandt. Die Brüder de Sousa Mendes gingen auf Distanz zu ihrem Regierungschef, César eher still, aber Aristides drückte sich privat gern drastisch aus. Er nannte Salazar den »portugiesischen Stalin«, wünschte ihm die Pest und hoffte, dass sein Name in Zukunft mit Verachtung ausgesprochen werde.[1]

Aristides ist seit 1929 Konsul in Antwerpen. Er hat nichts von der Strenge und Disziplin Salazars an sich. Er ist auch weniger zielstrebig und weniger angepasst als sein Bruder. Einmal verlangen seine vierzehn Kinder von seiner Frau aber auch von dem Vater viel Aufmerksamkeit, Energie und materiellen Aufwand. Personal und mehrere Musiklehrer müssen bezahlt werden. Vater Aristides macht es offensichtlich viel Spaß, in seiner musikalischen Familie als Dirigent den Ton anzugeben. Außerdem feiert er gern, ist großzügig, gebildet und eloquent, hat Interessantes zu erzählen aus Sansibar, Südamerika, Kalifornien, kurzum: ein gern gesehener Gast auf dem konsularischen Parkett in Antwerpen und bis nach Paris, sowie bei Hofe in Brüssel. Er genießt das mondäne Leben, ein ganz anderer Mann also als der verschlossene Salazar, der Portugal kaum je verlässt. Während seiner sonst glücklichen Jahre in Antwerpen sterben aber auch zwei seiner Kinder.

Wegen seiner großen Familie lässt er sich bei den Ford-Werken in Antwerpen einen Minibus bauen, mit dem sie alle gemeinsam reisen können – eine teure Einzelanfertigung. Er lässt zudem in Löwen eine mehrere Meter hohe Christus-Statue aus Stein meißeln und vor seinem Haus in Cabanas aufstellen. Er übernimmt sich finanziell nicht nur einmal, rechnet die Finanzen des Konsulats nicht immer pünktlich ab und muss seinen Bruder um Geld bitten.

1938 löste der Diktator seinen Konsul in Antwerpen ab. Der hart arbeitende Salazar war nicht nur Regierungschef, er leitete auch das Außenministerium und andere Ressorts. Aristides de Sousa Mendes wäre jetzt gern Botschafter in Japan oder China geworden, aber Salazar verweigerte ihm das. Er vertraute ihm stattdessen das General-Konsulat in Bordeaux an, das für Portugal durchaus wichtig war. Nach einem Gespräch mit Salazar schrieb Aristides an seinen Bruder César in Warschau: »Wir sprachen eine Stunde. Er war freundlich und herzlich. Ich habe das Gefühl, dass er – auch wenn er etwas genau wissen will – keine Kraft hat, zu entscheiden. Er hat große Angst und will nicht durch ein Attentat umgebracht werden. Möge Gott ihn beschützen«.[2]

DAS GENERAL-KONSULAT IN BORDEAUX

Am Quai Louis XVIII im Haus Nr. 14, mitten in Bordeaux am Ufer der Garonne, liegt im zweiten Stock das portugiesische General-Konsulat. Sousa Mendes kommt am 29. September 1938 hier an. Die riesige Wohnung hat einen weiten Blick über den Fluss, den *Pont de Pierre*, (die Steinerne Brücke) und die Stadt. Zwei Räume sind das Büro, in dem ein Vizekonsul und ein Sekretär arbeiten, der Rest ist die private Wohnung – vorerst.

Der gewaltsame Anschluss Österreichs an das Deutsche Reich, die Sudetenkrise, die Münchner Konferenz, das Alles ließ die Gefahr eines Krieges wahrscheinlicher werden. In den Hauptstädten Europas, auch in Lissabon, wurden die jeweils notwendigen Schritte erwogen.

Sousa Mendes sieht die Drohung und bringt die meisten seiner Kinder zurück nach Portugal. Aber er ist nicht immer so vorsichtig, wie seine Stellung es erfordert hätte. Er lässt sich in eine Liaison ein mit der etwa 30-jährigen Französin Andrée Cibial, die bald ein Kind von ihm erwartet. Außerdem unternimmt er im November 1939 mit seiner auffälligen Familienkutsche eine Fahrt durch Spanien nach Portugal, um dort seine kranke Tochter Fernanda und weitere Kinder in Sicherheit zu bringen. Er vermeidet es aber, sich im Außenministerium in Lissabon für diese Zeit abzumelden, wie es die Dienstvorschrift verlangt. Wie die Tochter später berichtet, fahren sie hungrig, ohne Geld und ohne Lebensmittel los und ernähren sich von den »Früchten am Straßenrand«. Die Tochter wird mehrfach ohnmächtig. Obendrein verliert Sousa Mendes bei Salamanca in einer Kurve die Kontrolle über das Fahrzeug. Das Auto überschlägt sich und bleibt auf der Seite liegen. Die Tochter, weitere Geschwister und ihre Eltern klettern schließlich unverletzt aus dem Wagen. Dann aber kommt ein anderes Auto daher, in dem ausgerechnet die Frau des spanischen Diktators Franko sitzt. Sie erkennt das diplomatische Kennzeichen an Sousa Mendes' Wagen und lässt anhalten. Sie erkundigt sich nach den Verunglückten und bietet ihre Hilfe an.[3] Peinlicher hätte es für den Konsul kaum kommen können. Der Bruder Francos, Nicolas, ist spanischer Botschafter in Lissabon. Salazar dürfte die Geschichte bald erfahren haben.

Der Beginn des Zweiten Weltkriegs am 1. September 1939 betraf Aristides de Sousa Mendes auch sehr persönlich. Sein Bruder César war immer noch Botschafter in Warschau. Er erlebte dort den deutschen Angriff, unmäßige Bombenangriffe und den Vernichtungswillen der Nazis. Erst nach der vollständigen Einnahme Polens durch die Deutschen konnte er das Land verlassen. Er berichtete dem Bruder, wie die Nazis ihre Ordnung in der bereits stark zerstörten und hungernden Stadt errichteten.

Salazar wünschte, Portugal aus dem Krieg herauszuhalten. Dazu wollte er sich nach beiden Seiten kooperativ verhalten. Die General-Direktion des Außenministeriums versendete am 11. November 1939 eine Dienstanweisung an alle portugiesischen Konsuln zur künftigen Behandlung von Asyl- und Transit-Visa-Anträgen. Außenminister Salazar hatte sehr eindeutige Regeln aufgestellt. Am 13. November lag das Papier auf dem Schreibtisch von Aristides de Sousa Mendes in Bordeaux: das Circular Nr. 14.[4]

Angeordnet wurde, dass Ausländer, die auf der Durchreise nach Portugal kommen und dann nach Amerika weiterreisen wollen, nicht behindert werden sollten. Danach folgte das strikte Verbot für alle Konsuln, ohne Rückfrage in Lissabon Pässe oder Visa auszustellen für die folgenden Personen und Gruppen:

- Ausländer mit unbestimmter oder aberkannter Nationalität, Staatenlose, Russen, Träger eines »Nansen-Passes« (vom Völkerbund geschützte Flüchtlinge, meist Juden).
- Personen, die keine triftigen Gründe für die Einreise nach Portugal vorbringen oder die nicht frei in ihre Herkunftsländer zurückkehren dürfen.
- Juden, die vertrieben wurden oder ihre Staatsangehörigkeit verloren haben.

Das bedeutete, dass praktisch alle, die vor Hitler geflohen waren, aus Portugal ausgeschlossen werden sollten. Nicht alle portugiesischen Konsuln hielten sich in der Folgezeit genau an diese Regeln. In Berlin etwa, in Hamburg, in Luxemburg, Genua, Mailand und auch in Marseille wurde nicht streng nach Vorschrift gehandelt.[5] Für persönlich Bekannte oder Prominente oder um Portugal Verdiente fanden die Konsuln mit etwas Phantasie durchaus Schlupflöcher. Einige Diplomaten fühlten sich außerdem zugunsten der Geheimpolizei in ihrer Macht beschnitten und versuchten, ihre bisherigen Rechte weiter auszuüben.

Auch der Generalkonsul in Bordeaux mochte sich nicht an den Buchstaben des Circulars Nr. 14 halten. Das Dekret veranlasste Sousa Mendes, ohne Angabe von Gründen seine Rückberufung nach Lissabon zu beantragen. Er erhielt keine Antwort des Ministeriums.[6]

Am 27. November und noch einmal am 6. Dezember bat er um die Erlaubnis, dem österreichischen Geschichtsprofessor und Theologen Arnold Wiznitzer, der jetzt offiziell Bürger des Deutschen Reiches war, und seiner Familie ein Visum auszustellen. Er schien den Anweisungen zu folgen, es schien nur so, er hatte das Reisedokument bereits gestempelt, unterschrieben und ausgehändigt.[7]

Am 2. Februar 1940 klopfte der spanische Mediziner Eduardo Neira Laporte aus Barcelona, der vor dem Franco-Regime flüchten musste, an der Tür Sousa Mendes'. Er hatte in der Armee der spanischen Republikaner eine führende Rolle gespielt. Nun brauchte er ein Transit-Visum, um per Schiff nach Lissabon zu reisen und von da nach Bolivien. Der Konsul beantragte die Genehmigung im Außenministerium. Nichts passierte. Knapp vier Wochen später war Laporte wieder im Konsulat. Wenn er nicht morgen in La Rochelle sein Schiff nehme, werde er in Lissabon seinen Anschluss nach Lateinamerika verpassen. Sousa Mendes unterschrieb das Visum, obwohl keine Antwort aus Lissabon vorlag. Diese kam am 11. März und war negativ, die Polizei PVDE hat sich gegen den Antrag ausgesprochen. Am 12. März landeten Laporte und seine Familie in Lissabon. Sie fielen bei der Pass-Kontrolle auf, durften aber dennoch nach Südamerika weiterreisen. Der Vorfall wurde in den *Palacio das Necessidades* gemeldet. Der General-Sekretär des Außenministeriums schickte Sousa Mendes am 24. April 1940 »im Namen des Ministers« (Salazar) eine förmliche Rüge: »... jede weitere Verletzung dieser Regel wird als flagranter Ungehorsam betrachtet und ein Disziplinarverfahren zur Folge haben, wobei nicht zu übersehen sein wird, dass Sie schon mehrfach gewarnt und gerügt werden mussten.«[8]

Vor seinem Bruder César rechtfertigte sich Aristides, er habe Probleme mit dem Außenministerium, aber »wenn ich (Laporte) kein Visum ausgestellt hätte, wäre der Mann nie von hier weggekommen ... Der portugiesische Stalin wollte sich auf mich stürzen wie eine wilde Bestie. Ich hoffe, dass es nun sein Bewenden damit hat, kann aber eine neue Attacke nicht ausschließen«.[9] Mit seinem Gewissen habe er keine Probleme.

Weitere Ungehorsamkeiten folgten. Eigenmächtig verhalf Sousa Mendes dem damals noch unbekannten Maler Salvador Dali zu einem Visum, sowie dem Wiener Komponisten und Dirigenten Norbert Gingold, der die Uraufführung von Brechts Dreigroschenoper dirigiert hatte.

Am 6. Mai stellte Sousa Mendes auch für Hélène de Beauvoir ein Visum aus, der jüngeren Schwester von Simone de Beauvoir, die ihrem Tuberkulose-krankem Freund nach Portugal folgen wollte. Es sollte nur für einen Monat sein, aber dann wurden fünf Jahre daraus. Hélène de Beauvoir kam am 10. Mai 1940 in Lissabon an, dem Tag, als Hitlers Truppen die Niederlande, Belgien, Luxemburg und Frankreich angriffen. Eine frühere Rückkehr kam auch deshalb nicht in Frage, weil ihr Freund Lionel de Roulet, den sie im Dezember 1942 heiratete, ein Mitarbeiter de Gaulles war.[10] Die Malerin entdeckte in Faro das Licht des Südens und fortan spiegelten sich die Kristalle der Salinen und die Reflexe des bewegten Wassers in ihren Bildern.

CHAOS UND KRISE

Am 10. Mai 1940 überschritten die deutschen Armeen die Westgrenze Deutschlands. Sie besetzten in kurzer Zeit Belgien, Luxemburg, die Niederlande und Nordfrankreich. Ein nie gesehener Strom von Flüchtlingen brach auf in Richtung Südwesten, um den Bomben, den Kampfhandlungen und möglichen Verfolgungen durch die Nazis zu entkommen. Vor allem Juden sahen die Gefahr, in der sie sich befanden, aber auch linksgerichtete oder intellektuelle Flüchtlinge aus Deutschland, Österreich, Polen und der Tschechoslowakei, die sich in Frankreich in Sicherheit geglaubt hatten. Ihrer Flucht lag meistens die Annahme zu Grunde, die Deutschen würden nicht weit ins Land eindringen, nicht nach Paris, dann nicht über die Loire, nicht bis in den Südwesten.

Die französische Regierung flüchtet nach Tours, dann nach Bordeaux. Diplomatische Vertretungen von sechzig Ländern folgen, auch die Exilregierungen Polens, Belgiens und Luxemburgs, gefolgt von den bei ihnen akkreditierten diplomatischen Vertretungen.

Teile der Armee lösen sich auf, sofern sie nicht in Kriegsgefangenschaft geraten sind. Soldaten werfen ihre Waffen weg und machen sich einzeln oder in Gruppen auf den Heimweg.

HAIM KRÜGER UND ARISTIDES DE SOUSA MENDES, 1940–1941

Auch Plünderer versuchen ihr Glück. Flüchtlinge mit Fahrrädern, Handkarren und überladenen Autos, Matratzen auf dem Dach, überschwemmen die Landstraßen, bombardiert und beschossen von deutschen Kampfflugzeugen.

Bordeaux versinkt im Chaos, weit mehr als andere Städte. Bis zum 10. Mai hatte die Stadt etwa 300.000 Einwohner, am Ende des Monats sind es bereits mehr als 700.000. Hotels sind ausgebucht oder geschlossen, weil mit Bombenangriffen zu rechnen ist. In den Parks, in Kirchen, in der Synagoge, um den Bahnhof lagern Flüchtlinge. Der Bahnhof St. Jean gleicht einer Karawanserei. Dreißig Bahnpolizisten bemühen sich vergeblich, unter hungernden Frauen, schreienden Kindern und verirrten Soldaten Ordnung zu halten. Außerhalb des Bahnhofs warten weitere Züge voller Hilfe suchender Menschen auf ein Signal zur Einfahrt. Flüchtlinge schlafen in Autos, in Omnibussen auf Pferde Fuhrwerken. Die Versorgung bricht zusammen. In den Restaurants gibt es nichts mehr zu essen. Es fehlen Lebensmittel, obwohl die Stadt hunderttausende von Essensportionen verteilt. Cafés und Bäckereien werden gestürmt, sofern sie nicht schließen. Trinkwasser ist rationiert. Auch der Hafen ist bis an die Grenze seiner Kapazität ausgelastet. Allein im Juni werden 400 Schiffe gezählt.

Am 14. Juni überquert die Fahrzeug-Kolonne der französischen Regierung aus Tours kommend die Steinerne Brücke über die Garonne, um sich in der Präfektur sowie im Sitz der Militärverwaltung einzurichten, während gleichzeitig deutsche Truppen in Paris einmarschieren. Mehr als tausend Beamte folgen der Regierung, mindestens dreihundert Büro-Räume werden beschlagnahmt. Dem portugiesischen Botschafter in Frankreich wird das Schloss Lamarselle in St. Émilion zugewiesen. Die Banque de France richtet sich überstürzt in Bordeaux ein, ebenso große Firmenzentralen, sogar Strafgefangene aus Pariser Gefängnissen werden in die Départements um die Hafenstadt verlegt. Die Verwaltung des Staates versucht, Ruhe zu verbreiten, indem sie ungerührt weiter arbeitet. Am 22. Juni werden drei Todesurteile vollstreckt.

Kaum angekommen, am 15. Juni 1940, diskutiert die Regierung erneut die Optionen, um aus der katastrophalen Lage zu finden. Churchill beschwört die Franzosen, den Krieg fortzusetzen. Er versucht, eine Hilfszusage von US-Präsident Roosevelt für Frankreich zu erreichen. Am Abend des 16. Juni fällt die Entscheidung: Ministerpräsident Paul Reynaud tritt zurück, als ihm mitgeteilt wird, dass die Vereinigten Staaten Frankreich militärisch nicht zu Hilfe kommen werden.[11] US-Botschafter William Bullitt ist entgegen ausdrücklicher Anordnung von Roosevelt, mit dem er persönlich befreundet ist, in Paris geblieben. So verliert Washington die Chance, auf die französische Regierung bei den anstehenden Entscheidungen einzuwirken. Roosevelt ist über seinen Botschafter verärgert. William Bullitt wird bald danach abberufen.

Der Streit um die Verantwortung für die schnelle Niederlage mischt sich in die Suche nach einem gangbaren Weg für die Zukunft Frankreichs. Als neuen

Regierungschef ernennt Staatspräsident Albert Lebrun Marschall Philippe Pétain, den siegreichen Feldherrn des Ersten Weltkriegs, jetzt empfohlen von Reynaud. Pétain hat bereits eine Ministerliste in der Tasche, als Lebrun ihn am Abend des 16. empfängt.

Er und die Mehrheit der Minister wollen keine andere Möglichkeit mehr erkennen, als die Deutschen um Waffenstillstand zu bitten. Pazifisten, Nazi-Freunde und Rechtsradikale verbünden sich gegen die, die weiterkämpfen wollen. Das Votum des (abwesenden) Oberkommandierenden für Nordafrika, General Charles Noguès, der in diesen Tagen siebenmal an den General Weygand telegrafiert, Nordafrika mit seinen Vorräten und Ressourcen könne mit Hilfe der Flotte und der Luftwaffe dem Ansturm des Feindes noch lange widerstehen, beeindruckt sie nicht. Admiral Francois Darlan und der Oberkommandierende Maxime Weygand erklären, dazu brauche man 900.000 Soldaten und zweihundert Schiffe, aber die habe man nicht. Pétain ist auf ihrer Seite. Die Dritte Republik ist am Ende, ihre Verfassung obsolet.[12] Wie um die Entscheidungen der französischen Politik zu beschleunigen, bombardiert die deutsche Luftwaffe Bordeaux in der Nacht vom 19. zum 20. Juni. 63 Menschen kommen ums Leben, 185 werden verwundet.

Am 17. Juni verlässt der Staatssekretär im Verteidigungsministerium, Charles de Gaulle, unter konspirativen Umständen zusammen mit dem britischen Liaison-Offizier von einem Militärflugplatz aus Bordeaux in Richtung London, in seinem Gepäck die Ehre Frankreichs – wie Churchill anschließend notiert.[13] Am Tag danach meldet er sich über die BBC bei seinen Landsleuten und ruft zum Widerstand gegen die Besatzung auf. Nur siebenundzwanzig ehemalige Minister und Abgeordnete – unter ihnen Edouard Daladier, Georges Mandel und Pierre Mendès-France – besteigen am 17. Juni im Hafen von Bordeaux das Schiff *Massilia* in Richtung Casablanca, von wo sie den Kampf gegen Deutschland fortzusetzen hoffen – vergeblich. In der Stadt selbst verurteilen Kommunisten den »Verrat der französischen Bourgeoisie« und rufen dazu auf, den Kampf gegen Hitler fortzusetzen.[14]

Das Inferno auf Straßen und Plätzen reicht bis in das Haus Nr.14 am Quai Louis XVIII. Auf dem neben dem Konsulat liegenden freien Platz *des Quinconnes* kampieren Hunderte. Eine lange Menschenschlange hat sich aufgestellt, auch Alte, Kranke, Schwangere. Alle wollen ein Visum oder einen Pass. Portugal ist für sie die letzte Hoffnung. Es spricht sich herum, dass der Konsul gelegentlich großzügig ist. Die Schlange steht die Treppe hinauf und drängelt bis in die privaten Räume des Konsuls. Man kann aus der Schlange nicht weg, nicht zum Essen, nicht zum Schlafen, nicht zur Toilette, nicht zum Waschen, weil sonst der Platz in der Schlange verloren geht. Auch Kinder, die bei der Flucht ihre Eltern im Kugelhagel der deutschen Sturzkampfbomber sterben sahen, melden sich bei Sousa Mendes. Die Menschen sind erschöpft, hungrig, schmutzig und müde, der Verzweiflung nahe, berichtet César, der Neffe von Aristides. »Die meisten besaßen sowieso nur noch die Kleider, die sie am Leibe trugen.«[15] Sousa Mendes muss nach zahlreichen Zwischenfällen die Staatsmacht bitten, für Ordnung zu sorgen. Seitdem stehen französische Soldaten am Treppenaufgang, auch in jedem Zimmer wacht ein Soldat und selbst in der Kanzlei des Konsuls.

Am 17. Mai 1940 schickt Salazar noch einmal Telegramme an alle portugiesischen Diplomaten in Frankreich, die ihnen untersagen, ohne Genehmigung aus Lissabon Visa an Flüchtlinge auszustellen. Das ist vollkommen eindeutig, aber Aristides de Sousa Mendes hat angesichts der Katastrophen vor seiner Haustür am 21. Mai noch einmal in Lissabon angefragt, ob in soviel Not nicht andere Wege gefunden werden können.[16] Die Antwort: Das *Circular Nr. 14* ist anzuwenden. Ausnahmen dürfen nur in Lissabon genehmigt werden. Das aber würde Wochen dauern und voraussichtlich abgelehnt. Am 13. Juni verweigert das Ministerium in Lissabon Visa für etwa dreißig Personen, die der Konsul beantragt hat, darunter Visa für die Familie von Rabbi Chaim Krüger aus Warschau, der bereits nach Antwerpen geflüchtet war. Sousa Mendes kommt in Gewissensnot.

Er hat den Rabbi Ende Mai bei einer Erkundungsfahrt durch die Stadt kennen gelernt. In der Nähe der Synagoge lagern tausend Juden, unter ihnen die Familie Krüger, – Vater, Mutter und fünf Kinder – unter freiem Himmel. Welche Regeln können in diesem Inferno noch gelten? Sousa Mendes erinnert sich seiner katholischen Erziehung, der geistigen und katholischen Traditionen Portugals, die er als Diplomat immer verteidigt hat. Er geht auf die Krügers zu und lädt sie ein, mit ihm zu kommen. Er habe Platz in seinem Auto und in seiner Wohnung, weil die meisten seiner Kinder nicht im Hause seien. Man setzt sich gemeinsam an den Tisch des Konsuls und kommt sich näher. Die kleinen jüdischen Kinder sind allerdings so erschrocken über ein Kruzifix und christliche Bilder an den Wänden, dass sie nichts essen mögen.[17] Sousa Mendes stellt sich vor als der Generalkonsul Portugals. Chaim Krüger freut sich über den glücklichen Zufall und bittet Sousa Mendes um Hilfe. Dieser lädt seine Gäste ein, vorerst bei ihm zu wohnen und verspricht die Visa zu beantragen. Doch am 13. Juni kommt die Absage aus Lissabon. Was nun?

Sousa Mendes verspricht dem Rabbi, er werde einen Weg finden, die Papiere für seine Familie zu beschaffen. Aber Krüger antwortet: Sie müssen nicht nur mir helfen, sondern all meinen Brüdern, die vom Tod bedroht sind. Wenn Sie nicht all meinen Brüdern helfen, dann nehme ich Ihre Hilfe nicht an. Fast zwei Jahre vor der Wannsee-Konferenz kann man nur ahnen, wieweit die Nazis in ihrem Rassenwahn gehen würden. Aber für die schlimmsten Befürchtungen gibt es schon im Juni 1940 Anlass. Und vor allem: Die deutsche Armee kommt jetzt täglich hundert Kilometer weiter nach Süden voran. Krüger und Sousa Mendes haben Informationen aus erster Hand über den Terror der Nazis in Polen.

Der Vizekonsul hört das Gespräch der beiden und sagt zu Sousa Mendes auf Portugiesisch, er dürfe jetzt nicht in eine Falle tappen und Versprechungen abgeben. Krüger begreift, was der Vize-Konsul sagen will und dringt auf Sousa Mendes ein, nicht auf die Warnung seines Stellvertreters zu hören.[18]

Für Sousa Mendes bedeutet die anstehende Entscheidung zunächst eine schwere Krise. »Mein Vater war auf einmal so müde, er blickte uns an, als wäre er von einer galoppierenden Krankheit befallen«, erzählt der Sohn Pedro Nuno, der das Gespräch ebenfalls mit anhört.[19] Er legt sich ins Bett, will niemanden hören und sehen, isst nicht, schläft nicht, er stöhnt und wälzt sich hin und her, als ob er einen Kampf zu bestehen hätte. Seine Frau und die beiden älteren Söhne, die er bei sich hat, sind ratlos.

Nach drei Nächten und zwei Tagen – am Sonntag den 16. Juni, an dem Tag als sich die französische Regierung zu Kapitulation und Waffenstillstand entschließt – steht Sousa Mendes wieder auf, erleichtert und voller Energie, aber seine Haare sind plötzlich weiß. Er weiß, dass ihm ein Disziplinarverfahren droht, er muss davon ausgehen, dass der Chef der Politischen Polizei Agostinho Lourenco an der portugiesischen Grenze die Papiere der Ankömmlinge genau überprüfen lässt, er hat eine Ahnung von dem Risiko, das er eingeht und bespricht sich ausführlich mit seiner Frau Angelina.[20] Dann öffnet der Konsul die Tür zur Kanzlei und kündigt mit kraftvoller Stimme an: »Von nun an werde ich allen ein Visum geben, es gibt keine Nationalitäten, Rassen, Religionen mehr.« Der Sohn Pedro Nuno fährt fort: »Dann hat er uns gesagt, dass er eine Stimme gehört hat, die Stimme des Gewissens ... und dass alles für ihn vollkommen klar sei,« so die Überlieferung. Sein Neffe César ergänzt: Er könne nicht zulassen, dass all diese Leute umkommen. Viele von ihnen seien Juden und in der portugiesischen Verfassung stehe eindeutig, dass Ausländern weder wegen ihrer Religion noch wegen ihrer politischen Überzeugung der Aufenthalt in Portugal verweigert werden darf.

Diese Erinnerungen aus der Familie dürfen nicht allzu wörtlich genommen werden. Sie sind später Basis für einen Mythos. Ein Chronist vergleicht die Krise von Sousa Mendes gar mit dem alttestamentarischen Kampf Jakobs mit dem Engel auf der Himmelsleiter. Auch am 14. und 15. Juni unterschrieb Sousa Mendes zahlreiche Visa, wie wir sehen werden. Vom Bett aus war das kaum möglich.

Von nun an organisieren Sousa Mendes und Chaim Krüger das Ausstellen der Visa wie eine Fließbandarbeit. Sie beschleunigen das Verfahren bis an die Grenze ihrer Möglichkeiten, so viel ist unbestreitbar. Die älteren Söhne helfen. Der Rabbi steigt ohne sein Ornat hinab auf die Straße und sammelt jeweils kleine Stapel von Pässen ein. Er bringt sie auf den Schreibtisch, der Sekretär, José Seabra, stempelt das Visum hinein und Sousa Mendes unterschreibt. Der Sekretär, der die Namen und das Datum aller Visa in einen Ordner einzutragen hat, gibt bald auf. Er kommt nicht mehr nach. Er hört auch auf, die sonst üblichen Visa-Gebühren zu kassieren. Das würde jetzt zu lange dauern. Es soll zügig weiter gehen. Aristides Tochter Isabel und ihr Mann Jules d'Aout, die zunächst dagegen protestiert haben, dass der Vater seine Karriere ruiniert und das Schicksal seiner Familie riskiert, sie assistieren dann mit umso größerem Eifer, damit der Fluss der Papiere nicht abreißt. Der Ansturm der Flüchtlinge lässt nicht nach. Als der Sohn Pedro Nuno von der Universität zurückkommt, kann sich der sonst wohl erzogene nur mit den Ellbogen den Weg durch die Eingangstür und über die Haustreppe erkämpfen. Flüchtlinge stehen bis in die Wohnung, nur Küche und Schlafzimmer sind ihnen verwehrt.

Klar, dass die abgekürzte Express-Methode zur Folge hatte, dass viele der Flüchtlinge den Konsul Sousa Mendes gar nicht persönlich zu Gesicht bekamen. Sie erfuhren gar nicht, welche Risiken er für sich und seine Familie einging. Sie hielten wohl die Geschäftsführung des Konsulats für die aus Lissabon vorgegebene amtliche Linie. Sie hatten vor allem mehr als genug persönliche

Sorgen, um sich Gedanken über das Schicksal des Konsuls zu machen. Am 16. Juni erhält auch die zahlreiche und weit verzweigte Familie der Barone Rothschild ihre Transitvisa von Sousa Mendes, unter ihnen der Vorsitzende der nationalen jüdischen Organisation, Edouard de Rotschild, sowie der Vorsitzende des Consistoire de Paris, Robert de Rothschild.[21]

Am 17. Juni 1940 mittags wendete sich Marschall Pétain, der neue Regierungschef, über das Radio an seine Landsleute: »Schweren Herzens sage ich Ihnen heute, der Kampf muss beendet werden.«[22] Ein schweres Gewitter über Bordeaux begleitete seine Worte und intonierte damit den Untergang der Dritten Republik. Der neue Außenminister Paul Baudouin hatte noch am Abend des 16. Juni den spanischen Botschafter Lequerica gebeten, den Deutschen das Gesuch der Franzosen um Waffenstillstand zu übergeben.[23] Pétain war selbst Botschafter seines Landes bei Franco gewesen und verfügte dort noch über gute Verbindungen. Die Note ging in Madrid über den Tisch des Caudillo, der sie an den deutschen Botschafter weitergab. Noch am 17. Juni antwortete Berlin wiederum über Madrid, die Reichsregierung sei bereit, die neue Lage zu prüfen. Die Deutschen dachten über die Bedingungen nach. Man war sich in Berlin einig, dass aus deutscher Sicht eine eigenständige französische Regierung mit beschränkter Handlungsmöglichkeit angesichts der weiter führenden deutschen Kriegsplanung die beste Lösung sein müsse. Am 18. Juni antwortete die Regierung in Berlin über die Botschaft in Madrid, sie sei zur Einstellung der Feindseligkeiten bereit.[24]

Für die Flüchtlinge wurde die Zeit knapp. Schiffe in den französischen Häfen an der Atlantik-Küste nahmen vorwiegend britische Soldaten an Bord oder Franzosen, die auf der britischen Seite weiterkämpfen wollten. Auch polnische und tschechoslowakische Soldaten entkamen nach Großbritannien. Den meisten zivilen Flüchtlingen, auch den Juden, stand dagegen allenfalls der Weg nach Portugal frei. Aber die Regierung in Lissabon wollte sie nicht.

Aristides de Sousa Mendes und seine Mannschaft arbeiten jedoch am 17. und 18. Juni im gleichen Rhythmus weiter. Am 18. Juni erhalten der Hollywood-Schauspieler Robert Montgomery ein Visum. Der Maler Salvador Dali und seine Frau Gala, die schon seit Monaten in der Nähe von Bordeaux auf der Flucht leben, erhalten Einreise-Papiere des portugiesischen Konsulats und reisen mit kostbaren Leinwänden im Gepäck panikartig in das überfüllte Lissabon, von wo sie am 6. August zusammen mit ihren Freunden Man Rey und René Clair auf dem Schiff der *American Export Line* ›Excambion‹ in die USA aufbrechen.[25] Am 18. Juni trifft Sousa Mendes den amerikanischen Schriftsteller Eugene Bagger, seine Frau und den polnischen Konsul Skalski im Café des Hotels Splendide. Die Verabredung unterbricht die Arbeit am Fließband kaum. Auch die drei Ausländer am Kaffeehaustisch brauchen und erhalten Visa für Portugal.[26]

Die Familie der ehemaligen Kaiserin von Österreich-Ungarn, Zita und Ihres Sohnes Otto von Habsburg, auch sie sind Flüchtlinge, schickt ihren persönlichen Sekretär, Graf Degenfeld, um sich Visa zu beschaffen. Sousa Mendes antwortet dem Grafen großzügig, er möge alle Pässe der kaiserlichen Familie bringen. Diese halten sich auf einem Schloss in der nahen Dordogne auf. Am Abend gegen zehn Uhr ist der Graf zurück mit 19 Pässen, darunter auch der von Martin Fuchs (später Österreichs Botschafter in Paris).[27] Der Konsul, müde und erschöpft, unterschreibt sie alle. Degenfeld fragt, ob er auch weitere Pässe von Österreichern, Juden und Nichtjuden, bringen dürfe. Als Sousa Mendes zustimmt, kommen weitere hundert Pässe auf den Schreibtisch.

Die Familie Habsburg überquert am 19. Juni mit einem Auto-Konvoi bei Hendaye die Grenze nach Spanien: drei Personenwagen und zwei Lastwagen. Auch Sousa Mendes Tochter Isabel, sein Schwiegersohn Jules d'Aout und ihr erstes Kind reisen mit in der Auto-Kolonne. Drei Großfamilien mit insgesamt 22 Kindern entkommen so den Nazis, durchqueren gemeinsam Spanien und gelangen nach mehreren Tagen nach Lissabon.

Die Deutschen verlangten von Salazar, den Ex-Erzherzog auszuliefern. Der portugiesische Machthaber erklärte Otto von Habsburg, er werde die Auslieferung verweigern. Er bat ihn allerdings, mit der ganzen Familie Portugal so bald wie möglich zu verlassen. Die kaiserliche Familie nahm ein Flugzeug in Richtung USA.

Zu den zahlreichen Flüchtlingen dieser Tage gehört auch der bekannte Pariser Kunsthändler Paul Rosenberg. Er hat vor allem mit Werken von Fernand Léger, Henri Matisse, George Bracque und Pablo Picasso, aber auch mit alter Kunst gehandelt. Während er in Bordeaux um ein Transitvisum durch Portugal bittet, plündern die Nazis in Paris bereits seine Geschäftsräume und Wohnung in der Pariser Rue de la Boetie. Sie rauben etwa 300 Kunstwerke. Im September finden sie weitere Hundert Bilder, die er in einem Schloss versteckt hat.

Es gelingt ihm, kurz vor seiner Abreise aus Frankreich, eine Sammlung von 162 Werken in einem Depot bei der Banque Nationale pour le Commerce et l'Industrie in Libourne, nicht weit von Bordeaux, zu verbergen, darunter das Bildnis ›femme assise‹ von Matisse, das in jüngster Zeit in anderem Kontext Schlagzeilen machte.

Allerdings findet der *Einsatzstab Reichsleiter Rosenberg ERR* auch dieses Depot im März 1941 und verschleppt die Bilder nach Deutschland oder lässt sie versteigern. Die »Sitzende Frau« wird nach Umwegen über Paris nach Baden-Baden gelangen.[28] Im März 2012 wird dieses Bild in der Schwabinger Wohnung des Kunsthändlers Cornelius Gurlitt gefunden und von der Staatsanwaltschaft beschlagnahmt.[29] Wie kam es dorthin? Es war mühsam für die deutsche Taskforce Kunstfund und dauerte zwei Jahre, die Provenienz dieses Bildes (fast) zweifelsfrei festzustellen.

Paul Rosenberg selbst hat das Gemälde wie die meisten anderen nie zurückbekommen. Von ihm, der nach dem Krieg nach Paris zurückkehrt, ist der schöne Satz überliefert: Was wir nicht haben, ist der Preis für das, was wir haben. Seine Erben erhielten die ›femme assise‹ und andere Werke erst im Jahr 2015 zurück.

Auch die Familie der Großherzogin von Luxemburg, Charlotte, und ihre Familie sowie einige Minister ihrer Regierung fanden Hilfe beim Konsul von Portugal. Besonders fühlte Sousa Mendes sich Belgien verbunden. Der belgische König Leopold hatte ihn mit dem höchsten Orden ausgezeichnet, den ein Ausländer empfangen konnte. Als der belgische Minister (für die Kolonialgebiete) Albert de Vleeschauwer an die Tür von Sousa Mendes klopfte, fand Sousa Mendes eine Chance, sich dankbar zu zeigen. Dem Minister hatte seine Regierung im letzten Moment die Aufgabe übertragen, den belgischen Kongo zu verwalten, der wegen seiner Bodenschätze und wegen seiner geografischen Lage für die Alliierten von großem Interesse war. Er kannte Sousa Mendes seit dessen Amtszeit in Antwerpen. Die Familie de Vleeschauwer reiste nach Portugal und verbrachte zunächst einige Wochen als Gäste im Hause Sousa Mendes in Cabanas.

Hatte der eigentlich anmaßende Wunsch von Rabbi Krüger, er müsse allen helfen, die ein Visum brauchten, den Konsul zunächst in eine persönliche Krise gestürzt, die ihn vielleicht mehrere Tage ins Bett warf, so war er nun geradezu besessen von dem Wunsch, möglichst vielen Menschen aus der Not zu helfen. Der offene und vollständige Bruch mit den Regeln seiner Regierung war ihm am 13. Juni noch äußerst schwer gefallen. Nun aber, nachdem der Rubikon überschritten war, gab's keine Hemmungen mehr. Am 20. Juni ist es vor der Tür des Konsulats in Bordeaux etwas ruhiger. Sousa Mendes fährt mit dem Auto in das 180 Kilometer südlich gelegene Bayonne, wo ein weiteres portugiesisches Konsulat – unter der Oberhoheit des General-Konsuls in Bordeaux – arbeitet. Der Konsul residiert in der dritten Etage eines kleinen Hauses gegenüber der Kathedrale in der engen Rue du Pilori Nr.8. Man musste befürchten, dass die Treppe einbricht, erzählt eine Nachbarin später. Die Szene, die er vorfindet, gleicht dem, was er in den letzten Tagen erlebt hat. Eine lange Schlange von erschöpften, hungrigen und ängstlichen Menschen steht auf der Strasse und hofft, dass der Konsul Faria Machado ihnen weiter hilft. Doch der ist nicht aus dem gleichen Holz geschnitzt wie Sousa Mendes. Er hält sich an die Vorgaben aus Lissabon.

Sousa Mendes steigt die Treppe hoch und stellt den Mann zur Rede. Der beruft sich korrekt auf das *Circular Nr. 14*. Ein Disput entwickelt sich. Schließlich erklärt Sousa Mendes dem Konsul Machado, dass er sein Vorgesetzter ist. Er ordnet an, die verbindliche Dienstanweisung des Außenministeriums nicht länger anzuwenden. Der Konsul fügt sich, aber wohl nur solange, wie Sousa Mendes anwesend ist. Augenzeugen sehen den Generalkonsul auch auf der Strasse in Bayonne von seinem Auto aus Visa ausstellen. Obendrein befinden sich ein Vize-Konsul Viera Braga und der portugiesische Botschafter in Belgien, Francisco de Calheiros e Meneses, nunmehr selbst auf der Flucht vor den heranrückenden Deutschen, im Haus. Sie alle widersprechen Sousa Mendes. Auf Anordnung von Sousa Mendes werden aber weitere Visa ausgestellt. Dabei hilft Botschafter de Calheiros e Meneses.[30]

REAKTIONEN AUS LISSABON

Am gleichen 20. Juni 1940 unterrichtete die Grenzpolizei Salazar von dem Ungehorsam seines General-Konsuls, weil inzwischen viele Flüchtlinge an der portugiesischen Grenze ankamen mit einem von Sousa Mendes unterzeichneten Pass in der Hand. Salazar befahl, Sousa Mendes so schnell wie möglich aus dem Verkehr zu ziehen. Und er ließ den spanischen Behörden ausrichten, die in Bordeaux ausgestellten Visa seien ungültig.

Ferner schickte der Generalsekretär des Außenministeriums den portugiesischen Botschafter in Madrid auf den Weg an die spanisch-französische Grenze und nach Bordeaux, um Sousa Mendes aufzuhalten.

Fatale Wirkung entfaltete am 20. Juni auch ein schriftliches Aide-Mémoire des britischen Botschafters in Lissabon, Sir Walford Selby, im Auftrag seines Ministers gegen die Arbeit von Sousa Mendes. Britische Bürger hatten sich im Foreign Office in London beklagt, das portugiesische General-Konsulat in Bordeaux halte die Regeln nicht ein. Die Öffnungszeiten würden nicht respektiert, sodass die Visa erst nach Büroschluss ausgestellt und unangemessene Gebühren-Aufschläge verlangt werden. In mindestens einem Fall soll Sousa Mendes sogar gefordert haben, dass vor seiner Unterschrift unter ein Visum eine Summe auf das Konto einer humanitären portugiesischen Organisation gezahlt werden müsse.[31]

Salazar – ohnehin voller Zorn auf seinen Konsul – glaubte, wegen der spanischen und deutschen Interessen den Flüchtlingsstrom unterbinden zu müssen. Nun kam ausgerechnet aus der anderen Richtung eine Klage hinzu.

Am 22. Juni unterschrieben die Vertreter Frankreichs in Compiegne den Waffenstillstand mit den Deutschen. Sie nahmen ein Diktat entgegen, in dem nur wenige Gesichtspunkte der Franzosen berücksichtigt wurden. Frankreich wurde geteilt in eine besetzte Zone im Norden und entlang der Atlantikküste bis an die spanische Grenze und eine unbesetzte, aber doch unfreie Zone im Süden. Damit war gewiss: Bordeaux, Bayonne, Biaritz und Hendaye werden in der besetzten Zone liegen, wo die deutschen Sicherheitsorgane unmittelbaren Zugriff haben. Für alle Flüchtlinge konnte es nur noch eine Frist von wenigen Tagen geben.

Sousa Mendes stellte einen Tisch auf die Rue du Pilori in Bayonne. Mit Regenmantel und Hut bekleidet stempelte und unterschrieb er Visa unter freiem Himmel. Er setzte das sogar noch in seinem Hotelzimmer fort. Aber Faria Machado informierte das Außenministerium in Lissabon darüber, dass er auf Anweisung von Sousa Mendes Visa ausstellte, die das *Circular Nr. 14* eigentlich verboten hatte. Der Generalsekretär des Ministeriums konnte das kaum glauben. Er schickte einen Sonderbeauftragten, Armando Lopa Simeao, nach Bayonne und Bordeaux. Der sollte überprüfen, was dort geschah und zusammen mit dem ebenfalls entsandten Pereira, dem portugiesischen Botschafter in Spanien – einem engen Vertrauten Salazars – gegen Sousa Mendes notfalls geeignete Maßnahmen erzwingen. Die spanischen Behörden hatten dem Botschafter Pereira bereits vorgehalten, dass Flüchtlinge mit offenbar falschen

Transit-Papieren in großer Zahl das Land durchquerten, um nach Portugal zu kommen. Pereira hatte dies Salazar am 20. Juni mitgeteilt. Am 23. Juni trafen Simeao und Pereira sich in Bayonne und stimmten sich ab, das heißt, sie vereinfachten die Regeln für die Konsulate in Bayonne und Bordeaux: Nur noch Personen aus vier Ländern wurde die Einreise erlaubt, US-Amerikanern und Briten generell, von den Franzosen nur nicht-jüdische, von den Belgiern nur hochgestellte und nicht-jüdische. Alle anderen Flüchtlinge sollten abgewiesen werden.[32]

Nach dem Zusammenbruch Frankreichs schlossen viele ausländische Konsulate, auch die britischen. Visa, selbst wenn sie bereits genehmigt waren, wurden nicht mehr ausgehändigt.

Unterdessen ist Sousa Mendes' Eifer, die Flüchtlinge vor Konzentrationslagern und Nazi-Gefängnissen zu retten, jetzt kaum noch zu bremsen. Bevor die beiden Diplomaten Simeao und Pereira in Bayonne erscheinen, fährt er selbst an die Grenze bei Hendaye. Dort kommen Menschen ganz ohne jedes Visum an, manche sogar ohne jedes Papier. Ihre Versuche, die Grenze zu überqueren sind aussichtslos, bis Sousa Mendes auftritt. Er stempelt Visa in Pässe oder zur Not auf weißes Papier, wie ein Zeuge berichtet. Er unterschreibt und erklärt den spanischen Grenzbeamten, dass diese Menschen berechtigt sind, nach Portugal zu reisen.

Am 23. Juni schickte Salazar ein Telegramm nach Bordeaux, indem er Sousa Mendes seine Kompetenzen entzog, vor allem das Recht, Visa auszustellen. An diesem und an dem folgenden Tag war der Generalkonsul aber in Hendaye, sodass er erst später von Salazars Anordnung erfuhr.

Dafür kommen am Abend des 23. Juni die beiden Sondergesandten von Salazar nach Hendaye und stellen Sousa Mendes zu Rede. »Man muss den Anordnungen gehorchen«, erklärt Pereira. »Aber nicht, wenn diese unmenschlich sind«,[33] antwortet Sousa Mendes. Er berichtet von einigen Fällen, die ihm besonders tragisch erscheinen. Das Gespräch ist aber schnell beendet. Pereira befiehlt Sousa Mendes, in sein Hotel zu gehen, seine Rechnung zu bezahlen und den Koffer zu packen. Immerhin fahren alle drei zusammen zurück nach Bayonne. Pereira notiert für die Akten im Außenministerium, Sousa Mendes mache den Eindruck, »verwirrt« zu sein. Den spanischen Grenzbeamten in Irun soll er sogar gesagt haben, Sousa Mendes habe »den Verstand verloren«.[34]

Am nächsten Tag, dem 24. Juni, lässt Pereira zu, dass Aristides de Sousa Mendes allein mit seinem Wagen nach Bordeaux fährt. Er ist schließlich ein freier Mann. Aber er fährt nicht nach Bordeaux, er fährt noch einmal nach Hendaye an die Grenze. Angesichts des nahen Endes seiner Tätigkeit als Retter hat ihn eine Leidenschaft erfasst, die Leidenschaft noch zwei, vier ... zehn Menschen die Flucht vor dem tödlichen Griff der Nazis, Hitlers und der übrigen Diktatoren zu ermöglichen, koste es, was es wolle.

Die spanischen Grenz-Kontrollen haben inzwischen telefonische Anordnung aus Madrid, Visa, die Sousa Mendes unterschrieben hat, nicht zu akzeptieren. Die amerikanische Nachrichten-Agentur *Associated Press* berichtet, etwa 10.000 Flüchtlinge seien an der Grenze zwischen Hendaye und Irun zurückgewiesen worden.[35] Aber nicht alle Grenzstationen haben ein Telefon. Sousa Mendes führt einen Konvoi von weiteren Flüchtlingen zu einem entlegenen Grenzposten in den Bergen des Baskenlandes, ohne Telefon, wo die Grenzer seine Unterschrift noch akzeptieren. Am 26. Juni erst erscheint Sousa Mendes wieder in seinem General-Konsulat in Bordeaux. Niemand weiß, was er am 25. Juni tat.

Am 25. Juni trat der deutsch-französische Waffenstillstand in Kraft. Für die Franzosen war ein Trauertag angeordnet worden. Am 27. Juni rückten die ersten deutschen Verbände in die Stadt Bordeaux ein. Am 29. verließ Marschall Pétain die Stadt, die damit aufhörte, provisorische Hauptstadt Frankreichs zu sein. Sie trat diese Rolle ab an Vichy. Am 30. Juni überquerte der deutsche Kommandant begleitet von einer Militär-Kapelle die Steinerne Brücke über die Garonne, um Bordeaux in Besitz zu nehmen.

Schon am 26. Juni erreichten die ersten deutschen Einheiten die spanische Grenze bei Hendaye. Sie wurde jetzt auf französischer Seite geschlossen. Hauptmann Trenefeld überquerte die Grenze zwischen Hendaye und Irun, um seinen spanischen Nachbarn, General José Lopez Pinto zu begrüßen. Empfangen wurde er in der spanischen Garnison von San Sebastian mit dem Ruf »Viva Hitler«. Es folgte ein angenehmer Abend in dem Strand-Hotel Christina.

Am 29. Juni kam General Wolfgang Hauser nach Hendaye, um das Kommando über den Grenzabschnitt zu übernehmen. Auch ihn begrüßte der spanische General mit militärischen Ehren. Der deutsche Botschafter in Madrid, italienische Diplomaten und spanische Militärs kamen zu dem feierlichen Empfang der Deutschen Militärs ins Baskenland.[36]

Viele Flüchtlinge wandten sich nunmehr um nach Norden und Osten. Einige brachten sich um, um nicht den Nazis in die Hände zu fallen. Zu diesen zu spät gekommenen und orientierungslosen Menschen gehörten auch der jüdische Schriftsteller Franz Werfel (mit tschechoslowakischem Pass) und seine Frau Alma Mahler-Werfel. Der Erfolgsautor Werfel, dessen Roman »die 40 Tage des Mussa Dagh« über den Völkermord der Türken an den Armeniern die Nazis besonders erbost hat, musste um sein Leben fürchten. Die Werfels gerieten in das Chaos von Bordeaux, weil sie geglaubt hatten, die französische Regierung werde hier eine uneinnehmbare Festung errichten.[37] Bei ihrer Ankunft verloren sie auf dem Bahnhof den größten Teil ihres Gepäcks. Auf dringenden Rat reisten sie mit Mietwagen und Fahrer weiter in das Seebad Biarritz. Werfel, der bereits einen Herzinfarkt hinter sich hatte, eilte in das nahe Bayonne und stellte sich in der Rue du Pilori in die Schlange vor dem portugiesischen Konsulat. Am nächsten Tag holte Alma Mahler-Werfel ihren Mann dort ab, der nichts erreicht hatte. Die beiden fuhren nunmehr mit befreundeten Flüchtlingen nach Hendaye, übernachteten dort und suchten ein Konsulat. »Man hatte uns gesagt, dass der portugiesische Konsul sehr freundlich sofort alle Visa ausstelle. Nun war er aber nicht in Hendaye sondern in St. Jean de Luz, wohin Franz Werfel und ... sofort fuhren, um dort zu erfahren, dass der Konsul wahnsinnig geworden sei und alle Pässe ins Meer geworfen habe.«[38]

Wahnsinnig ist er sicher nicht geworden, aber machtlos. Es war der Tag, an dem die ersten deutschen Einheiten die spanische Grenze erreichten, die damit nicht mehr passierbar war. Die Brücke über den Grenzfluss *La Bidassoa* wurde gesperrt. Werfel erlitt einen Weinkrampf und schmiss sich auf das schmale Bett des tristen Hotelzimmers, als er erfuhr, dass die Deutschen in Hendaye waren. Er war jetzt in Lebensgefahr, seine Frau Alma wohl eher nicht.

Am nächsten Tag wandte das Paar sich nunmehr nach Osten, woher sie gekommen waren. Sie hofften, in dem Wallfahrtsort Lourdes ein Zimmer zu finden. Franz Werfel wollte sich für die Deutschen unsichtbar machen.

Wie viele Flüchtlinge Sousa Mendes zur Flucht vor den Nazi-Verfolgern verholfen hat, das ist heute schwer einzuschätzen. Es ist nachvollziehbar, dass die Buchführung im General-Konsulat im Juni 1940 unvollständig war und schließlich ganz abbrach, abgesehen von den unter freiem Himmel ausgestellten Dokumenten in Bayonne und in Hendaye. Die Aristides de Sousa Mendes

Foundation hat eine Liste mit ca. 3000 Namen ins Internet gestellt, Namen von Visa-Empfängern.[39] Sie kommt aber selbst zu der Einschätzung, Sousa Mendes habe mindestens 30.000 Visa ausgestellt, davon mindestens 10.000 für Juden. Das Yad Vashem Archiv nennt die Zahl von 1575 Visa, die Sousa Mendes allein in den Tagen vom 15. bis zum 22. Juni 1940 ausgestellt haben soll.[40]

Für die Zeit nach dem deutschen Einmarsch in die westlichen Nachbarländer am 10. Mai 1940 sei hier nur eine kleine Auswahl genannt:

17. Mai
    Oesterreicher, Jacques und Kate,
        geb. Feldmar
18. Mai
    Erbstein, Baron Eugeniusz und Baroness Maria
    Weinberg, Wilhelm
24. Mai
    Kaufmann, Annelies
    Kaufmann, Max und Grete, geb. Rothschild
25. Mai
    Kürth, D. Alfred und Valerie
Juni
    De Lynar, Marguerite
    Gingold, Norbert und Hedwig
    Konsbruck, Guillaume und Nelly,
        geb. Hartmann
    Lindenbaum, Benjamin und Ryfka,
        geb. Feniger
    Lindenbaum, Nathan und Debora,
        geb. Amiel
    Luxembourg, Großherzogin Charlotte und Prinz Félix, geb. Bourbon-Parma
    Schlesinger, Gisèle
5. Juni
    Frost, David
    Zamoyska, Gräfin Elzbieta Maria Bianka,
        geb. Czartoryski
7. Juni
    Kaufman, Gustav
    Kaufman, Mihail
8. Juni
    Rosenberg, Paul und Marguerite Ida,
        geb. Loevi
    Helft, Yvon Salomon und Madeleine Marthe,
        geb. Loevi
    Loevi, Marguerite Gabrielle, geb. Akar

11. Juni
    Vecht, Mozes und Mathilde u. a.
    Van Esso, Naatje, geb. Cats
12. Juni Kranz, Berta
    Kranz, Samuel und Suze, geb. Richter
    Lempicka, Kizette
    Wiener, Szaja Isidor und Sophia,
        geb. Houtkroyer
    Rosenzweig, Leopold und Hendel,
        geb. Schorr
13. Juni
    Jensen, Ellen
14. Juni
    Bullen, Frank und Louisa Mary
    Fischer, Viktor und Alice
    Goldenberg, Marie, geb. Levy
    Levy, Paul
    Levy, André Prosper
15. Juni
    Klein, Joseph
    Klein, Koloman
    Klein, Willem
    Deutsch, Herbert und Alice
    Deutschova, Matilde
    Bronner, Salomon und Chana, geb. Gross
    Bronner, Henryk
    Bronner, Jozef
    Bronner, Simon
    Dörfler, Hersch Mendel und Frimet,
        geb. Nussbaum
    Dörfler, Guste, Hanna und Ruth
    Kruger, Rabbi Chaim Hersz und Cypra
    Kruger, Chana, Jacob, Rebecca, Sara, Gisèle
    Levy-Strauss, Jean
    Lucachevitch, Joseph
    Morgenstern, Joseph

16. Juni
- Brunschwig, Bernard und Ella Mélanie, geb. Himmendinger
- Feuchtwanger, Jacques und Hélène, geb. Kullmann
- Feuchtwanger, Marie-Louise
- Feuchtwanger, Pierre Francois
- Fribourg, Berthe Thérèse, geb. Kahn-Laine
- Fribourg, Lucie, geb. Kullmann
- Fribourg, Lucienne Marguerite, geb. Brunschwig
- Fribourg, Michel Léopold Jean
- Fribourg, René Lucien Eugène und Renée Goldschmidt, Jacqueline Georgette, geb. Fribourg
- Goldschmidt, Marcelle, geb. Dreyfus
- Hemmendinger, Albert
- Kahn, Laure
- Rothschild, Baron Edouard de, (Vorsitzender der Jüdischen Gemeinde in Frankreich)
- Rothschild, Baron Robert de (Vorsitzender des Consistoire de Paris)
- Rothschild, Baron Henri de
- Rothschild, Baron Maurice de
- Rothschild, Baron Eugene de
- Rothschild, Baronesse Germaine de
- Rothschild, Baronesse Katherine de, geb. Wolff
- Zamoyska, Adelaide Janine (Stieftochter von Maurice de R.)

17. Juni
- Heyman, Erich und Emma
- Heyman, Gutel Sara, geb. Wolff
- Heyman, Monique Marguerite
- Meissner, Rudolf und Elly
- Landau, Alexander und Roza, geb. Rotholc

18. Juni
- De Bragance, Antonia
- Degenfeld, Graf Henry
- Blum, Gustav und Bella
- Blum, Isak und Chava Bella
- Habsburg, Adelheid
- Habsburg, Carl Ludwig
- Habsburg, Charlotte
- Habsburg, Elizabeth
- Habsburg, Felix
- Habsburg, Kronprinz Otto
- Habsburg, Robert
- Habsburg, Rudolf
- Habsburg, Kaiserin Zita, geb. Bourbon-Parma
- Heymans, Henri Benjamin und Anna, geb. Roos
- Heymans, Ellen und Harold
- Heymans, Henriette Jakoba Anna, geb. Hartog
- Heymans, Isidor und Robert
- Gutwirth, Benjamin Wolf und Chaja Helena, geb. Hirschfeld
- Gutwirth, Gisèle Charlotte
- Gutwirth, Grietjen
- Gutwirth, Jacob und Marcel
- Gutwirth, Marguerite Leonore
- Gutwirth, Sara Lea, geb. Lustig
- Gutwirth, Simon und Tonja
- Hartogs, Nelly, geb. Gutwirth
- Lustig, Chaja
- Lustig, Charlotte
- Lustig, Jan und Nathan
- Feldmann, Ruth
- Friedman, Abraham und Bluma, geb. Gross
- Korngold, Elias
- Korngold, Leon
- Korngold, Efraim und Sidzia, geb. Pluczenik
- Turk, Fanny

19. Juni
- Hochwald, Adolf
- Laufer, Vilem
- Ebstein, Simon und Yvonne Rosette, geb. Roth
- Mandelbaum, Szymon und Frajda, geb. Kurtz

20. Juni
- Hammel, Erich Milton
- Hammel, Otto Joseph
- Meyer, Mr. und Mme und Mlle
- Reich, John u. a.
- Ritterman, Anna und Lilly, geb. Herschmann

20. und 21. Juni (in Bayonne)
- Asinsky, Esther, geb. Charmatz
- Hymans, Josef und Rebecca
- Hymans, Ruth Salome

Hymans, Suzanne, geb. Lorié
Kosser, Leopold und Frieda, geb. Lorié
Lorié, Hirsch und Augusta, geb. Soldinger
Lorié, Georgette
Lorié, Pauline, geb. Ruff
Reiner, Mejer Isaac
Fisch, Anselm und Ester
Feingold, Leibisch und Regina
Feingold, Lissy
Feingold, Sonja Gerda
Friedman, Rachel
Lotenberg, Jacob und Bessita Azaria Fary

Neulinger, Philippe und Dora, geb. Asinsky
Serebriany, Hirsch und Golda, geb. Asinsky
Tenenbaum, Icek und Rosa, geb. Asinsky
22. Juni
Bromberger, David
Bromberger, Jacques und Esther, geb. Helman
Bromberger, Lucien und Sylvain
25. Juni
Pinkus, Norbert und Ludwiga, geb. Szulwas
Swarc, Aleksander und Sonja

Der britische Historiker Bob Moore hält die von der Sousa Mendes Foundation genannte und vielfach publizierte Zahl von 30.000 Geretteten für eine »wilde Übertreibung«. Die Zahl 10.000 sei viel realistischer.[41] Auch sein Kollege Neill Lochery schätzt die Anzahl der von Sousa Mendes mit Visum aus Frankreich und vor den Deutschen Geretteten für beträchtlich geringer ein als 30.000.[42] Avraham Milgram weist darauf hin, dass die jüdische Agentur HICEM 1.538 Juden zählte, die in der zweiten Hälfte des Jahres 1940 über die Pyrenäen und Spanien nach Portugal kamen, ohne ein Visum für ein Land das sie dauerhaft aufgenommen hätte, und die danach bis zum Dezember 1940 das Land per Schiff verließen. Dazu kamen Flüchtlinge aus weiteren Ländern, etwa Italien und Griechenland, die über den Seeweg nach Lissabon gelangten.[43] Über die Anzahl nicht-jüdischer Flüchtlinge, denen Sousa Mendes half, den Nazis zu entkommen, ist noch weniger dokumentiert worden.

Auch nach der Besetzung durch die Deutschen blieb Sousa Mendes noch eine Woche in Bordeaux. Weitere Flüchtlinge meldeten sich bei ihm, aber er konnte jetzt kaum noch helfen. Immerhin gab er dem Wiener Juden Mosco Galimir und seiner Tochter Marguerite Unterkunft in seiner Wohnung und stellte ihnen portugiesische Pässe aus, sodass sie den Krieg in Frankreich überleben konnten.

Ob er sich nach seiner Absetzung und dem Rückruf durch Salazar Alternativen überlegte, etwa selbst ins westliche Ausland zu fliehen, das ist nicht überliefert. Die Tatsache, dass seine Kinder in Portugal waren, dürfte bei einem Mann mit so starkem Familiensinn gegen solche Absichten sprechen. Möglicherweise unterschätzte der General-Konsul aber den Zorn und die Rachsucht des portugiesischen Diktators, obwohl er ihn persönlich kannte. Oder er glaubte, ihn mit den Argumenten der christlichen Traditionen Portugals doch noch überzeugen zu können.

Am 8. Juli kehrte Sousa Mendes nach Portugal zurück.

ANMERKUNGEN

1. Peter Kingdon Booker: Aristides de Sousa Mendes, In: Algarvehistoryassociation.com am 2.12.2013
2. Ebenda
3. José-Alain Fralon: Der Gerechte von Bordeaux, S. 60 f
4. Ebenda
5. Bob Moore: Survivors, S. 20
6. Ilse Pollack: Es war wirklich meine Absicht, all diese Leute zu retten. Der Fall Sousa Mendes, S. 187
7. Rui Afonso: Le »Wallenberg Portugais«, 10
8. Ebenda, siehe auch: Avraham Milgram: Portugal, the Consuls, and the Jewish Refugees 1938–1941, S. 19
9. José-Alain Fralon: Der Gerechte von Bordeaux, S. 64
10. Ajpn.org: Hélène de Beauvoir
11. Die Vereinigten Staaten hatten 1940 nicht einmal genügend Waffen, um sich im Kriegsfall selbst zu verteidigen. Die Entscheidung, in den Krieg einzutreten hätte ohnehin der Kongress, nicht der Präsident zu treffen gehabt. (Robert Dallek: Franklin D. Roosevelt and the American Foreign Policy 1932–1945, S. 222)
12. Henri Amouroux: La Vie Des Francais Sous L'Occupation, Paris 1961, S. 40 f
13. Winston Churchill: Der Zweite Weltkrieg, Bern 1954, S. 364
14. Philippe Souleau: Bordeaux dans la tourmente de la défaite.
15. José-Alain Fralon: Der Gerechte von Bordeaux, S. 70
16. Rui Afonso: Le »Wallenberg Portugais«, S. 12
17. Ajpn.org: Chaim Hersz Krüger
18. Ebenda
19. José-Alain Fralon: Der Gerechte von Bordeaux, S. 77
20. Rui Afonso: Le »Wallenberg Portugais«, S. 16
21. Saul Friedländer: The Years of Extermination, S. 118
22. Zitiert nach Amouroux, Henri: La vie des Francais sous L'Occupation, Paris 1961, S. 47
23. Jean-Pierre Azéma, Olivier Wieviorka: Vichy, S. 39
24. Birgit Kletzin: Trikolore unterm Hakenkreuz, S. 17 f
25. Dominique Bona: Gala, S. 313
26. Rui Afonso: Le »Wallenberg Portugais«, S. 18
27. Ebenda, S. 19
28. Ira Mazzoni: Chronik mit blinden Flecken, In: Süddeutsche Zeitung 8.4.2014 und: Mühsames Finale, In: SZ 16./17.5.2015
29. Ingeborg Berggreen-Merkel: Provenienzbericht zu Henri Matisse, »Sitzende Frau«
30. Calheiros e Meneses hilft drei Jahre später als Botschafter in der Türkei auch dem deutschen Botschafter von Papen und dem pästlichen Nuntius Roncalli (später Papst Johannes XXIII) jüdische Kinder zu retten. – Rui Afonso: Le »Wallenberg Portugais«, S. 21
31. Avraham Milgram: Portugal, the Consuls, and the Jewish Refugees 1938–1941, S. 24
32. José-Alain Fralon: Der Gerechte von Bordeaux, S. 108
33. Ebenda, S. 111
34. Rui Afonso: Le »Wallenberg Portugais«, S. 23 f
35. Ebenda, S. 24
36. Wayne H. Bowen: Spaniards and Nazi-Germany, S. 83
37. Mary Jayne Gold: Marseille année 40, S. 230
38. Alma Mahler-Werfel: Mein Leben, S. 308
39. List of Known Visa Recipients, Sousamendesfoundation.org, am 20.11.2013
40. Yad Vashem Archive: Der aufsässige Konsul
41. Bob Moore: Survivors, S. 23
42. Neill Lochery: Lisbon, S. 43
43. Avraham Milgram: Portugal, the Consuls and the Jewish Refugees 1939–1941, S. 22

2 | SALAZARS NEUTRALITÄT

UNTER KONTROLLE DER PVDE

Der offene Ungehorsam Sousa Mendes' forderte nicht allein die Eitelkeit und den Machtwillen des portugiesischen Diktators heraus. Nein, Salazars politischer Kompass war auf »Neutralität« eingestellt, weil er überzeugt davon war, er müsse sein Land aus dem Zweiten Weltkrieg heraushalten. Die Gründe sind vielfältig. Die sinnlosen Verluste während des Ersten Weltkriegs waren auch in Portugal noch in schlechter Erinnerung. Das Land war militärisch schwach und vollkommen unvorbereitet. Ökonomisch fehlte es selbst in Friedenszeiten an fast allem. Die Wirtschaft hatte sich noch nicht von der großen Depression erholt.

Salazars Sympathien waren zweifellos auf der Seite der europäischen Diktatoren: Da waren Franco, den er im spanischen Bürgerkrieg unterstützt hatte, Mussolini, den er bewunderte und Hitler, den er kaum beurteilen konnte aber für ein Bollwerk gegen den Kommunismus hielt. Den westlichen Demokratien misstraute er, der Zusammenbruch der spanischen Republik, die Pendelbewegungen Frankreichs in den 30er Jahren und schließlich seine blamable Niederlage gegen die Deutschen bestärkten seine Skepsis gegenüber der parlamentarischen Demokratie.

Doch Salazar zweifelte, welche der Kriegsparteien wohl am Ende siegen würde. Jede Parteinahme bedeutete dagegen große Risiken, nicht nur für die Kolonien Portugals.

Zu den außenpolitischen Überlegungen am Vorabend und bei Beginn des Krieges kam bei Salazar die Sorge, der Krieg könne von aufständischen Kräften im Lande zu einem Umsturz genutzt werden.[1] Es ging also auch um seine persönliche Machtstellung. So festigte sich im Kopf von Salazar und im Kreise seiner Minister sehr logisch die Vorstellung von einer fein austarierten Politik der »labilen Neutralität«, die eines höchst aufmerksamen Steuermanns bedurfte. Den gleichen Abstand von den Krieg führenden Parteien zu wahren, war fortan wichtigste Aufgabe und größte Herausforderung des Diktators. Beiden Seiten versicherte er seine Bereitschaft zur friedlichen Zusammenarbeit, was genau genommen – wie er wusste – unmöglich war. Beiden Seiten wollte er keinerlei Blöße zeigen, keine Anlässe für Klagen oder Vorwände für irgendein Eingreifen liefern.

Portugal hatte seit 1373 einen Bündnisvertrag mit Großbritannien, der nie aufgekündigt wurde. Salazar fühlte aber keine Beistandsverpflichtung gegenüber dem Partner. Die Briten, in Kenntnis der portugiesischen Schwäche, forderten sie nicht. Sie konnten und wollten Portugal auch nicht den Beistand leisten, den etwa Frankreich bis Juni 1940 erfuhr. Zudem verfolgten die Briten das ihnen viel wichtigere Ziel, Spanien aus dem Krieg an der Seite der Achsenmächte herauszuhalten. Dabei konnte die portugiesische Neutralität nur nützlich sein. Auch Berlin schien diese Linie zu akzeptieren, wie der britische Botschafter Selby aus Lissabon nach London meldete.[2]

Gleich nach Kriegsbeginn schloss Portugal im November 1939 einen Pakt mit Spanien, den »*Iberischen Pakt*«, der Portugal enger mit Spanien verband, obwohl Salazar dem spanischen Staatschef Franco keineswegs wirklich vertraute. Der Pakt bedeutete u. a., dass Spanien Reisende mit einem portugiesischen Visum ungehindert durch sein Territorium fahren ließ, und dass Portugal diese Reisenden an seiner Grenze nicht zurück weisen durfte.

In dieser sensiblen Situation störte der Generalkonsul in Bordeaux die Planungen von Salazar empfindlich. Die spanische Regierung wunderte sich über den Strom von Flüchtlingen, die mit portugiesischem Visum ausgestattet im Juni 1940 von Hendaye nach Vilar Formoso das Land durchquerten. Der portugiesische Botschafter, Pereira, wurde ins Außenministerium in Madrid einbestellt und meldete anschließend nach Lissabon, was ihm vorgehalten wurde: Die Lage an der Grenze sei chaotisch. Auch der britische Botschafter in Madrid, Sir Samuel Hoare, war äußerst beunruhigt.[3]

Salazar fürchtete weniger das Erstaunen in Madrid als möglichen Ärger in Berlin. Den Feinden Hitlers zu helfen, das hätte gefährlich werden können. Man fragte sich in ganz Europa nach dem 22. Juni 1940, dem Waffenstillstand mit Frankreich, welchen Feldzug Hitler wohl als nächsten plane. Seine Truppen standen bereits am Fuß der Pyrenäen. Gibraltar hätte sein nächstes Ziel sein können oder ein anderer Punkt an der Südküste der Iberischen Halbinsel. Von dort aus ließe sich die Straße von Gibraltar blockieren, Großbritannien der Weg durch das Mittelmeer verwehren. Franco – so musste in Lissabon befürchtet werden – könnte den Deutschen dabei behilflich sein und sich gleichzeitig an Portugal vergreifen.

Zwei große amerikanische Schiffe, die *Präsident Roosevelt* und die *SS Washington* holten aus Irland, aus Bordeaux und Lissabon amerikanische Staatsbürger ab, die vor den Kampfhandlungen flüchteten. Den US-Konsuln wurde vom US-Außenministerium ausdrücklich verboten, Nicht-Amerikaner an Bord zu lassen, soweit sie nicht mit Amerikanern verheiratet waren oder amerikanische Kinder begleiteten.[4] Ebenfalls durften amerikanische Passagierschiffe nicht mehr ins Mittelmeer einlaufen.

Der US-Botschafter in Madrid, Wedell, versuchte, die Zustimmung der spanischen Regierung zu einer weiteren Rettungsaktion für Amerikaner über den Hafen von Bilbao zu erreichen. Nach dem 22. Juni durften alle US-Bürger auch ohne spanisches oder portugiesisches Visum die Grenze bei Hendaye überqueren, so eine erste Erfolgsmeldung von Wedell. Amerikaner auf der »Flucht« in die USA wurden allenthalben respektiert. Andere Flüchtlinge nicht.

Portugal in seiner Armut und Rückständigkeit war kaum in der Lage, eine nennenswerte Anzahl von Flüchtlingen aufzunehmen. Mehr als eine Transit-Erlaubnis war dem Land nach Ansicht des amerikanischen Botschafters Pell nicht zumutbar.[5] Die wirtschaftliche Lage des Landes und die Politik der Balance waren aber nicht die einzigen Gründe für die restriktive Politik Salazars. Der Diktator reiste kaum jemals in seinem Leben ins Ausland, er mochte keine Ausländer, hielt ihre Ideen und Weltanschauungen für nicht kompatibel mit dem »nationalen Geist« Portugals.[6]

Um seine Diktatur zu sichern, um die Neutralität der Iberischen Länder zu verteidigen und um Zwischenfälle mit etwaigen »feindlichen« Ausländern auszuschließen, baute er den Polizei-Apparat aus. Die *Policia de Vigilancia e Defeza do Estado*, PVDE, (die Polizei zur Bewachung und Verteidigung des Staates) gewann mehr Einfluss. Ihre internationale Sektion kontrollierte die Grenzen, das heißt sie prüfte Pässe und Visa der Einreisenden. Ihre Aufgabe bestand aber auch darin, die Ausländer während ihres Aufenthaltes im Land zu beobachten, zu belauschen, über sie zu berichten. Vor allem sollte ihre Abreise so bald wie möglich erfolgen, obwohl die umständlichen Genehmigungsverfahren der Botschaften und Konsulate viel Zeit kosteten. Nur noch selten fuhren Schiffe von Lissabon hinaus über den Atlantik nach Nord- oder Südamerika. Es musste also lange gewartet werden. Obendrein hatten viele Flüchtlinge gar nicht das Geld für das teure Ticket. Dauerhafte Ansiedlung in Portugal aber war ihnen verboten, genauso wie in den portugiesischen Kolonien. Flüchtlinge, die mit einem Transit-Visum nach Portugal kamen, waren also keineswegs an einem Ziel angekommen, sie blieben Flüchtlinge.

Die Ausländer verändern im Sommer 1940 plötzlich das Stadtbild von Lissabon. Sie sind so zahlreich, dass Hotels und Pensionen sie nicht unterbringen können. Jedes Zimmer, sogar jede Badewanne wird vermietet. Hotels vergrößern sich ruckartig in benachbarte Gebäude. Zimmerpreise steigen rasant. Die Einwohner Lissabons staunen: Auf den Straßen schlendern Frauen mit offenem, unbedecktem Haar, was bisher in Portugal als Kennzeichen für Prostituierte galt. Frauen stehen an den Bars der Straßen-Cafés, was einer Portugiesin niemals einfallen würde. Man darf in den Straßencafés den ganzen Abend bei einer einzigen Tasse Kaffee verbringen. Das Leben ist preiswert, die Moral in der Hauptstadt locker. In den Gassen um den zentralen *Rossio-Platz* sind alle europäischen Sprachen zu hören. Aber Vorsicht: Überall sind Spione der PVDE. Auch Kellner, Taxifahrer, Hotelportiers lassen sich von der Polizei für Hinweise bezahlen.

An der Spitze der internationalen Abteilung der PVDE, die also die Ausländer observierte, stand Paulo Cumano, der in Deutschland ausgebildet wurde und einer der wenigen wirklichen Antisemiten in Portugal war. Seine Leute waren es, die Salazar vor der Flut von Flüchtlingen mit Visum aus Bordeaux warnten. Einige der Ankommenden wurden gleich an der Grenze bei Vilar Formoso von den PVDE-Offizieren in ein Lager gesperrt. Zu ihnen gehörte Rabbi Krüger mit seiner Familie. Moyses Amzalak, das Oberhaupt der jüdischen Gemeinde von Lissabon, ein Freund von Staatschef Salazar, und Augusto d'Esaguy, Präsident der jüdischen Hilfsorganisation *HICEM*, intervenierten erfolgreich, sodass die Internierten ihre Reise in Portugal fortsetzen konnten. Dieser Vorgang wiederholte sich wieder und wieder. Wenn jüdische Organisationen Wege fanden, die Flüchtlinge außer Landes zu bringen, zeigte sich der Polizei-Apparat Salazars tolerant. Das heißt jedoch nicht, dass ausländische Juden und HICEM problemlos agieren konnten. Sobald die jüdischen Hilfsorganisationen mit dem Andrang überfordert waren, – und das passierte schon im

Sommer 1940 – wurde die portugiesische Polizei aktiv. Sie schickte im August sechsundzwanzig Juden aus Luxemburg zurück nach Frankreich, und kurz darauf noch einmal zweiunddreißig.[7] Dann setzte die Gestapo mehrere hundert Juden aus Luxemburg in einen plombierten Zug, den sie nach Portugal auf die Reise schickte. Die Regierung in Lissabon sagte die Ausstellung von Transitvisa zu, wenn eine andere Regierung sich bereit erklärte, die Luxemburger aufzunehmen. Die Exil-Regierung des Großherzogtums in London tat alles Menschenmögliche, um die britische Regierung zu bewegen, den bedrohten Flüchtlingen wenigstens vorübergehend Asyl in einem ihrer Kolonialgebiete zu gewähren, aber vergeblich.[8] London blieb unbarmherzig, Lissabon blieb unbarmherzig. Einige Luxemburger konnten entkommen, aber die Mehrheit wurde mit dem gleichen Zug nach Frankreich zurückgeschickt. Dort konnten einige untertauchen, aber 512 von ihnen wurden erneut verhaftet und von den Nazi-Behörden ins Vernichtungslager Treblinka deportiert.[9]

Nicht nur die PVDE überwacht die Ausländer in Portugal. In großer Zahl sind seit Kriegsbeginn Spione und Agenten beider Kriegsparteien mit zweifelhaften Absichten, aber ordentlichen Visa eingereist. Mangels eigener Sprachkenntnisse lassen sie nach Möglichkeit portugiesische Hilfswillige für sich arbeiten, etwa Beamte des Polizei-Apparats, die sich auf diese Weise gern unter der Hand etwas Zusätzliches verdienen. Ziel ihrer Recherchen sind vor allem politisch Verfolgte aber auch Künstler und Wissenschaftler. In den teuren Hotels Tivoli oder Aviz an der Avenida da Liberdade kostet eine Suite jetzt pro Nacht mehr als ein portugiesisches durchschnittliches Monatsgehalt. Deutsche und britische Geheimagenten gehen ein und aus genauso wie in den Luxushotels der benachbarten Badeorte Estoril und Cascais. Im Spielcasino von Estoril rollt die Kugel als herrsche tiefster Friede in Europa. Zwischen Schmugglern, Hochstaplern und königlichen Hoheiten im Exil tummeln sich deutsche Gestapo- oder Abwehr-Agenten, um reiche jüdische Flüchtlinge am Spieltisch oder tagsüber am Strand zu beobachten. Die Daten neu ankommender Gäste werden umgehend in die Hauptstädte der Geheimdienste gemeldet. Das Hotelpersonal arbeitet mit diesem oder jenem Agenten zusammen. Wenn lang erwartete Tickets für die Panam-Clipper nach Amerika ausgegeben werden, gehören die Spitzel zu den ersten, die das erfahren.

Kim Philby, der Chef der britischen Geheimdienste für die Iberische Halbinsel (erst 1962 als Sowjetspion entlarvt) sammelt Material über Flüchtlinge wie über ihre Nazi-Verfolger, die er im gleichen Umfeld antrifft. Zu seinen Mitarbeitern gehören Graham Greene und Ian Fleming, die sich von dieser Umgebung wichtige Anregungen für ihre späteren Bücher und Drehbücher holen. Die gut bestückte Bar des Hotels Palacio, im Stil eines britischen Offiziersclubs mit dunklem Tropenholz vertäfelt und mit edlen Gemälden über den feinen Ledersofas ausgestattet, ist als Nachrichtenbörse so wichtig wie das nebenan gelegene Spielcasino, aber schneller als die Zeitungen. Der Doppelagent des britischen MI6 und Sowjetspion Dusko Popov erwirbt sich den Beinamen »The Tricycle« (das Dreirad) weil er immer an jedem Arm eine schöne Frau die Stufen in die Hotelhalle hinaufführt und oft noch eine dritte im Schlepptau hat.[10] Popov dient dem späteren Filmautor Fleming als Vorbild für seine Film-Figur 007/James Bond. Das Hotel selbst wird Schauplatz eines Films dieser Reihe.

In der Bar treffen sich reiche einheimische Händler, die ein Vermögen verdienen durch Verkäufe von Wolfram-Erz, das die Deutschen für ihre Waffen-Industrie dringend brauchen. Portugiesische Wolfram-Lieferungen an das Deutsche Nazi-Reich blieben von westlichen Diplomaten lange unbemerkt oder wurden vernachlässigt. Sie haben den Krieg wesentlich verlängert. (Es gab in Europa außerhalb von Portugal kaum Wolfram-Vorkommen.)

Der Hafen mit seinen internationalen Verbindungen und der Flughafen genießen das besondere Interesse der Geheimdienste. Seeleute werden im Rotlichtviertel Cais do Sodré von den Mädchen ausgehorcht. Das Personal von Flug-Agenturen und Reederei-Büros beantwortet Fragen aller Art gegen kleines Geld.

Der deutsch-österreichisch-ungarische Schriftsteller Arthur Koestler verbringt auf seiner Flucht sieben Wochen in Lissabon, die er in seinem Romanen »*Arrival and Departure*« verdichtet. Er nennt Lissabon dort »Neutralia«. Obwohl die Stadt sich weiträumig über Hügel entlang der Fluss-Mündung des Tejo hinstreckt, bewegen sich die Fremden fast ausschließlich in der engen Innenstadt um den *Rossio-Platz* bis hin zu den westlich gelegenen Botschaften Großbritanniens und der Vereinigten Staaten, wo sie sich immer wieder wegen ihrer Einreisegenehmigung anstellen müssen, so beobachtet Koestler. »Schaute man diese endlose Prozession an, dann bemerkte man, dass der Katalog der möglichen Verfolgungsgründe unter der Neuen Ordnung vielfältiger war, als selbst ein Spezialist sich vorstellen könnte; Tatsächlich erstreckte er sich über das gesamte Alphabet, von A wie Austrian Monarchist (Österreichischer Monarchist) bis Z wie zionistischer Jude. Jede europäische Nation, Religion, Partei war vertreten in dieser Prozession, einschließlich der deutschen Nazis von der Strasser-Oppositionsgruppe bis zu den italienischen Faschisten (jetzt) in Ungnade.«[11]

Lissabon sei ein »Irrenhaus voller Flüchtlinge« aus ganz Europa, schrieb Man Ray.[12] Joseph Kennedy, der amerikanische Botschafter in London, hielt sich Ende Oktober 1940 einige Tage in Lissabon auf und war erstaunt. Er schlug seiner Regierung vor, »that they should have a lot of bright fellows there to meet all the people coming down from France and Germany to get a lot of good information. It's the only listening post left in Europe«.[13] Nach seiner Beobachtung waren es vor allem Juden, die in Lissabon ankamen und bei seinem Flug mit dem Panam-Clipper fühlte er sich unwohl zwischen so vielen Juden.

Erika Mann hielt sich als britische Kriegs-Korrespondentin im August einige Tage in Lissabon auf. Sie beschrieb ihren Eltern in Princeton den »mulmigen Scheinfrieden«, der hier herrschte. »Emigranten umschwirren mich wie Motten um das Licht«.[14] Sie suchte den Chef der Hilfsorganisation *USC*, Reverend Sharp, vor seiner Abreise nach Marseille auf und gab ihm etwas Geld für ihren Bruder Golo und den Onkel Heinrich in die Hand.

Martha und Waitstill Sharp hatten schon in Prag 1939 für die *American Unitarian Association* Flüchtlingen aus der Tschechoslowakei geholfen. Dann waren sie nach Boston zurückgekehrt. Die kleine Unitarische Kirche in den USA mit Sitz in Boston gründete im Mai 1940 das *Unitarian Service Committee, USC*, das die beiden Sharps sofort nach Paris schicken wollte. Die Reise sollte am 15. Juli beginnen, aber am 14. Juli hatten die Deutschen Paris besetzt. Es musste also kurzfristig umgeplant werden. Die Sharps flogen mit dem Flugboot nach Lissabon, wo sie am 20. Juli ankamen. Im Hotel Metropol am zentralen Rossio-Platz öffneten sie ihr USC-Büro. Ihr Interesse galt aber weiterhin Frankreich und beide, Martha und Waitstill, reisten in der Folgezeit mehrfach zwischen Lissabon und der unbesetzten Zone Frankreichs hin und her. Das Interesse des USC galt zunächst vor allem Flüchtlingen aus der Tschechoslowakei, aber auch den tschechoslowakischen Soldaten, die nach der Niederlage Frankreichs einen Weg nach Großbritannien suchten, wo ihre Exil-Armee sich neu formierte.

Martha Sharp richtete ein Programm zur Rettung von Kindern vor Not und Verfolgung ein: Sie beschaffte Trocken-Milch-Lieferungen aus den USA, die sie für Kinder-Hilfsorganisationen in Südfrankreich weiter beförderte. Sie plante außerdem, Kinder zur Adoption in die Vereinigten Staaten zu bringen.

Unter den Hilfsorganisationen, die in Lissabon und in Marseille tätig waren, sind neben dem jüdischen *HICEM* auch das International *YMCA* zu nennen. *HICEM* hatte das seinen Hauptsitz in Europa von Paris in die portugiesische Hauptstadt verlegt. Auch das American Friends Service Committee und das American Jewish Joint Distribution Committee (auch »Joint« genannt) sind hier zu nennen. Sie alle wollten den Flüchtlingen helfen, dabei aber illegale Methoden vermeiden.

Hinzu kam eine Agentur von etwas anderer Art. Als sich in Vichy das Pétain-Regime etablierte, von Salazar nicht ohne Wohlgefallen begleitet,[15] da bildete sich fast gleichzeitig in Lissabon – unterstützt von der britischen Botschaft – eine verdeckte Zelle der Gaullisten. Salazar mit seiner Politik des ›Sowohl-als-Auch‹ hinderte sie nicht oder kaum. Die gaullistische Zelle hatte vor allem zwei Aufgaben: Erstens Propaganda-Tätigkeit gegen das Vichy-Regime und die deutschen Okkupanten, zweitens jungen Franzosen zur Flucht nach Großbritannien oder nach Gibraltar zu verhelfen. Sofern die Freiwilligen, meist ohne Visum, es bis nach Portugal schafften, ohne von der spanischen Polizei aufgegriffen und zurück geschickt zu werden, fanden sie in oder bei Lissabon Verstecke, die die gaullistische Delegation für sie vorbereitet hatte. Allerdings durften sie auch nicht der *PVDE* in die Hände fallen, die ihre Opfer in portugiesische Gefängnisse brachte und dann ebenfalls nach Frankreich zurückschickte. Viele mussten Monate in den Verstecken bleiben, bis sich eine Fahrgelegenheit nach Großbritannien fand. Von Faro und von Setubal aus fuhren auch kleinere Boote illegal nach Gibraltar.[16]

DIE WINDSORS

Neben dem Ungehorsam von Aristides de Sousa Mendes entstand eine zweite Herausforderung, die den Neutralitätskurs Salazars ins Schlingern zu bringen drohte. Sie forderte die Aufmerksamkeit und Sensibilität des Staatsmanns Salazar eher noch mehr.

Als der militärische Widerstand Frankreichs gegen die Deutschen zusammenbrach, lebten zwei besonders prominente Flüchtlinge abwechselnd in ihrer Suite des Pariser Hotels Ritz und an der Cote d'Azur: Der Herzog und die Herzogin von Windsor.

Nach seiner Abdankung als König Edward VIII. im Dezember 1936 und wegen seiner dann folgenden Heirat mit Wallis Simpson ist Herzog Edward nunmehr der königlichen Familie entfremdet und außerdem der britischen Politik nicht wohl gesonnen. Der Herzog von Windsor hält den Krieg für ein Unglück, das zu vermeiden gewesen wäre. Schon bei seiner Deutschlandreise 1937 und bei seinem Besuch bei Hitler hatte der Herzog den Eindruck hinterlassen, deutschfreundlich zu sein und eventuell für eine Brücke zwischen Berlin und London nützlich zu sein.

DER HERZOG VON WINDSOR, EDWARD VIII., MIT SEINER FRAU

Edward VIII. telefoniert am Morgen des 17. Juni, wenige Stunden vor der französischen Bitte um Waffenstillstand, mit dem britischen Generalmajor Edward Spears, Liaison-Offizier bei der französischen Regierung, und bittet ihn, ein Kriegsschiff nach Nizza zu entsenden, das die Windsors dort abholen solle. Großbritannien bereitet seine Verteidigung am Ärmelkanal vor, die Marine holt 150.000 eigene und verbündete Soldaten sowie mehr als 300 Geschütze unter dramatischen Umständen aus den bereits umkämpften französischen Atlantikhäfen ab[17] und kann kein Schiff für die Reise des herzoglichen Playboys entbehren. Ihm wird geraten, mit dem Auto nach Spanien zu reisen. Schmollend packen die Windsors einiges an Gepäck zusammen und brechen auf. Am 21. Juni erreichen sie Barcelona, am 23. Juni Madrid. Der britische Botschafter Sir Samuel Hoare, der selbst erst Anfang des Monats seinen Dienst in Madrid angetreten hat, bringt sie im dortigen Hotel Ritz unter, in dem er auch selbst wohnt. Das Hotel ist voll von »aggressiven Deutschen«,[18] beklagt er sich später. Er ist überzeugt, dass die Deutschen sein Telefon abhören.

Franco und seine Regierung versuchen gar nicht erst, eine neutrale Haltung einzunehmen. Die Stimmung in Madrid ist eindeutig pro-deutsch. Britische Diplomaten befürchten kurzfristig den Eintritt Francos in den Krieg an der Seite der Achsenmächte. Zusätzlich zu dem in Lissabon bekannten Gerangel von Spionage und Gegenspionage hat das Deutsche Reich mit Spaniens Genehmigung mehrere Horchposten eingerichtet, die den internationalen Fernsprechverkehr belauschen. Allein in einem Annex der deutschen Botschaft in Madrid arbeiteten 70 bis 100 Techniker an dieser Aufgabe.[19] Die Spannung ist fast mit Händen zu greifen. Die Ahnung von einer bevorstehenden Katastrophe liegt in der Luft. Die Regierung Churchill, auch erst wenige Wochen im Amt, und Botschafter Hoare stimmen überein, dass Madrid kein guter Platz ist für die Windsors.

An seinem ersten Abend im Ritz speist der Herzog mit dem Botschafter. Dieser hat ein Telegramm von Churchill erhalten. Der Premier möchte, dass die Windsors so schnell es geht Spanien verlassen und nach Lissabon weiterreisen. Dort soll ein Flugboot sie nach kurzer Pause aufnehmen und nach England holen.

Der Herzog aber lehnt ab. Er ist nicht erfreut über die Aussicht, nach England zurückzukehren und sich dort mit seiner königlichen Verwandtschaft auseinander zu setzen. Er wünscht für sich eine bedeutende Funktion, die seinem Rang entspricht. Seit seinem ersten Anruf am 17. Juni muss er seine Meinung wohl geändert haben. Churchill lässt ihm ausrichten, das könne man alles gut in England besprechen. Aber der Herzog zieht es vor, seinem Vaterland an einem anderen Ort des Empire zu dienen. Er bleibt also noch in Madrid, redet viel und freimütig über die verfehlte Politik, die seiner Meinung nach in London gemacht wird. Nicht nur in Madrid, auch in Berlin und London werden seine Ansichten bekannt und aufmerksam registriert. Der Mann scheint auf ein besseres Angebot Churchills zu warten.

Wie viele Flüchtlinge nach ihm schätzt der Herzog die Gefahr, in der er sich zusammen mit der Herzogin befindet, völlig falsch ein.

Der spanische Außenminister Beigbeder schlägt Franco am 23. Juni vor, den Herzog und seine Frau festzunehmen, damit die Deutschen Kontakt mit ihm aufnehmen können. Die Deutschen aber wollen nicht mit Beigbeder, sondern lieber mit dem Innenminister Serrano Suner verhandeln. Suner glaubt sicher zu wissen, dass der Herzog nach seiner deutlichen Kritik an der britischen

Kriegführung in der Lage sei, Frieden zu vermitteln. Suner und Franco hoffen, der abgedankte König könne entgegen dem Willen Churchills einen Kompromiss-Frieden mit den Deutschen aushandeln. Dazu versuchen sie, die Windsors zum Bleiben zu bewegen. Der Diplomat Javier Bermejillo wird beauftragt, den Herzog zu begleiten, ihn zu beobachten und über ihn zu berichten. Hoare als Sprachrohr Churchills verstärkt nunmehr seinen Druck. Aber er hat kein Glück. Der jüngere Bruder Edwards, der Herzog von Kent hat sich in Lissabon zum Besuch der portugiesischen Weltausstellung angesagt. Eine Absage wäre ein Affront. Die Ausstellung ist ein Prestige-Objekt Salazars, ein Aushängschild seines Estado Nuevo. Die beiden königlichen Brüder haben öffentlich angekündigt, sich nicht treffen zu wollen. Also muss der Herzog von Windsor in Spanien warten bis der Herzog von Kent das Feld geräumt hat. Man hat ja sonst keine Sorgen!

Am 3. Juli erscheinen die Windsors in Lissabon, für einen kurzen Besuch mit zwei Übernachtungen wie alle annehmen, außer den Windsors selbst. Salazar weiß, dass die Briten die beiden schnell und unbeschadet in England zu sehen wünschen. Er ahnt aber, dass die Deutschen die Sache ganz anders sehen. Also ist äußerste Vorsicht geboten.

Eine angemessene Hotelsuite in Lissabon für den Herzog und die Herzogin zu finden, ist aussichtslos und kommt auch wegen der Sicherheitsprobleme nicht in Frage. Der britische Botschafter Selby reserviert eine Suite im Hotel Palacio in Estoril. Das Haus liegt gleich neben dem Spielcasino. Am Tag vor der Ankunft der Windsors meldet sich aber der Direktor des Palacio in der britischen Botschaft mit der Nachricht, das Hotel sei voll besetzt und könne die Windsors nicht aufnehmen. Zugleich schlägt der Hotel-Manager vor, der Herzog und die Herzogin könnten in der privaten Villa des bekannten Bankiers Ricardo Espirito Santo im benachbarten Ort Cascais wohnen. Cascais ist ein feiner Villenvorort neben einer alten Festung und einem Leuchtturm direkt am Atlantik: Weiter Meerblick, schäumende Brandung entlang der zerklüfteten Felsküste, gepflegte Parks, frische Luft, öffentliche und private Sauberkeit eingeschlossen. Noch bessere Adressen hat das Land nicht.

Der Privatbankier Espirito Santo ist ein persönlicher Freund von Salazar und anders als dieser eloquent, elegant und bei Bedarf charmant. Es darf vermutet werden, dass das ganze Arrangement auf Salazar zurückgeht, denn in der Villa waren die Windsors keinerlei Gefährdung ausgesetzt und auch besser zu bewachen, bzw. zu beobachten. Der Chef des britischen Geheimdienstes, Stewart Menzies, bittet die portugiesische Polizei, die Gäste zu beschützen.[20] Salazar beauftragt den Chef seiner Geheimpolizei *PVDE*, Agostinho Lourenco, die Windsors abzuschirmen. Achtzehn *PVDE*-Agenten umschließen und bewachen das Anwesen und den Herzog Tag und Nacht.

Andererseits ist Espirito Santo auch mit dem umtriebigen und gut vernetzten deutschen Botschafter, Baron von Hoynigen-Huene, befreundet, sodass die britischen Diplomaten in Lissabon nicht ganz sorglos auf die Szene in Cascais schauen. Obendrein ist den Briten bekannt, dass die Bank bedeutende Geschäftsbeziehungen nach Deutschland unterhält. Hatte Botschafter Walford Selby sich von Salazar austricksen lassen? Ihm ist versichert worden, der Bankier würde sich nicht in der Villa aufhalten während des Besuchs der Windsors. Dennoch begrüßt er sie bei Ihrer Ankunft an der Haustür und läßt sich auch später im Garten mit ihnen fotografieren. Peinlich für den Botschafter. Der Herzog von Windsor hat keine Berührungsängste.

»OPERATION WILLY«

Nach seiner Abreise aus Madrid scheint die Chance für die Deutschen, den enttäuschten, wenn nicht verbitterten Herzog für ihre Zwecke einzuspannen, erst einmal verpasst. Der Fisch ist von der Angel gegangen. Aber Außenminister Ribbentrop will nicht aufgeben. Er ruft den SD Brigadeführer Walter Schellenberg, Abteilungsleiter im Reichssicherheitshauptamt, in der Nacht des 23. Juli an und beauftragt ihn »auf Befehl Hitlers« mit der »Operation Willy«.[21] Der erst 30-jährige Top-Agent Schellenberg und sein Team sollen die Windsors aus Portugal zurück nach Spanien locken und dazu bewegen, sich in ein neutrales Land zu begeben, vorzugsweise in die Schweiz. Wenn nicht anders möglich, etwa wenn der britische Geheimdienst MI5 eingreift, solle der Herzog mit Gewalt entführt werden. Bei Friedens-Verhandlungen jetzt oder später solle Edward VIII. helfen, die Briten zu überzeugen, das Kriegskabinett Churchills durch eine deutsch-freundliche Regierung zu ersetzen. So abenteuerlich der Plan klingt, den Schellenberg in seinen Erinnerungen beschreibt,[22] es muss dem deutschen Außenminister sehr ernst sein.

Schellenberg wendet ein, wenn man Gewalt anwende, dann sei eine Kooperation anschließend unmöglich. Doch Ribbentrop lässt das nicht gelten. Edward könne ja dann wieder König sein und außerdem wolle man ihm zur Sicherheit eine Summe von 50 Millionen Schweizer Franken zur Verfügung stellen, wenn er sich von seiner königlichen Familie distanziert (»dissociating himself from the Manoeuvers of the British Royal Family«)[23]

Außenminister Ribbentrop war zuvor selbst Botschafter des Dritten Reiches in Großbritannien, er müsste einschätzen können, dass dieser Plan illusionär ist. Aber die Hoffnung in den internen Machtkämpfen der NS-Führung in Berlin eine solche Trumpfkarte in die Hand zu bekommen, muss ihn wohl geblendet haben. Britische Kritiker des Herzogs hielten es später durchaus für möglich, dass er die Sache Großbritanniens und seiner Alliierten verrät.

Schellenbergs Vorgesetzter Heydrich hofft, dass der Plan fehlschlagen wird und dass sich Ribbentrop auf diese Weise lächerlich macht. Doch trotz dieser nicht einfachen Ausgangslage macht sich der sehr agile Agent sofort an die Arbeit. Er fliegt nach Madrid, wo ihn der deutsche Botschafter von Stohrer, der weder die Nazis noch Einmischung durch den SD schätzt, missbilligend aufnimmt. Der Botschafter hält den Plan für Unsinn, tut aber seine Pflicht: Er stellt Schellenberg zwei Spezialisten zur Verfügung, den Polizei-Attaché der Botschaft, Paul Winzer, selbst ein SD-Mann, der in Spanien mit Einverständnis der spanischen Regierung mit 25 bis 30 Männern operieren darf.[24] Der zweite ist »Angel«, das ist Alcazar de Velasco, ein spanischer Agent der deutschen ›Abwehr‹, ein ehemaliger Matador und jetzt Anhänger der Falange mit exzellenten Verbindungen zur spanischen Führung. Angel muss Schellenberg versprechen, seinem Vorgesetzten Admiral Canaris gegenüber kein Wort über die »Operation Willy« zu verraten.[25]

Am 26. Juli fliegt Schellenberg weiter nach Lissabon und meldet sich beim deutschen Botschafter, dem Baron von Hoyningen-Huene, der auch weder begeistert noch optimistisch ist. Er fürchtet auch Schaden für die deutsch-portugiesischen Beziehungen. Dennoch verspricht er Schellenberg aber, ihn bei der »Operation Willi« zu unterstützen.[26] Was auch sonst? Schellenberg ist entschlossen, keine Gewalt anzuwenden. In seinem Hotel, dem Palacio in Estoril, plant er, durch sein Agentennetz um die Villa Espirito Santo im benachbarten Cascais herum eine Atmosphäre der Unsicherheit zu schaffen. Das soll die Windsors veranlassen, sich nach Spanien zurückzuziehen. Diesen Plan lässt er auch per Funkspruch an Ribbentrop übermitteln.

Zu diesem Zweck sucht Schellenberg einen alten Freund auf, den japanischen Geheimdienstchef in Lissabon. Dieser beschafft Karten, Fotos und Skizzen von der Villa in Cascais.[27] Dann nimmt Schellenberg Kontakt auf mit seinem Agenten »C«, Colonel José Catala, einem der Stellvertreter Lourencos. Alles ist vorbereitet.

Die Stimmung des Herzogs bei seiner Ankunft in Portugal ist gar nicht gut. Ein neues Telegramm von Churchill erinnert ihn daran, dass er Soldat sei und den Befehlen der Regierung des Königs zu gehorchen, also nach England zurück zu kehren habe. Edward will bereits antworten, er verzichte auf jeden militärischen Rang, da kommt plötzlich eine neue Nachricht von Churchill, diesmal mit völlig anderer Botschaft. Der Herzog von Windsor soll Gouverneur der Bahamas werden – eine überraschende Wende. Churchill, der die deutschen Funksprüche durch die Enigma-Maschine in Bletchley-Park auffangen, entschlüsseln und auswerten lässt, scheint plötzlich von dem Entführungsplan erfahren zu haben.[28] Auf den Bahamas erreichen die Windsors zwar nicht die herausgehobene Stellung, die der ehemalige König für angemessen hält, aber doch einen angenehmen Platz an der Sonne und Zeit, Tennis zu spielen. Für Churchill wiederum wäre das Risiko dieses unzufriedenen Abenteurers unter Kontrolle.

Doch die Windsors haben es nicht eilig. Es scheint ihnen in Cascais zu gefallen. Sie verlängern ihren Aufenthalt, niemand weiß, für wie lange. Die Familie Espirito Santo zieht wieder ein und bewohnt die Villa nun zusammen mit ihren britischen Gästen. Man spielt gemeinsam Golf in Estoril und empfängt abends zahlreiche Gäste in Cascais, unter ihnen den US-Botschafter Herbert Pell sowie den Baron und die Baronesse de Rothschild, die erst kürzlich aus Frankreich in Lissabon angekommen sind, nachdem Aristides de Sousa Mendes ihnen ein Visum verschafft hat. Der Herzog fühlt sich wie zu Hause. Auch der britische Botschafter, Selby, sieht sich in der Pflicht, den Windsors interessante abendliche Empfänge zu bieten. Sogar das Spielcasino in Estoril sucht der Herzog mit einigen Begleitern auf. Er spielt Bridge bis morgens um vier.

Die Spione der PVDE schreiben täglich Berichte, die wichtigsten Passagen landen auf dem Schreibtisch Salazars. Schon am 8. Juli taucht der spanische Diplomat Bermejillo in Cascais auf, der die Windsors in Madrid begleitet hat. Er nimmt die Begleitung wieder auf, den Windsors offenbar sehr willkommen, wie ein PVDE-Bericht vermerkt. Edward und der Spanier trennen sich nur, wenn der Herzog die britische Botschaft in Lissabon aufsucht, die seinen Pass verwahrt. Gegen Ende des Monats spitzt sich die Lage zu.

Am 26. Juli hat Edward ein zweistündiges Gespräch mit Nicolas Franco, dem spanischen Botschafter in Lissabon und Bruder des spanischen Staatschefs. Franco versucht ihn zu überreden, in Portugal zu bleiben und Churchills Angebot auszuschlagen. Aber er spürt Widerstand des Herzogs.[29]

Die Windsors hatten Bermejillo schon in Madrid gebeten, einige Wertsachen und Gepäckstücke aus ihrem Haus in Südfrankreich holen zu lassen. Eine Hausdame der Herzogin reiste im Auto dorthin trotz des unberechenbaren Chaos im Lande und kehrte zunächst nach Madrid zurück. Der Aufpasser Bermejillo und die spanischen Behörden glaubten, ohne diese persönlichen Dinge werde das herzogliche Paar den Kontinent nicht verlassen. Sie verzögerten die Auslieferung.

Am 27. Juli erscheint das Team von Schellenberg aus Madrid, Winzer und Velasco, auf der Bühne in Lissabon. Velasco sucht den Herzog auf und unterbreitet das Angebot Spaniens, den Windsors Schutz gegen britische Anschläge zu bieten. Edward bedankt sich, bittet aber um 48 Stunden Bedenkzeit. Ribbentrop funkt an Walter Schellenberg, der Führer befehle die Entführung, »jetzt«![30]

Am Sonntag den 28. Juli landet ein Flugboot aus Großbritannien in Lissabon, an Bord ein zuverlässiger Bote Churchills: Sir Walter Monckton. Monckton ist auch Rechtsberater des Herzogs und mit ihm seit langem befreundet. Churchill hatte ihn am Vortag in Downing Street 10 auf seine Aufgabe vorbereitet. Er soll den schwankenden Windsor in Richtung Bahamas in Bewegung setzen.

Am 31. Juli trifft der Herzog endlich seine Entscheidung. Er schreibt an Churchill, die Berufung auf die Bahamas sei nach seiner Ansicht nicht von erstklassiger Bedeutung, aber sie bringe wenigstens für den Augenblick eine Lösung für die Frage nach seiner Rolle. Am Abend dieses Tages bei einem Diner im Hotel Aviz teilt er seinen Gästen und Freunden mit, er werde den Posten auf den Bahamas annehmen. Am 1. August 1940 reisen der Herzog und die Herzogin ohne ihre Hausdame und ihre nachgeholten Wertsachen auf dem Schiff *SS Excalibur* nach Amerika. An Bord sind zahlreiche Flüchtlinge, die den Internierungslagern in Frankreich und den Konzentrationslagern der Nazis unter weit weniger komfortablen Umständen knapp entkommen sind.

Vom Fenster der deutschen Botschaft aus schaut Walter Schellenberg per Feldstecher zu, wie die Herzogin und der Herzog von Windsor im Hafen Alcantara das Schiff besteigen. Dann schreibt er in sein Tagebuch: »Willy will nicht.«[31]

Zurück in Berlin kann sich der SS-Offizier Schellenberg durch seinen Bericht geschickt aus der Affäre ziehen. Seine Vorgesetzten Heydrich und Ribbentrop machen ihm trotz seines Misserfolgs keinen Vorwurf.

So absurd und illusionär der Plan »Operation Willy« von Anfang an gewesen sein mag, so verschwand mit der Abreise des Herzogs aus Lissabon doch die letzte Chance der Nazis, mit den Briten zu einer Art Verständigungsfrieden zu kommen. Am Tag nach seiner Abreise, am 2. August, begann mit massiven deutschen Luftangriffen die »Operation Seelöwe«, die Schlacht um England.

Für Salazar zählte, dass die portugiesische Neutralität zwar in Frage gestellt, aber nicht beschädigt worden war. Ihm konnte man keine Vorwürfe machen, weder in Berlin noch in London. Die Wahl des Bankiers Espirito Santo als Gastgeber und Begleiter der Windsors erwies sich als geschickter Schachzug. Der Diktator hatte den Windsors nicht direkt bei der Flucht geholfen, aber er hatte sie auch nicht verhindert.

ANMERKUNGEN

1. Neill Lochery: Lisbon, S. 18
2. Public Record Office, National Archive, Kew, London, Foreign Office 371/24064, Selby 2. September 1939
3. Neill Lochery: Lisbon, S. 46
4. Foreign Relations of the United States diplomatic Papers, FRUS, 1940 Bd. 2, S. 120 ff
5. FRUS. 1940, Bd. 2, S. 130
6. Avraham Milgram: Portugal, the Consuls and the Jewish Refugees, 1939–1941, S. 4
7. Patrik von zur Mühlen: Fluchtweg Portugal, Der Exodus aus dem besetzten Europa, S. 11
8. Ebenda
9. Ebenda, S. 12
10. Olivia Katrandjian: To Spy in Lisbon (Huffington Post 12.04.2013)
11. Arthur Koestler: Abschaum der Erde. Frankfurt a.M. Berlin, 1993 S. 242
12. Dominique Bona: Gala, S. 312
13. Zitiert nach Neill Lochery: Joseph Kennedy and the WWII Jewish Refugees, Neill Lochery Blog Jan. 16, 2015
14. Erika Mann an Thomas Mann, 26.08.1940 (Mein Vater, der Zauberer, S. 146)
15. Helena Pinto Janeiro: Salazar et les trois France (1940–1944), S. 42
16. Ebenda, S. 43
17. Winston Churchill: Der Zweite Weltkrieg, Bern 1954, S. 359
18. Samuel Hoare: Ambassador on a Special Mission, S. 22
19. Neill Lochery: Lisbon, S. 61 f
20. Ebenda, S. 70
21. Christer Jörgensen: Hitlers Espionage Machine, S. 111 f
22. Walter Schellenberg: The memoirs of Hitlers Spymaster, S. 135 f
23. Reinhardt R. Doerries: Hitlers Last Chief of Foreign Intelligence, S. 11 f
24. Reinhard R. Doerries: Hitlers last Chief, S. 11
25. Christer Jörgensen: Hitlers Espionage Machine, S. 112
26. Walter Schellenberg: The Memoirs of Hitlers Spymaster, S. 135 f
27. Christer Jörgensen: Hitlers Espionage Machine, S. 112
28. Neill Lochery: Lisbon, S. 75
29. Ebenda, S. 82
30. Reinhard R. Doerries: Hitlers last Chief, S. 12
31. Christer Jörgensen: Hitlers Espionage Machine, S. 112 f

3 | DEMÜTIGUNGEN

DAS FRAUENLAGER GURS

Schon im Januar 1939 hatte die Regierung Daladier in Rieucros im Departement Lozère ein Lager für politische Flüchtlinge eingerichtet, angeblich im Interesse der öffentlichen Sicherheit. Der härtere Kurs gegenüber Exilanten war Ausdruck der Appeasement-Politik gegenüber Deutschland und Italien. Als gegen Ende des spanischen Bürgerkrieges 1939 der Zustrom von meist linksgerichteten Kämpfern und ihren Angehörigem erheblich anwuchs, ließ die Regierung für sie weitere Lager nördlich der Pyrenäen einrichten.

Bei Kriegsbeginn, im September 1939, der für niemanden überraschend kam, wurden die vor den Nazis seit 1933 nach Frankreich geflüchteten Deutschen, Österreicher und Tschechen als *étrangers indésirables* (unerwünschte Ausländer) betrachtet. Der Pakt, den Hitler und Stalin am Vorabend des Krieges schlossen, machte auch Kommunisten und linksgerichteten Emigranten verdächtig, eine Art fünfte Kolonne zu bilden. Am 7. September annoncierten die französischen Zeitungen, dass alle männlichen Emigranten im militärfähigen Alter zwischen 17 und 50 Jahren sich in bezeichneten Lagern zu melden haben, zum Beispiel im Tennis-Stadion *Roland Garos* neben dem *Bois de Boulogne* oder im Olympia Stadion in Colombes in der Pariser Banlieue.

Innerhalb weniger Tage wurden zwischen 14.000 und 18.000 deutschstämmige Emigranten in Pariser Sportstadien eingesperrt. Das französische Innenministerium sah sich veranlasst, besonders amerikanischen Journalisten zu erklären, warum diese Maßnahme notwendig sei. Politische Flüchtlinge aus Deutschland seien eine Gefahr für die nationale Sicherheit. Sie konnten nicht als Soldaten dienen, weil sie entweder Frankreich an die Nazis verraten würden oder sie würden von den Deutschen sofort erschossen. Sie hätten aber auch nicht in den Pariser Cafés sitzen bleiben können, so hieß es, während französische Soldaten an die Front geschickt werden.

Wer sich nicht freiwillig meldete, den holte die Polizei. Erich Maria Remarque schildert in seinem dokumentarischen Roman ›Die Nacht von Lissabon‹ das Aufnahmeverfahren in der Pariser Polizei-Präfektur. Die Festgenommenen mussten Nahrung für zwei Tage und Decken mitbringen. Zunächst wurden sie in der Salle Lepine, einem Kinoraum für Ausbildungszwecke der Polizei eingesperrt, und von dort zu Verhören abgeholt. Das konnte Tage dauern. Wer auf der Toilette nicht schnell genug war, wurde gestoßen und getreten. »Macht ist Macht, ein Polizist ist ein Polizist in jedem Lande der Welt.«[1]
»Jeden Tag kamen neue Schübe von geängstigten Menschen herein ... schon hing über allem die gespenstische Atmosphäre des verminderten Respekts vor dem Leben und der Individualität, die der Krieg mit sich bringt wie die Pest. Menschen waren nicht mehr Menschen – sie wurden klassifiziert nach militärischen Grundsätzen ...«[2]

Heinrich Blücher, Lebensgefährte und später Ehemann von Hannah Arendt, traf im Stadion *Yves de Manoir* viele seiner Freunde an, etwa Walter Benjamin, der sich etwas weltfremd und eher ungeschickt im Stadion nur schwer zurecht fand.[3] Man musste sich vor Regen schützen, seine Kleider trocknen, nachts seinen Weg zur Toilette finden. Am Tor standen lange Schlangen von Frauen, die ihren Männern zu Essen brachten. Ab Mitte September wurden die Männer auf verschiedene Lager in der Provinz aufgeteilt. Heinrich Blücher gelangte in das Lager *Villemalard* bei Blois, danach nach *Vernuche* einem Lager in einer ehemaligen Möbelfabrik. Auch dort durfte er Pakete mit Nahrung und Kleidung sowie Briefe empfangen, auch Briefe abschicken. Dennoch erkrankte er und musste länger liegen. Hannah Arendt nutzte ihre Beziehungen. Sie kämpfte um seine Freilassung und tatsächlich war er vor Jahresende wieder in Paris. So ging es vielen Männern, auch Walter Benjamin, der im November frei gelassen wurde. Der Krieg, den die Franzosen jetzt *drôle de guerre* nannten, hatte noch gar nicht begonnen. Warum also die Ausländer einsperren? Heinrich und Hannah heirateten am 16. Januar 1940 in Paris.

Anfang Mai 1940 hatte die französische Regierung sichere Kenntnis von dem bevorstehenden Angriff der Wehrmacht auf die westlichen Nachbarn Deutschlands. Der »*drôle de guerre*«, der komische Krieg, war beendet. Am 5. Mai erschienen wieder in allen Zeitungen im Großraum Paris Anzeigen, die alle Männer zwischen 17 und 65 Jahren sowie alle unverheirateten und kinderlosen Frauen, die aus Deutschland, Österreich, dem Saargebiet oder aus

Danzig stammten, aufforderten, sich in Sammellagern zu melden. Deutschstämmige Männer, soweit nicht schon seit September 1939 in Lagern untergebracht, sollten am 14. Mai im Stadion Buffalo erscheinen. Frauen wurden am 15. Mai im *Vélodrom d'Hiver* von der Polizei erwartet, in einer geschlossenen Radsporthalle im Osten der Stadt. Unübersehbar verbreiteten große Plakate an den Litfass-Säulen die gleiche Botschaft. Die zu Internierenden hatten Verpflegung für zwei Tage, eigenes Essgeschirr, Seife, Bekleidung und Decken mitzubringen in einem Koffer, der nicht mehr als 30 Kilo wiegen sollte. Messer, Scheren und Zigaretten mitzunehmen, war verboten. Am 10. Mai griffen die Deutschen an. Jetzt war wirklich Krieg.

Zu den Frauen gehörten Hannah Arendt und Lisa Fittko, beide bereits der Verfolgung durch die Nazis entkommen. Beide ließen ältere Angehörige in Paris zurück. Lisa Fittko war in der damals noch österreichischen Ukraine geboren, in Berlin aufgewachsen, die deutsche Staatsangehörigkeit hatte man ihr aberkannt. Aber der französische Polizei-Inspektor erklärte ihr in unfreundlicher Deutlichkeit: »Wer Deutscher ist, bestimme ich.«[4] Wer nicht von seinen Feinden in Konzentrationslager gesteckt worden war, den brachten seine Freunde in Internierungslager, schrieb Hannah Arendt später. Soldaten und Polizisten befahlen, teilten in der Arena die Emigrantinnen in Gruppen ein, wiesen ihnen Schlafplätze auf den Steinbänken zu, jede bekam einen Strohsack zum Schlafen. Die Behandlung war korrekt, berichtet Hannah Arendt. Aber wenn ein Flugzeug die Glaskuppel der Halle überflog, dann fürchteten die Gefangenen, es könnten deutsche Bomber sein. Gerüchte schwirrten. Die Internierten waren von allen Nachrichten abgeschnitten, aber sie waren sicher, dass der Krieg mit Waffengewalt begonnen hatte. Sirenen verkündeten den Pari-

HANNAH ARENDT,
CA. 1968

sern die deutschen Bomber, den Insassen des Vélodrom verkündeten sie, dass Hitlers Gestapo-Agenten kommen. »Wir wussten, wir fühlten, dass die Deutschen näher rückten«, so Käthe Hirsch.⁵ Luftschutzkeller hatte die Halle nicht.

Nach mehr als einer Woche, am 23. Mai, werden die Frauen in Busse mit geschwärzten Scheiben und auf Lastwagen getrieben. Ein Polizist schlägt Lisa Fittko mit einem Schlagstock auf den Hinterkopf, sie ist nicht die einzige. Die *Flics*, die Pariser Polizisten, haben Wut auf die Deutschen, egal ob Nazis oder Flüchtlinge. Kriegspsychose breitet sich aus. Die Fahrt geht durch die Stadt zum *Gare de Lyon* oder wie Lisa Fittko meint zum *Gare d'Austerlitz*. Viele Frauen weinen, weil sie glauben, die Stadt und ihre Angehörigen nicht wieder zu sehen. Damit die »feindlichen Ausländerinnen« dem Publikum auf dem Bahnhof verborgen bleiben, warten die langen Züge abseits, auf der Güterverladestation. Die Frauen werden zu zehnt in Abteile gesperrt, die je sechs Sitzplätze haben. Dann schließen die *Flics* das Abteil von außen ab. Die Reise dauert zwei oder drei Tage. Die Aufseher schließen nur auf, um ein wenig Brot, Paté und Wasser hereinzureichen. Einmal morgens und einmal abends wird die Toilette des Abteils geöffnet, sonst nicht. Sie erkennen durch die schmutzigen Fenster, dass sie Tours an der Loire passieren. »Wir zehn Frauen saßen in dem Abteil halb aufeinander und waren hungrig, durstig und erschöpft. Manchmal ließen wir die Furcht und die Wut aneinander aus.«⁶

Die Bahnfahrt endet in *Oloron-Ste. Marie*. Beschimpft, bespuckt und mit Steinen bedroht von den baskischen Einwohnern überqueren die »deutschen Frauen« zu Fuß eine enge Brücke. Dann bringen Lastwagen sie nach Gurs, ein ödes Barackenlager im weithin flachen, sumpfigen Pyrenäen-Vorland, das für Flüchtlinge des spanischen Bürgerkriegs und Angehörige der Internationalen Brigaden errichtet worden ist, eingeschlossen durch Stacheldraht-Zäune. Gurs liegt etwa 30 Kilometer von der spanischen Grenze entfernt und ist das größte Internierungslager in Frankreich. Heute ist nichts mehr davon zu sehen. Eine Asphaltstraße verläuft knapp zwei Kilometer lang zwischen den 428 Baracken, die wiederum in Gruppen *(Ilots)* eingeteilt sind. Auch die Ilots sind durch Stacheldraht voneinander getrennt. In einigen separaten Baracken leben noch Flüchtlinge aus Spanien.

Mehr als zweitausend Frauen aus Paris und seinen Vororten sowie aus anderen Teilen Frankreichs werden die nächsten Wochen oder Jahre hier verbringen, in Schmutz und Enge, mit Flöhen, Ratten und Läusen, je sechzig

Frauen in einer Baracke. Für jede Frau ist ein Lagerplatz von 75 cm Breite vorgesehen, Abstellflächen gibt es nicht. Statt Fenstern sind kleine offene Luken in den Holzwänden. Medizinische Versorgung fehlt fast völlig. Die hygienischen Verhältnisse sind so schlecht, die Ernährung so miserabel, dass man Gurs als Hölle bezeichnet, das Elend erscheint grenzenlos. Bald breitet sich die Ruhr aus. Tote werden nachts in Gruben verscharrt. Eine Schwester von Walter Benjamin, Dora, leidet schwer an Arthritis. Aus ihrem Pariser Exil kam auch Lou Straus-Ernst nach Gurs, die deutsche Jüdin aus Köln, Kunsthistorikerin und Journalistin, geschiedene Ehefrau von Max Ernst.

In den ersten Tagen werden Bekannte gesucht und Plätze getauscht, die politischen Emigrantinnen rücken zusammen, auch die Jüdinnen. In anderen Baracken sammeln sich Frauen, die auf »Befreiung« durch die Nazis warten, unter ihnen die Spionin der ›Abwehr‹ Maximiliane Dinklage (»Catsy«), die schon seit Dezember 1939 hier festgehalten wird. Die Aufseherinnen behandeln die »feindlichen« Frauen wie Strafgefangene. Lisa Fittko erzählt, für jede Baracke sei eine Mitgefangene als Chefin eingesetzt worden. Zuerst habe man sich gewundert, wer diese Frauen waren, die fremde Sprachen beherrschen und sich gut mit den Aufseherinnen stehen. Dann aber sei klar geworden, dass diese »Chefinnen« Prostituierte seien, die vorher in Paris auf den Strich gingen. Jetzt beaufsichtigen, schikanieren und bespitzeln sie die übrigen Lagerinsassen.[7] Post und Zeitungen zu empfangen, ist verboten, Briefe abzuschicken, unmöglich.

Unter den Insassen von Gurs sind auch schwangere Frauen, sogar Hochschwangere. Das bedeutet, dass im Schmutz und Elend des Lagers Kinder geboren werden. Wenigstens sauberes Wasser wird für die Geburten organisiert, aber am nächsten Morgen bekommen dann viele Frauen keinen (Ersatz-)Kaffee, weil das Wasser verbraucht ist, so erzählte Marta Feuchtwanger später ihrem Mann Lion.[8]

Die Frauen versuchen, sich sauber zu halten, irgendeine Arbeit zu machen, um nicht zu verzweifeln, aber viele denken an Selbstmord. Einige haben Rasierklingen versteckt. Ich hörte »nur einmal etwas über Selbstmord, schrieb Hannah Arendt später, und das betraf den Vorschlag einer kollektiven Aktion, offenbar eine Art Protest, um die Franzosen aufzuschrecken. Als einige von uns einwandten, dass wir ohnehin *pour crever* (um zu krepieren) dorthin verfrachtet worden waren, schlug die allgemeine Stimmung plötzlich in einen heftigen Lebensmut um. Die allgemeine Meinung war, dass man schon ungewöhnlich asozial und an allgemeinen Ereignissen desinteressiert sein müsse, wenn man es noch immer schaffte, den ganzen Vorfall als persönliches und individuelles Pech zu interpretieren und dementsprechend sein Leben persönlich und individuell beendete.«[9]

Einige Frauen begannen, über Widerstand nachzudenken. Es gelang ihnen, über einen Wachposten einen Beschwerdebrief an den Kommandanten Davergne zu richten. Sie klagten über die unzumutbare Hygiene und fügten dem Schreiben als Beweisstück eine tote Wanze bei. Am nächsten Tag kam die Antwort: »Wenn ihnen die französischen Wanzen nicht zusagen, *Mesdames*, würde ich empfehlen, dass Sie es mit einem deutschen Konzentrationslager versuchen«, berichtet Lisa Fittko.[10]

Trotzdem schafften es die Frauen, dem Lager-Kommandanten einige Zugeständnisse abzuringen. Sie wählten Sprecherinnen jeweils für eine Baracke, so fährt Lisa Fittko fort, vielfach Elsässerinnen wegen ihrer besseren Sprachkenntnisse. Sie durften nun die Ordnung überwachen. Die Türen blieben abends länger offen. Die Aufseherinnen zogen sich zurück. Allerdings weigerten sich die Insassen, Listen aufzustellen, die zwischen politischen Emigrantinnen, Unpolitischen und Nazi-Anhängern unterscheiden sollten. Man wusste ja nicht, wem solche Listen in die Hand fallen. Mit vermuteten Nazi-Spionen begründete der Kommandant, die Zeitungs- und Postsperre.

Der Zustrom von Neuankömmlingen ließ nicht nach. Busse brachten Nonnen aus dem Elsass, die offenbar nicht französisch genug waren. Sie brachten Belgierinnen, Holländerinnen, die Polizei wusste nicht, auf welche Seite sie gehörten. Die einfachste Lösung war: Internieren! Weitere Frauen, die aus Paris ankamen oder aus den Orten der Emigration an der Cote d'Azur, wussten aber genug über den Vormarsch der Deutschen im Mai und Juni, sie wussten, dass Paris seit dem 14. Juni in Händen der Deutschen war. Die Angst vor einer Übernahme des Lagers durch die Nazis wurde immer wieder neu entflammt. Im Juni brachte ein Zug Frauen, die vorher, seit Mitte Mai, in einem Sammellager in Hyères gelebt hatten, unter ihnen Marta Feuchtwanger.[11] Ihre Lage in dem Lager an der Cote d'Azur war sehr viel erträglicher gewesen.

Sechs bis acht Millionen Flüchtlinge überschwemmen jetzt die Straßen im ganzen Land.[12] Chaos und Unordnung machen sich in Polizei und Verwaltung breit, auch in der Armee, sogar in den Internierungslagern.

In Gurs scheiden sich die Geister. Einige wollen fliehen, andere die Deut-

schen erwarten. Einige fragen sich, wie wird mein Mann mich finden, wenn ich fliehe? Er weiß doch nur, dass ich in Gurs bin. Der Kommandant versichert den Frauen, sie würden sobald wie möglich nach Nordafrika gebracht.[13] Hannah Ahrendt hört eines Abends eine bekannte Stimme von jenseits des Stacheldrahts, die sie ruft. Es ist Heinrich, ihr Mann. »Morgen Abend hole ich dich hier raus. Alles ist vorbereitet. Mir haben sie ein *laissez-passer* gegeben, einen Passierschein, weil ich für die Fremdenlegion zu alt bin.«
»Wohin gehen wir?«
»Nach Bayonne, dann nach Spanien, danach weiter. À demain, Liebling!«[14]
Am nächsten Abend, am 8. Juli nach zehn Uhr, wird der Stacheldraht-Zaun schnell aufgeschnitten. Hannah entwischt mit wenig Gepäck. Heinrich hat einen Pferdewagen organisiert, den Kutscher nennt er »camarade«. Das Lager, in dem Heinrich Blücher interniert war, hatte die französische Verwaltung aufgegeben, als sich die deutschen Truppen näherten. Die Internierten wurden unter Bewachung auf einen Fußmarsch in Richtung Süden geschickt. Aber als die Kolonne aus Tiefffliegern beschossen wurde, brachte die Wachmannschaft sich in Sicherheit und entließ ihre Gefangenen in eine prekäre Freiheit. Hannah Ahrendt und Heinrich Blücher haben Freunde in der Stadt Montauban, etwa 200 Kilometer entfernt (Erich Cohn-Bendit, Lotte Klenbort, Renée Barth u. a.) Dorthin fahren oder laufen sie. Die Stadt zieht viele Flüchtlinge an, denn es spricht sich herum, dass der liberale Bürgermeister ihnen Häuser und Wohnungen zur Verfügung stellt, die in Folge des Krieges von ihren Bewohnern verlassen wurden. Viele kommen zu Fuß oder per Fahrrad ans Ziel. Hier kann man auch Kontakt zu amerikanischen Hilfsorganisationen aufnehmen. Unterwegs passieren sie eine Reihe von Pariser Omnibussen, die verlassen am Straßenrand stehen. Die Busfahrer haben ihre Familien in den Südwesten gebracht, der ihnen sicherer schien als die Hauptstadt, berichtet Victor Serge.[15] Die städtische Verkehrgesellschaft hatte ihnen gesagt: Rettet die Busse, aber den Sprit müsst ihr selbst bezahlen. Das Benzin ging spätestens hinter Toulouse aus, die Busse blieben liegen.

Im Lager Gurs nutzten inzwischen auch andere die Wirren der französischen Niederlage, um ihre Freiheit wieder zu finden. Lisa Fittko erzählt: Es ist die Lager-Botin Lotte, die im Büro des Kommandanten etwa hundert Blanko-Formulare aus der Schublade nimmt, Entlassungs-Urkunden. Nelly füllt die Dokumente aus, mit geeigneten Namen und Daten, damit man außerhalb des

Lagers wenigstens ein Papier vorweisen kann. Sie fälscht auch gekonnt die Unterschrift des Kommandanten. Etwa sechzig Frauen verabreden sich für den nächsten Morgen zur Flucht, Lisa Fittko, Anja Pfemfert, Lotte und andere. Sie gehen einzeln oder zu zweit durch das Tor. Der Wachmann schaut sich nur die ersten Entlassungs-Urkunden genau an. Danach lässt er einfach alle gehen. In dem Dorf Pontacq will man sich wieder treffen.[16]

Marta Feuchtwanger gräbt mit bloßen Händen tagelang ein Loch unter dem Stacheldraht und flüchtet ins Freie.[17] Lisa Fittko, unter falschem Namen unterwegs aber mit echter Freundin, findet Schutz und Hilfe bei der Landbevölkerung, die sie nun nicht mehr für eine feindliche Deutsche hält.

»Es war eine einmalige Chance, schrieb Hannah Arendt später, aber sie bedeutete, dass man mit nichts als einer Zahnbürste verschwinden musste, denn es gab keine Transportmittel«.[18] Etwa 200 Frauen von insgesamt 7.000 entkamen aus Gurs auf ähnliche Weise. Aber schon nach wenigen Tagen kehrte wieder Ordnung ein, die Tore schlossen sich, zu flüchten wurde unmöglich.

Der Journalist und Schriftsteller Arthur Koestler, in Spanien 1938 knapp dem Tod entronnen, irrte in diesen Junitagen durch den Südwesten Frankreichs und lernte das Internierungslager *Le Vernet* von innen kennen. Er meldete sich zur Fremdenlegion, um den Deutschen zu entkommen. Aber als die Deutschen da waren, schien ihm die Legion zu unsicher. Er machte sich davon und unterwegs in den Dörfern des Pyrenäen-Vorlandes traf er am 5. Juli einige Frauen aus Gurs. »Die Einwohner nennen sie *Gursiennes*, schrieb er in sein Tagebuch. Die Bauern ... stellen ihnen Zimmer zur Verfügung und lassen sie *au pair* auf den Feldern arbeiten. Sie sind unterernährt und erschöpft, aber sauber und ordentlich gekleidet. Alle tragen Turbane aus bunten Tüchern«.[19] Die Infrastruktur in war in Frankreich zusammen gebrochen, aber das bedeutete nicht, dass alle Franzosen nun ihre Menschlichkeit vergessen hätten.

DAS MÄNNERLAGER LES MILLES

Es war eine ehemalige Ziegelei in dem Ort *Les Milles* südwestlich von Aix en Provence, wo männliche Emigranten als »feindliche Ausländer« zusammen gesperrt wurden. Die Fabrik, seit 1938 still gelegt, wurde am 31. August 1939 vom Bürgermeister der kleinen Stadt beschlagnahmt und am 2. September 1939 vom Militär in Besitz genommen. Das große Gelände mit dem dreistöckigen Gebäude ohne Fensterscheiben und mehreren Höfen erschien für die

Unterbringung von »gefährlichen« Ausländern geeignet. Auf den drei Etagen hatten viele Jahre lang Tonziegel getrocknet, bevor sie gebrannt wurden. Jede Fuge im Gemäuer, jeder Winkel war also mit festgetrocknetem Ziegelstaub bedeckt, der sich nicht entfernen ließ. Aber jeder Schritt wirbelte Staubwolken vom Fußboden hoch. Strohbündel wurden als Betten-Ersatz darüber ausgebreitet.

Ein einziger Wasseranschluss existierte auf dem Gelände, der bald durch Verlängerungen und zusätzliche Kräne verzehnfacht und dann verzwanzigfacht wurde, ohne dass aber nur ein Tropfen Wasser mehr durch die Leitung floss. Trinkwasser musste von außerhalb geholt werden. Eine Ecke auf dem Hof wurde mangels anderer Vorrichtungen als Toilette genutzt, in einen offenen Graben konnten die Internierten sich erleichtern. Ein Herd für Krankheiten und Epidemien! »Ja, jede Verrichtung geschah in der größten Öffentlichkeit und selbstverständlich spürte keiner die geringste Scham vor dem anderen.«[20] Nach Wochen war die hygienische Situation so unhaltbar geworden, dass die Lagerleitung sich entschloss, zwei preisgekrönte internierte Architekten, Konrad Wachsmann und Werner Zippert (der Architekt des Flughafens Tempelhof), mit dem Bau von vier hölzernen »Donnerbalken« zu beauftragen.[21]

Stacheldraht wurde von Soldaten, nicht von Fachleuten, ausgerollt, um jede Flucht zu verhindern, was er nicht tat. In den Drähten fingen sich aber Papier und Unrat. Es waren die Kontrollen an Bahnhöfen und Landstraßen, die jede Flucht aussichtslos erscheinen ließen.

Die Exil-Künstler, Schriftsteller und Wissenschaftler aus Sanary sur Mer und benachbarten Küstenorten hatten sich in Toulon bei der Préfektur melden müssen. Ein anderes Sammellager bestand im *Fort Carré* in Antibes. Vielfache Polizei-Verhöre waren voraus gegangen, weil man den Deutschen nicht traute, den Nazi-Freunden nicht und den Freunden Stalins, der sich mit Hitler verbündet hatte, noch weniger. Konten wurden gesperrt, die Verdunkelung überprüft, hässliche Bemerkungen fielen.[22] Nach dem 20. Oktober 1939 wurden die Insassen kleinerer Lager aus den benachbarten Departements nach Les Milles verlegt, sodass dort die Zahl von 1.850 Internierten erreicht wurde. Die Feuchtwangers, die Werfels, Heinrich und Nelly Mann hatten die Abreise nach Amerika, die ihnen durchaus offen stand, solange hinausgezögert, bis es zu spät war. Heinrich Mann, der damals in Nizza wohnte, blieb nur wegen seines vorgerückten Alters vom Internierungslager verschont.

Die Lager unterstanden dem Militär. 30 Offiziere und 130 Soldaten des 156. Regiments bewachten die Internierten. Der lungenkranke, aber hoch dekorierte Offizier Charles Perrochon, Jahrgang 1890, war der Chef. *Commissions de Criblage*, Überprüfungskommissionen hatten festzustellen, ob die Festsetzung jedes Einzelnen für die öffentliche Sicherheit erforderlich war oder nicht. Es galt zu entscheiden, ob der Verdächtige ein Kriegsgefangener entsprechend der *Haager Landkriegsordnung von 1907* und der *Genfer Konvention von 1929* war oder vielmehr ein Asylant, für den das Asylgesetz von 1936 bestimmend war oder schließlich ein Flüchtling nach der Flüchtlings-Konvention von 1938. Die Prüfung konnte dauern, weil viele Internierte keine ordentlichen Papiere hatten. Sie war oft Anlass für Einmischung der Politik und bot Gelegenheit für vielfältige Willkür.

Der Maler Max Ernst schrieb von Les Milles aus am 27. Oktober 1939 eine Postkarte an seinen 19-jährigen Sohn Jimmy, der im Postbüro des New Yorker Museum of Modern Art arbeitete. Briefe waren verboten. Jimmy erhielt die Karte im November:

My dear Jimmy,
thank you for Your letter. I am being detained here. You can help me
(in my liberation) through your excellent connections. Do something.
Ask important people.
I embrace you, your father, Max.[23]

Seine britische Lebensgefährtin Leonora Carrington brachte Ernst Leinwand und Farbe, sodass er gegen den Hunger anarbeiten konnte. Sie bat auch den alten Dadaisten-Freund Paul Elouard um Hilfe. Dieser verwandte sich beim Innenminister für die Freilassung von Ernst. Ernst wurde zu Weihnachten 1939 freigelassen und konnte in sein Haus im Ardèche und zu seiner Leonora zurückkehren. Der Dorfpolizist in St. Martin hatte den berühmten, aber auch etwas argwöhnisch beobachteten Bohemien Anfang September in Handschellen abgeführt. Er war zunächst sechs Wochen im Gefängnis von Largentière eingesperrt worden. Der Kommandant bot ihm täglich drei Stunden Freigang an, wenn er ihm ein Bild male, welches das Gefängnis in seiner landschaftlichen Umgebung zeigt. Leonora besorgte ihm Farben und Leinwand und brachte auch ein kleines schon fertiges Bild mit. Nach seinem ersten Freigang wollte der Kommandant unbedingt einen Blick auf die Skizze werfen und Ernst zeigte ihm das fertige Gemälde. Darauf geriet der Kommandant außer sich. »Sie haben nicht das Recht, solche Bilder zu malen«.[24] Doch bevor der Maler ins Lager Les Milles weiter transportiert wurde, schenkte er dem Kommandanten ein neues Bild.

Anfang Mai 1940 führte der gleiche Polizist ihn noch einmal in Handschellen aus seinem Haus in St. Martin, nachdem ein taubstummer Nachbar ihn denunziert hat. Ernst habe dem Feind Lichtzeichen gegeben, behauptete der taube und schon bald fand Ernst sich wieder in Les Milles.[25] Ernst und seine nicht halb so alte Freundin, die 23-jährige Leonora, die ebenfalls surrealistisch malte, hatten in dem 300-Einwohner-Dorf durch ihren surrealistischen Lebensstil (auch Nacktheit und Alkohol) Nachbarn provoziert.

Viele französische Freunde der Internierten taten das ihnen Mögliche, um zu helfen. Walter Benjamin erhielt am 30. Oktober 1939 einen Brief von Jean Ballard, Redakteur der Literatur-Zeitschrift »Cahier du Sud«, den er umgehend der *Commission de Criblage* vorlegte. Mit Erfolg – im November wurde Benjamin freigelassen.[26]

Ebenso bat Heinrich Mann in einem Brief vom 24. September 1939 an den Herausgeber der Zeitschrift »*Revue des deux Mondes*« Louis Gillet, ein Mitglied der *Académie Francaise*, um Hilfe für Lion Feuchtwanger.[27] Dies gelang bereits Ende September. Feuchtwanger war nach zwei Wochen wieder auf freiem Fuß, allerdings hatte er sich regelmäßig bei der Polizei zu melden. Nächtliches Maschine-Schreiben machte schon verdächtig. Die allgemeine »Spionitis« griff weiter um sich.

LION FEUCHTWANGER, 1940 IN MARSEILLE

Das blieb so bis zur neuerlichen Internierung im Mai 1940. Aber auch beim zweiten Mal halfen Feuchtwanger seine Beziehungen. Jules Romains und Jean Giraudoux bemühten sich um seine Freilassung. Marta Feuchtwanger schrieb sogar an Churchill. Ein Foto des weltbekannten Romanciers hinter Stacheldraht in *Les Milles* vom Mai 1940 gelangte in die Zeitungen, nicht nur in Frankreich.

Die vielen namenlosen Internierten kamen schlechter weg. Für sie gab es die Möglichkeit, sich zu einem unbewaffneten Hilfs-Corps der *Fremdenlegion* zu melden, den *Companies de Prestataires*. So wurden bis zum Blitzkrieg der Deutschen im Mai 1940 etwa 14.000 Männer aus den Internierungslagern entlassen. 9.000 Flüchtlinge meldeten sich direkt zur Fremdenlegion, 5.000 als *Prestataire*.[28] Ein Gerücht besagte, die *Prestataires* sollten eine Bahnlinie durch die Sahara bauen, die *transsaharienne*. Tatsächlich wurden viele im Bergbau z.B. in den Cevennen beschäftigt und in kleineren Speziallagern untergebracht, die zwar besser ausgestattet waren, in denen aber auch striktere Disziplin herrschte.

Nach dem deutschen Angriff vom 10. Mai 1940 beschloss die Regierung, erneut alle Männer deutscher oder österreichischer Herkunft festzunehmen. Man ging dabei nicht kleinlich vor. Diesmal waren alle Männer zwischen 15 und 65 betroffen, Frauen und Kinder ließ man vielfach im Umfeld der Lager auf nicht ganz freiem Fuß, zum Beispiel in fünf überwachten Hotels in Marseille. Die Männer trafen sich wieder: Die Maler Max Ernst, Anton Räderscheidt und Hans Bellmer, die Schriftsteller Lion Feuchtwanger und Walter Hasenclever, die Wissenschaftler Golo Mann, Otto Meyerhof (Nobelpreisträger) und Wilhelm Reich (Entdecker des Cortison und Nobelpreisträger), die Journalisten Alfred Kantorowicz, Bruno Frei und Gerhart Eisler sowie zahlreiche Künstler, Musiker, Politiker. Männer aus 27 Nationen fanden sich schließlich in *Les Milles*, auch Skandinavier, Schweizer, Holländer, Belgier, Luxemburger, Elsässer und Lothringer. Wer irgendwie germanisch aussah, war schon verdächtig. Wer sich nicht ausweisen konnte, wurde interniert. Insgesamt 3.500 Männer versammelten sich im Sommer 1940 unfreiwillig in der ehemaligen Ziegelei. Einigen »feindlichen Ausländern« aber war es gelungen, sich vor dem Zugriff der Polizei zu verstecken.

Auch in *Les Milles* bemühen sich die Intellektuellen, den Lebensmut der Internierten zu erhalten. Die Maler schmücken einen acht mal zwölf Meter großen Raum, der noch heute erhalten ist, damals Speisesaal der Wärter. Das Tonnengewölbe wird mit acht Bildelementen bedeckt, direkt auf dem Zement, die sich wie zu einem Fresko zusammen fügen, das sich über Wände und Decke hinzieht: Lebensmittel im Überfluss machen die Bedürftigkeit für einen Augenblick vergessen. Welche Maler sich daran beteiligen, lässt sich nicht mit Sicherheit rekonstruieren, aber es steht fest, dass das Gemälde im Herbst 1940 entsteht. Ein Spruch ziert das Werk: »Wenn Eure Teller nicht gut beladen sind, mögen unsere Zeichnungen Euren Appetit stillen«.[29]

Kabarettisten und andere Spötter versuchen es mit Humor und beißender Kritik. Das Kabarett in einem Raum, der ehemals als Brennofen diente und nun als Bar ausgeschmückt ist, nennt sich »*die Katakombe*« wie das bekannte Vorbild in Berlin. Der Architekt Zippert baut die Bühnenbilder. Die Inszenierung besorgt der Düsseldorfer Opernregisseur Friedrich Schramm.[30] Die Titel der von Max Schlesinger improvisierten und oft wiederholten Revuen lauten: »*Radio-Milles*«, »*L'auberge du cheval pas tout à fait blanc*« (Das nicht ganz weiße Rössl am Wolfgangsee) oder »*L'inflammation des Nibelungen*« (Die Entzündung der Nibelungen). Kein Zufall, dass der hinterhältige Hagen eine gewisse Ähnlichkeit mit Hitler hat. Da Musikinstrumente teilweise oder weitgehend fehlen, wird auch auf Kämmen in Seidenpapier musiziert. Es darf mitgesungen werden, auch laut.

Ein Kursus im Internierungslager lehrt die französische Sprache, ein anderer vermittelt Kenntnis der Bibel, ein Chor und ein österreichisches Orchester entstehen. Die internierten Pfarrer, Priester und Rabbis organisieren Gottesdienste für alle Konfessionen in einem Raum, den sie sich später mit den sozialistisch-orientierten Kabarettisten um Schlesinger teilen müssen. Selbstverständlich funktioniert das Alles nicht reibungslos, nicht frei von den Eitelkeiten der Künstler und politischen Ranküen, z. B. zwischen Schlesinger und Schramm. Aber das bescheidene Kulturprogramm hilft, die elenden Bedingungen des Lagerdaseins auszuhalten.

Wegen des omnipräsenten Ziegelstaubs, hat man immer Feinkörniges im Essen, in der Kleidung, in den Schuhen. Der Staub scheint durch alle Poren zu dringen, nimmt den ganzen Körper in Besitz. Hans Bellmer malt ein Portrait von Max Ernst, das sein Gesicht wie aus Ziegelsteinen gemauert zeigt. Viele Internierte denken über Selbstmord nach, beschaffen sich Schlaftabletten oder Gift. In Lion Feuchtwangers Tagebuch trägt diese Zeit Züge von Verzweiflung.[31]

Trotz der schlechten materiellen Bedingungen in *Les Milles, Gurs* und den anderen Lagern darf nicht vergessen werden, dass es mindestens einen wesentlichen Unterschied zu deutschen Konzentrations- oder Arbeitslagern gab: Die französischen Wachmannschaften haben –trotz deutlicher Abstufungen – die Internierten nicht verachtet, gequält, gefoltert oder umgebracht. Das System der Internierungslager zielte nicht auf Vernichtung, auch nicht auf Ausbeutung der Gefangenen. Allerdings drohte ihnen die Auslieferung an die Deutschen, deshalb herrschte Furcht in den Lagern. Einige kleine Lager wurden den Deutschen bei ihrem Vormarsch umstandslos übergeben. Viele Lagerleitungen ermöglichten den Insassen in diesem Moment akuter Gefahr aber auch die Flucht.

Mitte Juni 1940, als die Deutschen die Rhone erreichen und bedrohlich nahe kommen, bringt ein französischer Leutnant eine Gruppe von etwa 200 Internierten aus Zentralfrankreich nach *Les Milles*. Der Mann hat für sie alle bereits unterzeichnete Entlassungspapiere dabei, in die nur noch Name und Datum einzutragen sind. Obendrein hatte er versprochen, Alles zu tun, damit sie nicht in deutsche Hände fallen. Die 200 Männer, unter ihnen der Jurist und Journalist Wolf Franck, warten nun täglich auf ihre Entlassung, aber nichts geschieht. Doch dann bahnt sich in einer Welle von Empörung ein Aufstand in Les Milles an. Franck überzeugt in kürzester Zeit auf dem Lagerplatz mehrere tausend Internierte, von der Lagerleitung ultimativ einen Zug zu verlangen, der sie in eine Hafenstadt bringen soll, damit sie nach Übersee entkommen können. Der Lager-Kommandant ist gutwillig. Jeder, der abreisen will, soll sich in eine Liste eintragen. Aber mancher Insasse fragt sich, ob das nicht nur eine Finte ist, um die Nazi-Feinde umso einfacher aufzuspüren. Viele können sich nicht entschließen, weil völlig unbekannt ist, wohin ein möglicher Zug sie bringen wird.

In *Les Milles* werden angesichts der Niederlage Frankreichs auch die Anhänger der Nazis laut und frech. Gruppen stellen sich den Fluchtwilligen mit dem Hitlergruß in den Weg, und brüllen »Heil Hitler« durch die Ziegelei. Es zeigt sich, dass mehr Nazis und Nazi-Anhänger im Lager sind, als etwa Lion Feuchtwanger angenommen hatte.[32] Die Nacht vom 21. zum 22. Juni ist von Schlägereien und Krawall gekennzeichnet. Wachpersonal bringt die Tumulte mit blanker Waffe unter Kontrolle.[33] Es sieht nicht gut aus für die von Hitler Verfolgten. Der Schriftsteller Walter Hasenclever nimmt eine tödliche Dosis Veronal, an der er am nächsten Tag stirbt.

Der Lagerkommandant Charles Perrochon ruft wiederholt Lion Feuchtwanger in sein Büro, den er als einzigen namentlich kennt und einzuschätzen weiß. Feuchtwanger findet die Wünsche seiner Mitinsassen widersprüchlich und nicht sehr durchdacht. Er tritt mit einer ganzen Delegation der Fluchtwilligen vor den Kommandanten. Wenn sie nicht in 24 Stunden einen Zug bekommen, wollen sie gewaltsam ausbrechen und lieber im Feuer der französischen Gewehre sterben als in Hitlers Gefängnissen, drohen sie. Die Ehre Frankreichs steht auf dem Spiel, aber auch die Anordnungen der Regierung sind zu respektieren, obwohl diese gerade erst im Chaos zurück getreten ist. Der Kommandant ist gereizt, aber er tut, was er kann. Er verspricht Feuchtwanger, den sterbenden Hasenclever auf keinen Fall in die Hände der Nazis fallen zu lassen.[34]

Perrochon entscheidet sich für die Ehre Frankreichs. Es gelingt ihm, mit Hilfe eines widerstrebenden Offiziers, einen Zug zu organisieren, der am 22. Juni am Bahnhof Les Milles direkt neben dem Lager hält. Wer will, kann den Zug nehmen, der die Internierten zunächst in Richtung Marseille bringen soll. Etwa 2.100 Männer steigen ein, bewacht von wenigen Algeriern. Der Zug hat 1.200 Sitzplätze. Im letzten Moment muss bereits verkleinertes Gepäck neu sortiert werden. Vieles wird unter Flüchen aus dem wartenden Zug geworfen. Es geht nicht ohne Prügel ab. Die algerischen Wachsoldaten zwingen mit dem Ruf »Allez hop« immer weitere Männer in die Viehwagen. Nur ein Teil der Flüchtlinge kann stundenweise im Wechsel auf dem nackten Holzboden sitzen.

In den Jahren 1939 bis 1941 wurden 18.000 bis 20.000 deutschsprachige Flüchtlinge in über hundert französischen Internierungslagern festgesetzt. Für ihr weiteres Schicksal sollte noch ein weiterer Faktor bestimmend werden: Die Propaganda-Sendungen von »Radio Stuttgart« während des »drole de guerre«, die auch von Frankfurt und Köln aus gesendet wurden, hetzten gegen Großbritannien und gegen die Durchhalte-Politik einiger französischer Politiker. Sie entfalteten aber große Wirkung und erreichten eine gewisse Popularität, weil bestimmte Politiker, etwa Propaganda-Chef Giraudoux wiederholt auf die Programme eingingen.[35] Es wurde deutlich, dass in Frankreich eine ›Fünfte Kolonne‹ für den Sieg der Nazis spioniert. Nach dem deutschen Angriff im Mai 1940 kam es sogar zu Sabotage-Akten. Die ›Fünfte Kolonne‹ bestand aus Agenten, Defätisten und Flüchtlingen.[36] Etwa dreißig deutsche Spione wurden von Kriegsbeginn bis Juni 1940 verhaftet und verurteilt. Nach dem Angriff im

Mai »bemühten sich deutsche Propaganda-Spezialisten, um die Panik zu steigern, den Franzosen zu suggerieren, dass alle deutschen Emigranten, ja sogar die aus Deutschland emigrierten Juden nichts anderes als Agenten der Nationalsozialisten seien.«[37] Solche Anschuldigungen, so absurd sie waren, blieben nicht ohne Wirkung für die Flüchtlinge.

DER UNTERGANG VON PARIS

Mit der Umbildung seiner Regierung und dem Wechsel im Armee-Oberkommando von Maurice Gamelin zu Maxime Weygand am 18. Mai 1940 trug Reynaud bereits der Wende im Kampf gegen die Deutschen Rechnung. Die Nachrichten von der Front hatten die alte Mannschaft und Reynaud selbst kopflos gemacht. Am 25. Mai trat zum letzten Mal in Paris das ›Comité de Guerre‹ (Kriegsrat) zusammen und – obwohl die Lage noch nicht aussichtslos war – wurde die Möglichkeit eines Friedens mit Nazi-Deutschland erörtert. Auch die Flucht nach Süden, an die Loire und nach Bordeaux fasste die Regierung ins Auge.

Nach dem Abzug der Politiker, der Diplomaten, der Nationalbank und der Chefetagen aller großer Konzerne in der ersten Juni-Hälfte verbreitet sich in Paris eine merkwürdige Stimmung: Spannung, Angst und Trauer, aber zunächst ohne Panik. Es riecht nach Brand und Asche, weil Botschaften und Behörden beginnen, ihre Archive zu verbrennen. Die Stadt soll nicht verteidigt werden, damit sie nicht zerstört wird. Die französische Armee hat sich deshalb vollständig aus Paris zurückgezogen. Die Deutschen Truppen haben am 4. Juni die Hafenstadt Dunkerque eingenommen und kommen Paris jetzt jeden Tag ein Stück näher. Eine neue Front an der Somme hält nicht. Zeitungsberichte geben aber kein genaues Bild vom Verlauf der Kämpfe, sodass die Pariser vollkommen überrascht erfahren, dass der ›Blitzkrieg‹ sich schon eine Woche später ihrer Stadt nähert. Die Versicherungen der Politiker und Militär-Strategen, die Maginot-Linie werde Frankreich vor dem Feind aus Deutschland schützen, erweist sich in kürzester Zeit als falsch, als leichtfertig gegebenes Versprechen.

In Paris leben 1940 noch immer deutsche Emigranten: Künstler wie Eugen Spiro, Präsident des 1938 in Paris gegründeten ›Freien Deutschen Künstlerbundes‹, der jetzt ein Portrait von Baron Edouard de Rothschild unvollendet liegen lassen muss, weil dieser sich zur Flucht nach Bordeaux entschließt. Spiro selbst reist kaum später im Juni ab und lässt seine Kunstsammlung zurück, einen fast unermesslichen Schatz, der alsbald den Nazis in die Hände fällt.

Außerdem haben deutsche Autoren und Schriftsteller in Paris Zuflucht gefunden, die im Mai 1933 als Reaktion auf die Bücherverbrennungen in Deutschland den *Schutzverband deutscher Schriftsteller – Ausland* gegründet hatten und Rudolf Leonhard zum Vorsitzenden gewählt hatten. Alfred Kantorowicz ist Generalsekretär des nunmehr verbotenen Schutzverbandes und Gründer der jetzt geschlossenen ›Deutschen Freiheitsbibliothek‹. Zahlreiche Journalisten und Karikaturisten aus den großen Zeitungen Berlins und Wiens setzen den Kampf gegen die Nazis mit ihren reduzierten Mitteln unverdrossen fort. Deutsche Politiker im Exil arbeiten mit Leidenschaft, finden aber kein gemeinsames Konzept.

Gemeinsam hatten sie alle im *Lutetia-Kreis* unter Vorsitz von Heinrich Mann ab 1936 trotz tief greifender Unterschiede in Analyse und Temperament eine Art Volksfront- Exil-Regierung zu organisieren beabsichtigt. Das war ein »illusionäres« Vorhaben, wie Golo Mann später dem Verfasser versicherte, von vornherein zum Scheitern verurteilt und »von Kommunisten für ihre Zwecke missbraucht«.[38] Andere sahen Parallelen zu den ebenfalls gescheiterten Volksfrontregierungen in Frankreich und Spanien. Heinrich Mann (der in Nizza wohnte) hatte sich als ausgleichender Präsident am Lutetia-Projekt beteiligt. Auch Klaus Mann und Lion Feuchtwanger hatten zu dem Kreis gehört, der sich nach dem Tagungshotel im 6. Arrondissement *Lutetia* (einst der römische Name von Paris) nannte.

Der Kommunist Willy Münzenberg, der die Volksfront-Bewegung zusammen mit Rudolf Leonhard wesentlich angestoßen und vorbereitet hatte, hat inzwischen mit dem Stalin'schen Kommunismus gebrochen, wurde 1938 aus der KP ausgeschlossen und sollte ein schreckliches und mysteriöses Ende im Exil finden.

Der aus Deutschland geflüchtete Parteivorstand der SPD hatte zunächst in Prag sein Exil-Quartier aufgeschlagen, musste aber im Frühjahr 1938 weiter nach Paris fliehen. Die Geflüchteten denken über den Kampf gegen Hitler nach und versuchen, ein Konzept für Deutschland nach dem Krieg zu entwickeln. Sozialdemokraten, Sozialisten, Kommunisten und Trotzkisten aller Schattierungen sind sich aber so uneins, dass sie keinerlei Einfluss auf den Lauf der Geschichte nehmen können. Der Sopade-Vorstand schließt mehrere Abweichler aus und kooptiert Rudolf Hilferding und den Journalisten und Partei-Funktionär Fritz (Bedrich) Heine. Nach Kriegsbeginn wird der Schutzverband Deutscher Schriftsteller verboten, die deutsche Freiheitsbibliothek muss schließen. Nach dem deutschen Angriff im Mai 1940 brennt den Intellektuellen im Exil der Boden unter den Füßen, sofern sie nicht bereits interniert sind. Rudolf Breitscheid, der ehemalige Fraktionsvorsitzende der SPD im Reichstag, lebt im Mai 1940 noch in der französischen Hauptstadt, ebenso wie Rudolf Hilferding, der in der Weimarer Republik zweimal für die SPD Reichsfinanzminister gewesen war. Der parteilose ehemalige preußische Finanzminister Otto Klepper wird, als der deutsche Feldzug im Westen beginnt, interniert; ebenso wie Fritz Heine und der ehemalige Chefredakteur der linksliberalen *Vossischen Zeitung* Georg Bernhard, der im Pariser Exil das *Pariser Tageblatt* und dann die *Pariser Tageszeitung* geleitet hatte, Organe für die 35.000 deutsch-sprachigen Emigranten in Frankreich.

Der sozialistische Politiker Walter Fabian aus Berlin gehörte für die SAP (Sozialistische Arbeiterpartei) – unter dem Decknamen Kurt Sachs – zum Vorstand des Lutetia-Kreises. Er wird bei Kriegsbeginn 1939 interniert und verbringt einige Monate in dem Lager Marolles bei Blois an der Loire. Seine schwangere Frau Ruth Fabian, geb. Loewenthal, ebenfalls aus Berlin, führt in Paris das gemeinsam mit Walter gegründete Büro einer Zeitungsausschnitt-Sammlung weiter. Fünfzig Tages- und Wochenzeitungen werden ausgewertet und archiviert, sodass die beiden Fabians einen kompletten Überblick vor allem über die Nazi-Politik gewinnen. Das ist ihr Lebensunterhalt.

Ruth Fabian entdeckt Ende 1939 eine Möglichkeit für ihren Mann, dem Internierungslager zu entkommen: Wenn er sich nämlich freiwillig bei der Fremdenlegion meldet. Das erscheint als einzige Überlebenschance. So flüchtet Walter Fabian aus Marolles ins französische Algerien und meldet sich im Januar 1940 bei der Legion, die den deutsch-jüdischen Pazifisten als »feindlichen Ausländer« aufnimmt.[39] Am 18. Januar 1940 schreibt er in sein Tagebuch, was er an diesem Tag bei der Legion zu leisten hatte: »Gewehr putzen und Exerzieren, … Kartoffel schälen, Kohl waschen, Küche säubern, Geschirr trocknen, Faß rollen und Hof fegen.«[40] Eingesperrt in der Militärbibliothek und zwei Monate krank, liest er viel und entdeckt für sich den französischen Dichter und Vorkämpfer für soziale Gerechtigkeit, Victor Hugo.

Seine Frau Ruth beschäftigt in ihrem Zeitungsarchiv, solange es geht, illegal andere Emigranten. Als die Deutschen nach Paris kommen, muss damit Schluss sein. Mit ihrem erst wenige Monate alten Baby Annette flüchtet sie nach Montauban im Südwesten Frankreichs. Damit verliert Walter Fabian zunächst ihre Adresse. Die Exilanten aus Deutschland und Österreich, die noch in Freiheit sind, verlassen jetzt Paris, so wie die Mehrheit aller Pariser ihrer Stadt den Rücken kehren. Sie schliessen sich den acht Millionen Niederländern, Belgiern, Luxemburgern und Nordfranzosen an, die Rettung im Süden suchen.[41]

Das *Café de Tournon* im sechsten Arrondissement, war jahrelang beliebter Treffpunkt deutsch-österreichischer Schriftsteller und Intellektueller wie Joseph Roth, der sich unter den Augen seiner Freunde zu Tode soff, Franz Hildebrand, Walter Mehring, Franz Werfel, Egon Erwin Kisch und des Karikaturisten Bill Freier (eigentlich: Wilhelm Spira). Dieses Bistro verliert sein Publikum und seinen Charme ruckartig. Freier war aus der Internierung entkommen, indem er sich zum ›nichtmilitärischen‹ Dienst in einer Waffenfabrik meldete. Kurz bevor die Deutschen Paris erreichten, floh er nach Marseille, zusammen mit seiner Frau Mina, die er im Internierungslager geheiratet hatte.[42] Die Szene der deutsch-sprachigen Intellektuellen verschwindet im Juni 1940 quasi über Nacht.

Im Café ›Tout va bien‹ hatte der deutsch-jüdische Komponist Norbert Glanzberg für Hungerlöhne Musik gemacht, bis die Chansonette Edith Piaf ihn entdeckte. Alsdann schrieb er für sie zahlreiche Melodien und kam ihr auch persönlich nahe. Im ›Tout va bien‹ trafen sich Musiker und Schauspieler wie Kurt Weill, Lilly Palmer, und Billy Wilder. Gegen schlechte Bezahlung komponierte Glanzberg für Tino Rossi und Charles Trenet, der Flüchtling musste für jeden Auftrag dankbar sein. Er hatte Berlin, wo er für die Ufa Filmmusik schrieb, bereits 1933 verlassen, nachdem Goebbels ihn in einem Artikel der Nazi-Zeitung der »Angriff« als dekadenten Juden beschimpft hatte. Der Ghetto-Jude esse das Brot blonder Komponisten, log der Reichspropaganda-Minister. Glanzberg meldete sich bei der polnischen Armee, die im Sommer 1940 in Großbritannien aufgebaut wurde, kehrte dann aber nach Frankreich zurück, wo er auch Edith Piaf wieder traf.[43]

Der spanische Emigrant Pablo Picasso, der sich mit seinem Bild ›Guernica‹ als entschlossener Gegner sowohl Francos wie auch der Nazis einen Namen gemacht hatte, beantragte am 3. April in einem Brief an den Justizminister die französische Staatsbürgerschaft. Der Minister ließ den Antrag prüfen. Am 30. April besprach ein Beamter den Wunsch mit dem Künstler und gab dann seinen Vorgesetzten eine positive Empfehlung. Aber der Antrag wurde nicht genehmigt, denn in den Archiven der Präfektur fand sich ein altes Protokoll aus dem Jahr 1905, in dem eine Pariser Concierge den damals jungen Künstler, gerade aus Spanien eingereist, als Anarchisten bezeichnet hatte. Picasso erhielt keine Antwort, was einer Ablehnung gleich kam. Frankreich wollte ihn nicht, verweigerte ihm den Schutz, den die Staatsbürgerschaft hätte bedeuten können. Picasso schwieg darüber bis an sein Lebensende. Als die Deutschen sich der Stadt näherten, verließ er Paris und mietete sich eine Wohnung in Royan am Atlantik.[44]

Weniger prominente und schlechter gestellte jüdische Flüchtlinge aus Deutschland und Mitteleuropa haben seit Kriegsbeginn 1939 immer wieder zu Hunderten am Haus *des Comité d'assistance aux réfugiés, CAR* in der Nähe der Métro-Station Wagram Schlange gestanden, in dem Haus, vor dem Haus, um das Haus herum. Viele Flüchtlinge bewohnen Obdachlosenheime, sie bekommen beim *CAR* etwas Geld, damit sie nicht verhungern. Auch diese Adresse der Hilfsbereitschaft schließt plötzlich und definitiv. Es bleibt nichts als die weitere Flucht.

Ebenso macht sich das Sopade-Büro erneut auf die Reise, nach Lissabon, wo es sich im November 1940 auflöst. (Im Frühjahr 41 gründet sich in London eine Union aller deutschen Sozialisten im Exil.)

Die Stimmung der Pariser Theater und Cabarets, während des ›drole de guerre‹ noch ausgelassen, animiert und inspiriert durch Josephine Baker und Maurice Chevalier, sie verstummt ganz plötzlich. Josephine Baker schließt sich später der Résistance an, dem französischen Widerstand, Maurice Chevalier wird von der Résistance in Haft genommen.

Der junge polnische Flüchtling Andrzej Bobkowski, der seit Anfang 1939 auf eine Reise-Möglichkeit nach Buenos Aires wartet, wo er eine Stelle gefunden hat, schreibt am 20. Mai 1940 in sein Tagebuch: »Es ist still und heiß. Paris ist verödet und wird von Tag zu Tag leerer. Doch das geht irgendwie heimlich vor sich. Die Menschen fahren verstohlen fort, wobei sie ihren Bekannten bis zum letzten Moment versichern: ›Wir gehen nicht weg.‹ Man sieht nur immer öfter Autos, die mit schwerem Gepäck, das auf dem Dach befestigt ist, durch die Strassen schleichen und in Richtung Süden verschwinden. Man soll sie nicht bemerken. Ungewissheit und Geheimnistuerei breiten sich über die Stadt.«[45] Bobkowski, der 1913 in Wiener Neustadt geboren war, hatte sich vergeblich zur polnischen Armee in Frankreich gemeldet. Er war nicht gesund genug. Stattdessen fand er Arbeit in einer Waffenfabrik in Chatillon bei Paris.

Die amerikanische Studentin der Kunstgeschichte, Miriam Davenport, ausgestattet mit einem Carnegie Summer Art Scholarship – Stipendium, erwartet im Juni ihr Examen an der Sorbonne, der angesehenen Universität von Paris. Noch Ende Mai 1940 hielt sie es für völlig unmöglich, dass die französische Armee vor den Deutschen kapitulieren könnte. Aber die Hochschule teilt ihr mit, dass für den Monat Juni alle Prüfungen abgesagt sind, obwohl der Lehrbetrieb vorerst eingeschränkt fortgesetzt werde. Sie könne ihr Examen aber an der Universität von Toulouse machen. Miriam Davenport nimmt einen der letzten planmäßig nach Toulouse fahrenden Züge.[46] Wir werden ihr in Marseille wieder begegnen.

Luftangriffe der Deutschen nähern sich der Stadt Paris. »Presse und Radio erteilen Ratschläge und Anweisungen«, schreibt Francoise Frenkel in ihren Erinnerungen. »Die Öffentlichkeit zögert: War es besser in der eigenen Wohnung zu sterben oder in einem Keller zu ersticken? Die Pariserinnen waren stolz, keine Angst zu haben.«[47] Francoise Frenkel, die polnische Jüdin, war erst im August 1939 nach Paris gekommen. Sie hatte 1921 in Berlin den ersten französischen Buchhandel (in der Nähe des Kaufhauses KdW) gegründet und trotz Nazi-Herrschaft, trotz Bücherverbrennung und November-Pogrom 1938 geleitet, zuletzt allerdings nur noch in ihrer Wohnung.

Am 10. Juni, vier Tage vor dem Einmarsch deutscher Soldaten ändert sich das Bild von Paris: In der Stadt und in der Banlieue werden Öltanks und Gasspeicher abgefackelt, damit die Energie-Vorräte nicht den Deutschen in die Hände fallen. Schwarzer Qualm und giftiger Rauch legen sich über die Alleen und Parks der Hauptstadt, töten die Vögel, nehmen den Atem und vertreiben noch unentschlossene Bewohner. Wer kein Auto hat, gesellt sich zu den Flüchtlingen aus dem Norden an den Bahnhöfen in Richtung Süden. Bobkowski notiert: »Paris ist auf einmal aufgewacht, sich der Niederlage bewusst geworden – und drängt zu den Bahnhöfen ... Auf den Perrons schlafen überall Menschen, die auf die morgigen Züge warten ... Sie schlafen sogar auf den Gehsteigen vor dem Bahnhof. Taxis sind nirgends zu bekommen. Sie sind sicher schon alle weg.«[48] Der polnische Autor flaniert in der Nacht des 10. Juni durch Paris. Am Boulevard de Raspail in der Nähe des Hotels *Lutetia* kontrolliert ein Polizist seine Papiere. Innenminister Mandel hat verschärfte Kontrollen angeordnet, um Spione und Saboteure zu fassen. Bobkowskis Ausweise sind in Ordnung, er darf gehen. Der Himmel ist schwarz. Über der Seine weht eine kleine Brise. An der Oper überraschen ihn Schüsse von Flakgeschützen. »Ihr Echo rollt ... durch die Strassen und verstärkt noch das Gefühl der Leere. Es ist wie ein Grollen in einem bodenlos tiefen Brunnen – langgezogen, traurig, bedrohlich und hoffnungslos. ... über der Stadt schwebt nicht so sehr ein Gefühl der Bedrohung als das totaler, absoluter Traurigkeit. Das ist das Ende.«[49]

Der nächtliche Fußweg – es sind Bobkowskis letzte Stunden in Paris. Er wird zusammen mit seinen Kollegen aus der Waffenfabrik nach Südfrankreich evakuiert, nach Carcassonne, bevor die Deutschen Paris in Besitz nehmen. Es gelingt dem polnischen Flüchtling, Tagebücher schreibend, mit dem Fahrrad Frankreich zu erkunden und den Krieg zu überleben.

Am Fenster ihrer Suite im Hotel Ritz sieht auch die Mode-Millionärin Coco Chanel die schwarze Rauchwolke aufziehen, die um drei Uhr nachmittags die Juni-Sonne verdunkelt. Sie hatte seit langem hier Hof gehalten und zahlreiche prominente Freunde in ihrer Suite bewirtet, etwa Winston Churchill, der sie verehrte, und Jean Cocteau zusammen mit Jean Marais, den Herzog und die Herzogin von Windsor, ebenso wie den deutschen Diplomaten und Geheimagenten Baron von Dinklage oder ihre Freundin Josée de Chambrun, Tochter von Pierre Laval. Die Luxus-Party ist vorbei, oder mindestens unterbrochen. Chanel denkt wie alle an Flucht. Aber der Chauffeur wurde zum Armeedienst eingezogen, die beiden Zofen sind bereits abgereist. Benzin ist rationiert. Der neue Chauffeur weigert sich, mit ihrem auffälligen, blauen Rolls-Royce die Reise über die verstopften Landstrassen in die Pyrenäen anzutreten. Man findet einen dezenteren Cadillac, um die schwarzen Wolken von Paris hinter sich zu lassen.[50]

Der amerikanische Botschafter William Bullitt, auch einer von Chanels Verehrern und Freunden, bleibt in Paris zurück und wird weinend an einem Altar der Kathedrale *Notre Dame* gesehen.[51] Er hat die Interessen-Vertretung zahlreicher Botschaften in Paris übernommen und will amerikanische Staatsbürger vor der deutschen Besatzung schützen. Vor allem aber hat die französische Regierung ihn gebeten, mit seiner Anwesenheit als Repräsentant einer neutralen Großmacht dafür zu sorgen, dass Paris ordentlich, das heißt ohne Exzesse, von den Deutschen übernommen wird. Entgegen dem ausdrücklichen Wunsch von Präsident Roosevelt bleibt er in der französischen Hauptstadt und beendet damit seine Karriere als Diplomat.[52] Zwei Wochen lang hat er keinen Kontakt mehr mit Washington.

»Nun stieg auch in mir die Panik auf«, erinnert sich Consuelo de Saint-Exupéry, »die Millionen Franzosen empfunden hatten, als sie die Order erhielten, ihre Häuser, ihre geliebten Dörfer zu verlassen. Angst verspürte ich nur wegen dieser Menschen, … die heute flüchteten wie eine Schafherde ohne Hirten, aufs Geratewohl, ohne einen Stern, der sie leitete«.[53] Die Frau des Flugpioniers und Schriftstellers gelobt Gott, nach Lourdes zu pilgern, wenn er sie rettet und ihren Mann aus dem Krieg zurückkehren lässt. »Man hörte diejenigen stöhnen, die unter den Geschossen der Flugzeuge fielen, welche uns praktisch aus nächster Nähe unter Feuer nahmen.«[54]

Am 10. Juni beobachtet der Schriftsteller Léon Werth (dem Antoine de Saint-Exupéry später sein Buch ›Der kleine Prinz‹ widmen wird) wie ein Straßenarbeiter auf den Champs Èlysées einige Pflastersteine richtet und fragt sich, welchem Zweck diese Arbeit wohl dienen mag. Am 11. Juni gegen neun Uhr nehmen er und seine Familie seinen Wagen, um nach Südosten in den Jura zu fahren. Dort will er Freunde aufsuchen, bis das Schlimmste vorüber ist. Sie kennen die Strecke und rechnen damit, am Nachmittag gegen fünf Uhr anzukommen. Aber die Reise wird zu einer Herausforderung, gefährlich, so abenteuerlich wie lehrreich. Sie dauert 33 Tage, die er anschaulich in seinem Tagebuch »33 Jours« beschreibt.[55] Wie sonst fast nur Emigranten und Flüchtlinge, besteht der Pariser Werth nicht darauf, den verstopften Hauptstraßen zu folgen wie die meisten Franzosen. Er lässt sich auf Nebenwege ein, aber das nutzt nichts. Sein Wagen, die ganze Kolonne gerät in ein Artillerie-Gefecht, wird von den Kämpfen eingeholt, von den Deutschen überrollt. Sobald die ersten feindlichen Soldaten ankommen, muss Werth beobachten, wie viele seiner Landsleute schnell ihr Verhalten an die neue Lage anpassen und auch wie die Sieger sich den Besiegten gegenüber benehmen.

Während die Flut der Flüchtlinge nach Süden drängt, noch bevor die deutschen Truppen die Stadt erreichen, werden die Krankenhäuser von verwundeten Soldaten der verbündeten Armeen aufgesucht, per Krankenwagen, per

Bahn oder per Bauernkarren. Beim American Hospital in Neuilly am Westrand der Stadt hat sich ein American Ambulance Corps gebildet. Freiwillige Fahrer, meist junge Amerikaner in britischen Uniformen, transportieren Kriegsversehrte von der Front nach Neuilly. Das American Hospital hat wie andere Kliniken Nebenstellen weit südlich von der Hauptstadt aufgebaut und dorthin wird ein Teil der Ärzte und Verwundeten gebracht. Operiert wird in Neuilly jetzt Tag und Nacht. Das Personal leistet fast Übermenschliches.

Am 14. Juni um 5 Uhr 30 marschieren die Truppen der 18. Armee des Generals von Küchler durch die *Porte de la Villette* in die Stadt Paris. Eine Abteilung nimmt die Richtung zum Eiffelturm, die andere zum Arc de Triomphe. Dort wird eine überdimensionale Hakenkreuzfahne aufgehängt. Es ist ein warmer Sommertag in der ›Ville Lumière‹. Mit Militär-Musik, begleitet von laut prasselnden Kettenfahrzeugen, marschieren die Deutschen die Prachtstrasse Avenue Foch herab, den Triumpfbogen im Blick. Reiterstaffeln betonen den imperialen Anspruch der Sieger. Jeder Franzose muss erschrecken, nur wenige beobachten das Spektakel, einige mit Tränen in den Augen.

Noch am Vormittag bezieht der erste Kommandant von ›Groß-Paris‹, General von Stuttnitz, sein Quartier im Hotel *Crillon* an der Place de la Concorde. In unmittelbarer Nachbarschaft, in der amerikanischen Botschaft verbringt William Bullit seinen Arbeitstag. Die ›Abwehr‹ beschlagnahmt das *Lutetia*. Lautsprecher verkünden eine Ausgangssperre für den Abend ab acht Uhr. Alles verläuft exakt nach Plan, als ob es lange eingeübt worden sei.

Das Hotel *Ritz* wird für die prominenten Gäste der Besatzungsmacht beschlagnahmt, künftig sollen hier Göring, Ribbentrop, Speer und andere Nazi-Größen sowie ihre Freunde übernachten. Dazu wird allerdings zum Schutz vor Attentaten der Eingang mit Sandsäcken verbarrikadiert, und alle die das Haus betreten, müssen ihre Ausweise vorzeigen. Am 14. Juni 1940 bereiten die Köche des *Ritz* den deutschen Okkupanten ein feines Déjeuner: Als Vorspeise Grapefruit, (die die Deutschen lange nicht gesehen hatten), danach Seezungenfilet mit rheinischem Weißwein oder Poulardenbrust mit Pommes Rissolées, Erbsen oder Spargel mit Sauce hollandaise, zum Nachtisch frisches Obst. Die Speisekarte ist erhalten. Angesichts der Not im Land ist das ein Festessen. Die Deutschen dürfen sich im Ritz willkommen fühlen.[56] Deutsche Soldaten sind auch sonst überrascht von dem Luxus der Pariser Hotels, in die sie einquartiert werden. (Coco Chanel kommt schon im Herbst zurück und dank ihrer intimen Freundschaft zu hoch stehenden Nazis darf sie auch wieder im Ritz wohnen).[57]

Unter den fremden Uniformen ist eine kleine Gruppe von etwa zwanzig G.F.P. - Männern kaum zu bemerken. Sie tragen die Uniformen der Geheimen Feldpolizei, die fast ohne Waffen und nur mit leichten Fahrzeugen in die Stadt kommt.[58] Die Wehrmacht duldet keine Gestapo-Einheiten in ihren Reihen. Deshalb hat SS- und Gestapo-Chef Himmler angeordnet, dass ein Sonder-Kommando in Uniformen der G.F.P. die Wehrmacht beim Einmarsch in Paris begleiten soll. Die zwanzig Männer des Sonderkommandos (Sicherheitsdienst SD, Waffen-SS und der Gestapo-Offizier Bömelburg) besetzen das Hotel *du Louvre* und beginnen sofort mit ihrer Arbeit, an ihrer Spitze der erst 30-jährige Helmut Knochen. Der alerte SD-Mann hat schon seit Jahren die politischen Aktivitäten, etwa die Veröffentlichungen der deutschen und österreichischen Emigranten in Frankreich beobachtet.

Früh am 15. Juni erscheint einer der Geheimdienst-Offiziere in der Pariser Polizei-Präfektur und verlangt in schneidigem Ton die Herausgabe vertraulicher Dossiers über Ausländer, Spione, Kommunisten, Juden und Freimaurer.[59] Die Nazis finden solche Unterlagen in der Polizei-Präfektur, z. B. die Akte Picasso. Millionen Dokumente schaffen sie nach Berlin zur Auswertung, später nach Böhmen und dann nach Niederschlesien, wo die Soldaten der Roten Armee 1945 die wertvollen Papiere entdecken. (Sie werden erneut auf die Reise geschickt, nach Moskau, wo der NKWD und dann der KGB die Unterlagen auswerten, ohne jedoch das Geringste darüber zu veröffentlichen.)

Auch in den verlassenen Ministerien sichern die Deutschen sich die Archive, etwa im Außenministerium, wo sie nun nachlesen wollen, was z.B. der französische Botschafter in Berlin, André Francois-Poncet, während seiner Dienstjahre 1931 bis 38 aus der deutschen Hauptstadt und anschließend aus Rom an seine Regierung in Paris berichtet hat. (Nur ein Teil der diplomatischen Akten ist verbrannt.) Im Innenministerium findet der Wehrmachts-Offizier Wiegand das Archiv der *Sureté Nationale* in perfektem Zustand. Damit haben die Deutschen alle Daten, die die französische Geheimpolizei über deutsche Flüchtlinge im Exil und russische Emigranten gesammelt hat.[60]

Antideutsche, Antinazi-Büros werden geschlossen, Verhaftungen durch die Geheime Feldpolizei beginnen, Verhöre folgen, Gefängnis und Folter warten auf viele Emigranten, auch deutsche Konzentrationslager.

Verzweifelt über den Untergang ihrer Stadt töten am 14. Juni vier Krankenschwestern des Hospitals d'Orsay sieben Patienten, damit sie nicht den Deutschen in die Hände fallen.[61]

Eine der bedeutendsten Buchhandlungen des 20. Jahrhunderts ist die englisch-sprachige ›Shakespeare and Company‹ in der Rue de l'Odéon in Paris. Bedeutend ist sie nicht nur weil Ernest Hemingway, T. S. Eliot, Scott Fitzgerald, Gertrude Stein, James Joyce und andere zwischen den beiden Kriegen hier ihren Treffpunkt hatten, zugleich literarischer Salon und für Dichter ohne feste Adresse Postamt für abzuholende Sendungen. Vor allem aber ist das Haus ein zentraler Ort zeitgenössischer Literatur weil die Gründerin und Inhaberin Sylvia Beach für Joyce seinen Skandal-Roman ›Ulysses‹ verlegt hatte, der in den Vereinigten Staaten wegen obszöner Passagen verboten wurde, bevor er überhaupt auf den Markt kam. Es war das einzige Buch, das die Amerikanerin Sylvia Beach je verlegt hat, voller Eifer und Bewunderung für den irischen Schriftsteller. Es wurde 1922 in englischer Sprache in Dijon gedruckt, von französischen Druckern, die kaum ein Wort Englisch sprachen und die erotischen Sequenzen also nicht bemerkten.

Eines Tages hält ein grauer Militärwagen in der Rue de l'Odéon, ein deutscher Offizier betrachtet das Schaufenster aufmerksam mit großem Interesse und tritt ein. Der Mann verlangt das neueste Buch von James Joyce zu kaufen, das erst seit 1939 im Handel ist: Finnegans Wake. Ein Exemplar steht im Fenster. Aber Sylvia Beach verweigert es ihm. Es sei ihr einziges Exemplar, sie wolle es für sich behalten. Deutschen Soldaten will sie nichts verkaufen. Der Offizier spricht perfekt englisch, nennt sich einen Verehrer und Kenner von Joyce und kündigt an, er werde wieder kommen. Zwei Wochen später erscheint der Mann erneut und verlangt das Buch, der Wortwechsel wird heftiger. Der Offizier droht, den Laden schließen zu lassen. Erfolglos! Er verlässt die Rue de l'Odéon im Zorn.

Jetzt erschrickt die Buchhändlerin über ihren Mut. Sie begreift, in welche Gefahr sie sich und ›Shakespeare and Co.‹ gebracht hat. Würden die Deutschen kommen und das Geschäft plündern? Sie schließt die Ladentür, schleppt ihre Ware in den vierten Stock des Hauses in eine leer stehende Wohnung und lässt den Namenszug über dem Eingang sofort übermalen. Das hilft ihr wenig. Der Buchladen bleibt verschont, aber sie wird verhaftet und in ein französisches Internierungslager gebracht. Nach einem halben Jahr wird Sylvia Beach entlassen, aber in ihren Entlassungs-Schein schreibt der Lager-Kommandant, sie könne jederzeit wieder festgesetzt werden. Sie versteckt sich bis Kriegsende in einem Studentenheim.

Am gleichen 14. Juni 1940 beauftragt Außenminister von Ribbentrop den Gesandten Otto Abetz, sich mit kleinem Arbeitsstab nach Paris zu begeben, um das Auswärtige Amt gegenüber den deutschen Militär-Dienststellen zu vertreten. Zu seinem Stab gehören der Diplomat Ernst Achenbach, der ehemalige Korrespondent der *Frankfurter Zeitung* in Paris Friedrich Sieburg, der durch sein Buch »Gott in Frankreich?« (»Dieu-est-il francais?«) bekannt ist und Karl Epting. Epting übernimmt die Kontrolle über den staatlichen französischen Kunst- und Kulturbesitz. General Keitel informiert am 30. Juni den Militär-Kommandanten von Paris, dass Hitler angeordnet hat, alle Kunst-Objekte und historischen Dokumente von Privatpersonen, besonders von Juden, sicher zu stellen. Nach wenigen Wochen schon befinden sich 1.500 Kunstwerke aus jüdischem Besitz, besonders aus dem Eigentum der Rothschilds, im Depot des deutschen Botschafters.[62]

Nicht nur Kunstwerke, jedes jüdische Eigentum wird beschlagnahmt, auch ein Koffer in einem Lagerhaus der Rue du Colisée im vornehmen achten Arrondissement. Er gehört der Buchhändlerin Frenkel, die ihn vor ihrer Flucht hier untergebracht hat. Er enthält einen Pelzmantel und andere Winterkleidung, die von dem deutschen Gestapo-Beamten akribisch zu Protokoll genommen wird. 1959 erhält Francoise Frenkel in Berlin auf Grund dieses Papiers von der Bundesrepublik Deutschland einige tausend D-Mark als Entschädigung.[63]

DER WAFFENSTILLSTAND UND DIE REGIERUNG PÉTAIN

Das Dokument, das die französische Militärführung (General Huntziger) am 22. Juni 1940 in dem berüchtigten Eisenbahnwaggon in *Compiegne* zu unterschreiben hatte, war nicht einfach nur ein Waffenstillstands-Abkommen, aber auch keine bedingungslose Kapitulation. Hitler wollte unbedingt vermeiden, dass die legale Führung des Landes nach Afrika oder Großbritannien ausweicht. Auch die bedeutende französische Flotte sollte nicht in die Hände der Briten fallen. Also wurde eine gewisse Schonung geübt: Frankreich verlor mit der Niederlage zwar einen großen Teil seiner Souveränität, aber nicht sein Kolonialreich, nicht seine Flotte und nicht jeden politischen Spielraum.

Die Abtretung von Elsass-Lothringen an das Deutsche Reich gehörte nicht zu den Bestimmungen des Diktats, war aber eine praktische Folge der Niederlage, wobei die deutsche Seite eine offene Annektion dieser Gebiete zunächst vermied. Außerdem wurden die beiden *Départements Nord* und *Pas-de-Calais* entlang der belgischen Grenze und der Kanalküste der deutschen Militärverwaltung in Brüssel unterstellt, ohne formal von Frankreich abgetrennt zu werden. Ein breiter Streifen Land, der im Westen an diese Gebiete und an Belgien angrenzt, wurde zur ›Verbotenen Zone‹ erklärt, in die keiner der Geflüchteten zurückkehren durfte.

Das Waffenstillstands-Diktat teilte Frankreich in zwei Teile: der Norden mit Paris und der Westen entlang der gesamten Atlantikküste bis an die spanische Grenze wurde von Deutschen besetzt. Die kleinere südliche Hälfte blieb zwar frei von Besatzung, aber auch nicht souverän. Zwischen beiden Hälften wurde eine Demarkationslinie gezogen, Grenzposten sollten den gesamten Personen- und Güterverkehr kontrollieren.

Die Regierung des unbesetzten Gebiets wählte den mondänen Badeort Vichy als provisorischen Sitz, südlich der Demarkationslinie, weil es dort genügend Hotels und Versorgungseinrichtungen für einige Sommermonate – wie man annahm – zu geben schien.

Artikel 19 bestimmte, dass die Vichy-Regierung auf Verlangen der Deutschen jeden deutschen Staatsbürger (auch ehemalige) auszuliefern hatte. General Huntziger versuchte, diese Anordnung zu verhindern mit dem Argument, sie widerspreche der Ehre Frankreichs und der Praxis des Asylrechts. Aber der deutsche General Keitel setzte sich durch mit der Behauptung, das Reich und die deutsche Armee hielten die Emigranten für Kriegshetzer.[64] Mehr als 1,5 Millionen französische Soldaten sollten bis zu einem Friedensschluss in deutscher Gefangenschaft bleiben. Für die Ernährung und Unterbringung der deutschen Soldaten in Frankreich sollte das besiegte Land die Kosten übernehmen. Keitel machte der französischen Delegation deutlich, dass eigentliche Verhandlungen über die deutschen Bedingungen nicht stattfinden würden. Französische Änderungswünsche wies er zurück. Am Abend des 21. Juni stellte er eine Art Ultimatum: Annahme oder Ablehnung.[65] Mehrere Bestimmungen wurden allerdings Ausgangspunkt für spätere Verhandlungen.

Am 22. Juni unterschrieb die Delegation Huntzigers im Auftrag von Pétain.

Das Dokument hatten beide Seiten zunächst nur als provisorische Regelung ihrer Beziehungen verstanden bis zu dem deutschen Sieg über Großbritannien, bzw. der britischen Kapitulation, die für die nächsten Wochen sicher erwartet wurde. Als die Deutschen den Krieg weiterführten, wurde der Vertrag ihr Instrument, sich die französische Unterstützung zu sichern.

Gleich nach der Unterzeichnung verlangte die Gestapo von den deutschen Vertretern in der Waffenstillstandskommission, sie solle die französische Regierung verpflichten, eine Liste aller Deutschen herzustellen und zu übergeben, die seit dem 30. Januar 1933 nach Frankreich gekommen waren, selbst wenn sie in der Zwischenzeit die französische Staatsangehörigkeit angenommen hatten. Zu den ersten Anordnungen der Vichy-Regierung gehörte deshalb, dass nur solche Personen das Land verlassen durften, die ein Ausreisevisum, ein französisches *visa de sortie*, vorweisen können. Damit saßen sie alle in der Falle, die deutschen, österreichischen, tschechoslowakischen und staatenlosen Emigranten. Die Tradition der großzügigen Asyl-Politik Frankreichs war definitiv beendet. Anti-Semiten und Nationalisten um Pétain ergriffen die Gelegenheit.[66]

Die neue französische Regierung verpflichtete sich auch, den bisher verbündeten Briten, Polen, Tschechoslowaken im Lande nicht bei der Flucht zu helfen.

Andererseits blieben die französischen Kolonien und Überseegebiete in Ostasien, Afrika und Lateinamerika unter der Verwaltung von Vichy, einschließlich Algeriens, das nach damaliger französischer Rechtsauffassung ein Teil Frankreichs war. (Ein Teil der Kolonien, etwa Französisch Äquatorial-Afrika wechselte allerdings bald auf die britisch-gaullistische Seite.) Die Rohstoffe der Kolonien waren für die Ernährung und die Wirtschaft des Mutterlandes unverzichtbar.

Komplizierter war die Vertragslage im Blick auf die französische Kriegs-Marine, die viertgrößte und eine der besten der Welt. Frankreich hatte die Chance verpasst, seine gesamte Flotte auslaufen zu lassen und so vor dem Feind zu retten, so wie Admiral Darlan es Churchill versprochen hatte.[67] Dadurch war auch die weitere Kriegführung von Nordafrika aus zumindest sehr erschwert. Ein Teil der Schiffe lag am 22. Juni in britischen Häfen oder Gewässern, und war für die Deutschen so unerreichbar wie für Vichy. Weitere Schiffe waren unter der Obhut der Briten in ägyptischen Häfen, wo sie praktisch festlagen. Wieder andere befanden sich in den Häfen oder den Gewässern entlang der afrikanischen Atlantik-Küste oder sogar in den französischen Besitzungen in Mittelamerika, nicht unerreichbar für Vichy. Der bedeutendste Teil der Flotte aber lag im algerischen Marinehafen von *Mers-el-Kebir* bei Oran, also unter voller Kontrolle der Vichy-Regierung. Diese Schiffe sollten später nach Frankreich gebracht und unter deutscher Aufsicht entwaffnet werden. Doch soweit kam es nicht. Am 3. Juli 1940, knapp zwei Wochen nach dem Waffenstillstand, befahl Churchill die *Operation Catapult*, das heißt, er ließ die französische Flotte in *Mers-el-Kebir* beschießen und versenken, damit sie nicht in deutsche Hände fallen konnte.[68] 1.277 französische Marine-Soldaten und Offiziere starben.[69] Nur wenige Schiffe entkamen nach Toulon. Eine Welle antibritischer Stimmung ging durch Frankreich und half der Regierung Pétain psychologisch.

Die französische Armee, vor wenigen Jahren noch die größte und stärkste in Europa, wurde – soweit sie nicht in deutsche Gefangenschaft geraten war – auf höchstens 100.000 Mann begrenzt. Die deutschen Besatzungstruppen sollten aus dem besetzten Land ernährt werden. Eine Waffenstillstandskommission in Wiesbaden mit Nebenstellen in Bourges und in Nordafrika sollte in Streitfällen vermitteln, was angesichts der Machtverhältnisse eine Beschönigung war.

Streit zu schlichten war sofort, weil die Deutschen begannen, unliebsame Personen aus den besetzten bzw. annektierten Gebieten zu vertreiben, vor allem aus dem Elsass und Lothringen, meist Juden, aber nicht nur sie, sondern etwa den Lehrkörper der Universität Straßburg oder das Personal des Erzbistums. Die Ernährungs-Engpässe, die Verwaltung und Verteidigung der Kolonialgebiete, die Kriegsmarine, die zwei Millionen Kriegsgefangenen, die innerfranzösische Grenze, all das war Stoff künftiger Konflikte.

Das Schicksal der Flüchtlinge und Emigranten wurde in Vichy nicht als unwichtig eingestuft, aber einzelne Gruppen unter ihnen, etwa Sozialisten oder Juden und auch bestimmte Künstler hielten die neuen Machthaber in Vichy für schädliche Gegner. Obendrein urteilten und handelten die beteiligten Behörden unterschiedlich. Wären sich die Minister der Pétain-Regierung einig gewesen, dann wären die Probleme, die sich wie von selbst aus der komplexen Situation ergaben, vielleicht beherrschbar gewesen. Das allerdings war nicht der Fall.

Der 82-jährige Marschall Philippe Pétain – der *Sieger von Verdun* im Ersten Weltkrieg – meinte, sich zu opfern für sein Land, als er das neue Amt antrat. Sich zu opfern, seine Gesundheit, seinen guten Ruf, um Frankreich Schlimmeres zu ersparen. Er setzte darauf, dass seine Landsleute sich auf traditionelle Werte besinnen – »*Arbeit, Familie, Vaterland*« – die zu einer konservativen Erneuerung führen und die stolze Parole der Revolution »Freiheit, Gleichheit, Brüderlichkeit« ersetzen sollten. Die Millionen Franzosen auf der Flucht vor den Deutschen, die ihre Arbeit und zum Teil ihre Familie verloren hatten, die ihr Vaterland bedroht sahen, fanden die neuen Wertbegriffe zunächst nicht vollkommen abwegig. Sie passten zunächst in ihre Stimmung.

Linke und liberale Politiker, sein jüdischer Vorgänger Léon Blum, das Parlament, sie alle hatten nach Pétains Ansicht die Schuld an der blamablen Niederlage, nicht das Militär. Sie sollten sich jetzt aus der Politik fernhalten.

Dem US-Botschafter William Bullitt, der Anfang Juli für nur wenige Tage nach Vichy kam, vertraute der Marschall an, dass die französischen Lehrer schlechte Patrioten seien, und deshalb verantwortlich für die Niederlage.[70] Die Lehrergewerkschaft war tatsächlich eine Bastion des Pazifismus, aber in Großbritannien und in den Vereinigten Staaten dominierte der Pazifismus in den 30er Jahren nicht weniger. Der frankophile Bullitt befand, dass die neue Staatsführung defätistisch handelte. Am 15. Juli verließ er Europa und schied bald aus dem diplomatischen Dienst der Vereinigten Staaten aus.

Nicht Politiker der Dritten Republik übernahmen die zentralen Aufgaben in der neuen Regierung, es waren vor allem die Militärführer. Pétain selbst verstand sich als solcher. Der Oberkommandierende der Armee General Weygand wurde Verteidigungsminister, Flottenchef Admiral Darlan Marineminister. Den Bankier Paul Baudouin, der seit einigen Monaten erst als Unterstaatssekretär in der Regierung Reynaud gedient hatte, machte Pétain zum Außenminister. Er wollte den ehemaligen Premierminister Pierre Laval fernhalten, der mit Macht in dieses Amt drängte. Der sehr nazi-freundliche Laval wurde aber Justizminister, und am 12. Juli, Stellvertreter von Pétain.

Pétain hoffte, langfristig würden die Deutschen bei der Neuordnung Europas Frankreich seinen angemessenen Platz zurückgeben. Zunächst wollte er verteidigen, was von der Souveränität Frankreichs geblieben war. Das war die offizielle Linie der Vichy-Regierung. Ohnehin glaubten viele auch in der neuen Führung, Großbritannien werde in wenigen Wochen kapitulieren müssen und dann sei der Krieg zu Ende. Weygand wird der Satz zugeschrieben:

»L'Angleterre? Dans trois semaines elle aura le cou tordue comme un poulet.«
(Großbritannien wird in drei Wochen der Hals durchgebissen sein wie einem Huhn.)[71]

Das Kabinett von Vichy war anti-britisch, anti-parlamentarisch, anti-semitisch. Pétain und seine Minister nutzten die Niederlage und den Waffenstillstand, um ihre reaktionären, anti-liberalen oder autoritären Vorstellungen vom Staat zu verwirklichen. Die Regierung handelte pro-deutsch, das aber nicht nur, weil die Lage sie dazu zwang. Sie handelte aus eigener Überzeugung. Pétain, sein Außenminister Baudouin versuchten über ihre Kontakte in Madrid, ein neues Verhältnis mit den Deutschen aufzubauen, das über den Waffenstillstand hinausgehen sollte. (Diplomatische Beziehungen zwischen Vichy und Berlin existierten nicht.) General Huntziger nutzte zu dem gleichen Zweck seine Kontakte bei der Waffenstillstandskommission in Wiesbaden.

Laval aber gelang es, alle anderen in dieser Disziplin zu übertreffen. Er avancierte zum bevorzugten Gesprächspartner von Otto Abetz, des deutschen Botschafters (beim *Militärbefehlshaber in Frankreich*, General von Brauchitsch) in Paris. Abetz und Laval hatten nicht nur ihren Ehrgeiz gemeinsam. Laval war der erste und Monate lang der einzige Vichy-Minister, der nach Paris kommen durfte. Er bot den Deutschen am 10. August sogar 200 französische Piloten für den Luftkrieg gegen Großbritannien an.[72]

Laval kooperierte nicht wirklich mit seinen Kollegen in Vichy, war auch nicht ehrlich gegenüber Pétain, sodass weitere Freiräume verspielt wurden. »Als Kapitän eines Schiffes, um dessen Steuer gestritten werden musste, folgte die Regierung einem schwierigen Kurs.«[73] In ihre Auseinandersetzungen geriet das Schicksal vieler Flüchtlinge und Fluchthelfer. Justizminister Alibert, ein notorischer Monarchist, berief schon am 22. Juli eine Kommission, die alle Einbürgerrungen in Frankreich seit dem 10. August 1927 überprüfen sollte. Die Revision befasste sich mit 500.000 Fällen und entzog mehr als 15.000 bereits eingebürgerten Flüchtlingen die französische Staatsbürgerschaft, fast 40 Prozent von diesen waren Juden.[74] Die Vichy-Verwaltung schuf sich selbst die Flüchtlinge, die sie anschließend als Staatsfeinde verfolgen und einsperren wollte.

Die Deutschen interessierten sich jedoch kaum für die französischen Annäherungsversuche. Hitler glaubte, wie er Mussolini anvertraute, es gebe eine geheime Absprache zwischen Pétain und de Gaulle, die auf unterschiedlichen Wegen das gleiche Ziel verfolgten.[75] Er hielt es für besser, Frankreich an den Lasten und Kosten des noch viel weiter geplanten Krieges zu beteiligen, statt in dem Land und seinen Repräsentanten Verbündete zu suchen.

WUNDER VON LOURDES

Franz Werfel und seine Frau Alma Mahler-Werfel, kaum beweglich aber mit Geld in der Tasche, schafften es am 27. Juni in das Städtchen Lourdes am Fuße der Pyrenäen. Immerhin hatte der Wallfahrtsort eine Vielzahl von Hotels, es bestand Hoffnung, hier wenigstens vorübergehend ein Dach über dem Kopf zu finden. »Wer irgendeinen gepolsterten Stuhl eroberte, um die Nacht darauf zu verbringen, wurde viel beneidet.«[76] Einmal abgewiesen, brach Frau Werfel beim zweiten Hotel in Tränen aus. Das half. Vielleicht war es auch ein Geldschein, der entschied. Man gab ihnen ein Zimmer, aus dem ein junges Ehepaar ausquartiert wurde. Das Zimmer reichte den Ansprüchen der Dame bei weitem nicht und nach zwei Wochen bekamen sie ein besseres.

Am ersten Morgen ging Werfel zum Friseur, um sich rasieren zu lassen. Alma dagegen machte einen Streifzug durch die Stadt. Bei einem Trödler fand sie ein Büchlein über Bernadette Soubirous, das Mädchen, dem am 11. Februar 1858 am Rande von Lourdes die Heilige Jungfrau erschienen war. »Ich gab Werfel das Buch mit der Bemerkung, dass das etwas sehr Merkwürdiges sei und er las es mit äußerstem Interesse«.[77] Sie ergänzte das Material in den folgenden Wochen durch zahlreiche Blätter und Traktate, die sie an den verschieden Orten des Gedenkens zusammen kaufte, an der prächtigen Basilika der Erinnerung an die heilige Erscheinung, oder an der feuchten Grotte Massabielle, wo seit dem Wirken des Mädchens Bernadette eine Quelle heilendes Wasser stiftet, eine Grotte, die gelegentlich von dem Fluss durchspült wird, oder an dem niedrigen fast düsteren Geburtshaus mit den kleinen Fenstern, das lange vor Bernadettes Zeit der Stadt provisorisch als Gefängnis gedient hatte.

Franz Werfel, kein Katholik sondern Jude, befasste sich ausführlich mit dem Stoff »Bernadette«, prüfte die Berichte über Wunder-Heilungen mit gläubigem Staunen und zugleich mit kritischer Distanz, las über die Auseinandersetzungen zwischen der Kirche und den Instanzen des Staates, er studierte, wie die Stadt Lourdes durch die Erscheinungen der Bernadette zum

Wallfahrtsort geworden war – und auch zum Rummelplatz, an dem Hotellerie, Gastronomie und Souvenirläden bis ins Groteske aufblühten. Gemeinsam gingen Franz und Alma in die Grotte, tranken »mit tapferer Rührung« aus der dortigen Quelle. »Die Grotte ist heilsam, solange wir da sind. Entfernen wir uns, fällt die Erleichterung ab und wir fühlen wieder den Stein auf dem Herzen.«[78] Werfel fand nicht nur Gefallen an dem Stoff. An seinem letzten Tag in Lourdes, in dieser »angstvollen Zeit«, in »meiner großen Bedrängnis legte ich ein Gelübde ab. Werde ich herausgeführt aus dieser verzweifelten Lage und darf die rettende Küste Amerikas erreichen – so gelobte ich – dann will ich als erstes vor jeder anderen Arbeit das Lied von Bernadette singen, so gut ich es kann«.[79] Denn schon durch ein älteres Gelübde fühlte er sich verpflichtet, das »göttliche Geheimnis und die menschliche Heiligkeit« zu verherrlichen, ungeachtet des spöttischen oder gleichgültigen Zeitgeistes.

Die Amerikanerin Martha Sharp erschien in Lourdes bei einer ihrer Missionen in Südfrankreich. Marianne Reiser, eine Schwester von Franz Werfel, hatte sie in Lissabon gebeten, nach dem Bruder zu schauen. »My brother Franzi can write great books, but he can't get on a train without someone pushing from behind«, hatte sie Frau Sharp gesagt,[80] nachdem sie herausgefunden hatte, dass die Werfels in Lourdes festsaßen. Als Martha Sharp die Werfels traf, hatte er Telegramme seines Verlegers in Kalifornien (»Die vierzig Tage des Mussa Dagh«) in der Tasche. Sie wollten, dass er kommt. Aber er hatte nie geantwortet, weil er sich nicht entscheiden konnte. Emotional erschöpft brauchte er jemanden »pushing from behind«. Alma Werfel hatte eine große Flasche *Creme de Menthe* auf den Tisch gestellt, die aber wohl die Entscheidung nicht erleichterte. Martha Sharp drängte die Werfels mit Nachdruck, nach Marseille zu fahren, und beim US-Konsulat nach Visa für die USA zu fragen.

Werfel nahm Martha mit zu der Grotte der Bernadette. Sie kostete das Wasser, das sie als faul schmeckend beschrieb. Der Schriftsteller erzählte ihr mit Begeisterung die Geschichte der jungfräulichen Visionen. Martha fand das eher unglaubwürdig, ermunterte ihn aber, seinen Roman zu schreiben. Werfel meinte, er sei dazu jetzt zu aufgeregt, aber wenn sie ihn nach Amerika brächte, dann werde er ihr das erste gedruckte Exemplar schicken.[81] Tatsächlich schrieb Franz Werfel den Roman nicht einmal ein Jahr später im kalifornischen Los Angeles, der Stadt der Engel.

Zwei alte Freunde aus gemeinsamen Pariser Jahren trafen die Werfels zufällig in Lourdes auf der Straße: Hertha Pauli und Walter Mehring. Alma erklärte, es sei ein Wunder, dass sie alle vier gesund in Lourdes angekommen seien und bestellte Champagner. Dann erzählte sie, dass Werfel einen Roman über Bernadette schreiben wolle, worauf Mehring bekannte, er habe eine Flaschenpost an Thomas Mann nach Princeton abgeschickt, damit ihnen geholfen werde. Freilich musste ein amerikanisches Konsulat aufgesucht werden, das es in Lourdes nicht gab, um zu erfahren, ob Hilfe aus Amerika zu erwarten ist.[82]

Auch Alma war berührt von der Geschichte der sehr jungen Bernadette aus Lourdes. Am letzten Tag ging sie zweimal zur Grotte an dem wilden Fluss Gave de Pau, morgens zur Messe und zur Predigt am Nachmittag mit Musik und »unzähligen kleinen Bernadettes. Ich war plötzlich dermaßen hingerissen, dass ich weinen musste, so dass ich mein Gesicht zu verstecken hatte. Es ging mir furchtbar nahe ... ohne ersichtlichen Grund.«[83] Sie hätten in Lourdes den Schutz der katholischen Kirche gesucht, versicherten die Werfels wenige Wochen später Varian Fry in Marseille.[84]

Übrigens war es eine der ersten Entscheidungen der neuen Regierung Pétain, die Heilige Grotte und die Basilika von Lourdes an die Diözese zurückzugeben. Es war ein symbolischer Akt, Teil ihrer Strategie, vordemokratischen und christlichen Werten sichtbar mehr Geltung in der Gesellschaft zu verschaffen, als Ersatz für die Errungenschaften der Aufklärung »*Freiheit, Gleichheit* und *Brüderlichkeit*«, die man in Vichy für abgewirtschaftet hielt.

Ein Foto zeigt Alma, aus der Gondel einer Seilbahn herabwinkend zu dem unsichtbaren Fotografen, bei dem es sich um Franz Werfel handeln dürfte. Das Seil durchschneidet diagonal die Linie des Horizonts und führt die Besucher hinauf auf den tausend Meter hohen *Pic du Jer*, der einen Panoramablick über die Stadt und auf die Höhenzüge der Pyrenäen anzubieten hat.

Die Werfels verstanden schließlich, dass es keine Möglichkeit gab, von Lourdes direkt über einen Gebirgspass nach Spanien und nach Amerika zu kommen. Danach wollten sie nicht länger in dieser etwas abgelegenen Stadt mit dem großen Bahnhof bleiben, wo die Züge enden, wo ein Weiterkommen durch das Gebirge von der französischen Eisenbahngesellschaft, der *SNCF*, aber nicht vorgesehen ist. Deshalb muss bis heute in Lourdes rangiert werden, Waren werden ausgeladen, Züge abgestellt, Waggons gereinigt, Lokomotiven wurden 1940 mit Kohle versorgt. Im Juli 1940 war allerdings jeder zivile

Zugverkehr eingestellt. Nur militärisch notwendige oder amtlich angeordnete Transporte waren möglich. Im August bekamen Franz Werfel und Frau Alma ihr *sauf-conduit* (amtliche Reise-Erlaubnis) zurück nach Marseille, wo sie im Juni etwas kopflos aufgebrochen waren.

Alma Werfel wollte nicht aufhören, über die miserablen Lebensumstände in diesen Tagen der Niederlage zu klagen, etwa weil ein Teil ihres Gepäcks verschollen war. (Am Bahnhof Bordeaux konnte erst von August an wieder Gepäck sortiert und verladen werden.) Aber liest man die Berichte anderer Flüchtlinge, die sich zur gleichen Zeit in Lourdes aufhielten, kann man daraus nur schließen, dass die Werfels recht privilegierte Reisende waren, beinahe wie Touristen heute.

Die um dreißig Jahre jüngere Lisa Fittko und ihre Freundin Paulette saßen auf den Fahrradstangen zweier Soldaten, die sie auf der Landstraße aufgelesen und zum Mitkommen eingeladen hatten, als sie im Juli 1940 nach Lourdes kamen. So konnten sie problemlos die Militärkontrolle am Stadteingang passieren, ohne dass nach ihren Papieren gefragt wurde. Die Schilderung von Lisa Fittko klingt leichtfüßig und unprätentiös, weil die junge Frau voller Energie war und ihre Zuversicht auch in schwierigsten Lagen nicht verlor. Doch sobald die beiden Soldaten die deutschen Emigrantinnen, die aus dem Lager Gurs getürmt waren, in Lourdes abgesetzt hatten, standen sie wieder mit beiden Beinen zwischen all ihren Problemen. Sie waren verabredet mit zwei älteren Flüchtlingen und einem Soldaten, dem sie diese anvertraut hatten. Der Soldat trug eine französische Uniform, war aber Pole, d.h. er hätte selbst seit dem 22. Juni in ein Internierungslager gehört und durfte also nicht auffallen.

Als erstes galt es, ein Dach über dem Kopf zu finden. Sie hätten sich bei dem *Centre d'Accueil* melden müssen, einem Meldezentrum für Flüchtlinge, das es jetzt in jeder Stadt gab. Dort hätten sie ein *fiche d'hébergement* beantragen müssen, ein Papier, das sie zu einer Übernachtung berechtigt hätte. Aber andere Flüchtlinge hatten sie vor dem *Centre d'accueil* gewarnt. Wer dort ohne ordentliche Ausweise erschiene, der werde sofort wieder interniert.

Was also tun? Lisa und ihre Freundin Paulette setzten sich auf eine Bank in der Nähe des Bischofpalais und berieten. Ein junger Mann setzte sich zu ihnen, Bernard, ein Soldat aus der Normandie, einer der besiegt, niedergeschlagen und orientierungslos jammerte, der weder seinem Land und nicht einmal sich selbst zu helfen wusste. Paulette erklärte ihm, sie hätten durch einen

Irrtum kein *fiche d'hébergement* und hätten deshalb jetzt kein Dach über dem Kopf. Für einen Soldaten wie Bernard sei es natürlich leicht, für seine Familie einen solchen Quartierschein zu bekommen. Bernard nickte. Ob er nicht einen solchen *fiche* für sie holen könne? Bernard blickte misstrauisch auf die beiden Frauen. »Da stimmt doch was nicht! Die Geschichte ist doch faul! Ich habe schon genug Scherereien.« »Wir sitzen doch alle im Dreck, fuhr Lisa Fittko geduldig fort, da muss man sich doch gegenseitig helfen. Oder haben Sie etwa Angst? Haben Sie denn kein Ehrgefühl«?[85] Ehrgefühl? lachte der Soldat und schlug sich auf die Schenkel. Welche Ehre? Paulette wurde zornig. »Und Ihre Schwestern? fragte sie. Und was ist mit Ihrem Mädchen? Wenn sie mal Hilfe braucht, findet sie hoffentlich jemanden mit mehr Courage«. Dem jungen Mann wurde es ungemütlich. Er wurde rot im Gesicht, stand auf und ging langsam davon. »Warten Sie hier«, sagte er ohne sich umzudrehen. »Verlangen Sie einen Quartierschein für das große Hotel, rief Paulette ihm nach, meine Eltern müssen einmal in einem richtigen Bett schlafen.«

Es klappte. Bernard kam nach einer Weile zurück mit einem Quartierschein für vier. Sie bekamen ein Zimmer mit zwei Betten und zusätzlichen Matratzen auf dem Fußboden. Sie durften sogar mehrere Tage dort bleiben.

Wie schon die Werfels erfuhren auch Lisa Fittko und die anderen Flüchtlinge in Lourdes aus den Zeitungen, wie es um Frankreich nach seiner Niederlage stand. Auch der Artikel 19 wurde veröffentlicht, der die Vichy-Regierung verpflichtete, »*de livrer sur demande tous les ressortissants allemands désignés par le gouvernement du Reich*« (auf Verlangen alle aus Deutschland Stammenden an die Reichsregierung auszuliefern).

Für Lisa Fittko war klar, dass es für sie keine Möglichkeit mehr gab, in Frankreich zu bleiben. Für eine Ausreise schien ihr wie tausenden anderen die Hafenstadt Marseille jetzt die letzte Möglichkeit. Zunächst aber galt es, ihren Mann zu finden. Sie schrieb leicht verschlüsselt an verschiedene Freunde und bat um Antwort an Lise Duchamps (der Name auf ihrem Entlassungsschein in Gurs), Lourdes postlagernd. Sie hatte Glück: Zuerst meldete sich ihr Bruder, dann ihr Mann, beide auf freiem Fuß, beide gesund.

Um zu reisen, brauchten Ausländer jetzt ein *sauf-conduit*. Ein Antrag musste beim *Commandant Militaire de la ville de Lourdes* gestellt werden. Viele Emigranten warteten wie die Werfels wochenlang. Dazu mussten gültige Papiere vorgelegt werden. Aber welche Papiere soll ein Flüchtling vorlegen, der unter falschem Namen unterwegs ist und sich verstecken muss? Zudem hatten Lisa Fittko und ihre Freundin erfahren, dass der Militärkommandant manche staatenlose Antragsteller kurzerhand verhaften und einsperren ließ. Zu ihm durften sie also auf keinen Fall gehen. Sie versuchten es bei anderen Behörden, wurden aber abgewiesen.

Schließlich hörten sie, in dem weitläufigen Bahnhof sei eine neue Militär-Amtsstelle eingerichtet worden, das Büro eines *capitaine* mit dem Titel *Commandant Spécial Militaire de la gare de Lourdes*. Ob der Mann mit dem eindrucksvollen Titel vielleicht helfen könne, fragte sich Lisa Fittko. Sie versuchte es. Sie nahm die (falschen) Papiere der ganzen Gruppe, ging aber allein.

Der Offizier, ein Mann um die vierzig, ihr nicht unsympathisch, empfängt sie in seinem kahlen Büro, bietet ihr einen Platz an, ohne aufzuschauen. Lisa Fittko erzählt ihm, sie seien Belgier (so steht es in ihrem Entlassungsschein), sie sei zusammen mit Freunden vor den Deutschen nach Süden geflohen und müsse jetzt nach Marseille, wo ihr Mann sie erwarte. ›Sie sind an der falschen Stelle, antwortete der Mann, Sie brauchen ein *sauf-conduit*‹. Dafür sei der Stadtkommandant zuständig, nicht er, der Bahnhofskommandant.

›Ich weiß‹, erwiderte Lisa so offen wie bescheiden. Er schaut überrascht. ›Ich weiß, aber die Anträge werden nicht bewilligt, es ist hoffnungslos. Ich bin gekommen, um Sie um Hilfe zu bitten, Monsieur‹.[86]

Er betrachtet sie schweigend und aufmerksam. ›Sie sagten, dass Sie Belgier sind?‹ ›Ja, das habe ich gesagt‹. ›Darf ich Ihre Papiere sehen?‹ So höflich hatte sie schon lange kein Offizier mehr gefragt. Sie reicht ihm die Entlassungsscheine aus Gurs und den abgelaufenen Ausweis des Vaters von Paulette.

›Das ist der Vater meiner Freundin.‹ Der Offizier sieht sich die Papiere an, schüttelt den Kopf, schluckt herunter, was er sagen will und schaut der jungen Frau fragend ins Gesicht. ›Im Durcheinander bei der Flucht wurden wir in dieses Lager geschickt, es gab sonst nichts. Und als die *boches* (die Deutschen) Halt machten, ließ man uns wieder laufen.‹

Der Offizier bleibt kühl: ›Ich kann Ihnen nicht helfen, ich habe hier nur militärischen Aufgaben.‹ Er dürfe keine Papiere ausstellen und diese würden auch nichts nützen. ›Man würde Sie bei der ersten Zugkontrolle verhaften.‹ Er durchschaut, dass die Geschichte nicht stimmt. Lisa stottert herum, versucht es noch mal. Er starrt schweigend auf eine Fliege an der Decke.

›Ich denke, wenn Sie vielleicht unsere Papiere stempeln und unterzeichnen würden, ... Sie könnten auch *Vu* (gesichtet) darunter schreiben, damit würden Sie sicher Ihre Vollmacht nicht überschreiten. Manche Beamte schauen heute gar nicht so genau hin. Wir würden damit schon nach Marseille durchkommen.‹[87]

Der Kommandant wischt sich die Stirn. ›Ich habe Sie gefragt, ob Sie belgische Staatsbürger sind. Welche anderen Dokumente haben Sie?‹ Lisa zögert, dann begreift sie: es hat keinen Zweck, die Täuschung fortzusetzen. ›*Monsieur le Commandant*, ich bin keine Belgierin. Diese Entlassungsscheine wurden uns von der Lagerleitung gegeben, um uns vor den Deutschen zu schützen ... Wir sind staatenlos. Wir sind vor den Nazis nach Frankreich geflüchtet, in das Land des politischen Asyls, doch jetzt müssen wir weiter. Wollen Sie uns helfen?‹

Der Offizier spielt zögernd mit seinem Bleistift. Von dem Bahnsteig klingt Lärm herein. Dann öffnet er eine Schublade und holt einen Stempel heraus. Er nimmt ein Papier nach dem anderen, schreibt *Vu* darauf, unterzeichnet und stempelt es. Schließlich schiebt er sie Lisa herüber. ›Vergessen Sie nicht, dies sind keine *sauf-conduits*. Ich bin nicht befugt, Ihnen eine Erlaubnis zu geben. *Bonne chance*!‹

›Ich weiß nicht, wie ich Ihnen danken soll, Monsieur. Ich bewundere Ihre Hilfsbereitschaft‹.

›*Vous m'embarrassez, Madame*‹ (Sie bringen mich in Verlegenheit). Er unterbricht Lisa fast schroff. ›Ich verstehe nicht, sagt sie, Sie haben uns vielleicht alle gerettet‹.

Wieder unterbricht er sie. ›Hören Sie, *Madame*, ich bin Franzose, französischer Offizier. Mein Land hat den Artikel unterzeichnet, in dem wir uns verpflichten, Leute wie Sie an die Deutschen auszuliefern. Und Sie wollen mir danken? ... Wir stehen in Ihrer Schuld‹. Er will ihr die Hand reichen, doch dann hebt er den Arm und salutiert.

Lisa Fittko gelangte – auf Umwegen – nach Marseille. Aber es war noch mehrfach Hilfe nötig, bis sie das Land verlassen konnte.

Dora Benjamin reiste so schnell wie möglich von Gurs nach Paris zu ihrem Bruder Walter. Der Philosoph und Literatur-Kritiker war dank der Hilfe französischer Freunde (etwa des Dichters St.-John Perse) im November aus dem Internierungslager Vernuche entlassen und im Mai 1940 nicht erneut interniert worden. Er lebte schon seit der Machtübernahme der Nazis 1933 in Paris, wo er auch Hannah Ahrendt kennen gelernt hatte, die den von knappen Honoraren lebenden Autor finanziell unterstützte. Im Spätherbst kam seine frühere

Frau Dora aus London und fragte ihn, mit ihr zu kommen. Aber er wollte sein geliebtes Paris nicht aufgeben. Außerdem war London im Dezember 1939 nicht sicherer vor den Nazis als Paris.

Im Gegensatz zu anderen Emigranten war Benjamin sich der Gefahr durchaus bewusst. Aber statt seine Freiheit zu nutzen und zu fliehen, stürzte er sich in ein neues literarisches Projekt: ein Buch über Baudelaire. Flucht in die Arbeit statt Flucht in die Sicherheit! Die Arbeit sei seine Zuflucht, schrieb er an Gretel Adorno.[88] Am 11. Januar erneuerte er seinen Ausweis für die Bibliothèque Nationale und versicherte kurz darauf Gretel Adorno, er wolle dieses Werk keinem Risiko aussetzen, selbst wenn das bedeute, seine eigene Sicherheit zu riskieren.[89] Ein Brief um die gleiche Zeit an seinen Freund, den Historiker der Jüdischen Mystik Gershom Sholem gerichtet, macht deutlich, welchen Wert er dieser Arbeit beimißt: »Jede Zeile, die wir in dieser Zeit veröffentlichen – so unsicher die Zukunft sein mag, für die sie bestimmt ist – ist ein Sieg, den Mächten der Dunkelheit abgerungen.«[90]

Das Antragsformular für ein Visum, das die Konsularabteilung der US-Botschaft ihm geschickt hatte, enthielt einen umfangreichen Fragen-Katalog, der ihn einerseits ratlos machte, andererseits aber zeigte, dass mindestens Monate, wenn nicht Jahre bis zu einem positiven Bescheid vergehen müssten.

Immerhin begann er, seine Pariser Wohnung auszuräumen. Wichtige Schriften übergab er Freunden, etwa Georges Bataille, der sie später an die Bibliothèque Nationale weitergab, darunter das endgültige, noch unveröffentlichte Manuskript von »Berliner Kindheit um 1900«. Weniger wichtige Papiere ließ er in der Wohnung liegen, wo bald die Gestapo sie an sich nahm. Zurück bleiben musste auch das Bild von Paul Klee »*Angelus Novus*«, das Benjamin soviel bedeutete. In seinem Text »*Über den Begriff der Geschichte*« machte er ihn zum »*Engel der Geschichte*«, eine religiöse Denkfigur. Der Botschafter Gottes blieb nicht aufs Religiöse beschränkt, Benjamin übertrug die Figur ins Politische, ins Historische.

Am 14. Juni – die Hakenkreuzfahne wehte bereits vom Triumphbogen – erreichten Walter und Dora Benjamin knapp einen der letzten Züge, die von Paris nach Süden abfuhren, bevor die Deutschen die Bahnhöfe besetzten. Er konnte wegen seiner schlechten Gesundheit nicht viel auf die Reise mitnehmen: Toiletten-Artikel, eine Gasmaske, ein Buch (von Stendhal) und ein eigenes Manuskript. Der Zug endete in Lourdes. Dora und Walter Benjamin stiegen aus und fanden ein preiswertes Hotel. Die Stadt in den Ausläufern der Pyrenäen an dem schnell strömenden, rauschenden Fluss besaß die Ruine einer mittelalterlichen Burg, die niemals von einem Feind eingenommen worden war. Sie machte trotz der vielen Flüchtlinge einen guten Eindruck auf Benjamin. Während Frankreich im Chaos versank, schienen in Lourdes Ordnung und Ruhe zu herrschen.

Aber diese freundliche Wahrnehmung hielt sich nicht lange. Am 16. Juli, kurz nach seiner Ankunft in Lourdes schrieb Benjamin an seinen Freund Max Horkheimer in New York, der leichteste Weg, ein US-Visum zu bekommen, sei wohl über eine Professur an einer amerikanischen Universität. Er bat den Freund dringlich, ihm dabei zu helfen[91], was dieser auch tat.

Sowohl Walter wie auch Dora Benjamin hatten gesundheitliche Probleme, die von ihren Aufenthalten in den Internierungslagern herrührten. Außerdem war ihr Geld knapp und sie fühlten sich einsam. Benjamin berichtete seinem Freund Theodor W. Adorno: »In den letzten Monaten habe ich einige Leute nicht nur ihren bürgerlichen Status verlieren sehen, sondern über Nacht kopfüber stürzen.«[92] Seine einzige Freude in Lourdes war wohl die Lektüre von Stendhals Roman »*Le Rouge et le Noir*«. Aber er war zunehmend pessimistisch und hatte Angst vor neuer Internierung. »Die vollkommene Unsicherheit darüber, was der nächste Tag, sogar die nächste Stunde bringen mag, schrieb er an Adorno, hat mein Leben die letzten Wochen beherrscht.«[93]

Er las täglich die Zeitungen, die zensiert waren und deshalb weiße Flächen aufwiesen. Die meisten hatten nur eine oder zwei Seiten und berichteten vom Untergang des alten Frankreich. Am 10. Juli darüber, dass die demokratische *Dritte Republik* beendet und durch den autoritären *État Francais* ersetzt worden war, am 3. August über das Todesurteil, das ein französisches Gericht gegen General de Gaulle beschlossen hatte.[94] Die Bewegungsfreiheit und das Postsystem wurden eingeschränkt, Lebensmittel rationiert und kontrolliert. Diese Meldungen illustrierten den Franzosen die Katastrophe, die sie erlebten. Nicht wenige verloren jeden Mut und brachten sich ums Leben. Um wie viel mehr musste den Flüchtlingen die Apokalypse nahe scheinen.

Walter Benjamin zweifelte immer mehr, ob eine Flucht noch möglich war, ob ein Visum in die USA noch erreichbar war, manchmal verzweifelte er auch. Die französischen Behörden verboten allen Ausländern, ohne *sauf-conduit* zu reisen. Für diese Erlaubnis brauchte man ein Visum, Benjamin hatte keins.

Seine Briefe zeigen, dass er zunehmend in Panik geriet: »Meine Sorge ist, dass die Zeit, die uns noch zur Verfügung steht, weitaus kürzer ist, als wir dachten. ... Ich fürchte, nur wenige werden in der Lage sein, sich selbst zu retten.«[95] Er konnte nicht wissen, wie viel seine Freunde in der Schweiz und in Amerika taten, um ihn aus seiner misslichen Lage zu befreien. Erst im Juli erfuhr er, dass Max Horkheimer versucht hatte, für ihn in Santo Domingo und dann in Havanna eine Professur zu finden, als deutlich wurde, dass ein US-Visum nicht schnell zu erreichen sein würde.

Die zynische Politik der offenen Lüge, der faits accomplis, des Betrugs, die Kaskaden der Gewalt, die von Berlin aus die Nachbarländer erschütterten, der Einbruch des radikal Bösen in die vertraute, wenn auch nicht schöne Welt, das Alles bedeutete für die Intellektuellen dieser Zeit eine Herausforderung, die vor keinem der Emigranten Halt machte. Maler, Schriftsteller, Wissenschaftler stellten sich ihr, jeder auf seine Weise. Das Unerhörte zunächst auf einen Begriff zu bringen, um dann damit umgehen zu lernen, das wurde z. B. für Hannah Arendt bestimmend für ihr Lebenswerk. Die Internierungslager waren das richtungweisende Modell einer durchgeplanten und damit scheinbar kontrollierbaren Gesellschaft, schrieb sie.[96]

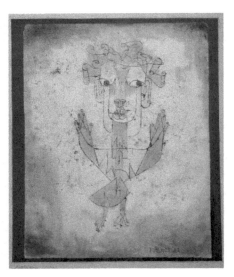

ANGELUS NOVUS,
GEMÄLDE VON PAUL KLEE, 1920,
ISRAEL MUSEUM, JERUSALEM

Auch Walter Benjamin suchte schon länger nach Begriffen, um das Unheil zu benennen, ihm zu entkommen, vielleicht auch ihm standzuhalten. Er führte den *Angelus Novus* in den Diskurs der *Frankfurter Schule* ein, nachdem das gleichnamige Bild von Paul Klee von 1920 ihn schon sehr beeindruckt hatte. Er brachte es mit der jüdischen Kabbala in Verbindung, der jüdischen Mystik des Mittelalters. Dort ist es das Buch *Zohar*, das der Frage nach dem Ursprung und dem Sinne des Bösen in der Welt nachspürt. Nach seiner Rückkehr aus dem Internierungslager im Dezember 1939 und vor seiner Flucht aus Paris im Juni 1940 verfasste Benjamin eine Schrift *Über den Begriff der Geschichte*. Der Text ist mehr ein unvollendetes Thesenpapier, Stichworte in achtzehn Thesen und zwei Anhängen. In These IX heißt es:

Es gibt ein Bild von Paul Klee, das Angelus Novus heißt. Ein Engel ist darauf dargestellt, der aussieht, als wäre er im Begriff, sich von etwas zu entfernen, worauf er starrt. Seine Augen sind aufgerissen, sein Mund steht offen und seine Flügel sind ausgespannt. Der Engel der Geschichte muss so aussehen. Er hat das Antlitz der Vergangenheit zugewendet. Wo eine Kette von Begebenheiten vor uns erscheint, da sieht er eine einzige Katastrophe, die unablässig Trümmer auf Trümmer häuft und sie ihm vor die Füße schleudert. Er möchte wohl verweilen, die Toten wecken und das Zerschlagene zusammenfügen. Aber ein Sturm weht vom Paradiese her, der sich in seinen Flügeln verfangen hat und so stark ist, dass der Engel sie nicht mehr schließen kann. Dieser Sturm treibt ihn unaufhaltsam in die Zukunft, der er den Rücken kehrt, während der Trümmerhaufen vor ihm zum Himmel wächst. Das, was wir den Fortschritt nennen, ist dieser Sturm.[97]

Benjamins dialektisches Verständnis der Geschichte ist vielleicht einleuchtender am Beispiel eines Satzes erfasst, den der britische Marxist Terry Eagleton im Gespräch mit einem Journalisten äußerte: »Marx sagt: Die Revolutionen sind die Lokomotiven der Weltgeschichte, aber vielleicht ist dem gänzlich anders. Vielleicht sind die Revolutionen der Griff des in diesem Zug reisenden Menschengeschlechts nach der Notbremse.«[98]

Der Engel der Geschichte begleitete ihn also auch in Lourdes, der Geist der Stadt aber, die Jungfrau Bernadette, scheint ihn nicht beeindruckt zu haben, jedenfalls hat er uns dazu nichts mitgeteilt. Walter Benjamin erfuhr schließlich, dass die USA ihm auf Betreiben von Max Horkheimer doch ein Visum ausgestellt haben, das er sich im US-Konsulat von Marseille abzuholen hatte. Mitte September schaffte er es dorthin, wo er auch Hannah Arendt, Heinrich Blücher, Hans Fittko, Arthur Koestler und andere Freunde wieder sah. Mit Koestler teilte er seinen Vorrat an Gift-Tabletten. Die Stadt Marseille fand er so schrecklich wie »*the yellow-studded maw of a seal with salt water running out between the teeth*«, den gelb-gefäßten Rachen einer Gosse mit Salzwasser zwischen den Zähnen. Die Stadt war in mancher Hinsicht herunter gekommen, aber hatte sie dieses Urteil wirklich verdient?

Consuelo de Saint-Exupéry gelangte an ein vorläufiges Ende ihrer Flucht in Pau, nicht weit von Lourdes. Sie schrieb ihrem Mann an seine Militär-Adresse, sie wolle nach Lourdes pilgern. Er erhielt das Schreiben in Algier. Aber nach wenigen Wochen war er plötzlich in Pau. Der Poet, der das später weltberühmte Buch ›Der kleine Prinz‹ schreiben sollte und seine Frau, die ihn dazu inspirierte, das Paar das sich Briefe sandte, die bereits die Sprache des ›kleinen Prinzen‹ intonierten und variierten, sie nahmen das ›Wunder‹ von Lourdes absolut ernst. »Wir besprengten einander mit dem reinen Wasser aus der Quelle von Lourdes,« notierte Consuelo.[99] Danach hielt er ihr einen Vortrag über die Heilwirkung von Wundern. Der (Frauen-) Herzen zerreißende Mann verstand es wie kein anderer, über den Himmel, die Sterne und die Liebe zu reden. Dann reiste er ab.

Nachzuholen bleibt der Bericht über eine außerordentliche Begegnung am Bahnhof von Lourdes in den letzten Juni-Tagen, als die Benjamins bereits in der Stadt waren. Der Zug, der am 22. Juni in Les Milles abfährt mit 2100 Internierten an Bord, die alle Grund haben, vor den Nazis zu flüchten, dieser Zug fährt zunächst nach Marseille, wo man, nach den Berichten von Max Ernst und Lion Feuchtwanger hofft oder vermutet, in eine französische Kolonie oder eine Überseeprovinz in Nordafrika verfrachtet zu werden.[100] Aber nein! Die algerischen Wachleute sind plötzlich durch Senegalesen ersetzt worden. Diese verschwinden in Marseille überraschend. Der »Phantom-Zug« (*le train-fantome*) setzt sich in Bewegung Richtung Westen – ganz ohne Bewachung. Man passiert Arles, Sète, niemand weiß, wohin es geht. Der Zug bleibt ohne ersichtlichen Grund auf der Strecke stehen, oft stundenlang. Flucht wäre jetzt jederzeit möglich. Als er am Bahnhof von Carcassonne zweieinhalb Stunden steht, erwägt Max Ernst, einfach auszusteigen. Er hat aber erst vor drei Tagen von einem Freund aus Carcassonne die Nachricht bekommen: ›Unmöglich, hier auch nur eine Maus unterzubringen.‹[101] Am zweiten Tag, den 23. Juni, passieren sie Toulouse, Tarbes, Lourdes und Pau. Einen deutschen Luftangriff wartet der Zug in einem Tunnel ab. Im Bahnhof von Oloron Ste. Marie befürchten die Internierten, in das nahe Lager Gurs geliefert zu werden.

Am 25. Juni erreichen sie schließlich den Hafen von Bayonne. Vom Zug aus, der außerhalb des Bahnhofs an einer Landstraße hält, erkennen sie Schiffe, die am Quai liegen. Die Flüchtlinge diskutieren die Möglichkeit, dass sie nunmehr nach Übersee gebracht werden, wahrscheinlich nach Marokko, das ist bald die Mehrheitsmeinung. Viele wollen aber nicht den Kontinent verlassen ohne ihre Frauen, ihre Familien, die nicht wissen werden, wo die Männer geblieben sind. Man zerstreitet sich, während Feuchtwanger durch die offene Tür schaut und den endlosen Treck überladener Autos, Pferdewagen und Bauernkarren beobachtet, der sich langsam immer wieder stockend auf der Strasse in Richtung Spanien bewegt. Nicht nur die Internierten, ganz Frankreich, ja, jeder anständige Mensch scheint auf der Flucht.[102]

Aber da rennt ein Bahnbeamter den Zug entlang und ruft laut: ›*Sauve qui peut! Les Boches arrivent.*‹ (Rette sich wer kann! Die Deutschen kommen.) Panik bricht aus. Der Phantom-Zug rollt langsam zurück in die Stadt Bayonne. Stunden später wird klar: Alles ein Irrtum! Der Zugführer Ledoux hatte es gut gemeint und im Voraus telegrafiert: Haltet Mahlzeiten für zweitausend Deutsche bereit! Er hatte seine Schützlinge gemeint, aber in dem hitzigen und chaotischen Durcheinander am Bahnhof Bayonne war das als Ankündigung einer Wehrmachts-Division verstanden worden. Hitlers Soldaten kamen tatsächlich erst am 27. Juni, zwei Tage später nach Bayonne.

Der ›Phantom-Zug‹ wird jetzt nach Südosten dirigiert, von wo er kommt. Er flüchtet quasi vor seinem eigenen Schatten. Im Bahnhof Toulouse wird erneut angehalten. Die Reisenden kaufen Zeitungen und erfahren, dass Frankreich im Waffenstillstand zusagen musste, jeden Menschen deutscher Herkunft, den die Reichsregierung benennt, an diese auszuliefern. Deshalb verlangt Frankreich jetzt an seinen Grenzen ein Ausreisevisum. Die Flüchtlinge aus Les Milles wissen also, dass sie nun in der Falle sitzen.

Die Fahrt geht weiter nach Lourdes. Der Zug wird an einem der langen Bahnsteige abgestellt neben einem anderen, der Kriegsmaterial geladen hat. Neben diesem auf dem gleichen Bahnsteig ein weiterer Zug mit Waffen und Munition. Dahinter sehen die Männer, wie auf einem vierten Gleis ein Zug einrollt, der ebenfalls von Soldaten bewacht wird. Nur Frauen sitzen darin und einige Kinder, Frauen aus Gurs, wie sich herausstellt: »Unsere Frauen«, schreibt Lion Feuchtwanger.[103] Die Türen öffnen sich. Rufe! Zettel werden hin und her geworfen: kleine Briefe, Fragen, Antworten, Botschaften. Die Damen steigen aus, obwohl die Soldaten sie daran zu hindern versuchen. Die Männer klettern zwischen den Materialzügen durch. Frauen entdecken mit Schreien der Freude und der Überraschung ihre Männer, Freunde, Brüder, die sie lange vermisst hatten und fallen ihnen um den Hals. Ein zweites Wunder von Lourdes, notiert Max Ernst.[104] Wachmannschaften versuchen, die Insassen der beiden Züge getrennt zu halten. Vergeblich. Ehefrauen und Geliebte steigen zur Weiterfahrt gleich mit in den Phantom-Zug der Männer, was zwar die Stimmung enorm verbessert, aber nicht die Bequemlichkeit. Den Protest des Zugführers schlagen die Frauen in den Wind.

Die Fahrt geht weiter nach Osten bis in die Nähe von Nimes. Die Reise mit dem »Phantom-Zug« zweimal quer durch das Land, erscheint heute sinnlos und absurd. Aber sie war nicht verrückter als die große Fluchtbewegung von Millionen Franzosen im Juni in Richtung Südwesten und dann im Juli unter noch schwereren Bedingungen zurück in ihre Heimatstädte. Auf dem Rückweg wurde die Völkerwanderung nicht beschossen, aber die Heimkehrer hatten kaum noch Benzin, kein Geld, weniger Nahrungsmittel und vor sich eine neue Grenze, die Demarkationslinie durch die Mitte ihres Landes, an der sie sich auszuweisen hatten.

Die internierten Bahnreisenden aus Les Milles müssen – am 27. Juni 1940 – in Nimes aussteigen und trotz Hunger und Erschöpfung achtzehn Kilometer zu Fuß gehen, obwohl ihre Beine nach fünf Tagen Bahnfahrt in gedrängter Enge jeden Dienst verweigern wollen. (Der beschwerliche Fußmarsch inspiriert später einzelne Maler.) Sie erreichen einen verfallenen Gutshof, Chateau Saint-Nicolas, in dem die Wachmannschaft und der Kommandant Quartier beziehen und ein Büro einrichten. Über dem verwitterten Tor steht: *San Nicola*.

Die Internierten bleiben zunächst unter freiem Himmel. Dann kommen Lastwagen. Sie bringen Stacheldraht, der um ein abgestecktes Terrain aufgezogen wird. Weitere Lastwagen bringen weiße Spitzzelte, jeweils eins für sechzehn Mann. Auf dem Boden wird Stroh ausgebreitet. Sanitäre Anlagen fehlen völlig, sodass die grüne Umgebung auf bewaldetem Hügel nicht lange sauber bleibt und die frische Luft bald genauso stinkt wie in der Ziegelei in Les Milles. Andererseits: In Saint Nicolas ist weniger Arbeit. Keine Schikanen, keine Appelle, keine Strafdienste belästigen die Internierten, Nazis fehlen völlig, nur die Angst begleitet sie und eine große Plage: die Mücken.

Ein großes Problem aber sind wiederum die äußerst begrenzten Wassermengen, die zur Verfügung stehen: Die Pumpe an der einzigen Quelle fördert nicht mehr als ein viertel Liter pro Person am Tag zum Trinken und Waschen. Allerdings gibt es eine erlaubte Bademöglichkeit in dem Flüsschen Gard, das sich etwa eine Fußstunde entfernt durch eine tiefe Schlucht schlängelt. Hunderte Internierte machen sich in diesen Sommertagen auf den Weg dorthin, kaum bewacht. In einem Landgasthaus am Ufer kann einkehren, wer genug Geld in der Tasche hat. Der Wirt kocht gut, auch für Internierte. Schwarzhändler aus Nimes bieten am Lagerzaun Waren zum Kauf an, bald auch mitten im Lager. Die Insassen können durch den Zaun problemlos heraus und hineinschlüpfen. Die Wachen schauen weg. Wer tatsächlich flüchtet, wird meist nach wenigen Tagen von Gendarmen in Handschellen zurück gebracht.

Pariser und sogar Schweizer Zeitungen werden im Lager herumgereicht, gegen Gebühr. Einige Internierte beschaffen Kaffee, Wein und andere Lebensmittel, die selbst die zivilen Bewohner von Nimes kaum zur Verfügung haben. Bauern liefern ihre Produkte an. Soldaten helfen und verdienen dabei. Schwunghafter Handel breitet sich aus. Budenwirte und Kaffeehausgründer versuchen, einander zu übertreffen.[105]

Feuchtwanger liest in der Zeitung, dass die französische Regierung den deutschen Siegern versprochen hat, auf Verlangen Leute wie ihn auszuliefern. Es kann ihn jederzeit treffen, ebenso wie etwa zweihundert weitere Insassen von Saint Nicolas. Dennoch darf er einige Tage in der Stadt Nimes verbringen, er kehrt aber zurück. Wieder im Lager sucht eine Magen- und Darmkrankheit ihn heim, er leidet, ist einverstanden, zu sterben, freut sich hundeelend auf den Tod. Nur langsam kommt die Erholung.

Gelassenheit, Angst, Langeweile und Ekel sind Gefühle, die sich normalerweise gegenseitig ausschließen. Nicht aber in Saint Nicolas, hier ergänzen sie sich. Die Stimmung kann abrupt wechseln, nicht nur an den Kabarett-Abenden. Da werden »die Moorsoldaten« gesungen, das Lied des verzweifelten Widerstandes in den deutschen KZs. Dann wieder wünscht sich der Kunstliebhaber Feuchtwanger, noch einmal die Oper Carmen zu sehen, noch einmal wenigstens die Gemälde Goyas im Prado zu bewundern, fiebrig und sentimental schreibt er in sein Tagebuch Zeilen aus dem Wiener Heurigen-Lied: Es wird in hundert Jahren wieder so ein Frühling sein ...»*Und es wird ein Wein sein, und wir werden nimmer sein, und es wird schöne Mädel geben und wir werden nimmer leben.*«[106] Es liegt Schwermut über Saint Nicolas, wenn nicht Endzeitstimmung.

Viele Frauen und Angehörige finden heraus, wo ihre Männer interniert sind. Trotz des langen Fußweges kommen immer mehr von ihnen an den Lagerzaun, dann auch ins Lager oder mit ihren Gefährten in das nahe Gebüsch.

Eines Tages erscheint auch Marta Feuchtwanger am Zaun, nach ihrer Flucht aus Gurs noch völlig abgemagert und schwach. Sie erkennt unter den Gefangenen Max Ernst, den sie noch nie gesehen hat. Dieser führt sie zwischen den Zelten durch zu Lion Feuchtwanger. Sie hat sich etwas Schokolade abgespart und Obst aufgetrieben. Erstaunt sieht sie, dass es Feuchtwanger nicht an Nahrungsmitteln fehlt, während Lion feststellt, dass seiner sonst sehr beherrschten Frau der gierige Hunger aus den Augen schaut. In seinen Memoiren singt der sensible, nicht uneigennützige Frauen-Versteher ein anrührendes Loblieb auf die Frauen der deutschen Internierten, Deutsche wie Französinnen, die trotz aller Katastrophen fest zu ihren Liebsten gestanden haben.[107]

Die Feuchtwangers diskutieren tagelang Möglichkeiten seiner Flucht. Es geht nicht um den Lagerzaun, der wäre kein Problem. Er muss aus dem Land, dann durch ein weiteres feindliches Land und danach durch ein unsicheres Land, in dem Nazi-Agenten ihre Feinde entführen.

In Les Milles hatte eines Tages ein Mann am Zaun gestanden und den weltberühmten Schriftsteller hinter dem Stacheldraht fotografiert. Das Foto schickte er an Feuchtwangers amerikanischen Literatur-Agenten, Benjamin Huebsch bei Viking Press in New York. Der fuhr nach Washington und legte das Foto seines Mandanten auf den Tisch von Eleanor Roosevelt, die es dem Präsidenten der Vereinigten Staaten zeigte. Es ist also kein Zufall, dass plötzlich am 21. Juli, einem Sonntag nachmittag, die Limousine des US-Vizekonsuls Miles Standish in Saint Nicolas auftaucht.[108]

Miles Standish und eine Madame L. aus Nimes, die Feuchtwanger kennt, warten in ihrem roten Chevrolet mit Diplomaten-Kennzeichen, in der Nähe des Bistros am Fluss, wo Feuchtwanger zum ersten Mal seit seiner schweren Krankheit zusammen mit Freunden ein ausgedehntes, köstliches Mittagessen genießt. Sie trinken Wein und legen sich nach dem Mal für ein Schläfchen ins Gras. Auf dem Heimweg ins Lager stellt sich dem ahnungslosen Feuchtwanger am Waldrand plötzlich Madame L. aus Nimes in den Weg. Sie gibt ihm einen Zettel von Marta, auf den diese von Hand geschrieben hat: »Frag nichts, sag nichts, geh mit.« Sonst nichts.[109] Er erkennt die Handschrift von Marta.

Madame L. weist ihn zu dem Diplomatenwagen und der Vizekonsul bittet ihn, einzusteigen. Lion – mit einem zerrissenen Hemd, einer notdürftig geflickten, dünnen Leinenhose und Gummisandalen bekleidet – hat gerade noch Zeit, seinen Freund Bernhard Wolf zu bitten, seine Sachen nach Sanary an Marta zu schicken, was dieser auch tut. So bleiben Feuchtwangers

Aufzeichnungen erhalten. Im Auto gibt Standish Feuchtwanger einen dünnen Mantel mit englischem Logo darauf, einen bunten Schal und eine dunkle Sonnenbrille. Als der Wagen von Polizei-Kontrollen angehalten wird, stellt der Diplomat die »Dame« auf dem Rücksitz als seine Schwiegermutter vor. Feuchtwanger wirkt in dieser Rolle absolut überzeugend.[110] Standish bringt Lion nach Marseille, zur Villa seines Kollegen, des Vize-Konsuls Harry Bingham. Am Eingang des Grundstücks wartet Marta. Bingham überlässt ihnen in seinem Privathaus ein Mansardenzimmer. Das Haus ist nicht exterritorial. Sie haben ein Versteck, in Sicherheit sind sie nicht. Eine von Binghams Bediensteten hat enge Verbindung zu den Nazis. Marta weiß das, sie ist auf der Hut.

Auch Max Ernst gelingt die Flucht, aber er wird gefasst und zurück gebracht. Er flüchtet ein zweites Mal gerade in dem Moment, als die Papiere für seine Freilassung ankommen. In St. Martin en Ardèche, in ihrem mehr als 300-jährigem Bauernhaus, das Léonora Carrington 1938 nach dem Verkauf einiger ihrer Bilder erworben hatte, das sie beide mit dadaistischen Skulpturen und Reliefs reich geschmückt hatten, das sie einen »surrealistischen, der Leidenschaft gewidmeten Palast« genannt hatten[111], findet er seine Freundin aber nicht mehr vor. Das Haus oberhalb des Dorfes ist leer. Ein Nachbar hat es in Besitz genommen. Leonora habe es ihm verkauft, hört Max Ernst. Dann sei sie mit Pariser Freunden zusammen in Richtung Spanien geflohen.

ANMERKUNGEN

1. Erich Maria Remarque: Die Nacht von Lissabon, S. 177 f
2. Ebenda, S. 179
3. Alois Prinz: Hannah Arendt oder die Liebe zur Welt, Berlin 2012, S. 94 f
4. Lisa Fittko: Mein Weg über die Pyrenäen, S. 14
5. zitiert nach: Hanna Schramm: Menschen in Gurs, Worms 1977, S. 332 ff
6. Lisa Fittko: Mein Weg über die Pyrenäen, S. 27 f
7. Ebenda, S. 33
8. Lion Feuchtwanger: Der Teufel in Frankreich, S. 243
9. Hannah Arendt: We Refugees, in: Menorah Journal Nr. 31 (Januar 1943) S. 72
10. Lisa Fittko: Mein Weg über die Pyrenäen, S. 34
11. Manfred Flügge: Die vier Leben der Marta Feuchtwanger, Berlin 2008, S. 277
12. Joel Blatt (Hrsg.): The French Defeat of 1940: Reassessments, 2006
13. Hannah Ahrendt an Martin Heidegger, ajpn.org Hannah Ahrendt
14. Ebenda
15. Victor Serge: Memoirs of a Revolutionary, S. 419
16. Lisa Fittko: Mein Weg über die Pyrenäen, S. 67 ff
17. Manfred Flügge: Die vier Leben der Marta Feuchtwanger, S. 280
18. Zitiert nach Elisabeth Young-Bruehl: Hannah Arendt, Frankfurt 2004 S. 226
19. Arthur Koestler: Abschaum der Erde, S. 491
20. Lion Feuchtwanger: Der Teufel in Frankreich, S. 37
21. André Fontaine: L'internement au Camps des Milles et dans ses Annexes, Septembre 1939 – Mars 1943, S. 103 – 134, In: EX / Les Camps de Provence – Exil, Internément, Déportation 1933 – 1942, S. 110
22. Manfred Flügge: Die vier Leben der Marta Feuchtwanger, S. 265
23. Jimmy Ernst: A not so still Life, New York 1984, S. 170
24. Max Ernst: Biographische Notizen, S. 165
25. Ebenda
26. Brief von Ballard an Benjamin vom 30.10.1939 und Brief von Benjamin an Ballard vom 20.11.1939 in: EX: Les Camps en Provence – Exil, Internement, Déportation 1933 – 1942, hrsg. Von Marcel Cohen u. a. S. 55 ff
27. Brief von H. Mann an Louis Gillet vom 24. 9. 39 in: EX: Les Camps en Pro-, vence – Exil, Intenernement, Déportation 1933 – 1942, S. 73 f
28. Barbara Vormeier: La Situation des Réfugiés en Provenance d'Allemagne Septembre 1939 – Juillet 1942, S. 88 – 102In: EX / Les Camps en Provence – Exil, Internément, Déportation 1933 – 1942, S. 91
29. André Fontaine: Les Peintures Murales Des Milles (Automne 1940), S. 150 – 157, In: EX/ Les Camps en Provence – Exil, Internément, Déportation 1933 – 1942, S. 150
30. Klaus-Peter Schmid: Gefangen in der zweiten Heimat, In: Die Zeit 1990 Nr. 22
31. Manfred Flügge: Die Vier Leben der Marta Feuchtwanger, S. 284
32. Lion Feuchtwanger: Der Teufel in Frankreich, S. 109
33. André Fontaine: L'internement au Camp des Milles ... S. 121 f
34. Lion Feuchtwanger: Der Teufel in Frankreich, S. 128
35. Hans-Jürgen Heimsoeth: Der Zusammenbruch, S. 341
36. Ebenda, S. 337
37. Ebenda, S. 338
38. Golo Mann, Interview im Dezember 1984 in Kilchberg
39. Jörg Wollenberg: Walter Fabian – Brückenbauer der Linken
40. Ebenda
41. Jean-Pierre Azéma, Olivier Wieviorka: Vichy, S. 26 f
42. Nach dem Einmarsch der Deutschen in Österreich und dem Anschluß an das Deutsche Reich war Spira zusammen mit seinem Vater verhaftet worden. In einer Wiener Volksschule in der Karajangasse, von der Gestapo in ein Gefängnis umgewandelt,

wurde er vier Wochen lang festgehalten. Von seinen Bewachern, die er portraitieren musste, merkte er sich den Satz: »Wenn S'mich net schön zeichnen, kommen S' nach Dachau«. Spira zeichnete »schön« und schwieg. Zitiert nach: Oliver Bentz: Zeichenkunst und Humanität

43 Ralf Eibl: Der große Glanzberg
44 In Royan machten sich die Deutschen ebenfalls breit. Picasso entschied sich 1941, in seine Pariser Wohnung zurück zu kehren, obwohl er Visa für die Vereinigten Staaten und für Mexico in Aussicht hatte. Den weltbekannten Maler ließen die Nazis weiter arbeiten, aber ausstellen durfte er nicht.
45 Andrzej Bobkowski: Wehmut? S. 6
46 Miriam Davenport: An Unsentimental Education
47 Francoise Frenkel: Nichts um sein Haupt zu betten (Leseprobe des Hanser-Verlages, 2016)
48 Andrzej Bobkowski: Wehmut? S. 15 f
49 Ebenda, S. 16
50 Hal Vaughan: Coco Chanel, S. 170 ff
51 Ebenda, S. 179
52 FRUS. 1940 Bd.2, S. 439 / Am 29. Juni reiste er ab in Richtung Vichy, wo Marschall Pétain ihm am 1. Juli für seine Rolle in Paris dankte. (FRUS. 1940, Bd. 2, S. 462 ff) Kurz darauf durchquerte er Spanien und bestieg am 16. Juli in Lissabon einen Clipper in die Vereinigten Staaten. Am 7. November bat er, aus dem diplomatischen Dienst entlassen zu werden. Am 7. Januar 1941 wurde sein Gesuch angenommen.
53 Consuelo de Saint-Exupéry: Die Rose des kleinen Prinzen, S. 244
54 Ebenda, S. 245
55 Léon Werth: 33 Jours, Paris 2002
56 Hal Vaughan: Coco Chanel, S. 202
57 Ebenda, S. 211 f
58 Jacques Delarue: Histoire de la Gestapo, S. 259
59 Ebenda, S. 260
60 Das Archiv der *Sureté Nationale* wurde sowie das Archiv der Préfecture de Paris 1943 ins Reich gebracht, bzw. in ein Schloß bei Böhmisch Leipa im heutigen Tschechien und anschließend nach Niederschlesien. Dort fiel es der sowjetischen Armee in die Hände. Erst Anfang des 21. Jahrhunderts gab Russland die Dokumente an Frankreich zurück. Isabelle le Masne de Chermont: The Arthur Goldschmidt File ... S. 78; siehe auch: Jérome Dupuis, Jean-Marie Pontaut und Anna Chevelkina: Le dossier Picasso
61 Jean-Pierre Azéma, Olivier Wieviorka: Vichy, S. 27
62 Saul Friedländer: The Years of Extermination, S. 165
63 Robert Fisk: Francoise Frenkel's escape (The Independent, 29. 12. 2015)
64 Barbara Vormeier: La Situation des Refugiés en Provenance d'Allemagne, Septembre 1939 – Juillet 1942, S. 92
65 Birgit Kletzin: Trikolore unterm Hakenkreuz, S. 21
66 Anne Klein: Flüchtlingspolitik und Flüchtlingshilfe 1940 – 1942, Berlin 2007, S. 85
67 Winston Churchill: Der Zweite Weltkrieg, S. 367
68 Ebenda, S. 41
69 Robert O. Paxton: La France de Vichy, S. 101
70 Ebenda, S. 80
71 Henri Amouroux: La Vie Des Francais Sous L'Occupation, S. 41
72 Robert O. Paxton: La France de Vichy, S. 111
73 Henry Amouroux: La Vie des Francais Sous L'Occupation, S. 371 ff
74 Robert O. Paxton: La France de Vichy: S. 221
75 Ebenda, S. 113
76 Franz Werfel: Das Lied von Bernadette, Stuttgart Hamburg München o. J., persönliches Vorwort
77 Alma Mahler-Werfel: Mein Leben, S. 310, Frankfurt 1963
78 Ebenda, S. 311
79 Franz Werfel: Das Lied von Bernadette, Stuttgart Hamburg München o.J. Vorwort
80 Susan E. Subak: Rescue and Flight, S. 41
81 Ebenda: S. 42
82 Mary Jayne Gold: Marseille année 40, S. 231 f
83 Alma Mahler-Werfel: Mein Leben, S. 311

84 Varian Fry: Auslieferung auf Verlangen, Frankfurt am Main, 2009, S. 16
85 Lisa Fittko: Mein Weg über die Pyrenäen, S. 96 f
86 Ebenda, S. 104 f
87 Ebenda, S. 106
88 Benjamin an Gretel Adorno, 14. 12. 1939, Correspondence, S. 619
89 Haaretz: Chronicling Walter Benjamin's final hours
90 Benjamin an Gerhard Scholem, 11. 1. 1940, Correspondence, S. 623
91 Benjamin an Max Horkheimer, 16. 6. 1940, Correspondence, S. 635
92 Benjamin an Theodor W. Adorno, 2. 8. 1940, Correspondence, S. 637 f
93 Zitiert nach: Howard Eiland u. Michael W. Jennings: Walter Benjamin, A Critical Life, S. 669
94 Le Figaro vom 4. 7. 1940, vom 10. 7. 1940, vom 3. 8. 1940
95 Zitiert nach: Howard Eiland u. Michael W. Jennings: Walter Benjamin, A Critical Life, S. 670
96 Zitiert nach Homepage Walter Blumentritt (www.comlink.de/cl-hh/m.blumentritt/benjamin.htm)
97 Hannah Arendt: Elemente und Ursprünge, S. 677
98 Süddeutsche Zeitung vom 14. Mai 2014
99 Consuelo de Saint-Exupéry: Die Rose des kleinen Prinzen, S. 259
100 Max Ernst: Écritures, S. 137 In: EX Les Camps en Provence, Exil, Internément, Déportation 1933 – 1942, S. 135 – 140
101 Ebenda
102 Lion Feuchtwanger: Der Teufel in Frankreich, S. 147
103 Ebenda, S. 155
104 Max Ernst: Écritures, S. 138
105 Lion Feuchtwanger, Der Teufel in Frankreich, S. 238 ff
106 Ebenda, S. 238
107 Ebenda, S. 201 f und S. 232
108 Susan E. Subak: Rescue and Flight, S. 48
109 Manfred Flügge: Die Vier Leben der Marta Feuchtwanger, S. 291
110 Varian Fry schreibt, es sei der Vizekonsul Hiram Bingham gewesen, der Lion Feuchtwanger bei der Flucht aus dem Lager geholfen habe. Siehe: Varian Fry: Auslieferung auf Verlangen, Frankfurt 2009, S. 22 f
111 Rosemary Sullivan: Villa Air-Bel, London 2006, S116

4 | VARIAN FRY

LUNCHEON IM COMMODORE-HOTEL

»*Germans Occupy Paris ... Reich Tanks Clank in the Champs-Elysées*« – so titelte am 15. Juni 1940 die *New York Times*. (Die Deutschen besetzen Paris ... Reichs-Panzer rattern über die Champs Elysées.) Die liberalen, weltoffenen Leser der Zeitung waren entsetzt. Zwar wollte die Mehrheit der US-Bürger nichts vom Krieg in Europa wissen und vor allem nicht hineingezogen werden, aber gebildete, politisch-interessierte, liberale Minderheiten sorgten sich um die vielen Flüchtlinge aus den bereits von den Nazis kontrollierten Ländern, um Künstler, Wissenschaftler, demokratische Politiker, um Gewerkschaftsführer, um Juden, um alle, die von Hitlers Macht-Organen verfolgt wurden. Hilferufe waren wiederholt in den USA angekommen, nicht nur von der französischen Regierung.

Viele private Briefe baten um Hilfe. Die Schriftsteller Walter Mehring und Hertha Pauli schickten ein Telegramm an Thomas Mann, der bereits in Kalifornien lebte. Für Walter Benjamin schrieb Theodor W. Adorno an amerikanische Freunde. Albert Einstein hatte schon 1934 eine *International Relief Association* gegründet, die still Flüchtlingen half. Der österreichische Psychologe Karl Frank, selbst ein Flüchtling, nannte sich jetzt Paul Hagen und bereitete mit seinem Freund, dem jungen Redakteur Varian Fry, in New York eine bedeutende Hilfsaktion vor.

Hagen hatte schon in Prag, in Paris und London aus dem Untergrund gegen Hitlers drohende Macht gekämpft. Seit Ende 1939 in Amerika, gründete er das *American Friends of German Freedom Committee*, das der Theologe Reinhold Niebuhr leitete.

Als die Wehrmacht am 10. Mai 1940 die deutsche Westgrenze überschritt, die Niederlande, Belgien, Luxemburg überrollte und drei Tage später Frankreich angriff, da bat Hagen seinen Freund Fry zu einem Gespräch an ihrem üblichen Treffpunkt, dem kleinen Restaurant Child's in der Nähe ihrer Büros in Manhattan in der Fifth Avenue und der 40. Straße. Die Nazis haben Listen, erklärte Hagen. Jeder Feind, der abweichende Meinungen vertritt, wird von der Gestapo gejagt. Wenn Frankreich fällt, werden diese Leute entweder hingerichtet oder zu einem langsamen Tod in ein Konzentrationslager gebracht. Die beiden Freunde beschlossen, dagegen zu unternehmen, was ihnen möglich schien.

Als erster Schritt sollte eine Art Wohltätigkeits-Essen stattfinden. Es wurde geplant für den 25. Juni im Commodore Hotel in der 42. Straße. Die Schriftsteller John Dos Passos und Upton Sinclair liehen dem Unternehmen ihre Namen. Der Theologe Niebuhr, der Präsident der Universität Newark, Frank Kingdon, und der damals sehr bekannte Radio-Star-Journalist Raymond Gram Swing nahmen die Einladung an. Die Nachricht von der Niederlage Frankreichs und dem Waffenstillstand, vor allem dem Artikel 19, gaben der Veranstaltung ihre Brisanz. Jeder Teilnehmer des schlichten Treffens fand an seinem Platz ein Scheck-Formular mit der Bitte, eine Summe für die Rettung der Flüchtlinge aus Frankreich zu spenden. Es kamen 3.500,– Dollar zusammen, was damals eine beachtliche Summe war. Man dachte daran, zehn Personen die Reise aus Europa in die Vereinigten Staaten zu finanzieren.

Als das Essen beendet war und die Reden vorbei, stand Erika Mann auf, Tochter von Thomas Mann und erklärte, Geld allein könne keine Menschen retten. Der Lunch müsse die Gelegenheit sein, ein dauerhaftes Komitee zu gründen. »*They can't just get on a boat and leave. Somebody has to be there to get them out*«.[1] Die Nichte von Heinrich Mann, Schwester von Golo Mann brauchte nicht lange zu werben. Es war offensichtlich. »Wir haben noch in der Nacht das Emergency Rescue Committee gegründet, mein Vater wurde sofort telegrafisch hinzu gezogen.«[2] Frank Kingdon übernahm den Vorsitz. Inge Warburg, Bankierstochter aus Hamburg, wollte ihm assistieren. Sie ließen das Komitee schnell ins Vereinsregister eintragen. Zahlreiche Hochschullehrer und Publizisten meldeten sich als Mitglieder. Ein Büroraum wurde in der 42. Straße gegenüber der *Grand Central Station* gefunden.

Noch am Abend des *fund-raising-lunch* setzten sich Fry und Hagen zusammen und planten die nächsten Schritte. Sie brauchten jetzt ihrerseits Listen mit den Namen derer, denen geholfen werden sollte. Dass man nicht allen in Not helfen könnte, war ohnehin klar. Wenige Tage später gingen die Beratungen in der Wohnung der deutsch-jüdischen Emigrantin Inge Warburg weiter.

Sie hatte einen guten Draht zu Eleanor Roosevelt. Man zog in Betracht, dass notfalls nicht nur legal zu handeln sein werde, um Menschenleben zu retten.[3]

Alfred Barr, der Direktor des von ihm gegründeten Museum of Modern Art, ein bestens mit der europäischen und deutschen Kunstszene vertrauter Fachmann, wurde gebeten, zusammen mit seiner Frau Margaret Scolari Barr eine Liste der Maler und Bildhauer in Not aufzustellen. Auf ihrer Liste fanden sich Namen wie Max Ernst, Marc Chagall und Jacques Lipchitz.

Einen vergleichbaren Auftrag erhielt Thomas Mann. »Wir haben Riesenlisten angefertigt mit allen Namen und Adressen, deren wir irgend habhaft werden konnten«.[4] Erika und ihr Vater Thomas Mann nannten Verleger, Schriftsteller, Kunst-Kritiker, Theater-Autoren wie Lion Feuchtwanger, Walter Mehring, Hertha Pauli, Hans Sahl, Anna Seghers und nicht zuletzt den Bruder Heinrich Mann sowie Erikas Bruder, Golo Mann.

Paul Hagen selbst nannte Flüchtlinge aus der SPD. Auch Italiener, Tschechoslowaken, Franzosen wurden auf die gemeinsame Liste gesetzt. Das ging nicht ohne Streit ab. Der französische Theologe Maritain beschuldigte Thomas Mann, die deutschen Schriftsteller zu sehr zu begünstigen. Der Journalist Max Ascoli warf Maritain vor, er hätte keine Ahnung von den Italienern und wolle vor allem französische Namen sehen. Paul Hagen kritisierte Ascoli, weil er die sozialistischen Politiker gar nicht kenne. Der Romancier Jules Romain hielt Hagen vor, er vergesse die Juden.[5] Der Journalist Jay Allen, der sich im spanischen Bürgerkrieg bei seinen amerikanischen Lesern durch Berichte von Massakern der Faschisten einen guten Namen gemacht hatte, mischte sich ein und wollte etwas für die spanischen Flüchtlinge in Frankreich tun. Die Großzügigen argumentierten kleinlich, weil man wusste, jeder Name auf der Liste musste bedeuten, dass für andere kein Platz ist. Dennoch blieb die Diskussion theoretisch und überflüssig, die tatsächlichen Probleme sollten sich später ganz anders stellen.

Viel wichtiger war, das State Department, das gerade erst im Sommer 1940 die Kontrolle über die Einwanderung vom Arbeitsministerium übernommen hatte, davon zu überzeugen, dass Sonder-Visa für prominente ausländische Flüchtlinge notwendig waren. Es galt als offenes Geheimnis, dass die Beamten im Außenministerium und ebenso die Diplomaten in den Botschaften und Konsulaten der Vereinigten Staaten in Europa kaum geneigt waren, Flüchtlinge aufzunehmen, schon gar keine Links-Intellektuellen oder Juden. Wer vor seiner Regierung flüchtete, auch vor der Hitler-Diktatur, der war zunächst einmal verdächtig.[6] Hinzu kam, dass die wirtschaftliche Depression in den USA hohe Arbeitslosigkeit verursacht hatte, die noch nicht überwunden war. Insofern glich die Situation in den neutralen Vereinigten Staaten durchaus der im neutralen Portugal, wenn auch der materielle Wohlstand in den USA unvergleichlich höher war.

Auch Präsident Roosevelt teilte die skeptische Sicht, er schwankte und zögerte und wollte mindestens öffentlichen Streit über Zuwanderung vermeiden. Seine Frau dagegen, Eleanor Roosevelt, die getrennt von ihm lebte, stand auf der Seite der Flüchtlinge. Sie pflegte Kontakte zu einigen von ihnen. Albert Einstein hatte ihr bereits geschrieben, dass das State Department eine Mauer aus bürokratischen Vorschriften zwischen den Opfern der faschistischen Grausamkeit und der Sicherheit der Vereinigten Staaten errichtet habe.[7] Paul Hagen und Joseph Buttinger, zwei Exil-Österreicher, baten gleich nach der Gründung des ERC um einen Termin bei Eleanor Roosevelt. Sie lud die beiden zusammen mit Varian Fry am 27. Juni in ihre Wohnung in Gramercy Park in New York ein und nach kurzer Debatte nahm sie das Telefon, rief den Präsidenten der Vereinigten Staaten im Weißen Haus an und redete 20 Minuten lang in Gegenwart ihrer Besucher und zu deren Erstaunen auf Roosevelt ein. Er möge den Flüchtlingen aus Deutschland und Europa helfen.

Doch Roosevelt muss wohl widersprochen haben, sodass sie am Ende drohte, wie Buttinger in seinen Memoiren schreibt: »Wenn Washington sich weigere, unverzüglich Visa auszustellen, dann würden die deutschen Emigranten unterstützt von ihren amerikanischen Freunden ein Schiff chartern, um in größtmöglicher Zahl den Atlantik zu überqueren. Wenn nötig werde das Schiff vor der Ostküste kreuzen, bis das amerikanische Volk in Wut und Scham den Präsidenten und den Kongress zwingen werde, diesen Opfern politischer Verfolgung die Erlaubnis zur Landung zu geben.[8] Nach dem Telefonat erklärte sie ihren Besuchern, dass alle Einreise-Quoten für Einwanderer aus Europa erschöpft seien. Aber eine begrenzte Zahl von Besucher-Notvisa könne für ausgewählte politische Flüchtlinge zur Verfügung gestellt werden. Das habe der Präsident ihr versprochen.«

Fry fragte, ob sie einen geeigneten Kandidaten für die geplante Hilfsaktion in Marseille nennen könne. Konnte sie nicht. Als nächstes war nun eine Entscheidung fällig, wer für das *Emergency Rescue Committee* nach Frankreich gehen sollte, um die Flüchtlinge zu suchen und ihnen die Ausreise zu ermöglichen. Fry bot sich selbst für diese Aufgabe an, wenn sich sonst niemand fände. Aber Hagen ging zunächst darauf nicht ein. Er meinte, für konspirative Untergrundarbeit habe dieser erst 33-jährige Harvard-Absolvent weder die Erfahrung noch das Temperament.[9] Das ERC stellte sich andere Kandidaten vor mit mehr Erfahrung und einem hohen Maß an Risiko-Bereitschaft. Erst als das Komitee mit der Suche nicht weiter kam, begann man, Frys Bewerbung ernst zu nehmen.

EIN STILLER AMERIKANER

Analytischen Verstand, sowie soziales und politisches Engagement hatte Varian Fry wiederholt bewiesen. 1930 führte er das Harvard-Kontingent an, das den Broadway hinab marschierte, um Jobs für die Arbeitslosen zu verlangen, ganz im Sinne des Konjunktur- und Sozialprogramms *New Deal*, das Präsident Roosevelt später in den 30er Jahren durchsetzte. Er bewies sein dickköpfiges Engagement schon in Harvard dadurch, dass er vor das Haus des Dekans ein Schild ›For Sale‹ aufpflanzte, weshalb er ein Studienjahr wiederholen musste.[10] Nach seinem erstklassigen Examen (Studium der Literatur und Sprachen) heiratete er die sieben Jahre ältere Eileen Hughes, Redakteurin der Zeitschrift *Atlantik Monthly*. 1935 fand er selbst eine Arbeit als Redakteur der Zeitschrift *Living Age* und schrieb fortan über die Gefahren und Risiken, die von Hitler für Europa und die Welt ausgingen. Im Gegensatz zur vorherrschenden Meinung glaubte er, Amerika müsse seine Isolations-Politik aufgeben.

Entscheidend war für ihn ein Erlebnis in Berlin im Juli 1935. Fry wohnte bei einer längeren Deutschlandreise in der Hotel-Pension Stern am Kurfürstendamm und konnte von da aus antijüdische Ausschreitungen der SA beobachten. Der Mob jagte Juden vor sich her, fiel in gekennzeichnete jüdische Geschäfte ein, stoppte Autos, verlangte Ausweise, verprügelte Menschen und trat mit schweren Stiefeln die, die bereits am Boden lagen. Dann sangen sie Nazi-Lieder: Sie verlangten nach jüdischem Blut für ihre blitzenden Messer. Entfesselter Hass ohne Erbarmen lag in der Luft. Fry zog sich in ein Kaffeehaus zurück. Doch nach einer Weile kamen zwei der SA-Schläger in Reithosen und Braunhemden herein, gingen auf einen älteren Mann zu, der in einer hinteren Ecke saß und wie ein Jude aussah. Der Mann zitterte vor Angst. Er griff nach seinem Glas, da flog ein Messer durch die Luft, durchbohrte seine Hand und heftete sie am Holztisch fest. Die SA-Leute lachten laut und gingen. Fry war entsetzt. Solche Freude an der Gewalt hätte er nicht für möglich gehalten.

Fry war als Journalist unterwegs. Er hatte um ein Interview im Reichs-Propaganda-Ministerium gebeten, das er am nächsten Tag bekam. Der Abteilungsleiter im Hause Goebbels, der für die ausländische Presse zuständig war, Ernst Hanfstaengl, war der einzige unter den führenden Nazis, der je eine ausländische Universität besucht hatte.»Putzi«, wie ihn seine Freunde nannten, hatte in Harvard studiert – wie Fry. Sein Englisch war vorzüglich, er hatte auch Kontakt zu Churchills Sohn Randolph.

Auf Frys empörte Fragen nach dem gestrigen Gewaltausbruch auf dem Kurfürstendamm antwortete Hanfstaengl entgegenkommend und in feinstem Harvard-Englisch, es gäbe in der Nazi-Partei zwei Meinungen über die Lösung des»Judenproblems«. Die Gemäßigten wollten die Juden vertreiben oder in Reservate einschließen, so wie die Amerikaner es mit den Indianern getan hätten. Die Radikalen aber wollten die Juden vernichten.[11] Fry konnte das kaum glauben. Kann eine Kulturnation so verkommen? Der amerikanische Journalist schrieb einen Artikel über die Krawalle am Kurfürstendamm und die Erklärungen Hanfstaengls, der am 17. Juli 1935 in der New York Times erschien. Der deutsche Regierungssprecher dementierte die ihm zugeschriebenen Äußerungen. Wahrscheinlich stand er selbst unter Druck.

In den nun folgenden Jahren blieben Hitler, die deutsche Aufrüstung, die Rassen-Ideologie vom Herrenmenschen, der sich ankündigende Krieg Frys bevorzugte Themen. Doch er erreichte in den Vereinigten Staaten nicht mehr als eine Minderheit. Dass er Recht behalten sollte mit seinen wiederholten Warnungen, kann niemanden trösten. Der Auftrag, den Nazi-Flüchtlingen in Frankreich zu helfen, muss ihm aber wohl willkommen gewesen sein.

Er sprach mit seiner Frau Eileen, die er vor neun Jahren geheiratet hatte. Es könnte gefährlich werden in Europa, aber die Reise werde nur kurz sein, versicherte er. Sie sah ein, dass er sich verpflichtet fühlte und stimmte zu. Sie hatte aber einen geheimen Wunsch, den auszusprechen, es ihr an Mut fehlte. So schrieb die 39-jährige, kinderlose Ehefrau ihrem Mann am Tag vor seiner Abreise einen Brief, den er erst in Frankreich erhalten konnte.

Sie bat ihn, ein französisches Kind zur Adoption mitzubringen. Fry hat darauf nicht geantwortet und auch kein Kind mitgebracht.

Er hatte einen zweiten Brief bei sich, mit dem er offener umging. Es war ein Brief des *Emergency Rescue Committee*, ein Brief an Stelle eines Vertrages, datiert auf den 5. August 1940. Seine Aufgaben waren darin vage umschrieben. Er sollte

1. recherchieren, unter welchen Bedingungen Flüchtlingshilfe möglich ist, mit Berücksichtigung von Fluchtwegen, Geldüberweisungen und dem Verhalten amerikanischer und ausländischer Beamter, etc.
2. die vom Komitee benannten Personen finden und ihnen mit Rat und Geld helfen, sodass sie Lissabon oder Casablanca erreichen können und so leichter auf den amerikanischen Kontinent gelangen können,
3. in Lissabon, Toulouse und Marseille Personen finden und empfehlen, die in Zukunft dort als Agenten für das ERC tätig werden können.

Fry hatte eine Liste mit den Namen von mehr als zweihundert Emigranten[12] bei sich, denen vorrangig geholfen werden sollte. Er sollte Verbindung mit dem amerikanischen Konsulat in Marseille aufnehmen, aber selbst entscheiden, wie weit er mit ihm zusammen arbeiten könne. Auch Internierte sollte er durch Verhandlungen mit den französischen Behörden aus den Lagern holen. Vorgesehen war für dieses Arbeitsprogramm ein Zeitrahmen von knapp vier Wochen. Eine Festlegung auf legale Methoden erhielt das Schreiben nicht, aber auch keine direkte Erlaubnis etwa zu illegalen Grenzübertritten, die zwingend notwendig waren. Den Brief hatten offensichtlich Leute verfasst, die von den Verhältnissen in Frankreich keine Ahnung hatten.

Vor seiner Abreise versuchte Fry, den ehemaligen US-Botschafter in Frankreich, William Bullit, zu befragen: Wie viel Hilfe durch Visa können amerikanische Konsuln Menschen geben, deren Leben in Gefahr ist? Antwort: Keine. Bullit warnte ihn, die Lage sei fließend, Spanien könne ein Teil der Falle werden, in die Nazi-Flüchtlinge geraten. Sogar Frys Flugticket nach Frankreich könne sich als One-Way-Ticket erweisen. Ermutigung geht anders! Auch der Staatssekretär im State Department Sumner Welles wollte für den Fall von Schwierigkeiten mit französischen Behörden Fry keine Unterstützung durch den diplomatischen Dienst der USA zusagen.[13]

Fry schrieb an Eleanor Roosevelt: Was ist mit den Not-Visa? Ihre Antwort: Der Präsident hat Ihren Brief gesehen. Er versucht, in Zusammenarbeit mit südamerikanischen Ländern Asyl für politische Flüchtlinge zu finden.[14]

Auch hart gesottene Idealisten würden nach solchem Bescheid aufgeben. Fry gab nicht auf. Mit dem ERC-Office in New York vereinbarte er einen Geheimcode für ihre Korrespondenz (etwa milk statt money, Ursula statt England, Ernest statt Spain, etc.), der die Post-Zensur täuschen sollte, so simpel aber, dass selbst Kinder Besseres gefunden hätten.

Er flog am Nachmittag des 4. August mit dem Pan Am Clipper von New York ab und kam nach einem Tank-Stopp auf den Azoren nach 36 Stunden in Lissabon an. Das Wetter über dem Atlantik war rau, gemessen an heutigen Maßstäben war die Reise unbequem und auch teuer, aber es sollte ja schnell gehen. Er verbrachte eine Woche in der portugiesischen Hauptstadt, um seine ebenfalls in dem Schreiben des ERC vom 5.8. genannten Aufgaben zu erledigen. Bei verschiedenen Botschaften und Konsularabteilungen, die für Flüchtlingsvisa in Frage kamen, stellte er sich vor, nicht nur beim US-amerikanischen, erkundigte sich nach Gefahren und Risiken für die Emigranten ohne Geld und Papiere oder mit falschen Ausweisen, nach der Arbeitsweise der portugiesischen Behörden und ausländischer Geheimdienste.

Vor allem nahm er Kontakt zu den in Lissabon bereits arbeitenden Hilfsorganisationen auf. Da war zunächst das amerikanische *Unitarian Service Committee USC*, dessen Lissabon-Büro nun in der Rua Rodrigo da Fonseca *Commissao Unitaria de Socorros* hieß. Die hier arbeitenden Kollegen, z. B. Waistill und Martha Sharp, hatten praktisch die gleiche Zielsetzung wie das ERC, sodass man sich auf Anhieb verstand. Man verabredete, den Fluchtweg über Lissabon gemeinsam zu organisieren. Das USC war ursprünglich gegründet worden, um Flüchtlinge aus der Tschechoslowakei zu unterstützen. Das Büro in Lissabon pflegte deshalb engen Kontakt mit dem tschechischen Generalkonsul Cejka, der sich für die vierhundert in Portugal lebenden Tschechen verantwortlich fühlte. Die Kosten, die dem *USC* durch die Klienten des ERC in Zukunft entstehen würden, wollte Fry ersetzen. Die Unitarier wurden in Lissabon allerdings von der Geheimpolizei *PVDE* beobachtet, sodass wesentliche Teile ihrer Arbeit »klandestin« gemacht werden mussten, das bedeutete zusätzlichen Aufwand.

Varian Fry und Waitstill Sharp waren fast gleichaltrig, sie hatten beide einen Harvard »undergraduate degree«, ihre Begegnung mündete jedoch nicht in eine persönliche Freundschaft, sondern nur in praktische, aber zuverlässige Zusammenarbeit. Auch bei den Quäkern, bei der YMCA sowie der jüdische *HICEM*, die bereits mit den von Sousa Mendes unterstützten Flüchtlingen reichliche Erfahrungen gesammelt hatte, stellte Fry sich vor, denn er wollte die Menschen kennen, die für »seine« Flüchtlinge in Zukunft vielleicht entscheidende Hilfe bedeuten sollten und auch seine Auftraggeber in New York hatten ihn darum gebeten. Sharp sagte zu, sich um die Schützlinge Frys zu kümmern, sobald diese in Lissabon ankommen.

Durch Martha Sharp lernte er Marianne Reiser kennen, eine Schwester von Franz Werfel, der die Sharps zusammen mit Ehemann und Tochter bei der Flucht aus Frankreich geholfen hatten. Sie lebte in einem Lager und gab ihm die neueste Adresse von Franz Werfel in Marseille. Dieser stand auf seiner Liste.

Auf Sharps Vorschlag suchte er den Geschäftsträger der französischen Botschaft auf, der ihm einen Weg zeigte, legal Geld für Hilfsprogramme nach Frankreich zu bringen, sodass er nicht sofort nach seiner Ankunft mit Verhaftung und Ausweisung rechnen musste.

Mit Rabbi Joseph Schwartz vom Jüdischen *Joint-Committee* diskutierte er lange über die Methoden der Fluchthilfe. Während Fry entschlossen war, auch illegal zu handeln, um Menschen zu retten, und das freimütig äußerte, wandte der Rabbi ein, alle Hilfsorganisationen könnten aus den südeuropäischen Ländern vertrieben werden, wenn sie bei gesetzwidrigen Aktionen erwischt werden.[15] Auch Schwarz war aus Nordfrankreich nach Lissabon geflohen und hatte hier das jüdische *Joint*-Büro gegründet.

Fry recherchierte alle Schiffsverbindungen von Lissabon nach Marseille, nach Casablanca und nach Amerika. Dann schickte er einen ersten Bericht seiner Erkundungen nach New York, bevor er nach Barcelona weiter flog. Dort sah er die schwer vom Bürgerkrieg getroffene Stadt und die hungernden Überlebenden, die für ihren Widerstand gegen Franco hart gestraft worden waren. Fry übernachtete in einem bescheidenen Hotel in Port Bou, zwei oder drei Kilometer vor der Grenze, durchquerte die Pyrenäen mit dem Zug und nahm die französischen und spanischen Grenzstationen in Port Bou und Cerbère flüchtig vom Fenster aus in Augenschein. Früh am 14. August kam er in Marseille an.

ANKUNFT IN MARSEILLE

Es war ein heißer sonniger Tag, wie es sich für Marseille gehört. Die Stadt hatte damals knapp eine Million Einwohner. Ein Bombenangriff der Deutschen Luftwaffe hatte am 1. Juni 1940 32 Menschen getötet und auch andere Spuren hinterlassen, ein Bombenangriff der italienischen Luftwaffe am 20. Juni, drei Tage nach dem Ersuchen Pétains um Waffenstillstand hatte 147 Menschen getötet, eine Vielzahl verwundet und der Stadt sichtbare Wunden geschlagen.

VARIAN FRY,
ANKUNFT IN MARSEILLE, 1941

Nach seinem Mittagessen ging Fry ins amerikanische Konsulat gleich neben der Präfektur und bat darum, in einer Visa-Angelegenheit mit dem Konsul zu sprechen. Die Frau hinter dem Schreibtisch erklärte ihm, er müsse zu einem anderen Gebäude außerhalb der Stadt fahren, die Visa-Abteilung sei wegen des großen Andrangs in ein anderes Gebäude verlegt worden. Er könne den Bus nehmen Richtung Montrédon.

Der Schaffner sagte Fry, er brauche nur da auszusteigen, wo alle aussteigen, die Fahrgäste wollten nämlich alle zur Visa-Abteilung der Amerikaner. Die Menschen in den Bänken sahen tatsächlich aus wie auf der Flucht: gehetzter Blick, schlechte, staubige Kleidung, hungrig, nervös und müde. Die Busfahrt ging die prächtige Avenue du Prado hinab, dann über einige Kreuzungen und am Meer entlang nach Süden. Die Kalkfelsen in geringer Entfernung erinnerten Fry an Griechenland.

In Montrédon stiegen fast alle aus. Die Flüchtlinge kannten den Weg. Die meisten hatten es trotz der Hitze eilig. Vor dem großen Backstein-Gebäude und im Warteraum sammelte sich eine Menge. Alle Bänke waren besetzt. Einige Gestalten saßen draußen auf der Balustrade. Man tuschelte in Deutsch und Französisch.

Fry stellte sich an die offene Tür zum Hauptraum. Ein Mann mit einem »Hundsgesicht« und missbilligenden Blicken schnauzte ihn auf Französisch an:»Für wen halten Sie sich eigentlich, dass Sie glauben, sich hier vordrängeln zu können!«[16] Er solle an seinen Platz zurück und warten, bis er an der Reihe sei. Der Ton des Beamten änderte sich augenblicklich, als Fry erklärte, er sei

Amerikaner und wolle sich nach den Visa für einige Flüchtlinge erkundigen, für die das ERC sich interessiere. Nunmehr sehr freundlich führte der Beamte ihn in das Büro von Generalkonsul Hugh Fullerton, bat ihn Platz zu nehmen und versprach, den Konsul zu holen und ihm Frys Karte zu geben. Der Konsul sei gerade anderweitig beschäftigt. Es dauerte zehn Minuten, dann kam ein junger Mann herein, vielleicht einer der Vizekonsuln, ging zu dem Schreibtisch und vertrieb Fry mit erhobener Stimme von seinem Stuhl: »Was machen Sie denn hier? Gehen Sie zurück in den Warteraum, wo sie hingehören.«[17]

Fry blieb ganz still. Er stand auf, ging ohne ein Wort in den Warteraum, setzte sich und wartete. Nichts geschah. Nach zwei Stunden verließ er das Konsulat und fuhr zurück in die Stadt. An seinem ersten Tag in Marseille konnte er nicht wissen, dass viele der Antragsteller ebenso wie die traurigen Gestalten im Bus vermutlich mit einer Tages-Erlaubnis aus dem Lager Les Milles gekommen waren, wo sie abends pünktlich bei Androhung schwerer Strafe wieder zu erscheinen hatten. Die Fahrten der Internierten zum Konsulat waren oft genauso vergeblich wie die von Fry. Das Konsulat schickte keine Nachricht ins Lager. Sie mussten kommen, um sich nach dem Stand ihres Antrags zu erkundigen.

Das Rendezvous mit der amerikanischen Bürokratie verlief frustrierend und ergebnislos, kein gutes Omen für die notwendige Zusammenarbeit. Aber Fry gewann einen Einblick in die Lage der Emigranten, die zudem – anders als er – um ihr Leben fürchteten. War Fry, der »stille Amerikaner« zu wohlerzogen, gar zu schüchtern? Erich M. Remarque schildert den Fall eines anderen jungen Amerikaners in Marseille, der mit seinem grünen Pass vorweg sich und zwei deutschen Freunden, die er am Vortag erst aufgegabelt hatte, einen Weg bahnte, um ihnen Visa zu besorgen und zugleich in einem Affidavit für sie zu bürgen. Er erreichte in wenigen Stunden, was die beiden Emigranten in Monaten nicht geschafft hatten. Die so Privilegierten empfanden durchaus eine Peinlichkeit gegenüber dem Heer der wartenden Flüchtlinge.[18]

Die US-Konsulate waren chronisch überfordert. Im August 1940 stieg die Anzahl der Visa-Anfragen im unbesetzten Teil Frankreichs von 600 auf 1500 im Monat an.[19] Es konnten aber nicht mehr als etwa zwanzig Fälle pro Tag bearbeitet werden. Die *Sozialistischen Mitteilungen* (der SPD) Nr. 30 vom 1. Oktober 1941 bestätigten: »Die Konsuln (in Marseille) taten, was in ihren Kräften stand, der Andrang war freilich zu groß, auch nur einen wesentlichen Teil der Wünsche und Anträge zu befriedigen. Es gab Tage mit ca. 4.000 Posteingängen.«[20] Dieses freundliche Urteil ist sicher den politischen Umständen zuzuschreiben, die keine Kritik an Amerika zuliessen. Mehr Personal und mehr Großzügigkeit hätten aber leicht Tausenden helfen können. Es fehlte der politische Wille in Washington.

An seinem zweiten Tag in Marseille suchte Varian Fry seinen Landsmann Frank Bohn auf, der seit einigen Tagen im *Hotel Splendide* gleich neben dem Bahnhof *St. Charles* in einem kleinen Zimmer im dritten Stock wohnte. Den Namen Bohn hatte man ihm in New York kurz vor seiner Abreise genannt zusammen mit der Verpflichtung, darüber zu schweigen. Bohn empfing ihn sehr erfreut und offen, obwohl der kleine Raum voll von Leuten war, die offenbar alle auf Hilfe des Amerikaners rechneten.

Das amerikanische Gewerkschaftsbündnis *AFL,* das seit Jahren schon die menschenrechtsfeindliche Politik der Nazi-Regierung vernehmlich kritisiert hatte, hatte Bohn nach Marseille entsandt, nachdem der US-Präsident den Gewerkschaftern im Juli ein Kontingent von Besucher-Not-Visa fest zugesagt hatte, auch das mit der Verpflichtung, darüber zu schweigen. Außenminister Cordell Hull versprach dem Vorsitzenden der *AFL* William Green sogar, die ursprünglich vorgesehene Zahl der »Blanko-Visa« von 130 auf 400 zu erhöhen, falls Listen vorgelegt würden, die außer den Namen von europäischen Gewerkschaftsfunktionären auf der Flucht auch die Namen anderer politisch Verfolgter und Intellektueller enthielten.[21]

Roosevelt wollte eine offene politische Diskussion um europäische Flüchtlinge unbedingt vermeiden, sich aber trotzdem die Zustimmung der Gewerkschaftsführung für die im November bevorstehenden Präsidentenwahlen sichern.

So war Frank Bohn einige Tage früher als Fry nach Marseille gekommen und mit deutlich besseren Startbedingungen. Das hinderte die beiden nicht, sich sofort gut zu verstehen und ihre Arbeit harmonisch anzugehen. Bohn berichtete, dass die französischen Behörden den Flüchtlingen kein Ausreisevisum genehmigen, meinte aber, in dem Chaos seit der Waffenstillstands-Vereinbarung sei die Gestapo im Süden Frankreichs noch nicht aktiv geworden. (Er ahnte nicht, dass die Kundt-Kommission bereits im gleichen Hotel abgestiegen war wie er.) Deshalb sei vielen bereits die Flucht gelungen, die nichts als ein Visum für ein Land in Übersee hatten. Habe man das, bekomme man auch das portugiesische und das spanische Transit-Visum und könne »die

Grenze zu Fuß überqueren«.²² Es sei aber auch Glücksache, je nachdem an welchen Grenzbeamten auf dieser oder der anderen Seite man gerate.

Viele der politischen Flüchtlinge in Marseille aber, etwa der frühere *SPD*-Fraktionsvorsitzende im Reichstag, Rudolf Breitscheid, oder der frühere sozialdemokratische deutsche Finanzminister Rudolf Hilferding und auch der italienische Sozialistenchef Guiseppe Modigliani, Bruder des bekannten Malers, wagten nicht, illegal zu Fuß oder mit falschen Pässen über die »grüne Grenze« zu flüchten, entweder weil man sie sofort erkennen und festnehmen würde, wie sie annahmen oder auch weil es schlicht unter ihrer Würde sei.²³ Breitscheid und Hilferding hatten lange gezögert, Paris zu verlassen. Im letzten Moment vor Ankunft der deutschen Armeen stürzen sie sich in die Flut der Flüchtenden in Richtung Toulouse. Sie verstecken sich dort unter falschem Namen, wenden sich aber an den ehemaligen Reichskanzler Heinrich Brüning von der Zentrums-Partei, der bereits in die Vereinigten Staaten geflüchtet ist, und bitten ihn, ein US-Visum für beide zu beschaffen. Dennoch unterschätzen sie die Gefahr, in der sie leben, sträflich. Die beiden prominentesten deutschen Exil-Politiker in Frankreich wollten auch jetzt noch unter dem Vichy-Regime an Recht und Ordnung glauben. Sie mussten schließlich aber in die Nähe eines amerikanischen Konsulats kommen, um ein Visum zu empfangen und so kamen sie nach Marseille, wo bald jeder wusste, wer sie waren.

Wie er diese Leute außer Landes bringen wollte, das hatte Frank Bohn sich schon überlegt: mit einem Schiff. Er wolle ein Boot chartern, sagte er Fry. Kurz nach dem Waffenstillstand war es einem kleinen Passagierdampfer gelungen, Flüchtlinge auf dem Seeweg nach Lissabon zu bringen.

Den abweisenden Empfang am Vortag in der Visa-Abteilung des US-Konsulats führte Bohn auf einen Irrtum zurück. Der Laufbursche müsse Frys Karte verloren haben, meinte er, oder der Vize-Konsul sei nicht anwesend gewesen. Hiram Bingham, genannt Harry, sei ein aufgeschlossener Mann mit goldenem Herzen. »Er tut, was er kann, um uns zu helfen, soweit die amerikanischen Gesetze das zulassen. Der Generalkonsul dagegen ist ziemlich nervös.«²⁴ Tatsächlich stellte Bingham, seit 1939 Vize-Konsul in Marseille, seit Juni 40 legal und illegal Visa für Flüchtlinge aus, so die Dokumente im Jerusalemer Yad Vashem Archiv.²⁵

Damit nicht beide Männer und beide Organisationen das gleiche tun, verabredeten Bohn und Fry, sich die Arbeit zu teilen. Bohn wollte sich weiter um Gewerkschaftsführer und eher linksgerichtete Politiker kümmern (in seinem Büro arbeiteten bereits Erika Biermann, die Sekretärin von Rudolf Breitscheid, und Bedrich Heine, Vorstandsmitglied der *SPD*). Fry dagegen hatte sein Mandat, Künstlern und Intellektuellen zu helfen. Unter vier Augen – bei laut fließendem Wasser im Badezimmer – erzählte Bohn, dass Lion Feuchtwanger sich seit seiner Flucht aus dem Lager St. Nicolas in Binghams Villa versteckt hielt, wo auch Marta Feuchtwanger sich kurze Zeit aufhielt. Die beiden Feuchtwangers aber seien nun Frys Problem.

Nach dem Vorbild Bohn's richtete Fry sich nunmehr auch im Hotel Splendide ein – im vierten Stock –, schrieb an die Emigranten, deren Anschrift er besaß, sie möchten sich bei ihm melden. Der in Untergrundarbeit erfahrene Paul Hagen hatte ihm in New York eingeschärft, seine Tätigkeit müsse legal erscheinen und unbedingt eine tadellose Fassade haben, die bei der Polizei keinerlei Verdacht erweckt. So besprach er mit Bohn, der weniger vorsichtig zu sein schien, er wolle als Tarnung das *Centre Américain de Secours, CAS,* (das Amerikanische Hilfszentrum) gründen, das Flüchtlinge bei der Visa-Beschaffung unterstützen und finanziell helfen werde. Dagegen könne niemand etwas haben.

Kaum hatte er sich in seinem Hotelzimmer eingerichtet, klopfte eine Frau an seine Tür: Hertha Pauli. Sie war zusammen mit Walter Mehring zum Hotel gekommen, aber Mehring sah die schwarzen Limousinen der Deutschen und ergriff sofort die Flucht. Für Mehring interessierte sich Joseph Goebbels persönlich. Hertha Pauli war weniger bekannt, vielleicht weniger gefährdet oder einfach mutiger. Sie bat den Empfang in der Lobby, sie bei Fry anzukündigen und nahm dann den Fahrstuhl und klopfte an die angegebene Tür. »Ah, Sie sind Hertha Pauli, Sie stehen auf meiner Liste, nehmen Sie bitte Platz.« Nach wenigen Worten wusste Fry, dass sie keine Betrügerin war, sie kannte fast die gesamte intellektuelle Elite Europas. Er zeigte ihr seine Liste. »Kennen Sie diese Leute?« Sie kannte fast alle. »Und wo kann man sie finden?« Sie erzählte ihm, was sie wusste. Er brauchte nicht durch Südfrankreich zu fahren, um die zu suchen, denen er helfen sollte. Sie waren fast alle da.

»Und wo ist Walter Mehring?« Er hatte die Namen Mehring und Pauli von der Liste, die Thomas Mann aufgestellt hatte.

»Er ist in der Bar ›Mistral‹ an der *Pointe Rouge sur la corniche du Prado* zusammen mit anderen Personen auf Ihrer Liste.«

»Bringen Sie ihn beim nächsten Mal mit.« Hertha Pauli und ihr Freund

Walter Mehring hatten Paris im letzten Moment vor Ankunft der Deutschen verlassen und waren »per Anhalter« nach Marseille gekommen. Im »*Mistral*«, in der ganzen Flüchtlings-Gemeinde von Marseille verbreitete sich ruckartig die Nachricht von der Ankunft des jungen Amerikaners, der Geld hatte, Pässe beschaffen konnte und allen helfen wollte.

Einer der ersten, die Frys Hilfe erbaten, hatte eine Karte dabei, die den illegalen Weg über die Pyrenäen an der Mittelmeerküste zeigte. Ein Trampelpfad führte vom Friedhof in dem Grenzort Cerbère durch Weinberge hinauf auf die Höhe, auf der die Grenze verläuft. Pfeile auf der groben Skizze wiesen auf den ehemaligen Schmugglerweg, der die französische Grenzstation umgeht. Diese Karte gehörte fortan zur Grundausstattung von Frys Büro. Er verwahrte sie hinter dem Spiegel, damit eine Polizei-Kontrolle sie nicht sofort finden konnte. Damit begann auch seine illegale Tätigkeit.

Natürlich versuchte er zunächst legale Wege, das bedeutete, er telegrafierte Namen an das ERC in New York zusammen mit Anträgen auf Notvisa. Das ERC erhielt einige der den Gewerkschaften versprochenen Einreise-Genehmigungen.

Manche Personen, die auf seiner Liste genannt waren, konnte Fry zunächst nicht finden, aber zahlreiche andere baten um Visa. Wurde das Visum in Washington genehmigt, dann konnte es in Marseille beim Konsulat abgeholt werden. Die Ausstellung eines spanischen und eines portugiesischen Transit-Visums geschah danach in der Regel zügig innerhalb von acht oder zehn Tagen. Flüchtlinge aus dem deutschen Machtbereich oder Staatenlose, deren Papiere seit dem Waffenstillstand wertlos geworden waren, konnten aber nur illegal die Grenze überschreiten. Noch schlimmer stand es um diejenigen, denen die USA die Einreise oder sogar die Durchreise nach Lateinamerika verweigerten.

Fry allein wäre mit der Aufgabe vollkommen überfordert gewesen. Die meisten Bittsteller an seiner Tür standen nicht auf seiner Liste, er hätte sich auch kein Urteil zugetraut, ob dieser oder jener die Hilfe des ERC tatsächlich verdient hätte. Vor allem aber musste vermieden werden, dass – *worst case* – ein Gestapospitzel sich einschlich und nicht erkannt wurde. Auch Kommunisten mussten unbedingt abgewiesen werden, sonst wären Proteste aus den USA schwer zu beantworten gewesen.

In den ersten Tagen schon meldete sich bei Fry ein junger Mann, der sich als Albert Hermant aus Philadelphia vorstellte. Er hatte ordentliche französische Papiere, aber seine Biographie war eine schlaue Erfindung, an der nichts stimmte. Fry nannte ihn Beamish, weil er immer ein strahlendes Gesicht machte. Er sprach Englisch mit einem leichten Berliner Akzent. Sein richtiger Name war Albert Hirschmann. Der Fünfundzwanzigjährige hatte aber bereits eine risikoreiche Vergangenheit. Er hatte im italienischen Untergrund gegen Mussolini und im spanischen Bürgerkrieg auf der republikanischen Seite gekämpft und war nach der Niederlage der spanischen Linken in die französische Armee eingetreten. Als auch die unterging, leistete sein vorgesetzter Leutnant ihm einen letzten Freundschaftsdienst, um ihm eine äußerst prekäre Lage zu ersparen. Er bot ihm und anderen Spanienkämpfern an, sie zu Franzosen zu machen. Jeder solle sich einen französischen Namen, einen Geburtsort und Geburtsdatum wählen. Beamish wählte den Namen des Dichters Albert Hermant und gab an, von französischen Eltern im amerikanischen Philadelphia abzustammen. Der Leutnant beschaffte ihm ein neues Soldbuch, das er mit Stempel und Unterschrift vervollständigte und schickte den Soldaten Hermant nach Süden, gerade rechtzeitig bevor die Deutschen erschienen.

Beamish konnte Fry beraten, wenn es um Legalität oder Illegalität ging. Er wusste, wie falsche Pässe zu besorgen waren, wie und wo man am sichersten Devisen tauscht – und zwar zum besten Schwarzmarkt-Kurs.

Ein zweiter, weniger links ausgerichteter Helfer bot sich an und zeigte sich geeignet: Monsieur Richard. Auch hinter diesem Namen verbarg sich ein anderer. Er war ein katholischer, konservativer Adeliger aus Österreich mit zusätzlich einem Schweizer Pass auf den echten Namen Franz von Hildebrand. Er hatte in England am Williams College studiert und dann eine Irin geheiratet. Auch sein Vater Dietrich von Hildebrand, ehemals ein Wiener Universitätsprofessor und seine Frau hielten sich in Marseille auf. Sie alle wollten Frankreich verlassen und Fry versprach, zu helfen. Hildebrand hatte in Paris für ein österreichisches Hilfskomitee gearbeitet und wusste, wie man diese Arbeit organisiert. Er kannte viele deutsche und deutschsprachige Intellektuelle, er konnte also Gespräche mit den Flüchtlingen führen und es wäre nicht leicht gewesen, ihn zu täuschen.

So arbeiteten sie in den ersten Tagen zu dritt, bis Lena Fiszman erschien. Sie sagte, Donald Lawrie, der *YMCA*-Chef habe sie geschickt. Sie begann sofort das Hotelzimmer zu säubern, während sie Fry und Beamish ihr Leben erzählte. Sie sei Polin, sprach viele Sprachen und hatte zuletzt in Paris vor der deutschen Besetzung für eine amerikanisch-jüdische Hilfsorganisation gearbeitet.

Das Team sollte sich noch weiter vergrößern. Die junge Amerikanerin Miriam Davenport meldete sich, die auf ihrer Flucht nach Süden in Toulouse bereits Walter Mehring kennen gelernt hatte. Beide übernachteten in dem ›Cinema de Paris‹, das die Stadtverwaltung als Unterkunft für Flüchtlinge eingerichtet hatte. Ihre Kenntnisse der Kunst und der Kunstgeschichte machten sie zu einer unbestechlichen Interviewerin. Als Amerikanerin war sie Fry besonders willkommen. Früher als Fry in Marseille angekommen, hatte auch sie sehr negative Erfahrungen mit dem amerikanischen Generalkonsulat gemacht. »Gab es da irgendjemand«, fragte sie in ihren Erinnerungen, »der irgendetwas für die Nazi-Flüchtlinge tat, die in Frankreich festsaßen?

Nein! Gab es irgendeine amerikanische Organisation in Marseille, die für sie sorgte? Nein keine!«[26] Die Wände des Konsulats waren mit Bildern von Washington, Lincoln und Herbert Hoover geschmückt, ein Bild von Roosevelt fehlte. Der Pförtner war absichtlich roh zu den meist deutsch-sprechenden Flüchtlingen, die in Schlangen anstanden, berichtet Miriam Davenport: »Ein strenger Geruch von Fremdenfeindlichkeit und Antisemitismus herrschte.«[27]

Besonders wichtig sollte für die Fluchthilfe Bill Freier werden, der eigentlich Wilhelm Spira hieß. Er war 1913 in Wien geboren, hatte an der Wiener Kunstgewerbeschule eine Ausbildung als Zeichner und Karikaturist genossen. Nach dem Anschluss Österreichs hatte die Gestapo ihn in Haft genommen. Als er wieder frei war, flüchtete er nach Frankreich und nannte sich nun Bill Freier. Als der Krieg begann, wurde Spira als ›feindlicher Ausländer‹ in dem Internierungslager *Le Vernet* eingesperrt, konnte aber fliehen und sich nach Marseille durchkämpfen. Er verstand sich darauf, falsche Ausweise herzustellen. Zu seinen ersten ›Kunden‹ gehörten Lisa und Hans Fittko, denen er französische cartes d'identités ausgestellt hatte, die sie als französische Staatsbürger aus dem deutschen Grenzgebiet auswiesen und so ihren Akzent begründen konnten.

Es war damals in Frankreich üblich, Formulare für den Personalausweis beim Tabakhändler zu kaufen. Damit ging man zur Polizei, ließ seinen Namen eintragen, der *Commissaire de Police* unterschrieb und stempelte das Papier, das damit ein amtliches Dokument wurde. Die Fälschung des Stempels mit

Hilfe eines Pinsels war der schwierigste Teil der Übung, dem Grafiker Freier gelangen die schwierigsten Stempel perfekt. Er arbeitete nicht in Frys Büro, das hätte sie alle gefährdet. Außerdem half er auch solchen Flüchtlingen, die nichts mit dem CAS zu tun hatten. Spira/Freier wollte mit seiner Freundin Mina ebenfalls nach Amerika und Fry versprach, dabei zu helfen. Trotz seiner vollendeten Kunst blieb er in seinen Preisen so bescheiden, dass er gerade davon leben konnte.

Dann meldete sich ein weiterer junger Mann in einen khaki-farbenen britischen Militärmantel gehüllt, von dem er zur Tarnung die Messingknöpfe abgeschnitten hatte: Charles Fawcett. Die Marseiller Mäzenin, Comtesse Lily Pastré, hatte ihn geschickt. Fawcett stammte aus einer Hugenotten-Familie in Virginia. Eigentlich studierte er Kunst in Paris, arbeitete auch als Modell in der Akademie und spielte nebenbei auf seiner Trompete, die er bei sich hatte. Als der Krieg sich der Stadt näherte, meldete er sich aber zum American Ambulance Corps und war dann einer der Fahrer, die verwundete Frontsoldaten in das American Hospital in Neuilly brachten. Als die Deutschen Paris besetzten, war damit Schluß. Verwundete Briten, Franzosen, Polen oder Belgier waren nun Kriegsgefangene. Der Krankenhaus-Betrieb ging jedoch intensiv weiter. Bald nach Ankunft der Deutschen erfuhr Fawcett durch Zufall, dass eine Reihe der britischen Verwundeten als Kriegsgefangene nach Deutschland gebracht werden sollte. Daraufhin ›borgte‹ er sich zusammen mit seinem Zimmernachbarn Leon Ball kurzerhand einen Krankentransportwagen aus der Garage des Hospitals und kommandierte in Kasernen-Tonlage eine große Zahl von Verwundeten Briten in das mit Rotem Kreuz gekennzeichnete Fahrzeug. Bevor die Reise begann, erklärte er den Soldaten: »Gentlemen consider yourself liberated«. Einer rief: »You are a Yank!« Charles Antwort: »Never confuse a Virginian with a Yankee!«[28]

Sie fuhren nach Süden, und es waren mehrere Manöver erforderlich, um den Deutsche nicht in die Hände zu fallen. Fawcett kannte eine vermögende Frau bei Marseille, eine Dame der Groß-Bourgeoisie, die sich für Kunst und Künstler interessierte und in einem großen Gebäude inmitten eines großen Parks lebte: Comtesse Lily Pastré. Bei ihr lieferte er die Verwundeten ab, sie versprach, die Männer zu pflegen. Fawcett schlug sie vor, sich bei Varian Fry zu melden.

Fry war sehr angetan von dem jungen Mann, obwohl er keine andere Sprache als Englisch sprach. Aber wegen seiner Körpergröße und seines Militärmantels strahlte er eine natürliche Autorität aus, die von seinen blonden Locken und dem freundlichen Wesen angenehm ergänzt wurde. Er konnte aufgeregte Flüchtlinge beruhigen. Fry bat Fawcett, eine Art Nachtwächter des *CAS*-Büros zu sein, das sich gegen allerhand Elemente schützen musste. So wurde er der ›doorman‹ und ›bouncer‹ (Rausschmeißer) des *CAS*.

So wertvoll die neuen Mitarbeiter waren, noch wichtiger war es für Fry, seine Beziehung zum US-Konsulat in Ordnung zu bringen. Er fuhr erneut nach Montrédon, um sich über die abweisende Behandlung zu beklagen, die er erfahren hatte, mehr aber noch über die Gleichgültigkeit, mit der die Konsulatsbeamten die Flüchtlinge behandelten. Er wurde dem Vizekonsul Hiram Bingham vorgestellt. Der begrüßte ihn freundlich mit Handschlag, entschuldigte sich und begründete die zynische Einstellung der Mitarbeiter damit, dass die Flüchtlinge, die wirklich ein Visum brauchen, es nicht bekommen. Sein Chef, der General-Konsul Hugh Fullerton, »sei kein übler Mann aber nervös. Er vermeide eifrig alles, was die Vichy-Behörden ärgern könne.«[29] Mit dieser Äußerung hatte Bingham den diplomatischen Comment bereits verletzt. Er wurde für Fry jetzt der wichtigste Verbündete.

Das enge Hotelzimmer im *Splendide* wurde umgebaut. Am Schreibtisch konnte ein Interview geführt werden, von der Frisierkommode nahm Fry den Spiegel herunter, sodass dort ein zweites Gespräch mit einem Bewerber möglich war. Erst nach den Gesprächen, die eigentlich Prüfungen waren, wurde entschieden, ob ein Flüchtling auf die Liste genommen wurde oder nicht. Fry nahm gewöhnlich auf seiner Bettkante Platz. Die Tür blieb geschlossen. Weitere Flüchtlinge mussten im Flur warten. Wegen der Hitze, wenn die Sommersonne nachmittags auf das Fenster schien und die Jalousie wenig nutze, dann nahmen sie gelegentlich sogar ihre Schlipse ab, wie Fry in seinen Memoiren schreibt.

Wenn am Abend der letzte Emigrant gegangen war, machten sie eine Art Konferenz im Badezimmer bei aufgedrehten Wasserhähnen. Es bestand die Sorge, dass im Nebenzimmer oder durch eine Wanze mitgehört wurde, was sie zu besprechen hatten.[30]

Täglich entstand so eine Liste mit einigen Namen, für die Einreisevisa in die Vereinigten Staaten beantragt werden sollten. Jeden Abend schickten sie ein

Telegramm nach New York: Namen und Daten von Visa-Anwärtern. Sie mussten damit zu einer Polizeiwache durch dunkle enge Gassen, in denen sich um diese Stunde bei kriegsmäßiger Verdunkelung Ratten tummelten. Der Dienst habende Polizist verstand kein Englisch, er wollte oft das Telegramm Wort für Wort übersetzt haben. Er verglich den Namen des Absenders mit dem Namen in seinem Pass. Dann stempelte er das Papier und Fry konnte es zur Post auf der anderen Seite der Börse bringen. Dort nahmen Hände eines im Übrigen unsichtbaren Postmanns das Telegramm am Nachtschalter entgegen, zählten die Worte, kassierten die Gebühr und stellten eine Quittung aus. Die Postzensur muss danach erst statt gefunden haben. Aber Frys Telegramme kamen in New York an.

Er machte diese Gänge durch das nächtliche Marseille nie allein. Zu viele Risiken lauerten hinter den dunklen Ecken, nicht nur kriminelle. Eines späten Abends beobachtete Fry, dass fünf deutsche Offiziere aus einem eleganten Auto stiegen und sich im Hotel Splendide einquartierten.

Die Entscheidung, wem geholfen werden solle und wem nicht, empfand Varian Fry als große Belastung. Die Liste, die er mitgebracht hatte, war offensichtlich in großer Hast aufgestellt worden, sie beruhte zudem auf Erinnerungen von Menschen, die die Situation in Frankreich kaum
kannten. Einige Namen standen – wie Fry feststellte – zu Unrecht auf der Liste, andere fehlten.[31] Das CAS/ERC konnte zweifellos nicht allen helfen, die Hilfe brauchten und verdient hatten. Wie aber entscheiden? Auf keinen Fall wollte Fry jemanden in Lebensgefahr zurückweisen. Aber wie hätte er wissen können, wer wirklich in Lebensgefahr war? »Wir hatten einen festen Grundsatz, schrieb er später, von dem wir nie abwichen: Wir halfen keinem, den nicht irgendwelche Leute kannten, denen wir vertrauen konnten.«[32]

Wen Fry aber akzeptiert hatte, dem zeigte er seine mitgebrachte Liste, um sich nach dem Schicksal der noch Vermissten zu erkundigen. So erfuhr er von Hertha Pauli, dass der tschechische Romancier Ernst Weiss[33] sich in Paris vergiftet hatte, als die Deutschen die Stadt besetzten. Er hörte, dass der Dramatiker Walter Hasenclever sich in Les Milles das Leben genommen hatte, dass der Kunstkritiker Carl Einstein sich an der spanischen Grenze erhängt hatte und dass der schon verweste Körper von Willi Münzenberg, erst Kommunist – dann leidenschaftlicher Gegner Stalins, in der Nähe von Grenoble an einem Baum hängend gefunden worden war. Er strich sie alle von seiner

Liste, so teilt er uns lakonisch mit. Weitere Namen wurden gestrichen, weil einige es ohne Hilfe des ERC bereits ins Ausland geschafft hatten, aber das waren nicht viele.

Seit der zweiten Woche, um die Mitte August, schwoll die Schlange der Bittsteller auf dem Flur so an, dass die Hotelleitung sich beschwerte. Die Folge war, dass fortan in der Hotellobby gewartet werden musste. Die einzelnen Flüchtlinge wurden dann per Telefon herauf gebeten. Dann aber kam die Polizei mit einer »grünen Minna« und nahm die Wartenden mit aufs Präsidium, das in Marseille Eveché genannt wurde, das bischöfliche Palais, weil früher der Bischof in dem Gebäude aus dem 18. Jahrhundert residiert hatte. Die Polizei fragte die verängstigten Wartenden, unter ihnen Walter Mehring, was sie bei dem Amerikaner wollten und ließ sie danach frei.

Fry beschloss, um solche Szenen künftig zu vermeiden, selbst zur Polizei zu gehen. Er bat um einen Termin. Aber am nächsten Morgen stand die Polizei bereits an seiner Tür, d. h. er bekam einen Anruf von Bohn, der ihm mitteilte, die Polizei sei bereits in Bohns Zimmer. Er solle sein Zimmer »aufräumen« und in die Lobby kommen, wo Bohn ihn erwarten wolle. Während der »Aufräum-Arbeiten« klingelte das Telefon erneut. Ein Hotelangestellter meldete: »Sie werden unten erwartet«. Fry verließ sein Zimmer und im Erdgeschoß nahm ihn ein Inspektor in Empfang, der ihn nach seiner Tätigkeit und seinen Absichten befragte. Fry schilderte den legalen Teil seiner Arbeit. Der Polizist gab sich zufrieden und ging. Für Fry aber blieb ein unangenehmer Nachgeschmack. Den wollte er beseitigen.

Zusammen mit Bohn ging er zur Präfektur. Das Konsulat schickte einen Dolmetscher, weil Bohn nicht französisch sprach. Generalkonsul Fullerton selbst wollte nicht mitkommen, obwohl Fry ihn darum bat. Der Generalsekretär des Präfekten empfing die Amerikaner. Sie erklärten, dass sie Flüchtlingen helfen wollten und dazu mit der Genehmigung des Präfekten ein kleines Komitee gründen wollten. Der Generalsekretär war absolut korrekt, blieb aber eher verschlossen. Dennoch gelang es Fry, zur Präfektur gute Kontakte herzustellen. Der Beamte ließ die beiden Amerikaner wissen, dass die französischen Behörden ein solches Komitee durchaus begrüßen würden, allerdings nur unter der Voraussetzung, es würde nicht mit illegalen Mitteln arbeiten. Fry und Bohn gaben sich sehr erstaunt über die darin enthaltene Unterstellung. Sie wussten nun, dass sie sehr vorsichtig sein mussten und genau beobachtet wurden.[34] Fry ließ von einem Marseiller Rechtsanwalt das *Centre Americain de*

Secour, CAS, ins Firmenregister eintragen. Er zog außerdem mit seiner stetig wachsenden Mannschaft aus dem *Splendide* aus. Das Hotel war nicht länger für konspirative Tätigkeit geeignet. Er mietete ein Büro im zweiten Stock eines alten Gebäudes in der Rue Grignan im Zentrum der Stadt. An der neuen Adresse unter dem neuen Namen wollten sie die politischen Flüchtlinge mit unverdächtigen Emigranten mischen, das schien ihnen mehr Schutz zu bieten. Von den Quäkern bekamen sie wohltätige Lebensmittelhilfe, an die örtliche jüdische Hilfsorganisation *C.A.R. (Comité d'Assistance aux Réfugiés)* vermittelten sie jüdische Flüchtlinge. Auch das *YMCA* mit Donald Lowrie half in vielen Fällen. Als Fluchthilfe-Organisation blieb das *CAS* aber einzig in Frankreich.

Seiner Frau schrieb Fry: »Ich habe noch nie im Leben so hart gearbeitet und so viele Stunden. Merkwürdig, obwohl jeder Tag Dutzende von qualvollen Szenen bringt, mag ich die Arbeit. Das Vergnügen, in der Lage zu sein, einigen weiteren Leuten zu helfen, entschädigt für die Qual, andere abzuweisen.«[35]

Zu den ersten Flüchtlingen, die sich im Hotel Splendide an Fry wandten gehörten der jüdische deutsche Nobelpreisträger für Medizin Otto Fritz Meyerhof und seine Frau, die Malerin Hedwig Meyerhof. Sie wohnten im gleichen Hotel. Die Meyerhofs waren 1938 über die Schweiz nach Paris geflüchtet und hatten, als die deutschen Besatzer sich näherten, mit einem Taxi in Richtung Bordeaux erneut die Flucht ergriffen. Im britischen Konsulat baten sie um ein Visum für Großbritannien und waren verblüfft und enttäuscht, als der Konsul es ihnen verweigerte. Weil die Deutschen auch Bordeaux besetzten, fuhren sie weiter nach Marseille. Ein wissenschaftlicher Kollege verwies Meyerhof an Fry. Auf seiner Liste fand Fry den Namen Meyerhof nicht, aber er wollte gern helfen und beantragte Not-Visa für die Vereinigten Staaten. Alles ging schnell. Präsident Roosevelt persönlich – was selten geschah – befürwortete die Visa für die Meyerhofs.[36] Fry nannte den Flüchtlingen den Namen eines französischen Zöllners, der sie gegen eine kleine Summe über die Grenze bringen würde. Aber als der Beamte erfuhr, wen er da aus dem Lande schmuggeln sollte, weigerte er sich. Otto Meyerhof, zum zweiten Mal enttäuscht, fiel in Depressionen. Was nun?

Fry rief Sharp zu Hilfe, der aus Lissabon nach Banyuls kam. Bei einem langen Spaziergang am Meer erklärte Reverend Sharp den Meyerhofs, für ethische Fragen sei er zuständig. In dieser Lage sei es ethisch korrekt und notwendig, die Grenze illegal zu überqueren. Meyerhof sah das ein. Er wollte es erneut versuchen, diesmal mit Hilfe von Frys kundigem Bergführer Leon Ball und dem Bürgermeister Azéma.

Der Weg über den Gebirgskamm gelang, aber die Meyerhofs waren vom Pech verfolgt. Der spanische Grenzposten verweigerte ihnen den Einreise-Stempel. Das war offenbar Glücksache.

Zufällig war ein älterer Beamter des US-Konsulats in Marseille zu diesem Zeitpunkt an der spanischen Grenze: Konsul John Hurley. Dieser war zwar jeglicher Sympathie für jüdische Flüchtlinge unverdächtig. Aber er wusste, dass seine Regierung in Washington die Meyerhofs einreisen lassen wollte. So tat er seine Pflicht und überzeugte den spanischen Zoll, die Flüchtlinge, denen die französische Ausreisegenehmigung fehlte, passieren zu lassen. Es fiel ihm nicht schwer. Die Meyerhofs durften einreisen, gelangten nach Lissabon und bald in die Vereinigten Staaten, wo eine Professur in Philadelphia auf den Nobelpreisträger wartete.

Nachzutragen ist die Geschichte von dem Schiff, mit dem Bohn seine politischen Flüchtlinge hatte in Sicherheit bringen wollen. Fry hatte zwar stille Zweifel, ob der Plan sich verwirklichen ließe, hatte aber Bohn gebeten, für einige seiner »Kunden« Plätze freizuhalten. Frau Werfel erinnerte sich, dass das Schiff als Fahrzeug des Roten Kreuzes getarnt werden sollte, wobei ihr die Rolle einer Oberschwester zugefallen wäre.[37]

An einem der letzten gemeinsamen Tage Anfang September im Hotel Splendide stürzte Bohn plötzlich noch vor dem Frühstück laut lamentierend in das Zimmer von Fry und rief: »Sie haben es!«

»Was haben sie?« fragte Fry.

»Das Schiff! Sie haben das Schiff entdeckt!«

Die italienische Waffenstillstands-Kommission, zuständig für die Küste vor der Rhone-Mündung, hatte das Schiff gefunden und eine Wache aufgestellt. Der Kapitän war den Italienern aufgefallen, als er in dem kleinen Hafen von La Ciotat südlich von Marseille Nahrung und Trinkwasser für mindestens dreißig Personen und eine Woche an Bord bringen ließ. Viel zu viele hatten von dem Plan gewusst. Bohn, aber auch Fry, mussten jetzt mit Durchsuchungen und strengen Verhören rechnen. Kostbare Zeit war verloren. Vor allem aber blieb die Frage: Wie wollten sie nun die Flüchtlinge außer Landes bringen, für die das Schiff der letzte Ausweg sein sollte? Ältere, kaum bewegliche, aber anspruchsvolle Leute, die obendrein dazu neigten, die Gefahr in der sie sich befanden, zu unterschätzen.

Für Bohn blieben die problematischen Exilanten Breitscheid, Hilferding und Modigliani plus Angehörige, für Fry die Paare Feuchtwanger, Mann, Werfel sowie Hertha Pauli und Walter Mehring. Fry rief Bingham, den Vizekonsul an, erzählte von dem Schiffsunglück und wurde zusammen mit Bohn in Binghams Villa am Stadtrand zum Dinner eingeladen. Dort trafen sie Lion Feuchtwanger, der in dem komfortablen Haus mit Swimming-Pool und Bibliothek eine Dachkammer bewohnte und am dritten Band seines Josephus-Romans arbeitete. Der »kleine, verhutzelte Mann sprühte vor Energie und Ideen«.[38] Er schien sich trotz der schlechten Nachricht zu freuen, noch etwas länger von seinem beachtlichen Weinkeller in Sanary profitieren zu können und hielt die ganze Gesellschaft bei Laune. Cognac und Kaffee des Vizekonsuls halfen. Fry erzählte, dass schon viele Flüchtlinge ohne französisches Ausreisevisum illegal über die Grenze nach Spanien und dann nach Lissabon gereist seien. Nicht alle waren allerdings in Portugal angekommen, einige saßen in spanischen Gefängnissen.

ZU FUSS ÜBER DAS GEBIRGE

Fry fragte Feuchtwanger vorsichtig, ob er bereit wäre, den Weg über die Pyrenäen zu Fuß zu machen. Der Schriftsteller zögerte, dann sagte er, »wenn Sie mich begleiten, natürlich.«[39] Sie beschlossen, gemeinsam nach Lissabon zu fahren, sobald die Transitvisa für Spanien und Portugal vorlagen, also Mitte September. Feuchtwanger besaß ein amerikanisches *Affidavit in lieu of passport* (einen Pass-Ersatz) auf sein Pseudonym »Wetcheek«, seine Frau Marta, die noch in Sanary lebte, besaß ein Affidavit auf ihren richtigen Namen. Feuchtwanger schrieb ihr, sie möge in Binghams Haus kommen. Das tat sie und anschließend stellte sie sich in die Schlangen an den Konsulaten Spaniens und Portugals für die Transit-Visa. Die Aussichten waren also nicht schlecht, bis auf das Risiko an der Pyrenäen-Grenze.

Mit Franz Werfel und Alma Mahler-Werfel hatte Fry schon an seinem ersten Abend in Marseille Kontakt. Sie baten ihn dringend um Hilfe. Die beiden machten wegen seiner Körperfülle und ihres Alters kaum einen Schritt zu Fuß. Wie sollten sie über das Gebirge kommen? Sie warteten ungeduldig auf die Abreise per Schiff und verstanden gar nicht, warum Alles so lange dauerte, warum die Pläne geändert werden mussten. Sie hatten ihre US-Visa seit dem 3. September, als Bingham sie Ihnen – angeblich missmutig – ausgehändigt hatte. Alle Konsuln in Marseille ließen die Werfels ihre ganze Macht fühlen, behauptet Frau Werfel in ihren Memoiren.[40] Auch Varian Fry erregte den Unmut der hoch gestellten Dame. »Die Amerikaner hatten einen Mann geschickt, der uns allen helfen sollte. Er tat das recht ungezogen und mürrisch. So zog er die Abreise weiter vierzehn Tage hin, bis wir endlich eine Entscheidung herbeiführten. Wir gingen zu Mr. Fry und verlangten zu wissen, wann endlich gegangen werden sollte. Und es stellte sich heraus, dass wir uns noch in derselben Nacht um fünf Uhr früh bereithalten sollten.«[41] Da sie in ihren Memoiren auch fleißig auf Franz Werfel schimpft, mag man ihre Kritik nicht allzu ernst nehmen. Vielleicht war auch sie selbst nicht ganz leicht zu nehmen.

Ein Teil ihres fast verlorenen Gepäcks kam in Marseille an, darin die Partituren der Symphonien von Gustav Mahler und die Partitur der dritten Symphonie von Anton Bruckner, Verdienst des Direktors des *Hotels Vatican* in Lourdes. Einige Gepäckstücke schickte Frau Werfel gleich weiter nach New York.

Fry glaubte, mit den Werfels und den Feuchtwangers gemeinsam reisen zu können und dachte auch daran, Heinrich Mann und seine Frau Nelly mitzunehmen, die in Marseille im Hotel Normandie warteten. Der tschechoslowakische Konsul Vochoc hatte ihnen bereits mit falschen Papieren geholfen. Heinrich Manns Neffe Golo, ein Sohn von Thomas Mann, sollte ebenfalls mitkommen.

Golo Mann war wie Feuchtwanger aber später aus dem Lager St. Nicolas bei Nimes geflüchtet. Auf Martas Wunsch wurde er ebenfalls in Binghams Villa untergebracht, was Lion nicht gefiel. Politisch verstanden sie sich nicht und Lion fand den jungen Mann »ein bisschen frech«.[42] Schließlich mußte Fry sich entscheiden, die Feuchtwangers getrennt auf die Reise zu schicken, weil sie nach Verlust ihrer deutschen Staatsangehörigkeit an der spanischen Grenze Schwierigkeiten zu erwarten hatten. Denn plötzlich erhielt er die Nachricht, dass Staatenlose in Spanien vielleicht nicht mehr durchreisen durften. Er plante also, zunächst nur mit den Werfels und den Manns am 12. September von Marseille aufzubrechen. Fry wählte den frühesten Zug am Morgen, den, der am wenigsten kontrolliert wurde. Leon (Dick) Ball, einer seiner neuen Mitarbeiter, sollte sie bis an die Grenze begleiten, die er von anderen Fluchten bereits gut kannte.

Es war also der 12. September 1940 morgens vor halb sechs auf dem Bahnhof St. Charles, als die fünf Flüchtlinge und zwei Fluchthelfer sich trafen, nicht ohne Angst und Sorge, die Werfels allerdings auch mit zwölf Koffern. Wer sollte die wohl nach Lissabon bringen? Der Zug fuhr pünktlich, die Fahrt verlief planmäßig, ein Mittagessen nahmen sie in Perpignan ein, nach Einbruch der Dunkelheit erreichten sie das Grenzstädtchen Cerbère. Nun aber begannen die Probleme. Der Grenzbeamte, den Ball kannte, und auf dessen Wohlwollen alle gesetzt hatten, war nicht allein. Ein Vorgesetzter war anwesend, Ausreisevisa hatten sie nicht, sodass die Fahrt nicht mit der Bahn fortgesetzt werden konnte. Alma Mahler-Werfel machte Fry erneut eine vorwurfsvolle Szene und sparte nicht mit Kraftausdrücken.[43]

Sie übernachteten in einem Hotel und am Morgen des 13. September, einem Freitag, erkundigte sich Ball erneut an der Grenzstation. Die Lage war unverändert. Der freundliche Beamte erklärte Ball, es sei besser zu Fuß über die Berge zu klettern. Nur Fry mit seinem amerikanischen Pass durfte die Grenzstation legal passieren. Auf Balls Bedenken, dass der eine Reisende zu alt und der andere zu dick sei, kam die Antwort des Zöllners: Versuchen Sie es trotzdem. Es könne sein, dass schon morgen eine Anordnung aus Vichy kommt, die mich zur Verhaftung der ganzen Gruppe zwingt.

Von dem Küstenort aus sahen die Berge hoch und steil aus, der Himmel war blau, die Mittags-Sonne würde glühende Hitze bringen. Ball und Fry unterrichteten ihre Schützlinge über die Lage und baten sie, selbst zu entscheiden. Was er denn empfehle, wollten sie von Fry wissen. »Falls Sie sich dazu in der Lage sehen, sollten wir noch heute über den Berg gehen. Wir wissen, dass es heute noch möglich ist. Wir wissen nicht, was morgen oder übermorgen sein wird.«[44] Heinrich und Golo Mann sowie Frau Werfel stimmten sofort zu. Franz Werfel sah auf den Berg, stöhnte und zitterte, dann fiel ihm ein, dass es Freitag der dreizehnte war. »Heute ist ein Unglückstag«, sagte er, »sollten wir nicht lieber bis morgen warten?«[45] »Das ist Unsinn, Franz«, fiel seine Frau ihm mit Nachdruck ins Wort.

Frau Nelly Mann sprach auf Deutsch mit ihrem Mann in der Annahme, Fry würde es nicht verstehen. »Heinrich, dieser Mr. Fry ist ein netter junger Mann, er *sagt*, er will uns helfen. Aber woher wissen wir, ob er nicht ein Spion ist, der uns in eine Falle lockt. Ich denke, wir sollten den Vorschlag ablehnen.« »Verzeihung, Frau Mann, Sie wissen vielleicht nicht, dass ich Deutsch verstehe«, sagte Fry. Frau Mann wurde blutrot und schwieg.

Sie verabredeten, dass Fry mit dem gesamten Gepäck (17 Stücke) mit dem Zug bis in den fünf Kilometer entfernten spanischen Grenzort Port Bou fahren sollte und dass Ball die Flüchtlinge über den Schmugglerpfad im Gebirge führt. Am Bahnhof Port Bou wollten sie sich wieder treffen. Heinrich und Nelly Mann wollten nicht unter ihrem Namen, sondern mit dem falschen Namen Heinrich Ludwig und Frau durch Spanien reisen, das schien ihnen sicherer. Die richtigen Pässe nahm Fry zu dem Gepäck, das er transportieren wollte. Auf dem Weg zum Friedhof kaufte er ein Dutzend Päckchen Gitanes und Gaulloises, weil Zigaretten sich in allen Lebenslagen als hilfreich im Umgang mit Beamten erwiesen hatten. Die Bergsteiger steckten sie ein, dann folgten sie der Friedhofsmauer, wo Fry sich verabschiedete, schließlich bogen sie in den Weg durch die Weinberge und dann auf den alten Schmugglerpfad nach Spanien. Die Werfels gingen voraus, um der Diskussion mit Nelly Mann – »ihrem wahnwitzigen Geschrei«-[46] ein Ende zu machen. Nelly Mann wollte partout umkehren. »Bald kletterten wir weglos«, schreibt Alma Werfel. »Die Ziegen vor uns stolperten, die Schiefersteine flimmerten, sie waren spiegelglatt. Und wir mussten hart an Abgründen vorbei. Zum Festhalten, wenn man ausglitt, gab es nur Disteln. So ging es zwei Stunden steilsten Klimmens.«[47]

»Schwerlich vergesse ich die ansteigende Straße nach dem Bahnhof, erinnerte sich Heinrich Mann, weithin nur wir, mit unseren Rucksäcken, die wir der Unbefangenheit wegen am Arm schlenkerten ... Der kalte Hauch meines Aufbruchs aus Marseille befremdete eigentümlich. Ohne weiter zu insistieren, brachte er Nachricht aus künftigen Tagen, die nichts mehr von Belang zu melden hatten.«[48] Von Amerika erwartete er nichts als den Erhalt seines Lebens. Der 69-jährige Heinrich Mann litt unter dem Verlust seines geliebten Frankreichs. Er spürte jetzt deutlich, dass dieser Verlust bereits 1933 begonnen hatte, als er seine Wohnung in Berlin verließ. Aber der Bonvivant fürchtete sich auch vor der Fast Food Kultur der Vereinigten Staaten.

Der Weg »strengte körperlich an. Ich hatte seit Jahrzehnten keinen beträchtlichen Berg mehr bestiegen, war nunmehr ungeschickt und nicht jung: ich fiel recht oft auf die Dornen ... Mehrmals unterstütze mein Neffe mich, dann überließ er es meiner Frau, die an sich selbst genug gehabt hätte.«[49] Ball, der zunächst die Werfels bis auf den Scheitel des Gebirges begleitet hatte, kehrte um und griff Heinrich Mann kraftvoll unter die Arme, wie dieser dann einräumt. Für die im Dunst flimmernde französische Mittelmeer-Küste im Nordosten oder die spanische Costa Brava im Südosten hatte jetzt niemand einen Blick. Frys Helfer, Leon Ball, geleitete sie über die Berge und zwar bis in Sichtweite des spanischen Zollhauses. Dort sollten sie – wie Ball ihnen nachdrücklich eingeschärfte – sich unbedingt melden, damit gegen Vorlage der Gitanes und Gaulloises die Einreise-Erlaubnis, die *Entrada*, in die Papiere gestempelt werden konnte. Die Manns verabschiedeten sich von Ball, Nelly mit Tränen in den Augen. Den Berg hinab zum Zollhaus gingen sie ohne Führer. Dort warteten die Werfels erst auf die Manns und dann auf die Zöllner. Diese nahmen gern die Zigaretten, gaben aber keine Stempel, sondern verwiesen auf das Grenzbüro in Port Bou. Die abgerissene Reisegruppe aus nunmehr fünf Personen wankte langsam weiter – schweißtriefend und todmüde – die kurvenreiche Straße in die Stadt. »Die Opern-Schmuggler in Carmen machten es bestimmt besser«,[50] vermutete Alma Werfel, um gleich fortzufahren: »die gefährlichen Situationen erlebt der Mensch mutterseelenallein. Nirgends ein Amerikaner oder Helfer.«[51]

Helfer waren nicht nötig. Da sie Papiere und US-Visa hatten, machten die Grenzbeamten keine Schwierigkeiten. Nur Golo Mann wurde gefragt, ob er der Sohn von Thomas Mann sei und allen fuhr ein Schreck in die Glieder. »Ja, antwortete Golo, missfällt Ihnen das«? »Im Gegenteil, versicherte der Zöllner, ich fühle mich geehrt, den Sohn eines so bedeutenden Mannes kennen zu lernen.« Er schüttelte Golo die Hand, dann bestellte er ein Taxi, das sie alle fünf zum Bahnhof bringen sollte.[52]

Varian Fry fuhr allein mit 17 Gepäckstücken den kurzen Weg über die Grenze und sorgte sich, dass das Gepäck Probleme verursachen könnte. Während der Zug durch den Tunnel unter dem Gebirge durchfuhr, verbrannte er die tschechoslowakischen Pässe der Manns auf der Toilette. Bei der Ankunft am spanischen Bahnhof von Port Bou fragte er die Beamten, ob auch Staatenlose in Spanien einreisen dürfen. Die Antwort war positiv. Der spanische Zöllner durchsuchte die siebzehn Gepäckstücke mit derselben Gleichgültigkeit, die schon sein französischer Kollege gezeigt hatte. Fry ließ das Gepäck in das Hotel bringen, das er schon bei seiner Reise vor vier Wochen in umgekehrter Richtung kennen gelernt hatte, so zerschossen und heruntergekommen wie ganz Spanien – es war »wie eine blutende Wunde«, so beschrieb es Alma Werfel.

Zunächst aber mussten sie sich gegenseitig suchen. Fry fand seine Schützlinge nicht am verabredeten Punkt, am Bahnhof nämlich und kletterte den Berghang hinauf zur Grenzstation. Niemand konnte sich an die fünf erinnern, aber man bot ihm einen Sitzplatz an und ließ ihn warten. Ein Beamter telefonierte, noch mal und wieder. Fry wurde immer nervöser, er wusste nicht, ob er selbst bereits festgenommen war. Dann kam der Bescheid: Ihre Freunde sind am Bahnhof!

Den Rückweg abwärts nahm Fry im Dauerlauf. Am Bahnhof fand er die Gesuchten. Man umarmte sich wie alte Freunde, die sich seit Jahren nicht gesehen haben.[53]

Der Tag war noch nicht zu Ende. Man traf sich in dem schäbigen Speisesaal des kleinen Hotels, in dem auch andere Gäste aßen. In ihrer Freude, den Nazis und ihren französischen Helfern entkommen zu sein, bestellte man zum Essen Wein und spanischen Cognac. Die Runde feierte fröhlich und blieb nicht leise. Man nannte sich beim Namen, und wie es sich damals gehörte, beim Nachnamen, obwohl man fest vereinbart hatte genau das zu unterlassen, solange man nicht in Lissabon war. »Herr Werfel, Herr Mann, Frau Mann, Herr Fry, Prosit!«

Andere Gäste wurden aufmerksam. Vom Nachbartisch stand ein Mann auf, ging auf Fry zu, stellte sich als der britische Konsul vor, bat ihn um ein Wort vor der Tür und sagte: Das ist doch Heinrich Mann, der ältere Herr neben ihnen! Und wissen Sie, wer der uniformierte Kerl an dem Tisch in der Ecke ist? Der ist der Geheimdienstchef dieser Gegend. An Ihrer Stelle wäre ich etwas vorsichtiger.

Fry erschrak, bedankte sich höflich und eilte zurück. Alle am Tisch wurden leichenblass, als sie die Warnung hörten, die Feier endete abrupt. Wenige Minuten später waren alle auf ihre Zimmer verschwunden. Freitag der dreizehnte hätte doch beinahe noch ein Unglückstag werden können. Nur Franz Werfel trug in seiner Tasche eine Art Versicherungsschein: Ein Brief, den der katholische Außenminister der Vereinigten Staaten, Cordell Hull, für ihn geschrieben hatte – eine Empfehlung, die vor allem die Bischöfe und Prälaten Spaniens beeindrucken sollte: Werfel sei einer der bedeutendsten katholischen Schriftsteller Europas. Man möge ihm deshalb die Durchreise erleichtern.[54]

Noch aus Port Bou sandte Fry ein Telegramm an Lena Fiszman mit der Nachricht, dass Bingham seine Freunde nunmehr auf die Reise schicken könne. Gemeint waren die Feuchtwangers, die als Staatenlose Sorge haben mussten, ob Spanien sie ein- und durchreisen ließ. Nun machten sie sich auf den gleichen Weg.

Am Samstag den 15. September fuhren Fry, die Manns und die Werfels gemeinsam mit der Bahn nach Barcelona. Dort erfuhren sie, dass bis Montag alle Flüge nach Lissabon ausgebucht waren. Und auch am Montag waren nur noch zwei Plätze in der Lufthansa-Maschine frei. Die Lufthansa beherrschte den spanischen Himmel. Sie buchten die Plätze und entschieden, dass das Ehepaar Mann sie nehmen sollte, weil sie zweifellos am meisten gefährdet waren, berichtet Fry. Im Flughafen-Gebäude hing ein Bild von Hitler und Fry fürchtete, Heinrich Mann könne die Nerven verlieren. »Wir befinden uns in der Gewalt des Feindes«, sagte er ernst. Zusammen mit Golo brachte Fry den alten Herrn in ein Café und bestellte ihm einen Cognac, sodass er wieder Mut schöpfte.[55] Heinrich und Nelly Mann schafften es danach ohne Zwischenfall ins Flugzeug und nach Lissabon, wo sie am Abend ankamen und trotz gefälschter Papiere eingelassen wurden. »Unser eigenes Papier war keineswegs gefälscht, schrieb Heinrich Mann, es traf nur nicht zu. Es diente hier, es diente in Barcelona bei der deutschen Lufthansa, ...sie beförderte uns willig nach Madrid und bis Lissabon. Papiere, echte Papiere überzeugen auch Straßenräuber und Propagandisten, die autoritären Menschenarten. Vor Papieren danken sie ab.«[56]

Die Werfels und auch Golo Mann mussten sich in ihrem Madrider Hotel allerdings einige antisemitische Unverschämtheiten anhören. Auf dem Flughafen von Madrid sollte sich die Szene von Barcelona so ähnlich wiederholen. Die Werfels bekamen die zwei letzten Plätze in einer Maschine nach Lissabon. Golo und Fry mussten noch warten. Fry hatte außerdem noch in Madrid zu arbeiten. Nun fürchteten die Werfels, das Flugzeug könne abdrehen, wenn kein Amerikaner an Bord sei und sie nach Hendaye ins besetzte Frankreich bringen. Fry konnte sie schließlich überzeugen, einzusteigen. Er half bei den letzten Formalitäten und auch die Werfels gelangten nach Portugal, wo der Grenzbeamte am Flughafen sie mit weiteren anti-jüdischen Sprüchen begrüßte. Golo Mann verbrachte den Tag im Prado und nahm dann den Nachtzug nach Lissabon.

Varian Fry wandte sich an die *Seguridad*, die spanische Sicherheitspolizei, um zu erkunden, was aus seinen Schützlingen geworden sei, die auf dem Weg durch Spanien festgenommen worden waren. Er solle sich die Antwort in einigen Tagen abholen, wurde ihm geantwortet. Dann ging er zur britischen Botschaft, denn in Marseille war er gefragt worden, ob er bei der Flucht britischer

Soldaten aus Frankreich nach Gibraltar, d.h. zurück in die britische Armee helfen könne. Fry hoffte mit Hilfe der Briten zu einem Deal zu kommen. Der Militär-Attaché Torr empfing ihn freundlich, zog das Telefonkabel aus dem Stecker, damit nicht über das Telefon abgehört werden könne, was offenbar üblich war. Sie besprachen die Situation der britischen Soldaten in Frankreich. Ein britisches Schiff von der Flotte in Gibraltar abzuziehen, das die Soldaten an der französischen Küste abholen könne, das schien dem Militär-Attaché unmöglich. Die Admiralität weigere sich, dem zuzustimmen. Andererseits sei keine Zeit zu verlieren, weil die Deutschen fünfzehn Panzer-Divisionen an der spanischen Grenze zusammen gezogen haben. Niemand wisse, was sie vorhaben.

Torr hatte deshalb einen anderen Plan ausgedacht: Die Soldaten sollten illegal die Grenze nach Spanien überqueren, sich verhaften lassen und er würde sie dann aus dem Lager holen und nach Gibraltar schleusen. Er habe bereits mit der Seguridad darüber verhandelt. Torr zeigte sich zuversichtlich. Ob es möglich sei, dass die Soldaten illegal die Grenze überqueren, wollte er wissen. Fry bejahte das. Sie verabredeten, dass Fry auf dem Rückweg von Lissabon nach Marseille noch einmal in Madrid vorbeischaut, damit sie in der Zwischenzeit nachdenken und dann Beschlüsse fassen können.

Am späten Nachmittag kam Fry in Lissabon an. Er ging sofort in das USC-Büro im Hotel Metropole, mit dem er Zusammenarbeit verabredet hatte. Dort erwartete ihn ein Telegramm aus Marseille:

»BABY HAT KRISE ÜBERSTANDEN JETZT ABER ANDERE KINDER IN QUARANTÄNE TUN UNSER BESTES LENA«[57]

Der Schriftsteller Walter Mehring galt als das »Baby«. Nach einer Haft, aus der Fry ihn befreit hatte, hatte er sich im Zimmer des Amerikaners versteckt und sich strikt geweigert, es zu verlassen. »Kinder in Quarantäne«, das konnte nur bedeuten: weitere Schützlinge waren festgenommen worden. Also musste Fry schnellstens zurück nach Marseille.

Zuvor aber aß er mit dem Ehepaar Mann zu Abend, die nach langer nächtlicher Suche in Lissabon kein Hotel gefunden hatten, wohl aber im benachbarten Seebad Estoril. In diesem Hotel wollte Heinrich Mann auf die Abreise seines Schiffes warten. Er war deprimiert. Die Portugiesische Weltausstellung im Lissaboner Stadtteil Belem, wo der Tejo sich majestätisch zum Ozean öffnet, das interessierte ihn nicht. Wohl nahm er am Ufer das Denkmal für den

Entdecker Vasco da Gama zur Kenntnis. »Meinetwegen hätte der berühmte Reisende selbst droben gestanden und den Hut geschwenkt: Meine bevorstehende Reise setzte die seine herab. War er nicht zurückgekehrt?«[58] Zu anderer Zeit hätte dieser historische Ort den Schriftsteller und Lübecker Kaufmannssohn mit Sicherheit fasziniert. Am Turm von Belem hatten in fünf Jahrhunderten Entdecker, Seefahrer, Soldaten, Missionare, auch künftige Sklavenhändler und Plantagenbesitzer Abschied genommen, aufgewühlt, begierig, hoffnungsvoll und traurig zugleich. Viele waren niemals zurückgekehrt. Tausend Tränen der Zurückbleibenden rollten zu Boden und hinab in den Tejo, der sie mit sich nahm in den Ozean. Diese Szenerie erreichte Heinrich Manns Wahrnehmung nicht mehr, als er selbst in *Saudade* versank, dem Weltschmerz in seiner portugiesischen Form. Nelly kümmerte sich um Schiffspassagen und Papiere. Heinrich ergab sich widerstandslos seinem Weh: »Der Blick auf Lissabon zeigte mir den Hafen. Es wird der letzte gewesen sein, wenn Europa zurückbleibt. Er erschien mir unbeschreiblich schön. Eine verlorene Geliebte ist nicht schöner. Alles, was mir gegeben war, hatte ich an Europa erlebt, Lust und Schmerz eines seiner Zeitalter, das meines war ... Überaus leidvoll war dieser Abschied.«[59]

Auch die Werfels fanden ein erholsames Quartier in einem feinen Hotel in Estoril. Hätte Alma nicht Streit gehabt mit einem Wiener Landsmann, der sie auf dem Schwarzen Markt um ihre britischen Pfundnoten betrügen wollte bis Franz Werfel ihn nach zähem Ringen verbal niedergemacht hatte, dann hätte auch sie nichts zu mäkeln gehabt. Das USC-Büro half ihnen, so wie zuvor schon zahlreichen anderen, etwa dem Hitler-Biographen Konrad Heiden oder der Schriftstellerin Hertha Pauli. Auch der Journalist und Hitler-Biograph Konrad Heiden, den die Nazis wegen seiner präzisen Analyse von Hitlers Weg an die Macht die deutsche Staatsangehörigkeit entzogen hatten, war bereits in Lissabon Varian Fry hatte ihm in Marseille bei der Beschaffung eines tschechoslowakischen Passes auf den Namen David Silbermann geholfen und ein Visum für die USA beantragt, das ihm in der portugiesischen Hauptstadt überreicht wurde.

Das Leben der Flüchtlinge war auch in Lissabon nicht ungefährlich. Mehr als zehn deutsche und österreichische Emigranten wurden nach Frys Informationen in den Jahren 1940/41 entführt, wahrscheinlich von ausländischen Geheimdiensten. Viele Flüchtlinge mussten lange auf die Weiterreise warten, nicht nur weil ihnen Geld fehlte. Es gab kaum noch Schiffe nach Amerika. In den Büros der Schiffs-Agenturen drängten sich die Auswanderer, machten sich gegenseitig die Tickets streitig. Chaos und Lärm verstärkten die allgemeine Nervosität. Oft waren es Polizisten, die die Ruhe wieder herstellten. Aber nach zwei Wochen schon, Anfang Oktober, konnten die Manns und die Werfels das griechische Schiff *Nea Hellas* besteigen, das sie nach New York brachte. Sie hatten viel Glück und genug Geld. Mitte Oktober folgte ihnen Heiden. Am 31. Oktober gab das *ERC* zur Ankunft von Heinrich Mann, Franz Werfel und Konrad Heiden ein Diner im Commodore-Hotel, wobei Thomas Mann und Somerset Maugham als Sprecher auftraten. Das Ereignis mobilisierte weitere dringend benötigte Spenden.

Varian Fry setzte sich hin und schrieb einen langen Brief nach New York, den er von Marseille aus wegen der Postzensur nicht hätte abschicken können. Er musste sich rechtfertigen. Der Brief, der seinen Auftrag für Marseille beschrieb, hatte festgelegt, dass er am 29. August zurück fliegen sollte. Diese Frist war seit mehr als zwei Wochen abgelaufen. Er wollte auf jeden Fall noch einmal nach Marseille, auch wenn keine positive Antwort des ERC kommen sollte. Auch brauchte er mehr Geld und die Zustimmung seiner Auftraggeber zu den vielen illegalen Aktivitäten, die er für notwendig hielt, etwa das Fälschen von Papieren und der Geldwechsel auf dem Schwarzen Markt. Bei einigen Mitgliedern des Vereins in New York lösten seine Ausführungen Entsetzen aus. Fry hatte sein Mandat in fast jeder Hinsicht überschritten und war fest entschlossen, so weiter zu machen.

Vor seinem Rückflug nach Madrid suchte er all die Flüchtlinge auf, die mit seiner Hilfe aus Frankreich gekommen waren und jetzt auf eine Möglichkeit der Weiterreise warteten. Ihre Erfahrungen waren sehr unterschiedlich. Einige hatten Probleme mit den Grenzbeamten gehabt, andere bei der Gepäck-Kontrolle. Auf der Suche nach illegalem Bargeld hatten Beamte in Port Bou oder Puigcerda einzelne Reisende in kleine Kabinen gewiesen, wo sie sich komplett entkleiden mussten. Andere hatten überhaupt keine Probleme, abgesehen von den Flöhen in der dritten Klasse der spanischen Eisenbahn. Aber jeder berichtete, dass in den Zügen zwischen der französischen und der portugiesischen Grenze dreimal sehr gründlich die Pässe kontrolliert wurden. Manche Flüchtlinge hatten Todesangst auszustehen, in zwei Fällen konnte die Verhaftung nur durch hohe Bestechungssummen vermieden werden.

Ein deutscher Flüchtling, der ebenfalls zu Fuß über die Berge gekommen war, erzählte, dass am 14. September, einen Tag nach dem Fußmarsch der Manns und der Werfels, deutsche Agenten in Cerbère erschienen seien. Er habe deshalb zusammen mit seiner Frau einen weitaus größeren Umweg machen und eine Nacht in den Bergen verbringen müssen. Die Warnung des Zöllners an Ball hatte also einen sehr realen Hintergrund gehabt.

Die Feuchtwangers in der Villa von Hiram Bingham in Marseille konnten nicht warten bis Fry zurück war. Lion Feuchtwanger hatten die Behörden die Ausreise ausdrücklich verboten. Die Gefahr war für sie zu groß. Bingham schlug vor, Lion ein Visum mit einem Decknamen auszustellen. Feuchtwanger erinnerte sich an sein früheres Pseudonym, James Wetcheek, fast wie eine Übersetzung seines Namens. Es blieb keine Zeit, das Notvisum von Washington bestätigen zu lassen. Marta hatte noch ihren französischen Personal-Ausweis, den sie nutzen wollte. So reisten sie unter verschieden Namen und sollten deshalb nicht gemeinsam die Grenze passieren. Reverend W. Sharp vom USC war aus Lissabon gekommen, um die Feuchtwangers zu begleiten. Er hatte einen Auftrag von Frau Roosevelt.[60]

Am 21. September erwartete Leon Ball, beauftragt von Varian Fry, die Feuchtwangers in Cerbère und führte sie auf den Schmugglerpfad der sie über die Berge nach Spanien bringen sollte. Er verabschiedete sich jedoch bald, denn die Feuchtwangers brauchten keine körperliche Hilfe. Als sie den Scheitel des Gebirges erreicht hatten, trennten sie sich. Marta beobachtete in einem Gebüsch versteckt, wie Lion allein zum spanischen Zollhaus voranschritt. Als er das Zollhaus bald danach verließ und weiter den Berg herabmarschierte, kam Marta langsam nach. Der geübten Skifahrerin machte der Berg keine Schwierigkeiten. Die Feuchtwangers hatten sich in Port Bou im Reisebüro Cook verabredet, wo Sharp, der mit der Bahn fuhr, auf sie warten wollte.

Marta legte den spanischen Grenzbeamten einige Päckchen Camel auf den Tisch, die sie sofort verschwinden ließen. Ohne jede Prüfung bekam sie ihre Stempel *ENTRADA* und war nunmehr mit ordentlichen Papieren in Spanien. Sie beeilte sich, den Berg hinunter zu kommen. Am Treffpunkt wartete Reverend Sharp. Aber Lion war nicht zu finden. Marta suchte ihn vielen Gasthäusern, die alle gut besucht waren. Schließlich fand sie ihn in dem besten Restaurant von Port Bou. Ihr Mann, Genie und Pascha in einer Person, saß am Tisch und aß. Als Marta eintrat sagte er nur: »Setz dich hin und iss«. Er habe einfach den Treffpunkt vergessen.[61]

Zusammen mit Reverend Sharp nahmen sie den Zug nach Barcelona, nach Madrid, nach Lissabon, Lion im Schlafwagen, also der ersten Klasse, weil er gesucht wurde und weil die erste Klasse sicherer war. Sharp ebenfalls, denn er wollte den prominenten Autor nicht aus den Augen lassen. Marta aber in der dritten Klasse, wo sie auf langen Strecken stehen musste, weil es billiger war und sie nicht genug Geld hatten. Bald kam ein energischer Mitreisender, der meinte, für die junge Frau müsse doch ein Sitzplatz gefunden werden. Er wisse schon wo. Marta folgte ihm zögerlich durch den Zug, bis sie tatsächlich vor einem leeren Abteil standen. Als Marta sich endlich auf der Holzbank lang ausstrecken wollte, kamen spanische Kontrolleure, rissen ungehalten die Tür auf und fragten: ›Was machen Sie denn hier? Das ist unser Abteil!‹

Nun begann der fremde Mitreisende zu schimpfen, und zwar laut und auf Deutsch. Die Spanier erschraken und zogen sich auf der Stelle zurück, offensichtlich ohne den Mann zu verstehen. Dieser war ein Schweizer, die deutsche Sprache hatte ihm Respekt verschafft. Marta war damit ausnahmsweise einverstanden.

An der portugiesischen Grenze mussten alle Fahrgäste aussteigen, in einen Saal kommen, ihre Pässe abgeben und warten.

Nach einer Weile betrat eine Frau den Raum und fragte laut: »Stimmt es, dass Lion Feuchtwanger in diesem Zug ist?« Marta fragte zurück: »Wer soll das sein?« Darauf die Unbekannte: »Wie kann man nur so unkultiviert sein, den nicht zu kennen!« Reverend Sharp hatte die Szene beobachtet, genau wie Feuchtwanger selbst. Er stand auf und fragte die Fremde, »Was wollen Sie von der Dame?« »Ich bin Journalistin und brauche eine Story, ich will meiner Zeitung ein Telegramm schicken.« »Seien Sie still, das ist gefährlich«, sagte Sharp halblaut. »Aber ich will doch nur meinen Scoop«. Die Frau zog sich grummelnd zurück, ein Bote von einem fernen Planeten mit unverständlichen Regeln, vielleicht auch ein Bote aus Feuchtwangers Zukunft. Die New York Times hatte am 20. September die Ankunft Feuchtwangers in Portugal gemeldet, als er noch in Frankreich war.[62]

Als nach Stunden der Anschlusszug kam, erhielten alle ihre Pässe zurück und konnten nach Lissabon einsteigen, wo sie in der Nacht um vier Uhr ankamen. Klar, dass sie kein Hotel fanden, sondern nur »ein schreckliches Loch ohne Waschgelegenheit«, wie Lion einer Freundin schrieb.[63] Sie trafen die Manns und die Werfels, die ihre feinen Hotels in Estoril bewohnten, aber für solche Zwecke hatten die Feuchtwangers zurzeit kein Geld. Das USC-Büro empfing sie wie auch andere angekündigte Flüchtlinge bereits auf dem Bahnhof und organisierte billige Unterkünfte, sehr billige.

Es war notwendig, dass Lion schnellstens Portugal verließ, wegen der Geheim-Polizei und weil er unter falschem Namen eingereist war. Reverend Sharp bemühte sich in einem Reisebüro um Tickets und tatsächlich – er kam zurück und hatte zwei. Marta vermutete, er habe jemanden bestochen. Aber vielleicht hatte er die beiden Plätze auch schon lange reserviert für seine Frau und sich, da sie auch nach Amerika wollten. Eine Bordkarte gab er Lion, mit der zweiten reiste er selbst. Seine Ablösung im *USC*-Büro, Charles Joy, war am 17. September angekommen und hatte bereits gehört, dass Nazi-Agenten in Lissabon unterwegs waren und Flüchtlinge einfach verschwinden ließen. Eile war geboten. Die französische Schauspielerin Ninon Tallon, Nichte des früheren Ministerpräsidenten Herriot, leistete im USC-Büro fabelhafte Dienste in solchen Fragen. Sie sprach außer Französisch auch fließend Portugiesisch, Englisch und Deutsch. In Pétains Frankreich sah sie für sich keine Zukunft, aber in Lissabon konnte sie vielen bei der Beschaffung von Visa und Schiffstickets helfen.[64] Sie wartete selbst auf ihr US-Visum, um dann in Hollywood ihre Karriere als Produzentin fortzusetzen.

Nach nur fünf Tagen gingen Feuchtwanger und Sharp im Lissaboner Hafen, Alcantara, an Bord der *SS Excalibur* und fuhren davon, Lion nur mit einem Rucksack, ohne Geld und mit zerschlissenem Anzug. Er sah aus wie ein Flüchtling. Feuchtwanger verließ Europa ohne jede Wehmut. In Sanary sur mer an der sonnigen Cote d'Azur hatte er sehr komfortabel gelebt. Das »Leben wie Gott in Frankreich«, er hatte es genossen: die Freiheit, die Landschaft, den Wein, die Frauen. Die Kehrseite der französischen Lebensweise, Missgunst, Eitelkeit, Bürokratie, die Erniedrigungen der Lager hatte er später kennen lernen müssen. Er verarbeitete das Erlebte in seinem Erinnerungsbuch »Der Teufel in Frankreich«. Mit diesem Titel kehrte er den Begriff ›Leben wie Gott in Frankreich‹ um: nicht Bosheit, aber Schlampigkeit, Unbedachtheit, Gleichgültigkeit machte er verantwortlich. Die Redensart, die Haltung »je m'en fous« (»das kümmert mich einen Dreck«) stilisierte er – so wie kritisch eingestellte Franzosen auch – zur Weltanschauung des »Je-m'en-foutisme«. Dieser Lebensauffassung gab er die Schuld an der Schande des Vichy-Regimes.[65]

Jetzt freute er sich auf Amerika, wo er ein großes Publikum hatte. Seine Manuskripte folgten mit amerikanischer Diplomatenpost. Marta Feuchtwanger musste mehrere Monate auf ein Schiff warten. Ihr konnet nicht soviel passieren. Sich allein durchzukämpfen, war für sie nichts Neues. Am Quai in New York wartete Lion.

Der Amerikaner Leon Ball aus Montana, der die Feuchtwangers ins Gebirge geführt hatte, war danach für immer verschwunden. Von Niemandem hatte er sich verabschiedet, auch nicht von seinem Freund Charlie Fawcett, der in Marseille als Wachmann und »Mädchen für Alles« im CAS-Büro arbeitete. Das Verschwinden von Ball ist auch deshalb rätselhaft, weil keins der Erinnerungsbücher von Fry, Gold oder Fittko eine Zeile davon erwähnt. Es liegt nahe, dass er ums Leben gekommen ist, bzw. umgebracht wurde, aber man weiß es nicht.[66]

Varian Fry kaufte in der portugiesischen Hauptstsadt einen größeren Posten Seife für Mitarbeiter und Freunde in Marseille und besorgte sich sein Transitvisum für Spanien. In Madrid angekommen ging er gleich zur britischen Botschaft, wo er noch nicht erwartet wurde. Militär-Attaché Torr bestätigte, dass die britische Admiralität kein Schiff von Gibraltar an die französische Küste entsenden wolle, um britische Soldaten dort abzuholen. Seine Sorgen wegen der deutschen Divisionen an der Pyrenäen-Grenze waren eher noch gewachsen. Er führte Fry zu Botschafter Sir Samuel Hoare, einen früheren Minister, um einen gemeinsamen Deal zu verhandeln. Hoare bot Fry 10.000 Dollar an, um damit Fischerboote aus der Gegend von Barcelona zu bezahlen, die britische Soldaten an der französischen Mittelmeerküste abholen und direkt nach Gibraltar bringen sollten.[67] Fry stimmte dem zu. Dann aber nannte Hoare eine Bedingung: »Sie dürfen keine britischen Staatsbürger zusammen mit Spaniern und Italienern auf ein Schiff nehmen. Wir könnten in eine äußerst peinliche Situation geraten, wenn bekannt wird, dass britische Soldaten und politische Flüchtlinge aus Spanien oder Italien zusammen in einem Boot fliehen.«[68] Das machte den Plan für Fry schwierig. Wollte er britischer Geheim-Agent werden oder seinem Auftrag zur Rettung politischer Flüchtlinge folgen? Er zögerte, sah aber in dem Angebot des britischen Botschafters eine Chance und ging darauf ein, vorausgesetzt Torr könne die Fischerboote von Barcelona aus auf den Weg bringen. Das Geld wollte er nicht bar in Empfang nehmen – aus mehreren Gründen –, die Briten sollten es auf ein Konto des ERC in New York überweisen, auf das er von Frankreich aus Zugriff hatte. Man einigte sich und Hoare verabschiedete Fry per Handschlag.

Sein zweiter Weg in Madrid führte wiederum zur *Seguridad*. Fry wollte wissen, was den Leuten vorgeworfen werde, denen er auf den Weg nach Lissabon geholfen hatte, die aber jetzt in spanischen Gefängnissen festsaßen. Die Sicherheitspolizei hatte ebenfalls noch nicht mit Fry gerechnet und man erklärte ihm, es lägen noch keine Antworten aus den regionalen Behörden im Nordosten des Landes vor. Man konnte oder wollte ihm nicht helfen.

Der unermüdliche Amerikaner fuhr weiter nach Barcelona und nahm Kontakt auf mit dem amerikanischen Konsulat, das er schon auf der Reise nach Marseille aufgesucht hatte. Die Konsulatsbeamten nannten ihm Adressen von geeigneten Rechtsanwälten und fanden heraus, dass den gesuchten Flüchtlingen illegaler Grenzübertritt vorgeworfen wurde, sonst nichts. Sie hatten es offenbar versäumt, sich beim spanischen Grenzbüro zu melden und das Schlüsselwort *ENTRADA* in den Pass stempeln zu lassen. Ihre frühere politische Tätigkeit in ihrer Heimat war den Spaniern scheinbar unbekannt oder unwichtig. Den inzwischen engagierten Advokaten stimmte diese Mitteilung optimistisch. Fry nahm den Zug nach Marseille.

MIRIAM DAVENPORT UND WALTER MEHRING

Das Telegramm, das Lena Fishman an Varian Fry in Lissabon geschickt hatte, war verschlüsselt, aber doch für den Empfänger verständlich. Es ging um Walter Mehring, den sie im Büro ›baby‹ nannten, weil er so klein, ungeschickt und ängstlich war. Miriam hatte den deutschen Schriftsteller/Flüchtling in Toulouse kennen gelernt, das von Nazi-Flüchtlingen überflutet war. Der Berliner Kabarettist und Mitarbeiter der »Weltbühne« Mehring hatte sich den Nazis durch scharfe Analyse und bissige Satire zum Feind gemacht. Joseph Goebbels persönlich hatte schon 1929 einen ganzseitigen Artikel gegen Mehring verfasst – mit dem Titel: »An den Galgen«. Mehring musste mehrfach flüchten: aus Berlin, aus Wien, aus Paris und das war noch nicht Alles.

In Marseille trafen Miriam Davenport und Mehring sich im Café Pélikan wieder, gleich neben dem Generalkonsulat in der Innenstadt. Das Bistro war zugleich Treffpunkt aller nach Amerika strebenden Flüchtlinge. Mehring bat Miriam um Hilfe und brachte sie so in Kontakt mit Varian Fry, der sich gerade im Hotel Splendide einrichtete. Mehring war aufgeregt und verwirrt. Er hatte Fry aufgesucht und war anschließend verhaftet und stundenlang verhört worden. Bei der neuen Verabredung am nächsten Tag wollte er eine neue Festnahme vermeiden. Also bat er Miriam, statt seiner zu Fry zu gehen, ihn um einen anderen Treffpunkt an einem ungefährlichen Ort zu bitten. So erfuhr Miriam, dass es einen Amerikaner gab, der mit etwas Geld und mit der Möglichkeit, Pässe und Visa zu beschaffen eine Rettung für Flüchtlinge in Lebensgefahr sein konnte. Der Gedanke faszinierte sie. Sie sagte zu.

Varian Fry war mit einem anderen Treffpunkt einverstanden. Aber er wollte Miss Davenport nicht wieder gehen lassen. Sie machte solchen Eindruck auf ihn, dass er sie sofort engagierte: als Generalsekretärin des CAS, wie er sagte aber wohl vor allem, weil sie mehr als er von Kunst verstand und in Interviews festzustellen in der Lage war, ob ein Künstler oder ein Simulant vor ihr saß.[69] Er bot ihr eine Bezahlung von 3.000 Francs im Monat (etwa 27,- US-Dollar), was dem Gehalt eines Studienrates entsprach. Sie konnte ihre Freude kaum verbergen, eilte zurück ins Café Pelikan und nannte Mehring den neuen Treffpunkt.

Das CAS-Büro wurde am letzten Montag im August 1940 um acht Uhr früh in der Rue Grignan, einer Seitenstraße des Alten Hafens, offiziell eröffnet. Zu diesem Zeitpunkt hatte sich bereits eine lange Schlange von Flüchtlingen im Flur und auf der Treppe gebildet. Walter Mehring konnte im Hintergrund mit Informationen über die Literatur-Szene in Deutschland und Österreich helfen, ebenso wie der Schriftsteller Hans Sahl, wenn den jungen Amerikanern die Insider-Kenntnisse fehlten.

Das Team der Fluchthelfer brauchte nicht lange, um Walter Mehring mit einem tschechoslowakischen Pass auszustatten, versehen mit den Transit-Visa Spaniens und Portugals und einem echten amerikanischen Einreise-Visum. Er wollte sich keiner von Ball geführten Gruppe anschließen. Anfang September schon nahm er einen Zug nach Perpignan. Dort hatte er Zeit, auf den Anschlusszug zu warten. In Vorfreude auf die Freiheit und weil Alles so gut geklappt hatte, genehmigte er sich einen Cognac in der Nähe des Bahnhofs. Leider sah er eher verdächtig aus, wie ein Taschendieb, ein Fremder in abgerissenem Anzug. Ein Polizist wollte seinen *sauf-conduit* sehen, seine Reise-Genehmigung. Schon war die Reise beendet. Mehring musste mit aufs Revier und wurde dann in Begleitung in das nahe Internierungslager Saint-Cyprien gebracht, ein berüchtigtes, verseuchtes »Loch«.[70] Er schaffte es lediglich, bei der kurzen Bahnfahrt, den schönen neuen Pass durch die Toilette zu spülen und vom Lager aus das CAS-Büro in Marseille zu informieren. Fry beauftragte einen Rechtsanwalt, den deutschen Schriftsteller aus seiner Lage zu befreien und tatsächlich erschien Mehring bald wieder in Marseille. Er begriff, dass sein abgetragener und schlecht sitzender Anzug und seine wilde Frisur ihn als Flüchtling verraten hatten, wenn nicht gar als der Taschendieb, den die Polizei in Perpignan schon lange suchte. Es war ein Fehler, ihn so reisen zu lassen.

Varian Fry hielt es für geboten, den Mann nunmehr aus dem Verkehr zu ziehen und brachte ihn heimlich in seinem Hotel Splendide unter. Miriam Davenport wurde beauftragt, ein anständiges Outfit für Mehring zu beschaffen. Obwohl dieser sich heftig sträubte, kaufte sie ihm Tweed-Jacket, Flanel-Hose, Gürtel und Schuhe. Das hat sein Aussehen zwar ein wenig gebessert, aber Mehring brachte es fertig, durch kreative Knöpfung schnell so auszusehen, als ob er seit einer Woche in dieser Kleidung geschlafen hätte, die nur noch aussah wie ›Klamotten‹.[71]

Als Varian Fry zusammen mit Leon Ball die Manns und die Werfels nach Lissabon begleitete, waren für einige Tage in der zweiten September-Hälfte Hermant (›Beamish‹), Lena Fiszman und Miriam Davenport allein im CAS-Büro. Die Polizei trieb in Marseille und entlang der Cote d'Azur Juden zusammen, um sie in Internierungslager zu bringen. Sie ergriffen Breitscheid, Hilferding und den Berliner Rechtsanwalt Arthur Wolff, der vielfach Nazi-Gegner vor Gericht verteidigt hatte.

Sie durchsuchten auch Hotels in Marseille und fanden im *Splendide* Walter Mehring in seinem Versteck. Als das CAS-Büro davon erfuhr, eilten die beiden Frauen ins Hotel und fanden Mehring zitternd im Bett liegend, umringt von Polizisten, die ihn abführen wollten. Lena sagte den Uniformierten, der Mann sei zu krank, um aufzustehen. Das wiesen sie zurück. Lena überließ Miriam das Wort.

Miriam wies sie an, den amerikanischen Vizekonsul Bingham zu alarmieren und drängte das halbe Dutzend Polizisten, die nach ihrer Einschätzung wie Zuhälter aussahen, energisch aus dem Zimmer in die Hotellobby. Ruckartig verstand Miss Davenport, dass sie Amerikanerin war, also Prestige genoss, und dass hier ein Kampf zu bestehen war. Sie fasste Mut. Eine Menge gebildete und einflussreiche Menschen in den Vereinigten Staaten, unter ihnen Eleanor Roosevelt, die Frau des Präsidenten, so erklärte sie den Uniformierten, machten sich Sorgen um das Wohlergehen des schwer kranken, aber hoch berühmten Dichters Mehring aus Deutschland. Sollte ihm irgendetwas geschehen, so wäre das die denkbar schlechteste Publicity für Frankreich. Wenn ihnen das etwas gelte, dann sollten sie Mehring in Ruhe lassen.[72]

Der Offizier versicherte, er habe Anordnungen aus Vichy zu befolgen, auch von Mehrings Landsleuten, also den Nazis.[73] Sie dürften von diesen Befehlen keinesfalls abweichen. Der Dialog zog sich in die Länge.

In diesem Moment betrat Hiram Bingham die Hotelhalle. Der hoch gewachsene junge Mann mit leuchtend weißem Haar und ernster Miene ließ jeden anderen in dem Raum automatisch unbedeutend erscheinen, diesen Eindruck hatte Miriam Davenport. Sie erklärte den Polizisten nun fast schon triumphierend, das Interesse der US-Regierung an Walter Mehring sei so groß, dass selbst der Konsul der Vereinigten Staaten gekommen sei, um zu sehen, wie man in Frankreich mit dem weltbekannten Poeten umgehe. Das half. Die Polizisten steckten die Köpfe zusammen, dann sagte einer zu Miriam, der Offizier werde den Vorgesetzten anrufen und fragen. Nach einem kurzen Telefonat kam der Offizier mit neuer Anweisung: wenn ein Arzt innerhalb von zehn Minuten ein Attest ausstelle, dass Mehring krank und nicht transportfähig sei, dann wolle man von einer Vorführung in der Präfektur absehen.

Miriam beauftragte Lena: »Ruf den Arzt an!« Dann erklärte sie dem Offizier: »Wie in Gottes Namen sollen wir das in zehn Minuten schaffen, wo wir doch kein Auto haben, es keine Taxen gibt und der Arzt in einer gewissen Entfernung ist«?

»Kein Problem Mademoiselle«, meinte der Offizier. »Wir fahren Sie in unserem Auto.«

Lena kam zurück: »Der Arzt schreibt ein neues Attest!« Die beiden Frauen ließen sich zum Polizeiwagen eskortieren, fuhren damit zur Praxis des Arztes. Lena holte das Attest, dann ging's zurück zum Hotel *Splendide*, und die Staatsdiener zogen zufrieden ab. Walter Mehring war gerettet, – für den Moment. Hiram Bingham wurde mit Dank überschüttet. Dann verfassten die beiden Frauen ein verschlüsseltes, harmlos klingendes Telegramm an Varian Fry in Lissabon: »Baby has passed crisis but other children quarantined«.[74]

Die anderen ›Kinder‹, das waren Rudolf Breitscheid, Rudolf Hilferding und Artur Wolff, die sich nunmehr in Arles unter Hausarrest in größten Schwierigkeiten befanden. Fry war alarmiert. Er kürzte seine Reise durch Portugal und Spanien ab. Zurück in Marseille wurde er ins amerikanische Generalkonsulat bestellt und musste zur Kenntnis nehmen, dass sich die Umstände seiner Arbeit vollständig geändert hatten.

ANMERKUNGEN

1. zitiert nach Rosemary Sullivan: Villa Air-Bel, The Second World War. Escape and a House in France, London 2006, S. 185
2. Erika Mann: Mein Vater, der Zauberer, S. 48 f
3. Anne Klein: Flüchtlingspolitik und Flüchtlingshilfe 1940–1942, S. 104
4. Erika Mann: Mein Vater, der Zauberer, S. 49
5. Rosemary Sullivan: Villa Air-Bel, S. 186
6. Ebenda
7. Mary Jayne Gold: Marseille année 40, S. 19 f
8. Ebenda
9. Rosemary Sullivan: Villa Air-Bel, S. 187 f
10. Ebenda, S. 304
11. Ebenda, S. 190
12. Varian Fry: Auslieferung auf Verlangen, S. 11
13. Anne Klein: Flüchtlingspolitik, S. 108
14. Brief von Eleanor Roosevelt an Varian Fry vom 8. Juli 1940. Box 5, Fry Papers.
15. Susan E. Subak: Rescue and Flight, S. 38
16. Varian Fry: Auslieferung auf Verlangen, S. 15
17. Ebenda
18. Erich Maria Remarque: Die Nacht von Lissabon, S. 263 f
19. Anne Klein: Flüchtlingspolitik, S. 242
20. Ebenda, S. 112
21. Varian Fry: Auslieferung auf Verlangen, S. 19
22. Ebenda, S. 20
23. Sozialistische Mitteilungen, Nr. 30 vom 1.10.1941, library.fes.de/fulltext/sozmit/1941-030.htm
24. Varian Fry: Auslieferung, S. 21
25. Hiram Bingham IV's Role told by the Yad Vashem, Hirambinghamrescuer.com/visas, Zugriff am 9.4.2014
26. Miriam Davenport: An Unsentimental Education
27. Ebenda
28. Agnes Grunwald-Spier: The Other Schindlers, S. 29
29. Rosemary Sullivan: Villa Air-Bel, S. 204
30. Varian Fry: Auslieferung, S. 37 ff
31. Ebenda, S. 44
32. Ebenda, S. 45
33. Weiss' Schicksal hat Anna Seghers in ihrem Roman »Transit« aufgegriffen.
34. Varian Fry: Auslieferung, S. 49
35. Rosemary Sullivan: Villa Air-Bel, S. 205
36. Susan E. Subak: Rescue and Flight, S. 41
37. Alma Mahler-Werfel: Mein Leben, S. 313
38. Varian Fry: Auslieferung, S. 73
39. Ebenda, S. 74
40. Alma Mahler-Werfel: Mein Leben, S. 314
41. Ebenda, S. 314 f
42. Manfred Flügge: Die vier Leben..., S. 297 f
43. Mary Jayne Gold: Marseille année 40, S. 239
44. Varian Fry: Auslieferung, S. 82
45. Ebenda
46. Alma Mahler-Werfel: Mein Leben, S. 316
47. Ebenda
48. Heinrich Mann: Ein Zeitalter wird besichtigt, Frankfurt a.M. 1988, S. 477 f. H. Mann schreibt, die Gruppe habe den Weg nach Spanien ganz ohne die Führer gefunden, was offensichtlich falsch ist. Er meint auch, es sei an einem Sonntag gewesen. Den Namen von Fry erwähnt er nicht, nennt ihn aber einen »wackeren Unitarier«.
49. Ebenda
50. Alma Mahler-Werfel: Mein Leben, S. 317
51. Ebenda, S. 318
52. Varian Fry: Auslieferung, S. 86 ff
53. Ebenda
54. Mary Jayne Gold: Marseille année 40, S. 237
55. Varian Fry: Auslieferung, S. 89
56. Heinrich Mann: Ein Zeitalter, S. 482
57. Varian Fry: Auslieferung, S. 93
58. Heinrich Mann: Ein Zeitalter, S. 485
59. Ebenda
60. Lion Feuchtwanger, Der Teufel in Frankreich, S. 261
61. Manfred Flügge: Die vier Leben..., S. 300 f
62. Ebenda, S. 302
63. Zitiert nach Manfred Plügge: Die vier Leben, S. 305
64. Susan E. Subak: Rescue and Flight, S. 55

65 Lion Feuchtwanger: Der Teufel in Frankreich, S. 42 f
66 Susan E. Subak: Rescue and Flight, S. 46
67 Varian Fry: Auslieferung, S. 96
68 Ebenda
69 Miriam Davenport: An Unsentimental Education
70 Ebenda
71 Ebenda
72 Ebenda
73 Varian Fry: Auslieferung, S. 100
74 Miriam Davenport: An Unsentimental Education

5 | LISA FITTKO UND WALTER BENJAMIN

DER PAPIER-KRIEG

Nachdem Lisa Fittko in Montauban ihren Mann Hans gefunden hatte, reisten beide zusammen mit der Freundin Paulette und deren Vater nach Marseille, illegal – aber es klappte. Das von dem Offizier am Bahnhof in Lourdes ausgestellte Papier hatte am Bahnhof St. Charles in Marseille die gewünschte Wirkung. Die Gruppe übernachtete zunächst in einer Absteige am alten Hafen, um sich dann in der Schule *Belle de Mai* zu melden, die die Stadtverwaltung für Flüchtlinge aus dem Norden als Durchgangslager frei geräumt hatte. In der großen mit Strohsäcken bedeckten Aula fanden sie Platz, zweimal täglich bekamen die Flüchtlinge eine magere Mahlzeit, weder nahrhaft noch schmackhaft, aber besser als im Lager Gurs. Während die aus der besetzten Zone geflüchteten Franzosen sich nach und nach entschlossen, in ihre Heimatorte zurückzukehren, blieben die politischen Flüchtlinge aus Deutschland und den von den Nazis besetzten Ländern. Zwischen Blindheit und Panik schwankend fragten sich viele, was aus ihnen werden könne.

Lisa Fittko fand dieses Zögern und Abwarten wenig akzeptabel. Sie hörte von verschiedenen Plänen, mit einem Schiff zu flüchten, die alle gescheitert waren. Ohne Geld, ohne Papiere, ohne einflussreiche Verbindungen erschien den Fittkos die Flucht nach Amerika abwegig und abenteuerlich, eine reine Phantasie-Vorstellung. Hans glaubte, auf dem Lande untertauchen zu können – vielleicht im *massif central* –, quasi zu überwintern bis der Nazi-Winter vorbei sei. Lisa wollte sich zunächst aber umschauen.

Unter den Emigranten in der Schule *Belle de Mai* ebenso wie in den Cafés um den alten Hafen wurde viel über das neutrale Portugal gesprochen. Man sehnte sich nach Lissabon. Flüchtlinge, die ein amerikanisches Visum hatten, oder ein Visum eines beliebigen anderen Landes in Übersee, konnten ein portugiesisches Transit-Visum beantragen. Dazu brauchte man zunächst aber einen Pass und den hatten die Fittkos nicht. Außerdem verlangten die Portugiesen die Bestätigung einer bezahlten Schiffspassage, um sicher zu sein, dass Transit-Flüchtlinge nicht im Land bleiben. Das Schiffsticket musste in US-Dollar bezahlt werden, was für die meisten Flüchtlinge völlig außerhalb ihrer Reichweite lag, auch für die Fittkos.

Aber sie hatten Glück. Sie hörten von einem Freund, Franz Pfemfert, der tschechoslowakische Konsul in Marseille, dessen Staat die Nazis schon seit zwei Jahren von der Landkarte gestrichen hatten, habe ihm und seiner Frau Pässe versprochen. Vielleicht könne er auch den Fittkos helfen. (Sie hatten auf der Flucht vor den Nazis bereits kurze Zeit in Prag gelebt.) Das Konsulat musste nach dem Waffenstillstand geschlossen werden, aber Konsul Vladimir Vochoc gab auf Empfehlung des *Centre Americain de Secours* weiter Pässe aus. Gleich am nächsten Morgen gingen sie zum tschechoslowakischen Konsulat, wo schon einige Leute anstanden. Die Nachricht von dem hilfreichen Mann sprach sich schnell herum. Der Konsul zögerte nicht. Die Pfemferts, die Fittkos, Lisas Bruder und Schwägerin, ihre Freundin Paulette und ihr Vater, sie alle bekamen neue tschechoslowakische Papiere und schöne neue Namen, die sie sich ausgesucht hatten.[1]

LISA UND HANS FITTKO, 1940 IN MARSEILLE

Auf den neuen Pass brauchte man ein Visum, ein End-Visum, das Visum eines Landes, das den Pass-Inhaber definitiv aufnehmen wollte. Jedenfalls musste es so aussehen, damit man ein Transitvisum für Portugal beantragen konnte. Lisa Fittko und andere Flüchtlinge und Fluchthelfer schrieben in ihren Erinnerungen über ein chinesisches Honorar-Konsulat in der Rue St. Feréol, das für hundert Francs Visa in die Pässe stempelte. Die Fittkos stellten sich vor dem Büro in die Schlange. Sie bekamen den chinesischen Stempel. Der Vorteil des chinesischen Visums war, dass kein französischer, spanischer oder portugiesischer Grenzbeamter es lesen konnte. Lisa Fittko ließ sich das Visum später von einem chinesischen Bekannten übersetzen. Der Text lautete: »Dem Inhaber dieses Dokuments ist es streng verboten, unter irgendwelchen Umständen und zu irgendeinem Zeitpunkt chinesischen Boden zu betreten«.[2]

Sehr ähnlich funktionierte ein Trick mit den Schiffspassagen. Das englische Reisebüro Cook mitten in Marseille verkaufte fiktive Tickets, die mit 100 Francs nicht allzu teuer bezahlt werden mussten. Auch das war ein heißer Tipp unter den Emigranten.

Für das portugiesische Transitvisum mussten sie über Nacht auf der Straße anstehen. Aber noch schlimmer war das Warten für den spanischen Stempel. Sie dachten nicht lange darüber nach, was in Portugal aus ihnen werden sollte ohne wirklich gültiges Ticket und nicht einmal mit einem problemlosen Zielland. Für die Jüdin Lisa und ihren Mann, den die Nazis suchten, war es viel zu dringend, aus Frankreich wegzukommen. Anfang September hatten sie alle Papiere beisammen bis auf das *visa de sortie,* das französische Ausreisevisum. Sie konnten nicht wagen, es zu beantragen. Es wurde in Vichy ausgestellt und Lisa vermutete zu Recht, die deutsche Gestapo würde den Vorgang kontrollieren. Es blieb für sie also nur ein Weg über die *Grüne Grenze*.

Die Gruppe diskutierte, wie das am besten vorbereitet werden konnte. Da Frauen von den Grenzbeamten kaum behelligt wurden, soviel war bekannt, sie kamen ja auch für den Kriegseinsatz auf der britischen Seite nicht in Frage, beschlossen sie, eine Frau sollte an die Pyrenäen voraus reisen und die Grenze erkunden, Informationen über die Arbeit der Grenzbeamten sammeln, vorsichtig Kontakt mit den Einheimischen anknüpfen. Lisa wurde vorgeschickt, weil ihre Freunde wussten, sie kann das und weil Paulette noch nicht mit ihren Papieren fertig war. Lisa sollte einen Weg finden, den später auch ihre Bekannten und weitere Flüchtlinge nutzen könnten.

Da meldete sich Franz Pfemfert aus Perpignan mit einem Brief, der nicht leicht zu entschlüsseln war. Sie erkannten aber die Botschaft, dass nämlich Männer unter 42 Jahren ohne französisches Ausreisevisum auch von den Spaniern nicht mehr durchgelassen werden, offenbar damit sie sich nicht zum britischen Militär melden könnten. Für Hans und andere junge Männer musste also ein anderer Weg gefunden werden.

In einer Welt aus Not, Gewalt und Lüge öffneten sich gelegentlich vage Möglichkeiten, nur zum Schein in eine andere Identität zu schlüpfen, mit Fälschungen und Halbwahrheiten sein Leben zu retten, wenn man gegen kleines Geld die Hilfe mittelgroßer Gauner in Anspruch nehmen mochte. Das war nicht ungefährlich, aber die meisten Flüchtlinge hatten das schon mehrfach hinter sich, das stellte keine Hürde mehr dar.

Ein Sergeant im Fort St. Charles am alten Hafen hatte ein kleines Nebengeschäft eröffnet. Er verkaufte an junge Männer ein *Certificat de Démobilisation et Route de Marche*. Das Papier bestätigte seinem Besitzer, dass er französischer Staatsbürger war und Soldat mit Wohnsitz in Nordafrika. Für ein Extra-Geld befestigte und stempelte der Sergeant sogar ein Pass-Foto auf dem Zertifikat. Damit hatte man Anspruch auf einen kostenlosen Rücktransport in seinen nordafrikanischen Heimatort, zunächst nach Casablanca. Der Inhaber dieser Bescheinigung hatte sich alle paar Tage bei der Hafenverwaltung zu melden und zu fragen, ob und wann ein Schiff nach Casablanca abfährt und ob ein Platz frei sei. Auf diese Weise war schon der junge Arthur Koestler nach Casablanca gelangt. Auch Hans Fittko und Lisas Bruder entschieden sich für diesen Weg. Etwa 25 bis 30 weitere »demobilisierte Soldaten« hatten die gleiche Absicht.

Lisa und Eva, ihre Schwägerin mit einer 2-jährigen Tochter, sollten also allein zu Fuß die Berge überqueren. Die Entscheidung fiel ihnen nicht leicht, aber jede Alternative war noch gefährlicher und deshalb unvernünftig. Viele der Emigranten-Frauen entschlossen sich, es ihnen nachzumachen. Sobald die Männer ihr Zertifikat in der Hand hatten, wollten die beiden Frauen aufbrechen. Lisa, Paulette und viele weitere saßen am Abend in einem kleinen Hotelzimmer, erinnert sich Lisa Fittko,[3] und warteten auf die Rückkehr der Männer vom Hafenamt. Aber sie kamen nicht. Etwas musste schief gegangen sein. Das Amt schloss um 17 Uhr, es musste schon lange Feierabend sein. Die Frauen hatten Angst. Was war nur passiert?

Der Sergeant im Fort St. Charles war denunziert worden. Schon in der Frühe hatte die Polizei ihn zusammen mit seinen Zertifikaten und Stempeln festgenommen. Nun, im Besitz einer Liste mit allen »Demobilisierten«, gingen die Polizisten zum Hafenamt und brauchten die Casablanca-Reisenden nur noch zu verhaften. Hans Fittko und sein Schwager, Lisas Bruder waren der Polizei jedoch knapp entwischt. Sie mussten die Verfolger abschütteln, Umwege machen und kamen deshalb sehr verspätet ins Hotel. Abgekämpft und niedergeschlagen erzählten sie den Frauen, was ihnen passiert war. Es wurde jetzt sehr brenzlig für Hans und die übrigen jungen Männer. Der nächste Versuch musste unbedingt zum Erfolg führen. Aber keine Chance war in Sicht.

Hans und sein Schwager, ebenfalls Hans, waren aber entschlossen, ihre Frauen an die spanische Grenze zu schicken, während sie selbst in Marseille nach weiteren Möglichkeiten suchen wollten. Das schmutzige Strohlager mit dem märchenhaften Namen *Belle de Mai* sollte vorerst noch ihr zu Hause bleiben. Also fuhren die Frauen ohne sie mit der Eisenbahn nach Port-Vendres, einem kleinen Hafen-Städtchen mit Blick auf die Pyrenäen.

LISA UND DER PHILOSOPH

Lisa hatte bereits von dem Bürgermeister Vincent Azéma in dem Nachbarstädtchen Banyuls gehört, der den Flüchtlingen wohl gesonnen sein sollte. Sie suchte vorsichtig das Gespräch mit den Hafen-Arbeitern. Einer brachte sie zum Vertrauensmann der Gewerkschaft, der sie ohne groß zu fragen verstand. Er empfahl ihr, sich an Bürgermeister Azéma in Banyuls zu wenden, der ihr einen sicheren Weg über die Grenze zeigen würde. Sie wusste nicht, dass Monsieur Vincent Azéma selbst schon Flüchtlinge über die Berge begleitet hatte,[4] so den deutsch-jüdischen Medizin-Nobelpreisträger Otto Meyerhof und seine Frau. Ihren 18-jährigen Sohn Walter hatten die Meyerhofs allerdings in einer kleinen Pension zurücklassen müssen, unter dem Schutz von Azéma.

Banyuls liegt noch etwas näher an der Grenze als Port-Vendres, wo sie zuerst ein Zimmer gefunden hatte, eine winzige Dachkammer. Am 23. September suchte sie den Bürgermeister auf – wie sie wusste ein Sozialist – und erklärte ihm ohne Umschweife, welche illegalen Absichten sie hatte. Azéma nahm sich mehrere Stunden Zeit für sie. Es war klar, dass der bequemere Weg von Cerbère aus am Friedhof entlang durch die Weinberge, den erst vor wenigen Tagen die Manns, die Werfels und dann auch die Feuchtwangers genommen hatten, nicht mehr möglich war. Der Fluchtweg war entdeckt worden und wurde überwacht.

Azéma kannte aber einen anderen, schwierigeren Weg von Banyuls aus. Er beginnt am Bach La Baillaury, führt über das verlassene Dorf Puig del Mas an dem Turm Pagès vorbei und dann über den Pass, den Col del Bast. Hinter dem Pass liegt Spanien. Der alte Schmugglerweg ist mühsamer und dauert mindestens fünf Stunden. Azéma nannte ihn die *route Lister,* nach dem spanischen

General Enrique Lister, der ihn mit seinen Soldaten vor mehr als einem Jahr, am Ende des Bürgerkriegs in umgekehrter Richtung genutzt hatte, auf dem Weg ins Exil in der Sowjetunion.

Der Bürgermeister drängte darauf, dass die Emigranten selbst ihre Flucht organisieren. »Ich bin ja vielleicht eines Tages nicht mehr hier«, erklärte er Lisa Fittko.[5] Am besten sei es, wenn einer der Emigranten eine Zeitlang hier bleibe und den anderen helfe. Dazu war Lisa bereit quasi als Flüchtling aus der besetzten Zone, der nicht zurückkehren darf. Azéma wies ihr großzügig ein Haus in Banyuls an, das die Gemeinde als Flüchtlings-Quartier beschlagnahmt hatte, gab ihr Lebensmittelkarten und holte aus einer Kiste unter seinem Schreibtisch einige Büchsen mit Milch und Gemüse. »Pour le bébé«, fügte er hinzu.[6] Lisa hätte es nicht besser treffen können. Sie kehrte in ihr Dachstübchen zurück (acht Kilometer zu Fuß) und zu ihrer Schwägerin mit Baby und legte sich alsbald schlafen.

In der Morgen-Dämmerung des 24. September klopft es an ihrer Tür. Lisa glaubt, es sei ein Kind aus dem Hause und öffnet noch etwas verschlafen. Aber es ist kein Kind, sondern einer der gemeinsamen alten Freunde: Walter Benjamin. »Gnädige Frau, entschuldigen Sie bitte die Störung, hoffentlich komme ich nicht ungelegen«.[7] Er bleibt im Türrahmen stehen, denn in der Kammer ist kein Platz für eine zweite Person. Der Krieg, die Angst, die Nazi-Katastrophe haben seiner etwas feierlichen Höflichkeit nichts anhaben können. Lisa wundert sich. »Ihr Herr Gemahl hat mir erklärt, wie ich sie finden kann. Er sagte, sie würden mich über die Grenze nach Spanien bringen.« Sie bittet den Philosophen, im Bistro am Marktplatz auf sie zu warten.

Sie erinnert sich, dass auch Benjamin an einem der gescheiterten Versuche beteiligt war, von Marseille aus illegal mit einem Schiff abzureisen. Man hatte den gelehrten Graukopf hinter seinen dicken, rot umrandeten Brillengläsern in einen französischen Matrosen-Anzug gesteckt zusammen mit seinem Freund Fritz Fränkel und die beiden auf einen Frachter geschmuggelt, in normalen Zeiten ein Kabarett-Stück! Aber die Sache war aufgeflogen. Er war nur knapp den Gendarmen entkommen.

Um nicht belauscht zu werden, machen sie einen Spaziergang. Der bisherige Fluchtweg sei nicht mehr zu benutzen, erklärt sie dem Achtundvierzigjährigen. Benjamin ist nicht alt, aber er leidet unter Herz-Rhythmus-Störungen, sieht kein bisschen fit aus und sie möchte ihm keinerlei Anstrengung zumuten.

Der einzig mögliche Weg sei weiter westlich, er führe höher über das Gebirge, dauere länger und sei entsprechend anstrengender. »Das macht nichts«, sagt Benjamin, »solange der Weg sicher ist. Übrigens wollen noch zwei andere Leute mit über die Grenze, die sich mir in Marseille angeschlossen haben, Frau Henny Gurland und ihr junger Sohn Joseph. Würden Sie die beiden auch mitnehmen«? »Ja natürlich«, versichert Lisa ohne Zögern. »Aber ist Ihnen klar, dass ich kein erfahrener Führer bin, dass ich noch nie dort oben war«? Sie habe nur eine von Hand gemalte Skizze des freundlichen Bürgermeisters und all seine Hinweise und Ratschläge. »Wollen Sie sich auf dieses Risiko einlassen«? »Ja sicher! Nicht zu gehen, das wäre das Risiko«.[8] Benjamin ist entschlossen. Lisa – vorsichtig genug – geht noch einmal beim Büro des Bürgermeisters vorbei, mit Benjamin. Azéma beschreibt den Weg erneut entlang von alten Gemäuern, Felsen, Baumgruppen, an Abgründen vorbei und beantwortet ihre Fragen. Er rät, noch am gleichen Nachmittag den Anfang des Weges vom Bach aus bis zur Baumgrenze am Hang zu erkunden, etwa eine knappe Stunde entfernt. »Wenn Sie zurückkommen, überprüfen Sie alles noch einmal mit mir. Verbringen Sie die Nacht im Gasthof und Morgen früh, kurz nach vier Uhr, solange es noch dunkel ist und die Bauern auf dem Weg in die Weinberge sind, mischen Sie sich unter die Leute und gehen dann den ganzen Weg zur spanischen Grenze«.[9] In ihren Weinbergen erzeugen die Winzer den in Frankreich bekannten schweren Süßwein, der den Namen ihrer Stadt trägt: Banyuls.

Lisa und der Philosoph folgen dem Rat des Bürgermeisters. Am Gasthof warten die Fotografin Henny Gurland (geb. Schoenstedt) und ihr etwa 15-jähriger Sohn Joseph. Benjamin hatte am US-Konsulat in Marseille, wo er sein US-Not-Visum erhielt, für das Theodor W. Adorno und Gershom Sholem (Gerhard Scholem) lange gekämpft hatten, Henny Gurland kennen gelernt und hielt sie für geeignet, mit ihm zu reisen. Mutter und Sohn wollen bei der Erkundung dabei sein. Lisa erläutert ihnen den Plan und sie schlagen den Weg ein entlang dem Bach La Baillaury.

Als er vom Gasthaus zurückkommt, trägt Benjamin eine offensichtlich schwere, schwarze Leder-Aktentasche. Lisa bietet ihre Hilfe an. Benjamin erklärt, darin befinde sich sein neues Manuskript. Warum er die Tasche auf diesem Erkundungsgang mitschleppe, will Lisa wissen. »Ich darf sie nicht verlieren.« Das Manuskript müsse gerettet werden. »Es ist wichtiger als meine Person.«[10] Ob er die wohl auch dabei hatte, als er in Marseille den Matrosen machte? fragt sich die Führerin still. Steht der Mann bei der Klettertour im Gebirge sich vielleicht selbst etwas im Weg? Sie brauchen bis zu der Lichtung hoch am Hang nicht eine Stunde, wie Azéma angekündigt hatte, sondern fast drei. Alle setzten sich auf den Boden, um sich auszuruhen. Benjamin streckt sich flach hin und schließt die Augen.

Als Lisa aufsteht, um mit ihren Schützlingen wieder herabzusteigen, erklärt Benjamin, er wolle bleiben und hier die Nacht verbringen. Lisa erschrickt: Jetzt beginnen die Schwierigkeiten, denkt sie. Die Nacht wird kalt, Benjamin hat nichts, um sich zu schützen. Außerdem laufen wilde Tiere herum und Banditen nutzen den Weg. Er hat nichts zu Essen und zu Trinken dabei. Ist es nicht verrückt, hier bleiben zu wollen? Sie versucht es mit Argumenten. Damit aber kann sie den Philosophen nicht beeindrucken. Sein Entschluss beruhe auf einer einfachen logischen Überlegung, wendet er ein. Er habe jetzt ein Drittel des Weges gemacht. Wenn er jetzt umkehre und morgen noch den gesamten Weg vor sich habe, werde sein Herz wahrscheinlich versagen. Also werde er bleiben.

Lisa setzt sich wieder hin und sagt: »dann bleibe ich auch«. Er lächelt: »Werden Sie mich vor den wilden Stieren schützen, gnädige Frau?«[11] Es wäre unvernünftig, wenn Lisa bliebe. Sie brauche ihren Schlaf, um alle drei am nächsten Tag über die Grenze zu führen. Lisa gibt nach, steigt den Berg herunter ohne Benjamin und macht sich Vorwürfe: Ist das nicht verrückt, nachts allein in der Wildnis zu bleiben? Sie begreift, was die schwere Aktentasche bedeutet: Er hatte von Anfang an geplant, nicht in den Ort zurückzukehren. Was geht in dem Mann vor? Ist er krank? Ist sein Lebenswille vielleicht gebrochen? Sie findet keine Antwort.

Stattdessen erinnert sie sich an einen Bericht ihres Mannes Hans Fittko, der im Winter 39/40 mit Walter Benjamin zusammen im Lager Vernuche in der Nähe von Nevers gewesen war. Der starke Raucher Benjamin hatte seinem jüngeren Freund Fittko eines Tages erzählt, er habe erfolgreich das Rauchen aufgegeben. »Falscher Zeitpunkt!« war Hans' Kommentar. Ihm war aufgefallen, dass Benjamin weniger als andere in der Lage war, die Widrigkeiten des Lagerlebens auszuhalten. Hans Fittko – selbst auch nicht eben ein Lebenskünstler – versuchte also, Benjamin von seiner Theorie zu überzeugen, um Widrigkeiten auszuhalten, müsse man sich auf Erfreuliches konzentrieren und nicht zusätzliche Härten suchen. Dem widersprach der Philosoph: »Ich kann die Zustände im

Lager nur ertragen, wenn ich gezwungen bin, meine geistigen Kräfte ganz und gar auf eine gewaltige Anstrengung zu konzentrieren. Das Rauchen aufzugeben, kostet mich diese Anstrengung und so wird es mir zur Rettung.«[12]

Sollte dem Verzicht auf das Rauchen in der Dialektik des Philosophen nun der Verzicht auf ein Bett für die Nacht und auf ein kleines Abendmahl entsprechen? Und kann das wirklich die Rettung sein?

Immerhin war der Aufbruch am nächsten Morgen noch vor Tagesanbruch leichter ohne Benjamin und seine Aktentasche. Wie Azéma empfohlen hat, gehen sie schweigend nur mit einem Brotbeutel an der Hand zwischen den Arbeitern der Weinberge aus dem Dorf, sodass Wachleute sie nicht als Flüchtlinge erkennen können. Lisa findet den Weg, sie nähern sich der Lichtung, wo sie Benjamin verlassen haben, sie ist durchaus nervös, aber: er ist da! Er wischt sich mit dem Taschentuch das Gesicht ab und lächelt freundlich. Oberhalb der Lichtung ist kein Weg mehr, allenfalls ein Pfad und der auch nicht eindeutig und nicht leicht zu bestimmen. Es geht jetzt steiler aufwärts, manchmal über glatte Felswände, dann über Geröll, wenigstens ist es nicht mehr dunkel.

Benjamin geht langsam aber gleichmäßig. Alle zehn Minuten macht er einen kurzen Halt. Dann geht er in dem gleichen regelmäßigen Schritt weiter. Er habe sich das so während der Nacht überlegt, erzählt er Lisa. »Mit dieser Methode werde ich es bis zum Ende schaffen. Die Pause muss ich machen, bevor ich erschöpft bin. Man darf sich niemals völlig verausgaben.«[13] Lisa und der junge Joseph tragen die schwarze Aktentasche abwechselnd. Sie scheint immer schwerer zu werden. Benjamin wirft gelegentlich prüfende Blicke, ob sie noch da ist. Einmal müssen Lisa und Joseph Benjamin zwischen sich nehmen, ihm unter die Arme greifen, damit er weiter kommt. Bald macht die Mittagshitze allen zu schaffen. Die Sonne brennt vom blauen Himmel. Dieser Septembertag ist besonders heiß. Sie machen erneut Pause. Dann wird der Weg flacher, sie erreichen den Bergrücken, den Col de Bast, sie genießen den umwerfenden Ausblick auf das früh-herbstliche Bergland, auf die beiden Küsten im Nordosten und im Südosten. Lisa weiß, hier beginnt Spanien. Sie darf sich auf keinen Fall in Spanien ohne Papiere erwischen lassen. Der Weg nach Port Bou hinab ist gerade und weniger schwierig. Lisa müsste sich jetzt verabschieden und umkehren. Aber ein paar Schritte geht sie noch mit – auf spanischem Boden, nein auf spanischem Felsgestein.

Sie kommen an einem Tümpel vorbei, das grünliche, schleimige Wasser stinkt. Benjamin, der seit Stunden nichts gegessen oder getrunken hat, kniet sich hin, um daraus zu trinken.»Sie dürfen das nicht trinken, sagt Lisa, das Wasser ist schmutzig und sicher verseucht.« Ihre Feldflasche war längst leer.

»Ich habe keine Wahl, antwortet der Mann, wenn ich hier nicht trinke, kann ich vielleicht nicht bis zum Ende durchhalten.« Er beugt sich zum Tümpel herab.

»Hören Sie doch zu«, ruft Lisa langsam ungeduldig werdend.»Wir haben es doch fast schon geschafft. Gleich haben Sie es hinter sich. Sie schaffen es. Aber wenn Sie von dieser Brühe trinken, holen Sie sich den Typhus.«

»Ja, vielleicht. Aber Sie müssen verstehen: Das Schlimmste, was mir passieren kann, ist, dass ich an Typhus sterbe – *nachdem* – ich die Grenze überschritten habe. Die Gestapo kann mich nicht mehr festnehmen, und das Manuskript wird in Sicherheit sein. Sie müssen entschuldigen, gnädige Frau«. Er trinkt.[14] Das Manuskript sei ja wichtiger als sein Leben, hatte er erklärt. Nur welches?

Es ist der 25. September gegen 14 Uhr. Eine Stunde sind sie nun schon in Spanien. Sie haben die östlichen Ausläufer des Gebirges an der Mittelmeerküste, *Chaine des Ibères,* erreicht, auf katalanisch *Serra de l'Albera.* Der Ort Port Bou ist weit unter ihnen gut zu sehen, ein holpriger Weg führt dorthin und am spanischen Zollhaus vorbei. Der Weg ist nicht zu verfehlen.»Ich muss jetzt umkehren, sagt Lisa. Gehen Sie direkt zum Grenzposten und zeigen Sie Ihre Papiere, damit Sie den Einreise-Stempel bekommen. Dann nehmen Sie den Zug nach Lissabon. Aber das wissen Sie ja.« Ohne großes Zeremoniell verabschieden sie sich. Lisa schaut den dreien nach, dann macht sie kehrt und flink – wie sie ist – kommt sie zwei Stunden später in Banyuls an. Walter Benjamin müsste es jetzt auch geschafft haben, denkt sie. Aber er hat es nicht geschafft.

BENJAMINS TOD

Noch hoch auf dem Berg treffen die drei eine Gruppe von vier weiblichen Flüchtlingen, die eine Wanderkarte studieren: Carina Birmann, die von 1926 bis 1938 an der österreichischen Botschaft in Paris als Rechts-Beraterin gearbeitet hatte, zusammen mit ihrer Schwester Dele und ihren Freundinnen Grete Freund und Sophie Lippmann. Sie machen den Weg zur spanischen Zollstation gemeinsam mit Benjamin und den seinen. Gemeinsam stellen sie sich den Grenzern vor und bitten um den rettenden Stempel: *entrada*.

Aber er wird ihnen verweigert. Sie haben kein Ausreisevisum aus Frankreich und ohne dieses Visum dürfe nach dem neuesten Dekret niemand mehr Spanien durchqueren. Sie alle haben Papiere, aber sie seien *apatrides* (Staatenlose), das spanische Transitvisum sei wertlos, meinen die Beamten, denn sie seien illegal eingereist. Man dürfe sie nicht weiter reisen lassen. Die Frauen klagen, weinen, bitten eine Stunde lang und länger. Aber es hilft nichts.

Benjamin hat Angst, an die Nazis ausgeliefert zu werden, wie schon in bitteren Stunden in Lourdes. Carina Birmann schreibt in ihren Erinnerungen, Benjamin habe ausgesehen wie vor einem Herz-Infarkt. »Wir alle suchten nach Wasser für ihn«.[15] Da es schon Abend ist, wird ihnen erlaubt, die Nacht in einem Hotel zu verbringen, unter Aufsicht. Drei Polizisten werden mit ihnen bekannt gemacht, die für sie »verantwortlich« sind und die sie am nächsten Morgen schon an die französische Grenzstation zurückbringen sollen. Henny Gurland hat als einzige einen amerikanischen Pass, aber die übrigen, auch ihr Sohn Joseph, müssen damit rechnen, in ein französisches Internierungslager eingeliefert zu werden.

Quasi eingesperrt in dem kleinen Hotel *Fonda de Francia* versucht der völlig erschöpfte Walter Benjamin, zu telefonieren. Er hat das Zimmer Nr.4. Vier Anrufe sind durch die Hotel-Rechnung bezeugt, aber es bleibt unbekannt, mit wem er spricht oder zu sprechen versucht.

Carina Birmann und Sophie Lippmann haben gemeinsam ein Zimmer. Sie wollen nicht aufgeben. Für Fälle wie diesen haben sie einige Goldmünzen über die Berge geschmuggelt. Frau Lippmann vermutet, einer der Wachmänner am Hotel ließe sich bestechen. Sie versucht es und hat Erfolg. Aber als sie ins Zimmer zurückkommt, hört sie einen Lärm in einem der benachbarten Räume. Frau Birmann schaut nach, ob im Zimmer Nr. 4 bei Benjamin etwas geschehen ist. Sie findet den Philosophen verzweifelt vor. Er werde das Hotel nicht verlassen, sagt er ihr. Er werde nicht an die Grenze zurückkehren. Er deutet an, dass er Gift in Tablettenform bei sich hat. Birrman versucht, ihn aufzurichten, sie erzählt, dass sie dabei sind, einen der Wachleute zu bestechen. Er solle durchhalten.

Nach amtlichen Berichten in Port Bou besucht ein Arzt aus dem Ort, Ramon Vila Moreno, den kranken Benjamin, nimmt dem Patienten Blut ab und gibt ihm Injektionen. Danach legen sie sich alle zur Ruhe, Benjamin auf seine besondere Art.

Henny Gurland (geb. Schoenstedt) schrieb zwei Wochen später, am 11. Oktober, an ihren Vetter Arkadi, Frau Lippmann habe sie am nächsten Morgen gegen sieben Uhr gerufen, weil Benjamin sie zu sehen wünschte. Benjamin lag im Sterben. Er habe am Abend gegen 10 Uhr große Mengen Morphine genommen, sagte er ihr. Sie solle versuchen, die Sache als eine Krankheit darzustellen. Er habe ihr einen Brief gegeben, adressiert an sie und an Adorno Theodor W. (sic). Diesen kurzen Brief sollte sie auswendig lernen und dann vernichten. Danach habe er das Bewusstsein verloren.[16]

Als sie einen Arzt gerufen habe, habe dieser einen Schlaganfall festgestellt. Ein Transport in ein Krankenhaus im nächsten Ort Figueras, den Frau Gurland forderte, sei nicht zu verantworten, weil Benjamin bereits im Sterben lag. Sie holte einen Priester und zusammen mit ihm betete sie eine Stunde lang auf ihren Knien.

Als die Gendarmen kamen, um wie angekündigt die Gruppe an die Grenze zu bringen, ließen sie Henny Gurland und ihren Sohn José zurück, weil die beiden zu Benjamin gehörten. Frau Gurland brachte den vom Arzt ausgestellten Totenschein zur Polizei. Als Zeitpunkt des Todes nennt das Sterbe-Register von Port Bou den 26. September 1940 um 10 Uhr abends. Frau Gurland musste Papiere und Geld bei dem Standesbeamten, Fernando Pastor Nieto zurücklassen und bat, alles an das amerikanische Konsulat in Barcelona zu schicken, wo Frau Birmann bereits angerufen hatte. Dann kaufte sie ein Grab für fünf Jahre, so schrieb sie ihrem Verwandten, und vernichtete die etwa fünfzeilige Mitteilung von Benjamin an Adorno, nachdem sie diese auswendig gelernt hatte.[17] Der Standesbeamte, der die Sterbe-Urkunde ausstellte, protokollierte, was Benjamin hinterlassen hatte: einen Lederkoffer, eine goldene Taschenuhr mit abgetragener Kette aus Nickel, eine Pfeife, einen in Marseille vom amerikanischen Konsulat ausgestellten Pass, sechs Pass-Fotos, ein Röntgenbild, Briefe, Zeitschriften, einige Papiere unbekannten Inhalts und etwas Geld (70 US-Dollar und 500 französische Francs). Über ein dickes Manuskript steht in dem Protokoll kein Wort.

Die vier Frauen, von den Wachleuten am gleichen Tag der spanischen Grenzstation vorgeführt, weigerten sich, weiter nach Frankreich zu gehen. Lieber wollten sie in das spanische Internierungslager in Figueras, erklärten sie. Als sie Geld aus der Tasche holten, bekamen sie den *entrada*-Stempel und durften damit durch Spanien nach Portugal weiterreisen. Henny und Joseph Gurland erhielten den begehrten Stempel einen Tag später.

Zwei Tage nach seinem Tod, am 28. September, wurde Walter Benjamin beerdigt – katholisch, obwohl er Jude war! Der Priester André Freixa führte eine Prozession von Mönchen, die ein Requiem für den Toten sangen. Er wurde begraben mit dem Namen Benjamin Walter. (Benjamin ist ein häufig vorkommender Vorname in Katalonien.) Die Flüchtlinge aßen gemeinsam ein Mal, dann gingen sie zum Bahnhof und nahmen den Nachtzug nach Barcelona.

Am 1. Oktober kamen sie in Lissabon an. Henny Gurland und ihr Sohn reisten bald per Schiff nach New York, (1944 heiratete sie den Psychoanalytiker Erich Fromm, wie Horkheimer und Adorno ein Kopf der *»Frankfurter Schule«*, der bereits 1934 in die USA ausgewandert war).

Die Ungereimtheiten des Todes und der Beerdigung von Walter Benjamin gaben Anlass für Spekulationen und Verschwörungstheorien.

Kann es sein, so wurde gefragt, dass es nach einer massiven Dosis Morphin neun oder zehn Stunden dauert, bis der Tod eintritt? Wieso wurde Benjamin ein katholisches Begräbnis zuteil, obwohl er Jude war? Und obwohl er sich selbst umgebracht hatte? Wieso wurde er nicht unter seinem korrekten Namen begraben?

Monate später schrieb Henny Gurland aus der Erinnerung die wenigen Zeilen auf, die Benjamin ihr für Adorno mitgegeben hatte. Sie schrieb auf Französisch, obwohl Benjamin sich sicher auf Deutsch an seinen Freund gewandt hatte:

»… une situation sans issue, je n'ai d'autre choix
que d'en finir. C'est dans un petit village dans les
Pyrénées ou personne ne me connait ma vie
va s'achever.
Je vous prie de transmettre mes pensées à mon
ami Adorno et de lui expliquer la situation
ou je me suis vu placé. Il ne me reste pas
assez de temps pour écrire toutes les letters que
j'eusse voulu écrire.«[18]
»… eine Lage ohne Ausweg, ich habe keine andere Wahl
als Schluss zu machen. In einem kleinen Dorf in den

Pyrenäen, wo niemand mich kennt, wird mein Leben enden.
Ich bitte Sie, meine Gedanken an meinen Freund Adorno zu übermitteln und ihm die Lage zu erklären, in die ich mich versetzt sehe. Es bleibt mir nicht genug Zeit, um all die Briefe zu schreiben, die ich zu schreiben wünschte.«[19]

Auch dieser Brief wurde für nicht echt gehalten und verstärkte die Zweifel. Das größte Rätsel aber drehte sich um die Frage, wo ist das Manuskript geblieben, das nach Benjamins Aussage wichtiger war als sein Leben? Es war und blieb für immer verschwunden. Die fünf Frauen und der jugendliche Joseph können das schwere Konvolut nicht unbemerkt nach Lissabon mitgenommen haben. Aber wer hatte ein Interesse an dem Manuskript? Oder wurde es einfach vernichtet?

Auch eine Abrechnung aller Unkosten blieb bei der Stadtverwaltung erhalten: Für vier Tage musste das Hotelzimmer Nr. 4 bezahlt werden: 166,95 Pesetas, darin enthalten waren ein Abendessen, fünf Soda/Lemons, vier Telefon-Gespräche sowie Reinigung und Desinfektion der Matratze. Der Arzt Moreno berechnete 75 Pesetas für die Blutabnahme und die Injektionen. Der Sarg und die Beerdigung schlugen mit 313 Pesetas zu Buche. Der Priester Andrés Freixa berechnete 93 Pesetas, davon sechs für die Messe und 75 für die Miete des Grabplatzes für fünf Jahre. Außerdem wurden städtische Gebühren von 50,- Pesetas fällig. Die Summe wurde von Benjamins kleiner Barschaft einbehalten.

Als Max Horkheimer vom Ableben seines Freundes erfuhr, schrieb er an die Stadtverwaltung in Port Bou und erkundigte sich nach den genauen Umständen des Todes. Ihm wurde geantwortet, Senor Walter sei an Herzversagen gestorben und habe wenige Papiere bei sich gehabt.[20] Hannah Arendt kam im Oktober 1940 nach Port Bou, um das Grab ihres Freundes aufzusuchen, vergebens, sie fand kein Grab mit seinem Namen. Aber voller Begeisterung äußerte sie sich gegenüber dem gemeinsamen Freund Gershom Scholem über den von einer weißen Mauer umschlossenen Friedhof mit seinen grünen Zypressen auf dem Fels-Plateau direkt über dem tiefblauen Mittelmeer: Dies ist einer der fantastischsten und schönsten Plätze, die ich je gesehen habe.[21]

Wenn er einen Tag früher oder wenige Tage später gekommen wäre, hätten die Spanier ihn durchreisen lassen. Exempel für die merkwürdige Mischung aus Begabung und Missgeschick, die sein Leben kennzeichnet. Benjamin, ihr Freund, habe ein seltsames Talent gehabt, mit der Sicherheit eines Schlafwandlers das größte mögliche Unglück zu finden, meinte sie.[22] Tatsächlich wurde die Einreisesperre für Staatenlose kurzfristig aufgehoben.

Hannah Arendt kannte das Gefühl, in dieser Welt nicht zu Hause zu sein, sie teilte es nicht selten mit Walter Benjamin. Die optimistische Fassade des dankbaren Einwanderers aufrecht zu halten, das sei ein ständiger Kampf gegen sich selbst. Denn tief im Innern glauben sie nicht, dass ihr Unglück das Ergebnis politischer Ereignisse außerhalb ihrer Macht ist, sondern das Ergebnis eines geheimen Kurzschlusses in ihnen selbst, ein Defekt ihrer Persönlichkeit, die Unfähigkeit ein soziales Erscheinungsbild zu erhalten, an das sie so lange gewöhnt worden sind. Und so töten sie sich selbst, nicht wie Camus hätte sagen können, als eine Demonstration, dass das Leben absurd ist und nicht der Mühe wert, sondern wie Arendt es nennt: aus einer von Art Egoismus.[23]

Als nach fünf Jahren Benjamins Grab aufgelöst wurde, warf man seine Knochen in ein kommunales Massengrab. Es blieb dann für Jahrzehnte still in Port Bou um den Kunstkritiker und Philosophen, bis 1990 der israelische Künstler Dani Karavan aus Deutschland den Auftrag erhielt, neben dem Friedhof ein würdiges Grabmal zu errichten.

Seine Idee ist so einfach wie genial: Der Besucher tritt in einen Treppenraum ohne Tor, einen Schacht, der die Felskante schräg durchschneidet und zwischen rostigen Stahlwänden gerade hinabführt in die Tiefe. Karavan nennt das Grabmal *Passagen*, womit er an *das Passagenwerk* des Philosophen anknüpft. Ähnlich wie Orpheus in der Unterwelt auf der Suche nach der geliebten Euridike schreitet der Besucher hinab ins Dunkle, nicht weniger als siebzig Stufen. Es ist als ob er diese Welt verließe, aber ganz unten leuchtet Licht durch ein Fenster und wer sich nähert, erkennt nach der Passage ein Jenseits. Er blickt aus dem Grab hinaus zu dem ewigen Meer unter seinen Füßen zwischen den steilen Klippen und dem fernen Horizont.

So wie Euridike in der Liebe des Orpheus weiterlebt, so wie der Philosoph in seinem anstößigen Werk weiter auf uns einwirkt, so trägt vielleicht auch der Besucher die Hoffnung auf *sein* Jenseits mit sich. Er tritt schließlich in eine gläserne Kanzel und erblickt unter sich den Wasserspiegel. In der jetzt gläsernen Wand liest er den Satz von Walter Benjamin: »*Schwerer ist es, das Gedächtnis der Namenlosen zu ehren als das der Berühmten. Dem Gedächtnis der Namenlosen ist die historische Konstruktion geweiht.*«

Benjamin hat keine Grab-Inschrift geschrieben. Es war Dani Karavan, der das Zitat aus dem Entwurf »*Über den Begriff der Geschichte*« ausgewählt hat und so seine Bedeutung bestimmt. Hinter den Worten auf dem Glas glitzert das weite Meer in der Sonne, oder verliert sich im Dunst, kreuselt sich unter grauem Himmel, der Sturm mag die schaumgekrönte Brandung gegen den Fels treiben oder bei Nacht mag der Spiegel im Mondschein glänzen. Das Rauschen, selbst in mondloser Nacht, nimmt uns mit in seinem wilden, jedoch vertrauten Rhythmus. Keinem Pharao wurde ein schöneres Grab gebaut.

»WISSEN SIE, WAS EIN ANTIFASCHIST IST?«

Lisa Fittko erhielt die Nachricht von Benjamins Tod nach wenigen Tagen. Aber dass das wertvolle Manuskript verschwunden ist, das erfuhr sie erst vierzig Jahre später. Hätte sie gewusst, dass die Spanier das Grenz-Regime geändert hatten, dann hätte sie ihn und die Gurlands nicht über die Berge geführt. Aber diese Art von Unsicherheit sollte auch in Zukunft jede Flucht begleiten. Sie plante, sich in Banyuls einzurichten, in dem Haus, das der Bürgermeister für sie reserviert hatte.

Aber zunächst sollte sie nach Marseille zurückkommen, wo ihr Mann Hans mit ihr sprechen wollte. Hans Fittko hatte inzwischen Varian Fry kennen gelernt und Fry hatte erfahren, dass Lisa einen gangbaren Weg über die Pyrenäen kannte und den Philosophen nach Spanien geleitet hatte. Nun wollte Fry mit Lisa Kontakt aufnehmen.

Hans und Lisa Fittko trafen Varian Fry, der den aus Irland stammenden Bohn und Hermant (Albert Hirschmann) mitbrachte, Anfang Oktober in einem kleinen Bistrot in einer Querstraße zum alten Hafen. Die beiden Amerikaner passen hier überhaupt nicht hin, ging es Lisa durch den Kopf, sie sehen so sauber aus in diesem etwas schmierigen Lokal, dass jeder sie sofort für Ausländer halten muss. Sie machten sich bekannt und Fry kam sofort zur Sache. Er wisse, dass sie Walter Benjamin über die Grenze geführt habe und bitte sie, nunmehr ihm und den Schützlingen des *CAS* zu helfen.

Ja gern, antwortete Lisa. Ich kann den Weg beschreiben und eine Skizze zeichnen. Das genügte Fry nicht. Er und Bohn, der für die amerikanische Gewerkschaft *AFL* arbeite, hätten Hunderte von Flüchtlingen auf ihren Listen, denen geholfen werden müsse. Dazu sei ein organisierter Grenzübergang nötig, mit einer Anlaufstelle vor Ort und ortskundigen Führern. Sie würden das notwenige Geld zur Verfügung stellen, damit ein geeigneter Mitarbeiter sich in der Grenz-Region einrichten könne, jemand, auf den man sich verlassen kann. Ob sie, Hans und Lisa, das tun wollten?

»Wir?« fragte Hans. »Nein, das geht nicht.«[24]

Nein, sagte auch Lisa, jetzt, wo wir endlich unsere Papiere zusammen haben, müssen wir sehen, dass wir herauskommen.

Für kurze Zeit könnten wir vielleicht jemanden dort einarbeiten, ergänzte Hans. Am besten wäre es, sagte Lisa, dafür einen Franzosen zu finden.

Fry versprach den beiden, wenn sie wegen der Grenzarbeit hier stecken bleiben, würden er und Bohn ihnen heraus helfen. Wie kann er nur solche Versprechungen machen? dachte Lisa und sagte: »Vielleicht schätzen Sie die Lage nicht richtig ein.«[25]

Jetzt wandte sich Hermant auf Deutsch an die Fittkos. Man könne den beiden Amerikanern vertrauen, auch wenn sie noch neu in diesem Land und unerfahren in ihrer Aufgabe seien. Sie verfügten außerdem über wichtige Verbindungen und Mittel. Fry verstand nicht genügend Deutsch und fragte Hermant auf Französisch: »*Combien?*« (Wieviel?)

»Was meint er?« wollte nun Hans wissen. *Combien* was?

An Hermant gerichtet, fragte er, »meint er, dass wir die Leute für Geld über die Grenze führen?«

»Er kennt Euch noch nicht, sagte Hermant. Man kann nicht erwarten, dass er die Menschen aus dem deutschen Widerstand versteht.« Er weiß, dass Schmuggler und Schleuser an der Grenze mit den Flüchtlingen blühende und schmutzige Geschäfte machen. Damit will er sich nicht einlassen. Aber er fände es wahrscheinlich in Ordnung, wenn Ihr bezahlt werden wollt.

Hans fragte Fry: »Wissen Sie, dass Mithilfe beim illegalen Grenzübertritt … mit dem Tode bestraft wird? Und Sie bieten uns Geld an? Zorn klang aus seiner Stimme. Wir müssten ja wahnsinnig sein. Wissen Sie, was ein Antifaschist ist? Kennen Sie das Wort *Überzeugung?*«[26]

Das mit dem Geld, war wohl ein Missverständnis, sagte Fry. Er begriff, dass er etwas Falsches gesagt hatte.

Wer die Arbeit an der Grenze macht, braucht genug Geld um dort zu leben, meinte nun Hans Fittko. Nicht viel, aber genug, damit alles glatt geht. Er sollte auch eine Reserve haben, falls die Flüchtlinge etwas brauchen. Sie kamen sich schließlich näher.

Varian Fry taufte die *Route Lister* um in *F-Route*, »F« wie Fittko. Als wenn wir schon zugesagt hätten, dachte Lisa. Hans stand auf. »Wir müssen uns das gründlich überlegen«, sagte er. Dann gingen sie und besprachen sich. Wenn wir es nicht machen, muss ein anderer riskieren, von der Gestapo geschnappt zu werden, sagten sie sich. Ihre Antwort an Fry war positiv.

Am 12. Oktober fuhren sie diesmal beide nach Banyuls. Sie richteten sich in dem Haus am Meer ein, eine großzügige Villa eines Arztes, schön gepflegt aber ohne fließendes Wasser und ohne Toilette. Es gab öffentliche Toiletten auf der anderen Straßenseite. Sie meldeten sich bei der Verwaltung an, sodass sie Anspruch auf Lebensmittelkarten hatten, behaupteten, sie seien Flüchtlinge aus dem besetzten Frankreich und dürften nicht zurückkehren. Das klang für die Einheimischen plausibel. In den nächsten Tagen nahmen sie kleine Arbeiten in den Weinbergen an, sodass sie die Gegend und die Menschen besser kennen lernten. Hans hatte eine Neigung zum Landleben, Lisa konnte mit Menschen umgehen. Sie gewannen das Vertrauen der Leute in Banyuls. Bürgermeister Azéma schrieb ihnen auf einem amtlichen Briefbogen, dass sie als Einwohner von Banyuls gemeldet sind. So konnten sie die in Marseille gefälschten Ausweise zunächst beiseite legen, für den Fall, dass deutsche Kontrollen kommen. Während es den Franzosen an Benzin fehlte, fuhren jetzt immer häufiger deutsche Uniformierte in schönen Autos in der Nähe der Grenze herum, wo sie offenbar irgendetwas zu überprüfen hatten.[27]

Dann gaben sie Fry grünes Licht, dass er Flüchtlinge schicken dürfe, aber nicht mehr als zwei oder drei auf einmal. Sie hatten vorher ein System verabredet, wie sie sich vor Betrügern oder Verrätern schützen können. Die Flüchtlinge, die sich bei Ihnen meldeten, mussten einen farbigen Papierstreifen vorweisen, nummeriert und abgerissen. Wenn der Streifen an die zweite Hälfte passte, die die Fittkos mitgenommen hatten, oder per Post erhielten, dann galten die Flüchtlinge als überprüft und waren akzeptiert. Sie besprachen dann abends alle Einzelheiten des Weges und des Grenzübergangs. Für eine, höchstens zwei Nächte konnten sie in der Arztvilla bleiben.

Morgens zwischen vier und fünf Uhr ging Hans Fittko voraus und wartete an einem verabredeten Punkt. Die Flüchtlinge folgten etwas später ohne Gepäck, ohne Aktentasche, ohne Koffer und vor allem ohne Rucksack, an dem die Wachen sofort die Deutschen erkannt hätten. Sobald sie den wartenden Hans erkannten, hoben sie den Arm, als Signal. Hans ging dann weiter, so dass sie ihm folgen konnten. Jedes Gespräch war verboten, solange andere Menschen in der Nähe waren. Zwischen den Weinbauern, die in die Berge stiegen, nicht aufzufallen, das war die Hauptsache. Meistens folgte Lisa den Flüchtlingen in kurzem Abstand, so dass sie alle beobachten konnte und im Notfall hätte eingreifen können. So gingen sie ein oder zweimal pro Woche über die Grenze.

Bürgermeister Azéma hatte zusammen mit dem Bürgermeister des Nachbarstädtchens Cèrbère, Cruzet, eine Vereinbarung, die ihnen erlaubte, Gepäck per Bahn nach Port Bou zu schaffen. Cruzet besaß eine kleine Spedition. Am Bahnhof Port Bou erwartete das Gepäck dann die Ankunft seiner Besitzer. Dazu war natürlich die Mitwirkung der Zollbeamten erforderlich. Zigaretten waren bei ihnen höher im Kurs als Geld und Devisen.

Ein Grieche, der als Lokomotivführer bei der *SNCF* arbeitete, half, auch solche Menschen über die Grenze zu bringen, für die ein Fußmarsch über das Gebirge nicht mehr in Frage kam. Aber das war riskant, denn er ließ die Leute bei seinen Rangier-Manövern im Tunnel kurz vor dem Bahnhof von Port Bou von der Lokomotive herunterklettern. Sie mussten dann die Tunnelwand entlang einige hundert Meter weiter gehen bis ans Ende des Tunnels, praktisch bis auf das Gelände des Bahnhofs, der quer zur Fahrtrichtung in den engen Talkessel hinein gebaut war. Die Flüchtlinge konnten geschnappt werden und außerdem verlangte der Lokomotivführer nicht wenig Geld für seine Hilfe. »*Il faut manger*«, sagte er zur Begründung, man muss ja essen. Auch er ging ein Risiko ein, wenn auch ein geringeres als die Fittkos.

Von Mitte Dezember bis Mitte Januar 1941 musste Lisa Fittko sich in ein Krankenhaus in Perpignan begeben, weil eine unbekannte Krankheit, sie glaubte Gelbsucht, sie umwarf. Aufgenommen wurde sie nur, weil Hermant sie brachte, den sie eigentlich über die Pyrenäen nach Spanien begleiten sollte, und weil Hermant im Voraus für sie bezahlen konnte.

Sie wurde im Sterbesaal zwischen zahlreichen Sterbenden untergebracht, denn die Krankenschwestern konnten auch für sie keine Hoffnung mehr erkennen. Nach drei Tagen erst kam ein Arzt, der ihre Diagnose Gelbsucht nicht bestätigte. Er meinte, Skorbut festzustellen, eine Folge von Vitamin-Mangel. Vitamine gab es aber keine, andere Medikamente auch nicht. Lisa sah, hörte und fühlte andere Patienten um sich herum sterben. Sie selbst starb nicht. Abgemagert und elend wurde sie am 14. Januar aus dem Hospital entlassen.[28]

Der ehemalige preußische Beamte Herbert Hirschfeld und seine Frau sowie ihre zwei Kinder, die Fritz Heine nach Banyuls geschickt hatte, gehörten im Januar zu den ›Klienten‹ der Fittkos. Herbert Hirschfeld musste unbedingt entgegen dringendem Rat seinen Pelzmantel unter dem Arm über die Berge tragen und wäre von französischen Polizisten festgenommen worden, wenn Hans Fittko ihm nicht aus der Klemme geholfen hätte.

Der prominente Berliner Journalist, ehemals Chefredakteur der liberalen *Vossischen Zeitung* Georg Bernhard und seine Frau, der im Exil das ›Pariser Tageblatt‹ für die deutsche Opposition gegründet hatte, folgten. Sie wussten, dass die Gestapo sie suchte aber sie hatten keine Ahnung davon, wie auffällig und unvorsichtig sie sich bewegten. Fünfmal schlich Georg Bernhard durch die enge Straße in Banyuls, um sich das Haus anzuschauen, indem er die Fittkos vermutete. Dass hinter jeder Hausecke in dem Grenzort ein deutscher Geheimpolizist stehen konnte, um Nazigegner an der Flucht zu hindern, wollte er kaum glauben. Hingegen war er überzeugt, dass seine Papiere tadellos sein müssten, weil er sie teuer bezahlt hatte, angeblich von einem gewissen Monsieur Paul bei einem Konsulat besorgt. Als Hans und Lisa Fittko sich die Ausweise ansahen, stellte sich heraus, es waren schlampig gemachte Fälschungen, die jeder Grenzbeamte erkannt hätte. Als Bernhard sich endlich bereit fand, diese Tatsache zu akzeptieren, meinte er, ein Risiko sei unvermeidbar und vielleicht hätten er und die Seinen ja Glück. Lisa warf ein, dass bis Lissabon etliche Kontrollen zu passieren sein und dass ein einzelner Mensch soviel Glück gar nicht haben könne. Bernhard war so versessen auf seine Abreise, dass er keine Argumente mehr gelten ließ. Hans Fittko schüttelte ihn an der Schulter: »Wenn Sie meinen, dass dies ein Casino ist, dann sind Sie hier an der falschen Adresse. Wir sind alle auf der Flucht, und Sie wissen vor wem und warum.«[29] Hans brachte Georg Bernhard zu dem Hotel zurück, wo seine Frau auf ihn wartete. Es dauerte lange, bis er wieder zu Hause war. Dann schimpfte er: »Merde! Madame Bernard, die Malerin, will sich morgen auf den Marktplatz setzen und die hübsche Gegend malen. Je veux faire de la peinture!« hatte sie angekündigt.[30] Die Intellektuellen aus Berlin hatten nicht begriffen, in welchem Schlamassel sie saßen und welche Schwierigkeiten sie anderen machten. Am nächsten Morgen fuhr Lisa nach Marseille und warnte Varian Fry wegen der falschen Papiere, bzw. wegen der plumpen Fälschungen. Fry wollte es kaum glauben. Andere Flüchtlinge hatten Papiere aus der gleichen Quelle erhalten und mussten gewarnt und mit neuen Dokumenten versehen werden. Monsieur Paul gab zu, dass er die Papiere billig am Alten Hafen bei einem gewissenlosen Verbrecher gekauft hatte.

Hans brachte die Bernhards wunschgemäß an die spanische Zollstation, wo sie den ENTRADA-Stempel erhielten und weiterreisen konnten. In Madrid allerdings wurden sie wegen ihrer Papiere verhaftet und in ein Gefängnis gebracht. Als Fry davon erfuhr, konnte er wegen der Zensur nicht wagen, in einem Telegramm Charles Joy in Lissabon um Hilfe zu bitten. Er schrieb eine Botschaft auf ein kleines Stück Papier, rollte es zusammen und stopfte es in eine Zahnpasta-Tube, die er einem weiteren Flüchtling mit auf den Weg gab. Joy empfing die Botschaft. Es gelang ihm, die Bernhards aus dem spanischen Gefängnis zu befreien und nach Lissabon zu holen.[31]

Nicht immer waren die Flüchtlinge für ihre Führer einfach zu steuern. Einige klagten, weil ihnen der Weg zu mühsam war, andere bekamen angesichts der Gefahren plötzlich Panik oder hatten Anfälle von Hysterie. Eine Frau wollte sich hoch am Berg umbringen, eine andere verlangte partout einen Apfel, als wenn ihr Leben daran hinge. So dankbar einige waren, so selbstverständlich nahmen andere die Dienste der Fittkos in Anspruch, ohne im Geringsten zu begreifen, welches Risiko diese für jede Flucht auf sich nahmen.

Im November 1940 löste die Regierung in Vichy den gewählten Bürgermeister Vincent Azéma ohne Umstände ab und ersetzte ihn durch einen ihrer Anhänger. Azéma verschwand einfach von der Bildfläche. Er hatte das aber wohl vorausgesehen. Der neue Vichy-freundliche Bürgermeister bedeutete, dass es für die Fluchthelfer noch schwieriger wurde, dass sie noch mehr auf der Hut sein mussten und dass sie im Notfall keine Hilfe von der Stadt erwarten konnten. Das betraf auch den Sohn der Meyerhofs, Walter. Er wohnte noch immer in der kleinen Pension. Als sein Schutzpatron Azéma gehen musste, nahmen sich die Fittkos des jungen Mannes an, den sie bereits kannten, zunächst allerdings ohne Erfolg.[32]

Ein Erlass der Pétain-Regierung im März 1941 ordnete an, dass alle Fremden die Grenzgebiete innerhalb von zehn Tagen zu verlassen hatten. Banyuls lag im Grenzgebiet und so wurden Lisa und Hans Fittko so wie die wenigen Nicht-Einheimischen zur Prüfung ihrer Papiere und ihrer Identität aufs Amt bestellt, bzw. am 1. April von einem Polizisten geholt. Die Papiere waren erkennbar mangelhaft, wenn nicht vollkommen wertlos. Die beiden Fluchthelfer mussten den Ort verlassen. Das Kapitel Fluchthilfe in ihrem Leben war damit nach sechs Monaten beendet, nun waren sie wieder Flüchtlinge – wie vorher. Varian Fry hatte ihnen versprochen, er werde ihnen bei der Flucht die notwendigen Papiere besorgen, aber alles, was im vergangenen Jahr an Transit-Visa ausgestellt worden war, war nunmehr ungültig. Obendrein war klar, dass die Vereinigten Staaten Hans und Lisa Fittko wegen ihrer linksgerichteten Aktivitäten in der Vergangenheit nicht aufnehmen würden.

Ein neues Zufluchtsland musste also gefunden werden. Lisas Bruder, der mit Frau Eva und Kind in Cassis bei Marseille selbst auf eine Ausreise-Möglichkeit wartete, hatte für seine Schwester und den Schwager Visa für Panama beantragt, die im März genehmigt wurden. Da es keine direkte Schifffahrtslinie von Europa nach Panama gab, war aber doch ein Transit-Visum für die USA erforderlich, was ohne große Hoffnung erwartet wurde. Die Fittkos reisten also am 5. April nach Marseille, schlugen den Kontrollen am Bahnhof ein Schnippchen, wandten sich an das CAS und an den Bruder in Cassis, der sie vorläufig unterbrachte. Dort ging das Spiel mit den Behörden weiter: Versteckspiel oder Zwickmühle oder Mensch-Ärgere-Dich-nicht, wie auch immer, für die Fittkos war es kein Spiel, sondern ein schwebendes Risiko. Hans ließ in Cassis seine gefälschte französische Carte d'identité verlängern, Lisa erhielt einen provisorischen Ausweis auf den Namen Elisabeth Lewin. Der Name Fittko musste unbedingt vermieden werden, er stand auf den Listen der Gestapo.

Varian Fry lieh ihnen 800,– französische Francs, die für die beiden Panama-Visen zu bezahlen waren, aber er war ungehalten, dass sein Geheim-Tipp Panama offenbar bekannt geworden war. Er habe noch andere Gefährdete, die zuerst gerettet werden müssten, erklärte er Lisa. »Sie haben doch bereits Hunderten geholfen, war ihre Antwort, aber es gibt doch auch die Nicht-Berühmten, die keine Beziehungen haben. Und ein Monopol haben weder Sie noch ihr Komitee.« Fry schaute sie nachdenklich an. »Wenn wir die Fluchtwege nicht geheim halten, kann ich meine Leute nicht mehr herausbringen. Die Falle wird zuschnappen.« Lisa schrieb in ihr Tagebuch, die Geheimhalterei sei zu einer Psychose geworden. Aber sie wollte auch nicht in Frys Haut stecken und entscheiden müssen, wer gerettet wird und wer nicht.[33]

Im Oktober kam ein Telegramm aus New York an das CAS mit der kurzen Mitteilung: »Kuba-Visen für F. erhalten. Höchste Eile!« Das ›F.‹ stand für die beiden Fittkos. Eile war wegen der Transitvisen für Spanien, Portugal, die Vereinigten Staaten geboten, sowie für die Schiffs-Tickets und die Beschaffung der dafür nötigen Devisen. Ein Antrag auf ein französisches Ausreisevisum kam ohnehin nicht in Frage. Die Deutschen wären dadurch aufmerksam geworden. Aber so einfach wollten sie nicht abreisen. Lisas Eltern lebten immer noch im besetzten Paris. Die Fittkos wollten sie nicht schutzlos zurücklassen. Lisas Bruder war bereits in New York und versuchte, Visa für Peru für seine Eltern zu bekommen. Diese aber, ebenso wie alle Transitvisen, waren nur im noch unbesetzten Süden zu erlangen, wo diplomatische und konsularische Beziehungen nur noch stotternd und schleppend funktionierten. Die Eltern mussten also dringend in die unbesetzte Zone geholt werden.

Die Fittkos beauftragten eine Person, die schon mehrfach als Kurier illegal die Demarkationslinie überquert hatte, und der sie vertrauten: Mademoiselle Bertrand aus Cassis. Sie schärften ihr ein, ihre Eltern, aber keinesfalls mehr Flüchtlinge über ›la ligne‹ zu bringen, heimlich, zu Fuß, mit nur wenig Handgepäck, in der Dämmerung und durch unwegsames Gelände. Mademoiselle kannte den Fluchtweg, sie stimmte zögernd zu und reiste ab. Nach einer Woche war sie noch nicht zurück, die Fittkos wurden unruhig: die Eltern erschienen nicht, irgendetwas musste passiert sein. Sie suchten Mademoiselle Bertrand tagelang und fanden sie schließlich völlig verstört in ihrer Wohnung. Die Frau schämte sich, weil sie einen riesigen, fast unverzeihlichen Fehler gemacht hatte: Sie hatte nicht nur die Eltern von Lisa Fittko aus dem Pariser Vorort Butte Rouge mitgenommen, sondern hatte sich bereden lassen, weitere Menschen, meist Juden in den Midi, den unbesetzten Süden, zu führen: insgesamt zweiundzwanzig alte Leute, zwanzig Frauen und zwei Männer. Das war völlig unverantwortlich. Die Sache war der gutmütigen Mademoiselle Bertrand einfach über den Kopf gewachsen.

Sie erzählte, bis an die Grenze sei alles gut gegangen. Dann aber habe man einen anderen Weg nehmen müssen als bei früheren Gelegenheiten, weil der bisherige entdeckt worden sei und weil dort geschossen würde. Der neue Weg war weiter und schwieriger. Es hatte geregnet, die Pfade war durchgeweicht, streckenweise mussten die Alten gebückt oder auf Knien gehen, was sie geduldig taten. Sie kamen bei Dunkelheit nach Macon auf der Südseite der Demarkationslinie. Mademoiselle kannte ein kleines Hotel, wo man nicht lange nach Papieren fragte, wie es eigentlich vorgeschrieben war. Es gab nicht genügend Betten, Matratzen wurden auf dem Boden ausgebreitet, sodass jeder schlafen konnte. Aber um drei Uhr nachts klopfte und polterte es an der Tür. Polizei! Die Ausweise bitte!

Die Sache war sofort klar: Illegaler Grenzübertritt. Mademoiselle Bertrand bat den obersten Polizisten um ein Gespräch in einem Nebenraum. Sie kramte in ihrer Handtasche, wie um die Papiere der 22 ihr Anvertrauten zu suchen. Dann drückte sie dem Chef der Brigade einige Geldscheine in die Hand, worauf dieser seinen Leuten laut zurief: Die Papiere sind in Ordnung! Die Polizei zog ab. Man durfte weiter schlafen.

Am Morgen ging Mademoiselle mit den 22 Alten zum Bahnhof. Der Zug hatte Verspätung. Am Schalter fragte sie, wie lange man zu warten habe. Als sie zurückkam, wurden die Flüchtlinge erneut von Polizisten umringt. Es waren andere als in der Nacht. Sie sind alle verhaftet, brüllte der Kommissar, Chef der Sonder-Polizei von Macon, wie sich später herausstellte. Mademoiselle Bertrand hielt sich auf Distanz, um nicht ebenfalls festgenommen zu werden, aber doch so nah, dass einige der Flüchtlinge sie wahrnehmen konnten. Die Verhafteten wurden in einen Raum des Bahnhofs gebracht und bewacht. Der Kommissar ging weg und kam nach einiger Zeit wieder. Dann wurden die 22 Alten auf einen Bahnsteig geführt, wo eine Lokomotive mit nur einem Waggon wartete. Den mussten sie besteigen. Mademoiselle fiel dem Kommissar weinend und bettelnd in den Arm: »Sie werden diese Menschen doch nicht den Deutschen ausliefern?« »Doch, genau das werden wir tun. Es sind Juden aus dem Ausland und Sie sollten sich besser fernhalten! Weg mit Ihnen, sonst verhafte ich Sie auch.«[34] Der Zug fuhr ab in Richtung Norden, in die von den Deutschen besetzte Zone.

Mademoiselle Bertrand setzte sich verzweifelt in den Wartesaal. Sie zitterte. Was konnte sie jetzt noch tun? Hinterher fahren? Vielleicht mit den Deutschen sprechen? Und was sollte sie den Fittkos erzählen. Sie versuchte, sich zu beruhigen. Nach weniger als einer Stunde traute sie ihren Augen nicht: Da kam die Lokomotive mit dem einen Waggon zurück. Heraus stiegen 22 alte Juden und der Polizeichef von Macon, der Befehle hören ließ. Andere Polizisten kamen. Sie führten die Frauen in das Dachgeschoß eines katholischen Hospizes, wo sie eingeschlossen wurden. Im Gefängnis von Macon war kein Platz frei. Monsieur Ekstein, Lisas Vater wurde in einem Verschlag am Bahnhof ohne Fenster, ohne Wasser, ohne Heizung eingesperrt. Soweit der Bericht von Mademoiselle, die sehr beschämt und bedrückt war.

Lisa Fittko trug ihr auf, soweit wie möglich die Angehörigen der gefangenen Juden zu informieren. Sie und ihr Mann Hans hatten noch zwei Wochen Zeit, bis sie selbst nach Portugal aufbrechen mussten, wenn sie ihre Chance auf Rettung in Kuba nicht verlieren wollten. Was also tun? Die Eltern im Stich zu lassen, das kam für Lisa nicht in Frage. Ohne Hans in Frankreich zu bleiben, war ebenso ausgeschlossen. Die Eltern aus Macon zu befreien? das erschien viel zu riskant. Sie beriet sich mit den verbliebenen Fluchthelfern des *CAS*, mit dem USC und mit HICEM, überall erzählte sie ihre Geschichte. Beim amerikanischen Konsulat wurde sie nicht herein gelassen. Doch dann traf sie auf der Strasse in Marseille Fritz, einen Flüchtling, den sie kannte. »Hast Du es beim schwedischen Konsulat versucht«, fragte Fritz.

»Beim schwedischen? Wieso beim schwedischen?« Konsul Berglund habe einen Bruder, der ein sozialistischer Journalist sei, das hatte Fritz gehört. Mehr wusste er nicht. Lisa fiel ein, dass Schweden provisorisch die diplomatische Vertretung Deutschlands bei der Regierung in Vichy übernommen hatte. Der deutsche Botschafter in Paris war streng genommen nur für das besetzte Gebiet zuständig, diplomatische Beziehungen zwischen Berlin und Vichy bestanden nicht. Das brachte Lisa auf eine Idee:

Konsul Berglund, ein großer schlanker Mann, saß allein in seinem Büro, als Lisa ihn am späten Nachmittag besuchte. Er hörte sich höflich ihre Geschichte an und erklärte dann: »Sie sind sich doch sicher im Klaren darüber, dass mein Büro Ihnen nicht helfen kann.«

»Ich dachte, Sie können mir vielleicht einen Rat geben. Uns bleibt nicht viel Zeit.«

»Persönlich bedaure ich Ihren Fall ja, aber als Vertreter meiner Regierung kann ich mich nicht einmischen.«

»Sicher folgen Sie den bestehenden Regeln. Aber könnte es sein, dass die Regeln ihren Sinn verlieren in einer Welt, in der alle Regeln auf dem Kopf stehen?«

»Sie sprechen von moralischen Werten, wenn ich Sie richtig verstehe. Meine Rolle hier beschränkt sich auf konsularische Pflichten und leider besteht kein Zusammenhang zwischen diesen Aufgaben und ihrem Fall.«

Lisa mochte nicht aufgeben: »Ihre Regierung vertritt doch die Interessen Deutschlands in Frankreich.«

»Vielleicht beziehen Sie sich darauf, dass das Königreich Schweden die *konsularische* Vertretung für das Deutsche Reich in Frankreich übernommen hat«, korrigierte sie der Konsul.

»Ach so, ja, das meine ich. Jedenfalls glaube ich, dass der Kommissar in

Macon Sie als den Vertreter Deutschlands betrachten würde. Und für ihn ist das die höchste Autorität«.

»Wollen Sie andeuten, dass ich mein Amt missbrauchen soll?«

»Missbrauchen? Herr Berglund, ich bin zu Ihnen gekommen mit der Bitte, mir gegen schamlosen Missbrauch zu helfen.«

Lisa glaubte jetzt, sie hätte den Konsul verärgert. Sie schwieg. Der Mann reagierte gar nicht. Nach einer Pause fiel ihr ein: »Vielleicht könnten Sie meine Eltern in Ihr Konsulat vorladen, eine Aufforderung, Sie aufzusuchen. Sicher würde der Kommissar in Macon das nicht ignorieren.«

»Madame, ich kenne Ihre Eltern überhaupt nicht. Ich fürchte, es hat keinen Zeck, weiter zu diskutieren.«

Sie hätte jetzt aufstehen und gehen müssen. Aber Lisa wusste, dieser Mann konnte ihr helfen. Andere Hilfe gab es nicht. Sie blieb einfach still vor dem Schreibtisch des Schweden sitzen und rührte sich nicht. Auch er stand nicht auf, auch er schwieg. Es war ja Alles gesagt.

»Ist Ihr Vater Jude?« Fragte er dann.

»Ja.«

»Woher kommen Sie?«

»Aus Wien.«

»Was hat Ihr Vater dort gemacht?«

»Er war Herausgeber einer Zeitschrift, einer literarischen Zeitschrift, pazifistisch.«

Sie schwiegen wieder.

»Ich könnte Ihnen eine *convocation* (Vorladung) für Ihre Eltern nur geben, wenn Sie mir schwören, dass sie nie hier im Konsulat erscheinen werden. Sie müssen versprechen, dass das Schreiben nur zur Vorlage beim Kommissar von Macon benutzt wird.«

Lisa schwor und versprach es.

Der Konsul ging in den Nebenraum und schrieb auf seiner Schreibmaschine die Vorladung für Herrn und Frau Ekstein aus Wien. Lisa steckte einen der Konsulats-Umschläge von seinem Schreibtisch in ihre Tasche.

Der Konsul war so umsichtig, dass förmliche Briefchen einige Wochen zurückzudatieren. Er machte auch gleich eine Kopie unterschrieb und stempelte beide Papiere und gab sie Lisa. Lisa flog zum Postamt, steckte den Brief in den Umschlag des Konsulats, schrieb die Adresse des Polizeichefs von Macon darauf und warf ihn in den Postkasten.[35]

Der Kommissar in Macon war plötzlich sehr höflich, als er Herrn und Frau Ekstein empfing. »Warum haben Sie mir nicht gleich mitgeteilt, dass Sie vom schwedischen Konsulat vorgeladen wurden?«

»Dazu war kaum Gelegenheit.«

»Nun, ich will Sie nicht davon abhalten, den Konsul aufzusuchen.« Der Kommissar schrieb eilfertig eine Reise-Erlaubnis und besorgte eine Aufenthaltsgenehmigung für die Eksteins in Cassis. Es ging jetzt sehr schnell. Am Abend des gleichen Tages kamen sie bei ihrer Tochter am Mittelmeer an.

Vater Ekstein berichtete, der Zug sei nur ein kurzes Stück nach Norden gefahren und habe am ersten Bahnhof gehalten. Dort habe er eine große Zahl von uniformierten Deutschen gesehen. Er habe auch gehört, wie der Kommissar aus Macon sich an einen Deutschen in schwarzer Uniform (SS) gewandt habe. Er meldete in einem deutsch-französischen Wortgemisch, er habe 22 ausländische Juden gefangen, die illegal die Grenze überquert hätten. Er wolle sie bei den deutschen Behörden abliefern. Er schlug die Hacken zusammen, was seine Dienstvorschrift nicht verlangte.

Der SS-Mann starrte ihn an. »Sie bringen uns was? Zweiundzwanzig alte Juden? Als wenn wir hier nicht schon genug Juden hätten! Raus mit Ihnen und mit ihren Juden, Sie Idiot!«[36] Der Zug fuhr also zurück nach Macon.

Im Oktober 1941 versuchten die Nazis noch nicht, möglichst viele Juden in ihrem Machtbereich umzubringen. Ihre Ziele waren, sie auszusondern, auszuplündern und dann loszuwerden, wenn auch zig-tausende von ausländischen und französischen Juden in beiden Zonen bereits erfasst und interniert wurden. Die Politik der Nazis änderte sich am 20. Januar 1942 bei der Wannsee-Konferenz. Danach begannen auch in Frankreich systematische Deportationen in den Osten.[37]

Die Fittkos hatten zum Schluß noch Glück: Die USA erlaubten ihnen die Durchreise nach Kuba, Spanien und Portugal erlaubten die Durchreise in die Vereinigten Staaten. Das *CAS* lieh ihnen 32.000 Francs, dafür kauften sie tausend US-Dollar. Auf dem Schwarzen Markt kostete der Dollar nicht 32,- sondern 180,- Francs. Hans kannte sich auf dem offiziellen wie auf dem Schwarzen Devisenmarkt so gut aus, dass sie dem *CAS* das geliehene Geld zurückgeben, ihren Eltern eine kleine Dollar-Summe da lassen und selbst mit einem kleinen Portefeuille das Land verlassen konnten.

Freunde verabschiedeten sie mit einem Glas Wein. Sie freuten sich, dass es wieder einige geschafft hatten. Lisa freute sich nicht. Sie hatte keine Vorstellung von Kuba und fühlte nur noch eine große Leere in sich.[38] Auf dem Weg durch die Pyrenäen nahmen sie die F-Route, was denn sonst! In ihrem Gepäck mehrere Zahnpasta-Tuben, in die auf dünnes Papier geschriebene Listen von spanischen Republikanern eingelassen waren. Diese wollten sich zur britischen Armee melden. In Lissabon warteten andere Spanier, die ihre Landsleute vor dem Pétain-Régime und Franco retten wollten.

ANMERKUNGEN

1 Lisa Fittko: Mein Weg über die Pyrenäen, S. 127 f
2 Ebenda, S. 129
3 Ebenda, S. 134 f
4 Anne Klein: Flüchtlingspolitik S. 256
5 Lisa Fittko: Mein Weg über die Pyrenäen, S. 138
6 Ebenda
7 Zitiert nach Lisa Fittko: Mein Weg über die Pyrenäen, S. 139
8 Lisa Fittko: Mein Weg über die Pyrenäen, S. 140 f
9 Zitiert nach Lisa Fittko: Mein Weg über die Pyrenäen, S. 142 f
10 Lisa Fittko: Mein Weg über die Pyrenäen, S. 143
11 Ebenda: S. 144 f
12 Ebenda, S. 145 f
13 Ebenda, S. 148
14 Ebenda, S. 151 f
15 Haaretz: Chronicling Walter Benjamin's final hours
16 Brief Henny Gurland an Arkadi, Oktober 1940
17 Ebenda
18 Brief Henny Gurland an Adorno (ohne Datum)
19 Übersetzung des Verfassers
20 Mitteilung der Verwaltung von Port Bou
21 Michael D. Jackson: In the Footsteps of Walter Benjamin, S. 10
22 Hannah Arendt: Men in dark Times, S. 171
23 Michael D. Jackson: In the Footsteps of Walter Benjamin, S. 12
24 Lisa Fittko: Mein Weg über die Pyrenäen, S. 158
25 Ebenda
26 Ebenda, S. 159
27 Ebenda, S. 179
28 Lisa Fittko: Mein Weg über die Pyrenäen, S. 184 ff
29 Ebenda, S. 202 ff
30 Ebenda, S. 207
31 Susan E. Subak: Rescue and Flight, S. 76
32 Ebenda
33 Lisa Fittko: Mein Weg über die Pyrenäen, S. 224 f
34 Ebenda, S. 254
35 Ebenda, S. 259 ff
36 Ebenda, S. 264
37 Serge Klarsfeld: Vichy-Auschwitz, S. 41 f
38 Lisa Fittko: Mein Weg über die Pyrenäen, S. 276

6 | ROOSEVELTS NEUTRALITÄT

HENDAYE

Hitlers Sonderzug ›Amerika‹, das mobile Führerhauptquartier bestehend aus dreizehn Waggons, rollte pünktlich am Mittwoch, den 23. Oktober 1940 um 16.00 Uhr, in den Bahnhof des Städtchens Hendaye an der Grenze zwischen Frankreich und Spanien in Sichtweite der Atlantik-Küste. Francos Zug verspätete sich um acht Minuten, obwohl der Caudillo in seinem Ayete-Palast im nahen San Sebastian übernachtet hatte, damit nichts schief gehen konnte, während der deutsche Diktator eine weite Reise durch Frankreich hinter sich hatte. Die lange geplante Fahrt ging durch besetztes, von britischen und gaullistischen Agenten ausgespähtes Land und entlang einer Küste, die von britischer Marine erreichbar war, für Hitler also nicht ohne Risiko. Sie wurde deshalb streng geheim gehalten. Auch der Caudillo hielt seine Reise geheim, aber er schaffte es trotz der kurzen Strecke von nur 20 Kilometern nicht, pünktlich zu sein oder er wollte es so. Hitler zürnte. Als Francos Zug sich vom spanischen Bahnhof Irun her über das weitläufige und gut überschaubare Rangier-Gleisgelände langsam der Grenzlinie näherte, beruhigte sich die Stimmung in den deutschen Salonwagen.[1]

Der spanische Zug hielt am gleichen fahnengeschmückten Bahnsteig an wie Hitlers rollende Festung, nur auf dem gegenüber liegenden Gleis. Die beiden Diktatoren stiegen mit kleiner Begleitung aus und begrüßten sich mit zackigen Armbewegungen und Handschlag. Eine Ehrenkompanie deutscher Soldaten, die unter dem flachen Dach des Bahnsteiges gewartet hatte, nahm Haltung an und präsentierte ihr Gewehr. Der Führer mit dem »Hitlergruß«, der Caudillo mit einer sehr ähnlichen Haltung schritten die kurze Front ab. Fotografen und Wochenschau-Kameramänner machten ihre Bilder, bevor die beiden Feldherren in Hitlers Salonwagen verschwanden. Francos Gesicht und Figur gerieten aber auf den Fotos so verkniffen und lächerlich, dass die spanische Agentur EFE sich genötigt sah, die Bilder zu retouchieren. In ein Foto von dem am Bahnsteig wartenden Zug wurden die Köpfe Francos, Hitlers und ihrer Begleiter hineinmontiert, Franco freundlich lächelnd, mit straffer Haltung und auch besser beleuchtet. Die staatliche spanische Agentur hat die Fälschung erst im 21. Jahrhundert eingeräumt, nachdem verschollene Original-Negative wieder aufgefunden wurden[2], ähnlich wie sorgfältig versteckte Dokumente. In Berlin und Madrid berichteten Zeitungen am 25. Oktober über das Treffen, ohne aber Informationen über den Inhalt der Gespräche zu besitzen.

Trotz des sonnigen Tages, der frischen Seeluft und trotz mehrmonatiger Vorbereitung begann das Treffen in Missstimmung. Es war das erste zwischen Hitler und Franco, es sollte das einzige bleiben. Außenminister Ramon Serrano Suner, ein Schwager Francos (genauer: Schwager von Francos Frau Carmen), hatte es organisiert. Beide Diktatoren wussten gut, was sie von dem anderen wollten. Hitler hatte einen Plan in der Tasche, Franco wollte einen maximalen Preis herausholen.

Serrano Suner war der mächtigste Mann in Spanien nach Franco. Der Staatschef ließ sich »*Generalissimo*« nennen, diesen Ausdruck übertrug der Volksmund auf Suner und nannte ihn »*Cunadisimo*«, der oberste Schwager. Suners Ideal war ein autoritärer, konservativer und katholischer Staat. Seit er in blutigen Kämpfen während des Bürgerkriegs in Madrid in Lebensgefahr versucht hatte, in die französische und in die britische Botschaft zu flüchten und dort abgewiesen worden war, war er fertig mit den demokratischen Staaten. Er bewunderte Mussolini, hatte exzellente Beziehungen zu dem italienischen Außenminister Graf Ciano, einem Schwiegersohn Mussolinis. Ein intelligenter Kopf mit rhetorischem Talent, dem des Generalissimo durchaus überlegen, wurde Suner Chef der *Falange*-Partei, zudem als Innenminister bis zum 16. Oktober 1940 Chef der Polizei und des Sicherheits-Apparats sowie Pressesprecher Francos.

Franco und die Falange waren mit deutscher und italienischer Hilfe Sieger im Bürgerkrieg geblieben und fühlten Sympathie für diese Länder. Als der Krieg zwischen den Achsenmächten einerseits und Großbritannien und Frankreich andererseits begann, errichtete die britische Marine eine Blockade um Spanien, eine schwere Demütigung! Lieferungen an Deutschland und Italien sollten so verhindert werden. London bot aber Verhandlungen an und erlaubte Spanien, Lebensmittel und Benzin zu importieren, unter der Bedingung allerdings, dass diese Waren nicht an Deutschland oder Italien weitergeliefert werden.

Franco wollte nach der Niederlage Frankreichs im Juni 1940 glauben, die Niederlage Großbritanniens werde bald folgen. Er war bereit, sich an der Seite der Achsen-Mächte am Krieg zu beteiligen, um bei der Neuverteilung von Land und Macht auf der richtigen Seite zu stehen. Am 3. Juni schon, also noch bevor die deutschen Truppen Paris erreicht hatten, schrieb er einen Brief an Hitler, den der Sonderbotschafter General Juan Vignon aber erst nach sechstägigem (!) Warten dem Reichskanzler auf Schloss Lausprelle bei dem belgischen Dorf Acoz am 16. Juni übergeben durfte. Darin bot der Caudillo an, »schrittweise« auf deutscher Seite in den Krieg einzutreten.[3] Zunächst antwortete Hitler in der Hauptsache gar nicht. Am 25. Juni teilte Ribbentrop der spanischen Regierung mit, eine Antwort werde »bald« erfolgen. Aber in Berlin hatte man es nicht eilig.

So entsandte Franco seinen geschickten und wendigen Innenminister nach Berlin, um die Bedingungen einer Allianz auszukundschaften.

Serrano Suner traf im September 1940 in Berlin fast alle führenden Nazis: Hitler, von Ribbentrop, Goebbels, Himmler und den Chef der Abwehr Canaris, auch den italienischen Außenminister Graf Ciano. Er machte in Francos Auftrag Außenpolitik am spanischen Außenminister Juan Beigbeder vorbei, der das Ausmaß von Suners Erkundungen nicht kannte. Allerdings war Suner schockiert von der Borniertheit des deutschen Außenministers und in seinem Stolz getroffen. Am 16. September verlangte von Ribbentrop eine der Kanarischen Inseln für einen deutschen U-Boot-Stützpunkt[4] sowie die Rückzahlung spanischer Schulden aus der Zeit des Bürgerkriegs. Suner wies das strikt zurück. Er warnte daraufhin Franco vor den Nazis,[5] aber die Planung für das Treffen in Hendaye ging weiter.

Vier Wochen später, am 19. Oktober, kam Himmler nach Spanien. In Burgos dinierte er mit Franco, in Madrid besprach er mit Suner die Sicherheitsbedingungen für die Begegnung der beiden Staatschefs in Hendaye. Diese Reisetätigkeit der Spitzen der Sicherheits-Apparate mag der Grund für die wechselnden Grenz- und Transitbestimmungen Spaniens für die Flüchtlinge gewesen sein. Erst drei Tage zuvor, am 16. Oktober, hatte Suner das Innenministerium abgegeben, allerdings nicht die Aufsicht über die Sicherheitsdienste und den Vorsitz der Falange. Franco ernannte ihn zum Außenminister, nachdem er Beigbeder entlassen hatte. Suner und die spanische Regierung zeigten großes Interesse an dem deutschen Polizeichef. Franco empfing in ein zweites Mal in seinem Madrider El Pardo-Palast. Der Caudillo war verliebt in seine neue Strategie, die »Hispanidad«, eine Politik, die Spanien die Rückkehr zu Macht und Glanz von ehedem ebnen sollte. Die Hispanidad sah ein Zusammenrücken aller Spanisch-sprechenden Länder vor, also vor allem Spaniens mit Lateinamerika. Dem verarmten Regime in Madrid fehlten dazu die Mittel, Franco hoffte auf deutschen Beistand und bot eine gemeinsame Spionage-Organisation für den südamerikanischen Kontinent an. Himmler fand das interessant. Er blieb etwa eine Woche in Spanien, auch während des Treffens von Hendaye, aber Geld konnte er in Berlin für den Hispanidad-Traum nicht locker machen.[6]

Der Plan, den Hitler am 23. Oktober in Hendaye aus der Tasche zog, hieß »*Operation Felix*«. Spanien sollte mit deutscher Hilfe Gibraltar erobern und dann den Briten die Durchfahrt ins Mittelmeer verschließen. So würde Spanien sich aus der Umklammerung durch die britische Marine befreien und zugleich ein Alliierter der Achsen-Mächte werden.

Mit diesem Plan hatte Franco gerechnet. Aber er wusste auch, dass seinem vom Bürgerkrieg zerstörten Land die Kraft für neue militärische Abenteuer fehlte. Waffen und Munition, Lebensmittel und Benzin müsste also das Deutsche Reich liefern, erläuterte er dem Führer. Außerdem würde sich die Sache aus seiner Sicht nur dann lohnen, wenn Hitler den Spaniern umfangreichen zusätzlichen Kolonialbesitz in Nordafrika zusagen würde. Das war sein Kriegsziel. Franco forderte nicht weniger als den Westen Algeriens und hielt Hitler einen Vortrag über die angeblichen Rechte Spaniens auf Französisch-Marokko, der diesen zu Tode langweilte. Vor allem diesen letzten Wunsch, der von der Falange und dem Militär getragen wurde, konnte Hitler nicht erfüllen. Ihm war es zu diesem Zeitpunkt wichtiger, das Vichy-Regime zu stützen, das seine Macht in den Kolonien durch die Konkurrenz der Rebellen um de Gaulle bedroht sah.[7]

Aber das sollte noch nicht alles sein. Spanien war außer Stande sich gegen britische Angriffe selbst zu verteidigen und verlangte deshalb militärischen Schutz von den Achsenmächten. Und schließlich sollte nach Francos Ansicht, der Kriegseintritt zu einem von Spanien gewünschten Zeitpunkt erfolgen, keineswegs sofort.

Neun Stunden lang wurde in Hendaye verhandelt (mit zwei kurzen Unterbrechungen), aber die beiden Diktatoren hörten einander kaum richtig zu. Die Missstimmung des Anfangs konnte nicht überwunden werden. Man hielt Monologe[8], ohne greifbare Ergebnisse zu erreichen. Die beiden Außenminister hielten in einem Sechs-Punkte-Kurzprotokoll fest: Franco stimmt dem Angriff auf Gibraltar zu, bestimmt aber selbst den Zeitpunkt und die Bedingungen. Hitler verspricht wirtschaftliche und militärische Hilfe sowie territorialen Zuwachs für Spanien in Marokko, sofern Frankreich auf Kosten Großbritanniens entschädigt werden kann.[9] Als Franco am späten Abend das Protokoll sah, meinte er, er könne das nicht unterschreiben, ohne es noch einmal genau geprüft zu haben. Er nahm das Dokument mit nach San Sebastian, wo er übernachtete. Dann unterschrieb er, fügte aber von eigener Hand einen nicht abgesprochenen Satz hinzu, der besagte, dass Französisch-Marokko künftig spanisch sein werde. Ribbentrop wartete in Hendaye, bis ihm der spanische Botschafter in Berlin, General Espinosa de Monteros, das Dokument aushändigte. Franco unterschrieb also. Er wollte sein Land in den Krieg an Hitlers Seite führen. Das Dokument wurde später sehr sorgfältig verborgen.[10]

Schwer ist zu entscheiden, welche der beiden Seiten von dem Treffen in Hendaye mehr enttäuscht war. Immerhin wurde ein weiterer Besuch Suners in Deutschland in Aussicht genommen. Den spanischen Außenminister fanden die abreisenden Nazi-Führer jetzt »jesuitisch«, auch der Caudillo hatte das Wohlwollen des Führers verloren. Lieber wolle er sich drei Zähne ziehen lassen, als mit dem Mann noch einmal zu verhandeln, ließ Hitler seine Umgebung wissen. Auch Franco ließ seinem Unmut freien Lauf: »Diese Leute sind unerträglich«, erklärte er, »sie wollen, dass wir in den Krieg eintreten ... für nichts.«[11]

Dennoch ließ Hitler die Planung für die »Operation Felix« vorantreiben. Auch die Einrichtung deutscher Stützpunkte auf den Kanaren, den (portugiesischen) Azoren und in Marokko wurde vorbereitet. In Madrid machte die Nazi-Führung weiter Druck. Außenminister Suner wurde nach Berchtesgaden gebeten. Hitler teilte ihm dort am 18. November mit, 186 Divisionen stünden bereit. Er wolle jetzt Gibraltar angreifen. Wann würde es den Spaniern passen?

Suner fühlte sich überrumpelt. Er sei auf diese Frage nicht vorbereitet, behauptete er. Spanien sei noch vom Bürgerkrieg geschwächt. Ob Hitler nicht zuerst die Suez-Kanal-Zone besetzen wolle?[12]

Franco fühlte sich durch das Scheitern Mussolinis auf dem Balkan in seiner Haltung bestätigt, jetzt noch nicht am Krieg teilzunehmen. Aber die Deutschen ließen nicht locker. Admiral Canaris, der Chef der Spionage-Abwehr kam in Hitlers Auftrag nach Madrid. Franco empfing ihn am 7. Dezember. Canaris hatte Hitlers Vorschlag in der Tasche: Am 10. Januar solle eine deutsche Sondereinheit mit spanischer Erlaubnis das Land durchqueren und dann den britischen Stützpunkt Gibraltar angreifen, den Spanien schon so lange für sich wieder gewinnen wollte. Aber Franco lehnte ab, nunmehr eindeutig: Sein Land sei ökonomisch von Briten und Amerikanern abhängig und verwundbar. Spanien könne zudem von See her leicht angegriffen werden.[13]

ROOSEVELT UND FRANCO

Wenn ein Spieler im Casino beim Roulette zugleich auf Rot und Schwarz setzt, dann vermutet man, der Mann habe den Verstand verloren. Wenn eine Regierung sich nicht zwischen zwei Kriegsparteien entscheiden kann, sondern mit beiden verhandelt, stellt sich die Frage, ob die Regierung so stark ist, dass sie sich solchen Leichtsinn erlauben kann, oder ob so widersprüchliche Kräfte in ihr wirken und ihre Führung so schwach ist, dass sie keine Entscheidung treffen kann. Im Falle von Spanien ist wohl die zweite Vermutung angebracht. Falangisten, Militärführung, Monarchisten und konservative Katholiken waren unter Francos Führung in der Regierung uneinig. Nur die Falangisten waren quasi Parteigänger des Nazi-Reiches, viele von ihnen eher Anhänger und Bewunderer Mussolinis. Die Monarchisten und auch wichtige Militärführer sahen Spaniens Zukunft eher im Spiegel seiner stolzen Vergangenheit.

Die Mittel- und Großmächte hatten Spanien während des Bürgerkriegs als Schauplatz des europaweiten Konfliktes zwischen Demokratie und autoritärer Diktatur verstanden und die ihnen jeweils nahe stehende Seite voll oder halbherzig unterstützt. Das erschöpfte, kriegszerstörte Spanien blieb als Objekt der Mächte auch im Jahr 1940 bedeutend, vor allem wegen seiner strategischen Lage. Die Regierung Franco brachte es fertig, zugleich mit beiden Seiten zu verhandeln, die jeweils angebotenen Vorteile auszuloten und die Gesprächspartner zunächst darüber zu täuschen.

Hendaye war eine Enttäuschung für Berlin, aber nicht das Ende der Zusammenarbeit. Spanien hatte sich seit Kriegsbeginn im September 1939 als neutral bezeichnet. Außenminister Beigbeder versicherte dem US-Botschafter

Weddell in Madrid noch am 4. Mai 1940, eine Woche vor dem deutschen West-Feldzug, Spanien werde seine Neutralität wenn nötig gegen jeden Angreifer verteidigen.[14] Das war notwendig, weil Spanien auf Lebensmittel und Rohstoffe aus den USA hoffte und weil Washington solche Lieferungen und Kredite von der Voraussetzung dieser Neutralität abhängig machte. Finanziert werden sollten die Weizen-, Mais und Öl-Lieferungen mit staatlichen amerikanischen Krediten. Das hungernde Land brauchte solche Hilfe dringend. Seit Anfang Mai verhandelte das Rote Kreuz der Vereinigten Staaten im Auftrag des Präsidenten über Liefermengen, Zielorte und Kredit-Bedingungen. Amerikanische Lieferungen brauchten zugleich britische Zustimmung und freie Fahrt durch die ansonsten effektive britische Seeblockade, die durchaus geeignet war, die spanische Neutralität zu erzwingen. In dieser Frage stimmten Washington und London sich regelmäßig ab.

Hunger und Not in den ärmeren Schichten, die er immer noch als »rot«, wenn nicht gleich als »kommunistisch« betrachtete, können Franco und die Seinen jedoch nicht sehr berührt haben. Den herrschenden Schichten ging es nicht schlecht. Die Sympathien der spanischen Führung lagen eindeutig auf Seiten der pro-faschistischen Mächte Italien und Deutschland. Dem amerikanischen Botschafter Weddell und mehr noch seinem britischen Kollegen, Sir Samuel Hoare, blieben diese Sympathien zwar nicht verborgen, beide Diplomaten unterschätzten aber ihre Wirkung.

Nachdem Italien Anfang Juni 1940 an der deutschen Seite in den Krieg eingetreten war, veröffentlichte das spanische offizielle Regierungs-Bulletin am 14. Juni eine Erklärung, Spanien sei »nicht-kriegführend«. Der US-Botschafter stellte deshalb die Frage, ob Spanien den Status der Neutralität aufgegeben habe, er ließ sich aber beschwichtigen.[15]

Der Jubel in Madrid über den schnellen Sieg der Deutschen in Frankreich wurde gekrönt von der Tatsache, dass Frankreich die spanische Diplomatie bat, Kontakt mit den deutschen Siegern wegen der Waffenstillstands-Bedingungen herzustellen. Einige Stimmen sahen darin einen Triumph Spaniens über Frankreich. Die spanische Regierung ging davon aus, dass die Nazis auch Großbritannien bald niederwerfen werden und dass danach der Krieg beendet sei. US-Botschafter Weddell bat um ein Gespräch mit Franco, wurde aber wochenlang hingehalten.

Franco wollte unbedingt vor dem Sieg der Achsenmächte, den er voraussah, mit diesen ins Geschäft kommen. So schrieb er am 15. August auch an Mussolini, Spanien wolle in den Krieg eintreten. Zwei Wochen später, am 28. August versicherte der US-Botschafter Präsident Roosevelt jedoch erneut, er glaube fest daran, dass Franco sein Land aus dem Krieg heraushalten wolle.[16] War die Täuschung durch die spanische Regierung so perfekt oder war der Botschafter so verblendet?

Als im September der (Noch-) Innenminister Suner erst nach Rom und dann nach Berlin reiste und auch noch die Schlachtfelder in Belgien besuchte, da begannen die britischen und amerikanischen Diplomaten in London und Washington zu ahnen, was sich da anbahnen könnte. US-Außenminister Cordell Hull, trug seinem Botschafter in Madrid auf, dort klarzumachen, dass angesichts der Informationen, die aus Berlin kämen, im Falle einer spanischen Unterstützung für die Achsen-Mächte nicht mit finanzieller Hilfe aus Amerika zu rechnen sei.[17]

Botschafter Weddell erhielt vom spanischen Außenminister die Antwort, es handle sich bei der Reise Suners nach Berlin lediglich um einen Höflichkeitsbesuch.[18] Das Misstrauen wuchs, aber die Verhandlungen über Weizen und Mais gingen weiter. Im September wurde ebenfalls deutlich, dass das Jahr 1940 wiederum eine Missernte eingebracht hatte. Nahrungsmittel-Hilfe wurde dringender.

Der Entwurf einer Erklärung des Roten Kreuzes der Vereinigten Staaten, die im Zusammenhang mit der ersten Lieferung in beiden Hauptstädten veröffentlicht werden sollte, ging hin und her über den Atlantik. Sie sollte die Lieferung als humanitäre Geste von US-Präsident Roosevelt für den spanischen Staatschef und das hungernde spanische Volk darstellen. Sie sollte aber auch jeden Zweifel ausräumen, dass Spanien neutral bleiben und die Achsenmächte künftig in keiner Weise unterstützen wolle. Dieser Entwurf gefiel den Spaniern nicht. Sie argumentierten mit ihrem nationalen Stolz und wollten sich nicht öffentlich festlegen. Der Disput blieb wochenlang unentschieden.

Viele Signale deuteten im September/Oktober auf einen Kurswechsel der Regierung Franco zugunsten der Achsenmächte. Botschafter Weddell bat erneut um ein Gespräch mit dem Staatspräsidenten, das am 8. Oktober zustande kam. Der Caudillo trug dem Botschafter auf, Roosevelt seinen Dank für die angebotene Lebensmittel-Hilfe auszusprechen. Er zeigte sich auch einverstanden mit den Bedingungen, dass a) Spanien keinen Weizen ins Ausland weiter verkaufen dürfe, dass b) Vertreter des amerikanischen Roten Kreuzes die Verteilung des Weizens in Spanien überwachen und dass c) die spanische Presse über diese Lieferungen in vollem Umfang informiert wird. Franco hatte sich nunmehr offenbar entschieden, Spanien aus dem Krieg herauszuhalten, so schien es. Der US-Botschafter durchschaute das doppelte Spiel Francos immer noch nicht und empfahl seiner Regierung, nun schnellstens zu liefern. Präsident Roosevelt ordnete umgehend an, das Rote Kreuz solle tätig werden.[19] Die britische Regierung stimmte den Lieferungen ausdrücklich zu.

Wenige Tage später kam der deutsche Polizeichef und Chef der SS, Heinrich Himmler nach Madrid. Deutsche Geheimdienste hatten im Vorfeld geholfen, prominente spanische Flüchtlinge in Vichy-Frankreich festzunehmen und an Spanien auszuliefern, wo einige sogleich umgebracht wurden. Eingeladen hatte ihn der Chef der spanischen Geheimpolizei, José Finat Escriva Graf von Mayalde. Die beiden verabredeten engere Zusammenarbeit von SS und *Gestapo* mit der spanischen *Seguridad*.[20]

Kurz vor Himmlers Ankunft wurde am 15. Oktober Außenminister Beigbeder abgelöst, der wegen seiner britischen Geliebten, der Spionin Rosalind P. Fox, angesichts der Entwicklung vor Hendaye nicht mehr zu halten war. (Franco hatte Beigbeder schon zwei Jahre früher gewarnt.) Er hatte sich den Briten gegenüber immer als anglophil bezeichnet und wurde nach seiner Entlassung auf eine Liste von dreißig hochrangigen Generälen gesetzt, denen die Briten indirekt Bestechungsgelder zahlten.[21]

Sein Nachfolger wurde am 16./17. Oktober der pro-faschistische Ramon Serrano Suner, der zuvor im Geheimen die Grundlagen geschaffen hatte für Francos nunmehr offizielle Außenpolitik. Demetria Carceller Segura, der Suner als Wirtschaftsberater in Rom und Berlin begleitet hatte, wurde Handelsminister. Beide neuen Minister hatte Himmler bereits im September in Berlin kennen gelernt.

Mußte man die Kabinetts-Umbildung als Kurswechsel zugunsten der Achsen-Mächte verstehen? Weddell und sein britischer Kollege Hoare waren überrascht, ja perplex, versuchten gemeinsam die Lage zu analysieren und stimmten darin überein, dass nun die Gefahr bestünde, Deutsche würden in alle spanischen Ministerien eindringen, Spanien könnte sogar zu einem zweiten Rumänien werden, einen deutschen Satellitenstaat also.[22] Niemand in Washington oder London mochte jetzt noch an das spanische Bekenntnis zur Neutralität glauben.

Suner versicherte dem US-Botschafter jedoch, weder Hitler noch Mussolini hätten Spanien gedrängt, an ihrer Seite in den Krieg gegen Großbritannien einzutreten, aber Spanien empfinde eine »politische Solidarität« mit Deutschland und Italien.[23] Sein Land wolle künftig als Stimme in Europa angemessen berücksichtigt werden, das hieß: mehr als bisher. Dass es Spaniens Regierung war, die in den Krieg drängte, auf die Idee kam Weddell nicht, der nur den Außenminister Serrano Suner, nicht aber Franco für gefährlich hielt.

Die Begegnung Francos mit Hitler in Hendaye überraschte also die Westmächte. Sie selbst konnte ihnen nicht verborgen bleiben. Roosevelt ordnete empört die Einstellung aller Vorbereitungen von Getreide-Lieferungen nach Spanien an.

Hatten Suner und Franco sich verkalkuliert? Sicher hatte ihr Doppelspiel beide Seiten verärgert und Zweifel an ihrer Aufrichtigkeit geweckt; nein, es hatte jeden Zweifel an ihrer Glaubwürdigkeit beseitigt. Dennoch erlaubten Roosevelt und Churchill ihnen, ihr Doppelspiel fortzusetzen. So ließ der nächste Schock nicht auf sich warten: Am 3. November besetzten spanische Truppen auf Francos Befehl ohne jede Ankündigung die internationale Zone von Tanger, das seit langem einen garantierten Sonderstatus hatte, das war glatter Rechtsbruch. Großbritannien protestierte, suchte aber Verhandlungen. Der Wunsch, sich in Marokko auszubreiten, war für Franco offensichtlich größer und wichtiger als die Versorgung der eigenen Bevölkerung mit Lebensmitteln und Rohstoffen. In Washington und London fragte man sich, wie kann man Spanien aufhalten und bestrafen? Das Regime war unberechenbar geworden.

Aber der Hunger in Spanien wurde so bitter, dass westliche Diplomaten in Madrid schon Aufstände befürchteten, die das Franco-Regime vielleicht ins Wanken bringen mochten. Das war für London keine Option. Diese Möglichkeit vergrößerte vielmehr die Gefahr, dass Deutsche mit Gewalt eingreifen und Franco wieder in den Sattel helfen könnten: Worst case! Also musste das Falange-Regime doch gestützt werden. Die britische Regierung beschloss, ihre Zusammenarbeit mit Spanien fortzusetzen. Und das Beste, was Amerika für die britische Sache tun könne, wären Lebensmittellieferungen für Spanien. Der britische Botschafter Samuel Hoare warb bei Weddell für diese Sicht der Dinge – mit Erfolg.[24] Die britische Botschaft in Washington wurde in der gleichen Richtung vorstellig. Churchill schrieb am 23. November 1940 einen Brief an Roosevelt, in dem er um amerikanische Lieferungen für Spanien bat, damit das Land nicht zusammenbreche, worauf Portugal nach seiner Ansicht bald folgen werde. Der neue britische Botschafter in Washington Lord Halifax, der frühere Außenminister, machte sich während des Winters stark für Hilfe an Spanien. Sein Wort wurde beachtet. Die Verhandlungen wurden also wieder aufgenommen.

Das schloss nun aus, irgendeine Bedingung mit solchen Lieferungen zu verbinden, die Franco nicht längst schon akzeptiert hatte. Weder konnten die westlichen Diplomaten die Einstellung anti-amerikanischer oder anti-britischer Presse-Kampagnen erreichen, noch ein Ende der Folter und der Hinrichtungen politischer Gegner durch die spanische *Seguridad* und Justiz.[25] An Hilfe für die vielen durch Spanien reisenden Flüchtlinge, die ihr Leben vor den Nazis retten wollten, dachten die amerikanischen Diplomaten ohnehin nicht. Da keine der ausländischen Hilfsorganisationen, nicht einmal das Rote Kreuz, unter der Franco-Diktatur in Spanien Fuß fassen konnte[26], wäre Hilfe von der einzigen neutralen Großmacht von besonderer Bedeutung gewesen. Aber die US-Konsulate hatten amerikanische Staatsbürger zu schützen und amerikanischen Interessen zu dienen, sonst nichts.

Die britischen Diplomaten halfen viel aktiver. Aber ihr Blick richtete sich mehr auf die Soldaten und Freiwilligen, die sich auf eigene Faust nach der französischen Niederlage auf die britischen Inseln durchzuschlagen versuchten. Es ging dabei um Briten, Franzosen, aber auch um Tschechoslowaken, Polen und andere. Tausende von polnischen Soldaten saßen in einem Internierungslager, der alten Festung Miranda del Ebro nördlich von Burgos, fest, zusammen mit staatenlosen politischen Flüchtlingen und Kämpfern der ehemaligen Internationalen Brigaden des Bürgerkriegs. Spanien ließ sie nicht ziehen. Briten (auch der britische Konsul) fanden aber Fluchtwege aus Miranda del Ebro.[27] Kein Wunder, dass der britische Botschafter Hoare dem amerikanischen Fluchthelfer Varian Fry aufmerksam zuhörte, sogar mit ihm gemeinsam Fluchtwege planen wollte, sein US-Kollege aber nicht.

Nur in einem Fall engagierte sich die amerikanische Diplomatie und in diesem einen Fall gaben die Spanier nach: Der ehemalige polnische Regierungschef Ignacy Paderewski, der erste nach dem Ersten Weltkrieg, der 1939/40 in Frankreich als Präsident des polnischen Exilparlaments gedient hatte[28], war nach dem Zusammenbruch Frankreichs über die Pyrenäen geflüchtet und im September in Spanien festgenommen worden. Ihn ließen die Spanier nach einer amerikanischen Intervention gehen. Es war eine der letzten Taten von Außenminister Juan Beigbeder, der diese Entscheidung durchsetzte. Er machte gegenüber den Amerikanern deutschen Einfluss auf spanische Polizei-Beamte für die Verhaftung des polnischen Politikers verantwortlich.[29] Paderewski hatte als Pianist und Komponist in den Vereinigten Staaten Erfolge gefeiert wie sie heute nur noch Pop-Stars haben. Das mag erklären, warum das State Department in seinem Fall eine Ausnahme machte. Nach seiner Freilassung reiste der Pole nach Estoril in Portugal, wartete auf eine Reisemöglichkeit in die USA, wo er im November 1940 ankam. Am 29. Juni 1941 starb er in New York im Alter von achtzig Jahren.

Serrano Suner bekannte immer wieder auch gegenüber dem US-Botschafter offen seine pro-faschistische Gesinnung. Washington und London versuchten deshalb, ihn zu umgehen und andere Kontakte zur spanischen Führung aufzubauen, vor allem zu Franco selbst, den Wedell für maßvoller und deshalb für sympathischer hielt (ein tragischer Irrtum!) Der hochmütige Suner aber reagierte nur umso gereizter. Als der US-Botschafter sich am 19. April 1941 dem spanischen Außenminister gegenüber Bemerkungen erlaubte, die nicht unbedingt der hohen Schule der Diplomatie entsprachen[30], revanchierte sich Suner, indem er Wedell monatelang nicht mehr empfing und auch Kontakte zu seinem Schwager, dem Staatschef hintertrieb. Suner war in seinem Stolz gekränkt und nutzte für den Gesprächsfaden mit Washington praktisch nur noch die spanische Botschaft in den USA. Franco aber schätzte weder die Vereinigten Staaten noch ihren Botschafter, dessen Fragen er als penetrant empfand. Wedells Bewunderung für den Caudillo half da wenig. Der Botschafter Roosevelts in Madrid hatte sich über die spanische Politik getäuscht und nicht wenig selbst isoliert.

MONTOIRE

Vor der Abreise Hitlers und seines Außenministers aus Deutschland hatte von Ribbentrop die Idee, in Frankreich kurz anzuhalten und den Stellvertreter Pétains und stellvertretenden Außenminister, Pierre Laval zu treffen. Laval hatte sich in seiner langen politischen Karriere von der sozialistischen Partei bis an den rechten Rand des politischen Spektrums entwickelt. Der ehemalige Regierungschef hatte schon seit Jahren die Annäherung an Nazi-Deutschland gefordert. Den Nazis war er deshalb bevorzugter Ansprech-Partner. Der deutsche Botschafter in Paris, Otto Abetz bat Laval im Geheimen, an den Bahnhof des kleinen Ortes Montoire zu kommen und sich dort bereit zu halten. Montoire – an dem Flüsschen Loir in der Nähe des größeren Flusses Loire – bot für diesen Zweck mehrere Vorteile: es liegt mitten in Frankreich nahe an der Bahnstrecke Paris — Bordeaux, nicht weit von der Demarkationslinie aber in dem von Deutschen besetzten Gebiet. Der unbedeutende Haltepunkt, der nicht einmal ein Dach über dem Bahnsteig hat, liegt recht einsam zwischen den Feldern, weit und breit ist keine größere Stadt, also auch kein unerwünschtes Publikum. Ferner befindet sich nur vier Kilometer entfernt der lange Eisenbahn-Tunnel Saint-Rimay, in dem Hitlers Sonderzug etwa bei einem britischen Bombenangriff sicher hätte abwarten können.

Laval hatte sich ein Treffen mit Ribbentrop lange gewünscht und willigte ohne Zögern ein. Erst als er im Auto unterwegs war, erfuhr er, dass er Hitler treffen würde. Geschmeidig und wortgewandt bot er den beiden seine persönliche *Collaboration* an, versuchte aber, Garantien für Frankreich bei einem Friedensschluss zu erreichen. Hitler machte ohne Umschweife klar, dass Frankreich Kriegskosten zu bezahlen habe und sich eine Teilnahme an einer Friedenskonferenz erst noch »verdienen« müsse.[31] Dann aber äußerten die Deutschen den Wunsch, Laval solle seinen Staatschef Pétain bewegen, zwei Tage später, am Nachmittag des 24. Oktober 1940, bei der Rückreise der Deutschen ebenfalls nach Montoire zu kommen. Von Vorbereitung dieser Konferenz kann also keine Rede sein. Pétain und Laval wurden nach Montoire zitiert. Laval setzte seine Karriere-Hoffnungen auf die Nazis und kam gern. Pétain hatte ebenfalls mehrfach Fühler ausgestreckt, um mit den Deutschen ins Gespräch zu kommen. Er glaubte, er könne die Reste französischer Souveränität verteidigen. Zahlreiche Wünsche der Vichy-Regierung, Freilassung der Kriegsgefangenen, Erleichterungen an der Demarkationslinie, Rückkehr der Regierung nach Paris, eine Garantie für die territoriale Integrität Frankreichs und des Empire, hätte Hitler kurzfristig erfüllen können.

Palmen in Kübeln wurden auf dem kleinen Bahnhof aufgestellt, rote Teppiche ausgerollt. Eine kleine Militär-Parade ließ die französischen Gäste des deutschen Diktators wie Staatsmänner erscheinen. Es sah so aus, als ob Hitler den Marschall Pétain als gleichberechtigten, souveränen Gesprächspartner anerkenne, scheinbar ein Erfolg für Vichy. Diesmal machte Hitlers Fotograf Heinrich Hoffmann Bilder von der Begrüßung auf dem Bahnsteig und dann im Zug. Ein Foto zeigt die Protagonisten um einen Konferenztisch in Hitlers holzgetäfeltem, also dunklem Salonwagen hinter zugezogenen Gardinen sitzend, von Kunstlicht aufgehellt: Laval verdeckt, Marschall Pétain erschöpft und eingesunken, von Ribbentrop nur angeschnitten, aber Hitler am Kopfende mit lauerndem Blick, den er auf Pétain richtet – wie ein Raubtier. Auf dem Tisch lag eine weiße Tischdecke, als ob ein Essen serviert werden sollte.

Ein französisches Wochenschau-Kamera-Team war so spät auf den Weg geschickt worden, dass es das Ereignis verpasste. Ein deutsches Kamerateam war zur Stelle und filmte auf dem Bahnsteig. Die Bilder zeigen Hitler und Pétain aufeinander zu gehend. Allerdings misslang die Einstellung von dem Händedruck, weil Ribbentrop im Wege stand und den Zuschauern der deutschen Wochenschau den Blick versperrte, (wie man auf dem Foto von Hoffmann gut erkennt). Die Ufa-Wochenschau wusste sich zu helfen. Sie ließ für ihren Kino-Schnipsel die beiden aufeinander zugehen, schnitt daran einen anderen Händedruck, der an anderem Ort aufgenommen worden war.[32] Die Zuschauer haben es wohl nicht bemerkt.

Der Händedruck beim ersten Treffen des Marschalls mit Hitler aber hatte hohen Symbolgehalt, er bedeutete den sichtbaren Anfang der *Collaboration* des Pétain-Regimes, wenn er nicht gar Ausdruck seines *Verrats* an der französischen Geschichte war. Auch die französischen Wochenschauen und Zeitungen zeigten ihn. Er prägte sich ein in das kollektive Gedächtnis der Franzosen. Nur das Pressefoto auf dem Bahnsteig ist echt, ein Filmbild von dem Händedruck gibt es nicht, das haben französische Wissenschaftler nach dem Krieg ermittelt.

Pétain war sich der Problematik der *Collaboration* vollkommen bewusst. Er rang um die Würde des besiegten Frankreich wie um seine eigene. Seine Vorstellung war, mit Hitler quasi von Soldat zu Soldat zu reden, als Teilnehmer des ersten Weltkriegs, aus dem er selbst als der gefeierte »Sieger von Verdun« hervorgegangen war. Zunächst stimmten er und Laval Hitler zu, dass es ein Fehler Frankreichs war, dem Deutschen Reich den Krieg zu erklären.[33]

Für Hitler musste das Treffen von Montoire nach dem Misserfolg in Hendaye umso größere Bedeutung haben. Als Gastgeber, der den Besiegten in seinem Land empfing, erläuterte er in verbindlichem Ton seinen Plan, dem kontinentalen Europa eine »neue Ordnung« zu geben und die Länder Europas gegen den britischen Feind aufzustellen. Er fragte den Marschall, wie weit

Frankreich bereit sei, im Rahmen der kontinentalen Koalition mitzumachen. Pétain äußerte die Hoffnung, die Kooperation werde Frankreich »bei Kriegsende vorteilhaftere Bedingungen einbringen«.[34]

Der Marschall hoffte aber, schon kurzfristig den Status eines besiegten Landes verlassen zu können, dessen Unfreiheit in dem Waffenstillstands-Abkommen geregelt war. Er hatte bereits im September Gibraltar bombardieren lassen und mit deutscher Erlaubnis hatte seine Marine am 23./24. September vor Dakar einen Vorstoß de Gaulles abgewehrt.

Nun dachte er auch an wirtschaftliche Zusammenarbeit, etwa mit Gütern aus den Kolonien, und schlug Hitler *Collaboration* vor. Das Wort sollte nun allerdings eine Wandlung durchmachen, es klang fortan wie Verrat, oder wie Unterwerfung. Denn Pétain ging mit seinem Angebot über die Bestimmungen des Waffenstillstands weit hinaus. Sein Vorschlag der *Collaboration* war eine Weichenstellung, zu der der Marschall keine vernünftige Alternative erkennen konnte. Man hätte schon vor dem Krieg mit der Zusammenarbeit beginnen sollen, meinte er, aber »vielleicht wäre es immer noch an der Zeit, das Verlorene nachzuholen.«[35]

Er wich aber der entscheidenden Frage nach einem Eintritt Frankreichs in den Krieg aus. Dazu müsse er das Parlament befragen. Er dachte nicht daran, sich wirklich festzulegen, weil auch Hitler nicht bereit war, Frankreich als gleichberechtigten Partner zu akzeptieren und seine Position in dem neuen Europa zu definieren.

Konkret war aber Pétains Anfrage, ob die Deutschen ihm erlauben, in den französischen Kolonien in Afrika gegen die Machtübernahme durch die Anhänger de Gaulles militärisch vorzugehen – trotz der Einschränkungen durch das Waffenstillstands-Abkommen.[36] Diese Absicht freute Hitler, er stimmte der Entlassung einiger französischer Offiziere aus der Gefangenschaft zu, damit sie im Tschad aktiv eingreifen konnten. Gegen *Collaboration* hatte er nichts. Aber alle übrigen Wünsche ließ der Feldherr unbeantwortet. Er wollte Frankreich nicht als Bündnispartner. Die ausgestreckte Hand ergriff er nicht. Hitler wollte Frankreich als besetztes Land wirtschaftlich ausbeuten, auch die unbesetzte Zone. Beide Ziele schlossen sich gegenseitig aus. Hitler dachte bereits, ohne das auszusprechen, an seinen nächsten Feldzug gegen die Sowjetunion. Dabei sollte Frankreich helfen.[37] Außerdem verschwieg er, dass er Mussolini bereits Anfang Oktober bei ihrem Treffen am Brenner das französische Tunesien, Korsika und die Stadt Nizza versprochen hatte.

Was *Collaboration* inhaltlich bedeuten sollte, das sollte später ausgehandelt, bzw. von Fall zu Fall festgelegt werden. Hitlers Rundreise nach Montoire, Hendaye und wieder Montoire blieb nahezu ohne greifbares Ergebnis. Aber zwischen Berlin und Vichy hatte sich das Klima verbessert. Der Weg war frei für eine »Neue Politik«.

Pétain sah sich genötigt, seine Strategie in einer Rundfunk-Ansprache am 30. Oktober 1940 mit dem ihm eigenen Pathos zu erklären: »In Ehre und um die französische Einheit zu erhalten, eine Einheit von zehn Jahrhunderten, im Rahmen des Aufbaus einer neuen europäischen Ordnung betrete ich heute den Weg der *Collaboration*. ... Diese *Collaboration* muss ernsthaft sein.«[38] Für den autoritär und national denkenden Marschall war dies das Gebot der Stunde. General Huntziger schlug noch am 30. Oktober vor, Frankreich und Deutschland sollten in der besetzten Zone gemeinsam ein neues Jagdflugzeug bauen. Das Projekt sollte die französische Wirtschaft ankurbeln. Es hätte den Deutschen zusätzliche Kampf-Flugzeuge gebracht sowie zusätzliche Möglichkeiten die Wirtschaft der besetzten Zone zu kontrollieren.[39] Den Vorschlag machte sich die Regierung Pétain später, am 29. Januar 1941, vor der Waffenstillstands-Kommission zu eigen. Nach Montoire glaubte Hitler nicht mehr, dass Pétain und de Gaulle ein heimliches Bündnis geschlossen hatten. Von jetzt an hielt er ihren Machtkampf für ehrlich, wie er Mussolini alsbald versicherte.[40]

ROOSEVELT UND DAS PÉTAIN-RÉGIME

Großbritannien hatte keine diplomatischen Beziehungen mit der Vichy-Regierung. Viele Briten, auch die Admiralität, befürchteten im Herbst 1940, Pétain werde sich von Hitler überzeugen oder zwingen lassen, an seiner Seite in den Krieg einzutreten. Churchill hielt diese Sorge für übertrieben. Das jedenfalls versicherte er später in seinen Memoiren.[41] Die britische Regierung hatte sich auf de Gaulle als rechtmäßigen Repräsentanten Frankreichs festgelegt. Damit war der formal korrekte, offene Kommunikationsweg zu der Vichy-Regierung blockiert.

Anders urteilte und handelte man in Washington: Die amerikanische Regierung hielt die diplomatischen Beziehungen zu Frankreich aufrecht, auch zur

Vichy-Regierung, sie erkannte (zunächst) keineswegs General de Gaulle als Vertreter des Landes an, sondern glaubte, die Reste französischer Souveränität und damit die Vichy-Regierung verteidigen zu müssen. Während sie alles in ihrer Macht mögliche tat, um Großbritannien zu helfen, und sich eng mit London abstimmte, ging die Regierung Roosevelts in dieser Frage einen anderen Weg als Churchill.

Für Vichy waren die diplomatischen Beziehungen zu Washington Ausdruck einer eigenständigen Außenpolitik, Washington sah darin jedoch vor allem ein Instrument, den deutschen Einfluss in Vichy-Frankreich zu begrenzen. Der oberste Grundsatz Roosevelts war die Linie, keinesfalls dürfe die Pétain-Regierung den Deutschen mehr Unterstützung geben, als in den Waffenstillstandsbedingungen vom 22. Juni festgelegt war. Noch unmittelbar vor der Unterzeichnung des Waffenstillstands, am 17. Juni 1940, hatte das US-Außenministerium die französische Regierung in Bordeaux in absolut undiplomatischer Form gewarnt: Wenn die französische Flotte den Deutschen in die Hände fiele, dann würde Frankreich für immer die Freundschaft der USA verlieren und das Kolonialreich sowie seine Einheit und Unabhängigkeit verspielen.[42] Der neue Marine-Minister, Admiral Darlan, antwortete darauf, die Flotte würde niemals dem Feind übergeben. »La question ne se pose pas«[43]. Aber die Drohung sei kränkend. Wenige Tage vorher hatte er Churchill das gleiche versprochen. Nach dem Waffenstillstand aber konnte die Pétain-Regierung diese Versprechungen nicht mehr garantieren.

Nachdem Churchill Anfang Juli die französische Flotte in Mers-el-Kebir bei Oran versenkt hatte, schrieb Marschall Pétain tief betroffen und verbittert über den ehemaligen britischen Verbündeten einen langen persönlichen Brief an Roosevelt, von Präsident zu Präsident, damit er sich ein gerechtes Urteil mache.[44] Er konnte nicht wissen, dass Roosevelt den britischen Angriff bereits als gelungenen Akt der britischen Selbstverteidigung begrüßt hatte.[45]

In seiner Regierung hatte Pétain Mühe, Forderungen nach militärischer Vergeltung gegen Großbritannien zurückzuweisen. Roosevelt ließ ihn erst zwölf Tage später durch den französischen Botschafter wissen, dass er den Brief mit Interesse gelesen habe, sonst nichts, kein Wort des Bedauerns, keine Kritik an Churchills Entscheidung.[46] Die Nicht-Antwort musste Pétain als weitere Kränkung verstehen, die in Vichy schmerzhaft empfunden wurde.

Roosevelt und Pétain setzten ihren Dialog fort, aber Washington zeigte sich zunehmend verärgert über die deutlicher werdende Nähe einiger französischer Politiker zu den Nazis.

Anfang Oktober empfing Präsident Roosevelt den neuen französischen Botschafter in Washington, Gaston Henry-Haye, um ihm den Grundsatz nahe zu bringen, Frankreich dürfe über die Bedingungen des Waffenstillstands hinaus den Deutschen keine Unterstützung gewähren. Besondere Aufmerksamkeit richteten die Amerikaner auf die Lage in den französischen Kolonialgebieten der westlichen Hemisphäre: Guayana, Martinique, Guadeloupe und kleinere Inseln. Diese Gebiete müssten neutral bleiben, verlangte Roosevelt. Wenn sich dort Nazis einnisten, könnten sie die Sicherheit der Vereinigten Staaten gefährden. Henry-Haye kontaktierte seine Regierung in Vichy und erklärte am 7. Oktober dem US-Staatssekretär Sumner Welles, seine Regierung wolle mit den Vereinigten Staaten in dieser Frage kooperieren. Sie lade die USA ein, geeignete Fachleute in die französischen Gebiete zu entsenden, vor allem in Häfen, Docks und Werften, und sich davon zu überzeugen, dass von ihnen keine Gefahr ausgeht.[47]

Gleichzeitig aber bat der Botschafter um die Freigabe französischer Guthaben, damit seine Regierung in Argentinien Rindfleisch kaufen könne, das den etwa zwei Millionen französischen Soldaten in deutscher Kriegsgefangenschaft zugute kommen solle. Der US-Staatsekretär erklärte dem Botschafter, dass die Deutschen nach der Genfer Konvention verpflichtet seien, ihre Kriegsgefangenen angemessen zu ernähren, was dem Botschafter sicher nicht neu war. Eine solche Lebensmittel-Lieferung könne im Ergebnis nur die Nazi-Regierung selbst entlasten und sei daher abzulehnen. Er wisse, dass Deutschland bereits mehrere tausend Rinder aus dem besetzten Frankreich importiert habe. »Nein«, erwiderte der Botschafter mit Nachdruck, die französischen Rinder seien zur Ernährung der deutschen Soldaten in Frankreich verwendet worden. Der Ton in dem Wortwechsel wurde jetzt schärfer. Welles kritisierte: damit habe Frankreich die Kampfkraft der deutschen Aggressoren gestärkt. Weitere Fleischimporte aus Argentinien nach Frankreich könne Amerika nicht zulassen. Er hoffe, dass der kooperative Geist der Vichy-Regierung künftig zu einem besseren Verständnis zwischen beiden Ländern führe.[48]

Das war zunächst eher nicht der Fall. Wäre sich die französische Regierung einig gewesen, dann hätte sie einen begrenzten Handlungsspielraum gehabt. Aber es gab im Kabinett eine Gruppe um den nazi-freundlichen Laval, Stellvertreter Pétains und des Außenministers, daneben Kräfte, die eine gewisse Kontinuität in der französischen Politik erhalten wollten und dazwischen den greisen, manchmal hilflos und müde wirkenden Marschall Pétain, der um seine nationale, aber eher vordemokratische Linie rang. Das Treffen von Montoire machte diese Diskrepanzen erneut sichtbar. Erst als Pétain und Laval nach Vichy zurückkehrten, erfuhr Außenminister Baudouin, den man einfach übergangen hatte, von dem Treffen und trat empört zurück. Laval, der durch die Konferenz mit Hitler und die Weichenstellung zur *Collaboration* ohnehin gestärkt war, begann nunmehr, stärker als bisher die Außenpolitik zu bestimmen.

Zwei Tage nach Montoire, am 26. Oktober um 12 Uhr 32, berichtete der britische Rundfunksender *BBC* aus Vichy: »»Die Pétain-Regierung entscheidet sich, Hitlers Bedingungen für einen dauerhaften Frieden zu akzeptieren und stimmt einem paneuropäischen, von den Achsen-Mächten geführten Block zu, der Großbritannien zwingen soll, den Krieg zu beenden.«[49] Das Treffen von Montoire hatten inzwischen auch andere gemeldet, ohne aber etwas über den Inhalt des Gesprächs selbst mitzuteilen.

Die US-Botschaft in London fing die Radio-Meldung auf und Geschäftsträger Johnson schrieb sofort an Staatssekretär Welles in Washington: Das *Foreign Office* in London würde sich über eine Bestätigung oder ein Dementi dieser Information durch eine kompetente Stelle freuen, am besten durch eine Stelle in Vichy.

Kurz darauf hatte der Geschäftsträger der US-Botschaft in Vichy, Matthews, die Nachricht auf dem Tisch. Er ermittelte bei den Vichy-Behörden und erfuhr dass Hitler und sein Außenminister den Marschall mit den »seinem Rang entsprechenden Ehren und mit äußerster Höflichkeit« behandelt hätten und dass »die beiden Staatschefs eine Vereinbarung über das Prinzip der *Collaboration* für die Wiedergewinnung des Friedens in Europa« erreicht hätten. Der Ministerrat habe dem anschließend »einmütig zugestimmt«.[50] Nichts Bestimmtes sei unterzeichnet worden, keine Einzelheiten festgelegt.

Das State Department und das Weiße Haus waren alarmiert. Man dachte in Washington an Flottenstützpunkte entlang der Atlantikküste, an die restlichen Schiffe der französischen Flotte, an Rohstoffe wie Kupfer und Wolfram, an Kolonien. Die Vichy-Regierung hätte den Deutschen sehr nützlich sein können und hat – wie wir heute wissen – interessante Angebote gemacht. Washington fühlte sich von den Franzosen in Montoire hintergangen.

Pétain hatte sich bereits im Sommer um direkte Gespräche mit der deutschen Regierung bemüht, quasi als ersten Schritt auf dem Weg zur wieder gewonnenen Souveränität. Er hatte dann, aber nur sehr kurzfristig, am 22. Oktober die Einladung Hitlers zum 24. Oktober nach Montoire bekommen.

Es war ein Zufall, dass sich fast gleichzeitig ein Bote Pétains in London aufhielt. In einer inoffiziellen, aber mit Pétain abgestimmten Mission reiste Louis Rougier, Universitätsprofessor aus Besancon, nach Großbritannien, wo er zwischen dem 21. und dem 25. Oktober sowohl vom Außenminister wie auch von Churchill selbst empfangen wurde. Er sondierte eine Art französisch-britisches Geheimabkommen, wie er später erklärte: Vichy akzeptierte den Verlust der Kolonien in Zentral-Afrika, die sich auf die Seite de Gaulles gestellt hatten, Großbritannien erkannte stillschweigend die Souveränität der Pétain-Regierung an.[51] (Großbritannien hat ein solches Geheimabkommen später dementiert.)

Für den Marschall dienten die Rougier-Mission und die diplomatischen Kontakte in Madrid aber auch als Ausgleich für seinen Händedruck mit Hitler. Er wollte die Balance nicht verlieren, aber die offene *Collaboration* mit den Nazis zeigte natürlich stärkere Wirkung.

Außenminister Cordell Hull empfing am 4. November den Vichy-Botschafter Henry-Haye, um ihm vorzuhalten, das State Department könne mit allen Regierungen der Welt offen und aufrichtig kommunizieren, außer mit Berlin, Rom, Tokio und Vichy. Vichy verheimliche die Ziele und Wege seiner Politik und halte sich eng an Hitler, dessen Pläne die französische Regierung mit Sympathie aufnehme. Laval sei ein enger Verbündeter Hitlers geworden, aber niemand solle glauben, dass die US-Regierung das nicht wisse. Und es wäre ein Fehler, wenn Marschall Pétain sich einbilde, er könne unter solchen Umständen gute Beziehungen mit Washington haben. Als der Botschafter die Politik seiner Regierung zu rechtfertigen versuchte, erklärte Hull, mit Appeasement-Politik seien schon andere gescheitert. Man müsse mit weiteren Aggressionen der Nazis rechnen, deshalb könne die Regierung Roosevelts keine Hilfeleistung der Franzosen für das Deutsche Reich über die Bedingungen des Waffenstillstands hinaus akzeptieren.[52]

Die kritische Zuspitzung im Ton des US-Außenministers konnte Laval nicht davon abhalten, schon wenige Tage später, am 9. November, den deutschen

Reichsmarschall Göring in Paris zu treffen. Er schlug ihm vor, Frankreich auf unumkehrbare Weise in die *Collaboration* mit Deutschland einzubinden.[53] Als er den Bericht von Botschafter Henry-Haye aus Washington las, meldete er sich jedoch beim amerikanischen Geschäftsträger Metthews in Vichy. Er sei schockiert über das harsche Urteil der US-Regierung, fühle sich missverstanden und ungerecht behandelt. Dann aber räumte er ein, dass er nicht an einen britischen Sieg glaube. Hitler habe zu ihm mit großer Siegesgewissheit gesprochen und darüber, was Deutschland nach seinem Sieg in Europa tun werde. Und Hitler habe Recht. Er habe *Collaboration* angeboten, wie es selten ein Eroberer getan habe.»Ich glaube«, fuhr Laval fort, »Ihr da drüben habt zu lange der Propaganda von den elenden Leuten zugehört, die aus Frankreich geflohen sind, die meisten von ihnen Juden, die nun in den Vereinigten Staaten solch abscheuliche und verräterische Propaganda machen.«[54] Matthews meldete diese Äußerungen selbstverständlich sofort dem State Department.

Washington wusste, dass es kaum eine bessere Quelle für Informationen über die Absichten des Nazi-Regimes gab als die Vichy-Politiker, man wusste, dass Frankreich die weiche Flanke des Nazi-Reichs geworden war und dass das französische Kolonialreich strategische Bedeutung für Militär-Operationen wie für Rohstoffe hatte. So fanden Roosevelt und sein Außenminister im November schließlich die Kraft zu einem neuen Konzept in ihrer Politik gegenüber dem besiegten Land. Ein neuer Botschafter wurde ernannt, das Vakuum in den diplomatischen Beziehungen beseitigt. Die Stelle war seit Juli vakant, die Vakanz hatte zuletzt demütigend gewirkt. Marschall Pétain zeigte sich jetzt hoch erfreut, wie er dem amerikanischen Geschäftsträger Murphy am 12. Dezember mitteilte.[55]

Der deutsche Botschafter Abetz verstand es, Laval zu schmeicheln ihm sogar vorzugaukeln, Hitler werde Frankreichs Stellung in dem »Neuen Europa« wieder herstellen. Laval zeigte den Deutschen seinen guten Willen auf jede mögliche Art. Am 29. November lieferte er ihnen die Goldreserven der National-Bank von Belgien aus, die diese beim Einmarsch der Deutschen im Mai Frankreich anvertraut hatte.[56] Er machte sich für die deutschen Nazis fast unentbehrlich.

Welches Risiko Laval für die schwierige Balance der französischen Politik zwischen dem amerikanischen Druck und dem deutschen Zugriff bedeutete, konnte auch Pétain nicht verborgen bleiben. Der Staatschef störte sich aber vor allem selbst an den eigenmächtigen Kontakten seines Stellvertreters mit Botschafter Abetz in Paris und an seinem arroganten Auftreten. Er empfand ihn zunehmend als Rivalen und glaubte, Laval stoppen zu müssen. Ein heimlich von Laval und Abetz eingefädeltes feierliches Ereignis in Paris, sollte ein Fanal der deutsch-französischen Verständigung werden, aber es wurde zum Éclat, als der Marschall davon erfuhr.

In einer nächtlichen Sondersitzung des Kabinetts am Freitag, den 13. Dezember 1940, kommt es zur Kraftprobe: Pétain beschuldigt Laval, ein Komplott zu planen. Er wolle den Staatschef entmachten, ihn auf die Rolle einer Gallionsfigur reduzieren, und selbst seine Machtposition übernehmen. Pétain veranlasst alle Minister, eine Rücktrittserklärung zu unterschreiben, nimmt dann die von Laval und von Erziehungsminister Ripert an, die übrigen nicht. Er entlässt seinen Stellvertreter fristlos aus all seinen Ämtern und stellt ihn obendrein unter Hausarrest. Die Telefon-Verbindung nach Paris hat der Innenminister vorausschauend stilllegen lassen. Die *Sureté Nationale* besetzt im Parkhotel, dem provisorischen Regierungssitz, die Etage Lavals, nimmt ihn fest wie einen Verschwörer und bringt ihn auf sein Schloß in Chateldon in der Auvergne, nicht weit von Vichy, wo er ebenfalls nicht telefonieren kann, wo sein Büro ebenfalls durchsucht wird. Madame Laval und seine Tochter, Josée de Chambrun, wenden sich gleichzeitig an einem amerikanischen Journalisten in Vichy, dem sie vertrauen. Der stille Badeort erlebt eine orientalische Palast-Intrige, so sieht es aus. Dies ist einzige Veränderung im Kabinett der Vichy-Regierung, die mit Gewalt durchgesetzt wird.

Der amerikanische Geschäftsträger Murphy berichtet nach Washington, Laval habe eine geplante Reise von Pétain nach Versailles nutzen wollen, um ihn durch einen Staatsstreich zum Rücktritt zu zwingen. Um Laval an einem Umsturz zu hindern, habe auch die *Sureté Nationale* eingreifen müssen.[57]

Pétain entsendet einen Boten nach Berlin, um der Naziführung zu erläutern, warum Laval entlassen und unter Hausarrest gestellt wurde – verbunden mit der Versicherung, an der Politik der *Collaboration* werde sich nichts ändern.

Die Nazi-Führung aber ist wütend, Otto Abetz ist sehr wütend. Hitlers Botschafter in Paris ist aber für den Moment nicht abkömmlich. Am 15. Dezember nämlich kommt der Leichnam des Herzogs von Reichstadt, Napoleons einzigem Sohn, in Paris an. Es ist eine scheinbar versöhnliche Geste Hitlers, der die

Collaboration erleichtern will. Der Herzog hatte nach den Niederlagen und dem Tod seines Vaters als Sohn der Habsburgerin Marie Louise eine bescheidene Existenz in Wien geführt und war seit hundert Jahren in Schönbrunn begraben. In einer nächtlichen Zeremonie begleiten Fackeln den Heimkehrer durch Paris zum Invaliden-Dom, wo der Sohn an der Seite seines Vaters Napoleon Bonaparte festlich beigesetzt wird. Otto Abetz hält eine Grabrede und erklärt drohend: Es war Laval, der die Atmosphäre der *Collaboration* geschaffen hat und für uns bleibt er für immer ihr einziger Garant.[58] Die Worte sind deutlich, aber die pompöse Inszenierung verfehlt ihre Wirkung. Die Entlassung Lavals macht sie wertlos.

Am Montag, den 16. Dezember reist der deutsche Botschafter nach Vichy, begleitet von bewaffneten SS-Leuten. Er fuchtelt vor dem *Hotel du Parc* mit seiner Pistole herum, interveniert bei Pétain, der ihn am nächsten Morgen im Palais Sévigné empfängt, seinem Amtssitz. Abetz verlangt nicht weniger, als Laval wieder einzusetzen. Pétain schildert ihm die Gründe seiner Entscheidung. Laval sei sehr unpopulär bei den Franzosen, zweitens informiere er den Staatschef und das Kabinett nicht ausreichend über seine Aktionen.[59] Die Politik der *Collaboration* solle aber unverändert weiter geführt werden.

Abetz lässt sich nicht besänftigen. Er behauptet, die Entlassung Lavals bedeute einen Bruch mit der in Montoire vereinbarten Politik, was Pétain heftig abstreitet. Abetz berichtet nach Berlin, Pétain wünsche, durch den Rauswurf Lavals die französische Souveränität wiederherzustellen.[60] So ist aus der Regierungsumbildung eine französisch-deutsche Krise geworden. Abetz kann den Staatschef nicht umstimmen. Lediglich der Hausarrest Lavals wird aufgehoben.

Laval verlässt Vichy und lässt sich in Paris nieder, im Schutz des deutschen Botschafters und Militärs. Abetz erreicht von Pétain das Zugeständnis, dass Fernand de Brinon Generalbevollmächtigter der Vichy-Regierung für die besetzten Gebiete wird. Brinon ist ein in Berlin bestens bekannter Bewunderer der Nazis, ein Freund von Abetz wie von Laval. Brinon und Laval sind nicht nur befreundet, sie sind eine »Seilschaft«, sie helfen einander, sie profitieren davon und so wird es bleiben.[61]

Die überraschende Entlassung Lavals – ein Coup, mit dem niemand rechnen konnte – hätte zeigen sollen, dass die Vichy-Regierung durchaus Handlungsspielräume hat. Sie geriet aber derartig unter Druck der Nazis, dass eher das Gegenteil eintrat. Die Demarkationslinie wurde für einen Monat komplett geschlossen, nicht einmal die Vichy-Minister durften sie passieren. Pétain beteuerte, dass Admiral Darlan, der nun sein Stellvertreter wurde, als Garant der *Collaboration* den deutschen Interessen nicht weniger dienen werde als Laval es getan hatte.

Die politische Linie gegenüber der Besatzungsmacht änderte sich nicht, der Versuch, mehr Souveränität zu gewinnen, war fehlgeschlagen. Die erste Kraftprobe mit dem Dritten Reich hatte Pétain verloren. Die französische Souveränität war nur noch eine Illusion. Aber beide Seiten hatten ein Interesse daran, den Schein aufrecht zu erhalten. Fernand de Brinon und auch Admiral Darlan garantierten, dass die Entlassung Lavals keinen Einschnitt in der Politik der Vichy-Regierung bedeutete. Darlan hatte sich am 24. Dezember bei Hitler vorzustellen. Aber Hitler und auch sein Botschafter Abetz pflegten weiter ihre Verstimmung.[62] Obwohl die Regierung Pétain alles tat, um sich kooperativ zu zeigen, waren die Deutschen vorerst nicht mehr an *Collaboration* interessiert. Hitler dachte an neue Feldzüge und Frankreich sollte dabei nur als Lieferant von Rohstoffen helfen.

In Washington nahm man an, Laval sei ein besserer Freund der Nazis als Pétain, und so gab man sich der Hoffnung hin, Vichy sei nunmehr weniger abhängig von der Besatzungsmacht.

Laval hatte in der Juni-Krise bei der Niederlage Frankreichs wie Weygand, Darlan und Pétain mit Nachdruck gegen die Fortsetzung des Kampfes von Nordafrika aus argumentiert, also die einzige Alternative zur Politik der *Collaboration* ausgeschlossen. Er hatte anschließend entscheidenden Einfluss auf das Ende der parlamentarischen *»Dritten Republik«*. Er ist quasi der Autor der neuen autokratischen Verfassung des »État Francais« von Vichy. Aber der Staat von Vichy – nicht ganz faschistisch, aber mehr als nur autoritär – war nicht Lavals Erfindung und auch kein Import aus Deutschland oder Italien, wie der amerikanische Historiker Robert Paxton nachgewiesen hat.[63] Der Zuschnitt des Vichy-Staates beruhte auf autoritären Ideen der *Dritten Republik,* die sich allerdings ohne die deutsche Besatzung nicht hätten entfalten können. Pétain hatte in seiner Rede vom 25. Juni 1940 die Vergnügungssucht der Franzosen für die französische Niederlage verantwortlich gemacht. Sie habe zerstört, was Opfersinn aufgebaut habe.[64] Eine Chimäre, an die er selbst glauben wollte, weil sie das skandalöse Versagen der militärischen Führung, also auch sein eigenes Versagen ausblendete, es war kein Mythos, auf den sich der Staat von Vichy gründete, sondern Lüge.

»Zu Unrecht sieht man in Laval den Urheber dieser Politik (der *Collaboration*), um den Marshall von jeder Verantwortung freizusprechen«[65], so urteilt der Historiker Henry Rousso. Die Gesetze gegen Juden und Freimaurer etwa, die das *Journal Officiel* am 18. Oktober veröffentlichte,[66] trugen die Handschrift Pétains, der eigentlich allen Intellektuellen misstraute. Allerdings hatte der greise Marschall keine ehrgeizigen Klimmzüge nötig, um Karriere zu machen, und hielt seine Überzeugungen besser als Laval verborgen, auch vor den amerikanischen Diplomaten.

ROOSEVELT UND DIE FLÜCHTLINGE

Die Konferenz von Evian 1938, die auf Initiative von US-Präsident Roosevelt den verfolgten Juden eine Heimat in einem außereuropäischen Teil der Welt finden sollte, ging ohne Ergebnis auseinander. Der Zweite Weltkrieg setzte auch den darauf folgenden Verhandlungen ein vorläufiges Ende. Auch die Vereinigten Staaten waren nicht bereit, eine nennenswerte Zahl jüdischer Flüchtlinge aus Europa aufzunehmen. Sie blieben bei ihrer Quote von 27.370 Juden aus Deutschland und Österreich pro Jahr. Die Konferenz von Evian wollte jede Provokation Deutschlands vermeiden und trug letztlich nur dazu bei, Juden und jüdische Flüchtlinge als Problem zu betrachten.[67] Immerhin stand das Thema 1939 so deutlich auf der politischen Tagesordnung der Welt, dass niemand sagen konnte, die Flüchtlingsströme kämen überraschend. Nach Kriegsbeginn vertrieben die Nazis systematisch Juden aus ihrem Machtbereich. Das Problem verdoppelte sich, weil durch die Angriffe Nazi-Deutschlands gegen fast alle Nachbarländer auch nicht-jüdische Politiker, Gewerkschaftler, Wissenschaftler, Schriftsteller, Künstler, Journalisten um ihr Leben fürchten mussten.

Präsident Franklin Roosevelt legte dem State Department am 7. März 1940 seine Sicht des Flüchtlings-Problems dar: »This Government is genuinely interested in the solution of the refugee problem in its broadest sense, i. e. not merely those unfortunate people who are forced by government action to leave their homes and their countries, but also all those who, at the end of this war, will for a thousand other reasons find it desirable voluntarily to seek new homes in new lands«.[68] Roosevelt vermied es nach Möglichkeit, sich auf konkrete Formulierungen festzulegen, er fand aber meistens wohlklingende Begründungen für sein Zögern. Das genannte Zitat belegt diese Tendenz. Für seine Beamten im Außenministerium wurde aber hinreichend klar, dass der Präsident keinen akuten Entscheidungsbedarf wegen der europäischen Flüchtlinge sah. Man kann also nicht ihnen allein vorwerfen, dass sie restriktiv mit den Visa-Anträgen umgingen.

Roosevelt war andererseits überzeugt davon, dass Hitler die Welt einschließlich der Vereinigten Staaten beherrschen wollte[69], dass die USA also an diesem Krieg nicht vorbeikommen würden, er wollte aber – um die Zustimmung seiner Landsleute zu bekommen – auf einen Angriff der Achsenmächte, mindestens auf einen Zwischenfall, eine Provokation warten. Er hatte schon lange vor dem Kriegseintritt der USA den Blick auf die Weltlage bei Kriegsende gerichtet. Den Krieg und die Flüchtlingsfrage vom Ende her denken, das war der Angelpunkt seiner Entscheidungen. Das State Department nahm die Richtlinie zur Kenntnis, vor allem die Verzögerungstaktik des Präsidenten.

Es waren wahltaktische, also innenpolitische Gründe, die ihn dann doch veranlassten, den US-Gewerkschaften die Aufnahme von einigen hundert Flüchtlingen aus den Reihen der europäischen Gewerkschaften und sozialdemokratischen Parteien zu versprechen. Es waren persönliche Gründe, seiner Frau Eleanor die Aufnahme von einigen Dutzend prominenten Künstlern und Wissenschaftlern zuzusagen. Beide zusammen machten das Visa-Notprogramm aus, das parallel zu den üblichen Asyl- und Visa-Verfahren eingerichtet wurde.

Die Not-Visa hatten keine gesetzliche Grundlage, bzw. wurden als Besucher- und Touristenvisa behandelt und so am Kongress vorbei geführt. Dieses Programm war im Prinzip geheim und sollte geheim bleiben, weil sich in den Medien bereits absurde Panik wegen einer »fünften Kolonne« der Nazis in den Vereinigten Staaten verbreitete. Roosevelts Ratgeber glaubten an die »fünfte Kolonne« so fest wie die Bevölkerung im Allgemeinen, die von einer hysterischen Presse-Kampagne aufgehetzt wurde.[70] Auch politisch Verantwortliche, die es besser wissen mussten, wie Samuel Breckinridge Long, Stellvertreter des Staatssekretärs, schürten das fremdenfeindliche Klima des Mißtrauens.[71] Breckinridge Long betrachtete sich als persönlichen Freund des Präsidenten, weil er ihm einst im Wahlkampf eine große Spende hatte zukommen lassen und dafür mit dem Posten des Botschafters in Rom belohnt worden war. Seit Kriegsbeginn 1939 leitete er die neue Abteilung für Probleme, die im Zusammenhang mit dem Krieg in Europa standen, das heißt, er kontrollierte das halbe Außenministerium. Zu seinen Zuständigkeiten gehörte auch die Visa-Abteilung. Seine Haltung, die er offen nur seinem Tagebuch anvertraute, basierte auf Judenhass. Er unternahm das äußerst Mögliche, um die Einwanderung von Juden in die Vereinigten Staaten zu begrenzen, als diese noch möglich war.[72]

Die Abwehr-Haltung des Präsidenten, die der Stimmung in der Presse und in beiden Häusern des Parlaments Rechnung trug, führte dazu, dass das Außenministerium die amerikanischen Konsulate am 5. Juni, also während des deutschen Vormarsches in Westeuropa, und am 29. Juni wiederholt anwies, alle Anträge auf Visa äußerst penibel zu prüfen.[73] Dabei ging es keineswegs in der Hauptsache darum, Nazi-Spione und -Agenten fernzuhalten. Größer war die Sorge, Sozialisten, Anarchisten oder auch eine Vielzahl von Juden könnten kommen, die der amerikanischen Gesellschaft nicht willkommen waren.

Hilferufe der jiddisch-schreibenden Presse in den USA, etwa des *Forverts* oder der Zeitungen *Der Tog*, oder *Der Morgen Dzhurnal*, ihre Appelle, jüdischen Flüchtlingen angesichts des Nazi-Terrors in Polen die Tore Amerikas zu öffnen, verhallten ungehört.[74] Den kleinen jüdischen Minderheiten fehlte politisches Gewicht.

Roosevelt war ein ausdauernder, täglicher Zeitungsleser, er pflegte die Bekanntschaft mit Journalisten und Verlegern. Jeden Dienstag und Freitag empfing er etwa hundert Reporter und Korrespondenten im Oval Office zur Pressekonferenz. Er hatte ein fein austariertes System der Beobachtung und Auswertung der Presse, vor allem der Leitartikel und Kommentare etabliert, das ihn in seiner äußerst vorsichtigen Haltung gegenüber einem möglichen Kriegseintritt, aber auch in der Flüchtlings-Politik bestärkte.[75] Auch die Umfragen des Gallup Instituts zur Erforschung der öffentlichen Meinung interessierten ihn geradezu brennend, zumal im Wahlkampf des Herbstes 1940.

Dem gleichen Zweck, die öffentliche Meinung zur Flüchtlingspolitik aufzunehmen und zu beeinflussen, diente ein *Advisory Committee on Political Refugees*, das der Präsident schon im März 1938 berufen hatte. Es sollte ihn in allen Fragen des Asyls und der Flüchtlingshilfe beraten, während seine Minister auf diesem Gebiet uneins waren. An dieses Gremium richteten sich Wünsche von immer neuen Hilfskomitees. Das *Advisory Committee* machte daraus Empfehlungen, die ins Außenministerium und bei Bedarf an das Weiße Haus weitergegeben wurden. Das State Department tat sich schwer damit, die Wünsche zu koordinieren, weil die USA nur sehr begrenzt zu helfen bereit waren.

Vier Wochen nach der Gründung des *ERC* durch Frank Kingdon, Reinhold Niebuhr, Erika Mann, Paul Hagen und andere, am 24. Juli, notierte der Abteilungsleiter für Europa im Außenministerium, mindestens elf Lobby-Initiativen hätten Listen mit Asyl-Bewerbern aus Europa vorgelegt. Diese Gruppen würden sich zum Teil misstrauisch bekämpfen. Erzherzog Otto von Habsburg zum Beispiel habe sich beim *Advisory Committee* des Präsidenten beklagt, dass eine Liste des Gewerkschaftsbundes *C.I.O.* an das amerikanische Konsulat in Lissabon geschickt worden sei, worauf den auf dieser Liste genannten Vorrang vor allen anderen gegeben worden sei. Der Erzherzog wolle nun selbst eine katholische Initiative begründen. Ihm war offenbar entfallen, dass die Nazis ihre Gegner und Opfer nicht nach einem politischen Proporz aussuchten. Dem State Department schien, es drohe Chaos. Deshalb solle das *Advisory Committee* mehr direkte Verantwortung übernehmen.[76]

Zwei Tage später, am 26.Juli traf das *Advisory Committee* mit Spitzenbeamten des Justiz- und des Außenministeriums im Büro von Staatssekretär Welles zusammen. Die verschiedenen Listen der Flüchtlings-Lobby wurden abgeglichen und Grundsätze der Visa-Gewährung erörtert. Ein geordnetes, umständliches aber nicht unliberales Programm zur Rettung der Flüchtlinge in Süd- und Westeuropa wurde festgelegt. Der Beirat des Präsidenten übernahm die Aufgabe, für die ausgewählten Flüchtlinge die erforderlichen Nachweise zu beschaffen: Das *moral affidavit* (eine Art umfassendes Leumunds-Zeugnis), das *affidavit of sponsorship* (eine Unterhaltsgarantie) und den *biographical sketch* (Lebenslauf).[77] Staatenlose sollten ein *affidavit in lieu of passport* (einen Passersatz) erhalten.[78] Letztlich sollte zentral in Washington über die Visa-Vergabe nach dem Notprogramm des Präsidenten entschieden werden.

Die Konsulate erhielten sofort Listen der Personen, denen die Einreise ermöglicht werden sollte. Allerdings hatten die Konsuln und Beamten in den US-Botschaften Schwierigkeiten, den Unterschied zwischen den normalen Asyl- und Visa-Verfahren und Roosevelts Visa-Notprogramm zu verstehen.

Das Leumundszeugnis war ein neues Element im amerikanischen Visa-Recht, das die Verfahren verlängerte und den Konsulatsbeamten eine Skala von Möglichkeiten in die Hand gab, auf die Entscheidung einzuwirken. Das *moral affidavit* war eine Art Gesinnungsprüfung, der sich nicht nur der Antragsteller, sondern im Zweifel auch der amerikanische Bürge aussetzen musste. Bei allen Visa-Anträgen wurde gefragt, ob der Bewerber einer anarchistischen oder kommunistischen Organisation angehöre oder angehört habe. Nach faschistischen Organisationen wurde nicht gefragt. Die Schriftstellerin Anna Seghers, die ihr eigenes Flüchtlingsschicksal in Marseille in ihrem Roman »Transit« verarbeite, schrieb dort:

»*Wo sollte ich, eine Frau, die immer allein lebt, zwei amerikanische Bürgen hernehmen, die für mich ihre Hand ins Feuer legen, dass ich nie Geld unterschlagen habe, den Russenpakt verdamme, den Kommunisten nicht gewogen bin, nicht war und nicht sein werde, keine fremden Männer in meinem Zimmer empfange, ein sittliches Leben führte, führe und immer führen werde?*«[79]

In welchem Geist das State Department die Visa-Erteilung betrieb, macht ein Schreiben deutlich, dass Breckinridge Long bereits im Juni 40 an die Visa-Abteilung richtete, deren Chef er war, eine Dienstanweisung also: »*We can delay and effectively stopp for a temporary period of indefinitive length the number of immigrations into the United States. We could do this by simply advising our consuls to put every obstacle in the way and to require additional evidence and to resort to various administrative devices which would postpone and postpone and postpone the granting of the visas.*«[80] Ein erstaunliches Dokument! Der erste Satz nennt im Indikativ eine Option, die Zulassung von Flüchtlingen bis an die Grenze des Rechts zu erschweren. Wie diese Option zu verstehen ist, sagt dann im Konjunktiv der zweite Satz. Dieser entsprach offenbar den Wünschen des Vorgesetzten, solche Wünsche aber im Indikativ festzuhalten (schriftlich), das wäre ein glatter Rechtsbruch gewesen und mit seinem Beamtenstatus nicht vereinbar. Es wurde auch so in der Visa-Abteilung deutlich, was der Chef wollte.

Wie komplex und umstritten die Visa-Prozedur blieb, zeigte am 6. September ein Hilferuf aus Lissabon, dem Engpass auf dem Weg der Flüchtlinge. Der amerikanische Botschafter Herbert C. Pell beklagte, das System der Überprüfung der Flüchtlinge und Erteilung der Visa funktioniere nicht so wie geplant. Einige Hilfsorganisationen seien rassistisch. (Er kann damit nur jüdische und pro-jüdische Gruppen gemeint haben wie HICEM und USC.) Es seien die falschen, die mit Visa in die Vereinigten Staaten gelassen würden. Es laufe in Lissabon das Gerücht um, ein Flüchtling brauche nur zu erwähnen, er stehe in den Vereinigten Staaten auf der Liste einer einflussreichen Organisation und schon erhalte er sein Visum. Daraus könne sich ein offener Skandal entwickeln. Pell schlug deshalb vor, die Beweislast den Asylbewerbern aufzulegen, (»the burden of proof be placed on the applicants«) sodass sie ihre Vorgeschichte beschreiben und belegen müssen, sowie ihre Absichten für ihre Zukunft in den USA erläutern. Auch er selbst, Botschafter Pell, sei schon wiederholt von Antragstellern bedroht worden, obwohl er gar nicht zuständig sei, sondern der Konsul.[81] Wie sollte wohl ein Flüchtling, der es mit gefälschten Papieren nach Flucht und Internierungslager bis nach Lissabon geschafft hatte, Zeugnisse vorlegen? Den Vorschlag Pells unterstützte der Abteilungsleiter im Außenministerium, Breckinridge Long. Beide wünschten eine Verschärfung der Visa-Regeln.

Das Advisory Committee diskutierte diesen Vorschlag und gab den Wünschen des State Department nach. Dann schrieb Breckinridge Long am 18. September einen ausführlichen Brief an Roosevelt, damit auch der Präsident einer Verschärfung der Regeln zustimme. Die aus seiner Sicht ungeeignete, bisher geübte Praxis beschrieb er mit einem Beispiel aus Lissabon: Eine deutsche Frau, der das Advisory Committee ein US-Visum geben wollte, erschien den Beamten am amerikanischen Konsulat suspekt. Die Frage war, ob sie nach Ablauf ihres Besucher-Visums in ein Drittland weiterreisen könne. Die Person sei ins Konsulat zurückgekommen mit einem Schreiben der deutschen Botschaft in Lissabon, das ihr erlaubte, wieder nach Deutschland einzureisen. Sie sei also entweder kein Flüchtling in Gefahr gewesen oder müsse eine Agentin der Deutschen sein.[82] Die Angst vor deutschen Nazi-Agenten unter den Flüchtlingen war das stärkste Argument der Isolationisten.

Zugleich lieferte der Stellvertreter des Staatssekretärs eine Aufstellung der seit Juli (seit der französischen Niederlage) erteilten Flüchtlings-Visa: 2.583 Einreise-Genehmigungen in die USA aus Westeuropa seien erteilt worden, davon 1.131 entsprechend der Liste der Gewerkschaft AFL und 732 nach zwei jüdischen Listen und schließlich 561, die das Advisory Committee auf seiner Liste benannt habe. Die Gewerkschaftsliste und die jüdischen Listen seien damit geschlossen. Da die meisten bedeutenden Köpfe der liberalen Bewegungen inzwischen gerettet seien, solle die Liste des Beirats nun auch geschlossen werden, »except that names of refugees in imminent danger who are intellectual leaders of the liberal movement in Europe« ...[83] Der Präsident zeichnete diesen Vorschlag ab mit seinem »OK«.

In Wirklichkeit waren zu diesem Zeitpunkt, am 18. September 1940 nicht einmal die Prominenten gerettet. Die ›Namenlosen‹ sollten sich an die Konsulate wenden, sich wartend in das Quoten-System einfügen und beweisen, dass sie für Amerika geeignet waren, das heißt weder Last noch Risiko.

Am nächsten Tag schrieb Außenminister Hull an die Konsulate in Lissabon, London, Stockholm, Bordeaux, Lyon, Marseille, Nizza, Porto, Casablanca und Zürich gleichlautend: Visa-Anträge sollten sorgfältig geprüft werden, die Ausländer sollten klare Beweise über wesentliche Fakten präsentieren.[84] Den Flüchtlingen wurde die Beweislast aufgeladen. Humanitäre Erwägungen waren allenfalls nachrangig im politischen Kalkül Washingtons.

An die US-Botschaft in Vichy und an den Generalkonsul in Marseille schickte Außenminister Cordell Hull am 18. September noch ein weiteres Telegramm:

»... *This Government can not repeat not countenance the activities of Dr. Bohn and Mr. Fry and other persons, however well meaning their activities may be, in carrying on activities evading the laws of the countries with which the United States maintains friendly relations. Cordell Hull, U.S. Secretary of State*«[85]

Der Konsul wurde gebeten, »persönlich und unverzüglich Herrn Bohn und Herrn Fry davon zu informieren, dass die Regierung, ihre Aktivitäten nicht billigen kann, von denen uns berichtet wurde, ... mit denen sie die Gesetze von Ländern umgehen, mit denen die Vereinigten Staaten freundschaftliche Beziehungen haben.« Ein Angestellter der US-Botschaft hatte in Telegrammen nach Washington, Fry und Bohn der Fluchthilfe bezichtigt.[86]

Der Konsul riet Fry, das Land sofort zu verlassen, wenn er nicht verhaftet und abgeschoben werden wolle. Er hatte selbst nach Washington geschrieben, während Fry in Lissabon war, wollte ihm aber seinen Brief nicht zeigen. Man darf sich fragen, wie fair das ist.

Fry beschloss, vorerst zu bleiben, bat aber das ERC in New York, einen Nachfolger für ihn zu suchen, der ihn ersetzen könne. Bohn kehrte in die USA zurück und hinterließ seine Arbeit dem *CAS*. Die Klage des Konsuls über Fry gab das State Department an das *ERC* in New York weiter, das Fry nicht mehr unbedingt unterstützte, obwohl er jetzt einen neuen ausführlichen Rechenschaftsbericht nach New York schickte. Wenn man ihn ablösen wolle, dann werde er gehen, sobald sein Nachfolger ankomme. Einige Mitarbeiter des *CAS*-Büros schrieben zusätzlich, wenn Fry abgelöst werde, dann stünden Hunderte von Menschenleben auf dem Spiel.

Zwischen den Fluchthilfe- und Flüchtlingshilfe-Organisationen trieb der Konflikt um die Wahl der Mittel, legal oder illegal, auf die Spitze. Der USC-

Chef in Lissabon Charles Joy glaubte eingreifen zu müssen und erschien im Oktober im *CAS*-Büro in Marseille. Er erklärte Fry in Gegenwart des ganzen Teams, er müsse sofort alle illegalen Aktionen wie etwa die klandestinen Grenzübertritte einstellen. Frys Mitarbeiter schauten sich erstaunt an. Einige, weil sie von den illegalen Praktiken nichts wussten, die anderen, weil Joy offen und laut darüber sprach. Der Auftritt von Joy änderte nichts, außer dass allen klar wurde, wie prekär ihre Situation geworden war.

Fry hätte jetzt gern den Geschäftsträger der US-Botschaft in Vichy aufgesucht, um ihm die Lage aus seiner Sicht zu erläutern. Er hätte aber nur auf Antrag des Konsulats oder der Botschaft ein *sauf-conduit* nach Vichy bekommen können. Beide aber weigerten sich, den Antrag zu stellen. Der Konsul erklärte ihm, »die Sache sei entschieden und nichts, was ich jetzt noch sagen würde, könnte daran etwas ändern.«[87] Ein Gespräch mit dem Botschafter dürfte allerdings kaum geholfen haben. Die Abneigung im State Department gegen die Flüchtlinge und Fluchthelfer war fest gefügt und vorerst unüberwindbar.

Unmittelbare Folgen hatte der Brief von Außenminister Hull an den Generalkonsul in Marseille aber doch. Der Inhalt sprach sich herum. Donald Lawrie, der YMCA-Repräsentant für Europa, brach den Kontakt mit Varian Fry und seinem Team ab. Auf Einladung von Lawrie trafen sich am 5. November 1940 in Nimes im Hotel Imperator Vertreter der meisten Flüchtlings- und Fluchthilfe-Organisationen unterschiedlicher religiöser oder politischer Kategorien: das *USC*, drei dem Roten Kreuz nachgeordnete Dienste, sieben jüdische Organisationen, das *American Friends Service Committee*, auch eine im besetzten Teil Frankreichs arbeitende Gruppe, aber nicht das CAS von Varian Fry. Man tauschte Informationen, besprach künftige Aktionen. Das Nimes Komitee wählte Donald Lawrie zu seinem Vorsitzenden (er verfügte über ein festes Budget des YMCA) und beschloss, sich einmal im Monat am gleichen Ort wieder zu treffen. Das neue Netzwerk nannte sich »*Coordination Committee for Relief Work in Internment Camps.*«[88] Es sollte also vor allem um die Verbesserung der Lebensumstände in den Internierungslagern gehen. Lawrie wurde so zum bevorzugten Gesprächspartner der französischen Behörden. Er reiste viel in verschiedene Lager, manchmal begleitet von Martha Sharp. Für Varian Fry aber wurde es zum strategischen Nachteil, dass er nicht dabei sein konnte. Der Brief von Außenminister Hull hatte ihn sogar in der amerikanischen Gemeinde von Südfrankreich isoliert.

Lawrie kümmerte sich engagiert um die Lage der Insassen von vielen Internierungslagern, was genau genommen keine Fluchthilfe war und nicht illegal. Martha Sharp begleitete Lawrie bei mehreren Reisen durch die Lager und richtete ihr Augenmerk vor allem auf die Kinder. Sie und die übrigen Hilfsorganisationen waren so stark vom Wohlwollen des General-Konsulats abhängig, dass sie wegen Varian Fry oder des CAS den Konsuln keinen Vorwand geben wollten, Zweifel an ihrer Arbeit zu äußern.

Eine der ersten Gräueltaten der Nazis im besiegten Frankreich geschah am 16. Juli 1940: Sie vertrieben etwa 3.000 Juden aus dem Elsass, bzw. schoben sie ab über die Grenze in das unbesetzte Frankreich.[89] Ihr Besitz wurde vereinnahmt, die französischen Behörden wurden gezwungen, keine Juden über die Grenze in ihre Heimat zurückkehren zu lassen. Weitere 6.551 Juden aus Baden, der Pfalz und dem Saarland brachten sieben Züge am 22. und 23. Oktober in das unbesetzte Frankreich, unter ihnen die Familie Niedermann aus Karlsruhe. Den Vertriebenen hatten die deutschen Behörden erlaubt jeweils 50 Kilo Gepäck und 100 Reichsmark mitzunehmen.[90]

Die Vichy-Behörden verteilten sie auf die Lager Gurs, Les Milles und das neue Lager Rivesaltes bei Perpignan, das offiziell erst am 14. Januar 1941 eröffnet wurde. Sie hatten für diese Menschen zu sorgen, fühlten sich aber weit überfordert, weil schon vor dem Krieg und vor dem Waffenstillstand mehr als drei Millionen Menschen aus Mittel- und Osteuropa, aus Spanien sowie aus dem Nahen Osten nach Frankreich geflüchtet waren und dort um Asyl baten. Es fehlte nunmehr an Nahrung, an Kleidung, an medizinischer Versorgung, an Arbeitsmöglichkeiten, es fehlte an fast Allem. Die Familie Niedermann, gefangen zwischen Krankheiten, Hunger und Angst, überlegte lange über das Angebot einer christlichen Hilfsorganisation, wenigstens die beiden Kinder zu retten. Dann stimmten die Eltern verzweifelt zu, wie viele andere, die Söhne Paul und Arnold nachts unter dem Zaun durchschlüpfen zu lassen zu Fremden in ein ungewisses Schicksal. Die Entscheidung rettete den Kindern schließlich das Leben, während die Eltern in Konzentrationslagern der Nazis starben.[91]

Überfordert, für Nahrung, Gesundheit und Überleben der vertriebenen Juden zu sorgen, wenn nicht sogar unwillig, entschloss sich die Regierung in Vichy, die Vereinigten Staaten um Hilfe zu bitten. Botschafter Henry-Haye übergab am 25. November im US-Außenministerium eine Petition. Die Flüchtlingsflut, besonders die der Juden, solle fairer verteilt werden, so der

Vorschlag.[92] Washington möge ähnlich wie 1938 bei der Konferenz von Evian andere Staaten des amerikanischen Kontinents zu einer Konferenz einladen, damit über die Übersiedlung und Verteilung von Flüchtlingen dorthin befunden werden könne.

Die Anfrage wurde Präsident Roosevelt vorgelegt, aber vom State Department nicht befürwortet. Staatssekretär Welles vermutete hinter dem Vorschlag der Franzosen deutsche Absichten.»The Germans were preparing to force our hand in the refugee problem«.[93] Er warnte Roosevelt, sich auf einen Handel mit Flüchtlingen einzulassen.»Were we to yield with this pressure all the evidence indicates that in the wake of the ten thousand Jews recently forced into France the Germans would drive on the French the remaining Jews from Germany and the occupied territories, hundreds of thousands of persons« ... Der Erpressung durch das totalitäre Nazi-Regime dürfe nicht nachgegeben werden, weil die Deutschen dann noch hunderttausende weitere Juden aus ihrer Heimat vertreiben würden.[94] Der Präsident stimmte der Meinung seines Staatssekretärs zu. Diese Entscheidung, so engherzig wie kurzsichtig, entsprach dem von Umfragen ermittelten Meinungsbild des Durchschnitts-Amerikaners. Bevor die Nazis den jüdischen Flüchtlingen den Ausgang aus Europa versperrten, verschlossen die Vereinigten Staaten ihnen den Eingang.[95] Es ist festzuhalten, dass eine Chance vergeben wurde, viele Menschenleben zu retten.

Dem französischen Botschafter wurde am 27. Dezember ausführlich aber abschlägig geantwortet. Staatssekretär Welles nutzte die Gelegenheit, der Vichy-Regierung mitzuteilen, dass viele Flüchtlinge in Frankreich mit einem Visum für die USA in der Hand vergeblich auf eine Ausreise-Genehmigung aus Frankreich warten.[96] Die meisten der deutschen und elsässischen Juden, die Anlass der französischen Demarche gewesen waren, wurden – soweit sie nicht bereits gestorben waren – im Sommer und Herbst 1942 nach Auschwitz und andre Konzentrationslager gebracht. Nur 84 der Deportierten überlebten.

AUSLIEFERUNG AUF VERLANGEN

Die Behauptung Lavals gegenüber dem US-Geschäftsträger in Vichy, die US-Regierung höre zu sehr auf die Propaganda der Flüchtlinge, war vollkommen abwegig. Die Ziele der amerikanischen Diplomatie vor dem Kriegseintritt im Dezember 1941 waren: 1. Großbritannien zu unterstützen, 2. die Deutschen nicht stärker werden zu lassen und 3. die westliche Hemisphäre aus den Kriegshandlungen heraus zu halten. Alle anderen Überlegungen, etwa zur Flüchtlingspolitik, blieben nachrangig.

Die deutschen Besatzungs-Behörden verlangten und erhielten von den Franzosen Listen mit den Namen von Flüchtlingen aus Deutschland, Österreich und den besetzten Gebieten. Vor allem waren sie interessiert an solchen Flüchtlingen, die sie für ihre Feinde hielten. Neben den politischen Emigranten gehörten dazu auch die *Préstataire*, die sich auf der französischen Seite am Krieg beteiligt hatten und dadurch in den Augen der Nazis »Landesverrat« begangen hatten.[97] Die französische Regierung hatte im Januar 1940 per Dekret eine Dienstpflicht für im Lande lebende Ausländer eingeführt, quasi als Ersatz für den Militärdienst der Franzosen. Diese Dienstpflicht als »Préstataire« konnte etwa in der Fremdenlegion geleistet werden, aber auch in unbewaffneten Hilfstruppen.[98] Das Ansinnen der Franzosen, die *préstataire* aus der Pflicht zur Auslieferung auszunehmen, hatte die deutsche Seite »scharf« zurück gewiesen.[99] Die Deutschen waren mit den Listen, die die Vichy-Behörden übergaben, unzufrieden. Sie hatten auch eigene Listen von Flüchtlingen, derer sie habhaft werden wollten.

So wurde von der Waffenstillstandskommission in Wiesbaden eine Gruppe unter Leitung des Legationsrates Kundt aus dem Auswärtigen Amt beauftragt, in den Lagern der unbesetzten Zone nach Flüchtlingen zu suchen, jüdischen und arischen.

Ernst Kundt stammte aus dem Sudetenland und hatte bereits im Generalgouvernement Polen Verwaltungsfunktionen ausgeübt. Seiner Kommission gehörten deutsche Gestapo-Männer, Vertreter des *Roten Kreuzes* und der *NSDAP* an. Hinzu kamen ebenso viele französische Offiziere der *Sureté Nationale*, sodass die Gruppe aus zwei mal sechs bis acht Männern bestand. Im August erhielt die deutsche Seite eine Liste von allen deutschen Internierten und auch einiger als straffällig bezeichneter Flüchtlinge. Ernst Kundt und seine Begleiter kamen am 27. Juli nach Vichy und traten am 28. Juli ihre Rundreise durch die Lager an. Das Verfahren dauerte bis zum 30. August. Überprüft werden sollten die hygienischen und sanitären Bedingungen in den Lagern, so der offizielle Auftrag, und die Identität der Internierten. Reichsdeutsche (Arier) sollten wenn möglich zurückgeholt, politische oder kriminelle Straftäter sollten vor Gericht gestellt werden.[100] Alle Deutschen, die seit Januar 1933,

Hitlers Machtergreifung nach Frankreich gekommen waren, sollten überprüft werden, auch diejenigen, die inzwischen die französische Staatsbürgerschaft erworben hatten. Die Kommission stellte jedoch fest, dass die deutsche Regierung keinerlei Interesse hat, geflüchtete Juden zurück ins Reich zu holen. Allerdings sollten diejenigen Anti-Nazi-Politiker, die im Exil ihre Tätigkeit fortgesetzt hatten, aufgespürt werden. Diese Frauen und Männer, Juden oder nicht, waren also in hohem Maß gefährdet. Die Kommission betrachtete sie als ›Kriegshetzer‹.[101]

Die Ankunft der Kommission löste Panik bei den internierten ›Politischen‹ aus. Im Lager *Le Vernet*, wo ihr Anteil besonders hoch war, war vor der Ankunft der Kommission, ein Telegramm des Innenministers aus Vichy eingegangen: der Artikel 19 des Waffenstillstands sei buchstäblich einzuhalten. Die Lagerleitung ließ die Baracken und das Umfeld gründlich reinigen und übergab der Kommission dann eine exakte Liste aller Internierten (bis auf vier), die Gestapo las das Papier sorgfältig.[102]

Die deutschen, österreichischen, polnischen und tschechoslowakischen Insassen der Lagerabschnitte mussten gemeinsam antreten. Außerhalb des Zauns hatte der Kommandant mehrere Maschinen-Gewehr-Posten zusätzlich aufgestellt. Einzeln hatten die Gefangenen nach vorn an einen Tisch zu treten, wo sie befragt und die Antworten protokolliert wurden, so erzählte der deutsche (jüdische) Schriftsteller Rudolf Leonhard, ein Freund von Walter Hasenclever, der seit 1939 im Internierungslager *Le Vernet* im Pyrenäen-Vorland lebte. Die Kundt-Kommission suchte es am 7. August und noch einmal am 17. und 18. August auf. Leonhard widmete dem Lager einen Gedichtband mit dem Namen Le Vernet, der Kommission das Gedicht »Kommission«, das er schrieb, nachdem er selbst vorgeführt worden war:

»Da dank ich den Franzosen,
die mich gefangen halten,
dass ich einem namenlosen
Vertreter der Nazigewalten
Vorgeführt wurde
und Rede stehen musste
Er stellte einige Fragen
halb leutselige, halb freche
die Stimme schepperte über dem Kragen

wie hoch von gewelltem Bleche
Und darüber die Augen blau wie meine
standen starr und kalt
Und plötzlich in der Brache
des kargen Wortwechsels schlich
schmerzlich und jämmerlich
Gefühl: Der spricht dieselbe Sprache
wie ich
ganz anders, nicht die gleiche, und
ja dieselbe doch.[103]

Rudolf Leonhard hatte intensiv in den 30er Jahren in Paris am Widerstand gegen die Nazis mitgewirkt.[104] Die Kommission erkannte ihn zunächst nicht. An den übrigen Juden war die Kundt-Kommission gar nicht interessiert, umso mehr aber an den nicht-jüdischen deutschen Internierten, etwa Franz Dahlem oder Hugo Salzmann, der im Oktober 1941 an die Gestapo ausgeliefert wurde.

Der Gefangene Ernst Buschmann erinnert sich an eins der Einzelgespräche: In seiner Gruppe hatten sich alle verabredet, auf die Frage nach einer Rückkehr ins Reich Nein zu sagen. Sein Freund Hans Winkelmann aber, flüsterte ihm zu, »pass auf, dem werde ich den Spaß verderben«.

Der Gestapo-Mann fragt: »Wollen Sie ins Reich zurückkehren?«
Antwort Winkelmann: »Ja«!
»Dann füllen Sie dieses Formular aus!«
Antwort: »Nein«.
»Ich denke, Sie wollen nach Deutschland zurück!«
Winkelmann: »Ja!«
»Und warum wollen Sie das Formular nicht ausfüllen?«
»Ich will nicht jetzt nach Deutschland zurückkehren.«
»Das verstehe ich nicht«, sagt der Gestapo-Offizier. »Wann möchten Sie denn nach Deutschland zurückkehren?«

Darauf Winkelmann mit fester Stimme: »Wenn Ernst Thälmann Reichspräsident ist, dann werde ich nach Deutschland zurückkommen.«

Der Offizier der Geheimen Staatspolizei sucht nach einer Antwort. Dann äußert er: »Da werden Sie fünfhundert Jahre warten müssen.«

Winkelmann tritt zurück in seine Gruppe und freut sich. »Siehst Du«, sagt er seinem Freund Buschmann, »fünf Minuten verhandelt und fünfhundert Jahre gewonnen«.[105]

Den ehemaligen Spanien-Kämpfern wurde Amnestie versprochen. Vor ihrer Abreise hielt einer der Deutschen eine Rede. Er forderte die Internierten auf, sich freiwillig zur Rückkehr nach Deutschland zu melden. Zwei Internierte erinnern sich an das, was er sagte: » Der Führer will sich Ihnen gegenüber großmütig zeigen.«[106] »Sie haben die Möglichkeit ... wieder anständige Menschen zu werden. Selbstverständlich müssen Sie ... eine Schule der Umerziehung durchmachen. Wer diese Chance nicht nutzt und glaubt, seine Maulwurfsarbeit gegen das Reich des Führers fortsetzen zu können, der muß wissen, dass wir ihn auch im letzten Winkel der Erde fassen werden.«[107]

In Le Vernet zählte die Kommission am 18. August 3.728 internierte Männer, darunter 283 Deutsche, die meisten der Deutschen waren Juden. Nur zwei Männer aus diesem Lager wollten ins Nazi-Reich zurückkehren, später meldeten sich aber weitere 34. In ihrem Abschlußbericht nach der Besichtigung aller Internierungslager im unbesetzten Frankreich schreibt die Kommission, etwa 800 Internierte hätten sich zur Rückkehr gemeldet.[108] Sie wurden im September in Sammeltransporten nach Deutschland gebracht. Der Abschluss-Bericht hält aber auch fest, die Kommission habe viele Männer nicht angetroffen, nach denen sie suchte.

Rudolf Leonhard ist nur knapp dem Zugriff der Gestapo entgangen. Er wurde kurz nach Abreise der Kommission nach *Les Milles* verlegt, um ihm die Emigration über Marseille zu erleichtern. Der Sechsundfünfzigjährige lebte seit 1923 in Frankreich, er war mit einer Französin verheiratet. Als die deutschen Behörden auf der Basis der Arbeit der Kundt-Kommission die Auslieferung einer Reihe von Internierten verlangten, stand der Name von Rudolf Leonhard mit auf der Liste. Zu seinem Glück war er nicht mehr in *Le Vernet*, und konnte so den Nazis entkommen.[109]

Die französischen Lagerleitungen verhielten sich gegenüber der Kundt-Kommission nämlich unterschiedlich. Während einige mit den Deutschen vorbehaltlos kooperierten, wie etwa in *Le Vernet* und *Rieucros*, gaben andere den gesuchten Häftlingen die Möglichkeit, sich für einige Stunden in der Umgebung zu verstecken, zum Beispiel Gurs und St. Cyprien. Dieses berichtet etwa E. M. Remarque aus einem Frauenlager im Pyrenäen-Vorland. Die Gestapo-Männer in der Kundt-Kommission stellten fest, wer von den Internierten nach Deutschland zurückzukehren wünschte und als zwei Tage später Lastwagen kamen, um diese abzuholen, kroch ein Dutzend Frauen gerade rechtzeitig durch den Stacheldraht, um sich im Wald zu verstecken. Der Lagerleiter hatte sie gewarnt. Man konnte nie sicher sein, was der Gestapo vielleicht einfallen mochte.[110]

Vor allem die französischen Sicherheits-Dienste machten sich nach anfänglichem Zögern aber ohne Not zu Komplizen der Nazis. Als Folge der Kommissionsarbeit wurde in jedem Departement eine *commission de criblage* eingerichtet, die über Auslieferung oder über ein Ausreise-Visum zu entscheiden hatte. Wer von der Kundt-Kommission unbeanstandet geblieben war, hatte deshalb noch keineswegs Anspruch auf ein *Visa de sortie*.

Neben der Tätigkeit der Kundt-Kommission und anderer Gruppen mit begrenzten Aufträgen ging die Suche nach den Feinden der Nazis auch außerhalb der Lager weiter. Das französische Außenministerium verzeichnete bis Januar 1941 50 reguläre (über die Waffenstillstands-Kommission) und 12 irreguläre deutsche Auslieferungs-Anfragen, die an die Polizei weitergegeben wurden.[111] »Kopfjäger« waren in Marseille, der größten und am wenigsten übersichtlichen Stadt des unbesetzten Frankreichs aber nicht nur dort unterwegs, beobachteten die deutschen Flüchtlinge und meldeten ihre Opfer.

Die SPD-Politiker Rudolf Breitscheid und Rudolf Hilferding waren seit ihrer Ankunft in Marseille im Sommer 1940 unter Beobachtung der Polizei, ohne das zu wissen und ohne eine Ahnung von der Gefahr, in der sie sich befanden. Sie residierten täglich in den gleichen Cafés um den alten Hafen, meistens im *»Select«* am Boulevard d'Athènes auf der Terrasse sitzend, sodass jeder Nazi-Spion, der zufällig gegenüber die breite Treppe vom Bahnhof herabstieg, sie sehen und erkennen konnte. Gelegentlich nahmen auch die Werfels Platz an ihrem Tisch. Sie sprachen laut in deutscher Sprache, sie fielen auf, Warnungen von Varian Fry schlugen sie in den Wind. Breitscheid hatte den französischen Außenminister Flandin im Juli um ein Ausreisevisum gebeten, Hilferding wandte sich im November mit der gleichen Bitte an Laval.[112] Eine illegale Ausreise schlossen sie beide für sich aus. Sie glaubten fest an die Rechtsstaatlichkeit des Vichy-Regimes, – bis sie Mitte September 1940 festgenommen wurden. Kurz vorher hatten Offiziere der Kundt-Kommission in den Büros der Präfektur nach Unterlagen über die beiden gesucht, hatten aber nichts gefunden, wie Varian Fry herausfand.[113] Die französische Sécurité wies ihnen Zimmer im Hotel du Forum in Arles zu, Hausarrest, den sie nicht verlassen durften. Frau Breitscheid und Breitscheids Sekretärin, Erika Müller-Biermann (eine Tochter des ehemaligen Reichskanzlers Hermann Müller), hielten sich in der Nähe auf. Frau Rose Hilferding war noch in Paris. Der ehemalige Reichskanzler Heinrich Brüning, jetzt Emigrant in den Vereinigten Staaten, versuchte über die US-Regierung Hilfe für die Gruppe Breitscheid/Biermann/Hilferding zu organisieren.

Der französische Botschafter Gaston Henry-Haye in Washington hatte kirchlichen Hilfsorganisationen versprochen, Flüchtlingen in Vichy-Frankreich zu helfen, das begehrte Ausreise-Visum zu bekommen. Am 17. November schickte das *CAS*-Büro in Marseille deshalb eine Liste mit den Namen von etwa 75 Flüchtlingen an das USC-Büro in Lissabon. Sie alle besaßen ein amerikanisches Einreise-Visum aber keine französische Ausreise-Genehmigung. Hannah Arendt und Heinrich Blücher gehörten zu ihnen, Erika Biermann, Varian Frys Sekretärin Lena Fiszman, Fritz (Bedrich) Heine, Rudolf Hilferding, Walter Mehring sowie Hans Sahl und weitere. Die Liste konnte längst nicht vollständig sein. Sie wurde nach Lissabon geschmuggelt, wo sie am 29. November ankam. Charles Joy schickte sie nach Boston an Robert Dexter. So gelangte die Liste im Januar in die Hände von Henry-Haye.[114] Anfang des Jahres 1941 lockerte die Vichy-Regierung ihre Ausreise-Politik. Das kann, aber muss nicht auf die Bemühungen des französischen Botschafters zurückzuführen sein. Vielleicht waren es die Deutschen, die die Bremse lösten.

Der Stahlindustrielle Fritz Thyssen und seine Frau Amelie wurden am Freitag, den 20. Dezember 1940, in ihrem Hotel *Mont Fleury* oberhalb von Cannes ohne Vorwarnung verhaftet, an der geplanten Flucht nach Argentinien gehindert und nach Deutschland ausgeliefert. Thyssen hatte Hitler und die *NSDAP* lange massiv finanziell gefördert, aber unmittelbar vor dem Zweiten Weltkrieg mit Hitlers Angriffspolitik gebrochen. Es waren fünf Geheimpolizisten, die mit zwei Wagen mit Kennzeichen aus Vichy gekommen waren, um das Paar zu verhaften. Die örtliche Polizei galt wohl nicht als zuverlässig genug. Sie kamen um sieben Uhr morgens, aber der Geschäftsführer des Hotels ließ sie nicht nach oben und nannte auch nicht die Zimmernummer, berichtet Varian Fry.[115] Die Polizisten mussten warten bis gegen elf Uhr, bis die Thyssens zum Frühstück erschienen. Sie durften nur wenig Gepäck einpacken. In Vichy wurden sie den Deutschen übergeben. Sie überlebten bis 1945 in verschiedenen deutschen Konzentrationslagern.

Nach der Auslieferung von Thyssen war für Fry klar, wer als nächster auf der Wunschliste der Nazis stehen müsse: Breitscheid und Hilferding. Fry und sein Team suchten und fanden in der Halbwelt von Marseille einen der wenigen Autofahrer, die die Erlaubnis besaßen, außerhalb der Stadt und auch bei Nacht zu fahren. So konnte er Kontakt mit den beiden deutschen Sozialdemokraten aufnehmen. Sie waren nunmehr bereit, das Land auch auf illegalem Weg zu verlassen. Fry ließ falsche Pässe für sie machen, die sie als Elsässer auswiesen, er kaufte Schiffspassagen nach Martinique und schickte den Fahrer nach Arles, um die Männer zu holen. Sie sollten noch in der gleichen Nacht, bevor ihre Flucht bemerkt werden konnte, das Schiff besteigen und aus dem Hafen aufbrechen. Aber der Wagen kam zurück, der Fahrer berichtete, die Männer wollten nicht mitkommen. Am nächsten Morgen kam die Erklärung mit der Post. Die beiden Männer in Lebensgefahr schrieben, über Freunde und Beziehungen sei eine legale Ausreise für sie genehmigt worden. Sie brauchten nur die Papiere auf der Präfektur in Marseille abzuholen. An dieser Stelle seines Berichtes lässt der sonst überaus disziplinierte Varian Fry seinen Ärger erkennen.[116]

Am 27. Januar erhielten die beiden tatsächlich auf der Präfektur in Marseille ihre Ausreisevisa und zeigten sie sehr zufrieden im Büro des *CAS*. Breitscheid und Frau Biermann gingen dann zu der Reederei auf der Hauptstraße, der *Canebière*, um Tickets für vier Personen nach Fort de France (Martinique) zu kaufen. Als ihnen aber erklärt wurde, alle Kabinen der ersten, der zweiten und auch der dritten Klasse seien ausverkauft, es gebe nur noch Kojen im Zwischendeck, da entschieden sie sich, zu bleiben und auf ein späteres Schiff zu warten. Sie fühlten sich gesundheitlich den Strapazen im Laderaum nicht gewachsen. Fry und sein Mitarbeiter Heine versuchten so nachdrücklich wie vergeblich, die vier umzustimmen. Schließlich aber wollte doch Hilferding wegen der Gefahren in Marseille ohne die drei anderen abreisen. Nunmehr ging er selbst zum Reisebüro, es war ein Dienstag, und kaufte eine Karte für eine Koje nach Fort de France für sich. Zudem versuchte er, drei weitere Plätze für seine Freunde zu reservieren, in der Hoffnung, sie noch umzustimmen. Diese konnten allerdings nicht zugesagt werden. Am Dienstagabend lief das *sauf conduit* der Vier ab, es konnte in Marseille nicht verlängert werden sondern nur in Arles, wo es ausgestellt worden war. Sie mussten also nach Arles zurück, um nicht die Gesetze zu übertreten.

Am Mittwoch ging Fritz Heine nach Absprache mit Varian Fry noch einmal zur Reederei, um zu erfahren, dass nur der Kojenplatz für Hilferding bestätigt war, aber keine Schiffspassagen für die übrigen drei. Dazu sei es zu spät.

Am Freitag, den 31. Januar, kamen Briefe aus Arles in das Büro des *CAS*. Hilferding bat um einige Besorgungen, Breitscheid teilte mit, er sei nun doch bereit, in der Koje Platz zu nehmen. Dann kamen zwei weitere Briefe aus Arles mit der Nachricht: Der Unter-Präfekt hatte den SPD-Politikern am Donnerstagabend mitgeteilt, dass er ihre Ausreise-Visa auf Anordnung aus Vichy für ungültig erklären müsse. Varian Fry hatte Recht gehabt, den Vichy-Behörden zu misstrauen. Aber er konnte sich darüber nicht freuen.

Das Schiff nach Martinique lief am Dienstag, den 4. Februar aus. Von den Schützlingen des CAS war lediglich der Schriftsteller Walter Mehring an Bord. Er hatte die Koje bekommen, die für Hilferding reserviert war. Bei der Kontrolle im Hafen zeigte ihm der Beamte eine Karteikarte, die er aus einem Kasten nahm. Darauf stand: »Ausreise verboten, Anordnung der Kundt-Kommission«. Der Offizier ließ in warten, ging in einen Nebenraum, telefonierte mit der Präfektur, kam zurück mit den Worten: »Es muss sich um einen anderen Walter Mehring handeln« und dann mit einem Augenzwinkern, »Sie können an Bord gehen«.[117] Einen Monat später war Mehring in New York.

Am Samstag den 8. Februar klopften aufgeregte Polizisten aus Arles an die Türen der Breitscheids und Hilferdings im Hotel Forum. Die beiden Männer wurden mitgenommen, die beiden Frauen sollten bleiben. Frau Breitscheid aber zwängte sich in den Wagen und fuhr trotz des Protestes der Beamten mit. Es ging nach Vichy. Breitscheid wusste sofort, dass sie ausgeliefert werden sollten.

In Vichy wurden den Männern die Rasier-Apparate, Medikamente und Brieföffner abgenommen. Sie wurden eingesperrt, man sagte ihnen, die deutsche Regierung habe seit dem 17. Dezember drei oder viermal ihre Auslieferung verlangt.[118]

Frau Tony Breitscheid eilte zur amerikanischen Botschaft – es war Sonntagabend – sie bat um eine Intervention bei Marshall Pétain, um eine Nachricht an das State Department in Washington und sie bat darum, in den Bürostunden vom Botschafter oder vom Geschäftsträger empfangen zu werden. In dem Bericht, den sie darüber für Varian Fry schrieb, heißt es weiter: Am Montagmorgen, am 11. Februar, habe ihr der Pförtner an der amerikanischen Botschaft im Auftrag des Botschaftssekretärs mitgeteilt, »dass man in dieser Angelegenheit unglücklicherweise nichts unternehmen könne. Nach den Bedingungen des Waffenstillstands-Abkommens seien die Deutschen berechtigt, Auslieferungen zu verlangen«.[119] Sie eilte zum Innenministerium, wurde abgewiesen, dann zur *sureté nationale*, wo sie ein letztes Mal mit den beiden Männern unter Aufsicht sprechen durfte. Hilferding habe man sein Gift weggenommen, das von Breitscheid hätte die *sureté* jedoch nicht gefunden. Rudolf Breitscheid bat dann seine Frau Tony, zum Hotel zurück zu gehen. Vom Fenster aus konnte sie zwei Wagen abfahren sehen, Richtung Paris.

Einen Tag später, am 12. Februar, fand man Rudolf Hilferding an einer Krawatte oder seinem Gürtel aufgehängt in seiner Zelle im *La Santé* Gefängnis der Gestapo in Paris. Auf dem Weg dorthin war er bereits gefoltert worden. Niemand weiß, ob es Mord war oder Selbstmord. Rudolf Breitscheid gelangte nach Zwischenstationen in das Konzentrationslager Buchenwald, wo er am 24. August 1944 umkam. Frau Breitscheid und Frau Hilferding konnten mit Hilfe des CAS am 6. Mai 1941 mit dem Schiff *Winnipeg* nach Martinique aufbrechen.

Diese Beispiele zeigen, die Regierung der Vereinigten Staaten wollte sich weder in die Flüchtings-Probleme Europas oder gar die Rassen-Politik der Nazis hineinziehen lassen. (Rudolf Hilferding war Jude.) Nicht einmal ihre Prominenz konnte Thyssen, Breitscheid und Hilferding retten. Dabei war die Annahme der amerikanischen Botschaft irrig, dass es sich im Fall Breitscheid/Hilferding um eine Auslieferung nach dem Waffenstillstands-Abkommen handelte. Das Abkommen und die Kommission wurden in diesem »irregulären« Fall umgangen, wie in vielen anderen Fällen. Das bedeutet, die Entscheidung zur Auslieferung lag durchaus in der Souveränität der Vichy-Regierung. Auf Betreiben der Polizei in Marseille hatten Beamte des Außen- und des Innenministeriums gehandelt.[120] Amerikanische Einflussnahme wäre also möglich und vielleicht erfolgreich gewesen. Aber die US-Botschaft wollte keinen Einfluss nehmen, nicht für die Flüchtlinge und ebenso wenig wie im Blick auf das antisemitische »Statut des Juifs« vom Oktober 1940 und die später folgenden antisemitischen Gesetze von Vichy.

Diese Gesetze zwangen alle 330.000 Juden in beiden Teilen Frankreichs, sich und ihre Firmen als jüdisch zu kennzeichnen, sie bewirkten, dass die Ausweise von Juden mit einem »J« gestempelt wurden, und dass Juden von vielen Berufen ausgeschlossen wurden. Die Regierung in Washington protestierte nicht. Lediglich wurde der Geschäftsträger der US-Botschaft in Berlin im November beauftragt, von den deutschen Besatzungsbehörden zu verlangen, dass amerikanische Staatsbürger in Frankreich von dieser Regelung ausgenommen bleiben müssten.[121] Die europäischen Botschaften und Konsulate der USA beschränkten sich auf den Schutz von US-Bürgern und reduzierten ihre humanitären Handlungen auf ein Minimum. Jüdische Kreise in den USA vermuteten sogar, das State Department hätte den Konsuln heimlich »private Anweisungen« gegeben, andere als die offiziellen, schriftlichen.

Die junge amerikanische Fluchthelferin Miriam Davenport befand in ihren Erinnerungen: »The Business of my government was business; American interests overseas were economic interests. Americans with jobs or investments overseas had no passport problems; those with moral obligations or family ties were a nuisance, their pleas worthless irrelevancies.«[122] Familiäre Bindungen in ein von den Nazis beherrschtes Land waren ein Grund, Visa-Anträge abzulehnen.

Das mutige und hartnäckige Engagement von wenigen einzelnen Bürgern der Vereinigten Staaten für Juden und andere Flüchtlinge ist umso beachtlicher, kann aber das humanitäre Versagen der Großmacht nicht aufwiegen.

ANMERKUNGEN

1   Um Franco in freundschaftliche Stimmung zu versetzen hatte Hitler ihm schon wenige Tage vor seinem Angriff auf Polen einen Mercedes-Gelände-Wagen mit 6-Rad-Antrieb und acht Gängen geschenkt, ein Status-Symbol wie nur Mussolini und Hitler selbst es besaßen. (Wayne H. Bowen: Spain during World War II, S. 32)
2   Paul Ingendaay: Augen zu und durch, In: FAZ 19.10.2006
3   Juan Maria Thomas: Roosevelt and Franco, S. 85
4   Wayne H. Bowen: Spaniards and Nazi-Germany, S. 89
5   Paul Preston: Ramon Serrano Suner, In: The Guardian, 4. September 2003
6   Juan Maria Thomas: Roosevelt und Franco, S. 116
7   Walther L. Bernecker: Geschichte Spaniens im 20. Jahrhundert, München 2010, S. 200
8   Paul Ingendaay: Augen zu und durch, In: FAZ 19.10.2006
9   Wayne H. Bowen: Spaniards and Nazi-Germany, S. 93 f
10 Juan Maria Thomas: Roosevelt and Franco, S. 116
11 Ebenda: S. 117
12 Wayne H. Bowen: Spaniards and Nazi-Germany, S. 94
13 Ebenda, S. 95
14 FRUS. 1940, Bd. 2, S. 794
15 FRUS. 1940, Bd. 2, S. 797
16 Juan Maria Thomas: Roosevelt und Franco, S. 105
17 FRUS. 1940, Bd. 2, S. 808
18 FRUS. 1940, Bd. 2, S. 810 f
19 FRUS. 1940, Bd. 2, S. 814 f
20 FRUS. 1940, Bd. 2, S. 821
21 Die britischen Bestechungsgelder für einige

spanische Generäle wuchsen bis Kriegsende auf eine Summe von 2,5 Millionen Pfund. (Wayne H. Bowen: Spain during World War II, S. 22)
22 Zweck der Reise Himmlers sollte eigentlich ein Jagdausflug sein. Aber anhaltender Regen verhinderte das. Stattdessen besuchte der Reichsführer SS einen Stierkampf in Madrid. Seine Gesprächspartner wunderten sich, dass er in Spanien die Erbschaft der Westgoten anzutreffen meinte und so Spanien in die Reihe der germanischen Völker einordnete. (Wayne H. Bowen: Spain during World War II, S. 35)
23 FRUS. 1940, Bd. 2, S. 824
24 FRUS. 1940, Bd. 2, S. 828
25 Paul Preston nennt die Zahl von 130.000 bis 180.000 politischen Gegnern, die außerhalb des Kampfgeschehens während und nach dem Bürgerkrieg bis 1945 umgebracht wurden. Franco pflegte die Todesurteile zu prüfen, oft in Gegenwart Serrano Suners, und entschied gern, dass politisch motivierte Täter nicht durch ein Erschießungs-Kommando sondern durch die grausamere Garotte sterben sollten. Rede Paul Preston im Imperial War Museum am 12. März 2005. »Las 13 Rosas«, Internet: Paul Preston lecture: The Crimes of Franco, Zugriff am 13. 06. 2014
26 Anne Klein: Flüchtlingspolitik, S. 278
27 Ebenda, S. 282
28 Dierk L. Schaaf: Der vertuschte Verrat, S. 18
29 FRUS. 1940, Bd. 2, S. 812
30 FRUS. 1941, Bd. 2, S. 888 ff
31 Gerhard Schreiber: Der Mittelmeerraum, S 173
32 Francoise Berger: Éclairage média. In Jalons: Pour l'histoire du temps présent.
33 Francois Delpla: Montoire : Les Raisons d'une Cécité, S. 4
34 Robert Paxton: La France de Vichy, S. 121
35 Gerhard Schreiber: Der Mittelmeerraum, S. 175
36 Philippe Burrin: La France à l'heure allemande, Paris 1995, S. 107 f siehe auch: Jean-Pierre Azéma und Olivier Wieviorka: Vichy 1940 – 44, Paris 1997, S. 62
37 Internet: fr.wikipedia.org/wiki/Entrevue de Montoire, Zugriff: 13. 06. 2014
38 Winston Churchill: Der Zweite Weltkrieg, Bern 1954, S. 435
39 Robert Paxton: La France de Vichy, S. 150
40 Ebenda, S. 113
41 Francois Delpla: Montoire: Les Raisons d'une Cécité, S. 7
42 FRUS. 1940, Bd. 2, S. 456
43 FRUS. 1940, Bd. 2, S. 457
44 FRUS. 1940, Bd. 2, S. 470
45 Robert Dallek: Franklin D. Roosevelt, S. 231
46 FRUS. 1940, Bd. 2, S. 472
47 FRUS. 1940, Bd. 2, S. 384 ff
48 Ebenda
49 FRUS. 1940, Bd. 2, S. 395
50 FRUS. 1940, Bd. 2, S. 396
51 Birgit Kletzin: Trikolore unterm Hakenkreuz, S. 47 f
52 FRUS. 1940, Bd. 2, S. 399 ff
53 Fred Kupfermann: Laval, S. 307
54 FRUS. 1940, Bd. 2, S. 403 ff
55 FRUS. 1940, Bd. 2, S. 418
56 Fred Kupfermann: Laval, S. 310
57 FRUS. 1940, Bd. 2, S. 423
58 Zitiert nach: Jean Guéhenno: Diary of the dark Years, S. 43
59 Birgit Kletzin: Trikolore unterm Hakenkreuz, S. 78
60 Ebenda, S. 79
61 Corinna Franz: Vom »Homme Lige« zum Rivalen
62 Birgit Kletzin: Trikolore unterm Hakenkreuz, S. 81 f
63 Robert Paxton: La France de Vichy 1940 – 1944, Paris 1973, 1999
64 Zitiert nach: Jean Guéhenno/David Ball: Diary of the dark Years, S. 10
65 Henry Rousso: Vichy – Frankreich unter deutscher Besatzung 1940 – 1944, S. 123
66 Le Figaro: Le Statut des Juifs, 19. Oktober 1940
67 Martin Kreickenbaum: Evian und die Flüchtlingskonferenz von 1938
68 FRUS. 1940, Bd. 2, S. 219
69 Detlef Junker: Franklin D. Roosevelt und die nationalsozialistische Bedrohung der USA, S. 36 In: Frank Trommler (Hg): Ame-

70 rika und die Deutschen, die Beziehungen im 20. Jahrhundert, Wiesbaden 1986
70 Saul Friedländer: Years of Extermination, S. 85
71 Anne Klein: Flüchtlingspolitik, S. 117
72 Saul Friedländer: Years of Extermination, S. 85
73 FRUS. 1940, Bd. 2, S. 228 f und S. 231
74 Yosef Gorny: The Jewish Press and the Holocaust 1939–1945, S. 80 ff
75 Steven Casey: Cautious Crusade, S. 16 f
76 FRUS. 1940, Bd. 2, S. 232 f
77 Anne Klein: Flüchtlingspolitik, S. 113
78 Varian Fry: Auslieferung, S. 29
79 Anna Seghers: Transit, S. 107
80 Breckinridge Long am 26. 06. 1940, Visa Division, General, 1940, Long Papers, U.S. Library of Congress Zitiert nach: Susan E. Subak: Rescue and Flight, S. 101
81 FRUS. 1940, Bd. 2, S. 236 f
82 FRUS. 1940, Bd. 2, S. 238 f
83 Ebenda
84 FRUS. 1940, Bd. 2, S. 240
85 National Archives and Record Administration (NARA) Washington DC 811.111 Refugees/267
86 Anne Klein: Flüchtlingspolitik, S239
87 Varian Fry: Auslieferung, S. 102
88 Susan E. Subak: Rescue and Flight, S. 66 f
89 Anne Klein: Flüchtlingspolitik, S. 89
90 Detlef Hoffmann und Volkhard Knigge: Die südfranzösischen Lager, S. 211
91 Christian Wernicke: Platz der Republik
92 FRUS. 1940, Bd. 2, S. 243 f
93 FRUS. 1940, Bd. 2, S. 245 f
94 Ebenda
95 Pierre Sauvage: Varian Fry in Marseille, S. 20 ff
96 FRUS. 1940, Bd. 2, S. 246 ff /Die »Sozialistischen Mitteilungen«, (Nr.30 vom 1. 10. 1941) in London gaben an, dass im Spätherbst 1940 fast 300 deutsche Familien und Einzelpersonen, darunter etwa dreißig sozialdemokratische Funktionäre in Frankreich Notvisen für die USA besaßen, aber von den französischen Behörden keine Ausreise-Genehmigung erhielten.
97 Anne Klein: Flüchtlingspolitik, S. 91
98 Christian Eggers: Unerwünschte Ausländer, S. 55 f
99 Anne Klein: Flüchtlingspolitik, S. 91
100 Bettina Giersberg: Die Arbeit des Schriftstellers Rudolf Leonhard, S. 101
100 Anne Grynberg: Les Camps du Sud, S. 561
101 Ebenda, S. 562
102 Rudolf Leonhard: Kommission, In: ders: Le Vernet, S. 236
103 Gilbert Badia, Jean Baptiste Joly, Jacques Omnès: Défense de la Culture Allemande, S. 365 ff
104 Ernst Buschmann: Je ne veux pas retourner en Allemagne maintenant. S. 17
105 Ebenda, S. 16
106 Zitiert nach Bettina Giersberg: Die Arbeit des Schriftstellers, S. 104
107 Anne Klein nennt die Zahl von »nahezu 6.000 Internierten«, die sich »mehr oder weniger freiwillig« zur Rückkehr entschieden haben. In: Anne Klein: Flüchtlingspolitik, S. 94
108 Anne Grynberg: Les Camps du Sud, S. 562
109 E. M. Remarque: Die Nacht von Lissabon, S. 227
110 Anne Klein: Flüchtlingspolitik, S. 96
111 Ebenda
112 Mary Jayne Gold: Marseille Année 40, S. 220 f
113 Varian Fry: Auslieferung, S. 190 f
114 UUSC Dexter Papers, 1940–1941, Box One, Folder 1, sequence 68–70
115 Varian Fry: Auslieferung, S. 198 ff
116 Ebenda, S. 205 f
117 Sozialistische Mitteilungen Nr. 24/1941, S. 16
118 Ebenda, S. 206 f
119 Anne Klein, Flüchtlingspolitik, S. 96
120 FRUS. 1940, Bd. 2, S. 568 ff
121 Saul Friedländer: Years of Extermination, S. 86
122 Miriam Davenport: An Unsentimental Education

7 | MARY JAYNE GOLD

MADEMOISELLE MISS

»1939 war ich ein Mädchen aus der guten protestantischen amerikanischen Gesellschaft und wohnte in Paris in einer Wohnung in der sehr eleganten Avenue Foch.«[1] So beginnt Mary Jayne Gold ihren Bericht »Marseille Année 40«, der zunächst im Amerikanischen unter dem Titel »Crossroads Marseille 1940« erschienen ist. Sie bekennt damit, zur Elite-Klasse der WASP zu gehören, der white anglo-saxon protestants, die sich für das Rückgrat der Vereinigten Staaten hielten. Mindestens so elegant wie die Avenue war die gebildete junge Dame, die das Leben in Europa zu genießen verstand und sich leisten konnte: Ein Leben ohne Verpflichtung aber in Luxus und Freiheit, das die aus der Mode gekommene Bezeichnung »jeunesse dorée« verdient. Die knapp 30-jährige Millionärstochter aus Chicago erreichte die Skiorte der Alpen, die Badeorte am Mittelmeer mit ihrem Privatflugzeug, einer einmotorigen *Vega Gull*, die sie selbst steuerte, während zwei Hausangestellte die Wohnung an der feinen Avenue in Ordnung hielten. Die Türen der Pariser Gesellschaft standen ihr weit offen. Die Nachbarn nannten sie Mademoiselle Miss, soviel Englisch konnte jeder. Sie betrachtete Paris, die »Ville lumière«, wie Künstler und intellektuelle Zeitgenossen als den Ort, wo ihre Seele ihren zweiten Wohnsitz hat.[2]

Bei Kriegsbeginn 1939 das Land zu verlassen, das sie liebte, sah sie keinen Grund. Sie hielt sich für einen Teil Frankreichs, in dem sie seit acht Jahren lebte. Der Ernst der Lage und die Gefahr, welche die verbrecherische Politik der Nazis für Europa bedeuteten, waren ihr aber bewusst, mehr als der großen Mehrheit ihrer Landsleute. Ihr Flugzeug schenkte sie der französischen Luftwaffe.

Auch 1940 beim Angriff der Deutschen, als sehr viele US-Amerikaner Frankreich überstürzt verließen, mochte sie ihre Freunde nicht aufgeben. Mit

MARY JAYNE GOLD
IN DEN 1930ERN

ihnen zog sie noch vor dem großen Flüchtlingsstrom von Paris an die Loire, sah dort erst die Flut von Kraftfahrzeugen mit holländischen Kennzeichen durchfahren, dann die Welle belgischer Nummernschilder, gefolgt von weit überladenen Pariser Autos. Mittendrin immer mehr französische Soldaten ohne Plan, ohne Auftrag zu Fuß flüchtend, nachdem sie ihre Waffen weggeworfen hatten, einige mit Armeefahrzeugen, soweit das Benzin reichte. Sie waren geschlagen, obwohl die meisten keinen Schuss abgefeuert hatten. Verzweifelt wollten sie wenigstens der Kriegsgefangenschaft entkommen und konnten niemandem mehr helfen. Stattdessen verstopften sie die Brücken über die Loire, vergrößerten das Chaos, das sich dann als *la grande pagaille* im Bewusstsein festsetzte. Bis zum 20. Juni verschärften deutsche Tiefflieger-Angriffe auf die Flüchtlingskolonnen die Katastrophe, der auch Mary Jayne Gold nicht entkam.

In einer der letzten Juni-Nächte in der dunklen Halle des Hotels du Palais in Biarritz, das einst Napoleon der Dritte als Palast mit grandioser Aussicht auf den wilden Ozean und das ferne spanische Küstengebirge für seine spanische Frau, die Kaiserin Eugénie, hatte bauen lassen, ein Hotel, das Mary Jayne aus besseren Zeiten kannte, dort in einer schweigenden Menge stehend sah sie draußen den endlosen Zug deutscher Panzer, Geschütze und Marsch-Kolonnen dröhnend und Besitz ergreifend vorbeiziehen die Küstenstraße entlang in Richtung Süden zur Pyrenäen-Grenze. Die Hotelgäste, auch Mary Jayne, fühlten, es war das Ende einer Epoche. Vielen standen Tränen in den Augen.

Für die junge Amerikanerin war die Lage nicht so aussichtslos. Sie war jetzt in der besetzten Zone und wollte dort nicht bleiben. Den Deutschen wollte sie nicht in die Hände fallen. Also suchte und fand sie einen Weg nach Marseille, wo sie beim US-General-Konsulat ihre Papiere in Ordnung bringen wollte, um nunmehr doch in die Vereinigten Staaten zurückzukehren. Aber sie brauchte zunächst Geld, das aus den USA überwiesen werden musste. Das dauerte. Außerdem – selbst als Amerikanerin brauchte sie ein französisches *Visa de sortie*. Auch das dauerte. Danach waren Transit-Visa für Spanien und Portugal zu beschaffen. So hatte sie Zeit, sich in der Hafenstadt umzuschauen, die sie auf Anhieb nicht besonders einladend fand, und auch nicht sehr sehenswert. Außer ihrer hinreißenden Landschaft und dem angenehmen Klima hatten die Bürger von Marseille offenbar kaum Bedarf an Schönheit und Eleganz, wie Mademoiselle Miss es von Paris und von ihren Ausflügen nach Italien gewohnt war. Stattdessen herrschten – wie sie feststellte – Verbrechen, Korruption, Schmuggel und Mädchenhandel für nordafrikanische Bordelle.[3] Für junge Blondinen empfahl es sich also, vorsichtig zu sein.

Die Vichy-Regierung hat den sozialistischen Stadtrat entlassen und durch eine genehme Verwaltung ersetzt. Schlüssel-Figur ist jetzt Sabiani, den die Sozialisten für einen echten Gangster halten. Wer als Flüchtling erst im August ankommt, findet alle Plätze im Rettungsboot besetzt. Wenn nicht Varian Frys amerikanisches Hilfskomitee gewesen wäre, schreibt der trotzkistische Schriftsteller Victor Serge in seinen Memoiren, dann hätte eine große Zahl von Flüchtlingen keinen anderen Ausweg gefunden als den, vom Transbordeur (einem riesigen Portalkran) in den alten Hafen zu springen, eine hinreichend sichere Methode.[4] Aber manche Leute behalten »die Adresse des amerikanischen Gentleman, der Visas beschafft und Hilfe organisiert, für sich und die Ihren. Die Militanten der Linken scheinen ausgeschlossen. Denk daran: Das vierte Exil, die siebte Flucht in zwanzig Jahren.«[5]

Man musste überall Schlange stehen, auch Mary Jane: bei der Post, bei der Bank, beim Konsulat. Schlangestehen fördert die Kommunikation. Ein junger Mann, Claude (oder vielmehr Raymond), hielt sie davon ab, ihre Abreise nach Amerika zu beschleunigen, wozu sie ohnehin keine Lust verspürte. Der junge Mann hätte ihrer Mutter nicht gefallen, ein »Abenteurer«, der kürzlich aus der Fremdenlegion desertiert war, nachdem er vor der Polizei und vor dem Marseiller Hafen-Milieu genau dorthin geflüchtet war. Nun wurde er also von drei Seiten gesucht und war sehr schutzbedürftig. Mary Jayne nannte ihn »Killer«, nicht weil er jemanden umgebracht hatte, das hatte er als Soldat tun müssen, nein, es war die englische Sprache, mit der er so umging, dass sie dabei umkam. Die beiden waren ein seltsames Paar, aber das haben wir nicht zu beurteilen.

Der junge Mann bereitete sich im August darauf vor, zusammen mit einem Dutzend weiterer Legionäre auf einem alten Fischdampfer nachts den Hafen zu verlassen und irgendwie auf die britische Seite des Krieges zu gelangen, um sich dort bei den Gaullisten zu melden. Mary Jayne war bereit, den Preis für das Boot zu zahlen. Aber als er ein geeignetes Boot gefunden hatte, wurde der Plan verraten. Auch bei der Fremdenlegion gab es Spione. Die *Sureté Nationale* fasste »Killer« und sperrte ihn ins Gefängnis. Mary Jayne und weitere Freunde wurden streng verhört. »Eine anständige junge Dame wie Sie lässt sich nicht mit einem Deserteur ein«, sagte ihr der Kommissar. »Ich bin schon ein großes Mädchen« antwortete sie nicht ohne Koketterie, »und der Krieg ist doch vorbei«. Sie besorgte einen Anwalt, besuchte den Freund im Gefängnis, wollte auf seine Freilassung warten und hatte nun Zeit für andere.

Auf dem Weg von Biarritz nach Marseille hatte sie in Toulouse die Studentin Miriam Davenport kennen gelernt, die seit August in Marseille für Varian Fry arbeitete. Die beiden jungen Amerikanerinnen treffen sich oft und Miriam plaudert gern von den Flüchtlingen, von ihrer Arbeit z. B. mit dem etwas furchtsamen Walter Mehring, den sie im Auftrag von Fry zu betreuen hat, da sie auch deutsch spricht.

Miriam erzählt, dass immer mehr Emigranten ankommen, deren Taschen noch leerer sind als die Schatulle des CAS. Und eines Tages im Café *Pélican* antwortet Mary Jayne ihr: »Aber du weißt doch, dass ich ein paar tausend Dollar habe, die eigentlich für den Kauf des Bootes vorgesehen waren. Damit könnte ich doch helfen«.

Mary Jayne will gern die Bekanntschaft von Varian Fry machen. Miriam jedoch schweigt. Sie zieht an ihrer Zigarette und studiert aufmerksam die Fassade der gegenüber liegenden Gebäude. »Ich werde mindestens so lange hier bleiben wie mein Freund im Gefängnis sitzt und ich könnte auch regelmäßig spenden«. Stille!

»Ich könnte auch Flüchtlinge interviewen oder mich sonst wie nützlich machen. Mein Gott, nun sag doch was!«

Schließlich macht Miriam den Mund auf: »Varian glaubt, Leute wie du, die große Summen spenden können, tun das nicht ohne Hintergedanken. Sie verfolgen eigene Ziele damit.« Die äußerst großzügige Mary Jayne ist vor den Kopf gestoßen.

»Ich muss ihn sehen«, sagt sie.

»Das habe ich ihm schon gesagt. Fry ist äußerst vorsichtig.« Miriam erzählt jetzt, wie Varian Fry auf dem Schwarzen Markt US-Dollar in Francs umtauschen lässt und so das kleine Spenden-Kapital aus Amerika vervielfacht. Das muss unbedingt geheim bleiben, Mary Jayne stimmt ihr zu. »Bestell ihm von mir: Timeo Danaos et dona ferentes.«

»Soll ich ihm das auf Latein sagen?« Natürlich ist Mary Jayne kein Risiko für solche Geheimnisse. Miriam versucht erneut, Varian Fry von der Zuverlässigkeit ihrer Freundin zu überzeugen. Aber das ist nicht einfach. »She is just another rich playgirl«, schimpft Fry. Der Lebensstil von Mademoiselle Miss, verwöhnt von frivolem Luxus, vielleicht mit stock-konservativen Freunden etwa gar aus dem europäischen Adel und ebensolchen Ansichten, wie passt das zu einer illegalen Fluchthilfe-Organisation im Untergrund? Die Vorbehalte scheinen berechtigt. Aber Mary Jayne war eben gern da, »where the action was«, wie sie später dem Filmemacher Pierre Sauvage erzählte.[6]

Miriam lässt nicht locker. Aber Varian ist nicht bereit, Mary Jayne Gold in sein Team zu holen. Doch dann hilft ein Zufall. Die beiden jungen Damen treffen Fry und Albert Hermant abends auf der Straße. Mary Jayne wird vorgestellt und Fry zeigt sich von seiner höflichen und umgänglichen Seite. »Miriam hat mir viel von Ihnen erzählt«.

Er lächelt, der kühle *Mistral* bläst ihm ins Gesicht. Er findet sie »jung, blond und schön«[7], lässt sich das jedoch nicht anmerken.

»Aber Sie haben immer viel zu tun«, antwortet Mary Jayne.

»Ja, deshalb muss ich jetzt auch gehen«.

Hermant hört schweigend aber aufmerksam zu. Dann sagt er, »wir alle könnten uns doch in einer halben Stunde im *chez Basso* zum Apéritiv treffen«.

»Exzellente Idee«, meint Miriam.

Mary Jayne fügt hinzu: »Mit Vergnügen, ich freue mich«.

Und Varian Fry murmelt: »Also gut, in einer halben Stunde«.[8]

Eine Truppe senegalesischer Fremdenlegionäre in Turban und Khaki-Uniform marschiert vorbei in Richtung auf ein Militär-Transportschiff am Quai. Das Echo ihrer Schritte auf dem Pflaster hallt durch die Straße. Die Vichy-Regierung schickt sie mit Genehmigung der Deutschen nach Nordafrika, wo sie verhindern sollen, dass nach Zentralafrika und dem Tschad weitere französische Kolonialgebiete den Gaullisten in die Hände fallen.

Als sie vorbei sind, fragt Miriam: »Wie findest du ihn? Sehr interessant, nicht wahr?«

»Nicht besonders«, meint Mary Jayne, »er könnte Offizier bei der Heilsarmee sein: sehr ernsthaft und beherrscht.«

»So ist er überhaupt nicht. Er kann sehr lustig sein, wenn er will.«

Albert Hermant und Varian Fry kommen in guter Stimmung ins *Chez Basso*. Die Politik, die Flucht, die Angst vor den Nazis, Themen haben sie genug. Fry will wissen, wie Mary Jayne nach Marseille gekommen ist. Sie erzählt von sich und fügt hinzu: »Miriam hat Ihnen sicher gesagt, dass ich mit ein paar tausend Dollar helfen könnte, viel Geld, wenn man es auf dem Schwarzmarkt tauscht.«

Er starrt sie an. »Das ist ja sehr nett. Aber ich habe keine Kontakte dorthin«.

»Mißtraue dem Feind, der Geschenke bringt! Mißtraue ihm,« scherzt Mary Jayne.

Varian Fry platzt vor Lachen: »Timeo Danaos et dona ferentes«. Das hatte ihm Miriam so bereits ausgerichtet.

Das Eis ist endlich gebrochen. Mary Jayne wird eingeladen, das Büro des *CAS* zu besuchen und sich umzuschauen. Sie kommt an einem der nächsten Tage in das *CAS*-Büro und lernt, wie und in welcher Reihenfolge man die notwendigen Fragen an die Flüchtlinge stellt, um keinem Betrüger oder gar Nazi-Spion aufzusitzen. Sie beschließt, mitzumachen und ist akzeptiert. Vor allem ihre finanzielle Hilfe ist mehr als gern gesehen. Sie hat mehr Geld beizusteuern als Fry selbst mitgebracht hat. Auf dem Schwarzmarkt werden die Dollar in kleinen Summen umgetauscht. Das ermöglicht dem *CAS*, neben der bisher verbindlichen Liste von Prominenten eine zweite Liste zu führen für weniger prominente Flüchtlinge, die sonst keine Chance bekommen hätten, die ›Liste Gold‹ wie Miriam Davenport festhält.[9]

Einer der ersten Aufträge, den Varian Fry ihr gibt, ist ihr nicht besonders angenehm: Nachdem Bohn mit seinem Schiffsprojekt gescheitert ist, soll sie die Werfels in ihrem Hotel aufsuchen und ihnen die schlechte Nachricht schonend überbringen.

Die 61-jährige Frau Werfel macht Eindruck auf Mary Jane. Ihre blonden, sorgfältig frisierten Haare, ihre Haltung, ihre großen, dunklen und Funken sprühenden Augen! Aber die Nachricht vom Untergang der Schiffsplanung trifft sie vollkommen unvorbereitet. Ihre Reaktion verrät den Anspruch, an den ihre Privilegien sie gewöhnt hatten, aber auch die Abhängigkeit, in der sie sich plötzlich befindet: womöglich eine Falle![10]

»Ach Fräulein, Mister Fry wird uns doch wohl helfen?« sagt sie und dreht sich um zu Franz Werfel, der sich mühsam aus seinem Sessel erhebt. Elf Jahre jünger, um einen Kopf kleiner, aber sehr viel massiger als seine Frau und herzkrank, versucht er, die Aussicht auf einen Fußmarsch durch das Gebirge ins Auge zu fassen, was man ihm kaum zutrauen möchte, er selbst wohl am wenigsten.

LE VERNET – EIN ANSINNEN

Mary Jayne arbeitete jetzt häufig für das CAS, aber nicht täglich. Ihr schien auch, dass wichtige Angelegenheiten nicht mit ihr besprochen wurden. Das gefiel ihr nicht. Sie fragte sich nach den Gründen. Eines Tages baten ihre Freundin Miriam und Frys Vize Albert Hermant sie, am Nachmittag ins *Chez Basso* zu kommen. Hermant bestellte Cognac, so als ob es einen Geschäftsabschluss zu feiern gäbe. Dann rückten sie raus mit der Sprache. Der Mit-Begründer des ERC in New York, Paul Hagen, hatte noch vier Freunde aus seiner Zeit in Europa, die im Lager Le Vernet interniert waren, Links-Sozialisten von der Gruppe *Neu-Beginnen*. Er hatte Fry gebeten, diese Vier auf den Weg nach Amerika zu bringen. Das CAS hatte daraufhin an den Lagerkommandanten geschrieben, er möge ihnen einen Antrag auf Visa und Ausreise-Visa ermöglichen. Auch Vizekonsul Bingham hatte nach Le Vernet geschrieben, aber vergeblich. Le Vernet war das Lager für unerwünschte Personen und wurde deshalb besser gesichert und schärfer bewacht als andere Lager. Die Wachleute waren ehemalige Soldaten. Sie hatten Befehl, bei Fluchtversuchen gezielt zu schießen. Eine Flucht durch die Absperranlagen kam also nicht in Frage.

Fry überlegte, »der Einsatz von weiblicher List schien weniger riskant, zumal wir in Mary Jayne Gold eine reizvolle Frau hatten, die für unseren Plan wie geschaffen war.«[11] Miriam und Hermant stimmten dem zu, und es ist zu hoffen, dass sie weniger frivol vorgingen, als sie mit Mary Jayne darüber sprachen.

Hermant erklärte Mary Jayne diplomatisch geschickt, dass die Vichy-Regierung immer mehr unter Druck der Nazis kam und dass die Vier wegen ihrer politischen Vergangenheit besonders gefährdet seien. Ihre Visa seien bereits genehmigt, lägen zum Abholen bereit im US-Konsulat, nur der Konsul müsse noch zustimmen. In der Tat wurde gelegentlich Internierten erlaubt, unter Bewachung ihr Lager zu verlassen, um sich zum amerikanischen Konsulat zu begeben. Die Namen der Vier waren Boegler, Lam, Pfeffer und Tittle, schreibt Mary Jayne Gold in ihren Erinnerungen.[12] Ihnen aber hatte der Kommandant einen Ausflug nach Marseille immer verweigert.

»Warum erzählen Sie mir das?« wunderte sie sich.

»Weil wir hoffen, dass Sie nach Le Vernet fahren und den Kommandanten überzeugen, die Vier nach Marseille kommen zu lassen.«

»Ich? Das ist vollkommen unmöglich«, antwortet Mary Jayne. »Ich weiß gar nicht, wie ich das machen sollte«. Sie erschrak.

Als wenn sie gar nichts gesagt hätte, fuhr Hermant fort: »Wenn sie erst in Marseille sind, werden sie der Wache entkommen, die wissen schon wie, und dann kümmern wir uns um sie«.

»Aber ich bin dazu nicht in der Lage, bestimmt nicht«!

Hermant sprach bedächtig und Miriam nickte. Alles, was sie zu tun hätte, sei dort zu erzählen, sie sei eine Freundin der Frauen der Vier. Diese seien sehr beunruhigt und hätten sie gebeten, persönlich beim Kommandanten vorzusprechen.

»Ja, aber ich bin eine miserable Lügnerin. Und ich habe diese Frauen nie gesehen. Jemand anders könnte das besser, Miriam zum Beispiel!«

Miriam wies das mit einer entschiedenen Handbewegung ab: »Nein! Du bist die, die wir brauchen«.

»Aber warum denn ich?«

Hermant beugte sich vor, um seinen Worten Nachdruck zu geben, sah ihr fest in die Augen und sagte: »Bei Ihrem Gesicht kommt niemand nur für eine Sekunde auf die Idee, dass Sie lügen«.

Das verstand sie nicht. »Was ist mit meinem Gesicht?«

»Mary Jayne, Sie haben das unschuldigste Gesicht der Welt«. Er bestand darauf: »Niemand käme auf die Idee, dass Sie lügen«.

»Aber das ist doch vollkommen lächerlich«.

Die Geschichte mit dem Engelsgesicht machte sie nervös. Sie sträubte sich, putzte sich die Nase, hustete und ihr Blick traf die zwei großen blauen Augen von Hermant. »Sie sind die Person, die wir brauchen,« wiederholte er. »Wir rechnen fest mit Ihnen. Es geht um das Leben der Vier«.

Das überzeugte sie schließlich. Die Vier hatten soviel riskiert und sie nichts. Und jetzt im Krieg: Wo ist die Grenze zwischen legal und illegal? Arbeiteten die CAS-Leute nicht alle in der Dunkelzone?

»Also gut, Hermant, ich werd's versuchen.«

Mary Jayne ließ einen Seufzer folgen.

An einem der nächsten Tage packte sie ihr Gepäck. Die Freundin Miriam meinte, sie werde wohl die Nacht in der Gegend verbringen und riet ihr, das kleine, blaue Kostüm von *Robert Pinguet* mitzunehmen, mit halblangem Rock, Pariser Haute Couture der 30er Jahre. Auch eine Diamant-Brosche und ein Brillant-Ring am kleinen Finger schmückten sie, denn sie sollte reich aussehen, distinguiert aber nicht herablassend, hatten ihr die Freunde aufgetragen.

Ihren Pariser Chic versteckte sie zunächst unter einem Regenmantel als sie zu sehr früher Stunde den Weg durch Marseille zum Bahnhof nahm. Dort kaufte sie eine Fahrkarte nach Toulouse und ging in das *Buffet de la Gare*, wo sie ein Frühstück aus Ersatzkaffee und altem Brot bestellte. Frisches Brot zu essen, war verboten. Sie nahm den Seitenausgang des Bistros direkt auf den Bahnsteig, um die Kontrolle der Polizei zu umgehen. Denn sie hatte kein *sauf-conduit,* das sie als Ausländerin hätte haben müssen, um eine Reise zu machen. Im Zweifel hätte ihr amerikanischer Pass ihr geholfen und peinliche Konsequenzen verhindert.

Sie war die erste, die in ein Abteil stieg, konnte also den Fensterplatz mit Sicht auf den Hafen und das Mittelmeer einnehmen. Aber das Abteil, der Zug füllten sich, die Leute standen wie Sardinen in den Gängen. Hermant hatte ihr geraten, keine Gespräche zu führen, damit ihr Akzent sie nicht verriete, aber den anderen Fahrgästen schien gar nicht danach zumute zu sein. Man schwieg.

In Toulouse musste sie umsteigen, kaufte ein Ticket nach Foix, etwas weiter als Le Vernet. Sie glaubte, niemand werde verstehen, was eine junge Amerikanerin wohl in Le Vernet zu suchen hätte, falls ein Kontrolleur sie fragen sollte. Sie nutzte den gleichen Trick mit dem Bahnhofs-Buffet wie in Marseille und bestellte sich ein *baguette au jambon*, ein Stück Brot mit einer Scheibe Schinken darauf, so dick wie ein Zigarettenpapier. Dann ging's mit dem Zug fünfzig Kilometer nach Süden, Richtung Andorra. Der Zug hielt in Le Vernet. Sie nahm ihre Tasche, stieg aus, erkundigte sich in dem recht herunter gekommenen *Café du Commerce* am Bahnhofsplatz nach dem Weg. Sie wollen zum Lager? fragte der Wirt hinter der Bar. Zweihundert Meter die Strasse hoch, dann links! Alle, die hierher kommen, sind Ausländer, erklärte er, das ist nicht gut fürs Geschäft. Sie ließ sich den besten Cognac aus seinem Regal einschenken, um sich Mut zu machen. Dann zog sie den Regenmantel aus, stellte ihre Tasche in dem Café ab und ging entschlossen in ihrem Pariser Chic zum Lagertor.

Es ist bereits herbstlich kühl und windig. Die Baracken sind von hohen Stacheldrahtzäunen umgeben, manche zweifach. Das Tor besteht aus zwei hölzernen Türmen, die mit Scheinwerfern bestückt sind. Die Soldaten hinter den Gerüsten sind mit Maschinengewehren bewaffnet. Die schießen hier auf Flüchtlinge wie auf Kaninchen, denkt sie.

Das düstere, zweistöckige Verwaltungsgebäude an der Straße außerhalb der Zäune gleicht einem Speicher. Sie tritt ein und steht in einen großen Büroraum, in dem mehrere Männer mit Papieren hantieren und eine Frau an einer Schreibmaschine tippt. Sie fragt einen der Soldaten nach dem Kommandanten, den sie zu sprechen wünsche. Es kommt ein etwa 40-jähriger Offizier mit grauen Schläfen – ein hübscher Mann, wie sie findet – und fragt: »Was kann ich für Sie tun, Madame? Haben Sie einen Ehemann, einen Freund im Lager?«

Als sie ihm sagt, sie sei mit »*Mademoiselle*« anzureden, weil sie nicht verheiratet sei, lächelt er flüchtig und führt sie in sein Büro.

Sie habe vier Freunde im Lager, erklärt sie ihm und betrachtet das kleine bronzene Schreibset auf seinem Tisch mit einer Figur Napoleons auf einem Sockel, beides erhellt durch die letzten Sonnenstrahlen des Tages, die durch das Fenster fallen. »Der Kaiser persönlich in seiner typischen Haltung«, erklärt der Offizier.

»Was für einen schönen Blick auf das Gebirge Sie haben!« Sie versucht, das Gespräch freundlich und persönlich zu führen. »Das ist der *Pic des Trois Seigneurs*,« so beschreibt er das Bergpanorama, »und links daneben der *Pic Saint-Barthelémy*. Bald wird alles von Schnee bedeckt sein. Der Winter kommt hier früh.«

»Das Leben ist hier sicher nicht immer einfach«, sagt sie, denkt aber mehr an die Gefangenen nebenan.

»Was kann ich für Sie tun«, will er erneut wissen. »Ihre vier Freunde, wie heißen sie?« Er betrachtet sie. Sie ist eine hübsche Abwechslung in seinem eintönigen Alltag. Sie will Zeit gewinnen. Sie sucht Punkte, an die sie anknüpfen kann. Die Frage nach den Namen umgeht sie zunächst und erzählt die vorbereitete Geschichte von den höchst besorgten Ehefrauen und den Visa, die im US-Konsulat in Marseille für die Männer bereit lägen. Während sie spricht, beobachtet er sie zugleich amüsiert und ungeduldig. Er fährt mit der Fingerspitze seinen Bleistift entlang. Mary Jayne, nervös, schlägt die Beine übereinander und stellt die Füße dann doch wieder nebeneinander auf den Boden.

»Zur Sache, Mademoiselle! Was ist der Zweck Ihres Besuchs«, fragt er plötzlich. »Wie heißen Ihre Freunde?«

Wenn sie jetzt die Namen nennt, könnte er ihre Absicht sofort durchschauen und die Vier an die Gestapo ausliefern, so geht es ihr durch den Kopf. »Verstehen Sie bitte, bevor der Konsul sie empfängt, da ist soviel Bürokratie zu ...«

»Ah! Die Bürokratie, das kenne ich, in der Armee ...« Er beginnt zu lachen. Sie versucht, mit zu lachen.

»Also ihre Namen! Ich kann Ihnen nicht helfen, wenn Sie mir Ihre Namen nicht nennen. Es ist ja kein Verbrechen, ein amerikanisches Visum zu beantragen.«

»Franz Boegler, Hans Tittle, Fritz Lam und Wilhelm Pfeffer!« Ihre Ängste verschwinden. Sein Lächeln zeigt, dass seine Reaktion nicht negativ ist. »Der Konsul hat Ihnen auch geschrieben.« Der Offizier hat offenbar keine Ahnung von dem Vorgang.

»Kennen Sie den amerikanischen Konsul, Miss?«

»Ja gewiss! Er war wirklich sehr verärgert. Sie wissen doch, der diplomatische Dienst, die nehmen sich alle sehr wichtig!«

Etwas Vertrauen fassend legt sie nun ihre Hand mit dem Brillant-Ring auf die Kante seines Schreibtischs. Er lässt sich die Dossiers der vier Gefangenen vorlegen – in alphabethischer Reihenfolge. Aus der Akte Boegler zieht er einen Brief des *CAS*, hält ihn hoch. »*Das Centre Americain de Secours?*«

»Ja, das sind wir: ein Hilfskomitee und eine Art Reise-Agentur«. Mary Jayne erzählt von Frau Hilda Boegler und ihrem kleinen Sohn, und welche Sorgen sie sich machen um den Vater.

»Die Zeiten sind schwer für uns alle«, stellt er fest.

Sie öffnet den obersten Knopf ihrer *crèpe de chine* Bluse, pocht sanft auf die Diamanten-Brosche an ihrer Schulter und öffnet den zweiten Knopf. »Wissen Sie«, fährt sie fort, »ich würde es so schätzen, wenn Sie meinen Freunden die Erlaubnis geben, nach Marseille zu kommen ... unter guter Bewachung selbstverständlich«. Nach einer kleinen Pause fügte sie hinzu: »Sie würden sofort zurückkommen«.

»Das lässt sich machen«, antwortet der Offizier, ohne den Blick von ihr zu wenden.

»Lassen Sie uns das CAS vergessen und den Ärger des Konsuls und den ganzen Rest«, sie rudert weiter. »Ich versichere Ihnen, Monsieur le Commandant, Sie handeln aus reinem menschlichem Mitleid, wenn Sie die Männer gehen lassen. ... unter Bewachung ... es ist eine Chance für sie«.

»Ich verstehe Sie vollkommen«, murmelt er. Sein Blick geht zwischen ihr und dem kleinen Bronze-Napoleon hin und her.

»Können Sie mir wohl bitte eine Zigarette anbieten?« Er hält ihr die *Gitanes*-Schachtel hin, holt seine Streichhölzer aus der Tasche, beugt sich wohlerzogen über sie, um die Zigarette anzuzünden und spürt den Duft von *Chanel Nr. 5*, der aus ihrer Seidenbluse aufsteigt. Sie zieht an ihrer *Gitane*, bläst den Rauch von sich, pustet sein Streichholz aus, wobei sie kurz seine Finger berührt. Sie hatte das so im Kino gesehen.

Sie schaut ihm ins Gesicht: »Deshalb bin ich hierher gekommen, persönlich, das ist besser als Briefe oder Telegramme«.

»Sehr viel besser«, bestätigte der Kommandant sichtbar entzückt. »Wenn ich Sie richtig verstehe, Mademoiselle, dann glauben Sie also an Handlungen des menschlichen Mitleids. Auf welche Weise wollen Sie das Herz eines armen Soldaten trösten? Es gibt wenig Zerstreuung in diesem verlorenen Winkel. Würden Sie mir das Vergnügen machen, mit mir zu Abend zu essen?«

»Aber ja!« Sie gab sich überrascht. »Mit Vergnügen! Das ist eine ausgezeichnete Idee.«

»Wir haben hier nicht allzu viel anzubieten, aber vielleicht einen kleinen Gasthof, nicht weit von hier, da könnten wir eine gute Flasche Wein finden, etwas Käse und – wenn wir Glück haben – um diese Jahreszeit auch Wild.«

»Wunderbar! In Marseille ist das Essen jetzt so schlecht. Und was ist mit meinen Freunden?«

»Miss Gold, ich tue, was ich kann. Wenn die Dinge so liegen, wie Sie sagen, dann sehe ich keinen Grund, sie nicht in Begleitung nach Marseille fahren zu lassen.«

»Sie sind sehr liebenswürdig«.

»Möchten Sie Ihre Freunde sehen?« fragt er.

Bevor sie antworten kann, ruft er einen Adjutanten, der sie zu den Gefangenen bringen soll. Als sie den Raum verlässt, sagt er: »Ich werde Sie um halb acht treffen an der Platanen-Terrasse in Pamiers. Ich hoffe, unser kleiner Gasthof *Les deux Copains* (die zwei Freunde) wird Ihnen gefallen, Mademoiselle.«

»Les deux Copains oder Les deux Coquins (die zwei Schelme)?« fragt Mary Jayne nunmehr sehr kokett.

»Das werden wir dann herausfinden.« Fröhlich setzt er hinzu: »Sie sprechen ausgezeichnet französisch«.

»Ich lebe in Frankreich. Das war meine Entscheidung.«

Der Adjudant bringt sie in den Hof an den dreifachen Stacheldrahtzaun. Von dort sieht sie die elenden Baracken, die exakt in Reihe angeordnet, mit Teerpappe und Brettern geflickt sind. Ein Wächter holt die Vier, für die sie dieses Abenteuer auf sich genommen hat. Ihre Köpfe kahl rasiert, die Gesichtszüge eingefallen, lächeln sie überrascht, als sie die feine Dame sehen und betrachten sie ungläubig wie Kinder den Weihnachtsmann. Mehr als ein Jahr haben sie keine Frau gesehen.

Mary Jayne stellt sich vor als Abgesandte von Varian Fry und dem *CAS/ERC*, letztlich also von Paul Hagen. Man schüttelt sich die Hände. Sie sagt Franz Boegler, seine Frau und sein Sohn seien bereits in Lissabon, er weint vor Freude. Dann gibt sie weiter, was Hermant ihr aufgetragen hat und was der Kommandant ihr versprochen hat. Die Vier sind aufgeregt und wissen nicht, wie sie ihre Freude bändigen können. Den Nazis ein Schnippchen schlagen, das entschädigt für Vieles.

Mary Jayne will ihnen auch Neuigkeiten aus der Politik erzählen, aber sie sind mindestens genau so gut informiert wie sie. Ein Mitgefangener hat ein Radio manipuliert, so dass sie nachts Radio Moskau oder die *BBC* hören können. Sie fragt nach den Lebensumständen im Lager *Le Vernet* und erfährt, es gebe keine sadistischen Wächter wie in den deutschen Lagern, aber in Dachau sei es sauberer gewesen. Dann werden die Vier abgeholt. »Bis bald in Marseille«, flüstern sie. Mary Jayne schaut ihnen nach.

Dann holt sie ihr Gepäck, erwischt den letzten Bus nach Pamiers, mietet ein Zimmer im Gasthof *Les deux Copains* und sitzt ganz pünktlich an einem der Tische unter den Platanen, die das Haus umgeben. An den anderen Tischen sitzen Bauern und Händler aus der Gegend. Sie bestellt einen trockenen Wermuth. Der Kommandant ist nicht zu sehen. Dann ein zweiter Wermuth, immer noch kein Kommandant. Sie wartet. Es könnte ja vieles passiert sein. Sie sieht die Gesichter der vier Deutschen vor sich. Was hat sie falsch gemacht? War sie zu dreist? Oder war sie nicht raffiniert genug? Macht der Kommandant sich lustig über sie? Telegrafiert er bereits die Namen der Gefangenen an die Gestapo? Nach Stunden sitzt sie allein im Restaurant. Sie muss aufstehen. Es wird eine schlechte Nacht. Ist Alles schief gegangen?

Am morgen kehrt sie nicht direkt nach Marseille zurück. Nein, »mit bemerkenswertem Mut«[13] fährt sie zuerst ins Lager *Le Vernet*, sie will wissen, was passiert ist und im Notfall einen neuen Versuch der Schauspielerei machen. Als sie am Lager ankommt, herrscht in dem großen Büroraum im Verwaltungsgebäude ein großes Durcheinander. Der Kommandant gibt Befehle an seine Soldaten. Als er Mary Jayne sieht, zieht er sie in sein Büro.

»Was ist aus unserem kleinen Rendezvous geworden?« fragt sie etwas vorwurfsvoll.

»Mademoiselle, ich schwöre Ihnen, ich wäre tausendmal lieber zu Ihnen gekommen.«

»Wirklich?«

»Gestern Abend habe ich mit der Gestapo gegessen. Die kamen ganz unerwartet. Aber ich konnte das nicht ablehnen«.

»Mein Gott!«

»Ich kann Ihnen versichern, tausendmal lieber hätte ich den Abend mit Ihnen verbracht.«

»Ich will Ihnen gern glauben«, versichert sie. »Aber was ist mit meinen Freunden?«

»Ihren Freunden wird erlaubt, sich mit Begleitung nach Marseille zu begeben.«

»Ist das sicher? Versprechen Sie es?«

»Sie haben mein Ehrenwort als französischer Offizier«.

»Kann ich mich darauf verlassen? Kann ich zurückfahren?«

»Morgen werden Ihre Freunde in Marseille sein«. Sie bemerkt im Stillen: Dies ist ein Versprechen ohne Einschränkung.

»Wie kann ich Ihnen jemals danken? Es tut mir wirklich leid um unser kleines Rendezvous.«

Ein letzter Blick auf den kleinen Napoleon und sie zieht sich zurück.

Varian Fry war sehr zufrieden mit ihrem Bericht. »Sie siegte, wo vorher jeder versagt hatte«, schreibt er in seinen Erinnerungen.[14] Er ist aber zugleich beunruhigt wegen der Gestapo-Leute, die zweifellos zur Kundt-Kommission gehörten. Bis jetzt hatten sie nur Gerüchte gehört, aber nun stand es eindeutig fest: Die Gestapo war aktiv auch im unbesetzten Teil Frankreichs. Das hieß, dass auch die deutsch-stämmigen Mitarbeiter des *CAS* wie Albert Hermant (Hirschmann), Bedrich Heine oder der Wiener Karikaturist Bill Freier, der exzellente Ausweise herstellte, in großer Gefahr waren. Der Druck auf Flüchtlinge, aber auch auf die Fluchthelfer, etwa die Fittkos, wurde größer.

Der Kommandant hielt sein Wort: Die vier Internierten, Boegler, Lam, Pfeffer und Tittle kamen nach Marseille, bewacht von zwei bewaffneten Soldaten, um am US-Konsulat ihre Visa in Empfang zu nehmen. Mary Jayne setzte sich mit allen Sechs in ein Café am Alten Hafen. Dank der Hilfe von Bingham bekamen sie am nächsten Tag ihre Papiere problemlos. Dann aber war die spanische Grenze für Flüchtlinge ohne französisches Ausreise-Visum plötzlich geschlossen. Das *CAS*, das sie unbedingt vor der Gestapo retten wollte, musste einen anderen Weg finden.

Wieder kam nur ein Schiff für die Flucht in Frage. Hermant fand im Hafen eine Gruppe von Gaullisten, die dabei waren, eine Jacht mit dem Namen *Bouline* zu kaufen. Sie wollten damit nach Gibraltar fahren. Als Kapitän war der frühere Besitzer vorgesehen. Außerdem waren zwei polnische und zwei belgische Offiziere mit von der illegalen Partie. Mit den vier Deutschen und dem Kapitän waren sie 22 Personen auf dem Boot, das für 15 Personen zugelassen war. Der Skipper wollte es für die Ehre Frankreichs tun und für seine eigene Altersversorgung, sagte er. Der Altersversorgung half er vermutlich mehr, meinte Fry.[15] Der Aufenthalt der Vier zog sich über mehrere Tage hin, ihre Wächter waren leicht zu bestechen, aber die Ausreden wurden schwieriger.

Kurz vor der geplanten Abfahrt lud Harry Bingham Fry zu einem privaten Essen mit einem Capitaine der *Sureté Nationale* in Marseille ein, ein Vichy-Polizist aber kein Feind der Briten und Amerikaner. Lachend erzählte der Polizist Fry, dass die Polizei wusste, dass er Flüchtlinge aus dem Land schmuggelt und dass er dabei mit schwarz getauschtem Geld arbeitet. Der Polizist kannte auch die Geschichte von Bohn und dem gescheiterten Versuch, mit einem Schiff zu entkommen. Der Hafen und die Küste seien so scharf überwacht, dass kein Schiff illegal abreisen könne. »Nehmen Sie z. B. eine Jacht wie die *Bouline*. Sie hat ein halbes Dutzend Mal den Besitzer gewechselt und konnte doch ihren Ankerplatz nie verlassen.«[16]

Fry alarmiert, gab diese Information unmittelbar an Hermant weiter. Der Freund und auch die belgischen Offiziere gingen der Sache nach. Der Kapitän bestritt, dass das Boot schon einmal verkauft worden sei. Er wisse auch, dass die Hafen-Ausfahrt streng bewacht wird, er werde es aber trotzdem schaffen. Die Entscheidung musste schnellstens getroffen werden, weil die Wachsoldaten in *Le Vernet* zurück erwartet wurden.

Die vier Flüchtlinge gaben ihnen etwas Geld, damit sie sich amüsieren und als sie damit fertig waren, war die Jacht mit den 22 Männern an Bord bereits weit draußen auf dem Meer.

Die *Bouline* hielt sich allerdings wegen schlechten Wetters in Küstennähe und kam nur langsam voran, schließlich zerriss der Herbststurm die mürben Segel. Wellen peitschten über das Deck. Die Jacht war manövrierunfähig und hatte Schlagseite. Die Hälfte der Passagiere war seekrank. Außer den vier deutschen Flüchtlingen wollten alle nach Marseille zurück und so machten sie kehrt. Die Küstenwache stoppte die *Bouline* und nahm alle Fahrgäste zusammen mit dem Kapitän fest. In schweren Ketten wurden Boegler, Lam, Pfeffer und Tittle nach Aix en Provence gebracht, wo sie vor Gericht gestellt werden sollten. Alle Spuren dieses Betrugs- und Fluchtversuchs mussten die *Sureté Nationale* zu Varian Fry und Mary Jayne Gold führen.

Der Kommandant in *Le Vernet* aber muss wohl über den Besuch von Mary Jayne geschwiegen haben. Und auch der Kapitän der *Bouline* hatte kein Interesse daran, seine Hintermänner zu verpfeifen. Die Vier warteten drei Monate im Gefängnis, dann verurteilte das Gericht sie zu einem Monat Freiheitsstrafe, die bereits abgesessen war. Wären sie keine unerwünschten Ausländer, dann wären sie in diesem Moment frei gewesen. So aber wurden sie als gefährliche Subjekte erneut interniert – in *Le Vernet*.

Später machten sie einen neuen Versuch, zu fliehen. Er gelang. Alle Vier gelangten gesund in die Vereinigten Staaten, allerdings nach weiteren Hindernissen, weder gemeinsam noch gleichzeitig.

Varian Fry bemüht sich ab Oktober, Visa für Hannah Ahrendt, ihre Mutter Martha und ihren Mann Heinrich Blücher zu bekommen, die jetzt mehrfach in Marseille erscheinen. Die amerikanischen Behörden lassen sich lange bitten. Aber in den USA setzt sich der jüdische Emigrant Günther Stern für sie ein. Auch ihre guten Kontakte zu jüdischen Hilfsorganisationen sind jetzt nützlich. Letztlich bekommt sie ihr Visum für die Vereinigten Staaten aber nur, weil der Vizekonsul Hiram Bingham es ihr illegal ausstellt.[17] Sie kamen genauso illegal mit dem Fahrrad nach Marseille, um schließlich ihre Papiere abzuholen. Und dann schien der Plan plötzlich total gescheitert zu sein: In ihr Hotelzimmer wurde die Nachricht gebracht, Blücher solle sich bei der Rezeption melden. Sie wussten: das kann nur die Polizei sein oder sogar die Gestapo. Blücher ging nach unten, tat ganz ahnungslos, legte dem Concierge seinen Schlüssel hin und verließ das Haus schnellen Schrittes, bevor jemand ihn aufhalten konnte. Hannah folgte wenig später ebenso eilig. Als sie sicher war, dass Blücher unbehelligt in einem Café saß, ging sie zurück, zahlte die Rechnung und frühstückte. Dann kam der Hotelbesitzer auf sie zu und fragte, wo ihr Mann sei. Sie macht eine laute Szene, schrie ihn an, ihr Mann sei schon auf der Präfektur. Daran habe der Hotelier die Schuld.[18] Dann verließ sie das Hotel, holte ihren Mann aus dem Café und sie radelten zurück nach Montauban. Sie wussten, dass es jetzt dringend wurde, Frankreich zu verlassen, obwohl für ihre Mutter Martha Ahrendt noch kein Visum da war. Als im Januar 1941 Spanien die Durchreise-Bestimmungen lockerte und Vichy die Ausreise-Regeln, da brachen sie auf und ließen die Mutter in der Obhut einer Freundin.

Zusammen in einer Flüchtlingsgruppe reisten sie nach Bayonne (in der deutsch-besetzten Zone). An der Unterpräfektur schenkte das Rote Kreuz ihnen Kaffee aus, sie erhielten neue französische Pässe, in einem Nebenraum saß ein kleiner freundlicher Herr, der mit unvergesslich warmherzigem Lächeln portugiesische Transitvisa hinzufügte, unterschrieb und »gute Reise« wünschte. An der spanischen Grenze wurde die Gruppe problemlos abgefertigt. Nach mehr als dreißig Stunden Bahnfahrt erreichten sie Lissabon. Dort mussten sie allerdings drei Monate auf ein Schiff warten. Im Mai kamen sie in New York an, die Mutter wenige Wochen später.

VILLA AIR-BEL

Das Drängen von Konsul Fullerton gegenüber Varian Fry, er möge in die Vereinigten Staaten zurückkehren, wiederholte sich. Zugleich mehrten sich im Oktober die Hinweise auf Aktivitäten der Kundt-Kommission in Südfrankreich. Da außerdem nach Frys Einschätzung der Besuch des deutschen Polizeichefs Himmler in Madrid zu einer Verschärfung der spanischen und der portugiesischen Visa-Politik geführt hatte, glaubte er, die Zeit werde knapp, um den Flüchtlingen zu helfen, die nach wie vor in großer Zahl an seine Bürotür kamen. Er wollte die ihm verbleibende Zeit maximal nutzen und dazu stockte er das Personal des CAS deutlich auf. Das war schon deshalb nötig, weil Miriam Davenport gleich im August schon angekündigt hatte, dass sie sich noch im Herbst verabschieden wollte, um nach Jugoslawien zu fahren, wo ihr Verlobter Rudolph, krank auf ihre Hilfe wartete.

Auch Albert Hermant wollte nur begrenzte Zeit bleiben. Vor allem die beiden Fittkos, die immer noch in Banyuls Emigranten illegal über die Pyrenäen führten, waren selbst Flüchtlinge, denen die Anwesenheit von Gestapo-Leuten an der Grenze eine wachsende Gefahr bedeutete. Fry wusste, dass er sie bald ziehen lassen musste. Es galt also Ersatz zu finden.

Da traf es sich gut, dass zwei Freunde von Mary Jayne aus Paris, das Ehepaar Danny (Daniel) und Theo (Theodora) Bénédite, auf der Flucht vor den Deutschen in die Nähe von Marseille gekommen waren. Der aus dem Elsass stammende Danny hatte vor dem Ende der Dritten Republik in Paris das Büro des Polizei-Präfekten geleitet und war dort außerdem für Ausländer zuständig gewesen. So hatte er zwei Vorzüge, die schließlich den skeptischen Fry überzeugten. Erstens verstand er es als ehemals leitender Beamter, mit den Polizisten und Sicherheitsdiensten des *État Francais* umzugehen und zweitens kannte er sehr viele der deutschen und österreichischen Flüchtlinge persönlich, denen er bereits früher Aufenthaltsgenehmigungen ausgestellt hatte, und sie kannten ihn, z. B. Walter Mehring. Dieser trug erheblich dazu bei, Frys anfängliche Ablehnung zu überwinden. In der Folge zögerte Bénédite nie, auch außerhalb der vom Vichy-Regime definierten Legalität vorzugehen, was für einen Beamten wohl nicht selbstverständlich ist. Auch seine Frau, Theo, eine gebürtige Engländerin, die in Paris im IBM-Büro gearbeitet hatte, wurde in das Team aufgenommen.

Die beiden Bénédites brachten einen Freund mit, Jean Gemähling, auch er aus dem Elsass, Sohn eines Straßburger Geschichtsprofessors. Er hatte ein englisches Internat besucht und so sprachen sie alle drei Französisch, Englisch und Deutsch. Obwohl Gemähling Chemie studiert hatte, interessierte er sich vor allem für Kunst. Zunächst lehnte Fry den Mann, der bereits in der Pariser Verwaltung gearbeitet, hatte strikt ab. Als aber Danny Bénédite sofort gute Arbeit leistete, leuchtete ihm ein, dass auch Jean Gemähling, der die Sprache der französischen Beamten beherrschte, von großem Nutzen sein könne. Fry engagierte auch ihn, er sollte Interviews mit den Hilfe Suchenden führen.

Ein vierter Neuzugang war Marcel Chaminade, der in den Jahren nach dem Ersten Weltkrieg in der Presseabteilung des Außenministeriums gearbeitet hatte und den Titel eines *Consul de France* führte, auch er eine Empfehlung von Walter Mehring. Chaminade wurde allerdings nicht in die illegalen Aktivitäten des CAS eingeweiht. Die neuen Mitarbeiter waren alle gegen den Antisemitismus und den faschistoiden Staat Pétains, sonst hatten sie unterschiedliche politische Präferenzen. Sie stärkten aber die Position Frys gegenüber den französischen Behörden erheblich, jedenfalls bei den gutwilligen.

Mary Jayne Gold lebte seit Monaten in Hotels und Ende Oktober hatte sie sich entschlossen, das zu ändern. Sie wollte möglichst zusammen mit ihren Freunden in einem Haus wohnen, weit genug vom CAS-Büro entfernt, um nicht dauernd gestört zu werden, aber nahe genug, um täglich mit öffentlichen Verkehrsmitteln hin und zurück zu fahren. Zusammen mit ihren Freunden Miriam und Jean Gemähling nahm sie die Straßenbahn in Richtung Aubagne, um zu suchen. Nach einer halben Stunde, an der Haltestelle *La Pomme* kurz vor dem Stadtrand, stiegen sie aus, gingen zu Fuß ein Stück weiter die Avenue Jean Lombard entlang und hinter einer Bahnunterführung standen sie plötzlich vor einer Villa aus dem neunzehnten Jahrhundert, die zwar seit langem nicht renoviert worden war, aber immer noch das großzügige Flair des *deuxième Empire* (Mitte des 19. Jahrhunderts) besaß. Das zweistöckige Gebäude in einem großen Park schien leer zu stehen – seit Jahren. Die Buxbaum-Hecken waren ebenso lange nicht geschnitten. Man hörte einen Hund bellen, es roch nach verbranntem Laub. Mary Jayne fühlte sich wie auf dem Lande und war entzückt. »*Propriété privée*«, stand am Eingang und »Betreten verboten«.

Vor ihnen lag eine hundert Meter lange Allee, die sanft ansteigend zu dem Haus führte. Miriam entdeckte an dem Ziegelsteinmauerwerk, das den Eingang einfasste, den Schriftzug *Villa Air-Bel*. So heißt doch mein Hotel, nur umgekehrt, Bel Air, rief sie und war schon entschlossen, hinein zu gehen.

Sie traten in den herbstlichen Park, fanden den Besitzer mit dem Laub beschäftigt, der aber abweisend blieb: »Hier gibt es nichts zu mieten!« Erst als Miriam erklärte »wir sind Amerikaner«, wurde der Mann plötzlich sehr zugänglich.

»Sie sind Amerikaner?« Er klopfte den Dreck aus seiner Hose und entschuldigte sich für sein Aussehen. »Docteur Thumin«, stellte er sich vor. Der Preis ist nicht eben gering, fügte er schlau hinzu. Er bat die Drei, die Allee hoch zu gehen, während er die Schlüssel holen wollte.

Er kam zurück mit einem sehr großen Schlüsselbund, ließ die drei auf die Terrasse treten, wo sie unter riesigen Platanen einen Blick über die stufenförmige Gartenanlage mit einem ovalen Teich, dahinter die roten Dächer der Stadt und das in der Ferne flimmernde Meer hatten, während er die schweren Schlagläden öffnete und in ihren Halterungen befestigte. »Voilà, treten Sie ein!« sagte er etwas feierlich. Sie standen nun in einer Halle mit schwarz-weißen Bodenfliesen, mit offenem Kamin aus der Mitte des neunzehnten Jahrhunderts mit kupferner Schürze, dazu eine Standuhr mit viel Gold, ein großer Spiegel. Daneben der Speisesaal mit einem Buffet aus dunklem Holz sowie einem Tisch mit Stühlen im strengen spanischen Stil des 17. Jahrhunderts, im Salon gegenüber standen Sessel aus echtem, jetzt aber rissig gewordenem Leder, das ganze Ensemble verbreitete eine Atmosphäre von Überfluss und Heiterkeit.

Die immense Küche verfügte über einen sechs Meter langen Holzofen und ein Spülbecken aus Naturstein, diverse Küchengeräte und Geschirr aus Porzellan. Eine Tür führte in das einzige Badezimmer, genauer gesagt, das Zimmer mit der einzigen Badewanne im Haus. Die Wasserkräne, als Schwanenhälse gestaltet aus vergoldeter Bronze, führte Monsieur Thumin vor, nicht ohne Stolz. »Sie sind ein Geschenk, das meine Großmutter zu ihrer Hochzeit bekommen hat«, erzählte er. In der ersten Etage gab's zahlreiche Schlafzimmer, alle mit Doppelbett in Mahagoni, einem schweren Schrank und kleinem Frisiertisch aus Marmor mit einer Porzellan-Schüssel und Wasser-Krug. In der zweiten Etage noch mal viele Zimmer, die von einem zentralen Raum aus zu betreten waren, der jetzt als Bibliothek diente. Insgesamt hatte die Villa achtzehn Räume.

Am Ende der Besichtigungstour wieder auf der Terrasse hörte Mary Jayne wie Miriam Jean Gemähling ins Ohr flüsterte: »Das ist Claude Lorrain, mein Lieber«. Sie fragte Thumin nach dem Preis und fand ihn lächerlich gering. Für den kommenden Sonntag verabredeten sie sich erneut. Sie wollten Freunde mitbringen.

Miriam freute sich auf das gemeinsame Wohnen in der Villa und erzählte Varian Fry sofort von der Entdeckung. Fry habe einen Schonraum sehr nötig, wenigstens am Wochenende, meinte sie und obwohl Mary Jayne nicht begeistert war von der Idee, mit Fry in einem Haus zu wohnen, stimmte sie zu. Am Sonntag besichtigte auch Fry das Haus und sie einigten sich mit dem Besitzer zunächst auf einen Drei-Monats-Vertrag. Das Geld von Mary Jayne war entscheidend.

Ausgelassen wie ein Schüler beim Klassenausflug streifte Varian durch das weitläufige Anwesen. Für ihn war die Bibliothek mit den ledergebundenen Klassiker-Ausgaben von Lamartine, Musset bis zu Victor Hugo der schönste Raum.[19] Varian Fry beobachtete gern Vögel, genoss die köstliche Natur der

Provence und machte manchmal kleine Sonntagsausflüge in das bergige Hinterland etwa mit seinem neuen Freund Stephane Hessel. Die Villa verschaffte ihm etwas Freiraum und Abstand, den er dringend brauchte. Mit großem Vergnügen beschlossen sie, dass sie hier gemeinsam wohnen wollten: Mary Jayne, Miriam, Varian Fry, Jean Gemähling, Danny und Theo Bénédite und vielleicht bald noch weitere Hausgenossen. Nur Albert Hermant hatte Einwände. Er meinte, das CAS-Team müsse für die Flüchtlinge erreichbar sein und kam deshalb nicht mit. Die Villa hatte kein Telefon. Den Mietvertrag unterschrieb Theo Bénédite, weil sie Französin war. Die erste Mietzahlung streckte Mary Jayne vor.

Kaum war der Mietvertrag unterzeichnet, da flüsterte Miriam ihrer Freundin zu, sie wisse, dass der surrealistische Künstler André Breton, seine Frau Jacqueline und ihre 5-jährige Tochter Aube genauso wie ihr Freund, der trotzkistische Schriftsteller Victor Serge und seine Freundin Laurette Séjourné sowie sein Sohn Vlady ein Quartier suchten, wo sie von der Polizei einigermaßen unbehelligt leben konnten. Man einigte sich sehr schnell: Wenige Tage nachdem die neuen Mieter in die Villa Air-Bel einzogen, folgten auch ihre Gäste aus der alternativen Kulturszene. Theo fand auch eine Köchin, die ebenfalls im Haus wohnen sollte. So wohnten gegen Anfang November zwölf Erwachsene und zwei Kinder in dem geräumigen Haus. Miriam Davenport allerdings zog nach einer Woche schon aus, um in Jugoslawien ihren Verlobten zu treffen.

Breton und Serge ziehen weitere Surrealisten und Künstler an, die in der Gegend leben, sodass an Wochenenden oder an den Abenden das Haus voll ist von Leuten, die diskutieren, lachen, auf die Politik schimpfen und Pläne machen. Einige nennen die Villa »Chateau« (Schloss), was weit übertrieben ist. Dann erfindet Serge den Namen »*Villa Espère-Visa*«, die Villa, in der man auf sein Visum hofft. Im November 40 ist es noch so warm und trocken, dass man viel Garten sitzen kann.

Victor Serge, der sich vom sowjetischen Bolschewiken zum Trotzkisten und dann zum Anarchisten entwickelt hat, der auch in den 20er Jahren im politisch-brodelnden Deutschland gelebt hat, er erzählt von seinen Gesprächen mit Trotzki, von seinen Fluchten und seinen Erlebnissen in den Gefängnissen Frankreichs sowie der jungen Sowjetunion. Das Alles ist so spannend wie ein russischer Roman.[20] »Wir sind Zeugen der Geburt von kollektiven Psychosen ähnlich denen des Mittelalters«, so analysiert er die Lage Europas, und Zeugen »der Schaffung einer Technik, die das kritische Denken vernichtet, das der moderne Geist so mühsam erworben hat.« Der Exilrusse Serge, 1890 in Belgien geboren unter dem Namen Victor Lvovich Kibalchich, hat sowjetische NKWD-Lager und faschistische Säuberungsaktionen ähnlich gründlich kennen gelernt. »Der Totalitarismus hat keinen gefährlicheren Feind als den kritischen Verstand, den er deshalb um jeden Preis zu vernichten trachtet.«[21] Dazu benutzt und erzeugt er skrupellos Angst und Not. Die Moskauer Schauprozesse der späten 30er Jahre, denen Serge entkommen ist, lieferten immer neues Anschauungs-Material für solche Thesen. Leo Trotzki, den er lange als Vorbild betrachtete, hat sich aber von ihm abgewandt, weil Serge ihm neuerdings zu pragmatisch argumentierte. So wirkt Victor Serge in Marseille irgendwie verwaist, aber nicht mutlos.

Auch sein Freund André Breton ist ein äußerst talentierter Erzähler. Als Arzt hat er in der französischen Armee während des Ersten Weltkrieges gedient, was seine allgemeine Skepsis gegen Heldentum und Ideale aller Art sehr gefestigt hat. Die Unterhaltung im Garten und abends bei Tisch ersetzt die fehlende Nahrung, genau genommen hilft sie, zu vergessen, dass das Essen kläglich und knapp ist. Billiger Rotwein ist nicht knapp und hilft auch. Nach dem Abendessen veranstalten die Surrealisten gern Wettrennen von Insekten auf dem Tischtuch, von Insekten und Käfern, die sie bei Tag in Gläsern sammeln und verwahren, so berichtet der damals 18-jährige Walter Meyerhof, der für einige Wochen mit in der Villa wohnt.

André Breton und Victor Serge, deutlich älter als die anderen am Tisch dominieren die Unterhaltung, Breton mit dem abgründigen und scharfsinnigen Humor des Surrealisten, Serge mit seinem analytischen Blick auf die Gegenwart Frankreichs und Europas. Bretons Frau Jacqeline Lamba, fünfzehn Jahre jünger mit ihrer blonden Mähne von »skandalöser Schönheit« und gelegentlich heftigem Temperament ist daneben kein Bisschen weniger eindrucksvoll. Ähnliches gilt für die zierliche, aber stillere Laurette Séjourné, auch sie zwanzig Jahre jünger als ihr Mann Serge. Diese Vier gehören zur intellektuellen Avantgarde Frankreichs, sie bestimmen den öffentlichen Diskurs, sie haben vor dem Krieg im Pariser Café *Deux-Magots* Hof gehalten, wie nach dem Krieg nur Simone de Beauvoir und Jean-Paul Sartre.

Jetzt aber verbietet die Vichy-Regierung bei einer Konferenz mit dem Titel »Fin d'une littérature imbécile« (Ende einer schwachsinnigen Literatur) die Veröffentlichung surrealisatischer Werke, eine Parallele zur »Entarteten

Kunst« der Nazis. Der deutsche Botschafter Abetz in Paris trägt erheblich bei zum reaktionären Kurs in der Kulturpolitik von Vichy. Die Surrealisten sind aus allen Medien verbannt, sind auf Schutz und Hilfe durch einige junge Amerikaner angewiesen und es brennt ihnen der Boden unter den Füssen. Sie verstecken sich vor dem Sicherheitsapparat Pétains und hoffen auf Visa für die Vereinigten Staaten, was mindestens im Fall von Victor Serge völlig aussichtslos ist, wie wir heute wissen. Serge ist der am meisten gefährdete im Haus.

Am Sonntagnachmittag im November, jeden Sonntag, schlägt in der Villa Air-Bel die Stunde des Surrealismus. Breton hat das Spiel nicht erfunden, aber perfektioniert. Spiele nimmt er nämlich ernst, sie sind seine Waffen gegen Vernunft und bürgerlichen Respekt, wie er sagt. Der Erfinder und »Papst« des Surrealismus ist Sohn eines Polizisten in der französischen Provinz. Er fordert, die verrottete Welt müsse am Nullpunkt neu beginnen. »Vielleicht ist die Imagination am Wendepunkt, um ihre Rechte zu erobern«, erklärt er der Tischrunde.[22] Er nennt sein Spiel: *cadavre exquis* (köstlicher Leichnam). Im Herbst 1940 gilt es, damit den autoritären Geist von Vichy abzuwehren.

Alle Spieler am Tisch schreiben verdeckt ganz oben auf ein Blatt Papier einen bestimmten oder unbestimmten Artikel, falten die Kante um, sodass das Wort nicht mehr lesbar ist, dann geben sie das Blatt an den rechts sitzenden Nachbarn weiter. Auf den von links empfangenen Bogen schreibt nun jeder ein Hauptwort unter den gefalteten Streifen, faltet diesen noch einmal um, gibt das Papier weiter. Beim dritten Gang schreibt jeder Spieler ein Verb, faltet, gibt weiter, und so fort. Der Satz soll so viele Worte haben, wie Mitspieler am Tisch sitzen. Wenn ein Satz vollständig ist, dann wird geöffnet. Auf jedem Blatt steht ein anderer Satz, den sie gemeinsam verfasst haben. Die phantastisch klingenden Texte werden laut gelesen, verglichen, auf ihren surrealistischen Wert geprüft. So war der erste Satz entstanden, der dem Spiel den Namen gab: »Le cadavre exquis boira le vin nouveau« (Der köstliche Leichnam wird den neuen Wein trinken.)

Das Prinzip läßt sich auf die Malerei übertragen. Alle Hausbewohner malen gemeinsam ein Bild: »Der letzte Romantiker vergewaltigt von Marschall Pétain«. Das Bild könnte sie alle ins Gefängnis bringen. Es wird sofort vernichtet.[23] »*Nous trompons du mieux que nous pouvons les angoisses de l'heure,*« so erinnert sich Breton später: Wir überspielen so gut wir können die Ängste der Zeit.[24]

So gelingt es dem Künstler, Humor und Poesie in dem eigentlich bedrückenden Alltag zu erhalten. Mary Jayne ist fasziniert von den beiden Intellektuellen. Mit Breton einige Monate zusammen zu leben, das muss jeden verändern, schreibt sie in ihren Erinnerungen. Die Frau, die die meisten bedeutenden Museen Europas kennt, begreift, in welchen Prozessen, in welcher Atmosphäre Kunst entsteht.[25]

Es fällt auf, dass beiden Freunden, Breton und Serge, die Begriffe von bürgerlicher Vernunft und kritischem Verstand wesentlich waren für ihre individuelle Philosophie. Aber sie verwenden sie in entgegen gesetztem Sinn. Man darf annehmen, dass sie sich dabei vollkommen uneinig waren.

STAATSBESUCH

Am Montag, dem 2. Dezember, nähern sich ungewohnte Motorengeräusche der Villa. Théo Bénédite erkennt aus dem Fenster, dass ein Polizei-Auto und zwei Wagen für Gefangene sich dem Eingangstor nähern. Sie sieht vier Männer aussteigen, einer in Polizei-Uniform, und auf das Haus zu kommen. »Polizei!« ruft sie mit schriller Stimme. Alle Bewohner eilen erschrocken in ihre Räume, um belastendes Material wegzuräumen oder zu vernichten. Varian Fry ist an diesem Tag nicht ins Büro gefahren, weil der Besuch des Staatschefs in Marseille, der größten Stadt seines Reiches, angekündigt ist und weil deshalb vielleicht mit viel Polizei und großem Chaos zu rechnen ist. (Aus dem gleichen Grund hat Hermant die Stadt für einige Tage verlassen.) Er hat die Sekretärin Lena Fishman gebeten, in die Villa zu kommen und ihm zu helfen. Als Theo durchs Haus läuft und an alle Türen klopft mit dem Ruf »Polizei«, vernichtet Fry schnell einen gefälschten Pass, der auf seinem Schreibtisch liegt und steigt herab in die Halle, wo sich alle Bewohner versammeln.

Die Polizisten kommen herein. Der uniformierte Hauptkommissar beordert die Bewohner in den Speisesaal. Fry protestiert. Der Polizist hält ihm ein Papier hin: »Es ist der Kohle-Durchschlag eines Befehls des Präfekten an den Polizeichef, alle Örtlichkeiten zu durchsuchen, die im Verdacht kommunistischer Aktivitäten stehen,« übersetzt Fry für die anderen, »es ist nicht einmal unterschrieben.« Und an den Kommissar gewandt: »Das trifft auf uns nicht zu. Was soll der Unsinn«?[26]

»Das reicht«, grummelt der Inspektor und zu seinen Leuten: »Durchsucht das Haus«.

»Wir bestehen auf unserem Recht«, ruft Fry mehrfach, »wir behalten uns Schritte vor«. Der Kommissar nennt Serge mit seinem abgelegten russischen Namen Monsieur Kibaltchich und Daniel Bénédite mit seinem ehemaligen elsässischen Namen Ungemach, sodass klar wird: Er kennt alle Dossiers der Hausbewohner und die Villa wird seit langem beobachtet. Für Serge, der mehrere Fluchten hinter sich hat, sind solche Situationen nichts Neues. Er greift zu einem Buch, blättert darin, als ob nichts ihn nervös machen könnte. Breton spricht laut vor sich hin: »Unglaublich! Grotesk!« Théo und Jacqueline beruhigen ihre Kinder. Lena Fishman berichtet, sie sei bereits in der vergangenen Nacht in ihrem Hotel kontrolliert worden, wobei die Hotelgäste in ihren Nachthemden stundenlang in der Halle stehen mussten. Überall in der Stadt gebe es Razzien.

Der Kommissar erklärt, jeder werde einzeln in sein Zimmer nach oben begleitet, damit dort durchsucht werden könne. Einer seiner Leute stellt eine mitgebrachte Schreibmaschine auf den Tisch in der Mitte des Zimmers und beginnt, ein Protokoll zu schreiben. Der Kommissar weist einen Mann in Zivil an, das Zimmer von André Breton und seiner Frau Jacqueline zu durchsuchen. »Unglaublich!« protestiert Breton. Als sie zurückkommen, legt der Polizist seine Beute auf den Esstisch, zuerst einen Revolver.

»Wie kommt der Revolver in Ihre Schublade?«

»Ich war Stabsarzt, ich hatte das Recht.«

»Eine Schusswaffe zu tragen ohne Genehmigung, ist ein ernstes Vergehen«, erklärt drohend der Kommissar. Er hat auch eine kleine Zeichnung mitgebracht, die er auf den Tisch legt: eine Collage von Breton aus Zeitungs-Schnippseln mit einem Hahn darauf. Das Werk trägt den Titel: »Ce sacré crétin de Pétain«. (Dieser verdammte Idiot Pétain.) Breton versucht dem Inspektor zu erklären, er missverstehe den Titel. Es solle heißen: »Putain« (Nutte)! »Dieser verdammte Idiot von Nutte!«

»Und was soll dann der Hahn bedeuten«, fragt der Inspektor, »das Symbol Frankreichs«?

Antwort: »Das ist nur ein Zufall«.

»Erzählen Sie das dem Richter«, antwortet der Kommissar.

Im Zimmer von Serge finden sie einen kleinen Revolver mit Perlmuttgriff, ohne den er nie aus dem Haus geht, damit er sich umbringen kann, wenn die

Mord-Kommandos des NKWD ihn finden. Der Revolver wird konfisziert, zusammen mit der Schreibmaschine und dem jüngsten Manuskript des Schriftstellers: »Der Fall des Genossen Tulayev«.

Danny Bénédite wird sein Kriegstagebuch abgenommen. Es sei voll von Beleidigungen französischer Offiziere. »Und sie haben bei der Pariser Präfektur gearbeitet? Sie sind ein gefährlicher Anarchist.« Auch seinen Bericht über die südfranzösischen Internierungslager und alle Notizen nimmt die Polizei mit.

Mary Jayne hat bei der Ankunft der Polizei noch schnell belastendes Material vernichten können. Schriftstücke in englischer Sprache können die Sicherheitsbeamten nicht lesen. Sie sind deshalb verdächtig und werden mitgenommen.

Ebenso werden alle offiziellen Papiere Frys beschlagnahmt und sogar seine private Korrespondenz mit seiner Frau Eileen und seinen Eltern. Dann verlangt der Hauptkommissar den Koffer zu sehen, den ein Gepäckträger am vergangenen Abend in die Villa gebracht habe. Alle schauen sich fragend an. Jacqueline sagt: »Ja, meine Schwester kommt zu Besuch. Sie hat den Koffer vorausgeschickt.« Der Koffer wird geholt. Die Polizisten öffnen ihn so vorsichtig, dass deutlich wird: sie rechnen mit einer Bombe. Dann kommt aber nur Kinderkleidung zum Vorschein und die Flics wirken enttäuscht.

Aber der Höhepunkt der Szene kommt erst. Ein Bühnen-Autor hätte es sich kaum dramatischer ausdenken können. Die Tür fliegt auf und herein platzt Raymond Couraud alias »Killer«. Mit kräftiger männlicher Stimme ruft er leidenschaftlich »Chérie!« durch den Raum, stürzt sich auf Mary Jayne zu, um sie zu umarmen, alle anderen ignorierend. Er hat Freigang aus dem Gefängnis bekommen, will die Zeit mit »seiner Verlobten« verbringen, wie er erklärt.[27] Seine Papiere sind dieses eine Mal in Ordnung. Aber er trägt eine Uniform als Fremdenlegionär, eine Pistole am Gürtel und einen Koffer, den er fallen lässt. Sofort stellt sich einer der Polizisten in Zivil zwischen ihm und der Tür auf, sodass an ein Entkommen nicht mehr zu denken ist. Der Kommissar wendet sich wieder Breton zu. In seinem Koffer befinden sich gestohlene Postanweisungen im Wert von vierzig tausend Francs, flüstert Raymond Mary Jayne zu.

Mit ihren Blicken fleht Mary Jayne Serge an, zu helfen. Er ist der einzige, der ihren Freund toleriert. Zugleich behält er seinen kühlen Kopf. »Das Geld muss raus«, raunt er. Mary Jayne bittet Jacqueline, den Polizisten an der Tür abzulenken. »Ich soll mit einem Polizisten flirten? empört sich die schöne Künstlerin, für wen halten Sie mich?«

»Wir müssen etwas Zeit gewinnen«, tuschelt Mary Jayne. Das versteht Jacqueline.

»Herr Offizier, warum sind Sie nur so böse zu uns«, säuselt sie dem Mann mit verführerischem Augenaufschlag zu, dem der Polizist nicht widerstehen kann. Er errötet geschmeichelt und antwortet: »Wir tun nur unsere Pflicht, Madame.«

Mary Jayne erklärt inzwischen einem anderen Polizisten, dass sie dringend oben ein Örtchen aufsuchen müsse, er könne sie ja begleiten. »Oh, das ist nicht nötig«, sagt er.

»Ist das nicht die Anordnung?«

»La galanterie passe avant le règlement«, (Die Galanterie hat Vorrang vor der Anordnung.) antwortet er mit einer kleinen Verbeugung. Das alte Frankreich lebt noch! Lächelnd geht sie zur Treppe und verschwindet für einen Augenblick.

In der Zwischenzeit gelingt es Raymond, keinen Moment zu früh, das Bündel mit den Postanweisungen hinter einem Bild von Chagall zu verbergen.

Dann werden er und sein Gepäck durchsucht. Auch seine Pistole wird konfisziert. Raymond verlangt kaltblütig eine Quittung. »Ein Legionär ist für seine Waffe verantwortlich«.

Alle Hausbewohner beobachten die Szene mit blankem Entsetzen. Wie gern hätte der Polizeichef wohl die gesamte Fluchthelfer-Mannschaft verhaftet unter dem Vorwurf, gestohlenes Geld zu verschieben!

Als Mary Jayne zurückkommt, fragt ihr Freund sie, »woher habt Ihr das verrückte Bild, das neben dem Treppenaufgang hängt«. Das ist ein Werk von Marc Chagall, sagt sie, ein bedeutender Künstler, mit dem Fry wegen seiner Flucht nach Amerika in Kontakt steht. Raymond schüttelt verständnislos den Kopf.

Die Haushälterin, Madame Nouget, bringt eine Kanne Ersatzkaffee und einige Scheiben trockenes Brot. Während sie beides auf den Tisch stellt, sagt sie anklagend in Richtung des Kommissars, sie habe ja keine Zeit gehabt, für das Mittagessen zum Markt zu gehen. Mary Jayne nutzt die Kaffeepause, um den Mitbewohnern ihren Freund vorzustellen.

Außer den zwei Kindern, ihren Müttern Théo Bénédite und Jacqueline Lamba sowie der Köchin und einem Hausmädchen müssen alle an dem schmiedeeisernen Tor auf die Polizei-Wagen steigen und mitkommen. Die Polizei von Vichy verhaftet zwei Amerikaner, Mary Jayne Gold und Varian Fry, die Franzosen André Breton, Danny Bénédite, Lena Fishman, Jean Gemähling und den russisch-stämmigen Stalin-Flüchtling Serge sowie seine französische Frau Laurette wegen kommunistischer Umtriebe, ohne den geringsten Beweis. Nur der freche Legionär Couraud soll nicht mit, er erzwingt aber unter dem Protest der Polizisten, dass er in ihrem Bus mitfahren darf. Er setzt sich neben Mary Jayne und versichert allen, dass er wissen will, wohin sie gebracht werden, dass er ihnen helfen wird und das amerikanische Konsulat verständigen will.

Pistolen, Bilder, Schreibmaschinen, diverse Papiere, auch Briefe aus Internierungslagern nehmen die Polizisten als Beweismaterial mit. Über das *Centre américain de Secours* und seine Kunden existierten bei der *Sureté Natinale* zudem umfangreiche Dossiers.

Der Wagen fährt zum Polizei-Präsidium, in den Hof des *Évèché*, die Türen schließen sich hinter ihnen. Sie werden aufgefordert auszusteigen, stehen in einem Raum, der dem Bischof einst als Pferdestall diente. Dann weist man sie eine enge Treppe hinauf in einen Saal, in dem bereits eine Menge unterschiedlicher Menschen versammelt ist, die die Polizei in verschiedensten Orten der Stadt aufgesammelt hat. Niemand scheint zu wissen, was genau er hier soll und was ihm bevorsteht. Sie warten stundenlang bewacht von uniformierten Wächtern. Dann kommt ein Zeitungsverkäufer mit fetten Schlagzeilen vom bevorstehenden Besuch des Marschalls von Frankreich in der Stadt. Fry veranlasst ihn, dem *CAS*-Team für ein saftiges Trinkgeld, Wein und belegte Brote zu beschaffen.

Es ist inzwischen Abend, nach mehreren Stunden Wartezeit, werden sie einzeln in das Büro des Polizeichefs geholt. Inzwischen sind die Protokolle der Hausdurchsuchung säuberlich neu geschrieben und mit einer Liste der beschlagnahmten Gegenstände versehen. Jeder unterschreibt, während der Kommissar damit droht, eine noch gründlichere Durchsuchung der Villa vorzunehmen. Der Gedanke an die gestohlenen Postanweisungen hinter dem Chagall-Bild quält Mary Jayne. Erneut poltert Raymond los, der seit Stunden geschwiegen hat. Wie man einen Fremdenlegionär einfach festnehmen und ihm seine Dienstpistole abnehmen könne, fragt er lauthals. »Miststück«, mault der Kommissar zurück, »für wen hältst du dich?« Aber nach kurzem Wortwechsel bekommt der Legionär seine Waffe und zieht sich mit Mary Jayne in den dunkelsten Winkel des Warteraums zurück.

André Breton wird besonders gründlich verhört. Er antwortet geduldig. Mary Jayne hört, wie ein Polizist den verhörenden Beamten fragt, »Was ist so Besonderes an dem Kerl? Stimmt es, dass er Kommunist ist?« »Nein, schreiben Sie: Salon-Anarchist«.

Schließlich werden sie alle in einen weiteren Saal im Erdgeschoß gebracht, wo bereits eine größere Menge wartet. Sie erkennen einige ihrer CAS-Kunden und werden erkannt. Nicht besonders hoffnungsvoll ist es für die Emigranten, ihre Fluchthelfer selbst in Haft vorzufinden. Aber Varian Fry und Mary Jayne Gold versuchen, Haltung zu bewahren. Sie sind Bürger eines großen neutralen Landes. Man wird sie nicht einfach hinter Stacheldraht einsperren können, überlegt sich Mary Jayne. Den anderen aber kann alles passieren.

Killer, verabschiedet sich mit dem Versprechen, gleich am nächsten Morgen das amerikanische Konsulat aufzusuchen und Hilfe zu holen. Noch später, gegen elf Uhr, werden das CAS-Team zusammen mit anderen frisch Inhaftierten in den Hof gebracht und gezwungen, einen der bereit stehenden Wagen zu besteigen. Sie fahren los in den Hafen an langen Quais entlang. »Wohin werden wir gebracht«? fragt Fry den neben ihm sitzenden Beamten.

»Auf ein Schiff, glaube ich«, antwortet der Mann.

»Ich bin amerikanischer Staatsbürger«, empört sich Fry, »ich verlange, meinen Konsul zu sprechen«.

»Ich fürchte, da kann ich nichts machen«, der Polizist beschwichtigt den hilflosen Protest.

»Und was kann ich jetzt machen?« will Fry wissen. »Nichts!« Die Wagen halten am Quai Président Wilson, (ausgerechnet!) neben einem Schiff, das schwarz und bedrohlich im Halbdunkel liegt. Steht eine Reise bevor? Und wohin? Zwangsarbeit in den Kolonien? Etwa 600 Häftlinge werden hinauf getrieben.

Es ist schon nach Mitternacht, als Varian und Mary Jayne den Landungssteg hinaufklettern. Jetzt erkennt Fry das Schiff. Es ist die *Sinaia*, auf der er schon einmal als Student den Atlantik bis nach Griechenland überquert hat. Breton spekuliert laut, was dieser Zufall wohl bedeuten könne. Er weiß Zufälle zu schätzen.

Die Männer werden in den Frachtraum gesperrt, der ihnen als Schlafsaal dienen soll. Verschmutzte Strohsäcke werden ausgeteilt. Die Polizisten verlassen das Schiff und fahren mit ihren Autos davon.

Den Frauen werden Kabinen der dritten Klasse mit übel riechenden Bettdecken zugewiesen. Mary Jayne teilt eine Kabine mit Laurette und Victor Serge, der wegen seines Alters und seiner schlechten Gesundheit besser als die anderen Männer untergebracht wird. Mary Jayne schimpft. Serge meint: »Auf das Gefängnis muss man sich gut vorbereiten«. Er hat reichlich Erfahrungen in der Sowjetunion gesammelt. Er zieht ein sauberes Taschentuch aus der Tasche, schlägt darin das obere Ende der Decke ein. »So berührt das Kinn die Decke gar nicht. Außerdem sollte man etwas zu lesen dabei haben, das wird den Geist ermuntern und ablenken von den Ärgernissen, die sicher kommen.« Er zieht ein Buch aus der Tasche. »Merde, das ist ja von mir! Nehmen Sie es, Mary Jayne, ich schenke es Ihnen.« Sie nimmt es gern und liest den Titel laut vor: »*Menschen im Gefängnis*«.[28] Die Männer im Frachtraum legen sich in ihren Kleidern hin, da es keinen Sinn macht, die ganze Nacht empört herum zu stehen. Durch die offene Ladeluke können sie den Sternenhimmel sehen. Fry berichtet, dass in einer Ecke eine Gruppe von Spaniern auf einer verstimmten Gitarre traurige Flamencolieder durch die sehr kalte Dezembernacht singt.

Am nächsten Morgen müssen sie Zehnergruppen bilden und jeweils einen Sprecher wählen, der das Frühstück zu holen hat. Die CAS-Männer wählen André Breton. Der kommt nach einer halben Stunde zurück und bringt einen Topf brauner Brühe mit und einem halben Laib Schwarzbrot. Sie sprechen mit anderen Gefangenen und erfahren, dass weitere Amerikaner an Bord sind, ebenso wie ein Schweizer Journalist, ein Pariser Bankier, Ärzte und Kaufleute, Flüchtlinge ebenso wie Ansässige, Juden, Christen, Atheisten. Mehrere Häftlinge sind vollkommen willkürlich aufgegriffen und gezwungen worden, mit zu kommen. Andere hatten einfach ein Hotelzimmer gemietet mit Fenster zur Paradestrecke des Staatsmannes, der geschützt werden musste. Kontakte vom Schiff nach draußen verhindert ein Polizist, der am oberen Ende der Schiffsleiter steht. Das amerikanische Konsulat im Zentrum von Marseille ist unerreichbar fern.

Am Mittag wird ein Essen ausgegeben: Gefrierfleisch, Linsen, Brot und Wein, das Fleisch außen heiß aber innen noch gefroren, erinnert sich Fry. Mary Jayne berichtet von einer anderen Mahlzeit, einer Linsen-Suppe, in der sie weiße Würmer zu entdecken glaubt. Angewidert weist sie den Teller zurück. Aber Serge rät ihr, »Man muss seine Kräfte behalten. Man weiß nie, wie lange man noch im Gefängnis sitzen wird. Die kleinen weißen Dinger in der Suppe, das sind sicher Kichererbsen, die bereits keimen. Im Gefängnis muss man Alles aufessen. Man weiß nie, wann es wieder etwas zu Essen gibt.« Sie nimmt sich zusammen und schluckt alles tapfer runter.

Am Nachmittag des zweiten Tages werden alle Gefangenen gezwungen, unter Deck zu gehen. Alle Bullaugen sind verschlossen, die Luke des Frachtraums auch. »Wir vermuteten, dass wir jetzt nach Afrika in ein Lager in der Sahara gebracht wurden«,[29] schreibt Fry später. Aber obwohl man viele Pfiffe und Schiffssirenen hört, bleibt die *Sinaia* am Quai liegen. Nach Stunden dürfen sie wieder an Deck und erfahren von der Schiffs-Besatzung, dass der Marschall in einem Boot vorbeigefahren ist. Der Anblick der Gefangenen hätte ihn vielleicht gestört.

Am zweiten Abend werden an Deck wiederum Flamencos gesungen, aber auch französische Volkslieder und schließlich hört Mary Jayne ein deutsches Lied:

Wir sind die Moorsoldaten
Wir ziehen mit dem Spaten
Ins Moor
Ins Moor

Dem Lied aus dem KZ Börgermoor bei Papenburg, Hymne aller KZ-Insassen, folgen andere Lieder aus Deutschland und Mary Jayne begreift, dass das Wort *Freiheit* in jeder Sprache existiert, auch in der deutschen.

Ein Gefühl, zusammen zu gehören, verbreitet sich, obwohl die Gruppen, die sich zusammen finden, doch sehr verschieden sind. »Wir sitzen alle im gleichen Boot«, erkennt nicht ohne Rührung die amerikanische Fluchthelferin, die sonst immer in einer besseren Decks-Klasse gereist ist.

Der Besuch des Marschalls Pétain in Marseille, der größten Stadt seines *État Francais,* sollte helfen, das durch die Niederlage gegen Deutschland gestörte nationale Selbstbewusstsein wieder herzustellen und zugleich die Akzeptanz des Staatschefs und der neuen Verfassung zu verbessern. So wurde an keinem Propaganda-Aufwand gespart.

Der Marschall und seine Begleitung kamen am Morgen des dritten Dezember mit ihrem Zug am Bahnhof St. Charles an. Alle Kirchenglocken der Stadt läuteten. Große Menschenmengen erwarteten den Staatsmann an den vorher bekannten Orten seines Auftritts, grüßten ihn mit Ovationen. Fahnen flatterten im Wind, Fähnchen wurden geschwenkt. Pétain winkte leutselig, schien seinem Volk ganz nah. Er ehrte kinderreiche Familien wie bei all seinen Reisen für nichts als ihren Kinderreichtum. Er senkte seinen Bart über die Rollstühle der Invaliden. In den Schaufenstern lagen bereits die *Santons de Noel*, Süßigkeiten des bevorstehenden Weihnachtsgeschäfts, sie waren geschmückt mit Portraits des greisen Feldherrn, das allerdings diente auch der Werbung. Denn jüdische Ladenbesitzer mussten ihr Geschäft seit Oktober als jüdisch kennzeichnen und wurden deshalb gemieden.

Der Diktator missbrauchte seine größte Stadt als Theater und ließ ihre Bewohner als Akklamations-Kulisse antreten, was nach Umberto Eco zu den prägenden Merkmalen des Faschismus gehört.[30]

Am Platz vor der Präfektur standen Soldaten der Fremden-Legion, die ihren Eid auf den Staat Pétains zu leisten hatten. Daneben warteten die *anciens combattants* (Veteranen früherer Kriege) in geordneter Formation. Der Platz liegt an der Canebière, der Hauptstraße, die nach Marseiller Selbsteinschätzung in etwa von Paris nicht nur bis an den Alten Hafen führt, sondern locker über den Daumen gepeilt bis nach Hinterindien. »*Vive la France*«! riefen die Menschen. Wer den Staatschef und seinen Staat verachtete, war einfach zu Hause geblieben oder aufs Land gefahren so wie der ehemals Deutsche Albert Hermant, der wusste was passiert, wenn »der Führer eines faschistischen Landes eine Stadt besucht«.[31]

Eine Truppe des Innenministers sicherte den weit gestaffelten Weg, den der Marschall nehmen wollte. Am Arm trugen sie weiße Binden mit den Buchstaben G. P. »*Groupe de Protection*« sollte das heißen, aber die Leute machten aus G. P. einfach *Garde Pétain*.

Am Nachmittag stieg der greise Marschall die beschwerlich-langen Treppen hinauf zur Kirche *Notre Dame de la Garde*, wo ein majestätischer Blick über die Stadt, den Hafen und hinaus auf das weite Blau den Besucher belohnt, jeden Besucher. Alle Einzelheiten beschrieben die gesteuerten lokalen und nationalen Zeitungen (etwa der Figaro) minutiös. Sie befeuerten die Begeisterung und vergrößerten ihr Echo.[32]

Es ist klar, dass ein Attentat die Propaganda-Reise um ihre Wirkung gebracht hätte. Umso nervöser hatten die Sicherheitsorgane auf Befehl aus Vichy aufgeräumt und alle Verdächtigen, gegebenenfalls auch Unbekannte, in der Stadtmitte kurzerhand verhaftet. Am 4. Dezember fuhr der Marschall mit dem Zug weiter nach Toulon, auf der Strecke, die an der Villa Air-Bel vorbeiführt. Vor acht Jahren wurde an dieser Strecke ein Anschlag auf einen ausländischen Staatsmann verübt. Dieses Mal nicht.

Als die Gefangenen an Bord der *Sinaia* wieder an Deck waren, kamen Jungen aus der Stadt den Quai entlang und boten sich an, Lebensmittel zu kaufen. Fry schrieb eine kurze Botschaft an den amerikanischen Konsul, wickelte sie um eine Zehn-Franc-Münze und warf sie hinab, als der Gendarm an der Treppe wegschaute. Ein Knabe hob das Geld auf und verschwand. Die Chance, dass die Botschaft ankommen würde, schätzen die CAS-Leute auf höchstens zehn Prozent. Aber am Abend kam ein großes Paket mit belegten Broten und dazwischen die Visitenkarte des amerikanischen Generalkonsuls Hugh Fullerton. Die Freiheit war das noch nicht, aber eine Verbindung war hergestellt.

Am dritten Tag wussten sie noch immer nicht, was die Vichy-Polizei mit ihnen vorhatte. Auch Varian Fry berichtet, Victor Serge habe ihm sein Buch über das Leben in sowjetischen Gefängnissen geschenkt, mit Widmung »In Erinnerung an unsere gemeinsame Gefangenschaft auf der Sinaia.«[33] Das Buch machte die Runde.

Am Nachmittag des dritten Tages gelang es Fry und Gold aber, zum Kapitän der *Sinaia* vorzudringen. Der war äußerst kleinlaut. Als er erfuhr, dass Fry einst als Student auf seinem Schiff den Atlantik bis nach Griechenland überquert hatte, wirkte er beschämt. Er empfing die beiden Amerikaner in seiner Kabine und bot ihnen Bier an. »Ich habe nichts Besseres«, entschuldigte er sich. Die Stadtverwaltung habe sein Schiff als Gefängnis gemietet, er selbst habe keinen Einfluss auf die Wahl der Passagiere gehabt und wisse auch nicht, wie lange sie noch festgehalten würden. Es klopfte an der Tür, der Steward kam herein und berichtete dem Kapitän, *Monsieur le Consul des États Unis*, der amerikanische Konsul, warte am Quai. Der Kapitän erschrak. »Bringen Sie ihn herauf«, befahl er dem Steward. Nicht der Generalkonsul sondern sein Vize Harry Bingham betrat die Kabine. Als er den Amerikanern die Hand gab, veränderte sich der Kapitän augenblicklich. Er holte einen Schlüsselbund aus der Hosentasche, öffnete einen Schrank, in dem eine stattliche Sammlung halbvoller Flaschen zu sehen war, nahm eine Cognac-Flasche heraus, sowie vier Gläser und schenkte allen ein: »À votre santé«!

Bingham erzählte, er habe mehrfach vergeblich bei der Präfektur angerufen, um zu erfahren, warum und wie lange das CAS-Team festgehalten würde. Aber alle höheren Beamten seien mit dem Besuch des Marschalls beschäftigt gewesen und nicht zu sprechen. Mindestens Siebentausend Menschen seien vorbeugend festgenommen und auf mehrere provisorische Gefängnisse verteilt worden. Die meisten würden wahrscheinlich in den nächsten Tagen freigelassen. Er werde für Fry und Gold sein Bestes tun.

Am nächsten Morgen kamen mehrere Beamte der *Sureté Nationale* mit Akten und Dossiers unterm Arm und richteten sich im Salon erster Klasse ein, um die wartenden Häftlinge erneut zu überprüfen. Gegen Mittag wurde die *CAS*-Mannschaft herein gerufen. Zwei Stunden später waren sie frei, bis auf Danny Bénédite. Für ihn musste Fry seinen guten Draht zu Capitaine Dubois bei der Präfektur nutzen.

Das *CAS*-Büro war weder durchsucht noch geschlossen worden, die dortigen Mitarbeiter waren unbehelligt geblieben. Flüchtlinge hatten sich in diesen Tagen nicht gemeldet, weil sich die Verhaftung der Büroleitung schnell herumgesprochen hatte. Die Festnahme hatte also nichts mit dem *CAS* zu tun, sondern offenbar mit den Bewohnern der *Villa Air-Bel*.

Hatte ein Nachbar sie verraten? Auch die Nachbarhäuser hatte die Polizei durchsucht, aber niemand dort war verhaftet und mitgenommen worden.

Wieder zu Hause nahmen Danny und Theo Bénédite sich Mary Jayne vor. Theo hatte die gestohlenen Geldanweisungen hinter dem Chagall-Bild hervorgeholt und unter einem Laubhaufen versteckt, für den Fall, dass noch einmal durchsucht wird. Am nächsten Tag hatte sie die Papiere knapp vor dem Feuer gerettet, das der Hausbesitzer im Garten anzündete. Die Bénédites erklärten ihrer Freundin eindringlich, dass das Treiben ihres Freundes Raymond nicht nur ihn, sondern das ganze Team gefährde, vor allem die Flüchtlinge. Wenn seine kriminellen Aktivitäten (zusammen mit der Bande seines Kumpans Mathieu) auffliegen, dann würde der Skandal nicht nur ihn kompromittierten, sondern das humanitäre Unternehmen CAS/ERC insgesamt, wurde Mary Jayne vorgehalten. Der Skandal würde bis nach Washington reichen. Es war eigentlich der Moment, sich von Mary Jayne Gold dauerhaft zu trennen. Vermutlich war aber das Unternehmen *CAS* soweit von ihren großzügigen Spenden abhängig, dass es nicht dazu kam.[34] Außerdem war sie eine gute, alte Freundin, der man den Stuhl nicht vor die Tür setzt.

In gewisser Weise erreichte der Skandal doch die Vereinigten Staaten. Konsul Fullerton hatte das Treiben Varian Frys immer misstrauisch und ablehnend beobachtet. Während das *CAS*-Team noch auf der *Sinaia* gefangen war, am 4. Dezember telegrafierte aber nach Washington:

»*Fry and Miss Gold were taken into custody primarily because they were arrested in suspicious circumstances and in suspect surroundings. They are in com-*

pany of a suspect person (Aderek Leyyu) and certain other individuals wanted by the police«.[35] Eine Person mit diesem Namen kannte niemand, ist auch nie aufgetaucht. Das Telex ist ein Beleg für die Feindseligkeit des Generalkonsuls gegenüber Fry. Offensichtlich hatte er bei der Präfektur Einiges über die Durchsuchung der Villa Air-Bel erfahren. Die Verhaftung von Fry und Gold mochte ihm nun willkommener Anlass sein, sich der beiden zu entledigen.

Das State Department gab das Schreiben des Konsuls weiter an das ERC in New York, wodurch Fry noch mehr in die Defensive geriet. Frys Arbeitgeber, William Stone, Büroleiter der Foreign Policy Association, der Fry nur für begrenzte Zeit beurlaubt hatte, schrieb am 4. Dezember an seine Frau Eileen:

The State Department has just informed me that Mr. Varian Fry was arrested by the French authorities yesterday and is being held incommunicado on a prison ship in the harbor of Marseilles. The American Consul at Marseilles is making every effort to reach him, but so far without success. The Department assures me that it will continue to do everything possible to effect Mr. Frys release and to secure the necessary permission for his immediate departure for the United States.[36]

Das Außenministerium sah die Freilassung und die unmittelbare Abreise Frys in die USA also in einem Zusammenhang. Eileen Fry war in höchstem Maß beunruhigt. Was konnte Varian verbrochen haben? Dann erhielt sie einen Brief von ihrem Mann:

»*This was one of the most surprising and shocking experiences of my life. To be searched without a search-warrant, arrested without a warrant of arrest, held incommunicado, and then released without ever having a charge brought against you ...*«[37]

Fry fühlte sich an die Sowjetunion erinnert. Er rief einen amerikanischen Journalisten in Vichy an, erzählte ihm die ganze Geschichte, er bat das Konsulat um einen formellen Protest bei der Regierung in Vichy und verlangte eine Entschuldigung der Vichy-Behörden. Aber nichts geschah.

Seiner Frau schrieb er, er müsse jetzt auf die Entschuldigung warten und könne deshalb nicht einfach abreisen. Er wollte nicht. Der Staatsbesuch hatte unabsehbare Folgen. Aber nach dem Auftritt Raymonds in der Villa Air-Bel zog Fry noch im Dezember vorübergehend wieder in ein Hotel. Das war für ihn ein großes Opfer.

Er fühlte sich auch gezwungen, Victor Serge, seine Freundin Laurette und seinen Sohn Vladi zu bitten, die Villa zu verlassen. Der Schriftsteller Serge war immerhin einmal Kommunist gewesen und bot der Gestapo ebenso wie der französischen Polizei viel Angriffsfläche. So peinlich ihm das gewiss war, Fry glaubte, das *CAS* könne sich solchen »Luxus« nicht mehr leisten. So wartete die Familie Serge nun in einem billigen Hotel auf Visa und die Chance einer Abreise. Serge schreibt in seinen Erinnerungen, dass Visa für fast alle amerikanischen Staaten praktisch verkauft wurden, allerdings zu exorbitanten Preisen, und die Vichy-Beamten handelten mit Ausreise-Genehmigungen. »Ein schöner Handel: Rettungsgurte auf einem schiffbrüchigen Kontinent verkaufen.«[38] Für Serge selbst kamen solche Geschäfte nicht in Frage. Er hatte bei seiner Abreise aus Paris im Juni 1940 mühsam 4.000,- Francs zusammen gesucht, etwa 100,- US-Dollar. Seine Familie lebte seitdem quasi »Von der Hand in den Mund« und mit Unterstützung des *CAS*. Seine Rettung war schließlich der mexikanische Präsident Lazaro Cardenas, der ihm ein Visum ausstellte so wie zig-tausenden republikanischen Spaniern, die ihm ihr Leben verdanken.

Bald darauf kamen zwei Polizisten in das Büro von Varian Fry, um Albert Hermant zu sprechen. Hermant war noch nicht zurückgekehrt, sodass Fry behaupten konnte, er habe vor Wochen die Zusammenarbeit mit dem CAS-Büro beendet. Fry musste versprechen, der Polizei die eventuelle Rückkehr von Hermant zu melden. Als dieser dann kam, erzählte Fry ihm, dass die Polizei nach ihm sucht.

Hermant konnte sich ausrechnen, dass seine falsche Identität durchschaut worden war. Es wurde also gefährlich für den aus Berlin geflüchteten Juden. Er beschloss, nun tatsächlich seine Mitarbeit einzustellen. Er reiste zunächst nach Toulouse, wo er sich mit seinem blendenden Auftritt auf den Konsulaten Spaniens und Portugals leicht Transit-Visen besorgte. Dann fuhr er nach Banyuls und verließ mit Hilfe von Lisa und Hans Fittko Frankreich illegal ohne Ausreise-Visum, indem er über die Pyrenäen kletterte. Er kannte sich aus und schaffte es nach Lissabon.

Aber Fry verlor seinen Freund, den er wegen seines Strahlens Beamish genannt und dem er mehr als allen anderen vertraut hatte.[39] Die Aufgaben Hermants waren fast alle illegal gewesen: Pässe besorgen, Fluchtwege organisieren, Schwarzgeld verstecken und verwalten. Jetzt übernahm der Rumäne Dr. Marcel Verzeanu, genannt Maurice, diese Funktion. Maurice fand bald einen neuen Weg durch die Pyrenäen nach Lissabon, ebenso illegal. Er stellte einen Kontakt zum spanischen Untergrund-Netz der Gewerkschaft *Confederation Nacional del Trabajo CNT* her. Die von Franco besiegten Anarchisten standen im Untergrund weiter zusammen. Die zu ihnen gehörenden Eisenbahn-Arbeiter brachten Flüchtlinge unentdeckt durch das Land. Das *CAS*-Team nannte diesen Weg die *Route Carlos*, weil ihr Kontaktmann in Toulouse Carlos hieß.[40]

Im März 1941 gelangte so Arthur Wolff nach Cadiz, wo er ein Schiff nach Cuba besteigen konnte. Wolff und seine Frau Trude hatten sich monatelang in Marseille in den finstersten Absteigen verstecken müssen, weil die Gestapo nach dem Rechtsanwalt suchte, der viele Nazi-Gegner in Berlin vor Gericht vertreten hatte. Die Bahn-Arbeiter, zu denen auch Schaffner und Kontrolleure gehörten, waren allerdings nicht fest organisiert. Nicht alle waren disziplinierte Untergrund-Kämpfer. Angesichts der großen Not im Lande ist zu verstehen, dass sie Waren schmuggelten oder mit Schmugglern zusammen arbeiteten. Manche gaben auch einfach der Seguridad einen Tipp, sodass die *Route Carlos* für die Flüchtlinge sehr riskant blieb. Fry und seine Mitarbeiter reisten in der Folge mehrfach nach Toulouse, um den Kontaktmann Carlos zu mehr Sorgfalt bei der Vorbereitung der Reise-Route zu ermahnen. Man musste mit ihm auskommen, obwohl seine ›Kunden‹ gelegentlich in spanischen Gefängnissen landeten statt in Lissabon. Das *CAS* musste das *USC*-Team in Portugal wiederholt um Hilfe bitten, um Emigranten aus spanischen Gefängnissen zu befreien.[41] Obendrein verlangten die *CNT*-Leute für ihre Dienste eine beträchtliche Bezahlung.

Albert Hermant, bzw. Albert Hirschman kehrte drei Jahre später als Soldat in amerikanischer Uniform nach Europa zurück. Als Soziologe und Wirtschaftswissenschaftler mit genauer Ortskenntnis übernahm er 1945 eine Spitzenfunktion in der Mannschaft, die den Marshall-Plan zum Wiederaufbau Europas entwickelte und steuerte.

RAYMOND COURAUD, DER »KILLER«

Mary Jayne erzählte ihrem Freund Raymond, welche Vorwürfe ihr wegen seiner geklauten Geldanweisungen gemacht worden waren und dass sie beinahe mit dem Laub im Park verbrannt worden wären. Er lachte. »Wenn wir das verloren hätten, dann hätte Mathieu alles in die Luft gesprengt«.[42] Er war offenbar von dem Korsen Mathieu abhängig, der auch schon bei Mary Jayne eine hübsche Summe kassiert hatte, um den Richter zu bestechen. Der Richter sprach Raymond frei, wegen seiner Jugend und wegen seiner Verdienste beim Militäreinsatz in Norwegen. Ob der Richter das Geld der amerikanischen Millionärstochter tatsächlich erhalten hat, oder ob Mathieu es verschwinden ließ, das hat Mary Jayne nie erfahren. Mathieu gehörte innerhalb der rivalisierenden Banden im Hafenviertel zum Guérini-Clan, der im Rotlicht-Milieu, aber auch im Drogenhandel operierte. Diese Bande beherrschte den Schwarzmarkt für Devisen-Schmuggel und so war auch Fry ein wenig verstrickt in die kriminelle Szene von Marseille. Aber war es der Moment, moralisch einwandfrei zu leben, oder wollte man zwischen Krieg und faschistischem Staatsterror Flüchtlingen in Lebensgefahr helfen? Für Fry und Gold war die Antwort eindeutig: es ging um Fluchthilfe. So wenig wie möglich, aber so viel nötig an Kontakten mit der Halbwelt, das schien Fry verantwortbar zu sein. Dabei ging er so verschwiegen wie möglich vor.

Mary Jayne zog die Trennungslinie deutlich anders. Sie hatte keinen Auftrag des ERC in New York in der Tasche wie Varian Fry, sie arbeitete auch nicht mit Spendengeldern, sie war selbst Großspenderin, niemand konnte von ihr erwarten, ihr Privatleben den Zwecken der Fluchthilfe unterzuordnen, zumal sie sich ohnehin von Fry nicht vollständig in das Team eingebunden fühlte.

Ihr Verhältnis zu dem Jung-Ganoven kannte nun jeder in der Villa Air-Bel. Den Surrealisten Breton und Serge passte diese Beziehung vollkommen in ihr Weltbild, weil die Sprengung der bürgerlichen Fesseln für sie eine politische und auch künstlerische Mission war, ein Auftrag.

Mary Jayne teilte diese Einstellung wohl nicht. Sie war einfach verliebt. Jahrzehnte später, als sie ihre Erinnerungen schrieb, wusste sie nicht mehr so genau, ob sie damals mehr in Raymond verliebt war oder in das abenteuerliche Leben, in das er sie stürzte. »Was das Herz will, das will es«, so hätte vielleicht Woody Allen kommentiert. Im Übrigen, so meinte die Verliebte, gab es nicht nur Intellektuelle und Künstler zu retten, sondern auch den Freund – vielleicht vor sich selbst. Er hatte behauptet, 28 Jahre alt zu sein, war aber erst zwanzig Jahre alt, wie die Freundin später erstaunt feststellte. Er war seit er zwölf Jahre alt war quasi ein Waisenkind, das asozial auf der Straße aufgewachsen war und so erklärte sie sich seine robusten Instinkte und die unbeherrschten Reflexe eines Straßenjungen. Sie fühlte sich verantwortlich für ihn und stärker als er. Auch hatte sie ein schlechtes Gewissen, weil sie soviel Geld hatte und er nicht. Er spürte das und nutzte es aus. Es ärgerte ihn und widersprach seiner Macho-Vorstellung von »Ehre« und den Erwartungen seiner Kumpel, dass es ihm nicht gelang, das Vermögen der reichen Frau an sich zu bringen.

Die beiden suchten sich eine Bleibe in der verwinkelten Altstadt und Mary Jayne kam nur noch unregelmäßig in ihr Zimmer in der Villa. Er beschuldigte sie, ihr Geld für diese »nichtsnutzigen intellektuellen Flüchtlinge auszugeben, die obendrein meist *sales boches*« (dreckige Deutsche) waren.[43] Das machte die junge Frau nicht wütend, sondern traurig. Raymond hasste die Bewohner der Villa, vor allem Breton, der ihn verunsicherte. Eines Tages zur Mittagszeit inszenierten Raymond und Mathieu einen Gangster-Überfall im Hause Air-Bel und Mary Jayne musste die Banditen rausschmeißen und zur Hölle wünschen. Wenn er das *CAS*-Team nicht verschonen könne, dann sei es aus mit ihnen. Sie wurde deutlich, aber er verstand nicht.

Raymond war von der Fremdenlegion desertiert, hatte er Mary Jayne gesagt, weil er sich den Einheiten de Gaulles anschließen wollte. Freigesprochen hatte ihn das Gericht, weil er sich verpflichtete, zur Fremdenlegion zurückkehren. Nun aber in Freiheit wollte er beides nicht. Er zog die Uniform aus und beauftragte Mary Jayne, ihm zivile Kleidung zu beschaffen. Er wolle zunächst mit Mathieu zusammen arbeiten, ließ er Mary Jayne wissen. Sie nutze die seltene Gelegenheit, die illustre Unter- und Halbwelt von Marseille sehr persönlich kennen zu lernen, in die ihr Freund abtauchte und sie tat es nicht ungern. Der Preis, den sie dafür zu zahlen hatte, war die spürbare Missbilligung ihrer Freunde. »Weder die Mitarbeiter des Komités noch meine Gangster-Freunde akzeptierten mich wirklich.« Aber was sie an beiden anziehend fand, das waren die Gefahr und die Rebellion.[44]

Das ging soweit, dass Mary Jayne – nicht völlig ahnungslos – eines Tages mit einem Kapitalverbrechen ihres Geliebten konfrontiert wurde: Mathieu und Raymond, ermordeten einen Mann, der sie bei der Polizei verpfiffen hatte. Genaueres erfuhr sie nicht – außer dass nicht Raymond den Finger am Abzug hatte – und wollte sie wohl nicht wissen. Um die Mitte Mai 1941 aber bat Varian Fry sie höflich, die Villa Air-Bel zu verlassen und riet ihr, bald nach Amerika zurückzukehren. Mary Jayne, die immer noch regelmäßig große Spenden an das *CAS* zahlte, fragte sich selbst, ob der Wunsch von Fry wohl mit dem Mord zu tun haben könne, den die Polizei aufzuklären sich bemühte. Sie zog in ein kleines Hotel, ließ aber einen Teil ihres Besitzes in ihrem Zimmer in der Villa zurück, vor allem ihren wertvollen Schmuck.

Raymond aber, unter dem Einfluss des korsischen Bandenchefs, konnte es nicht lassen, erneut in der Villa einzubrechen und diesmal ihren Schmuck an sich zu bringen. Der Coup war so gut vorbereitet, dass die Beute nach kürzester Zeit verschwunden und nicht mehr zurückzuholen war. Die Tränen von Mary Jayne, die Empörung ihrer Freunde in der Villa, selbst die ehrliche Reue des Räubers konnte den nun folgenden Showdown nicht aufhalten. Die Gangster der Guérini-Bande zerstritten sich auf Leben und Tod in einer filmreifen Szene im luxuriösen Hotel Carlton an der Croisette in Cannes. Mathieu dürfte die Militärpolizei auf Raymonds Spuren gesetzt haben. Der musste eiligst verschwinden, er entschloss sich, britischer Soldat zu werden.

Auch dazu brauchte er zunächst die Hilfe seiner Freundin. Mary Jayne fragte Fry, ob er den Delinquenten nach Lissabon schmuggeln könne, aber Fry lehnte sofort kühl und entschlossen ab. Auch die übrigen Fluchthelfer der Gruppe wollten die mühsam aufgebauten und sorgfältig versteckten Untergrund-Netze nicht durch einen unbesonnenen und rücksichtslosen Kriminellen in Gefahr bringen lassen. Keine F-Route, keine Route Carlos für Raymond!

Es war Charles Wolff, der zu den frühen Zellen der Résistance gehörte, der schließlich Mary Jayne half. Er vermittelte einen Spanier, einen Republikaner, der für seine Tätigkeit bezahlt werden wollte. Mary Jayne sicherte das zu. Das Liebespaar verabschiedete sich nicht ohne Schmerzen, der Spanier brachte Raymond bis an die Grenze, aber keinen Schritt weiter. Zu Fuß und in der Nacht ging Killer 150 Kilometer bis zum britischen Konsulat nach Barcelona. Dort bekam er britische Papiere und war nun weniger gefährdet. Aber die spanische Polizei griff ihn in der Nähe von Madrid auf und brachte ihn ins Lager Miranda del Ebro bei Burgos, wo bereits andere Briten warteten. Die britische Botschaft kümmerte sich um diese künftigen Soldaten und mit ihrer Hilfe gelangte Raymond Ende Oktober nach Gibraltar.[45] Er wurde Fallschirmspringer und Offizier in der britischen Armee, abgeschossen, verwundet, wieder eingesetzt und wiederholt hoch dekoriert.

Mary Jayne war nach der Abreise des Freundes wieder willkommen und »persona grata« in der Villa Air-Bel. Auch sie plante jetzt ihre Abreise, musste aber auf Ausreise- und Transit-Visa warten wie alle, die sich legal bewegten. Die Polizei versuchte vergeblich, sie nach Raymond Couraud auszufragen.

ANMERKUNGEN

1. Mary Jayne Gold: Marseille Année 40, S. 15
2. Ebenda, S. 16
3. Ebenda, S. 118
4. Victor Serge: Memoirs of a Revolutionary, S. 423
5. Ebenda, S. 422
6. Pierre Sauvage: Varian Fry in Marseille, S. 11
7. Varian Fry: Auslieferung, S. 108
8. Mary Jayne Gold: Marseille Année 40, S. 204 f
9. Rosemary Sullivan: Villa Air-Bel, S. 229
10. Mary Jayne Gold: Marseille Année 40, S. 225 f
11. Varian Fry: Auslieferung, S. 108
12. Mary Jayne Gold: Marseille Année 40, S. 258 ff
13. Rosemary Sullivan: Villa Air-Bel, S. 272
14. Varian Fry: Auslieferung, S. 108
15. Ebenda, S. 109
16. Ebenda, S. 110 f
17. Hannah Ahrendt an Martin Heidegger, Ajpn.org Hannah Ahrendt
18. Elisabeth Young-Bruehl: Hannah Ahrendt, S. 231
19. Varian Fry: Auslieferung, S. 139
20. Ebenda, S. 140
21. Victor Serge: Memoirs of a Revolutionary, S. 393 f
22. Rosemary Sullivan: Villa Air-Bel, S. 253
23. Ebenda, S. 254
24. Ajpn.org Varian Fry
25. Mary Jayne Gold: Marseille Année 40, S. 304
26. Rosemary Sullivan: Villa Air-Bel, S. 275
27. Mary Jayne Gold: Marseille Année 40, S 323 f
28. Ebenda, S. 328
29. Varian Fry: Auslieferung, S. 173
30. Umberto Eco: Urfaschismus
31. Varian Fry: Auslieferung, S. 160
32. Le Figaro, 3., 4. und 5. Dezember 1940 und ajpn.org: Marseille
33. Varian Fry: Auslieferung, S. 174
34. Rosemary Sullivan: Villa Air-Bel, S. 283
35. zitiert nach: Rosemary Sullivan: Villa Air-Bel, S. 282
36. Ebenda
37. Ebenda
38. Victor Serge: Memoirs of a Revolutionary, S. 426
39. Varian Fry: Auslieferung, S. 180
40. Mary Jayne Gold: Marseille année 40, S. 388
41. Varian Fry: Auslieferung, S. 230 ff
42. Rosemary Sullivan: Villa Air-Bel, S. 283
43. Ebenda, S. 286
44. Mary Jayne Gold: Marseille année 40, S. 405
45. Ebenda, S. 452 f

8 | PIONIERE DER UNITARISCHEN KIRCHE

ROBERT DEXTER, CHARLES JOY UND DIE SHARPS

Die Sekte der Unitarier *AUA (American Unitarian Association)* hatte in den Vereinigten Staaten um das Jahr 1940 etwa 60.000 Mitglieder (konzentriert in Neu-England). In Kanada und in mehreren Ländern Europas, so in Großbritannien, war sie ebenfalls verbreitet. Ein anderer Schwerpunkt war die Tschechoslowakei, wo sie etwa 3.500 Anhänger zählte. Dort verbündete sie sich mit der Tschechischen Nationalkirche (Hussiten) und erfreute sich so der Freundschaft und Förderung durch die Familie des ersten Staatspräsidenten Tomas Garrigue Masaryk und seiner amerikanischen Frau Charlotte Garrigue.

Seit 1927 leitete Robert C. Dexter die Abteilung Soziale und Internationale Beziehungen der *AUA* und kam so 1937 und 38 mehrfach zu Unitarier-Kongressen nach Europa und auch nach Prag.

Der Anschluss des Sudetenlandes an das Deutsche Reich nach der Münchner Konferenz im Herbst 1938 alarmierte die Unitarier in Nordamerika. Anfang November reisten Dexter und Richard Wood, ein Beauftragter der amerikanischen Quäker, nach Europa, um die Situation in der Tschechoslowakei zu erkunden und Hilfe für Flüchtlinge zu organisieren. Prag wurde von Flüchtlingen aus dem Sudetenland überflutet, viele von ihnen waren Juden: Auf etwa 200.000 schätze Dexter am 16. November in seinem ersten Bericht nach Boston ihre Zahl, und etwa 25.000 Flüchtlinge, so meinte er, brauchten sofort Hilfe, um auszuwandern.[1]

Dexter knüpfte Kontakte in London, Paris und Genf zu kirchlichen Organisationen und Behörden, um ein Netzwerk der Flüchtlingshilfe zu schaffen. Seine Tätigkeit wurde Ausgangspunkt und Anstoß für das Engagement der Unitarier auf dem Gebiet der Flüchtlingshilfe.

Bei der ersten Konferenz der *AUA* im Herbst 1938 nach der Münchner Konferenz erhoben Martha Sharp und ihr Mann, der Pfarrer Waitstill Sharp, laut ihre Stimmen gegen die ›Vergewaltigung der Tschechoslowakei‹, wobei ihnen Ortskenntnisse und der aktuelle Bericht von Dexter zu Hilfe kamen. Der Unitarier-Kongress beschloss, eine Medien-Kampagne und andere Unterstützungs-Aktionen zu Gunsten der Flüchtlinge, vor allem der tschechoslowakischen. Freunde und Bekannte wurden gebeten, Affidavits für sie zu schreiben, sodass sie in die USA einwandern konnten. Dexter warb nach seiner Rückkehr in Zeitungsartikeln für günstigere Visa-Bestimmungen und sammelte Geld für eine geplante Fluchthilfe-Organisation.

MARTHA UND WAITSTILL SHARP, 1939

In ihrer Januar-Konferenz 1939 beauftragten die Unitarier Martha und Waitstill Sharp nach Europa zu reisen, um über einen längeren Zeitraum, mindestens sechs Monate, Flüchtlingshilfe zu organisieren. Die beiden ließen ihre zwei Kinder (zwei und sieben Jahre alt) bei Freunden, um den von den Nazis Bedrängten und Verfolgten zu helfen. Sie hatten 12.000 Dollar von den Unitariern in der Tasche und 29.000 Dollar von einem tschechischen Hilfs-Komitee in New York (unter Leitung von Nicholas M. Butler, Präsident der Columbia-Universität) als sie nach Europa aufbrachen. Sie suchten zunächst die von Dexter vorbereiteten Kontaktstellen in London, Paris und Genf auf und kamen am 23. Februar nach Prag. Dort übergaben sie die 29.000 Dollar, die das New Yorker Komitee gesammelt hatte, an die unitarische Gemeinde. Dieses Geld war bestimmt für die Ansiedlung von Flüchtlingen aus dem Sudetenland im unbesetzten Tschechien. Sodann sammelten sie die persönlichen Daten von Menschen, denen sie bei der Emigration helfen wollten.

Die Besetzung Prags und des übrigen Tschechien durch die Deutschen am 15. März 1939 änderte die Lage der Tschechen und der Helfer jedoch dramatisch. Als deutsche Kolonnen im Stechschritt durch die Stadt marschierten, als Häuserblocks umstellt und durchsucht wurden, um deutsche Sozialdemokraten oder jüdische Schriftsteller zu verhaften, da fand Martha Sharp in einem

Hinterhaus Alice Masaryk, Tochter von Tomas Masaryk und seiner Frau Charlotte Garrigue. Alice Masaryk stand auf einer britischen Liste der am meisten gefährdeten Personen. Martha Sharp brachte sie durch die aufgewühlte Stadt an mehreren deutschen Kontrollpunkten an der Moldau-Brücke vorbei, indem sie die Deutschen täuschte. Die beiden Frauen gelangten unversehrt in die britische Botschaft. Alice konnte sich nach Großbritannien retten.

Waitstill Sharp war als amerikanischer Pfarrer nicht schutzlos, aber offene Flüchtlingshilfe war nach dem 15. März nicht mehr möglich. Ein versteckter Fluchtweg durch Polen an die Küste nach Gdinia und weiter nach England wurde eingerichtet. Martha gelang es, 35 Flüchtlinge, unter ihnen zwei Kinder, deren Eltern sich selbst umgebracht hatten, durch Deutschland und die Niederlande nach London zu bringen. Waitstill Sharp schätzte die Zahl ihrer Schützlinge auf 3.500: die meisten Schriftsteller, Künstler, Journalisten, Politiker, viele von ihnen auch Juden.

Der zweite Auftrag, mit dem die Sharps gekommen waren, hieß: Nahrungsmittel, Medikamente und Kleidung für die Flüchtlinge zu organisieren. Unter den Steinplatten im Boden der unitarischen Kirche in Prag, einem alten eindrucksvollem Bauwerk, wurden Verstecke eingerichtet. Vier Monate lang konnten die Unitarier tägliche Mahlzeiten für 350 deutsche und österreichische Flüchtlinge anbieten. Martha war schockiert, als sie die ersten Juden in den Straßen von Prag mit einem Davidstern auf der Kleidung sah. Waitstill tauschte auf dem Schwarzmarkt Dollar gegen tschechische Kronen, wobei er den Wechselkurs variabel handhabte. Weniger Wohlhabende bekamen einen höheren Betrag pro Krone. Er quittierte den Empfang auf einer seiner Visitenkarten. Diese wurden von bestimmten Banken in London oder Genf als Beleg akzeptiert, sodass den Flüchtlingen dort ihr Guthaben in Dollar ausgezahlt wurde, so war es mit den Banken verabredet. Das war selbstverständlich illegal und für Reverend Sharp ein großes Risiko, nicht einmal seine Frau war darüber informiert. Aber auf diesem Weg konnten zahlreiche Flüchtlinge amerikanische Visa erlangen. Die Ausreise selbst aus dem ›Protektorat Böhmen und Mähren‹ stellte zu diesem Zeitpunkt kaum ein Hindernis dar. Bis Ende August entkamen 284 Flüchtlinge mit Hilfe der Sharps aus dem besetzten Land.[2]

Die Nazis schlossen das Büro der jüdischen Hilfsorganisation *HICEM* in Prag. Die Vorsitzende wurde verhaftet und eingesperrt. Juden versteckten sich in Kellerräumen und Hinterhöfen, einige flohen in die Wälder. Vier Wochen nach ihrem Einmarsch, am 13. April, durchsuchten Nazi-Agenten auch das Büro der Unitarier und schlossen es am 17. April, als der Reverend nicht im Lande war. Als Martha zur Arbeit kam, fand sie Möbel und Büro-Einrichtung auf der Straße zerschlagen vor. Sie suchte zusammen, was erhalten war und richtete sich in einem Studentenheim ein. Dieses wurde aber am 25. Juli ebenfalls geschlossen. Waitstill Sharp reiste am 9. August zu einem Kongress in die Schweiz. Als er zurückkommen wollte, ließen die deutschen Grenzbeamten ihn nicht wieder einreisen. Am 15. August verließ auch Martha das Land, einen Tag, bevor die Gestapo sie zu einem Verhör abholen wollte, wie sie später erfahren konnte.[3] Ohne ihre Arbeit abschließen zu können, bestiegen die Sharps am 30. August in Cherbourg das Schiff *Queen Mary* nach New York, einen Tag bevor mit dem deutschen Angriff auf Polen der Zweite Weltkrieg begann.

Die Unitarier Robert Dexter, Martha und Waitsstill Sharp, der New Yorker Pfarrer Percival Brundage und andere überlegten, wie nach dem neuesten Angriff Hitlers auf Recht und Freiheit und die humanen Werte der aufgeklärten Welt, Widerstand und Hilfe zu organisieren sei. Anders als die US-Regierung und die Mehrheit ihrer Landsleute, hielten die Unitarier es nicht für eine gute Idee, sich aus allem heraus zu halten. Dexter und seine Frau Elizabeth reisten im Mai 1940 erneut nach Europa, zu einer ›fact-finding-mission‹. Sie kamen zurück mit dem Plan, in Paris ein zentrales Büro der Unitarier für ganz Europa zu errichten, das mit einem Jahresbudget von 20.000,- Dollar vor allem tschechoslowakischen Flüchtlingen auf dem ganzen Kontinent helfen sollte. Ideale Besetzung für diese Funktion wären Martha und Waitstill Sharp, so meinten die Dexters. Noch im Mai gründeten die Unitarier in Boston eine Hilfsorganisation für Europa, das *USC* (Unitarian Service Committee). Die Organisation sollte so viele ›intellectual, academic and political leaders as possible‹ aus Europa retten und bei ihren sozialen und medizinischen Bedürfnissen nach Kräften helfen. Die Unitarier waren damit schneller als die Gründer des *ERC* in New York, weil sie für eine kirchliche Organisation handelten, die schon lange in religiöser Verantwortung die politischen Menschenrechte zu verteidigen gewohnt war.

Wieder wurden die Sharps gebeten, diesen Auftrag zu übernehmen. Am 15. Juni sollten sie erneut ein Schiff besteigen, aber am 14. Juni hatten die Nazis so überraschend schnell Paris besetzt, dass die französische Hauptstadt als Sitz eines *USC*-Büros nicht mehr in Frage kommen konnte.

Die Sharps und das *USC* ließen sich durch diesen Schock nicht beirren. Kurzfristig wurde beschlossen, das *USC*-Office in Lissabon zu eröffnen. Brundage beschaffte genauso kurzfristig Flugtickets (ein kleines Wunder!) nach Portugal. Brundage war in der Leitung der *AUA*-Organisation für Kinderhilfe zuständig. Er bat Martha, in Frankreich nach Kindern zu suchen, deren Eltern sie für die Dauer des Krieges in die Vereinigten Staaten in Sicherheit zu bringen wünschten. Am 20. Juni kamen die Sharps in Lissabon an.
Sie gründeten das *USC*-Büro und erkundeten, was im unbesetzten Frankreich an Hilfe notwenig sei. Von Clayton William, dem Pfarrer der amerikanischen (protestantischen) Kirche von Paris, der mit seiner Familie nach Lissabon geflüchtet war[4], erfuhren sie, dass die Lebensmittel-Versorgung in Frankreich – auch im unbesetzten Süden – völlig unzureichend war, da die deutsche Besatzungsarmee von den Franzosen mit ernährt werden musste, und zwar vorrangig. Etwa Milch und Milchprodukte, die vor allem im Norden des Landes hergestellt wurden, kamen kaum mehr über die künstliche Grenze nach Süden. So litten Kinder und Kleinkinder unter einem gravierenden Milchmangel.

Die Amerikaner Donald Lawrie und seine Frau Helen, die die Sharps seit ihrer Zeit in Prag kannten, lebten jetzt in Pau nahe der französischen Demarkationslinie. Sie wussten, das Nahrungsmittel-Problem war entlang der künstlichen Grenze besonders krass, weil die Deutschen alles beschlagnahmten, was sie brauchten. Kinder litten besonders. In Pau im Pyrenäenvorland hielten sich außerdem viele Flüchtlinge auf, die hofften, irgendwie nach Spanien oder Portugal weiter zu kommen. Als die Lawries hörten, wie aktiv und erfolgreich die Sharps Nahrungsmittel für Südfrankreich beschafften und dass Martha Sharp im Begriff war, eine große LKW-Ladung Trockenmilch (12 Tonnen) zu kaufen, da rieten sie dringend, diese Milch nach Pau zu schicken. Helen Lawrie und Martha Sharp entwarfen einen Fragebogen, der helfen sollte die Familien zu finden, die die Hilfe am nötigsten brauchten. Donald Lawrie vertrat den *YMCA* in Europa, Helen Lawrie arbeitete für das amerikanische Rote Kreuz. Sie waren deshalb geeignet, die Trockenmilch nach humanitären Kriterien zu verteilen. 800 Kinder im Pyrenäen-Vorland profitierten von der Milch der Unitarier, die Hälfte von ihnen Flüchtlingskinder.
    Die Entschlossenheit der Sharps berührte die Lawries so, dass sie ihren Plan aufgaben, kurzfristig nach Amerika zurückzukehren. Sie ließen sich in Marseille nieder, wo auch die Sharps im Sommer 1940 hinreisten.

Aber das Milch-Projekt hatte ein Nachspiel: Gleich nach der französischen Niederlage hatte Großbritannien eine Seeblockade um den europäischen Kontinent errichtet. Rohstoffe und Lebensmittel sollten nicht aus Übersee kommen, um dann den Nazis in die Hände zu fallen. Lieferungen von außen nach Portugal und Spanien wurden streng kontrolliert. Nach Südfrankreich sollte zunächst gar nichts gelangen, vor allem nicht in die Nähe der Demarkationslinie, wo die Deutschen hätten zugreifen können. Die amerikanische Regierung unterstützte diese Politik der Briten. Deshalb verbot Robert Dexter, der Chef des *USC* das Milchprojekt. Die Sharps aber waren so von der Notlage der Kinder überzeugt, dass sie das Verbot nicht akzeptierten. Es kam zu einem schweren Konflikt zwischen Waitstill Sharp und Dexter, der weiter schwelte, auch zwischen Joy und Dexter, die sich in den nächsten Jahren an der Leitung des USC-Büros in Lissabon abwechselten. Sharp dachte darüber nach, ob er weiter unter Dexter für das *USC* arbeiten könne oder ob er auf seine Pfarrerstelle zurückkehrt. Die Stimmung unter den Hilfsorganisationen aber war den Sharps noch günstig. Das *YMCA*, das amerikanische Rote Kreuz und andere unterstützten das Milchprojekt.

Martha nahm die Milchverteilung und die Kinder-Emigration in die Hand, Waitstill versuchte von Lissabon aus, mehr Lebensmittel-Lieferungen aus Amerika zu organisieren. Seine Bemühungen blieben allerdings erfolglos.

Zu den deutschen Flüchtlingen im unbesetzten Südfrankreich gehörten die beiden Sozialdemokraten Breitscheid und Hilferding. Sie hielten sich unter falschem Namen im Pyrenäenvorland versteckt, wandten sich aber von dort mit der Bitte um Hilfe an den ehemaligen Reichskanzler Heinrich Brüning (Zentrums-Partei) der seit 1935 in den Vereinigten Staaten lebte. Der deutsch-national eingestellte Brüning war in Washington nicht besonders angesehen, hatte aber 1939 Gesprächstermine bei Präsident Roosevelt und beim britischen Botschafter Halifax. Er versuchte Verbindungen für den deutschen militärischen Widerstand zu knüpfen, was aber auf Skepsis und Misstrauen stieß. Auch für Flüchtlinge und Emigranten tat er, was er konnte, auch für einige Sozialdemokraten: Er wandte sich an das *Unitarian Service Committee*, bzw. an Robert Dexter. Am 14. August 1940, erschien er in Dexters Büro in der Beacon Street in Boston, erklärte die Bedeutung der beiden Männer Hilferding und Breitscheid im Spektrum der deutschen Politik und bat das USC dringend bei der Beschaffung von Visa zu helfen.[5] So erhielt Dexter die falschen Namen, die zu den richtigen Identitäten passten, beauftragte Waitstill Sharp in Lissabon, Kontakt mit den beiden Flüchtlingen aufzunehmen. An Außenminister Cordell Hull, den er persönlich kannte, schrieb er einen höchst ungewöhnlichen Brief, nämlich an seine private Adresse. Die US-Regierung möge den beiden deutschen Exilanten helfen, den Nazis zu entkommen.⁶

»As both men head the list of people whom the Hitler government whishes to extradite, it is important that their present whereabouts be kept secret, but that makes it all the more important that if anything can be done for them here, we do it at once. I sincerely hope that there will be some way in which our government can be of help to these men.«⁷

Die beiden SPD-Politiker bekamen Visa für die Vereinigten Staaten und fühlten sich danach wesentlich sicherer. Sie begaben sich nach Marseille in die Nähe des US-Konsulats und lebten unter ihrem richtigen Namen. Allerdings fehlten die Ausreise-Genehmigungen der Vichy-Regierung.

RUDOLF BREITSCHEID, CA. 1935

Beim Aufbau eines Büros, das praktisch eine Fluchthilfe-Agentur werden sollte und bei der folgenden Zusammenarbeit mit Varian Fry und dem *CAS* in Marseille fand Sharp jede Unterstützung durch Dexter und das *USC*-Büro in Boston trotz der genannten Differenzen.⁸ Fry konnte, als er in Lissabon ankam, von Sharps Erfahrung profitieren. Er hätte niemals so erfolgreich sein können ohne die Zusammenarbeit mit dem *USC*. Während Waitstill Sharp nach Frys Hilferuf Marta und Lion Feuchtwanger für den *CAS* aus Marseille nach Lissabon brachte, kam dort sein Nachfolger Charles Joy aus Boston an. Joy konnte am 20. September als eine seiner ersten Amtshandlungen melden: »Seventytwo refugees arrived Lisbon to date including Franz and Alma Werfel, Heinrich Mrs. And Golo Mann.«⁹ Er fügte hinzu, dass die Nazis in einer

Groß-Aktion Breitscheid und Hilferding festgenommen und unter Hausarrest gestellt hatten.

Charles R. Joy hatte nach einem brillianten Anfang seiner Karriere als Priester der Unitarischen Kirche zeitweise ein Problem wegen seiner politischen Überzeugungen gehabt. Als die Vereinigten Staaten 1917 in den ersten Weltkrieg eintraten, erklärte Joy, er sei Pazifist und der Krieg sei ein Unrecht. Daraufhin wurde er von seiner Gemeinde in Portland (Maine) rausgeworfen.[10]

Joy trat dann dem *YMCA* bei, der Young Men's Christian Association und schloss sich dem humanitarian and welfare Service des *YMCA* für US-Soldaten in Europa an. Für seine Arbeit als Seelsorger im weitesten Sinn mit amerikanischen und französischen Soldaten zeichnete die französische Regierung Joy nach dem Krieg mit einem Orden aus.

Zurück in den USA wurde ihm sofort eine Priesterstelle in Pittsfield (Massachusetts) anvertraut. In schnellem Wechsel folgten andere Planstellen und Aufgaben innerhalb der *AUA* bis Dexter im Sommer 1940 Joy bat, die Leitung des *USC*-Büros in Lissabon zu übernehmen. Am 15. September kam er dort an, richtete sich sehr sparsam – wie es sein Art war – ein (Schlafstelle im Büro) und half den Nazi-Verfolgten. Hilfe bedeutete für das *USC* vor allem regelmäßige Nahrungsmittel-Leistungen, Kleidung und medizinische Hilfe. Aber Joy reiste auch immer wieder nach Marseille, um Flüchtlinge über die spanische Grenze zu begleiten.

Auch aus spanischen und portugiesischen Gefängnissen musste einigen »illegal« Reisenden herausgeholfen werden. Dies geschah vielfach im Kontakt mit anderen Hilfsorganisationen wie *CAS*, *YMCA*, *HICEM* und *Hias*. Immer wieder waren Verbindungen zu den Geheimdiensten notwendig, auch in den zwielichtigen Untergrund, sowie zur Résistance, zu Kommunisten, und selbstverständlich zum amerikanischen *OSS* (Office of Strategic Services) Diese Kontakte haben Charles Joy nach dem Krieg nicht unwesentliche Probleme bereitet, und nicht nur ihm.

LISSABON IM HERBST 1940

Um den Zustrom der Flüchtlinge aus Mitteleuropa und Frankreich zu bewältigen, wies die portugiesische Regierung den meisten Quartiere außerhalb der Stadt Lissabon zu: Lager etwa in dem kleinen Badeort Caldas de Rainha an der Küste, die billig waren und unter Aufsicht standen. Viele Flüchtlinge besaßen nicht die Schiffs-Tickets, deren Vorlage die Regierung verlangte, andere hatten keine gültigen Papiere und noch weniger gültige Visa. Ein großer Teil der Flüchtlinge hatte nicht einmal das zum Lebensunterhalt erforderliche Taschengeld und war also auf die Hilfsorganisationen angewiesen. Einige Dutzend Emigranten meldeten sich bis Oktober beim Büro der Unitarier in Lissabon. Etwa 8.000 Personen insgesamt hatten sich nach dem französischen Waffenstillstand auf den Weg nach Portugal gemacht. Im Winter und Frühjahr 1941 wurden es deutlich mehr.

Diese Flüchtlinge lebten mehr noch als die Portugiesen in Angst. Denn man hörte von Bewegungen deutscher Truppen auf der Nordseite der Pyrenäen und fragte sich, welches Land Hitler wohl als nächstes überfallen oder besetzen würde – mit oder ohne spanische Hilfe. Die Straße von Gibraltar für die Briten zu sperren, das erschien nicht nur den Emigranten als nächstes Etappenziel logisch auf Hitlers Weg, den Kontinent zu beherrschen. »Portugal floats on a sea of rumors«, schrieb Joy nach Boston, »all of them alarming. The refugees have a hunted look in their eyes.«[11] Die Flüchtlinge fühlten sich gehetzt.

Die Schlangen vor den Botschaften Großbritanniens, der USA und anderer amerikanischer Staaten wollten nicht kürzer werden. Die Vereinigten Staaten hatten am 19. September durch eine Anweisung des State Departments die Beweislast bei allen Visa-Anträgen umgedreht. Wer ein Besuchs-, ein Transit- oder ein Dauervisum beantragte, musste Beweise über seinen Lebenswandel, seine finanziellen Ressourcen beibringen und US-Bürger als Bürgen benennen. Das konnte sehr vielen nicht gelingen. Hinzu kam bei vielen US-Diplomaten, auch beim amerikanischen Botschafter in Lissabon, Herbert Pell, eine Abneigung gegen Juden.

Als Joseph Kennedy, der US-Botschafter in London, auf seinem Weg nach Washington Ende Oktober 1940 einige Tage in Lissabon Station machte, besuchte er die US-Vertretung. Botschafter Pell war abwesend und so lud der erste Botschaftssekretär Warden Wilson routinemäßig Kennedy zum Diner ein. Wilson klagte wider besseres Wissen über den wachsenden Strom von jüdischen Flüchtlingen, denen man Visa geben müsse. »He said that nobody could get a visa to get out except Jews«, schrieb Kennedy in sein Tagebuch. »He said that they were asked to give visitors visa to Jews whom everybody knew were bad citizens.«[12] Kennedy antwortete dem Botschaftssekretär, in London wäre das unmöglich, notierte aber weiter in sein Tagebuch: »It's really a disgrace that this thing is going on.«[13] Nach den Anweisungen aus Washington an die Konsularabteilungen der amerikanischen Botschaften in Europa vom 19. September konnte es da eigentlich keine Unterschiede zwischen London und Lissabon mehr geben. Bemerkenswert ist, dass Kennedy diese Praxis als ›disgrace‹ (Schande) bewertete.

Da vielen, gerade jüdischen Flüchtlingen Visa für die Vereinigten Staaten verweigert wurden, begann Charles Joy für den *USC* nach anderen Ziel-Ländern zu suchen, etwa Mexiko, Kuba oder Brasilien. Aber Mexiko verlangte maßlose Visa-Gebühren und sah sich misstrauischem Druck der Vereinigten Staaten ausgesetzt. Friederike Zweig aus Salzburg, die frühere Frau des nach England geflüchteten jüdischen Schriftstellers Stephan Zweig, unterstützte Joy zeitweise. Sie schrieb für ihn eine weitere Liste von Intellektuellen, denen geholfen werden müsse.

Charles Joy hatte bald ähnliche Probleme mit seinem Home-Office in Boston wie Fry mit dem *ERC* in New York: Die Kommunikation funktionierte nur mangelhaft. Briefe gingen verloren oder wurden aus anderen Gründen nicht beantwortet. Auch in Boston hatte man Schwierigkeiten, die Bedingungen in Europa zu verstehen, obwohl Reverend Sharp und seine Frau Martha doch aus persönlicher Erfahrung berichten konnten. Als die Unitarier auf Vorschlag von Martha Sharp Helen Lowrie, die Frau des *YMCA*-Chefs Donald Lowrie, zur Chefin des *USC*-Büros in Marseille machten, schrieb Joy einen wütenden Brief nach Boston: Die Frau sei ungeeignet. Mit ihr könne die vereinbarte Zusammenarbeit zwischen *USC* und *CAS/ERC* nicht weitergehen. Joy fühlte sich übergangen und stellte fest, dass Entscheidungen, die das *USC* in Europa betreffen, in Lissabon getroffen werden müssen.[14] Es gab wohl auch eine Konkurrenz zwischen Joy und Martha Sharp. Frau Lawrie wurde nach kurzer Zeit ersetzt.

Da Joy sich aber weitgehend an gesetzliche Bestimmungen hielt und äußerst sparsam wirtschaftete, bot er seinen Vorgesetzten in Boston weniger Angriffsfläche als Varian Fry das tat. Der asketisch lebende Joy meinte sogar, als er Frys Hotelrechnungen sah, Fry gebe Geld aus wie »ein betrunkener Seemann«, was man wohl nicht als objektive Feststellung werten darf.[15] Im Dezember zog das *Unitarian Service Committee* vom Hotel Metropol um in ein größeres Wohnbüro in der Rua Fuego. Acht Mitarbeiter gehörten inzwischen zur Mannschaft.

Das *USC* verstand sich wie andere Hilfsorganisationen als politisch unabhängig. Die Unitarier erhielten aber bedeutende Mittel aus einem Hilfs- und Rettungsfond der Regierung. Und dazu passt, dass alle Chefs der Führungsebene in Europa Berichte für den *OSS* schrieben, den Auslandsgeheimdienst der Vereinigten Staaten. Auch Robert Dexter berichtete.[16] Der *OSS* teilte seine Erkenntnisse mit den britischen Geheimdiensten, meistens.

DIE SUBAK-SCHWESTERN

Zwei junge Frauen aus der Tschechoslowakei klopften im September schon an die Tür der Unitarier in Lissabon: die etwa 30-jährige Gerda Subak und ihre jüngere Schwester Margit Elsohn. Gerda brachte zwei Söhne mit, Frank und John, sieben und zehn Jahre alt. Die Schwestern hatten, seit Hitler im März 1939 ihre Heimat besetzte, in Frankreich gelebt. Gerdas Mann Subak und Margits geschiedener Mann dienten als Soldaten in der tschechoslowakischen Exil-Armee, die sich – ähnlich wie die polnische – nach der französischen Niederlage nach Großbritannien zu retten versuchte.

Margit Elsohn war nach Südfrankreich geflüchtet und kam in den Küstenort Agde, wo viele tschechische Soldaten sich in einem Lager sammelten, so wie ihr früherer Mann und ihr Schwager, damit sie per Schiff auf die britische Seite geholt werden konnten. Das Schiff kam, nahm viele Soldaten, auch Subak und Elsohn an Bord, ebenso einige Angehörige, nicht aber Margit, obwohl sie ein britisches Visum besaß. Margit verlangte den verantwortlichen General zu sprechen. Es stellte sich heraus, dass sie ihn zufällig kannte. Er war einst Gast im Haus ihrer Eltern gewesen. Aber kühl wies er sie ab.

»Sie kennen mich doch«, rief sie. »Sie wissen, dass ich keine Sonderrechte beanspruche«.

»Ja«, war die Antwort. »Sie sind die Jüdin aus Trebic!« Er ließ sie nicht an Bord.

»Danke«, rief sie ihm nach. »Die Gestapo könnte nicht freundlicher sein.«[17]

Enttäuscht wandte sie sich ab. Traf dann aber ihre Schwester mit den zwei Kindern.

Die beiden Frauen fuhren nach Marseille und mieteten sich ein billiges Zimmer im Rotlichtviertel, wo auch Varian Fry manchmal seine ›Klienten‹ unterbrachte, weil dort weniger kontrolliert wurde. Die Söhne wollten wissen, warum die Lampen rot waren und die Frauen erklärten ihnen, die Lichter seien vom letzten Weihnachten übrig geblieben.

Margit kaufte in Marseille bei einem Schmuggler die grobe Skizze des Weges, der von Cerbère über die Pyrenäen nach Spanien führt. Die beiden Frauen hatten zwar gehört, dass ein Amerikaner namens Varian Fry in der Stadt angekommen war, um zu helfen. Sie wollten es aber allein schaffen. Das hatte den Vorteil, dass sie die Kinder in der Illusion halten konnten, man befände sich auf einem großen Ferien-Ausflug.

Auch sonst fehlte es ihnen nicht an guten Ideen. Sie fuhren Mitte September mit einem Schweizer internationalen Omnibus nach Cerbère, stiegen das Gebirge hinauf, umgingen die französische Grenzkontrolle ohne Zwischenfall, machten auf dem Bergkamm ein Picknick, genossen die fabelhafte Aussicht, aber an der spanischen Grenzstation geschah die Katastrophe: Der Siebenjährige hatte beim Picknick seinen Teddy im Gras vergessen. Er schrie, wollte sich nicht beruhigen lassen und die Reise auf keinen Fall ohne seinen Teddy fortsetzen.

Margit lief zurück, ein beachtliches Stück Weg, fand das verlorene Objekt, eilte erneut an die spanische Grenzstation. Die Zöllner hatten ein Einsehen und glaubten den Frauen ohne französische Ausreise-Genehmigung bereitwillig, dass sie nicht beabsichtigten, an der Seite Churchills in den Krieg zu ziehen. Das Gepäck der Vier war in dem Omnibus geblieben, den sie in Port Bou erneut bestiegen, als ob nichts gewesen wäre. Die Reisegesellschaft aus der Schweiz hatte soeben im spanischen Port Bou ihre Mittagspause mit anschließender Siesta beendet. Wenn die Geschichte so stimmt, wie Susan Elisabeth Subak sie erzählt[18], dann haben die beiden Frauen ein seltenes Bravourstück hingelegt.

In Lissabon wandten sie sich an das *USC*-Team. Mit Hilfe der Unitarier gelang es den Subaks, im Dezember ein Visum für die Vereinigten Staaten und Schiffspassagen auf der *SS Siboney* zu bekommen.

Martha Sharp hatte ihren Mann Waitstill Sharp und die Feuchtwangers Ende September nicht nach Portugal begleitet, weil sie eine Gruppe von Flüchtlingskindern – unter ihnen einige Waisen – zusammenstellte, die sie nach Amerika bringen wollte. Es dauerte zwei Monate bis der übliche Papierkrieg erledigt war. Sie erschien am 29. November in Lissabon mit 27 Kindern und fünf erwachsenen Begleitpersonen, jedoch wenige Stunden zu spät für das vorgesehene Schiff.[19] Die Gruppe musste in Lissabon auf eine neue Reisemöglichkeit warten.

Der Hafen Alcantara war der Engpass, durch den die Flucht gelingen konnte oder eben nicht. Der Schiffsverkehr war allgemein stark eingeschränkt. Nur ein Viertel oder ein Fünftel der Schiffe nahm überhaupt Passagiere an Bord. Die Reederein ließen die Preise explodieren, um vom Schicksal der Flüchtlinge zu profitieren. Von September bis Dezember 1940 stieg der Preis für eine Überfahrt Dritter Klasse von durchschnittlich 200 auf 320 US-Dollar. Bessere Kabinen kosteten um 500 Dollar, doppelt so viel wie in normalen Zeiten. Man sprach von einer neuen Form des Gangstertums.

Schon im Herbst 1940 diskutierte die amerikanische Öffentlichkeit das Schicksal der Passagiere des portugiesischen Frachters *SS Quinta*. Die amerikanische Einwanderungsbehörde hatte 83 der 120 Fahrgäste an Bord die Landung verweigert mit der Begründung, ihre Papiere seien nicht in Ordnung. Das Schiff suchte darauf den Hafen in Providence (Neuengland) auf. Am 11. September wandten sich die Flüchtlinge per Radio, dem damals modernsten Medium mit großer Reichweite, an den US-Präsidenten und baten um Aufnahme in die USA. Der stellvertretende Staatssekretär Breckinridge Long hatte zunächst den Vorschlag des International Migration Service, allen Passagieren der *SS Quinta* Not-Besuchsvisa zu geben, abgelehnt. Das Gesetz dürfe nicht verletzt werden. Nach dem Wirbel um die Radio-Sendung entschied sich die Regierung aber doch, die Flüchtlinge der *SS Quinta* ins Land zu lassen.[20]

Das aber sollte eine Ausnahme bleiben. Nachdem die *SS Siboney* der *American Export Lines* im Dezember Lissabon verlassen hatte, musste die Reederei diese Linie einstellen. Es blieben praktisch nur portugiesische Schiffe, das heißt etwa einmal im Monat konnte Lissabon auf diesem Weg verlassen werden. Um den Engpass aufzulösen, reisten Robert Dexter und Martha Sharp im Auftrag der Unitarischen Kirche im März nach Washington DC. Sie hatten um ein Gespräch im State Department mit Staatssekretär Sumner Welles gebeten. Der aber beauftragte seinen Vertreter Breckinridge Long mit der Sache. Long erklärte den Unitariern, Schifffahrtslinien seien keine Angelegenheit des State Department sondern der (staatlichen) *Maritime Commission*. Dort erhielten die Unitarier keine bessere Auskunft. Dexter richtete am 17. März einen langen flehenden Brief an den ihm gut bekannten Senator Harold Burton, damit er einen Vorschlag der *American Export Lines* Reederei befürworte, einmalig zwei Schiffe nach Lissabon zu schicken, um dort »Hunderte von wartenden Flüchtlingen mit gültigen US-Visen« abzuholen. Burton schrieb wie gewünscht an den Admiral, Chairman of the United States Maritime Commission. Aber alle Anstrengungen waren vergeblich.[21] Die Sonderfahrt wurde nicht erlaubt.

Im April 1941 berichtete Joy, die Möglichkeiten der Flüchtlinge, mit dem Schiff den Atlantik zu überqueren, hätten sich verschlechtert. »*As the available space on American boats is reserved, by order of the American government, exclusively for American citizens and refugee bookings on these boats dating previously of this governmental order, are rather rare, all refugees coming here must be crammed into the boats of the Portuguese companies, into the few Spanish boats that pass and into the occasional cargo boats leaving here.*«[22]

Als wenn diese Hindernisse noch nicht gereicht hätten, um die Flüchtlinge zu entmutigen, errichtete die US-Administration weitere Hürden. Amerikanische Visa, die in Lissabon ausgestellt worden waren, verloren nach vier Monaten ihre Gültigkeit. Viele Flüchtlinge, die noch in französischen Internierungslagern warteten oder bereits in portugiesischen Zwischenstationen angekommen waren, konnten es nicht schaffen, in dieser Zeit ihre Seereise anzutreten. Eine einfache Verlängerung der Gültigkeit wegen »höherer Gewalt« wollte das State Department aber nicht zulassen.

Noch bevor die Fittkos Banyuls verlassen mussten, mochte Walter Meyerhof, der Sohn des Nobelpreisträgers, nicht länger untätig in der kleinen Grenzstadt warten. Im Februar 1941 reiste er nach Marseille und richtete sich in dem kleinen *USC*-Büro ein, das Charles Joy benutzte, wenn er in Frankreich war. Da Walters Vater Otto wegen seines jugendlichen Sohnes, den er hatte zurücklassen müssen, immer unruhiger wurde und sich an zahlreiche Politiker wandte, entstand Druck auf die Fluchthelfer in Frankreich. Robert Dexter in Boston bat Charles Joy, sich um Walter Meyerhof zu kümmern. Auch Varian Fry bemühte sich, zu helfen. In diesem Fall des Sohnes eines Prominenten bat sogar der amerikanische Botschafter in Vichy die französischen Behörden um Ausreise-Genehmigung. Im März wurde ihm das Transit-Visum für Spanien erteilt.

Damit reiste der junge Mann an die Pyrenäengrenze, nicht bei Banyuls sondern im Hinterland. Die spanischen Beamten wiesen ihn jedoch ab. Sein Affidavit in lieu of passport (amerikanischer Ersatz-Ausweis) sei nicht in Ordnung. Walter Meyerhof schickte ein Telegramm an Joy. Der bestellte ihn wiederum telegrafisch zum Bahnsteig an der französischen Grenzstation Cerbère. Im Zug nahm Joy dem jungen Mann seine US-Dollar ab, um an der Grenzkontrolle in Port Bou dem spanischen Offizier vierzig Dollar in die Hand zu drücken. Der sollte dafür sorgen, dass »sein Assistent« keine Schwierigkeiten mit der Grenz-Polizei bekomme. Kurzerhand gelang so, was in monatelangem Gerangel der Konsuln nicht geglückt war.[23] Joy benutzte also unter Druck und in der Not die gleiche illegale Methode wie Varian Fry, den er dafür mehrfach, auch öffentlich kritisiert hatte. Obwohl er stolz auf seinen Erfolg war, schwieg er deshalb über seine Beamten-Bestechung.

Dem *USC* in Lissabon fehlten fast durchgehend die finanziellen Voraussetzungen für seine Aufgaben. In den Vereinigten Staaten konnten die Unitarier bei weitem nicht so gut Spenden sammeln wie das *ERC*. Es war zwar verabredet, dass das ERC alle Unkosten erstatten sollte, die die vom *CAS* zugewiesenen Flüchtlinge betrafen, das Geld kam auch, aber zögernd und mit Verspätung. Die Flüchtlinge wurden in Lissabon am Bahnhof abgeholt, in das Büro in der Rua Fuego begleitet, auf die Unterkünfte verteilt, wenn nötig mit Nahrungsmitteln und auch geringen Barbeträgen versorgt, soweit die Geldnot des *USC* das zuließ. Einige Flüchtlinge waren so aufgebracht über ihre Notlage, dass sie das *CAS* und Varian Fry in ihre Kritik mit einbezogen. Charles Joy schrieb an seine Vorgesetzten in Boston: »You remember the complaint against Moses. ›Why did You bring us into the wilderness to die‹? I can't blame them much. They are desperate«.[24] (Erinnern Sie sich an die Klage der Israeliten gegen Moses: ›Warum hast Du uns in die Wildnis geführt, um hier zu sterben‹? Ich kann sie nicht tadeln. Sie sind verzweifelt.)

Im Frühjahr 1941 kamen im Tagesdurchschnitt 30 bis 40 Flüchtlinge bei den Unitariern in Lissabon an und baten um Hilfe.

NOEL HAVILAND FIELD, EIN SPION, DER IN DIE KÄLTE GING

Als Helen Lawrie nicht akzeptiert wurde, mussten die Unitarier in Boston einen anderen Leiter für das in Marseille geplante Büro finden. Angesichts des Krieges in Europa war das nicht selbstverständlich. Ein weiterer Pfarrer, Reverend oder Theologe der Unitarier bot sich nicht an, aber es gab den Tipp eines *YMCA*-Vertreters aus Genf. Er hatte gehört, dass der amerikanische Diplomat Noel H. Field, dringend eine neue Arbeit suchte, weil er im Sommer 1940 vom Völkerbund entlassen worden war. Field stammte aus einer amerikani-

NOEL FIELD UND SEINE FRAU HERTA IN DEN 1940ERN

schen Quaker-Familie, war in London geboren und mit vier Geschwistern in Zürich aufgewachsen, sprach daher mehrere Fremdsprachen fließend. Der ehemalige Diplomat schien vor allem deshalb besonders für diese Aufgabe geeignet, weil er sich beim Völkerbund um Flüchtlings-Probleme gekümmert hatte, vor allem um solche die am Ende des Bürgerkrieges aus Spanien flohen. Er kannte also den Stand der internationalen Diskussion, die Regeln in den USA und anderen Zufluchtländern sowie auch alle wichtigen Personen und Adressen in Europa und in Washington.

Nach seinem Harvard-Studium hatte er 1927 den Dienst im State Department aufgenommen. Eine frühe Reise 1924 mit dem *YMCA* durch die Sowjetunion stellte offenbar kein Hindernis dar. Wie viele westeuropäische Intellektuelle (etwa der britisch-österreichische Philosoph Ludwig Wittgenstein oder Lion Feuchtwanger) war er damals fasziniert von dem sowjetischen Sozialismus. Er meinte, darin das »größte Experiment der Sozialwissenschaften aller Zeiten« zu erkennen.[25] Der *YMCA*-Reisegruppe wurden die Vorzüge der zentralen Wirtschaftsplanung vorgeführt, ohne dass sie offenbar die Nachteile der sozialen Ungleichheit (Diskriminierung der alten Eliten) und die Entmündigung der Sowjetbürger bemerkte. Den Menschenrechten und der Demokratie fühlte Field sich dennoch verpflichtet. Dass er sich zu einem Atheisten entwickelt hatte, verschwieg er im State Department ebenso wie später seinen kirchlichen Auftraggebern. Während seiner Zeit im State Department hatte er wachsenden Widerwillen gegen die US-Außenpolitik empfunden. Er träumte von einem radikalen Bruch mit dieser Tätigkeit. Seine deutsche Frau Herta (geb. Vieser aus Stuttgart), die er schon als Kind in Zürich kennen gelernt hatte und mit der er seit 1925 verheiratet war, teilte den Traum. Unter Pseudonym schrieb er Artikel für die amerikanische KP-Zeitung *Daily Worker*.

Und eines Tages klopften zwei Headhunter des NKWD an seine Tür. Paul

Massing und Hede Gumperz suchten die Freundschaft der Fields und man kam sich näher. Den Fields wurde vorgeschlagen, neben und mit Hilfe ihrer Tätigkeit in Washington für sowjetische Geheimdienste zu spionieren. Die Entscheidung fiel ihnen nicht leicht. Anfang 1935 willigte Noel Field schließlich ein, ›nachrichtendienstlich‹ für die Sowjetunion zu arbeiten. Er berichtete aus seinem Umfeld im State Department nach Moskau[26] und schrieb auch Beurteilungen seiner Kollegen, von denen er sich im Übrigen auffällig distanziert hielt. Dokumente soll er nur wenige entwendet und – wie es von ihm erwartet wurde, kopiert oder weiter gegeben haben.

Von seinen inneren Konflikten befreite ihn dann die Beschäftigung beim Völkerbund in Genf, wo er weiter für die sowjetischen Geheimdienste spionierte. Der Völkerbund beauftragte ihn, die Flüchtlinge aus und nach dem spanischen Bürgerkrieg zu betreuen und zu versorgen, die in völlig unerwarteter Anzahl (etwa 400.000) über die Pyrenäen nach Frankreich strömten. Seine Frau Herta begleitete ihn nach Barcelona und Perpignan.

Zwischendurch reiste das Ehepaar Field im Frühsommer 1938 mit einem Touristenvisum erneut in die Sowjetunion. Sie empfanden die Einladung dorthin als Belohnung für ihre erfolgreiche Spionage-Tätigkeit. Der NKWD überprüfte sie, der stellvertretende Leiter des Auslands-Nachrichten-Dienstes Sergej Schpigelglas persönlich betreute sie. Sie durften sich geehrt fühlen. Ihr Wunsch, in die sowjetische KP aufgenommen zu werden, ging in Erfüllung.[27]

Aber irgendetwas stimmte nicht. Einen Ausweis, ein schriftliches Dokument, das ihre Parteimitgliedschaft bezeugen konnte, erhielten sie nicht. Zurück im Westen warteten die Fields zunächst vergeblich auf eine Kontakt-Aufnahme des NKWD. Schpigelglas aber wurde als Verräter, als ›Volksfeind‹, verhaftet und erschossen. Massing und seine Frau wurden zur Überprüfung nach Moskau beordert, beschlossen aber »auszusteigen« und konnten mit knapper Not entkommen. Dennoch blieben Noel und Herta Field dem Sowjetsystem treu, sie ließen sich 1940 in die verbotene Schweizer KP aufnehmen. Ihre Decknamen: Richard und Senta Wolf.[28] Der Vorgang wurde später in Moskau als illegal bewertet.

Fields Arbeit für den Völkerbund brach im Sommer 1940 abrupt ab, der Diplomat wurde entlassen. In einem Schreiben an seine Partei, die KP, vermutete er nach dem Krieg, in Washington habe er sich wohl wegen seiner Kontakte zur Sowjetunion verdächtig gemacht, sodass man dort seine Entfernung aus dem Völkerbund für wünschenswert hielt.[29] Andere, zunächst aussichtsreiche Stellenangebote vereitelte das State Department. (Mehrere Freunde und Bekannte boten ihm interessante Aufgaben an.)

Donald Lawrie, der *YMCA*-Europa-Chef, hatte Verbindungen nach Genf, erfuhr dass der begabte Diplomat Field eine neue Arbeit brauchte und empfahl ihn dem *USC*. Charles Joy, dem Noel Field bis dahin unbekannt war, schlug diesem Anfang des Jahres 1941 die Stelle des Leiters des *USC*-Büros in Marseille vor. Er schickte die Bewerbung Fields nach Boston und fügte hinzu: »Er hat auch Reden für Roosevelt geschrieben, aber lassen Sie sich dadurch nicht beeinflussen«.[30] Robert Dexter überprüfte den Background von Noel Field und befand, er sei vertrauenswürdig. Der Harvard-Absolvent, die Herkunft seiner Eltern aus Boston, die Mutter – eine Frau, die das *USC* mit Spenden unterstützte, was sollte an dem begabten Intellektuellen denn wohl problematisch sein?[31] Er schien in das liberale, nach links hin weit offene Spektrum der Unitarier zu passen, die schon immer die christliche Ethik mit den Errungenschaften der Aufklärung und sozialem Engagement zu verbinden suchten.

Noel Field verschwieg, dass er Atheist geworden war und dass er für die Sowjetunion spionierte, aber er fand bald heraus, dass er nicht der einzige Kommunist in der Führung der Unitarier und des *USC* war. Er bekam den Job und auch seine Frau sollte für das *USC*-Büro in Marseille arbeiten. Sie nahmen das Angebot sofort an und begannen noch im März 1941 mit der Arbeit.

Joy empfing Field in Marseille in seinem dunklen, ungeheizten Büro in einem Schiffsutensilien-Laden am Alten Hafen (Rue Fortune). Er erklärte ihm die politische Lage in Frankreich, die Situation der Flüchtlinge, übergab ihm das Büro sowie den einzigen Angestellten, einen jugendlichen Griechen, der nur wenig englisch sprach. Joy war in Eile, wollte schon am nächsten Tag nach Lissabon abreisen und so zog er am Ende der Unterhaltung ein Bündel Banknoten aus der Tasche, warf es auf den Tisch und sagte: »So! Helfen Sie also den Flüchtlingen! Wie, das ist Ihre Sache.«[32]

Field hielt Joy für einen Wirrkopf, aber er jubelte: Es war »die Krönung meines ganzen Lebens, die Verwirklichung langjähriger, halbbewußter Ziele und Tendenzen ... Wir hatten kein Salär, sondern mussten mit möglichst geringen Unkosten auskommen. In Marseille lebten wir in einem verwanzten schmutzigen Zimmer, litten Hunger, arbeiteten auch an Sonn- und Feiertagen ... Und doch: Es war die beste Zeit unseres Lebens. Zum ersten Mal vereinigte sich meine reguläre Arbeit mit meiner Parteiarbeit«.[33] »Ich lebte und handelte mehr und mehr ganz als Kommunist, ohne innere Hemmungen«.[34] Außerdem konnte er so mit seiner Frau Herta zusammen bleiben, die ihm klar gemacht hatte, sie wolle nicht wieder in die Vereinigten Staaten.[35]

Field schwebte vor, hinter dem bürgerlich-neutralen Aushängeschild *USC* eine linksgerichtete internationale ›Rote Hilfe‹ für Kommunisten und Flüchtlinge des spanischen Franco-Regimes aufzubauen. »Unter meinem Druck«, schrieb er 1954 in seinem Rechtfertigungsbrief an die *KPdSU*, »wurde die Politik dahingehend spezifiziert, dass das *USC* prinzipiell allen antifaschistischen Flüchtlingen helfen sollte, dass es aber (wegen der geringen Geldmittel) praktisch vor allem denjenigen helfen solle, die von keiner anderen Organisation Hilfe bekamen.«[36]

Zu dieser Gruppe gehörten etwa der ungarische Kommunist Laszlo Rajk und der Deutsche Paul Merker. »Meine sich immer mehr ausdehnende Parteiarbeit im *USC*« erlitt durch die im Ungewissen bleibende Mitgliedschaft in einer der Kommunistischen Parteien keinen Schaden, schrieb Field in seinem Rechenschaftsbericht 1954.[37] Er rettete hunderten von KP-Funktionären das Leben, aber auch zahlreichen jüdischen Kindern, deren Eltern die Nazis deportiert hatten. Er bot seine Hilfe auch Prominenten wie dem spanischen Cellisten Pablo Casals und dem aus Weißrussland stammenden Maler Marc Chagall an.

Nicht nur Fluchthilfe-Aktionen bezahlte Field mit *USC*-Spendengeld, auch Waffenkäufe für den Untergrund. Er war bereit, sogar einen gewaltsamen Ausbruch aus dem Geheimgefängnis der Vichy-Regierung in Castres im Pyrenäen-Vorland zu finanzieren, durch den drei hochrangige *KPD*-Funktionäre, Franz Dahlem, Siegfried Rädel und Heinrich Rau befreit werden sollten. Doch der Versuch scheiterte.

Vor der Ankunft der beiden Fields hatte Joy im Herbst 1940 mehrere Internierungslager in Südfrankreich besichtigt und war von dem Elend der Internierten tief betroffen. In Gurs, einem der größten Lager fehlten Fenster in den meisten der 260 ungeheizten Baracken. Wind und Regen drangen durch die offenen Fensterlöcher ein. Krankheiten verbreiteten sich wie Epidemien. Joys Anstrengungen und den geringen Mitteln der Unitarier ist es zu verdanken, dass Glasfenster im Lager Gurs eingebaut wurden. Sofort danach ging die Anzahl der Krankheits- und Todesfälle deutlich zurück. Es sei besser, 6000 Kinder in Frankreich am Leben zu erhalten, meinte Joy, als etwa hundert in die

Vereinigten Staaten zu bringen[38], ein deutlicher Seitenhieb auf Martha Sharp. Solche Überlegungen waren der Ausgangspunkt für ein medizinisches Hilfsprogramm des *USC*.

Während *HICEM* und die *Quaker* sich bemühten, die Versorgung mit Lebensmitteln in den Lagern zu verbessern, beschaffte der *YMCA* Bücher und Musikinstrumente. Joy schlug vor, der *USC* solle sich auf medizinische Hilfe für die Internierten und andere Flüchtlinge spezialisieren. Zwar gab es in den Lagern und unter den Flüchtlingen genügend Ärzte, aber keine Medikamente oder medizinischen Geräte. Das Büro in Boston stimmte dem Konzept zu.

Der Plan kam in Fahrt, als Noel und Herta Field bei einem Empfang in Marseille Joseph Weill kennenlernten, den Direktor der Jewish Childrens Aid Society (*OSE*). Sie beschlossen nicht nur ein Medizin-Programm für die Lager sondern auch eine Poliklinik für die Flüchtlinge in Marseille aufzubauen. Weill stellte Field den Arzt René Zimmer vor, einen Elsässer aus Strasbourg, der selbst beim Einmarsch der Deutschen mit seiner jüdischen Frau Fanny und Tochter geflüchtet war. Bald darauf hatte Zimmer in Marseille eine Praxis eröffnet, wo er viele Patienten kurierte, die für Ärzte kein Geld hatten, also Flüchtlinge. Seine Praxis hatte sich als Adresse herumgesprochen. Field glaubte, Zimmer sei der richtige Mann für die Leitung der geplanten Flüchtlings-Klinik. Auch Zimmer schrieb Berichte für den amerikanischen Geheimdienst *OSS*. Er pflegte Kontakt zu den Internierungslagern wie zu den Quartieren der Flüchtlinge in und um Marseille. Field und Zimmer engagierten die russische Jüdin Zina Minor, die an der Universität Montpellier als beste ihres Jahrgangs ein Medizin-Studium abgeschlossen hatte, aber als Jüdin in Vichy-Frankreich nicht Ärztin sein durfte. Ein etwa zehnköpfiges Ärzteteam, meist selbst Flüchtlinge, und noch einmal so viele Schwestern und Pfleger standen bald René Zimmer zur Seite. Er konnte die *USC*-Poliklinik und Zahnklinik im Juli 1941 eröffnen. Die Unitarier boten damit ärztliche Leistungen in der Klinik an, aber auch Medikamente und Geräte für die Versorgung in den Internierungslagern.

Besonders stolz konnte Noel Field auf die Zahn-Medizin sein, denn obwohl Zahnersatz in Frankreich nicht mehr zu haben war, beschaffte er Nachschub aus der Schweiz, wo das Internationale Rote Kreuz 100.000 gebrauchte Zähne für den *USC* in Marseille sammelte. In den Jahren 1941 und 42 fuhr Field wiederholt nach Genf und sammelte gespendete Medikamente und Nahrungsmittel-Zusätze, die in Frankreich nicht mehr auf dem Markt waren: Calcium,

Insulin, Hefe, Glucose, Lebertran, Vitamin B und Traubenzucker. Wieder halfen seine Bekannten beim CICR und private Spender, auch die Chemie-Konzerne in Basel.[39] Viele Internierte verdanken diesen Spenden ihr Überleben.

Diese Reisen in die Schweiz nutzte er auch als Kurier für die KPD und andere kommunistische Untergrund-Organisationen. A »True Believer«, einen wahrhaft Gläubigen nannte ihn später die aus Ungarn stammende Autorin Kati Morton, die ihn noch nach seiner Haftzeit interviewen durfte.[40]

Im Hotel Bompard, einer ehemaligen Villa im Süden der Stadt und jetzt Lager für Frauen und Kinder, deren Ehemänner und Väter meist im gefängnisähnlichen Internierungslager Les Milles eingesperrt waren, hatte das USC-Büro eine eigene Außenstelle, geleitet von Margot Stein.

Als Charles Joy, das Büro in Marseille an Noel Field übergeben hatte, war der Zeitpunkt für seine Rückkehr nach Boston gekommen. Praktisch tauschten Robert Dexter, der USC-Chef in Boston und Charles Joy wiederholt den Posten in Lissabon. Dexter kam am 24. April 1941 dort an und wenige Tage später verließ Joy Europa. Zu den Hilfesuchenden in Portugal zählten auch solche, die mit amerikanischen Visen in der Tasche aus Nordafrika nach Portugal gekommen waren. Von Lissabon aus durften sie nicht weiterreisen, weil ihre Visa abgelaufen und nunmehr ungültig waren. Das USC-Büro kämpfte vergeblich für die Verlängerung der Fristen.[41] Dexter erlebte einen Schock, mit dem er nicht gerechnet hatte: den völligen Mangel an Kooperation des US-Konsulats in Lissabon. Nach einer Woche schon, am 3. Mai, schrieb er seine Klage an das Hauptquartier in Boston:

>»I have had during the last week at least a dozen cases of Prominent anti-Nazis, who of necessity had to escape from Germany, or Poland or Italy or wherever under false passports, going to the American consul, even with a formal request of he State Department in Washington, that the visa be granted, being told that they must go to the German or Italian legation and get a genuine passport. The consulate knowing all the facts, sometimes throw these men right back in the lion's mouth. It has seemed to me, that our consulate here, particularly the minor officials, are opposed to doing anything, and if they have to grant any visas prefer to give them to unknown persons, frequently wealthy ones, than to give them to people who have suffered, because they have been prominent in

opposition to the Nazis ... I do not know if anything can be done, but it seemes as though our own state department officials are in some way the greatest enemies to the friends of democracy.«[42]

So schwerwiegend diese Anklage gegen die Roosevelt-Administration bereits ist, das Dokument macht ebenfalls deutlich: Nicht Fehler oder Ungeschicklichkeiten von Varian Fry waren die Ursache dafür, dass die Zusammenarbeit der Fluchthelfer mit US-Konsuln und Diplomaten so unbefriedigend verlief, sondern die negative Einstellung des State Departments in der Flüchtlingspolitik, die in Lissabon so deutlich wurde wie in Marseille.

Die feindselige Haltung des amerikanischen General-Konsulats in Marseille bewirkte, dass die übrigen Fluchthilfe-Organisationen das *CAS* von Fry im Nimes-Komité nicht mitmachen ließen. So war es ein Glück für Fry, dass Noel Field für das *USC* akzeptiert wurde und engen Kontakt zu Fry hielt. Beide hatten in Harvard studiert, wenn auch verschiedene Fächer, und verstanden sich. Fry wurde durch Field wenigstens am Informationsfluss beteiligt. Das Einverständnis der beiden ging so weit, dass Varian Fry, der täglich damit rechnen musste, ich die Vereinigten Staaten zurückgerufen zu werden, dem *ERC* vorschlug, Field zu seinem Nachfolger zu ernennen, wie einem Brief von Field an Joy vom Mai 1941 zu entnehmen ist.[43] Wegen der engen Verbindung von Frys Aktivitäten in Marseille und dem USC in Lissabon war die Idee ohnehin vollkommen logisch. Field war einverstanden, aber die *ERC*-Manager in New York nicht.

Herta und Noel Field waren durch ihre Sprachkenntnisse besser als Charles Joy und auch besser als Fry in der Lage, selbst deutsch-sprachige Flüchtlinge zu interviewen. Sie begannen damit, während sie das Medizin-Programm aufbauten. Außerdem erhielten sie, die britische See-Blockade umgehend, aus Lissabon zahlreiche Lebensmittelpäckchen, oft mehr als hundert pro Woche, die sie an Flüchtlinge und Internierte verteilten. Ein großer Anteil wurde von kirchlichen Spenden aus der Schweiz finanziert. Field hatte weiterhin großes Interesse an den Flüchtlingen aus Spanien, aber ein Blick in seine Listen zeigt, dass die weitaus meisten seiner ›Klienten‹ aus Mitteleuropa stammten, viele von ihnen Juden.

Das erfolgreiche Medizin-Programm des *USC* in Frankreich fand Wohlwollen und Respekt bei der Vichy-Regierung. Dies freute auch den US-Botschafter Admiral Leahy. Man empfing Field in der US-Botschaft mit offenen Armen.

Leahy »was very interested to learn of our work and was upset to hear of our difficulties in obtaining medical supplies from America and in continuity the package service from Lisbon«, berichtete Field im März 1942 nach Boston.[44] Auch Generalkonsul Fullerton war zufrieden. Während Charles Joy noch versucht hatte, Nazi-Flüchtlinge nach Amerika zu bringen und deswegen auch die Gestapo auf seinen Fersen hatte, ermöglichte Field das Überleben in Lagern und brachte Flüchtlinge eher in die Schweiz. Fullerton versuchte zu verhindern, dass Joy nach Frankreich zurückkehren konnte, indem er das State Department indirekt veranlasste, den Pass von Joy nicht zu verlängern.[45] Den Charakter und das ganze Ausmaß der Aktivitäten, die das Ehepaar Field entfaltete, konnte der amerikanische General-Konsul nicht überblicken.

FLUCHTRICHTUNG SCHWEIZ

Eine direkte Auswirkung der ersten Deportationen im besetzten Frankreich in die Vernichtungslager im Osten im Sommer 1942 bei gleichzeitiger Abgeschlossenheit der Vereinigten Staaten war, dass Fluchthelfer und Flüchtlinge ihren Blick auf die kleine Schweiz richten. Noel Field, der dort exzellente Verbindungen hat, verstärkt diesen Richtungswechsel. Aber die Grenze ist mit Stacheldraht verbarrikadiert. Nur bestimmte Übergangspunkte sind erlaubt, etwa der Bahnhof von Annemasse, nur zehn Kilometer östlich von Genf und direkt an der Schweizer Grenze. Dennoch ist die Grenze nicht wirklich dicht. Der Militär-Kommandant des Départements Haute Savoie hatte sich schon am 30. Januar 1941 in einem Brief an die Zollverwaltung in Chambéry beschwert, in dem er große Lücken in der Tätigkeit des Zolls tadelte, vor allem im Gebiet um Annemasse. Dort würden Devisen und Waren geschmuggelt, oft sogar mit heimlicher Billigung durch die Zöllner. Der Kommandant verlangte Abhilfe.[46]

Die Schweiz ist neutral, die Schweizer sind es nicht unbedingt. In der Romanischen Schweiz, etwa in Genf, sieht man den Krieg anders als in der Deutsch-Schweiz. Es gibt nicht wenige familiäre Bindungen über die Grenze hinweg. Wer ohne gültige oder scheinbar gültige Papiere kommt und also über die ›grüne‹ Grenze zu flüchten beabsichtigt, der braucht die Hilfe von Einheimischen, um die durchlässigen Punkte zu finden und nicht etwa deutschen Kontrollen in die Arme zu laufen. Es ist besser, den Rhythmus der Patrouillen zu kennen, wenn man den Stacheldraht durchschneiden will. Da ist etwa der

Friedhof von Annemasse, dessen Mauer zugleich die Grenze zur Schweiz bildet. Trauergäste mit Kränzen können sich in kleinen Gruppen unauffällig nähern. Ein Einheimischer klettert auf die Mauer und zerschneidet den Draht dahinter, ein zweiter macht die »Räuberleiter« und hilft den Flüchtlingen hinauf.

Es gibt auch die Villa von Irène Gubier direkt an der Grenze mit einer Hintertür in die Schweiz. Bürgermeister Jean Deffaugt kooperiert mit der Résistance und deckt heimliche Aktivitäten. Er rettet selbst eine Gruppe jüdischer Kinder, die mit Marianne Cohn nach Annemasse gekommen sind.[47] Die israelische Gedenkstätte Yad Vashem ehrte ihn später als »Gerechten unter den Völkern«.

Neben der eigentlichen Fluchthilfe und außer dem medizinischen Hilfsprogramm hatten die Fields noch Engagement und Energie für ein Kindergarten- und Kinderflucht-Programm. Vor allem im Lager Rivesaltes, wo sich die meisten Kinder aufhielten, entstanden mehrere Kindergärten, die das USC und die jüdische Organisation OSE (Oeuvre de Secours aux Enfants) gemeinsam betrieben. Nicht nur Lagerinsassen arbeiteten dort als Erzieherinnen, sondern auch Frauen, die die Fields oder René Zimmer ausgewählt und beauftragt hatten. Immer wieder ›verschwanden‹ Kinder, mit Einwilligung ihrer Eltern. Sie verließen das Lager mit Ausreden, etwa ein notwendiger Arztbesuch, und kamen nicht zurück. USC und OSE brachten sie in Landschulheimen oder bei Pflegeeltern auf dem Land unter, oft unter falschem Namen und mit katholischer Taufbescheinigung.[48]

Wenn die Kinder »zu jüdisch« aussahen oder zu wenig französisch sprachen, um nicht aufzufallen, versuchten die Fluchthelfer sie illegal in die Schweiz zu bringen.[49]

Die Fields arbeiteten hier mit der jüdischen OSE zusammen, aber am besten konnte die protestantische Organisation *Cimade* (Comité Inter-Mouvements Auprès des Évacués) helfen, die über beste Kontakte nach Genf verfügte. Hier ist George Garel zu nennen, der später die Befreiungs-Aktion von Fort Vénissieux in die Hand nahm.[50] Garel war ein Anhänger der Résistance, und von Beruf handelte er mit Porzellan. Zwischen seinen Tellern und Schüsseln versteckte er Blanko-Ausweise für die Kinder, Lebensmittel-Karten und Geld. Er baute ein Netzwerk von Helfern entlang der Schweizer Grenze auf.[51]

Eine andere Helferin der Cimade war Geneviève Pittet. Sie organisierte eine Gruppe von jungen Männern, die in den Bergen bei Chamonix zum Widerstand im Untergrund gehörten und flüchtende Kinder über die Grenze in die Schweiz begleiteten.

Wenn im Oktober der erste Schnee dies unmöglich machte, weil Fußspuren sichtbar blieben, suchten und fanden sie Löcher in den Drahtverhauen in der Nähe des See-Ufers.

ANMERKUNGEN

1. Ghanda Di Figlia: Martha Sharp Cogan
2. Susan E. Subak: Rescue and Flight, S. 15
3. Ghanda Di Figlia: Martha Sharp Cogan
4. UUSC Records: Dexter Papers, Box 1, Folder 6
5. Ebenda, (sequence 133)
6. UUSC Records: Dexter Papers, Box 1, Folder 27, bMS. 16185/1 (sequence 27)
7. Ebenda
8. Ghanda Di Figlia: Martha Sharp Cogan
9. UUSC Records: Dexter Papers, Box 1, Folder 6
10. Alan Seaburg: Charles Rhind Joy
11. Susan E. Subak: Rescue and Flight, S. 80
12. Neill Lochery: Joseph Kennedy
13. Ebenda
14. Susan E. Subak: Rescue and Flight, S. 78
15. Ebenda, S. 81 f
16. Colin B. Burke: Information and Intrigue, S. 277
17. Susan E. Subak: Rescue and Flight, S. 72
18. Ebenda, S. 72 f
19. Ebenda, S. 64
20. Anne Klein: Flüchtlingspolitik, S. 286
21. UUSC Records: Dexter Papers Box 1, Folder 6, bMS. 16185/1
22. Susan E. Subak: Rescue and Flight, S. 91 f
23. Ebenda, S. 76 f
24. Ebenda, S. 79
25. Colin B. Burke: Information and Intrigue. S. 220
26. Bernd-Rainer Barth: Wie ein amerikanischer Kommunist ...
27. Ebenda
28. Bernd-Rainer Barth und Werner Schweizer: Der Fall Noel Field, S. 166
29. Ebenda, S. 169
30. Susan E. Subak: Rescue and Flight, S. 83 f
31. Colin B. Burke: Information and Intrigue. S. 275
32. Bernd-Rainer Barth und Werner Schweizer: Der Fall Noel Field, S. 170
33. Ebenda, S. 171
34. Ebenda
35. Colin B. Burke: Information and Intrigue, S. 277
36. Bernd-Rainer Barth und Werner Schweizer: Der Fall Noel Field, S. 174
37. Ebenda, S. 167
38. Susan E. Subak: Rescue and Flight, S. 83
39. UUSC Records: Field an Hauptquartier, 06.03.1942 bMS. 16007 Box 9, Folder 14
40. Kati Morgon: True Believer: Stalin's Last American Spy
41. Susan E. Subak: Rescue and Flight, S. 91
42. UUSC Records: Robert Dexter an Seth Gano, 03.05.1941, bMS. 16185 box 2
43. UUSC Records: bMS. 16007, box 6
44. UUSC Records: Field an Headquarter am 06.03.1942 bMS. 16007, box 9
45. Susan E. Subak: Rescue and Flight, S. 126 f
46. Vincent Dozol: Annemasse, S. 38
47. Ebenda, S. 65 f
48. Susan E. Subak: Rescue and Flight, S. 118
49. Ebenda, S. 144 f
50. Siehe: Kap. 11, S
51. Susan E. Subak: Rescue and Flight, S. 144 f

9 | »AUF DÜNNEM EIS«

MARSEILLE IM WINTER 1941

Die britische Seeblockade verhinderte Lebensmittel- und Rohstoff-Lieferungen aus den französischen Kolonien oder anderen Ländern in das kontinentale Frankreich. Die Stadt Marseille liegt zudem so weit von den Viehweiden Mittelfrankreichs, den Getreidefeldern des Nordens und den Gemüse-Plantagen im Hinterland der Cote d'Azur entfernt, dass die Versorgung im Winter 40/41 äußerst mangelhaft war. Weder das besetzte Nordfrankreich noch das unbesetzte Südfrankreich waren für sich genommen in der Lebensmittelproduktion autark. Fleisch und Getreide mussten aus dem Norden, Obst, Gemüse und Wein aus dem Süden über die künstliche Grenze in den anderen Landesteil gebracht werden, was den Deutschen Kontroll- und Zugriffsmöglichkeiten eröffnete und bei den Amerikanern, die von Vichy um Hilfe gebeten wurden, Argwohn weckte. Die zugeteilten Rationen der Lebensmittelkarten wurden mehrfach weiter eingeschränkt, Fett und Fleisch verschwanden fast vollständig von den Wochenmärkten, Weizenbrot war gar nicht mehr zu bekommen, die Menschen hungerten. Ärzte stellten fest, dass das Wachstum der Kinder sich gefährlich verlangsamte. Hauptnahrungsmittel wurden Steckrüben, die man in Frankreich sonst nur als Viehfutter kennt. Kartoffeln galten als seltener Luxus. Hamstern und Schwarzmarkt-Geschäfte wurden zu Strategien des Überlebens. Die Vichy-Regierung begründete den ungewohnten Mangel mit den im Krieg zerstörten Transportwegen.[1] Sie verschwieg aber, dass die Soldaten der Besatzungsmacht sich ebenfalls von den Früchten des Landes ernährten.

Auch in der Villa Air-Bel verlor jeder Bewohner ein Dutzend oder mehr Kilo. Alle hatten Hunger, waren deshalb schnell müde und gereizt. Nach einigen Bedenken entschloss man sich, gelegentlich auch auf dem Schwarzmarkt zuzugreifen. Zusammen mit dem Hausbesitzer Thumin und anderen hatte man hinter dem Haus eine geheime Kuh versteckt, deren Milch geteilt wurde, bis die Kuh verraten wurde und an die Verwaltung abgeliefert werden musste. Auch die Amerikaner, die jederzeit hätten abreisen können, nahmen diesen Zustand klaglos hin. Varian Fry sah vor einer Metzgerei eine Schlange in zwei langen Reihen um den Häuserblock stehen, die von einem halben Dutzend Polizisten bewacht wurde.

Margarine, Trockenmilch für Kinder und später auch Weizen kamen im März und April 1941 als amerikanische Spenden ins Land. In Washington sah man die Notwendigkeit zu helfen, war aber besorgt, die deutsche Besatzungsmacht könne davon irgendwie profitieren. Der amerikanische Botschafter in Vichy hielt die von den Briten geforderte Blockade-Politik für eine britische Dummheit. Churchill ›genehmigte‹ den Vereinigten Staaten aber Ausnahme-Lieferungen. Französische Schiffe, die im Hafen von New York quasi interniert waren, brachten Getreide, nachdem die Regierung in Vichy versprochen hatte, dass die beiden Frachter nach New York zurückkehren würden. Churchill willigte ein, die Schiffe durch die britische See-Blockade im Mittelmeer passieren zu lassen, nahm diese Zusage aber aus gegebenem Anlass alsbald zurück.[2] Das Weizenbrot wurde als »Geschenk des amerikanischen Volkes« an drei aufeinander folgenden Sonntagen kostenlos aber gegen Coupons der Lebensmittelkarten abgegeben, sodass niemand wirklich genug hatte, um wenigstens einmal satt zu werden. Allerdings konnte man auf dem schwarzen Markt auch gefälschte Brotmarken kaufen.

Auch der Wein wurde knapp und teuer, was einige in der Villa hart traf. Tabak konnte nicht mehr importiert werden und wurde ersetzt durch ein Gemisch aus trockenen Eukalyptusblättern, Salbei und anderem Kraut, das gerade zur Hand war. Fry kam von einem Ausflug aufs Land zurück mit ein paar jungen Kaninchen, die er aufziehen wollte. Aber er konnte die Mitbewohner nur schwer davon abhalten, die mageren Jungtiere sofort zu schlachten.[3] Fry und seine Hausgenossen sammelten sogar Schnecken im Garten, um sie in der professionellen Art der Bourgogne zu trocknen, zu backen und mit Knoblauch zu verzehren.

Zudem war es im Januar 1941 außergewöhnlich kalt. Während des ganzen Monats lag Schnee in Marseille. Da es weder Holz noch Kohle zu kaufen gab, konnte man nur verheizen, was man vorher gesammelt hatte, oder Möbel, auf die man verzichten wollte. In der Villa Air-Bel trug man Wintermäntel und fror trotzdem. Das morsche Dach des Anwesens war undicht, es zog durch Fenster und Türen.

Freude und Heiterkeit brachten aber die ersten Anzeichen einer Rebellion. Breton war darüber hoch gestimmt. An den Mauern und Schaufensterscheiben erschien das große »V«, Churchills Symbol für »Victory«. Sobald die Stadtverwaltung die Zeichen entfernen ließ, entstanden an ihrer Stelle neue. Kälte und Hunger waren die geringsten Sorgen von Varian Fry. Seine ›Klienten‹ in den südfranzösischen Internierungslagern litten weit mehr unter der Not als die Bewohner der Villa Air-Bel. Hunderte von Bittbriefen erreichten das CAS-Büro aus diesen Lagern. In den ›camps de la honte‹, den Lagern der Schande, wie französische Historiker später die Internierungs-Lager nannten, wurden die Insassen nicht bloß ihrer Selbstständigkeit und ihrer Würde beraubt, sie konnten durch Unterernährung, durch Ungeziefer, durch Krankheiten zu Tode kommen. Den amerikanischen Diplomaten war das bekannt, spätestens seit Generalkonsul Fullerton und Konsul Bingham im Dezember 1940 eine Rundreise durch den Archipel der Lager gemacht hatten. In Gurs starben im Monat Dezember 1940 täglich zehn bis fünfzehn Menschen, ausgelöst durch eine Typhus-Epidemie, wie Fritz Heine für den Exil-Vorstand der SPD und das *CAS*-Büro erkundete.[4] Das Lager Rivesaltes glich im Winter 40/41 einem Todescamp.[5]

Walter Fabian wurde im Oktober 1940 aus der Fremdenlegion entlassen und kehrte im Dezember 1940 aus Algerien zurück. Er fand seine Frau Ruth und Tochter Anette und suchte sich eine Wohnung in der Nähe des Lagers Les Milles. Dort wurde er ein ständiger Kontaktmann und gelegentlicher Mitarbeiter von Varian Fry. Am 10. Dezember teilte ihm der ›American Lloyd‹ mit, dass Freunde in Amerika seiner Familie die Überfahrt von Lissabon nach New York bezahlt hatten.[6] Aber die Fabians zögerten abzureisen, ähnlich wie ihre Freunde Breitscheid und Hilferding. Sie wussten, dass die Flüchtlinge in den Vereinigten Staaten kaum eine Aussicht hatten, angemessene und bezahlte Arbeit zu finden. Fabian drängte die beiden Prominenten aber im Auftrag von Varian Fry zur Eile.

Nachdem Generalkonsul Fullerton ihn mehrfach aufgefordert hatte, Frankreich zu verlassen, hatte Fry an das *ERC*-Büro in New York geschrieben, damit ein Nachfolger gefunden werde. Daneben berichtete er wiederholt Eleanor Roosevelt über die Situation der Flüchtlinge und der Fluchthelfer in Marseille, nicht ohne seine Vorschläge zu machen, wie mit dieser Situation umzugehen sei. Direkte Rückmeldungen bekam er nicht, aber Frau Roosevelt korrespondierte wegen seiner Vorschläge detailliert mit dem State Department, wie wir heute wissen, und hat Fry vielleicht schärfere Maßnahmen der US-Diplomaten erspart.[7] Sie billigte seine illegalen Handlungen aber nicht, jedenfalls nicht vollständig, und verhinderte auch nicht, dass das ERC einen Nachfolger für Fry suchte.

Mitte Dezember fand Fry in seinem Büro eine seltsame, wie er fand, etwas geheimnisvolle Nachricht. Er sollte zu einem bestimmten Zeitpunkt in die Bar des Hotels Splendide kommen, um einen »Freund« zu treffen. Fry betrat die Bar und fand mit einem Glas Scotch in der Hand den Journalisten Jay Allen, den er flüchtig kannte. (Den Whiskey musste er selbst mitgebracht haben, in Marseille war jeder ausländische Alkohol verschwunden.) Allen unterhielt sich mit einer Amerikanerin in reiferen Jahren, die er als Margaret Palmer vorstellte. Der Journalist an der Bar hatte sich als Reporter der *Chicago Daily News* im spanischen Bürgerkrieg seine Verdienste erworben, musste jetzt Francos Spanien unbedingt meiden und war deshalb über Marokko eingereist. Er schien, Sprache und Lebensstil von Ernest Hemingway zu imitieren und wollte den Fluchthilfe-Manager-Job neben seiner Tätigkeit als Zeitungs-Korrespondent ausüben. Als nächsten Schritt plante er, nach Vichy zu fahren und Marschall Pétain für seine *North American Newspaper Alliance* zu interviewen, so ließ er Fry wissen. Am 12. Dezember erst war ein Interview, das er mit dem Nordafrika-Beauftragten der Vichy-Regierung, General Maxime Weygand geführt hatte, in den US-Zeitungen erschienen und war im State Department mit großer Aufmerksamkeit gelesen worden, weil es Meinungsverschiedenheiten zwischen Pétain und Weygand unterstellte. Allen vermutete, so notierte Fry, seine Arbeit als Journalist würde ihn vor der Kontrolle durch die Polizei schützen.

Im Büro an Frys Schreibtisch Platz zu nehmen, war nicht seine Absicht. Das sollte Mrs. Palmer tun, die wiederum Allen über alle Vorgänge informieren und dann seine Anordnungen ins *CAS*-Büro weiterreichen wollte. Er selbst wollte mit den Mitarbeitern nichts zu tun haben. »Genial« nannte Fry diesen Plan in seinen Erinnerungen nicht ohne Bitterkeit und war erschrocken, dass man im *ERC*-Büro in New York keinen kompetenteren Kandidaten gefunden hatte.[8] Wie konnte man in New York glauben, dass eine hoch engagierte, gut eingearbeitete Mannschaft von risikobereiten Idealisten sich eine solche Konstruktion gefallen lassen würde! Es war eine Missachtung der Arbeit des gesamten *CAS*-Teams. Obendrein hatte Jay Allen einen Brief des *ERC* in der Tasche, in dem Fry aufgefordert wurde, Frankreich zu verlassen und umgehend in die Vereinigten Staaten zurückzukehren.

Fry war aber flexibel genug, sich zur Einarbeitung von Mrs. Palmer bereit zu erklären. Sie bezog ihren Arbeitsraum, hörte zu und besprach am Abend in der Hotelbar mit Jay Allen, wenn er denn in Marseille war, was sie tagsüber im Büro erfahren hatte. Neben der sichtbaren Belegschaft gab es die unsichtbare, die an den geheimen Fluchtrouten und Netzwerken arbeitete. Würden sie Allens Anordnungen aus der Hotelbar überhaupt ernst nehmen? »Innerhalb weniger kurzer Wochen hatte er jeden Mitarbeiter in Frys Mannschaft befremdet (sie schrieben einen Brief an das ERC in New York) und die Unitarier in Lissabon ebenso.«[9] Die Zusammenarbeit mit dem *USC*-Büro in Portugal war Voraussetzung für jeden Erfolg der Marseiller Mannschaft.

Fry bewegte sich nach Jay Allens Ankunft noch vorsichtiger. Er sah sich gezwungen, Victor Serge und seine Familie zu bitten, die Villa zu verlassen. Denn Allen hatte seiner Frau in den USA telegrafiert, sie solle vertraulich Kingdon und das ERC darüber informieren, dass Fry mit Serge zusammen wohne, der die spanischen Trotzkisten (POUM) unterstütze. Das *ERC* informierte nun Fry über dieses hinterhältige Telegramm[10] und Fry erzählte das seinem Freund Serge. Victor Serge wiederum beklagte sich bei seinen Freunden Nancy und Dwight Macdonald in New York, Journalisten und Schrifststeller,[11] über die Intrige: »... people have set up a whole scheme to force us to seperate, on the pretext that the collaborators of the Em. Rescue Com. could be compromised by their close relationship with me!«[12] Diese Freunde aus dem wohlhabenden Establishment waren entsetzt über die Geschichte, die sie zu lesen bekamen. Sie waren bereit, für die Überfahrt der Familie Serge zu bezahlen. Sie kämpften für ein Visum für Serge und seine Familie erst in den Vereinigten Staaten, dann in Mexico, jedoch mit zweifelhaftem Erfolg.

Jay Allen hatte sein Augenmerk seit Jahren auf Spanien und die Spanier gerichtet, die vor Francos *Seguridad* geflohen waren. Er war vor seiner Ankunft in Marseille durch mehrere Länder Südamerikas gereist, um Zufluchtsorte für die etwa 90.000 spanischen Flüchtlinge in Frankreich und Nordafrika zu finden. Präsident Roosevelt erhielt am 23. Januar 1941 einen Brief des US-amerikanischen Botschafters Bowers in Chile, verbunden mit einem ›Memorandum‹ von Jay Allen, in dem dieser einen ›Deal‹ vorschlug: bei etwa geplanten amerikanischen Hilfslieferungen an Spanien und Vichy-Frankreich, sollten die leeren Frachtschiffe im Einverständnis mit den Regierungen in Madrid und Vichy spanische Flüchtlinge über den Atlantik in die Freiheit fahren. Nach Allens Angaben wolle die Regierung Pétain der Ausreise dieser Menschen nur dann zustimmen, wenn auch das Franco-Regime einverstanden sei. Sein ›Memorandum‹ schickte Allen auch an Eleanor Roosevelt. Der Präsident prüfte den Vorschlag, beriet sich mit seinen Ratgebern, lehnte ihn dann aber ab. Die Frachtschiffe seien für den Transport so vieler Menschen ungeeignet, meinte er und außerdem würde der Plan den amerikanischen »Neutrality Act« verletzen, das Gesetz, das die Bewegungen der immer noch neutralen Vereinigten Staaten auf See regelte.[13]

Die Lage der spanischen Flüchtlinge war noch prekärer als die der deutschen. Allein im März lieferten die Vichy-Behörden etwa 7.000 Personen nach Spanien aus, ohne dass die Hilfsorganisationen etwas über den Verbleib der Abgeschobenen erfahren konnten. Im April sollten noch einmal 12.000 folgen, man musste um das Leben des früheren Premierministers Largo Caballero fürchten, ebenso wie um den Diplomaten und Schriftsteller Jorge Semprun und weitere Prominente wie Nicht-Prominente.[14]

Obwohl Allen sich besonders für die Flüchtlinge der spanischen Republik engagierte, unterstützt von Frau Palmer, achtete er doch darauf, linkssozialistische und anarchistisch-orientierte Personen von der Rettung auszuschließen. Anne Klein vermutet, dies könne die Ursache dafür gewesen sein, dass das ERC ihn zum Nachfolger für Varian Fry bestimmte.[15]

Mitte Februar erschien Allen plötzlich doch in dem Büro der *CAS* und führte sich auf wie ein Berserker. Er schlug Türen zu, schrie herum und beschimpfte den selbstlosen und engagierten Fry, er sei ein eitler Karrierist und ruhmsüchtig. Er, Allen, werde in New York alles Mögliche gegen ihn unternehmen. Seiner Frau Eileen berichtete Fry anschließend, noch nie im Leben habe er jemanden so gehasst.[16] Danach belauerten sich die beiden Männer noch wochenlang.

Für das *CAS* und Varian Fry erledigte sich das Problem Jay Allen dadurch, dass der Mann Mitte März 1941 bei Chalons-sur-Saone an der Demarkationslinie festgenommen wurde. Er hatte die künstliche Grenze ohne Genehmigung in Richtung Norden überquert und versuchte dann erneut illegal ins Vichy-Gebiet zurückzukommen. Die Grenzer steckten ihn in ein Gefängnis in

Chalons und übergaben ihn den Deutschen.[17] Das war sein Pech. Während andere illegale Grenzgänger nach kurzer Zeit wieder frei kamen, blieb Jay Allen in Haft. Amerikanische Journalisten meldeten die Festnahme nach Amerika. Allen war seinen Lesern bekannt, Unruhe entstand. Sogar Frau Eleanor Roosevelt wandte sich an das State Department. Botschafter Leahy unternahm, was ihm möglich war, um den Amerikaner aus der Haft zu befreien. Aber die französischen Behörden in der besetzten Zone erklärten sich für unzuständig und machtlos. Das State Department schaltete die US-Botschaft in Berlin ein.[18]

Der Moment war denkbar ungünstig für eine großzügige Geste. Um Nazi-Spionage zu verhindern ordnete die US-Regierung Mitte Juni 1941 an, alle deutschen Konsulate in den Vereinigten Staaten zu schließen. Die Reichsregierung antwortete mit der Schließung aller US-Konsulate im Deutschen Reich und in den besetzten Gebieten. Das konsularische Personal hatte die Gastländer kurzfristig zu verlassen.

Die Nazi-Regierung hatte noch eine andere Rechnung mit den Vereinigten Staaten offen. Da gab es einmal den amerikanischen Korrespondenten (Richard C. Hottelet), der nach einer Provokation im Berliner Gefängnis Moabit einsaß. Auf der anderen Seite des Atlantiks hielten US-Behörden zwei deutsche Schiffsbesatzungen fest. Die Deutschen ließen sich Zeit in der Sache Jay Allen, stimmten dann aber einer Verknüpfung all dieser Fälle zu. Am 8. Juli wurden die Häftlinge ausgetauscht, bzw. wurde Jay Allen nach fast vier Monaten Haft nach Lissabon abgeschoben.[19]

Allen hatte noch Glück. Eine Auslieferung an Spanien hätte ihn das Leben kosten können. Dass ein Journalist sich auf kleinere Abenteuer wie einen illegalen Grenzübertritt einlässt, ist nachvollziehbar. Dass aber ein Fluchthelfer sich und seine Sache derartig leichtfertig in Gefahr bringt, das kann man nur als Dummheit bezeichnen. Es war nicht nur ein Fehler Allens sondern auch seiner Auftraggeber in New York und Washington, die diese Doppelfunktion akzeptiert hatten. Der Fehler zeigt, wie wenig das ERC die komplexe Lage in Frankreich begriffen hatte. (Fry hat niemals eine Grenze illegal überquert.)

Auch Varian Fry musste erkennen, dass die Vichy-Behörden amerikanische Staatsbürger genau so wenig zimperlich anfassen konnten, wie beliebige Flüchtlinge.

Die Ankunft Jay Allens in Marseille hatte die Auseinandersetzungen zwischen *ERC* in New York und *CAS* in Marseille in einen offenen Konflikt verwandelt, der nun kaum noch zu überbrücken war. Es ging jetzt nicht mehr nur um illegales, konspiratives oder ›klandestines‹ Verhalten gegenüber den Vichy-Behörden, sondern vornehmlich um die Auswahl der Flüchtlinge, denen geholfen werden sollte.[20] Das *ERC* und sein Unterstützerkreis in den Vereinigten Staaten – fern von der Wirklichkeit in Vichy-Frankreich – machten sich die Abscheu der amerikanischen Mehrheit und der Regierung gegen Kommunisten, ehemalige Kommunisten und Linkssozialisten zu eigen, ohne im Einzelnen die komplexeren Verhältnisse in Europa seit dem Ersten Weltkrieg und die oft notwendigerweise gewundenen Lebensläufe zu verstehen und zu berücksichtigen.

Während Jay Allen die Flucht von Serge hintertrieb, war Fry eher ratlos, wie Serge zu helfen sei. Aber Serges' zuverlässige Freunde in New York ließen nicht locker. Sie beschafften für Victor und seinen Sohn Vladi Visa für Mexico und schickten sie voller Freude an Serge in Marseille. Der musste allerdings antworten, dass die Ausweise wertlos waren, weil sie auf den Namen Serge ausgestellt waren, ein Pseudonym für den Schriftsteller Kibalchich. Außerdem bezeichneten sie ihn als Spanier. Das Alles musste geändert werden, aber der mexikanische Konsul in Marseille versicherte Serge, ein einziger Anruf würde reichen, um das Problem zu beseitigen. Die Macdonalds riefen in Mexico City an und tatsächlich: Neue Pässe wurden für Serge und seinen Sohn ausgestellt, nicht jedoch für seine französische Frau Laurette Séjourné und auch nicht für seine Tochter aus einer anderen Beziehung. Aber für die beiden Frauen war die Gefahr geringer.

Serge plante nun, mit seinem Sohn durch Spanien nach Lissabon zu fahren und dort ein Schiff zu besteigen. Die Macdonalds zahlten 400,– Dollar für die Tickets. Serge brauchte dazu aber ein amerikanisches Transit-Visum. Ohne das hätte er kein portugiesisches Transit-Visum und auch keine Durchreise-Genehmigung von Spanien bekommen. Danach war dann immer noch ein französisches Ausreise-Visum erforderlich. Er wandte sich an das amerikanische Konsulat in Marseille. Dort aber war er als militanter Trotzkist bekannt, obwohl er jahrelang in Stalins Gefängnissen gesessen hatte, immer noch von der sowjetischen Geheimpolizei gesucht wurde und sich mit Trotzki längst überworfen hatte. Die Konsuln türmten neue Hindernisse auf. Sie waren entschlossen, ihn von ihrem Land fernzuhalten.[21]

Nancy Macdonald erfuhr, das Generalkonsulat in Marseille sei beauftragt worden, vor einer Entscheidung des State Departments, einen neuen Bericht über Serge zu verfassen. Wer denn diesen Auftrag gegeben habe, wollte sie wissen. Das sei in Abstimmung mit den Macdonalds arrangiert worden, wurde ihr mitgeteilt. Nun hatte sie die peinliche Aufgabe, ihrem Freund Serge zu versichern, dass nicht sie oder ihr Mann für die erneute Verzögerung verantwortlich sei.

Am 19. Februar 1941 schrieb Dwight Macdonald an den Chef der Visa-Abteilung im Außenministerium, A.W.Warren, der sowjetische Dissident Serge, bzw. Kibalchich, ein Verfolgter des Stalin-Terrors, sei seit 1928 international als Schriftsteller bekannt.[22] Am 14. März erhielten die Macdonalds eine Antwort in der Angelegenheit Kibalchich: Der Fall sei bei der Sitzung der interministeriellen Flüchtlings-Kommission geprüft worden. »Ihre Sympathie und Bewunderung für Kibalchich werden vollkommen verstanden. Im Blick auf Mr. Kibalchichs frühere Mitgliedschaft in der Kommunistischen Partei ... erscheint jedoch die Einreise von Mr. Kibalchich in die Vereinigten Staaten, auch die Durchreise, unzulässig ohne eine Sondergenehmigung des Generalstaatsanwalts. ... Unter diesen Umständen werden Sie vielleicht andere Routen in Betracht ziehen, auf denen Mr. Kibalchich Mexico erreichen kann.«[23]

Am nächsten Tag kam ein zweiter Brief bei den Macdonalds an. Der Assistent des Generalstaatsanwalts, Edward Prichard Jr. teilte mit, er habe eine Kopie des Briefes von Warren im State Department erhalten. Er teile die Auffassung der Flüchtlings-Kommission nicht. Die Berufungsinstanz würde anders urteilen. Prichard riet, die Macdonalds sollten einen neuen Antrag stellen und sich auf das Einwanderungsgesetz von 1917 berufen. Aber er fügte hinzu: »I must ask you to keep this letter confidential«. Diese Mitteilung müsse unbedingt vertraulich bleiben.[24] Victor Serge war in Lebensgefahr, aber das State Department hatte es nicht eilig. Zum Glück hatte Varian Fry inzwischen einen Ausweg gefunden.

Seit seiner Ankunft Anfang August bis Ende Dezember hatten Fry und sein Team etwa 350 Flüchtlingen in die Emigration geholfen, allerdings nur einem geringen Teil unter völlig legalen Umständen. Die meisten anderen hatten Hans und Lisa Fittko, anfangs auch der Amerikaner Ball, illegal über die Pyrenäen geführt. Im gleichen Zeitraum hatte das ERC-Komitee in New York etwa Hunderttausend Dollar gesammelt trotz der gegen Flüchtlinge gerichteten Stimmung in den Vereinigten Staaten. Harold Oram, der Fund-Raiser des *ERC*, ermahnte Fry, sparsamer mit dem Geld umzugehen. Fry erläuterte ihm die Schwierigkeiten im Alltag, die man sich in New York kaum vorstellen könne. Er erinnerte Oram daran, dass Fund-Raising allein nicht reiche. Der Engpass liege bei der aufwändigen und viel Zeit raubenden Beschaffung von amerikanischen Visa durch das *ERC*-Team in New York.[25]

Zu Beginn des Neuen Jahres zogen Fry und seine Mannschaft in ein größeres Büro in einen ehemaligen Frisiersalon. Sie wollten ihrer Sache einen seriösen Anstrich geben. So kauften sie eine große amerikanische Fahne, die sie in den Interview-Raum stellten, und erbaten vom General-Konsulat ein Foto von Präsident Roosevelt. Aber das Konsulat konnte oder wollte ihnen nicht helfen.

Das Konsulat wollte auch Varian Frys Pass nicht verlängern, der im Januar 1941 ablief. Sein Pass wurde ihm abgenommen, sodass Fry von nun an, ohne gültigen amerikanischen Ausweis lebte. Allerdings war der Verlust zunächst nicht so dringend, weil seine französische Aufenthaltsgenehmigung noch bis zum 22. November 1941 reichte. Mitte Februar erfuhr er jedoch, dass das amerikanische General-Konsulat es dem Polizeipräfekten Maurice de Rodellec du Porzic grundsätzlich freigestellt hatte, Fry aus Frankreich auszuweisen. In seine Unterlagen notierte der Fluchthelfer: »I know now for the first time, how thin was the ice under my feet.«[26] Es war jedoch für Fry nicht leicht zu durchschauen, ob die Schwierigkeiten, die ihm gemacht wurden, mehr auf den antisemitisch eingestellten französischen Polizei-Präfekten zurückzuführen waren oder auf den amerikanischen General-Konsul Fullerton, der ohne Mut und Phantasie streng seine Vorschriften einhielt. Rodellec du Porzik war nicht nur ein antisemitisch eingestellter Beamter, sondern er sah von der Villa Air Bel und ihren Bewohnern, die er für kommunistisch und anarchistisch hielt, eine Gefahr für den Vichy-Staat ausgehen.[27] Der Generalkonsul und der Polizeichef näherten sich aber schrittweise in ihrer Abneigung gegen die Tätigkeit des *Centre Americain de Secours*. Beide wünschten, diese Fluchthilfe-Organisation loszuwerden. Fullerton hatte Fry bereits seit Oktober vorgehalten, er müsse jederzeit mit seiner Ausweisung aus Frankreich rechnen, oder sogar damit, in Frankreich vor Gericht gestellt zu werden. Ob es sich dabei um eine freundliche Warnung oder um eine Drohung handelte, das konnte Fry nicht erkennen. Durchsuchungen des *CAS*-Büros häuften sich, Fry wurde wiederholt auf das Polizei-Präsidium bestellt, wo er jede illegale Tätigkeit bestritt, Telefongespräche wurden spürbar abgehört, das Alles sollte Fry und seine Mitarbeiter verunsichern. Briefe und Eingaben des Rechtsanwalts Gaston Deferre[28] konnten den Beobachtungsdruck der Sicherheitsorgane nicht dauerhaft mindern. Aber je dünner das Eis unter seinen Füßen wurde, desto fester war Fry entschlossen, den verbleibenden Freiraum zu nutzen.

Im März gelang es Fry, sich von den Behörden des Départements in Pau gegen ein Schmiergeld eine Liste mit den Namen der am dringendsten von der Gestapo Gesuchten kopieren zu lassen. Jedes Departement hatte eine solche Liste. Hunderte von Namen waren verzeichnet. Es war klar, dass niemand auf dieser Liste je ein französisches Ausreise-Visum erlangen würde.

Einen dieser Namen kannte Fry sehr gut, den seines Mitarbeiters Heinrich Müller. Man musste sich trennen. Müller und seine Frau Reine Dorian machten sich sofort auf den Weg nach Banyuls. Sie nahmen die »F-Route« durch die Pyrenäen und gelangten sicher nach Lissabon.

Dort hatte Charles Joy Interesse an dem Paar. Er bot Müller die Arbeit des Chef-Interviewers in seinem USC-Stab an, welche dieser gern annahm. Auch Frau Dorian gehörte fortan zu Joys Mannschaft.

Bei seiner Rückreise von Lissabon nach Marseille im September 1940 hatte Fry den britischen Botschafter in Madrid, Sir Samuel Hoare, getroffen und mit ihm über Ausreisemöglichkeiten für britische Soldaten gesprochen. Zu diesem Zweck hatte der Botschafter Fry 10.000 US-Dollar zur Verfügung gestellt. Zusammen mit dem britischen Captain Murphy in Marseille brachte Fry etwa 125 britische Offiziere und Soldaten aus Frankreich heraus, unter ihnen einen Geheimagenten und einige Piloten der Royal Air Force. Mit dieser Tätigkeit brachte Fry sich noch mehr in Gefahr und schaffte sich zusätzliche Feinde. In seinen Memoiren schreibt er darüber wenig. Es muss ihm bewusst gewesen sein, dass sein New Yorker Auftrag der pro-britischen Geheimdienst-Tätigkeit eigentlich widersprach.[29]

Im Laufe des Winters musste sehr plötzlich auch Charles Fawcett in Richtung Lissabon aufbrechen, nachdem ein Tipp ihm verraten hatte, dass die Gestapo nach ihm suchte. Fry gab ihm Aufträge und Unterlagen für das USC-Büro mit, sowie eine lange Liste mit den Namen von spanisch-republikanischen Soldaten, die sich der britischen Armee anschließen wollten. Für sie wurden britische Ausweise und Visa gebraucht. Fawcett rollte die Liste zusammen und versteckte sie im dritten Ventil seiner Trompete. An der Grenze lenkte er die französischen Zöllner dadurch ab, dass er sie seine Zeichnungen nackter Frauen entdecken ließ, die der Kunststudent Charles zu diesem Zweck in seinem Gepäck verstaut hatte. Unter lautem Gelächter wurde er durch gewunken. Er nahm einen Zug nach Barcelona, fand sein Hotel, wurde aber von der Geheimpolizei aufgespürt und verhaftet. Die Spanier brachten ihn im Polizeiwagen ins französische Biarritz (an der Atlantik-Küste) zurück und übergaben ihn der Gestapo, ohne das geheime Material entdeckt zu haben. Es sah nicht gut aus für den jungen Amerikaner, niemand von seinen Freunden wusste, dass die Gestapo ihn in ›Obhut‹ genommen hatte. Aber Fawcett war nicht gewillt, sich einfach zu ergeben.

Als er noch wartend auf dem Korridor in Biarritz saß, kam ein hochrangiger Offizier vorbei, gefolgt von einem dienstfertig gestikulierenden Franzosen. Fawcett sah darin seine Chance. Er ergriff sein Gepäck und seine Trompete und folgte den beiden dicht auf dem Fuß. Sie gelangten nach draußen. Niemand hielt ihn auf. Ruhig ging er zum Bahnhof und nahm den Zug nach Madrid. In der britischen Botschaft übergab er die geheime Liste dem Militär-Attaché[30] und reiste weiter nach Lissabon.

Im Februar waren die 10.000 Dollar aufgebraucht, die Botschafter Hoare Fry anvertraut hatte. Fry beauftragte seine Mitarbeiterin Lena Fiszman, die nach Lissabon reiste, in der britischen Botschaft um weitere 50.000 US-Dollar zu bitten. Damit wollte er weiteren 300 britischen Soldaten und 200 RAF-Fliegern den Weg aus Frankreich ermöglichen. Auf diese Bitte erhielt er jedoch keine Antwort mehr.[31]

Als Charles Fawcett in Lissabon ankam, stieß er auf ein Plakat, das die Opernsängerin Lilian Fawcett ankündigte. Er glaubte, es müsse sich um eine entfernte Verwandte handeln, besorgte sich eine Konzertkarte und hörte sich Opern-Arien der sehr schönen Frau an. Danach ließ er sich hinter die Bühne in ihre Garderobe führen und stellte sich vor. Die junge Dame fiel ihm um den Hals. Sie war ›seine‹ Frau, – auf dem Papier. Ihr Vater war der ungarische Dirigent Alfred Sendrey, der später in Hollywood die Musik für eine endlose Reihe der erfolgreichsten Filme schrieb.

Charles Fawcett hatte eine eigene Methode entwickelt, Menschen vor den Nazis zu retten: Er heiratete sie. Dabei leistete der Rechtsanwalt Gaston Deferre in Marseille entscheidende Hilfe. Er arrangierte Ehen mit Jüdinnen, die in Internierungslagern gefangen waren und die Charles Fawcett gar nicht kannte. Der Nachweis, mit einem Amerikaner verheiratet zu sein, gab den

Frauen Anspruch auf Freiheit und Einreise in die Vereinigten Staaten. Innerhalb von drei Monate heiratete Fawcett sechsmal. Im US-Konsulat in Lissabon wunderte man sich allerdings, als fast gleichzeitig zwei Mrs. Fawcett erschienen, um ein Einreise-Visum zu beantragen. Die Frau des Botschafters Herbert Pell fand das »sehr romantisch.«[32]

Wie er der Doktorandin Agnes Grunwald-Spier am 21. Februar 1998 in London erzählte, hatte es damit angefangen, dass Fawcett noch in Paris vor dem Ritz-Hotel eine französische Bekannte traf, die – wie er vermutete – für die Deutschen arbeitete. Sie fragte ihn, ob er noch Junggeselle sei, eine Frage, die ihm unpassend schien. Als er bejahte, habe sie ihn gebeten, eine Frau in einem Internierungslager zu heiraten.

Die Opernsängerin Lilian war aber für lange Zeit die einzige ›seiner‹ Frauen, die er tatsächlich traf. Die beiden sollen eine stürmische Nacht in einem Zug nach Porto gemeinsam verbracht haben.

DIE MARTINIQUE-ROUTE

Die Auslieferung von Fritz und Amélie Thyssen, die gescheiterten Versuche, Rudolf Breitscheid und Rudolf Hilferding zu retten, lösten in der Gemeinschaft der deutschen Flüchtlinge Angst und Schrecken aus. Auch Varian Fry litt unter diesen bedrohlichen Ereignissen. Aber während er noch nach einem Ausweg für Breitscheid und Hilferding suchte, machte er eine Entdeckung, die jetzt sehr nützlich werden sollte: Die Schiffsroute von Marseille auf die französische Karibik-Insel Martinique wurde plötzlich wieder eröffnet.

Ende Januar 1941 erfuhren viele Flüchtlinge, dass der Vichy-Staat bereit war, sie ausreisen zu lassen. Fry vermutete, dass die Gestapo alle Listen der Exilanten durchgesehen und entschieden hatte, wen die Behörden festhalten sollten. Die anderen ließen sie neuerdings mit Ausreise-Visum ziehen. Zum ersten Mal konnten Flüchtlinge die spanische Grenze ganz legal passieren. Das bedeutete, dass zunächst noch mehr Menschen in das CAS-Büro drängten.

Die Zahl der Mitarbeiter musste weiter erhöht werden und stieg auf bis zu zwanzig. Lena Fiszman, Frys aus Polen stammende Sekretärin, musste Marseille verlassen und trat erfolgreich die Flucht nach Lissabon an. An ihre Stelle trat Lucie Heymann. Zwei Elsässer, Charles Wolff und Jacques Weisslitz kamen hinzu. Der deutsch-tschechische Flüchtling Fritz (Bedrich) Heine, ein Journalist und Funktionär der SPD, den das Deutsche Nazi-Reich ausgebürgert hatte, entkam aus einem Internierungslager nach Marseille. Der Exil-Vorstand seiner Partei hatte ihn beauftragt, mit Varian Fry zusammen zu arbeiten. So konnte Fry auf die präzisen Kenntnisse Heines über die politische Szene der deutschen Flüchtlinge rechnen.

Eines Tages trifft Danny Bénédite im CAS-Büro die Aushilfssekretärin Vala Schmierer weinend an. Sie und ihren Mann Paul Schmierer kennt er aus seiner Zeit bei der Stadtverwaltung in Paris. Er fragt Vala, warum sie weint und erfährt, sie habe gerade ihren Mann zum Bahnhof gebracht und verabschiedet. Er fahre in sein Verderben. Der österreichische Jude Schmierer hatte vor dem Krieg in Paris als Arzt gearbeitet. Nachdem die Vichy-Regierung im Oktober den Juden zahlreiche akademische Berufe, unter anderem die Medizin verboten hatte, wusste Schmierer nicht mehr, wie er sich und seine Familie ernähren konnte. In seiner Verzweiflung glaubte er, am ehesten in Paris untertauchen zu können und im Untergrund etwas Geld verdienen zu können. Vala aber schätzt, er werde in Paris erkannt und verraten werden.

Als Danny diese Geschichte hört, nimmt er die Frau an der Hand, rennt mit ihr zum Bahnhof St. Charles und hat Glück: der Zug ist noch nicht abgefahren. Die beiden machen in dem Waggon eine solche Szene, dass Paul Schmierer sich entschließt, wieder auszusteigen. Danny verspricht ihm Arbeit beim CAS.[33] Paul Schmierer wird ein fester Mitarbeiter in der CAS-Mannschaft.

Walter Mehring durfte von Martinique aus praktisch sofort weiterreisen und kam im März in New York an. Beim amerikanischen Innenministerium lag allerdings ein Dossier vor, das behauptete, er sei in Frankreich auf der Seite der Kommunisten gewesen. So wurde Mehring ausführlich verhört. Er schrieb dem ERC: »Ich wurde bei meiner Ankunft hier am Samstag festgenommen; ... dann am Montag fünf Stunden lang vernommen. Man warf mir vor: keinen Paß zu besitzen, ... keine genügenden Barmittel mit mir zu führen. ... Man fragte mich, warum ich von Martinique statt von Lissabon einreiste – warum ich, obwohl ich zugäbe, auch über politische Probleme (ich sagte kulturpolitische) geschrieben zu haben, leugnete, daß ich einer politischen Partei angehöre«.[34]

Einen Höhepunkt bildete am 25. März 1941 die Abfahrt des portugiesischen Frachtschiffes *Capitaine Paul-Lemerle*, das zu einem Truppen-Transporter umgebaut worden war. Etwa 350 Flüchtlinge gingen am 25. März an Bord. Zu ihnen gehörten einige Dutzend der Klienten von Varian Fry: André Breton, seine Frau Jacqueline Lamba, ihre Tochter Aube. Für sie hatten Peggy Guggenheim die Tickets bezahlt und Varian Fry die Plätze reserviert. Der New Yorker Kunsthändler Pierre Matisse (ein Sohn des Malers Henri Matisse) hatte schon im Herbst ein Affidavit für Breton und seine Familie geschrieben.[35]

Zwei Stunden bevor die *Paul-Lemerle* ablegte, erfuhren Victor Serge und sein Sohn Vlady, dass die Vichy-Behörden ihre Ausreise genehmigten. Der Kommentar von Danny Bénédite: Alle »Bouches inutiles« (unnützen Esser) sollen Frankreich verlassen.[36] Fry gab Serge und Vlady Geld für die Reise. Als Serge das Schiff am Quai sah, meinte er: »Sieht aus wie eine Sardinenbüchse, in die jemand seine Zigarette ausgedrückt hat.«

Hans Tittle mit einem weiteren der vier Männer, die Mary Jayne Gold aus dem Internierungslager Le Vernet geholt hatte und deren Fluchtversuch mit der »Bouline« gescheitert war, gingen ebenfalls an Bord. Auch der Publizist und Literaturwissenschaftler Alfred Kantorowicz (der später in der DDR die Werke von Heinrich Mann herausgegeben hat) und seine Frau Friedel bestiegen die *Paul-Lemerle*. Die Schriftstellerin Anna Seghers, der Anthropologe Claude Lévy-Strauss, der jüdische Philosoph aus Berlin Oscar Goldberg, der Maler Wilfredo Lam (ein Schüler Picassos) und seine Freundin Helena Holzer: eine ganze Schiffsladung Intelligenz und Begabung verließ Europa, vor den Nazis flüchtend.

Danny, Theo, Varian Fry und Mary Jane Gold standen traurig am Quai Mirabeau, um Abschied zu nehmen. Man umarmte sich nur kurz. Behelmte Polizisten mit entsicherten automatischen Waffen, so schrieb Claude Lévi-Strauss später, trennten Abreisende von Zurückbleibenden. »Es war wie der Abtransport von Strafgefangenen.«[37]

Victor Serge nannte das Schiff ein schwimmendes Konzentrationslager, weil es für diesen Zweck vollkommen ungeeignet war. Das Schiff besaß zwei Kabinen, eine war für drei Frauen reserviert, die zweite für vier Männer unter ihnen Lévi-Strauss. Alle anderen Reisenden mussten sich in dem dunklen Laderaum einrichten, die Betten bestanden aus aufeinander gestapelten Gerüsten mit Strohmatten. Männer hatten die Hafenseite zu nehmen, Frauen die Seeseite.

An Deck hatte die Mannschaft vorn und hinten je zwei Paare von hölzernen Kuben errichtet. Darin befanden sich drei Duschen, die nur früh am Morgen funktionierten und Toiletten, die sich direkt ins Meer öffneten.

Etwa vierzig der Passagiere nannte Serge »unsere Kameraden«, die anderen dachten – so seine Einschätzung – nur an ihre Flucht, waren unpolitisch, wenn nicht reaktionär. Die »Kameraden« organisierten regelmäßige Treffen auf dem Oberdeck zwischen Schornstein und Rettungsbooten. Man tauschte Nachrichten aus vielen Ländern aus, die in keiner Zeitung zu lesen waren. Wesentlich war, dass wir nicht verloren hatten, nur »für den Moment haben wir verloren« ... »aber unser Geist ist stark«.[38] meinte der geübte Revolutionär Serge. Man hatte jetzt Zeit. Die Reise dauerte dreißig Tage.

Nach den wankenden Sternen am nächtlichen Himmel, nach kleinen, vor dem Bug fliegenden Fischen in tropischen Gewässern, erschienen die satt grünen Hügel der Insel Martinique vor den Augen der Flüchtlinge. Der stets kritische Verstand von Serge musste an Land aber schnell feststellen, dass sich die ganze Insel in den Händen weniger steinreicher Familien befand, die mit Zuckerrohr-Plantagen und Rum-Destillerien Geld zu machen verstanden. Was aber niemand gewusst hatte: Auf die Flüchtlinge wartete ein neues Internierungslager,»das von kindischen Negern bewacht und von diebischen Polizisten verwaltet wurde«, von Vichy-Beamten, unter denen sich harte Nazi-Anhänger befanden.[39]

Dennoch fanden Serge und sein Sohn Vlady mit Hilfe ihrer New Yorker Freunde schließlich in Mexiko die Freiheit. Laurette Séjourné, die weniger gefährdet war, und der Tochter von Serge gelang später die Flucht nach Mexiko. Nicht nur Serge, auch der mitgereiste Ethnologe und Strukturalist Claude Lévy-Strauss begann auf Martinique damit, die Traurigkeit der Tropen zu entdecken.

Im April lief das nächste Schiff aus mit weiteren zwölf Flüchtlingen des *CAS*, unter ihnen der Maler André Masson und seine Familie. Am 6. Mai konnten Frau Hilferding und Frau Biermann Marseille verlassen, auf dem Schiff *Winnipeg* nach Martinique zusammen mit den Autoren Aurelio Natoli und Wilhelm Herzog, dem Dirigenten Eduard Fendler und dem Verleger Jacques Schiffrin, der die Reihe der französischen Klassiker »Pléiade« herausgab. Allerdings wurde die *Winnipeg* in der Karibik von britischen Kriegsschiffen aufgebracht. Erst nach zähen Verhandlungen wurde den Passagieren erlaubt, ihre Reise auf eigene Faust und mit neuen Unkosten fortsetzen.[40] Der Vorgang lehrte, dass die Weltmeere inzwischen Kriegsgebiet waren und dass ein Schiffsticket keineswegs eine Garantie für eine Ankunft in Freiheit bedeutete.

Anfang März genehmigte das State Department die Visa-Anträge für Marc und Bella Chagall, um die Varian Fry ersucht hatte. Bereits im September 1940 hatte Alfred Barr, Direktor des *Museum of Modern Art*, Chagall eingeladen, in New York auszustellen. Das war nur der erste Schritt. Affidavits mussten geschrieben werden, eine Summe von 3000,- Dollar musste für ihren Unterhalt nachgewiesen werden. Als die *Guggenheim Foundation* um Hilfe gebeten wurde, kam jedoch die Antwort: Man habe bereits mehrere Bilder Chagalls gekauft, er sollte jetzt in der Lage sein »to take care of himself over there«. Salomon R. Guggenheim persönlich, der Kunstsammler, der in Kupferindustrie und - Handel steinreich geworden war, musste hartnäckig gebeten werden, bis er sich entschloss, den Chagalls finanziell zu helfen.[41]

Dennoch gehörten die Chagalls zu der kleinen, feinen Gruppe von Künstlern und Intellektuellen, auf die man sich in Amerika freute, selbst in Washington DC. Am 8. März fuhren Varian Fry und Harry Bingham in dessen rotem Chevrolet durch die sonnige Provence und den Luberon, dann den Berg hinauf nach Gordes, um den Chagalls von ihrem Glück zu berichten. Die Stadt war sehr verlassen und still, die Mandelbäume blühten, es war ein herrlicher Tag. Marc Chagall arbeitete in seinem Atelier in einem ehemals katholischen Schulhaus, das er gekauft hatte und zeigte keinerlei Lust, dieses wunderbare Stückchen Erde zu verlassen. Das Ehepaar Chagall und die beiden Amerikaner ließen ein Foto von sich machen, zu viert um ein Bild von Chagall stehend, draußen vor der besonnten Hauswand, von der in den Stürmen der Zeit der Putz herunter gefallen war.

Der 55-jährige Maler schien zu glauben, er könne - obwohl Jude - den Krieg in Frankreich überleben, so die Wahrnehmung von Varian Fry. Der Fluchthelfer und der Vizekonsul setzten Alles daran, ihn von der Gefahr zu überzeugen, in der er sich befand. Sie brauchten dazu Stunden und sparten nicht mit Schilderungen vom Charme der Landschaften in Neuengland, bis Chagall sich zögernd einverstanden erklärte.

Der Grund für ihr Zögern war vermutlich eher, dass Bella und Marc Chagall ihre Tochter Ida und ihren französischen Schwiegersohn in Frankreich zurücklassen mussten, denen ein Visum für die USA verweigert worden war.[42] Rosemary Sullivan meint, Chagall sei sich der Gefahr sehr wohl bewusst gewesen, in der er sich befand. Im April 1940 schon hatte er einem Freund geschrieben: »Art remains with us, which is today the most important thing, along with love. But my God, how far we Jews are from all that. It's terrifying.

Forgive me.«[43] Schon 1939 hatte er ein Bild mit dem Titel *The White Crucifiction* gemalt, es zeigte Jesus am Kreuz mit einem jüdischen Gebets-Schal, ein stiller Protest gegen den Anti-Semitismus im christlichen Europa.

Die Nazis hatten 1937 nach der Münchner Ausstellung »Entartete Kunst« 59 Werke von Marc Chagall beschlagnahmt. Der Flüchtling aus dem sowjetischen Witebsk hatte 1922/23 auch ein Jahr in Berlin gelebt und gearbeitet und Bilder zurückgelassen.

Um ihre Kunstwerke und weitere Habseligkeiten zu packen, brauchten die Chagalls vier Wochen. Am 9. April kamen sie nach Marseille, bezogen ein Zimmer im Hotel Moderne. Am nächsten Tag geriet Chagall in eine Polizei-Razzia gegen alle Juden im Hotel, wurde festgenommen und mit einer ›grünen Minna‹ zur Überprüfung der Papiere aufs Polizei-Revier gebracht. »Rafles«(Razzien) mit dem Zweck, versteckte Juden zu fangen und in Internierungslager zu bringen, waren die konsequente Fortsetzung des offiziellen antisemitischen Diskurses der Vichy-Regierung. Den Juden wurde die Schuld an der französischen Niederlage gegeben, sie wurden der blühenden Schwarzmarkt-Szene beschuldigt, wobei zwischen französischen »Israeliten« wie etwa den Rotschild und eingewanderten aus dem Ausland stammenden Juden wie der Familie Chagall und Flüchtlingen wie Rabbi Krüger unterschieden wurde. In den Städten am Mittelmeer hatte aber die Fluchtwelle den Anteil jüdischer Einwohner drastisch erhöht. Der israelische Historiker Asher Cohen gibt die Zahl der an der östlichen Mittelmeerküste Frankreichs lebenden Juden 1941 mit etwa 37.000 an, von denen mindestens die Hälfte aus dem Ausland stammte.[44]

Bella Chagall alarmierte Varian Fry, nachdem ihr Mann verschwunden war. Der fand heraus, welcher Sicherheits-Offizier für die Verhaftung verantwortlich war, rief den jungen Mann an: »Sie haben Marc Chagall verhaftet«.

»So?«

»Wissen Sie, wer Marc Chagall ist?«

»Nein«.

»Er ist einer der größten lebenden Künstler«.

»Oh!«

»Sollte die Nachricht von seiner Verhaftung durchsickern, so wäre die ganze Welt entsetzt. Ihre Regierung käme in Verlegenheit und Sie müssten mit einem strengen Verweis rechnen.« Wenn Chagall nicht innerhalb einer halben Stunde auf freiem Fuß sei, wolle er, Fry, den Korrespondenten der *New York Times* in Vichy von dem Skandal unterrichten.

»Vielen Dank für Ihren Anruf!« sagte der erschrockene junge Offizier. »Ich werde mich sofort um den Fall kümmern«.[45]

Nach einer halben Stunde rief Frau Chagall erneut an: Der Maler war freigelassen und ins Hotel zurückgekehrt. Er verstand jetzt, warum es besser für ihn war, Frankreich zu verlassen. Am 7. Mai bestiegen Chagall und seine Familie ein Schiff, am 23. Juni kamen sie in New York an.

GEORG STEFAN TROLLER

Mehr als den Atlantik beherrschten die Briten das Mittelmeer. Neben der Kontrolle Spaniens und der Blockade Frankreichs versuchten sie deutsche und italienische Bewegungen nach und in Nordafrika unter Kontrolle zu halten. Ein drittes Ziel der britischen Mittelmeerflotte war, unter allen Umständen die illegale Einwanderung von Juden nach Palästina zu verhindern. Sie zwangen Boote von Flüchtlingen zur Umkehr. Aber auch im Südatlantik, im Indischen Ozean und im Pazifik stoppten die Briten Schiffe der Flüchtlinge. Im marokkanischen Casablanca entstand ein Sammelpunkt der Gestrandeten, deren Schiffe Briten oder auch Franzosen auf den Weltmeeren aufgehalten und zur Umkehr gezwungen hatten. Das Schiff *Alsina* mit 700 meist jüdischen Menschen an Bord lag vier Monate in Casablanca vor Anker. Ihre Passagiere litten unter Hungersnot und Seuchen, bis die ganze Welt über den »Skandal« redete.

Einige Passagiere wurden daraufhin in der Stadt provisorisch einquartiert, die meisten aber wurden in ein Lager in der Wüste gezwungen, wo sie auf andere Schiffsreisende stießen, etwa Passagiere der SS Wyoming und der SS Monte Viso, die die französische Regierung auf dem Weg nach Martinique zur Umkehr gezwungen hatte. Auf diesen Schiffen und in den Lagern in der Nähe von Casablanca befanden sich zahlreiche Kunden des CAS in Marseille.[46] Es ging ihnen dort nicht besser als in französischen Internierungslagern, wenn man davon absieht, dass sie hier dem unmittelbaren Zugriff der Nazi-Behörden entzogen waren.

Einer dieser Flüchtlinge war der aus Wien stammende Jude Georg Stefan Troller, damals 20 Jahre jung und noch gänzlich unbekannt. Der Sohn eines Pelzhändlers war nach der so genannten Kristallnacht, als sein Vater misshandelt wurde, in die Tschechoslowakei geflüchtet, zu seinem Onkel nach Brünn.

Seine Eltern kamen bald nach. Im April 1939 besetzte Hitler die »Rest-Tschechei« (Tschechien ohne das Sudetenland). Troller musste sich zunächst vor den Rollkommandos der Nazis verstecken. Er suchte Schutz im Keller des Buchbindermeisters, bei dem er lernte. Aus dem Fenster konnte er direkt auf das Polizei-Kommissariat blicken, wo die Juden der Stadt zusammen getrieben wurden. »Einmal kam ein besoffener SA-Mann von gegenüber die Treppe in meinen Keller heruntergepoltert«, erzählt Troller. »Ich lag versteckt in einem Haufen mit Altpapier. Er stellte sich vor den Haufen und pinkelte direkt auf mich zu. Und ich durfte mich nicht rühren. Das ist sozusagen meine Lebensansicht aus dieser Zeit: Du stehst da, wirst bepinkelt und darfst Dich nicht wehren«.[47]

Die Familie Troller floh mit der Bahn über Italien nach Paris. In der Präfektur fragte man sie nach Ausweisen und Visa. Das einzige Visum, das sie vorweisen konnten, war für die Einreise nach Uruguay vorgesehen, hielt aber keiner Überprüfung stand. So wurde Troller als »feindlicher Ausländer« eingestuft und in ein Internierungslager gesperrt, aus dem er aber bald floh. Inzwischen waren die Deutschen im Land und der nunmehr 19-jährige Georg Stefan lief ihnen direkt über den Weg. Aber er hatte Glück. Ein deutsch-österreichischer Landser aus Wien nahm ihn auf seinem Motorrad mit in Richtung Süden. »Servas Jud!« rief der Soldat ihm freundlich nach, als sie sich trennten.[48]

In Pau und dann in Marseille suchte Troller nach einer Möglichkeit, ins Ausland zu entkommen. Er wollte es ohne die Hilfe einer Fluchtorganisation schaffen. Im US-Konsulat in Marseille stand er tagelang in der Schlange. Der Konsul oder Vizekonsul erklärte ihm, die Quote für Juden aus Österreich sei auf Jahre hinaus erschöpft. Frühestens im Jahr 2000 könne er mit einem Visum rechnen. Dann aber – so erzählt Troller – rief der Konsul eine Mitarbeiterin und fragte: »Haben wir irgendwo einen alten Kacker, dem wir das Visum wegnehmen können?« Sie blätterte in einem Riesenstapel und fand, was der Konsul suchte. Troller sah das Foto eines alten bärtigen Juden, »dessen Visum ich bekam, weil der Konsul der Meinung war, Amerika brauche Soldaten«.[49] Das geschah am 21. Mai 1941.

So saß der junge Mann bald auf einem Schiff, das von Marseille nach New York fahren sollte, illegal. Aber bei Gibraltar brachten britische Marine-Einheiten das Schiff auf und geleiteten es nach Casablanca, von da ging die Reise weiter mit einem Zug in ein Lager der Fremdenlegion in der Wüste. Zwei Monate lang saßen sie dort fest, bis die jüdische Hilfsorganisation *HICEM* das Schiff *SS Nyassa* charterte, das am 24. Juli 1941 nach New York aufbrach. Trollers Eltern, Vilma und Karl, schafften es einen Monat später von Lissabon direkt nach Amerika zu kommen, wie eine Liste aller *HICEM*-Flüchtlinge für das Jahr 1941 dokumentiert.

Georg Stefan Troller kehrte schon gut zwei Jahre später zurück über den Atlantik zunächst nach Casablanca und später auf den europäischen Kontinent: als US-Soldat. Er war nunmehr Dolmetscher und hatte Nazis und Verdächtige zu verhören, oder beim Verhör zu übersetzen. Er wunderte sich, dass kaum ein Nazi in Europa zu finden war. Nun brauchte er keine Angst mehr vor ihnen zu haben, aber die Umkehrung der Verhör-Situation konnte nicht rückgängig machen, was ihm vorher geschehen war. »Man ist ja auf Lebenszeit markiert von dieser Angst.«[50]

Jedes Mal wenn ein Schiff ablegte, brach die Mannschaft des *CAS* erschöpft zusammen, weil die Beschaffung der Visa in die USA und viele kleine Dienstleistungen für die Flüchtlinge Zeit und Kraft kostete. Ende Mai, nach acht Monaten also, machten die Fluchthelfer eine kleine Zwischenbilanz und stellten fest: 15.000 Menschen hatten schriftlich oder persönlich das *CAS* um Hilfe gebeten. Jeder Fall war geprüft, protokolliert und es war in 1.800 Fällen entschieden worden, ob sie zum vorgegebenen Profil des *ERC* passten, also politische Flüchtlinge oder Intellektuelle waren, die Aussicht auf ein Visum hatten. In 560 von diesen 1.800 Fällen hatte das *CAS* kleine wöchentliche Unterstützungs-Beträge gezahlt. Mehr als Tausend Flüchtlingen hatten sie die Ausreise ermöglicht.[51]

PEGGY GUGGENHEIM UND MAX ERNST

Als im September 1939 der Krieg begann, war die Kunstsammlerin Peggy Guggenheim, eine Nichte von Salomon R. Guggenheim, in Frankreich unterwegs. Sie hatte sich erst in der zweiten Hälfte der 30er Jahre der Kunst zugewandt und mit Hilfe professioneller Berater (vor allem: Marcel Duchamps) Anfänge einer Sammlung moderner Gemälde und Skulpturen zusammen getragen, die sie in einem eigenen Museum in London der Öffentlichkeit zugänglich machen wollte. Nun aber erschien ihr London zu unsicher, sie beschloss, zunächst in Frankreich zu bleiben und mit dem Museum bis nach dem Krieg zu warten. Ihre Galerie in London, wo sie bereits Werke von Max Ernst und André Breton ausgestellt hatte, gab sie auf. Die Bestände ließ sie nach Paris kommen.

Die amerikanische Jüdin Guggenheim war (vor dem Holocaust) weder besonders empört über den Antisemitismus der Nazis, noch empfand sie besondere Nähe zu den aus Mitteleuropa flüchtenden Nazi-Opfern. Aber die Nazis hatten wesentliche Werke der modernen Kunst als »entartet« eingestuft, verboten und bekämpft. Und die modernen Künstler waren nun einmal ihre Freunde. Deshalb fühlte sie sich betroffen. Während sie die Soirées und Empfänge in Paris genoss und viele Künstler sehr persönlich kennen lernte, nahm sie sich vor, am besten jeden Tag ein Bild zu kaufen, allerdings zum möglichst niedrigen Preis. In den acht Monaten des *Phony War*, des *drole de guerre*, kaufte sie geschickt und günstig. Außer ihr war kaum ein Käufer auf dem Markt. Die später bekannten, teuren Künstler der Moderne waren vielfach noch völlig unbekannt, sie lebten in Not, sie verkauften gern. Die meisten brauchten Bargeld, dringend. Die allgemeine Nervosität begünstigte das Unternehmen von Peggy Guggenheim. Sie kaufte Bilder von Robert Delaunay, Salvador Dali (*Die Geburt fließender Lüste*), Francis Picabia, André Masson, Paul Klee, Wassily Kandinsky, Yves Tanguy und Georges Braque oder Skulpturen von Jean (Hans) Arp, Alberto Giacometti, Jacques Lipchitz und Constantin Brancusi für jeweils wenige hundert US-Dollar. In das Dorf und das Haus von Max Ernst, von dem sie entzückt war, und seiner Schülerin und Geliebten, Leonora Carrington, im Ardèche reiste Peggy Guggenheim und erwarb Werke von beiden. Am 9. April, dem Tag, als die Deutschen in Norwegen einfielen, kaufte sie ein Bild von Fernand Léger für tausend Dollar. Der Künstler wunderte sich, wie man an einem solchen Tag, ein Bild kaufen kann.

MAX ERNST UND PEGGY GUGGENHEIM WERDEN AM FLUGHAFEN VON NEW YORK VON JOURNALISTEN BEFRAGT, 1941

Eines Tages erschien Peggy Guggenheim mit einer Einkaufsliste im Atelier von Pablo Picasso, 7 rue des Grands-Augustin. Der hatte schon von ihr gehört. Er misstraute reichen Amerikanerinnen und versuchte, sie zu ignorieren. Als sie auf sich aufmerksam machte, sagte er, »Wäsche ist auf der nächsten Etage«.[52] Picasso warf sie kurz entschlossen hinaus.[53] Ihn konnte sie nicht als Freund gewinnen. Er brauchte sie nicht. Sonst aber drängten sich Maler und Galeristen um sie. Zwischen September 1939 und Mai 1940 kaufte Peggy Kunstwerke für 40.000 US-Dollar, die wenige Jahre später viele Millionen wert waren.[54] Für sie war es eine glückliche Zeit.

Guggenheim überlegte auch, für die Dauer des Krieges eine Art Künstler-Kolonie zu gründen. »Mit missionarischem Eifer« suchte sie in Südfrankreich geeignete Gebäude, etwa ein Landhaus, ein Hotel oder ein altes Schloss. Befreundete Künstler sollten dort wohnen, ihre Freunde, die Surrealisten. Sie »sollten meine Gäste sein und einen Unterhaltszuschuss erhalten. Als Gegenleistung wollte ich Bilder für das zukünftige Museum entgegen nehmen.«[55] Erst später, als kein Künstler mitmachen wollte, erkannte sie, wie naiv der Plan war.

Als die Deutschen sich Paris näherten, als Hunderttausende von Flüchtlingen von Norden her in die Stadt drängten, getrieben von Angst vor Tod und Gefangenschaft, als in den Bahnhöfen Reisende ihre Angehörigen aus den Zügen luden, die unterwegs von deutschen Sturzkampfbombern aus beschossen, verwundet oder getötet worden waren, da saß Peggy Guggenheim mit ihrem neuesten Liebhaber in den Cafés des Montparnasse und trank Champagner. Später allerdings hat sie sich für soviel Desinteresse schrecklich geschämt.

Immerhin begriff sie, dass sie nicht in ihrer Pariser Luxus-Wohnung auf der Ile St. Louis bleiben konnte. Sie fragte beim Louvre-Museum, ob man ihre Sammlung für die Dauer des Krieges in Verwahrung nehmen könne, aber – zu ihrer grenzenlosen Enttäuschung – hielt man ihre Kunstwerke dort für wertlos. Die Freundin Maria Jolas erklärte sich bereit, die in mehrere Kisten verpackten Bilder in einer ländlichen Scheune in der Nähe von Vichy zu verstecken.

Am 11. Juni, drei Tage bevor die Deutschen in Paris einmarschierten, stieg sie mit ihrer Freundin Nellie van Doesburg (Witwe des Malers Theo van Doesburg) in ihren kleinen Talbot und steuerte in dem breiten Flüchtlingsstrom unter einer Wolke aus schwarzem Staub im Tempo von drei bis zehn Kilometern pro Stunde nach Süden. Unterwegs erreichten sie die Nachrichten vom Fall von Paris, dann vom Waffenstillstand und schließlich von den Waffenstillstandsbedingungen.[56]

In Mégève im Südosten Frankreichs, lebte ihr früherer Ehemann Laurence Vail zusammen mit den zwei gemeinsamen Kindern Pegeen und dem 16-jährigen Sindbad sowie mit seiner neuen Ehefrau Kay. Vail empfahl ihr, zusammen mit den Kindern nach Amerika zurückzukehren, der amerikanische Konsul in Vichy empfahl das gleiche.

Aber Peggy zögerte. Sie mietete für ihre Kinder, für ihre Freundin Nellie und sich selbst ein Haus am See von Annecy. Auch Jean Arp und seine Frau richteten sich ein im Hause Guggenheim. Schließlich kamen die Kisten mit Peggys Bildern am Bahnhof des kleinen Ortes an. In dem allgemeinen Durcheinander, wurde Peggy aber nicht benachrichtigt und die Kisten standen wochenlang wie verloren in einem Schuppen. Als sie auftauchten, versuchten Peggy und Nellie van Doesburg, die den Direktor des Museums von Grenoble kannte, die Guggenheim-Sammlung im Museum Grenoble auszustellen. Direktor Pierre-André Farcy, genannt Andry-Farcy, war gutwillig, aber er hatte aus Sorge vor dem angekündigten Besuch Pétains in seiner Stadt bereits alle modernen Kunstwerke seines Hauses im Keller versteckt. Etwas Besseres konnte er auch Peggy nicht anbieten. Er ließ sie ihre Schätze bringen, um sie zu sortieren, zu katalogisieren, aufzubewahren, aber nicht um sie auszustellen. Nach einigen Monaten teilte Peggy dem Direktor mit, sie wolle nach Amerika zurückkehren und werde ihre Bilder mitnehmen. (Drei Jahre später wurde André Farcy abgesetzt und verhaftet, weil er »Entartete Kunst« ausgestellt und damit die Stadt Grenoble entehrt habe.)[57]

Wegen André Breton nahm Peggy im Dezember Kontakt zu Varian Fry in Marseille auf, der die reiche Amerikanerin sofort um finanzielle Hilfe für das Centre Americain de Secours anging. Fry ging spontan sogar soweit (kurz vor der Ankunft von Jay Allen), ihr vorzuschlagen, ihn vorübergehend als Chef des *CAS* zu vertreten, während er in New York alle Missverständnisse beseitigen und die Grundlagen seiner Arbeit für die Zukunft herstellen wollte. Immerhin war Peggy Guggenheim Amerikanerin, hatte Geld und war in der Lage, den Anschein einer legalen Organisation aufrecht zu erhalten.[58] Sie beriet sich mit einem der US-Konsuln und lehnte danach ab, ihn zu vertreten. Sie gab ihm jedoch eine ordentliche Spende, wenigstens tausend Dollar. Das

Hafen- und Gangster-Milieu der Stadt war ihr unheimlich, die Geschichte von der Haft an Bord der *Sinaia* erschreckte sie. Zudem riet ihr das Konsulat in Marseille dringend, Varian Fry und sein Fluchthilfe-Büro zu meiden. So fuhr sie zurück an den See von Annecy, wo sie ihre Unterkunft gefunden hatte.

Peggy schwankte zwischen großzügiger Hilfsbereitschaft und geiziger Sparsamkeit. Das CAS-Büro mochte sie nicht unterstützen, als sie aber von ihrer amerikanischen Freundin Kay Sage (die den Maler Yves Tanguy geheiratet hatte, nachdem sie ihn aus Frankreich in die Vereinigten Staaten geholt hatte,) gebeten wurde, für André Breton, seine Frau, seine Tochter, einen seiner Freunde und für Max Ernst die Reisekosten nach Amerika zu übernehmen, da zahlte sie, ohne zu zögern, nur für den Freund Bretons nicht.

Nach der Abreise der Gruppe mit der *Paul-Lemerle*, waren in der Villa Air Bel Zimmer frei. Varian Fry nahm sein Zimmer wieder in Besitz, da das Wohnen in dem Haus jetzt weniger kompromittierend war.

Max Ernst kam aus St. Martin d'Ardèche, wo er zuletzt bei Freunden gewohnt hatte, und übernahm das Zimmer von Serge. Etwas später tauchte die Gräfin Consuelo de Saint Exupéry auf. Ihr Ehemann Antoine de Saint-Exupéry war im Dezember 1940 von Lissabon nach New York abgereist. Sie wartete auf sein Wort, auf die Bitte, ihm nachzukommen. Sie blieb mehrere Wochen, lachte viel in dem ansonsten still gewordenen Haus, kletterte gern temperamentvoll auf die Platanen im Garten und »verteilte ihr Geld großzügig an mittellose Künstler«[59]. Sie konnte hinreißend Geschichten erzählen aus ihrer Heimat El Salvador oder von ihrer stürmischen Beziehung mit »Tonio«, ihrem Ehemann. Der Fluchthelfer Jean Gemähling stieg ihr nach in die Bäume und wurde beim Turteln beobachtet.[60]

Max Ernst trägt einen weißen Schafpelz-Mantel passend zu seinem schlohweißen Haar. Er bringt eine umfangreiche Rolle seiner bemalten Leinwände mit, die er mit Heftzwecken an den Wänden des Wohnzimmers befestigt. Aus Marseille kommen Besucher, um die Ausstellung zu sehen.[61] Ernst hat zwei Ehen und zahlreiche Liebschaften hinter sich, scheint aber immer noch verliebt in die zwanzig Jahre jüngere englische Künstlerin Leonora Carrington, obwohl diese mit einem Mexikaner in Richtung Spanien abgereist war, als Ernst im Internierungslager weilte. Seinetwegen erscheint Peggy Guggenheim zum zweiten Mal in der Villa, hingerissen von dem 50-jährigen Charmeur mit den blauen Augen und dem Blick eines Vogels.

Ende März 1941 schreibt sie ihm, noch von Mégève aus. Sie wolle seine Reisekosten nach Amerika übernehmen und bitte ihn um eins seiner Bilder. Sie weiß, er ist ein »womanizer«, er weiß, sie hat Geld. Er stimmt zu, sie in Marseille zu treffen. Sie treffen sich am Abend des 31. März im Café *Au Bruleur de Loup* am Alten Hafen. Victor Brauner, ein jüdisch-rumänischer Künstler, einer ihrer ehemaligen Liebhaber, begleitet Peggy. Max Ernst ist noch gezeichnet von seinen Aufenthalten in den Internierungslagern, aber sein schwarzer Gehrock unterstreicht seine noble Aura, wie ein Foto deutlich macht. Sie verabreden sich für den nächsten Tag in der Villa, damit er ihr seine Arbeiten zeigen kann.

Ernst hatte aus seinem Dorf St. Martin noch eine Flasche guten Wein mitgebracht, die nun einen Deal erleichtern soll: Sie kauft ihm für 2.000,- US-Dollar fast sein gesamtes Frühwerk ab. Davon abgezogen werden sollen die Kosten seiner Fahrt nach New York. (Später nahm Ernst ihr diesen Deal übel.) Zu seinen neueren Bildern fehlt ihr zunächst der Zugang. Er lädt sie ein, am nächsten Tag, am zweiten April, mit ihm seinen fünfzigsten Geburtstag zu feiern. Varian Fry, Victor Brauner und ein weiterer Freund begleiten die beiden in eins der versteckten Schwarzmarkt-Lokale in den hinteren Gassen der Altstadt, wo man immer noch ins Land geschmuggelte Köstlichkeiten serviert. Die beiden flirten. Max erzählt über seinen Vater, einen Lehrer, der ein ›Sonntagsmaler‹ und ein schrecklicher Pedant gewesen sei. Eines Tages habe er ein Bild von seinem Garten in Brühl gemalt, aber einen Baum vergessen, wie er zu spät bemerkte. Damit das Bild wieder stimme,, habe der Vater den Baum abgesägt. Max persönliche Rebellion habe bereits im Alter von fünf Jahren begonnen, als er von zu Hause weggelaufen sei. Und später, als am Vorabend der Geburt seiner Schwester sein Papagei starb, da habe sich eine gefährliche Konfusion von Mensch und Vogel in seinem Bewusstsein festgesetzt. Deshalb nenne er sich »Loplop«, der Vogelobere. (Eine Figur aus seinen Collage-Romanen.)

Am Ende des Abends fragt Max: »Wann, wo und warum kann ich Sie treffen?«

»Morgen um vier im Café de la Paix« ist ihre Antwort, »und Sie wissen warum.«[62] »Da Brauner mich ständig begleitete und uns nicht eine Minute allein ließ, musste ich bei diesem Treffen Max meinen (Hotel-) Schlüssel heimlich zustecken und so tun, als ob ich gute Nacht sagte, damit Brauner nichts merkte«, erinnerte sich Peggy.[63]

Peggy fährt noch einmal kurz nach Mégève zu ihren Kindern und dem früheren Ehemann (Ernst besucht sie dort mehrere Tage, ohne sauf-conduit oder irgendeine Aufenthaltsgenehmigung), dann zieht sie in die Villa Air-Bel. Max ist auf ihr Geld angewiesen, flirtet aber weiter mit jeder hübschen Frau, als ob es ein Zwang sei. Als Leonor Fini aus Monte Carlo kommt, um Ernsts Bilder zu sehen, ist er von der jungen Dame entzückt und erwartet von Frau Guggenheim das gleiche. Sie kauft der jungen Malerin zwar ein Bild ab, eine »liebenswürdige Bagatelle«, findet ihre Starallüren aber unausstehlich.[64]

Mary Jayne Gold erinnert sich, dass Peggy Guggenheim eines Morgens beim kärglichen Frühstück erzählte, in der Nacht habe etwas an ihrer Zimmertür gekratzt und als sie öffnete, seien die jungen Hunde von Varian Fry und Mary Jayne in ihr Zimmer gekommen, in das warme Bett gesprungen, wo sie sich dann nicht mehr entfernen ließen. Den Rest der Nacht habe sie zwischen den Hunden kuschelnd im Bett verbracht. In der nächsten Nacht sei es Max Ernst gewesen, der an der Tür kratzte. Auch er wurde nicht abgewiesen.[65]

Peggy hält es aber nicht lange in der Villa. Sie bekommt ein Zimmer in dem Grand Hotel du Louvre et de la Paix an der Canebière, der Hauptstrasse, das sie bereits kennt. Dort ist Max Ernst fortan regelmäßig ihr Gast. Eines Tages nach dem Frühstück, als er gerade gegangen war, klopft ein Polizist an ihrer Tür. Der Uniformierte verlangt, ihre Papiere zu sehen und stellt fest, dass ihre Aufenthaltsgenehmigung abgelaufen ist. Dann die Frage, ob ihr Name jüdisch sei. Ihr Großvater sei aus St. Gallen in der Schweiz eingewandert, antwortet sie. Der Polizist durchsucht den Raum, bückt sich, um unter dem Bett nachzusehen. »Schauen sie gern im Schrank nach, ob sie Juden finden«. Peggy spottet. »Kommen Sie mit aufs Revier«, antwortet der Mann, »Ihre Papiere sind nicht in Ordnung«. Plötzlich bekommt sie Angst. Max hat in dem Zimmer geschlafen ohne eine Aufenthaltsgenehmigung für Marseille! Und sie verbirgt einen Sack voller Geld, das sie am Schwarzmarkt getauscht hat. Sie besteht darauf, dass der Offizier in der Hotelhalle warten solle, damit sie sich zum Ausgehen fertig machen kann. Er geht. Aber sie hat keine Zeit, das Geld zu verstecken oder eine Nachricht für Max zu hinterlassen, ist auch zu nervös. Sie eilt in die Halle. Dort trifft sie den Polizisten in heftigem Gespräch mit seinem Vorgesetzten. Die Vereinigten Staaten hätten Frankreich gerade erst eine Schiffsladung Weizen geliefert, ein Geschenk von Präsident Roosevelt, hört sie den Offizier schimpfen. Es sei jetzt nicht der Moment, Amerikaner zu verhaften. Der

Polizeichef entschuldigt sich bei Peggy und sie ist frei. Sie soll zu einem ihr passenden Termin auf die Polizeiwache kommen. Als sie die Geschichte später der Hotel-Managerin erzählt, meint diese kühl: »Ach, das war doch nicht so schlimm, Madame. Heute wurden nur die Juden abgeholt.«[66]

»EIN WORT – UND ALLES IST GEWONNEN«

Der Fall Max Ernst stellte die Fluchthelfer des CAS vor besondere Probleme, weil er immer noch die deutsche Staatsangehörigkeit und einen deutschen Pass besaß, obwohl er seit fast zwanzig Jahren in Frankreich lebte. Ernst erinnerte sich: Als Hitler und Goebbels gemeinsam am 19. Juli 1937 in München die Ausstellung »Entartete Kunst« besichtigten, da kamen sie an Ernsts Ölgemälde von 1923 ›la belle jardinière‹ vorbei, wie ein damals veröffentlichtes Foto bis heute belegt. Der Titel ist sowohl eine Anspielung auf die christliche Tradition, die Maria als Gärtnerin darstellt (Raffael 1507/08), aber auch eine Anspielung auf das große Pariser Kaufhaus *Belle Jardinière*. Hitler machte Halt und schimpfte über das Bild: eine Beleidigung der deutschen Frau! Am Vortag hatte Hitler in München das »Haus der deutschen Kunst« mit einer Rede eröffnet. »Wir werden von jetzt an einen unerbittlichen Säuberungskrieg führen gegen die letzten Elemente unserer Kulturzersetzung«.

Später vernichteten die Nazis die Collage ›la belle jardinière‹. Für Max Ernst war das eine Warnung. Auch ihm drohte die Vernichtung. Es war äußerst dringlich, nicht in deutsche Hände zu fallen. Genau das hätte aber täglich geschehen können.

Peggy Guggenheim konnte bei der Beschaffung eines US-Visums kaum helfen, ihr eigener Pass war abgelaufen und musste erneuert werden. Aber sie konnte finanziell für Max Ernst in Amerika bürgen. Ein ›moralisches‹ Affidavit für Ernst schrieb Alfred Barr, der Direktor des MOMA in New York. Max Ernsts 20-jähriger Sohn, Jimmy, der in der Poststelle des Museums arbeitete, hatte den Direktor um Hilfe gebeten, gleich nachdem er im November 1939 eine Mitteilung seines Vaters aus dem Lager *Les Milles* bekommen hatte. Jimmy wollte, dass seine beiden Eltern Max Ernst und Lou Straus nach Amerika kommen. Und so beantragte Barr Visa für Max Ernst und seine Frau. Das State Department beeilte sich zunächst nicht, dann aber wurde das US-Generalkonsulat in Marseille ermächtigt, bzw. beauftragt, für Mr. Max Ernst und seine Frau Visa auszustellen. Es war nicht klar, ob damit die Mutter von Jimmy, Lou Straus, gemeint war oder die zweite Frau von Ernst, die Französin Marie-Berthe Aurenche, von der Ernst ebenfalls geschieden war.

Da sich auch Varian Fry intensiv um ein Visum für Ernst bemüht hatte, bestellte Konsul Hiram Bingham seinen Freund Fry, Max Ernst und Frau Straus gleichzeitig ein. Lou Straus, von der Max Ernst seit 18 Jahren geschieden war, hatte sich – aus dem Lager Gurs entkommen – ebenfalls nach Marseille durchgekämpft. Bingham musste ihr mitteilen, dass sie keinesfalls als Ehefrau von Max Ernst ein Visum für die Vereinigten Staaten bekommen könne. Das habe auch Eleanor Roosevelt so entschieden, die letzte Berufungsinstanz des ERC/CAS. Was nun?

Max Ernst wandte sich an Lou Straus und bot ihr auf der Stelle an, sie erneut zu heiraten, damit sie sich nach Amerika retten könne. Aber nein, das wollte sie nicht. Ein Leben für eine Heiratsurkunde? Nein, das nicht![67] Später traf Ernst seine frühere Frau noch einmal und wiederholte das Angebot in Anwesenheit von Fry und Danny Bénédite. Aber sie blieb bei ihrer Weigerung.

Sie zog sich stattdessen aufs Land zurück in die Nähe von Manosque, wo der Schriftsteller Jean Giono lebte. Ihrem Sohn Jimmy schrieb sie, Giono wolle sie beschützen und die Bauern der Umgebung verehrten Giono so sehr, dass sie ihn und sie selbst, Lou Straus, notfalls vor den Deutschen verstecken würden. Jimmy, Barr und Max Ernst versuchten von New York aus weiter, ein Einreisevisum für sie zu beschaffen. Peggy Guggenheim bot finanzielle Hilfe an. Nach einigen fehlgeschlagenen Bemühungen genehmigte das State Department schließlich im Oktober 1942 das Visum für Lou Straus[68], aber: zu spät! Im November 1942 besetzten die Deutschen den bis dahin unbesetzten Teil Frankreichs. Lou Straus saß in der Falle. Obendrein begann sie, mit dem französischen Widerstand im Untergrund, der *Résistance*, zusammenzuarbeiten. 1944 wurde sie verhaftet. Die Deutschen brachten sie nach Auschwitz. Sie kehrte nicht zurück.

Ernst aber bekam ein amerikanisches Besucher-Visum. Anschließend mussten Transit-Visa für Spanien und Portugal beschafft werden. Er ging zusammen mit Peggy von Konsulat zu Konsulat, traf Bekannte aus den Internierungslagern, die er freundlich grüßte, die seine Erinnerungen wieder belebten für Peggy aber »schattenhafte Existenzen« blieben[69]. Weil das französische *visa de sortie* auf sich warten ließ, musste das amerikanische Visum, bereits abgelaufen, erneuert werden. Peggy bahnte ihrem Freund mit Hilfe ihres amerikanischen Passes entschlossen den Weg durch die wartenden Flüchtlinge, sodass ihm sein Visum ohne Schlange zu stehen, erneuert wurde.

Es drohte aber auch die neue Frist abzulaufen. So beschloss der Maler, illegal über die Grenze nach Spanien und dann nach Lissabon zu flüchten. Peggy wollte etwas später mit ihren zwei Kindern und einer Freundin ihrer Tochter nachkommen. In Lissabon wollte man sich wieder treffen. Max rollte seine Leinwände zusammen, packte seinen Rucksack und bestieg mutig den Zug in Richtung Spanien. Er nahm die Carlos-Route und hoffte auf die Hilfe der spanischen Untergrund-Gewerkschafts-Organisation.

So erreichte er die spanische Grenze in Canfranc, das bereits jenseits des Pyrenäen-Hauptkamms am Süd-Ende eines langen Tunnels liegt, wo aber damals die französische Grenz- und Zoll-Inspektion arbeitete.

Bis heute teilt das alte lang gestreckte Bahnhofsgebäude die französische von der spanischen Seite des Bahnhofs. Damals mussten alle Reisenden durch das Gebäude, das heißt erst durch die französische, dann durch die spanische Pass- und Gepäck-Kontrolle, um schließlich auf der anderen Seite in einen wartenden Zug zu steigen. Wegen der verschiedenen Spurbreite der Bahngleise musste umgestiegen werden, aber gemessen an den Standards der ersten Hälfte des zwanzigsten Jahrhunderts funktionierte die Abfertigung technisch schnell und einfach. Erst 1928 hatten der spanische König Alfons XIII und der französische Präsident Doumergue gemeinsam das pompöse Gebäude zwischen den steilen Bergwänden eröffnet, das die Grenze auf der kürzesten Strecke zwischen Paris und Madrid markiert. Allerdings fuhren die Züge in den kurvenreichen, steilen Tälern der Pyrenäen so langsam, dass die Reisenden schneller auf anderen Strecken ihr Ziel erreichten. Weil 1970 eine der Brücken einstürzte, wurde der Zugverkehr auf der französischen Seite für immer eingestellt.

Max Ernst schreitet an einem der ersten Tage im Mai 1941, mit Rucksack und Bündel bepackt, durch eine der 75 Türen auf der französischen Seite und legt dem französischen Grenzbeamten sein gefälschtes Ausreise-Visum vor. Dieser erkennt und moniert die Fälschung und nimmt ihm den Pass ab. Der Künstler lässt sich nicht aufhalten. Er durchquert entschlossen die Bahnhofshalle. Die spanischen Grenzer fordern ihn auf, sein Bündel zu öffnen. Aufgerollte oder auf Keilrahmen gespannte Leinwände breiten sich aus. Die Zöllner erkennen nach kurzem Zögern, dass sie einen großen Maler vor sich haben und begrüßen ihn mit lautem Holla! »Bonito, Bonito!« Eine kleine Ausstellung entwickelt sich aus dem Stegreif. Reisende und Uniformierte drängen sich um Ernst und begutachteten seine Bilder mit Begeisterung. Spanien heißt Max Ernst willkommen.

Bevor Ernst die Halle verlassen kann, nähert sich der französische Offizier noch einmal, zieht ihn mit sich und gibt ihm seinen Pass zurück. »Monsieur, ich verehre das Talent. Sie haben großes Talent, ich bewundere es«. Warnend fügt er hinzu: Draußen stehen zwei Züge, der eine fährt nach Zaragossa, der auf der anderen Seite nach Pau (in Frankreich). Verwechseln Sie die nicht! Dann verschwindet der Beamte in seinem Büro.[70]

Max Ernst versteht den Hinweis. Er schreitet durch eine der 75 Türen auf der spanischen Seite der Halle und nimmt den Zug nach Zaragossa im Vertrauen auf sein Glück und auf Carlos. Stimmiger hätte sich kein Künstler dieses surrealistische Szenario ausdenken können. Es illustriert perfekt ein Lieblings-Motto von André Breton, Ernsts Freund: »*Un mot et tout est sauvé. Un mot et tout est perdu.*« Ein Wort und alles ist gerettet. Ein Wort und alles ist verloren.

Spanien zu durchqueren, war für Flüchtlinge ohne Transit-Visum ein großes Risiko. Die illegale Bahnreise musste wegen der zahlreichen Kontrollen überwiegend nachts gemacht werden. In Barcelona wartete der Träger Nr. 33, der über Deutsch-Kenntnisse verfügte, auf Emigranten, die ihm angekündigt waren. Ein Kellner versteckte die ihm anvertrauten Flüchtlinge in seinem Haus, während seine Frau ihre Wäsche wusch und bügelte. In Madrid waren es Bahnangestellte oder Hotel-Portiers.[71] Während die legale Reise von der Pyrenäengrenze nach Portugal nur zwei oder drei Tage dauerte, brauchten die illegalen Flüchtlinge, die sich unterwegs bei wechselnden Helfern melden und immer wieder verstecken mussten, eine Woche oder mehr. Varian Fry beschreibt in seinen Erinnerungen einen Flüchtlingsführer auf der Strecke von Barcelona nach Madrid, der alle Schwierigkeiten überwinden konnte, weil er eine Visitenkarte von Serano Suner besaß mit dem handschriftlichen Vermerk: »Bitte erweisen Sie dem Inhaber jede Gefälligkeit«.[72]

Dennoch gingen immer wieder Flüchtlinge der spanischen Polizei ins Netz. Die CAS-Klienten Louis Dobos Guibarti, Walter Benninghaus und Klaus Dohrn waren seit Mitte Mai 1941 in der alten Festung Miranda del Ebro interniert.[73] Für sie mussten zusätzlich zu den Visa eines Ziellandes in Übersee, Bestätigungen des Konsuls in Madrid, die jeweils 3.000,– Peseten kosteten, sowie der Nachweis bezahlter Schiffskarten, Pass und Navicert (Reisegenehmigung für eine Schiffsfahrt) vorgelegt werden. Varian Fry hatte einen Rechtsanwalt in Madrid, der südamerikanische Visa beschaffen konnte. Im Dezember 1942 waren in dem Lager Miranda mehr als 4.000 Personen interniert, unter ihnen auch viele Frauen und Kinder. Max Ernst hatte ein ordentliches Transitvisum für Spanien und gelangte planmäßig nach Lissabon.

Peggy Guggenheim fand heraus, unter welchen Bedingungen Kunstwerke nach Amerika exportiert werden konnten: Sie mussten mit anderen Haushalts-Artikeln als Umzugsgut deklariert werden. So gelang es ihr, ihre Schätze nach New York abzuschicken. Sie selbst brach dann ebenfalls nach Lissabon auf, wo sie Anfang Juni 1941 mit Max Ernst, ihren Kindern und anderem Anhang zusammentraf. Freunde hatten zehn Tickets für »Clipper«, die Flugboote nach New York reserviert, die aber von Peggy Guggenheim und ihrem Onkel Salomon bezahlt wurden. Dennoch musste fünf Wochen gewartet werden.

Max empfing sie am Bahnhof von Lissabon und nahm sie ein paar Schritte beiseite: »Ich muss Dir etwas Schlimmes mitteilen ... Ich habe Leonora wieder gefunden. Sie ist in Lissabon.« »Mir ging es wie ein Dolch durchs Herz«, erinnert sich Peggy.[74]

»EIN WORT – UND ALLES IST VERLOREN«, LEONORA CARRINGTON

Leonora Carrington, ebenfalls eine Künstlerin des Surrealismus, hatte das gemeinsame Haus in St. Martin verlassen, als Max Ernst bei der Niederlage Frankreichs nicht auftauchte. Die deutschen Soldaten hatten die Rhone erreicht. Die Nazis, die im Herbst 1942 auch den Süden Frankreichs besetzten, hätten ihre Kunst mit Sicherheit als ›entartet‹ bezeichnet. Pariser Freunde drängten sie, in ihrem Auto nach Spanien mitzukommen. Die bäuerlichen Nachbarn in St. Martin seien ohnehin böse geworden, schon seit Max Ernst zum zweiten Mal vom Gendarmen abgeholt worden war, so erzählte sie Jahrzehnte später dem Ernst-Biographen Werner Spies. Einem der Nachbarn habe sie zum Schein das Haus verkauft, der habe es dann aber nicht zurückgeben wollen und habe sie bestohlen.[75]

Die junge Frau hatte seit ihrer Jugend Alpträume. Sie hatte ihre Eltern im Streit verlassen. Der sehr (neu-)reiche Vater, ein Textil-Fabrikant, hatte Max Ernst wegen Pornografie bei der Polizei angezeigt. Er hatte für seine Tochter andere Pläne gehabt. Während der Flucht über Andorra nach Barcelona und

Madrid sah sie Leichen auf der Straße liegen, spanische Polizisten vergewaltigten Leonora. In Madrid aber nahm der emotionale Druck auf die nervöse junge Frau noch zu, sodass sie in Momenten die Kontrolle verlor. Sie wurde festgenommen, als sie vor der britischen Botschaft schrie, sie wolle Hitler umbringen. Sie wurde in die geschlossene Heilanstalt von Don Mariano in Santander eingewiesen, »weil Dr. Pardo in Madrid und der britische Konsul mich für unheilbar geisteskrank hielten.«[76] »Ein Wort – und alles ist verloren«, hätte André Breton gesagt. Auch Leonoras Eltern hatten die Einweisung in eine private Klinik gewünscht. Tagelang lag sie verzweifelt dort nackt auf ihrem Bett, angeschnallt zwischen Panik-Attacken, epileptischen Anfällen und Cardiazol-Spritzen. Es waren Szenen wie aus der Hölle, unter denen sie noch lange litt. Sie konnte sie später in ihren Bildern verarbeiten, so gelangten die Horror-Szenen bis in die feinsten Museen von London und New York. Auch in ihrem Buch ›Down Below‹ schilderte sie 1943 die ›Unterwelt‹ der Psycho-Klinik.

Ihre wohlhabenden Eltern auf ihrem Landsitz im englischen Lancashire schickten schließlich ihre ehemalige irische Kinderfrau (Mary Kavanough) nach Santander, um Leonora aus der Klinik zu befreien. Dann aber sollte sie in ein ähnliches Institut im fernen Südafrika gebracht werden. Als wenn Leonoras Leben nicht schon bizarr genug gewesen wäre, gelangte ihre irische Nanny in einem britischen U-Boot nach Spanien. Nun war die junge Frau aber seit ihrer Kindheit fest entschlossen, gegen jede bürgerliche Logik und gegen das konventionelle Funktionieren in der Gesellschaft anzukämpfen. Vor allem kam es nicht in Frage, die gerade erlangte Freiheit für die Anordnungen der Eltern wieder aufzugeben. Sie konnte die alte Dame davon überzeugen, dass eine Lady nicht ohne Hut und Handschuhe reisen darf. So fuhren die beiden zunächst gemeinsam nach Lissabon, um einzukaufen. Sie setzten sich kurz in eins der schönen Bistros im Zentrum der portugiesischen Hauptstadt, bestellten einen kleinen Café und Leonora entschlüpfte der Nanny rasch durch einen Hinterausgang in ein neues Leben.[77]

Dem Taxifahrer, der sie aufsammelte und nach ihrem Ziel fragte, nannte sie die mexikanische Botschaft in Lissabon. Dort traf sie einen jungen Mann, den sie kannte: Renato Leduc, Diplomat und Schriftsteller. Sie hatte ihn in Paris im Atelier von Picasso kennen gelernt. Senor Leduc schien auf die attraktive und schutzbedürftige Léonora gewartet zu haben. Er wollte sie auf der Stelle heiraten und als Diplomat hatte er kein Problem, seine Frau nach Mexiko zu bringen.[78] Leonora aber zögerte und schwankte. Sie traf sich mit Max, der für sie einen Platz auf dem Clipper nach New York besorgte. Leonora konnte sich nicht entschließen, Max konnte sich nicht entschließen. Leonora beschrieb diese Wochen des Wartens auf die Abreise später als ›very weird‹, sehr schicksalhaft, – ein britisches Understatement.[79] Sowohl Peggy Guggenheim wie auch Senor Leduc wurden ungeduldig und zornig. Frau Guggenheim wurde außerdem mitgeteilt, das Schiff, das ihre Kunstsammlung nach Amerika bringen sollte, sei von deutschen U-Booten angegriffen und versenkt worden, die Kunstsammlung liege auf dem Grund des Atlantik.[80]

Da Lissabon nach Peggys Einschätzung schlecht roch, zu eng, zu schmutzig, zu gefährlich und für die Kinder ungeeignet war, vor allem das ›Hotel Frankfurt‹ am Rossio-Platz, wechselte man in ein sauberes Hotel im luxuriösen Badeort Monte Estoril. An großer Tafel mit Blick auf das Meer wurde gemeinsam gefrühstückt: Peggy am Kopfende, Max und ihr früherer Ehemann Laurence links und rechts neben ihr, dann die neue Frau von Laurence und daneben Sohn Sindbad, Tochter Pegeen und ihre Freundin Jacqueline, sowie weitere Kinder, denen der Sandstrand und die frische Seeluft gut taten. Nachmittags kam gelegentlich Leonora, um Max zu sehen. Sie hatte inzwischen ihren Mexikaner geheiratet, wusste aber nicht, ob sie auf Max verzichten könne. Frau Guggenheim litt, sie begann zu überlegen, ob sie vielleicht einen Engländer heiraten solle, den sie im Zug durch Spanien kennen gelernt hatte.[81] Was aussah wie abenteuerliche Lust und Ausschweifung von Bohémiens, war das Ergebnis von Krieg und Verfolgung durch die Nazis. Die Nazis hatten das beschauliche Leben von Max Ernst und Leonora Carrington in St. Martin zerstört, nichts und niemand sonst. Schließlich erkannte Leonora aber, dass sie ohne Senor Leduc wohl niemals nach Amerika gelangen würde und entzog sich dem geliebten Max.

Am 13. Juli flogen Peggy Guggenheim und Max Ernst mit ihrem Anhang ab. Die zum Tanken notwendigen Zwischenlandungen der Flugboote auf den Azoren und den Bermudas verlängerten die Reisen. Den britischen Secret Service Beamten erzählten die Reisenden sehr unterschiedliche Geschichten über ihre Flucht aus Europa, bemerkte Peggy Guggenheim. Erst spät am 14. Juli kamen sie auf dem La Guardia Flughafen von New York an. Am Kay des maritimen Hafens wartete Jimmy Ernst, der Sohn von Max, der seinen Vater kaum kannte. Es warteten Reporter, die von dem berühmten Maler eine wilde Geschichte zu hören wünschten und es warteten amerikanische Grenzbeamte, die verpflichtet waren, jeden deutschen Flüchtling gründlich zu überprüfen. Als Max seinen Sohn Jimmy begrüßen wollte, wurde er von einem Grenzbeamten weggerissen. Ein Fotograf hielt die Szene fest, die darauf in den Zeitungen erschien und so die Unmenschlichkeit der amerikanischen Einwanderungspolitik dokumentierte. Von den Journalisten und Geheimdienstlern bereits auf den Bermudas befragt, erzählten die Reisenden unterschiedliche und widersprüchliche Geschichten von ihrer Flucht aus Frankreich und Europa.

Da es Abend war und die letzte Fähre nach Ellis Island schon abgefahren, durfte Max Ernst die Nacht in dem nahen Hotel *Belmont-Plaza* verbringen, als Gast der *Pan American Airways* und bewacht von einem Polizisten. Es war ihm verboten, mit irgendjemandem zu sprechen, aber die unermüdliche Peggy schaffte es dann doch, ihn in der Hotelbar zu treffen mit dem Wachmann in respektvollem Abstand.[82]

Am Morgen des 15. Juli aber wurde er erneut interniert, das heißt eingesperrt, in dem Lager der Einwanderer-Kontrollstelle zusammen mit anderen Europäern, deren Papiere nicht über jeden Zweifel erhaben waren. Peggy war »halb von Sinnen« vor Angst, man würde Max wieder nach Europa zurück schicken. Sie mobilisierte eine Reihe von einflussreichen Freunden und brauchte drei Tage, um ihren künftigen Ehemann auf freien Fuß zu bekommen.[83] Andrerseits wartete eine gute Nachricht auf die Kunstsammlerin: Ihre Gemälde waren mit einem anderen als dem geplanten Schiff gereist und sicher in New York angekommen.

Die Millionärin zahlte dem Genie fortan ein schmales Taschengeld, sehr schmal. Die Ehe ging so schnell zu Ende wie sie begonnen hatte, als der Künstler an einer anderen Tür anklopfte. Aber Max Ernst war in Sicherheit.

Jahrzehnte später, als Werner Spies ein Werkverzeichnis für Max Ernst anlegte, suchten der Künstler und sein Biograph gemeinsam durch Briefe und Anzeigen die mehr als Tausend Bilder, Zeichnungen, sowie die Collagen, Frottagen, Grattagen (Techniken, die Ernst erfunden hatte) zusammen, um eine sichere Zuordnung vorzunehmen. Da meldete sich auch der Kommandant des Lagers in Largentière und bat um eine Bestätigung für das Bildchen, das Max Ernst ihm 1939 geschenkt hatte, wohl nicht ganz freiwillig. Ernst schrieb ihm einen Brief, der streng genommen die Bestätigung verweigerte, aber indirekt die Echtheit bezeugte, indem er den Blick auf die peinlichen Umstände der Herstellung lenkte,[84] was dem Offizier die Freude an seinem Bild vielleicht getrübt haben dürfte.

Leonora, Senora Leduc, und Renato Leduc reisen an Bord der ›Exeter‹ nach New York und weiter nach Mexiko-City, wo Leonora sich dauerhaft niederließ und einen bedeutenden Namen erwarb. So entkam sie den Nazis und ihrem Vater, den sie nie wieder sah. In Großbritannien blieb sie lange unbekannt.

KONSUL VLADIMIR VOCHOC

Im Machtbereich von Vichy konnten sich die Bedingungen für Flüchtlinge und Fluchthelfer in dieser Zeit nur verschlechtern. Nicht nur auf der amerikanisch-französisch-deutschen Fluchthelfergruppe CAS lastete der von den Nazis verstärkte Beobachtungsdruck der *Sureté Nationale*, auch gegen andere Fluchthelfer gingen die Behörden mit zunehmender Schärfe vor. Der niederländische Konsul Joseph Willem (Joop) Kolkmann in Perpignan stellte Pässe aus, obwohl sein Land inzwischen von den Nazis beherrscht wurde. Kolkmann hatte bis zum Einmarsch der Deutschen in die Niederlande und in Frankreich als Journalist in Paris für die niederländischen Zeitungen *De Telegraaf* und *Nieuwe Rotterdamsche Courant* gearbeitet. Dann wurde er von seiner Regierung zum Vize-Konsul in Perpignan bestellt. Er nutzte diese Stellung, um mehrere Hundert Flüchtlinge, meist Niederländer, oft Juden, vor der Nazi-Verfolgung zu retten. Dazu musste er Dokumente verlängern, ausstellen, bearbeiten oder einfach fälschen. Das Vichy-Regime verbot ihm bald nach seiner Amtsübernahme im Juni 1940 – wie allen Vertretungen der von den Deutschen besetzten Länder – die Arbeit. Aber heimlich setzte er sie fort. Als er selbst Anfang 1943 die Grenze nach Spanien überqueren wollte, wurde er von einer deutschen Grenz-Patrouille entdeckt und festgenommen. Die Deutschen hatten im November 1942 auch den Süden Frankreichs besetzt. Sie schickten Kolkmann in das Konzentrationslager Buchenwald, wo er 1944 starb.

Leonty Gomella, Direktor eines Büros für russische Flüchtline in Marseille und ehemaliger Konsul der Sowjetunion, stellte gegen einen Unkosten-Beitrag von 25 oder 30 Francs Urkunden zur Verfügung, die überwiegend Juden aus dem sowjetisch-besetzten Teil Polens das Leben retteten. Auch das litauische Konsulat stellte mehr als hundert Pässe aus[85], sodass viele staatenlose Flüchtlinge ihren Status wesentlich verbessern konnten. Das Alles geschah außerhalb der Legalität.

Am meisten aber machte Vladimir Vochoc unter den Flüchtlingen von sich Reden. Er war Konsul der tschechoslowakischen Republik, eines Staates, den die Nazis von der Landkarte gestrichen hatten. Vochoc aber besaß noch einen Koffer voll von amtlichen Ausweisen, die nur noch ausgefüllt und gestempelt werden mussten. Er nutzte sie. Und als alle verbraucht waren, ließ er neue drucken, etwa für Heinrich und Nelly Mann. Auch Konrad Heiden, der eine kritische Hitler-Biographie geschrieben hatte und von den Nazis gesucht wurde, entkam mit einem Vochoc-Papier durch Spanien nach Portugal. Vochoc war für Fry eine relativ sichere Adresse.[86]

»Wenn je ein Konsulat nötig war, dann in dieser Zeit«, schrieb Vochoc später.[87] Er hatte an der Universität Prag Internationales Recht gelehrt, bis er vor der deutschen Besatzung seines Landes flüchten musste. Als Konsul in der französischen *Dritten Republik* rechtmäßig akkreditiert, half er nicht nur seinen Landsleuten, unter ihnen mehr als 6.000 tschechoslowakischen Soldaten, die an der Seite Frankreichs gegen die Deutschen gekämpft hatten. Er half auch politischen Flüchtlingen, die heimatlos geworden waren. Damit widersetzte er sich hartnäckig den Vichy-Behörden.

Gegenüber dem Polizeichef des Départements *Bouche du Rhone*, Maurice de Rodellec du Porzik, bestand er auf der Souveränität seiner tschechoslowakischen Nation. Er sei nur dem internationalen Recht verpflichtet, das sei eine Frage des Prinzips. Deshalb sei er nicht bereit, Anordnungen von einem Polizeibeamten entgegen zu nehmen. Der Polizist wollte sich das nicht gefallen lassen, aber ein Vorgesetzter in der Präfektur von Marseille, Monsieur Viguier, zeigte sich kompromissbereit. Ihm hatten schon in Strasbourg deutsche Verwaltungs-Maßnahmen missfallen. »Wenn umgehend die tschechoslowakische Fahne vom Konsulatsgebäude in der Rue de la République eingezogen würde«, so ordnete Viguier an, »dann gebe er der Mission noch drei Monate Zeit, um ihre Dienste in Südfrankreich zu Ende zu führen.«[88]

Diese tolerante Einstellung erstaunt, denn die Polizei in Marseille hatte bereits am 26. September einen Bericht über Vladimir Vochoc an das Außenministerium in Vichy geschrieben: »De nombreux étrangers Juifs ex-autrichiens et ex-allemands«, hieß es da, »deviennent tschécoslovaques moyennant des sommes allant jusqu'à 20.000 Francs en se présentant grace à divers intermédiaires à un ancien officier tschèque ou à un individu se disant tel. Ce dernier leur remet un certificat de naissance et de baptême grace auquel le juif allemand devient catholique et d'ascendance bohème. L'ex-officier présente ensuite un passeport tschèque qui est remis par le consul.«[89] (Zahlreiche ausländische Juden aus Österreich und Deutschland wurden zu Tschechoslowaken, indem sie bis zu 20.000 Francs zahlen und sich durch verschiedene Vermittler einem ehemaligen tschechischen Beamten vorstellen, oder einem Individuum, das sich als solchen bezeichnet. Dieser stellt ihnen Geburtsurkunde und Taufbescheinigung aus und so wird dieser deutsche Jude Katholik böhmischer Herkunft. Der Ex-Beamte überreicht dann einen tschechischen Pass, den der Konsul ausgestellt hat.)

Der Polizei-Bericht schildert das System Vochoc im Prinzip richtig, ist aber nicht frei von Vermutungen und Polemik, ist als Quelle also nur eingeschränkt gültig. Da der Konsul aber wiederholten Aufforderungen, keine weiteren Dokumente auszustellen, nicht nachkam, wurde er am 17. März 1941 festgenommen. Sicherheitsbeamte brachten ihn nach Lubersac im Corrèze in eine *résidence assignée*, eine Zwangsunterkunft, die er nicht verlassen durfte. Der Ort liegt nahe an der Demarkationslinie, deshalb befürchtete Varian Fry, Vladimir Vochoc sollte an die Gestapo ausgeliefert werden.[90]

Der amerikanische Generalkonsul Fullerton schrieb dazu an Botschafter Leahy in Vichy, der Aktion gegen Dr. Vochoc seien dessen flagrante illegale Aktionen vorausgegangen. Auf Anordnung aus Vichy planten die Behörden, »to cleanse Marseille of a good many irregular people.«[91] Auch der polnische und der litauische Konsul wurden festgenommen. Mehr als hundert Klienten des CAS wurden mit litauischen Pässen in der Hand an der Pyrenäen-Grenze an der Ausreise gehindert.

Vladimir Vochoc und seine Frau konnten Frankreich im Juli auf einem geheimen Weg verlassen. Gegen die Polizei-Maßnahmen hatte er Widerspruch erhoben. Ihn festzunehmen, sei rechtswidrig. Er besaß seit September 1940 ein unbegrenzt gültiges Ausreisevisum, das ihm ein Beamter des französischen Außenministeriums gegeben hatte, sowie ein amerikanisches Einreisevisum und ein Transit-Visum für Portugal, das Sousa Mendes ihm am 19. Juni 1940 geschrieben hatte. Gegen internationales Recht, das den Status von Diplomaten regelt, verstieß die Verhaftung von Vochoc ohnehin.

Der tschechoslowakische Konsul gelangte sicher nach Lissabon und bald darauf auch nach London, wo seine Exil-Regierung residierte. Dort wurde er Mitarbeiter des Emergency Bureau for the Rescue of German Anti-Nazi Refugees, das heißt, er tat weiter, was er schon lange getan hatte.

ANMERKUNGEN

1 Rosemary Sullivan: Villa Air-Bel, S. 296
2 FRUS. 1941, Band II, S. 131 ff
3 Varian Fry: Auslieferung auf Verlangen, S. 216
4 Anne Klein: Flüchtlingspolitik, S. 220 f
5 Ebenda
6 Jörg Wollenberg: Walter Fabian – Brückenbauer der Linken
7 Susan Elisabeth Subak: Rescue and Flight, S. 80
8 Varian Fry: Auslieferung auf Verlangen, S. 183 f
9 Susan Elisabeth Subak: Rescue and Flight, S. 79
10 Rosemary Sullivan: Villa Air-Bel, S. 306
11 Die Macdonalds bekämpften alle Formen totalitärer Herrschaft von Stalin bis Franco. Nancy Macdonald gründete später eine bedeutende Hilfsorganisation für Spanien-Flüchtlinge. Robert McG. Thomas Jr.: Nancy Macdonald Dies at 86
12 Zitiert nach Rosemary Sullivan, S. 307
13 Juan Maria Thomas: Roosevelt and Franco, S. 139 f
14 Anne Klein: Flüchtlingspolitik, S 299
15 Ebenda, S. 294
16 Zitiert nach Rosemary Sullivan: Villa Air-Bel, S. 303
17 Susan Elisabeth Subak: Rescue and Flight, S. 80
18 FRUS. 1942, Band V, S. 599 ff
19 Richard Goldstein: Richard C. Hottelet, The New York Times 17. 12. 2014
20 Anne Klein: Flüchtlingspolitik, S. 394 ff
21 Rosemary Sullivan: Villa Air-Bel, S. 309
22 Ebenda, S. 310
23 Ebenda, S. 312
24 Ebenda
25 Ebenda, S. 300
26 Anne Klein: Flüchtlingspolitik, S. 311
27 Ebenda, S. 313 f
28 Später Bürgermeister von Marseille und Innenminister unter Francois Mitterand
29 Varian Fry: Auslieferung, S. 245
30 Agnes Grunwald-Spier: The Other Schindlers, S. 32 f
31 Varian Fry: Auslieferung, S. 245
32 Agnes Grunwald-Spier: The Other Schindlers, S. 32 f
33 Rosemary Sullivan: Villa Air-Bel, S. 343 f
34 zitiert nach Anne Klein: Flüchtlingspolitik, S. 358
35 Rosemary Sullivan: Villa Air-Bel, S. 324, Pierre Matisse organisierte im März 1942 eine Ausstellung »Artists in Exile«, die u. a. Werke von Yves Tanguy, Max Ernst, Marc Chagall, Fernand Léger, André Breton, Piet Mondrian und Jacques Lipschitz zeigte.
36 Ebenda
37 Zitiert nach Rosemary Sullivan: Villa Air-Bel, S. 326 f
38 Victor Serge: Memoirs of a Revolutionary, S. 429
39 Ebenda, S. 430
40 Anne Klein: Flüchtlingspolitik, S. 287
41 Rosemary Sullivan: Villa Air-Bel, S. 318
42 Ebenda, S. 316
43 Zitiert nach Rosemary Sullivan: Villa Air-Bel, S. 317
44 Asher Cohen: La société »aryenne«, S. 262
45 Varian Fry: Auslieferung auf Verlangen, S. 242 f
46 Anne Klein: Flüchtlingspolitik, S. 287
47 Georg Stefan Troller: Wie erfährt man die Wahrheit? FAZ, Zugriff am 13. 1. 2015
48 Johannes Hofinger: Heimkehr in Bildern, In: David 3/2007
49 Georg Stefan Troller: »Hitler hat mir das Leben gerettet.«, Gespräch mit der Welt-Online, Zugriff am 13. 1. 2015
50 Georg Stefan Troller: Wie erfährt man die Wahrheit? FAZ, Zugriff am 13. 1. 2015

51 Varian Fry: Auslieferung auf Verlangen, S. 222 f
52 Irwin Unger/Debi Unger: The Guggenheims, S. 415
53 Karole P.B.Vail: Peggy Guggenheim, Life and Art, S. 43
54 Irwin Unger/Debi Unger: The Guggenheims, S. 415
55 Peggy Guggenheim: Ich habe alles gelebt, S. 187
56 Am gleichen 11. Juni verließ der Schriftsteller Léon Werth, ein Freund von Antoine de Saint-Exupéry mit seiner Familie Paris. Für die Fahrt zu Freunden im Jura rechnete er mit sechs bis acht Stunden Fahrzeit mit seinem Auto. Tatsächlich wurden es 33 Tage, die er in seinem Reportage-Roman »33 Jours« beschrieben hat.
57 Peggy Guggenheim: Ich habe alles gelebt, S. 204 f
58 Rosemary Sullivan: Villa Air-Bel, S. 301
59 Varian Fry: Auslieferung auf Verlangen, S. 217
60 Mary Jayne Gold: Marseille année 40, S. 398
61 Varian Fry: Auslieferung auf Verlangen, S. 217
62 Peggy Guggenheim: Ich habe alles gelebt, S. 212
63 Ebenda
64 Ebenda, S. 216 f
65 Mary Jayne Gold: Marseille année 40, S. 420
66 Peggy Guggenheim: Ich habe alles gelebt. S. 216
67 Rosemary Sullivan: Villa Air-Bel, S. 340 f
68 Ebenda
69 Peggy Guggenheim: Ich habe alles gelebt, S. 214
70 Max Ernst: Biographische Notizen, S. 167
71 Anne Klein: Flüchtlingspolitik, S. 279
72 Varian Fry: Auslieferung, S273
73 Anne Klein: Flüchtlingspolitik, S. 282
74 Peggy Guggenheim: Ich habe alles gelebt, S. 218
75 Werner Spies: Mein Glück, S. 351
76 Ralph Dutli: Loplop und das spanische Irrenhaus
77 Charlotte Higgins: Leonora Carrington: wild at heart
78 Rosemary Sullivan: Villa Air-Bel, S. 338 f
79 Joanna Moorhead: Leonora and me
80 Neill Lochery: Peggy Guggenheim in Lisbon
81 Peggy Guggenheim: Ich habe alles gelebt, S. 220 f
82 Ebenda, S. 224 f
83 Irwin Unger/Debi Unger: The Guggenheims, S. 420
84 Werner Spies: Mein Glück, S. 337
85 Anne Klein: Flüchtlingspolitik, S. 212
86 Ebenda, S. 268
Unter ähnlichen Bedingungen arbeitete ein Beamter des polnischen Konsulats in Perpignan, der aber die horrende Summe von 7.000 Francs für einen Pass verlangte.
87 Ebenda, S. 269
88 Gedächtnis-Protokoll Vochoc vom Polizei-Verhör am 15.10.1940
Zitiert nach Anne Klein: Flüchtlingspolitik, S. 269
89 Ebenda, S. 270
90 Varian Fry: Auslieferung, S. 244
91 Anne Klein: Flüchtlingspolitik, S. 270

10 | ENDE DER DIENSTREISE

VICHY IN DER US-DIPLOMATIE 1941

Washington war von dem schnellen Zusammenbruch Frankreichs im Sommer 1940 vollkommen überrascht worden. Man glaubte, Frankreich militärisch nicht helfen zu können, weil die öffentliche Meinung nicht nur die USA aus dem Krieg heraushalten wollte, sondern schon seit langem größere Rüstungsprojekte verhindert hatte. Als Anfang des Jahres 1940 die Produktion von Flugzeugen anlief, forderte zudem das US-Militär absolute Priorität gegenüber den Alliierten. Im Mai 1940 besaßen die USA nur 160 Langstrecken-Maschinen mit 260 Piloten und 52 Bomber, weniger als für die Verteidigung Amerikas notwendig waren.[1] Den Vereinigten Staaten fehlten nicht nur der Wille sondern auch das Potential zur Kriegführung.

Nach dem Fall Frankreichs waren sich das State Department und andere Behörden der US-Verwaltung zunächst nicht einig, ob dem Regime in Vichy nach dem Waffenstillstand überhaupt ein eigener Handlungsspielraum geblieben war, sodass zunächst jedes konkrete Konzept einer Diplomatie gegenüber dem alten Verbündeten ausblieb. Hinzu kam lähmend eine persönliche Rivalität zwischen Außenminister Cordell Hull und Staatssekretär Sumner Welles, der die Sympathie von Präsident Roosevelt genoss.

Im besiegten Frankreich machte sich Enttäuschung breit, weil die USA nicht geholfen hatten, den deutschen Angriff abzuwehren. Diese Stimmung wurde noch verstärkt, als Washington den britischen Angriff auf die französische Flotte bei *Mers el Kebir* unbeanstandet geschehen ließ. So dauerte es Monate, bis sich in Vichy die Erkenntnis durchsetzte, dass bei der Verteidigung der Reste von Souveränität niemand besser helfen konnte als die Vereinigten Staaten, auch wenn diese fest entschlossen waren, vor allem die britischen Interessen zu unterstützen. In Washington aber wurde das Misstrauen gegen die

Vichy-Regierung immer wieder befeuert, etwa durch das Treffen von Montoire. Im Herbst 1940 entstand ein Zustand, der von unentschlossenen Tastversuchen gekennzeichnet war. Den Amerikanern fehlte eine durchdachte und zielgerichtete Politik gegenüber Vichy.

Die britische Botschaft in Washington war die Kontaktstelle, die britische Ziele und amerikanische Wünsche in Bezug auf Frankreich koordinierte. Denn die Sicherheit im Atlantik, die Probleme um die Reste der französischen Flotte und Material-Lieferungen für das unbesetzte Frankreich schlossen die Fragen nach der britische See-Blockade um den europäischen Kontinent mit ein. Briten und Amerikaner stimmten sich ab. Zudem fand Marschall Pétain auch einen eigenen Kanal, um mit den Briten in Kontakt zu treten, über die Botschaften beider Länder in Madrid, wo Pétain bestens vernetzt war.

Nach der Phase der Unentschlossenheit – Roosevelt interessierte sich mehr für seine Wiederwahl als für den Krieg in Europa – rang sich der US-Präsident im November 1940 endlich zu einer Entscheidung durch: Er wollte die Beziehungen zu Vichy-Frankreich auf eine neue Grundlage stellen und wählte einen neuen Botschafter aus, der wie er annahm, dem Vichy-Regime angenehm sein musste: Nicht ein Karriere-Diplomat, sondern ein Militärführer, der 65-jährige Admiral William D. Leahy, der ehemalige Chef der *US-Naval Operations*, sollte die Vereinigten Staaten künftig in Vichy vertreten. Da Marschall Pétain den Amerikanern bisher eigentlich nur als Soldat aufgefallen war, und da das Parlament in der Neuen Ordnung Frankreichs offensichtlich keine Rolle mehr spielte, sollte ein Mann aus dem Militär, ein Admiral, bei dem Marschall in Vichy akkreditiert werden.

Roosevelt erklärte Leahy bei seiner Ernennung, Frankreich nähere sich einer Krise, da ein Mann in der Vichy-Regierung (gemeint war Laval) den Marschall Pétain überzeugen könne, eine Verständigung mit Deutschland zu suchen, die es dann den Achsen-Mächten ermöglichen würde, ihre Angriffe gegen Großbritannien zu verstärken.»Wir brauchen in Frankreich jetzt einen Botschafter, der das Vertrauen von Marschall Pétain gewinnen kann, der gegenwärtig das einzige kraftvolle Element in der französischen Regierung ist, das fest gegen einen Ausverkauf an Deutschland steht.«[2] Er sei deshalb gegenüber seinen Rivalen zu stützen. Diese Sicht auf Pétain war viel zu optimistisch. Es traf sich aber gut, dass es ein Admiral war, der die Hauptsorge der Regierung in Washington in die Hand zu nehmen hatte: die Sorge nämlich, dass die immer noch bedeutende französische Flotte den Deutschen in die Hände fallen könnte. Das hätte den Verlauf des Krieges in dieser Phase entscheidend beeinflussen können.

Die französische Regierung erkannte unmittelbar, dass die Ernennung des Admirals eine besondere Geste Roosevelts war. Der neue Diplomat wurde im Januar in Vichy mit Herzlichkeit aufgenommen und alsbald von Marschall Pétain empfangen. Pétain beklagte sich sofort lebhaft über seinen Stellvertreter Laval, den er kurz zuvor erst, am 14. Dezember, entlassen hatte, sowie über deutschen Druck, den Mann wieder in sein Amt einzusetzen. Leahy berichtete nach Washington, ohne irgendeinen Zweifel an der Aufrichtigkeit des Marschalls. Hitler empfinde die Entlassung seines Favoriten als persönliche Kränkung, meinte Pétain.[3]

Außenminister Hull trug Botschafter Leahy auf, dem Marshall mündlich und ohne Beisein Dritter eine persönliche Botschaft Roosevelts auszurichten: Im Weißen Haus habe man Sympathie und Verständnis für die schwierige Situation Pétains. Außerdem sollte Leahy Aussichten auf Lebensmittel-Lieferungen durch das amerikanische Rote Kreuz für das unbesetzte Frankreich sowie für die französischen Protektorate in Nordafrika eröffnen.[4] Das Ziel in Washingtons Frankreich-Politik hieß jetzt, das Pétain-Regime von jedem Zugeständnis an das Deutsche Reich fern zu halten, das über die Bestimmungen des Waffenstillstands hinausgegangen wäre. Ein wirksames Mittel, Frankreich diese Linie nahe zu bringen, waren die in Aussicht gestellten Lieferungen von Lebensmitteln und einiger Rohstoffe aus den Kolonien. Washington musste allerdings für jedes Schiff, das die britische Blockade passieren sollte, das Einverständnis Londons erwirken.

Admiral Francois Darlan, der seit dem Abgang Lavals Aussenminister, Innenminister und Verteidigungsminister war und außerdem noch stellvertretender Chef des Ministerrats (praktisch: Regierungschef) hätte das komplexe Beziehungsgeflecht fast abrupt zerrissen, als er am 10. März 1941 vor amerikanischen Korrespondenten in Vichy ankündigte, er werde sich gezwungen sehen, französische Frachter von Kriegsschiffen beschützen zu lassen, wenn Großbritannien sich weiter in die Lebensmittel-Lieferungen ins unbesetzte Frankreich einmische.[5] Darlan setzte wie vor ihm Laval auf deutsche Rückendeckung, aber es ist unklar, ob ihm bei diesem Statement die Kontrolle entglitten war oder ob er tatsächlich zu Kampfhandlungen gegen die britische Marine bereit war. Jedenfalls war die Wirkung seiner Drohgebärde in Amerika und in Großbritannien erheblich.

Churchill bat Roosevelt daraufhin in einem Brief am 12. März, für die Zukunft bestimmte Mengen an Lebensmittel-Lieferungen in regelmäßigem Rhythmus mit Vichy zu vereinbaren. Er wies zugleich darauf hin, dass eine Ladung von 3.000 Tonnen Kautschuk aus Indochina auf dem französischen Schiff *Bangkok* – zur Zeit auf dem Weg nach Frankreich – wohl kaum nur für Baby-Milchflaschen gebraucht werden dürfte.[6] Der Verdacht war offensichtlich, dass mindestens ein Teil des Gummis für die deutsche und italienische Kriegsproduktion abgezweigt werden sollte.

Leahy fragte Pétain, was das Statement von Darlan zu bedeuten habe. Er erhielt die Antwort, der Marschall habe dem Minister erlaubt, Marine-Konvois anzukündigen für den Fall, dass die britische Marine weitere französische Schiffe aufbringen werde. Er habe diese Politik aber nicht ermutigt, sondern dem Minister vorgehalten, dieser Kurs sei gefährlich. Sein Stellvertreter Darlan, der auch offiziell für die Nachfolge des Staatschefs vorgesehen war, orientiere sich mehr und mehr an den Deutschen, erklärte Pétain dem US-Botschafter. Ihm dagegen, dem Marschall, würden die Deutschen vorwerfen, »er schwimme mit beiden Flüssen«.[7]

Roosevelt hatte jedes Interesse daran, das hoch riskante britisch-französische ›Katz-und Mausspiel‹ zu beenden. Der Weizen- und Milchpulver-Deal gelang. Aber die Beziehungen Vichys zu Washington konnten nur labil bleiben.

Die Tätigkeit des Fluchthelferteams um Varian Fry, die den Deutschen ein Dorn im Auge war, machte die Gemengelage noch komplexer. Generalkonsul Fullerton ließ Fry wissen, die Gestapo verlange seine Ausweisung aus Frankreich. Fry konnte nicht einschätzen, ob das so stimmte. Botschafter Leahy schrieb am 15. Juni 1941 an das State Department und machte starken Druck, Fry solle von seinem Büro in New York abberufen werden. Staatssekretär Welles antwortete, das Ersuchen sei weiter gereicht worden.[8]

In den Vereinigten Staaten nahm die fast schon hysterische Sorge zu, mit Flüchtlingen aus Europa könnten Nazi-Spione oder Agenten ins Land kommen, die die USA in den Krieg verwickeln. Am 21. Juni unterzeichnete Roosevelt die Bloom-van Nuys-Bill. Das neue Gesetz enthielt die ›close relatives‹ Verordnung, die besagte, dass Flüchtlinge mit nahen Verwandten in Hitlers oder Mussolinis Machtbereich nicht mehr einwandern durften, weil sie vielleicht von den Nazis unter Druck gesetzt werden konnten; eine weitere Hürde, die den Strom der Flüchtlinge drosseln sollte und tatsächlich aufhielt.

Der deutsche Angriff auf die Sowjetunion am 22. Juni 1941 veränderte die politische Architektur der Welt, zunächst aber kaum die amerikanisch-französischen Beziehungen. Großbürgerliche und reaktionäre Kreise der französischen Gesellschaft hofften allerdings, Hitler würde sie von der Bedrohung durch den Kommunismus befreien. Die kommunistische Partei Frankreichs dagegen fühlte sich nun von der Fessel des Hitler-Stalin-Paktes erlöst und berechtigt, aktiv aus dem Untergrund gegen deutsche Einrichtungen vorzugehen. So belebte der deutsche Angriff auf die Sowjetunion die französische Résistance erheblich.

Einen massiven Einschnitt in die französisch-amerikanischen Beziehungen brachte erst der britisch-amerikanische Angriff auf Nordafrika im November 1942. Erst danach brach die Regierung in Vichy die diplomatischen Beziehungen zu Washington ab und begab sich so in die Lage eines Satellitenstaates Hitlers.

VIZE-KONSUL HIRAM BINGHAM

Der Amtsantritt des Admiral Leahy als US-Botschafter in Vichy änderte nichts an der Politik der US-Konsuln gegenüber den Flüchtlingen und den Fluchthelfern. Roosevelt und das State Department hatten anders als Churchill die Vichy-Regierung als hinreichend legitimiert eingestuft, obwohl jede Spur von demokratischer Zustimmung fehlte, obwohl die Regierung Pétain autoritär und antisemitisch dachte und handelte und obwohl sie mit Nazi-Deutschland kollaborierte. Die Arbeit von Varian Fry und seinem CAS hielt die US-Diplomatie dagegen für nicht legitim, weil sie die Gesetze von Vichy unterlief, um Menschenleben zu retten. Als im März und April amerikanischer Weizen in Marseille angelandet wurde, kamen Admiral Leahy, Generalkonsul Fullerton und die übrigen Konsuln zum Empfang in der Präfektur des Départements *Bouche du Rhone* nach Marseille. Ebenso war der Leiter des YMCA in Vichy-Frankreich, Donald Lowrie, als Vertreter der Hilfsorganisationen und als Sprecher des Nimes-Komitees eingeladen, nicht aber Varian Fry.[9] Er spürte, er sollte isoliert werden.

Der Fluchthelfer Fry hatte sich daran gewöhnt, eine der vielen Schachfiguren zu sein in dem Spiel, das Deutschland, Frankreich und die Vereinigten Staaten »spielten«.[10]

Dem Geschäftsträger der US-Botschaft in Vichy, H. F. Matthews, hatte er am 17. November geschrieben: »Weder ich noch mein Komitee haben irgendwelche illegalen Aktivitäten unternommen. Wir haben die beste in Marseille verfügbare Rechtsberatung, um sicher zu gehen, dass alles was wir tun, nicht nur dem Buchstaben, sondern auch dem Geist des französischen Gesetzes entspricht. Niemand aus meiner Mannschaft hat je oder wird jemals irgendjemandem helfen, Frankreich illegal zu verlassen.« In der US-Botschaft glaubte niemand dieser Versicherung. Man wusste es einfach besser. Dennoch (oder gerade deshalb?) gingen Kopien dieses Briefes an den Staatssekretär Sumner Welles, an den nicht mehr amtierenden US-Botschafter William Bullitt und an den Generalkonsul Fullerton.[11]

Der einzige, auf den Fry im amerikanischen Generalkonsulat rechnen konnte, war sein Freund Harry (Hiram) Bingham. Im Konsulat herrschte die gleiche antisemitische Grundstimmung wie im State Department im Umfeld von Breckinridge Long, des Unterstaatssekretärs für besondere Aufgaben. Einer von Binghams Vorgesetzten in Marseille, Konsul William L. Peck, beschrieb im Winter 41 in einem Memorandum für den Außenminister, das auch den Konsulaten in Lyon und Nizza zugesandt wurde, wie er (Peck) sich der Sache der Internierten in den südfranzösischen Lagern annahm: Die älteren Leute leiden wirklich und können dabei sterben. »The young one may be suffering, but the history of their race shows that suffering does not kill many of them.«[12] Peck meinte, die amerikanischen Diplomaten sollten sich mehr um die Älteren kümmern, weil »the old people will not reproduce and can do our country no harm, provided there is adequate evidence of support«.[13] Das war ganz im Sinne von Breckinridge Long, der die Bemühungen des Advisory Committee, des Flüchtlings-Beirats beim Präsidenten, um eine offenere Einwanderungspolitik wirk-

HIRAM BINGHAM,
CA. 1939–1941 IN MARSEILLE

sam stoppen konnte. Wie ein Whistle-Blower aus dem State Department später enthüllte und wie Historiker bestätigten, hat die Visa-Politik von Breckinridge Long dazu geführt, dass die offiziellen Einwanderungsquoten für Flüchtlinge aus den Ländern unter deutscher oder italienischer Kontrolle niemals während des Krieges voll ausgenutzt wurden. Im Gegenteil: 90 Prozent wurden nicht genutzt, schreibt Rafael Medoff, Gründungsdirektor des amerikanischen David Wyman Institute for Holocaust Studies. Hätte man sie genutzt, dann hätten 190.000 weitere jüdische Flüchtlinge nach Amerika kommen können. Breckinridge Long aber ging sogar soweit, Zahlen zu fälschen.[14] »There is little doubt that the assistant Secretary of State (Breckinridge Long) spared no effort to limit Jewish emigration to the utmost while it was still possible«, urteilt Saul Friedländer.[15]

In diesem Umfeld halblegale oder illegale Schritte zur Rettung von Menschenleben zu unternehmen, erforderte Mut und Entschlossenheit. Hiram Bingham IV besaß beides. Er stammte aus einer bekannten Familie von protestantischen Missionaren. Sein Vater, der Archäologe Hiram Bingham III, hatte in Peru die ehemalige Hauptstadt des Inka-Reiches, Machu Piccho, entdeckt, erforscht und beschrieben. Später vertrat er seinen Bundesstaat als Senator in Washington. Hiram Bingham jr. war seit 1939 im Konsulat Marseille zuständig für Visa-Angelegenheiten.

Als die deutschen Armeen im Mai und Juni 1940 in Frankreich einmarschierten, als deutsche und italienische Flieger die Stadt und den Hafen bombardierten und großen Schaden anrichteten, da schickte Bingham seine schwangere Frau Rose und vier Kinder in die Vereinigten Staaten zurück. Am 7. Juni 1940 notierte er in sein Tagebuch: »Hitler hat alle Tugenden des Teufels – Mut, Ausdauer, Zähigkeit, Gerissenheit und Beharrlichkeit.«[16] Es blieb ihm knapp ein Jahr, um mehrere tausend Flüchtlinge vor Hitler zu retten. Bingham half Varian Fry, Fry half Bingham. Am 7. Mai 1941 schrieb Fry tief betroffen, dass sein Freund Harry vom Konsulat Marseille abgezogen und nach Lissabon gehen wird. »He has been the one man in the Consulate who had always seemed to understand, that his job now is not to apply the rules rigidly but to save lives whenever he could.«[17]

Schon das Telegramm von Außenminister Cordell Hull vom 18. September 1940 an den Geschäftsträger der Botschaft in Vichy, Matthews, das Kritik an der Tätigkeit von Mr. Fry und Dr. Bohn geübt hatte und beiden vorgetragen worden war, musste auch Bingham als Warnung verstehen. Es hatte »other persons however well-meaning their motives may be« ausdrücklich einbezogen. Bingham hatte die Feuchtwangers fast zwei Monate lang in seinem Haus versteckt, was Lion Feuchtwanger nach seiner Rettung nicht für sich behalten konnte.[18] Zwar hatte sich Eleanor Roosevelt dafür eingesetzt, den Feuchtwangers Visa für die Vereinigten Staaten auszustellen, als die beiden sich aber in Binghams Villa versteckt hielten, bekamen sie mit, wie Hiram sich am Telefon gegenüber einem Vorgesetzten dafür verantworten musste, und dass er auf eigene Faust gehandelt hatte, als er sie in seinem Haus aufnahm.

Am 17. August schrieb Lion Feuchtwanger in sein Tagebuch: Ich schlage Bingham vor, er solle mir Visa auf den Namen Wetcheek geben. Bingham freut sich, weil er offenbar selbst schon daran gedacht hatte. Feuchtwanger hatte schon Texte unter dem Pseudonym Wetcheek veröffentlich. Der Vize-Konsul stellte dem Bestseller-Autor nicht nur ein Visum, sondern vorher zunächst einen Pass mit dem falschen Namen ›Wetcheek‹ aus.

Hannah Arendt, ihre Mutter Marta und ihr Ehemann Heinrich Blücher erhielten US-Visa von Bingham, ohne dass die Voraussetzungen stimmten. Auch sogenannte ›Nansen‹-Pässe gab er heraus und verschaffte staatenlosen Flüchtlingen so eine Art Ersatz-Nationalität. Täglich unterschrieb er mehrere Dutzend Dokumente, Ersatz für verlorene oder gestohlene Ausweise, aber auch falsche Pässe.[19] Die Zahl der von Hiram Bingham geretteten Juden und anderer Flüchtlinge wird auf mehr als 2.000 geschätzt.

Seinen Vorgesetzten blieb das nicht verborgen. Während andere Konsulate willig die Anweisungen von Breckinridge Long »to postpone and postpone« befolgten und Hindernisse vor jedem neuen Visum auftürmten, beugte und dehnte Bingham im Stillen die Regeln in entgegen gesetzter Richtung. »In Lissabon sind sie sehr zurückhaltend damit, politische Visa auszustellen, d. h. Visa für Flüchtlinge, die wegen ihrer politischen Aktivitäten fliehen mussten,« schrieb Morris C. Troper, Vorsitzender des *American Jewish Joint Distribution Committee* 1940. »Die gleiche Stimmung herrscht im Amerikanischen Konsulat in Marseille, obwohl einer der Konsuln dort, Mr. Hiram Bingham, sehr liberal, sympathisch und verständnisvoll ist.«[20] Nachdem Heinrich Mann, seine Frau Nelly und Golo Mann heil in den USA angekommen waren, bedankte sich Thomas Mann am 27. Oktober 1940 schriftlich bei Bingham: »Beide haben mir wiederholt von ihrer außerordentlichen Freundschaft und unermesslichen Hilfsbereitschaft in ihrer Not und Gefahr erzählt.«[21]

In der Zeit vom 27. November bis zum 1. Dezember 1940 besuchte Bingham fünf Internierungslager: Agdes, Argelès-sur-mer, Gurs, Le Vernet und Les Milles. Ein französischer Beamter begleitete ihn, der die Arbeit von etwa zwanzig Hilfsorganisationen in Marseille koordinierte. Den Vichy-Behörden waren Hilfen aus dem Ausland hoch willkommen, weil sie ihre eigenen unzureichenden Mittel ergänzen konnten. In Gurs allein lebten zu diesem Zeitpunkt 14.000 Insassen, unter ihnen 5.000 Frauen und tausend Kinder. Im November starben in Gurs dreihundert internierte Ausländer, in den ersten zehn Dezembertagen hundertfünfzig. Bingham berichtete an das State Department, Hunger und Elend könnten zu Aufständen führen und letztlich sogar Vorwand für die militärische Besetzung von Südfrankreich durch die Deutschen sein. Binghams Bericht vom 20. Dezember stellte Fullerton jedoch eine Akten-Notiz voran, die man in Washington nur als Distanzierung verstehen konnte: »Mr. Binghams trip to the camps was in nowise official and under instructions from the Department of State. It was, in fact, made at his own expense«.[22]

In Briefen an französische Behörden soll Bingham die Erteilung von Ausreise-Visa dadurch beschleunigt haben, dass er mitteilte, das US-Visum stehe unmittelbar bevor.[23] Die normale Reihenfolge war umgekehrt. Bingham handelte klar außerhalb der Legalität.

Am 23. Dezember 1940 kamen Marta Sharp vom *Unitarian Service Committee USC* mit 32 Flüchtlingen, unter ihnen 25 Kindern, per Schiff in New York an. Bingham hatte ihnen erheblich geholfen, sodass Robert Dexter, der Direktor des *USC* in Boston, sich veranlasst sah, einen Dankesbrief an Außenminister Cordell Hull zu richten: »Mrs. Sharp reports that his (Mr. Binghams) whole conduct made other Americans proud of the way he represents their government to foreigners coming before him for assistance.«[24]

Solche Schreiben – so gut sie gemeint waren – brachten Hiram Bingham nur Nachteile. Der stellvertretende Staatssekretär Breckinridge Long, zuständig für Flüchtlinge und Immigration, antwortete äußerst kurz angebunden.

Trotz der erkennbaren Reserve seiner Vorgesetzten wurde Bingham beauftragt, den neuen US-Botschafter, Admiral Leahy und Mrs. Leahy, während ihres Besuches in Marseille im April 1941 zu begleiten. Keinerlei Anzeichen einer Verstimmung waren zu spüren. Aber wenige Tage später kam aus Washington das Telegramm: »Hiram Bingham, Jr. ... Marseille has been assigned Vice Consul at Lisbon and directed as soon as practicable ... this transfer not made at his request nor for his convenience«, so zitiert der amerikanische Journalist und Historiker Peter Eisner aus seinen Quellen.

In den Archiven des State Department fand Eisner keine Begründung für diese Entscheidung. Der Fall sollte offenbar niemals publik werden und fast wäre das gelungen. In seinen persönlichen Aufzeichnungen aber vermutet Bingham: »Warum ich nach Lissabon versetzt wurde ... Meine Einstellung gegenüber den Juden – ich in der Visa-Abteilung ... meine Haltung gegenüber Fry.« Bingham blieb nichts übrig, als nach Lissabon zu reisen. Noch im September des gleichen Jahres wurde er nach Buenos Aires versetzt. Das State Department entfernte den an Menschenrechten orientierten Diplomaten aus Europa.

DAS VERHÖR

Im Winter 1941 nahm der Kontrolldruck der französischen Behörden gegenüber den Fluchthelfern des *CAS* durch Vorladungen, Hausdurchsuchungen und Beobachtungen stetig zu. Zugleich blieb jede Unterstützung für Fry durch das amerikanische Generalkonsulat aus. Von einer Zusammenarbeit der Konsuln mit den französischen Behörden kann nicht gesprochen werden. Aber beide Seiten wünschten, dass Fry Frankreich verlassen sollte und sie wussten das voneinander.

Fry beklagte sich bei Frank Kingdon, dem Mitbegründer des *ERC*, über Fullerton: »Statt mich kräftig zu unterstützen, wie er es nach meiner Ansicht tun sollte, hat er offenbar versprochen, Alles in seiner Macht zu tun, um mit den französischen Behörden zusammenzuarbeiten, damit ich hier abreise«, schrieb Fry am 24. Juni 1941. »Seine Motive waren immer gut, aber es fehlt ihm an Urteilskraft und an Mut«.[25]

Der empörte Fluchthelfer wusste nicht, dass der Generalkonsul erfahren hatte, dass Fry und sein Mitarbeiter Jean Gemähling auch für britische Soldaten, die in Marseille festsaßen, die illegale Ausreise organisiert hatten und weiter organisieren wollten. Dem Konsulat war auch bekannt, dass Fry mit Geld hantierte, das auf dem Schwarzmarkt getauscht worden war, vermutlich kannte man dort auch andere hässliche Gerüchte.

Frank Kingdon empfing nicht nur den Brief von Fry, er hörte aus dem State Department negative Äußerungen über das Fluchthelferteam und schließlich ließ er Fry fallen, das heißt, er stimmte seiner Abberufung zu.

Auf der französischen Seite hatte im Oktober 1940 ein Vertrauensmann des neuen Vichy-Regimes sein Amt als Polizeichef von Marseille angetreten: Maurice de Rodellec du Porzic, ein Protégé von Admiral Darlan, engagierter Antisemit und Hasser aller demokratischen und linksgerichteten Gruppierungen, die er der Einfachheit halber als Kommunisten bezeichnete.

Durch niederträchtigsten Verrat wurde Bill Freier (Spira) der Polizei gemeldet. Sie überraschten ihn in seiner Werkstatt, verhörten ihn und brachten ihn sofort in ein Internierungslager. Hunderten hatte er mit sorgfältig gefälschten Personalausweisen zur Flucht verholfen, nicht nur den Schützlingen von Varian Fry.[26]

Rodellec du Porzic hatte noch weitere Anhaltspunkte, um das CAS-Büro für eine Gefährdung der öffentlichen Sicherheit zu halten. Jede Razzia oder Hausdurchsuchung konnte ihn in dieser Meinung nur bestärken, auch wenn nichts gefunden wurde. Ein Bericht des Präfekten vom 30.12.1940 an die Sureté Nationale über die »activité suspecte« de Monsieur Varian Fry ging über die Beschreibung illegaler Aktivitäten weit hinaus: Ausländer und »extrémistes internationaux« verschwören sich in diesem Netzwerk, um Gegner der Regierung mit zweifelhafter Moral zu schützen, behauptete er. Das Ergebnis seiner Analyse lautete: »C'est pourquoi je plaide pour que Monsieur Fry soit extradé« (Deshalb plädiere ich dafür, Herrn Fry auszuweisen).[27] Die Bemühungen des Rechtsanwalts Gaston Deferre, das CAS vor dem repressiven Druck der Behörden zu schützen, blieben erfolglos. Im Gegenteil: Fry hatte beim *Service de la Surveillance du Territoire* eine Art Gönner oder Beschützer, den Capitaine Dubois. Der wurde aber im April sehr plötzlich nach Rabat in Marokko versetzt und empfand das, wie er Fry wissen ließ, als Bestrafung für seine pro-britische und pro-amerikanische Einstellung. Der Verlust dieses Gönners bei der Polizei vergrößerte für Fry und seine Mannschaft das Risiko, bei illegalen Aktivitäten geschnappt zu werden.

Im Mai wurde die gesamte Villa Air-Bel erneut durchsucht, im Juni folgten die Wohnungen von Daniel Bénédite, der nicht in der Villa wohnte, und von der CAS-Mitarbeiterin Hannah Coppermann. Die Sureté fand nichts, was sie hätte gegen die Fluchthelfer verwenden können. Aber vermutlich wusste der Polizeichef, dass es etwas zu finden gab und dass er nur geduldig weiter zu suchen brauchte. Im Garten der Villa Air Bel unter Kiefern hinter dem Haus wurden tatsächlich wiederholt Devisen und sogar Münzgold vergraben, damit die Polizei keine Beweise für Schwarzmarkt-Aktivitäten finden konnte.

Als aber Mitte Juli 1941 Danny Bénédite mit zweitausend US-Dollar beim Devisenhandel auf dem Schwarzmarkt erwischt wurde, da war das Unglück nicht mehr aufzuhalten. Offenbar hatte ein Spion aus dem Umfeld des *CAS* ihn verraten. Bénédite wurde verhaftet und es dauerte vier Tage, um ihn vorläufig, bis zu einem bevorstehenden Prozess wegen illegalen Besitzes von Gold und Devisen, wieder frei zu bekommen. Dabei half ausnahmsweise auch Generalkonsul Fullerton, der wusste, dass der Delinquent persönlich unschuldig war.

Es ist der Polizei-Präsident Rodellec du Porzic, Fregatten-Kapitän aus bretonischem Adel und persönlich gut bekannt mit Admiral Darlan, der nunmehr Varian Fry zum Verhör einbestellt. Fry erscheint pünktlich zum genannten Termin um elf Uhr, darf aber zunächst 45 Minuten warten. Als er das Büro des Polizeichefs betritt, sitzt dieser hinter einem großen Schreibtisch mit dem Rücken zum Fenster, durch das helles Sonnenlicht einfällt. Es dauert, bis Varian Fry sich an das Licht gewöhnt und das Gesicht des Polizei-Chefs deutlich erkennen kann. Dieser fordert ihn mit einer Handbewegung auf, ihm gegenüber Platz zu nehmen. Er blättert dabei in einem dicken Dossier, indem Fry die Briefbögen des *CAS* wahrnimmt.

»Sie haben meinem lieben Freund, dem Generalkonsul der Vereinigten Staaten, viel Verdruß bereitet«, sagt der Uniformierte.[28]

»Ich denke, der Konsul kann seine Probleme selbst lösen«, ist Frys Antwort.

»Mein Freund, der Generalkonsul berichtete mir, dass Sie sowohl von Ihrer Regierung als auch von dem amerikanischen Komitee, das Sie hier vertreten, aufgefordert wurden, unverzüglich in die Vereinigten Staaten zurückzukehren.«

»Das ist nicht wahr. Meine Anweisungen lauten, hier zu bleiben.«

»Die Angelegenheit mit Ihrem Sekretär«, sagt Rodellec du Porzic nun und meint offenbar Danny Bénédite, »wird sehr ernste Folgen für Sie haben.«

»Ich wüsste nicht warum«, entgegnet Fry. »Einer meiner Angestellten hat eine Unachtsamkeit begangen. Aber er hat in eigener Verantwortung gehandelt. Sie haben keine Beweise dafür, dass ich in irgendeiner Form beteiligt war.«

»Im neuen Frankreich benötigen wir keine Beweise«, äußert der Polizeichef. »Zur Zeit der Republik pflegte man zu glauben, es sei besser, hundert Kriminelle entkommen zu lassen, als auch nur einen Unschuldigen zu verhaften. Damit haben wir Schluss gemacht. Wir halten es für besser, hundert Unschuldige zu verhaften als einen Kriminellen laufen zu lassen.«

»Ich sehe, dass wir sehr unterschiedliche Vorstellungen von den Menschenrechten haben.«

»Jawohl«, bestätigt Rodellec du Porzic. »Mir ist bekannt, dass Sie in den Vereinigten Staaten immer noch an die veraltete Idee der Menschenrechte glauben. Aber auch Sie werden sich irgendwann einmal unsere Auffassung zu eigen machen. Das ist lediglich eine Frage der Zeit. Wir haben erkannt, dass die Gesellschaft wichtiger ist als das Individuum. Sie werden das auch noch einsehen.« Er schließt das Dossier. »Wann werden Sie Frankreich verlassen?«

Fry antwortet, er habe noch keine endgültigen Pläne.

»Falls Sie Frankreich nicht freiwillig verlassen, sehe ich mich gezwungen, Sie zu verhaften und in irgendeiner kleinen Stadt weit weg von Marseille unter Arrest zu stellen, damit Sie keinen weiteren Schaden anrichten können.«

»Ich verstehe«, sagt Fry. »Aber können Sie mir nicht noch ein wenig Zeit lassen, damit ich meine Angelegenheiten in Ordnung bringen und jemanden aus Amerika kommen lassen kann, der meinen Posten als Präsident des Komitees übernimmt? Da Sie darauf bestehen, bin ich bereit, freiwillig abzureisen. Ich möchte jedoch sicher gehen, dass die Arbeit des Komitees auch nach meiner Abreise fortgesetzt werden kann.«

»Warum sind Sie so sehr an Ihrem Komitee interessiert« will der Polizeichef wissen.

»Weil es für viele Flüchtlinge die einzige Hoffnung ist.«

»Ich verstehe. Wieviel Zeit brauchen Sie?«

»Ich werde noch heute nach New York telegraphieren. Es wird einige Zeit dauern, bis sie einen Nachfolger für mich finden, dann noch eine gewisse Zeit, bis er Pass und Visa besorgt hat und hier eintrifft. Können Sie mir bis zum 15. August Zeit lassen?«

»Das wird sich einrichten lassen«.

Fry steht auf, um zu gehen, stellt aber eine letzte Frage: »Sagen Sie mir offen, warum Sie mich so hartnäckig bekämpfen.«

»Parce que Vous avez trop protégé les juifs et les anti-nazis.« So lautet die Antwort. (Weil Sie Juden und Nazi-Gegner zu sehr geschützt haben.)

Nicht kriminelle Machenschaften sondern seine politische Haltung wird dem Fluchthelfer zum Vorwurf gemacht. Varian Fry hat diesen bemerkenswert offenen Dialog nachträglich aus dem Gedächtnis protokolliert und in seinem Erinnerungsbuch veröffentlicht. Wahrscheinlich stimmt nicht jede Formulierung exakt mit dem Gesagten überein. Aber im Kern hat Fry den Ablauf des Verhörs sicher nicht verfälscht.

Rodellec du Porzic konnte nur von Fullerton erfahren haben, dass Kingdon in New York sich für die Rückkehr seines Schützlings Varian Fry entschieden hatte. Einen Tag nach dem Gespräch mit dem Polizeichef erhielt Fry von Fullerton seinen Pass zurück. Er war für einen Monat verlängert und enthielt bereits Transitvisa für Spanien und Portugal, sowie das französische Ausreisevisum. Mit anderen Worten: Es gab keinen Grund oder Anhaltspunkt mehr für Fry, die Abreise zu verzögern. Die Zusammenarbeit des amerikanischen Generalkonsuls mit dem französischen Polizeichef war jetzt offenkundig.

DIE ABSCHIEBUNG

Zunächst aber reiste Fry nach Vichy. Er wollte die Hintergründe seiner Ausweisung erfahren. Der Konsul riet ihm von der Fahrt ab. Die amerikanische Botschaft in Vichy weigerte sich, bei den französischen Behörden anzufragen. Er hätte längst schon abgereist sein müssen, wurde ihm gesagt.

Im Innenministerium wurde er unfreundlich behandelt, bei anderen Behörden nicht. Amerikanische Journalisten rieten ihm, in Vichy zu bleiben, bis sein Nachfolger in Marseille angekommen sei. Er wollte die letzte Frist, die ihm gewährt worden war, aber lieber anders nutzen. Er besuchte die Cote d'Azur, Sanary-sur-mer, Toulon, St. Tropez, Cannes und Monaco. Seine beiden Freunde und Mitarbeiter Jean Gemähling und Danny Bénédite kamen an seinen ›Ferienort‹, um mit ihm Einzelheiten der Fluchtmöglichkeiten durch Spanien zu besprechen. Die Zeit nach seiner Abreise musste vorbereitet werden. Er besuchte Henri Matisse und André Gide in Nizza. Als sein Pass erneut abgelaufen war, kehrte er zurück nach Marseille, in der Hoffnung, ohne gültige Papiere könne er nicht ausgewiesen werden.

Am 27. August, fast zwei Wochen nachdem die ihm gesetzte Frist abgelaufen war, fand er in seinem Büro ein Telegramm aus New York: »Nachfolger benannt. Treffen letzte Vorbereitungen für seine Abreise«.[29]

Zwei Tage später, am 29. August kamen zwei junge Polizisten in sein Büro mit einer von Rodellec du Porzic unterzeichneten Anordnung. Sie brachten ihn zur Präfektur. Dort sollte er neue Anweisungen bekommen. Er durfte mit

MITGLIEDER DES CENTRE AMERICAIN DE SECOURS HALTEN EIN ABSCHIEDS-
ESSEN AN DER BAHNSTATION VON CERBÈRE, 6. SEPTEMBER 1941.

(v. l. n. r.: Jacques Weisslitz, Theodora Ungemacht Benedite, Daniel Benedite, Lucie Heymann,
Louis Coppermann, Marcel Verzeanu und Jean Gemahling)

niemandem sprechen, auch nicht am Telefon. Am Nachmittag ließ man ihn im Raum des Überfallkommandos warten, den Abend auch. Die Nacht verbrachte er auf dem Tisch der Polizei-Brigade. Erst am Vormittag des 30. August gegen elf Uhr wurde er in das Büro eines Kommissars geführt, der ihm eine ›ordre de refoulement‹ präsentierte, einen Abschiebe-Befehl, den Rodellec du Porzic unterschrieben hatte. Varian Fry sei ein ›unerwünschter Ausländer‹, hieß es in dem Papier, er sei unverzüglich an die spanische Grenze zu bringen und dort abzuschieben.

Höflich erklärte der Kommissar, eine ›ordre de refoulement‹ sei etwas Anderes als eine Ausweisung. Nach einer Ausweisung dürfe man niemals wieder einreisen, als refoulé aber könne man jederzeit ein Einreisevisum beantragen. Fry – hartnäckig wie immer – widersprach: man könne ihn weder ausweisen noch abschieben, da sein Ausreise-Visum abgelaufen sei, ebenso wie seine Transit-Visen für Spanien und Portugal. Der Kommissar zögerte. Dann rief er im Büro von Rodellec an und wurde angewiesen, Fry trotzdem zur spanischen Grenze zu bringen. Seine Visa sollten dort erneuert werden. »Befehl ist Befehl«,[30] so schloss der Polizist das Gespräch. Dann stellte er Fry den Inspektor Garandel vor, der ihn an die spanische Grenze begleiten sollte. Garandel reichte ihm die Hand, er wirkte verlegen.

Ich möchte festhalten, dass wir Franzosen keine Barbaren sind, sagte er. »Das habe ich keine Minute angenommen«.

Er lächelte: »Aber so wie man Sie behandelt hat ...«

»Das sind doch nur einige Franzosen, man könnte sagen, nur ein Franzose«. Garandel strahlte.

»Ja, ich freue mich, dass Sie so denken.«

Die beiden Polizisten, die ihn am Vortag festgenommen hatten, kamen am Nachmittag und brachten ihn in ihrem Polizeifahrzeug wieder zum *CAS*-Büro. Die Sekretärin Anna Gruss half Fry, seinen Schreibtisch auszuräumen, Papiere und Dokumente in einen Karton zu packen. Dann steuerten die beiden jungen Polizisten die Villa Air-Bel an. Sie gaben Fry eine Stunde, um seine Kleider, Bücher, Bilder und Erinnerungen einzusammeln. Er verabschiedete sich von der Köchin, dem Hausmädchen und vom Hausbesitzer Thumin, der verwirrt dem Aufbruch zuschaute.

Um sechs Uhr erschien Inspektor Garandel und brachte ihn durch Nebenstraßen fahrend zum Bahnhof. Ein letzter Blick auf den alten Hafen war ihm deshalb nicht vergönnt, aber vom Bahnhof St. Charles ein weiter Blick über die Stadt, die die sommerliche Spätnachmittagssonne vergoldete. Fry schildert diesen Abschied nicht ohne Rührung.

Fast das gesamte *CAS*-Team sammelte sich dann im Bahnhofsrestaurant, wo man hastig etwas aß. Nur Daniel Bénédite fehlte. Er war noch am Vorabend nach Vichy gefahren, um etwas gegen die Abschiebung zu unternehmen.

Im Zug war ein Abteil für die *Sécurité Nationale* reserviert. Fry und seine Mannschaft zwängten sich hinein, zusammen mit dem Inspektor. Jemand hatte dem Abzuschiebenden eine Flasche Cognac in die Hand gedrückt, Fry öffnete sie, die Flasche machte die Runde, der Inspektor erzählte Geschichten von der Polizei in Marseille. Die Zeit verging schnell. Um ein Uhr nachts erreichte der Zug Narbonne. Dort erschien Bénédite. Er hatte in Vichy nichts erreicht. Das Innenministerium hatte mit Zustimmung der US-Botschaft die Abschiebung des Fluchthelfers Fry angeordnet, beide blieben bei ihrer Haltung.

Die sonderbare Reisegruppe nahm den Zug nach Cerbère an der Grenze, wo sie am Mittag ankam. Im Bahnhofsrestaurant ließen sie sich ein Abschiedsessen servieren. »Es war eine traurige Mahlzeit«, schrieb Varian Fry, »da ich annahm, es würde meine letzte in Frankreich sein«.[31] Ein Foto von dem Abschied zeigt um leere Kaffeetassen und Weingläser sitzend Jacques Weisslitz, Theodora Bénédite, Daniel Bénédite, Lucie Heymann, Louis Coppermann, Marcel Verzeanu (genannt: Maurice) und Jean Gemähling. Da Varian Fry nicht zu sehen ist, hat er vermutlich das Foto gemacht. Auch Bill Freier, der für das *CAS* Pässe fälschte, eigentlich der Wiener Karikaturist Wilhelm Spira, nahm an dem Treffen teil.

Nach dem Essen führte Garandel den Amerikaner zur französischen Pass-Kontrolle. Der Grenzbeamte wies den Pass zurück und stellte fest, dass die Transit-Visen nicht mehr gültig waren. Garandel protestierte und verwies auf die Anordnung der Präfektur in Marseille. Das nutzte nichts. Der Kommissar schimpfte: Was ist los bei Euch in Marseille? Habt Ihr den Überblick verloren? Hier gibt's keine Konsulate, hier gibt's keine Visa!

Zurück im Bahnhofsrestaurant, wo das Team wartete, meldete Garandel ein Telefongespräch nach Marseille an. Es dauerte aber bis gegen neun Uhr abends, bis er die Präfektur erreichte. Die Fluchthelfer hatten Zeit, ein Bad im Meer zu nehmen. Dann kam Garandel mit neuen Anweisungen. Er sollte Fry zurück nach Perpignan, der Hauptstadt des Departements bringen. Dort sollte Fry im Gefängnis warten, bis die Visa erneuert waren. Aber Garandel grinste. »Machen Sie sich keine Sorgen, Sie wohnen im Hotel«.

Es dauerte fünf Tage, bis der Pass erneut verlängert und alle Visa frisch gestempelt waren. Zeit für Planungen: Fry bestimmte, dass bis zur Ankunft seines Nachfolgers aus Amerika Jean Gemähling als Direktor die Geschäfte des *CAS* führen sollte. Er war der einzige nicht-jüdische männliche Mitarbeiter, der nie mit der Polizei zu tun gehabt hatte. Hinter den Kulissen sollte jedoch Daniel Bénédite das Heft in der Hand halten. Maurice (Verzeanu) blieb weiter für die illegalen Ausreisen zuständig. Die Villa Air-Bel sollte ein Zufluchtsort für Intellektuelle aus dem Elsaß werden. Damit hoffte Fry, das Wohlwollen der französischen Behörden zu gewinnen. Seine Sorge war, die Präfektur könne auf die Idee kommen, das *CAS* aufzulösen und die Mannschaft in Internierungslager zu stecken, sobald kein Amerikaner mehr da war, den sie mehr hätten respektieren müssen.[32]

Garandel ließ sie zu ihren Besprechungen allein. Er besuchte Freunde in der Nähe, kam aber jeden Abend pünktlich zurück, um nachts »wie ein Habicht« auf Varian Fry aufzupassen. »Schließlich könnte ich doch jeden Tag abhauen wie bei Nacht«, wunderte sich der.

»Darum geht es nicht«, erklärte der Inspektor. »In der Stadt wimmelt es nur so von Boches (Deutschen). Und man kann nie wissen, was die mit Ihnen in einer dunklen Nebenstraße anstellen, wenn Sie abends einmal allein ausgehen.«[33]

An einem regnerischen Septembertag nahmen sie den Zug nach Cerbère und im Bahnhofsrestaurant trafen sie sich zu einem weiteren, diesmal definitiv letzten Abschiedsessen. Gedrückte Stimmung, lange Gesprächspausen, dann Umarmungen im Wartesaal, Worte der Freundschaft ins Ohr! »En voiture!« rief der Bahnhofsvorsteher. Der Zug fuhr an, Varian Fry blieb auf der untersten Stufe des Trittbretts stehen und winkte mit dem Taschentuch. Ein Foto zeigt wie die Gruppe der Zurückbleibenden vom Bahnsteig aus zurückwinkt. Der Zug fuhr langsam in den Tunnel unter dem Pyrenäen-Kamm, der Frankreich von Spanien trennt.

Jetzt war nur noch Garandel an Frys Seite. In Port Bou auf spanischem Boden, wurden erneut die Papiere kontrolliert. Der Inspektor zeigte seine Dienstmarke und sagte: Ich begleite diesen Herrn. Nachdem Frys Pass gestempelt war, das Gepäck geöffnet, durchsucht und wieder geschlossen, stieg Fry in den Zug nach Barcelona. Garandel reichte ihm die Hand: »Ich hoffe, Sie werden nicht schlecht von Frankreich denken«. »Von Frankreich nie, aber von gewissen Franzosen schon, verstehen Sie?«

»Ja, ich verstehe!«[34]

Als er Platz genommen hatte, zog der Fluchthelfer das Buch »Wind, Sand und Sterne« von Antoine de St. Exupéry aus der Tasche. Der französische Originaltitel lautet: »Terre des hommes« (wörtlich: Erde der Menschen). Das Büchlein gehörte zu den zahlreichen Geschenken, die sein Team ihm zum Abschied in die Hand gedrückt hatte. Dennoch kam er tief deprimiert in Barcelona an.[35] Er nahm sich Zeit für die Reise durch Spanien, blieb einige Tage in Madrid und versuchte auch im Prado seine niedergeschlagene Stimmung abzuarbeiten. Es ist ihm wohl nicht gelungen.

LISSABON, LETZTER HAFEN EUROPAS

Die Deutschen hatten nach dem Sieg über Frankreich im Juni 1940 weitere Länder Europas unterworfen. Manchen Zeitgenossen erschien danach die Macht der Nazis unbesiegbar. Man fragte sich lebhaft auf der Iberischen Halbinsel, was die nächsten Ziele Hitlers sein würden und mindestens die spanische Regierung wusste aus erster Hand, dass Hitler Gibraltar unter seine Kontrolle bringen und den Briten die Durchfahrt durch das Mittelmeer versperren wollte. Die Regierung Salazars in Lissabon brauchte nicht viel Phantasie, um sich Ähnliches vorzustellen, wobei man sich der Rolle Spaniens in einem solchen Fall keineswegs sicher war. Klar war aber in Lissabon, dass bei einer militärischen Auseinandersetzung um die Gibraltar-Strasse die portugiesischen Azoren und auch die spanischen Kanarischen Inseln von strategischer Bedeutung für beide Seiten sein würden. Umso besorgter wünschte die Regierung Salazar Zusicherungen von den Kriegsparteien und auch von den USA, dass die portugiesische Souveränität über die Inseln garantiert werde. Als sich Staatsekretär Sumner Welles in Washington über die Dringlichkeit des portugiesischen Botschafters wunderte, bekannte dieser, dass Teile der portugiesischen Regierung unter deutschem Einfluss stünden und dass von daher Misstrauen gegen die Vereinigten Staaten gesät werde.[36] Präsident Roosevelt entschloss sich daraufhin im Juli 41, einen persönlichen informellen Brief an Salazar zu richten, um die Befürchtungen in Lissabon zu zerstreuen. »My Dear Dr. Salazar«, hieß es da, »diese Regierung wird bereit stehen, die portugiesischen Behörden bei der Verteidigung dieser Besitzungen gegen jede Drohung von der Seite Deutschlands zu unterstützen.«[37] Salazar bedankte sich, aber sicher konnte er sich vorerst nur deshalb fühlen, weil Hitler die Sowjetunion angegriffen hatte und alle Kräfte dort brauchte. Seine Politik blieb von Vorsicht nach beiden Seiten bestimmt.

Am 14. September 1941 kam Varian Fry in Lissabon an, nachdem Spanien problemlos durchquert war. Er blieb sechs Wochen in der portugiesischen Hauptstadt und arbeitete weiter für seine ›Klienten‹, die Flüchtlinge. Dazu nahm er im Büro der Unitarier Platz und tat, was möglich war, um die illegale Reise durch die iberische Halbinsel noch schneller und weniger gefährlich zu machen, das heißt: er suchte neue Führer. Außerdem galt es, denjenigen zu helfen, die in Spanien der Seguridad ins Netz gegangen waren, oder die in Nordafrika, etwa in dem Lager bei Casablanca, festsaßen. Das amerikanische Konsulat in Lissabon bestätigte nach dem Zögern im Sommer 1941 jetzt im September und Oktober doch wieder einige Einreise- und Transitvisa, sodass eine Reihe von Flüchtlingen eins der wenigen Schiffe im Hafen von Lissabon besteigen konnten. Anderen aber fehlte einfach das Geld für die Schiffspassage. Es war weder für Fry noch für das USC-Team leicht, die fehlenden Mittel zu beschaffen.

Im Vordergrund stand in diesen Wochen das Vorhaben der jüdischen Hilfsorganisation Hicem, ein Schiff zu chartern, das Flüchtlinge von Lissabon und aus Casablanca bzw. von den Internierungslagern in der marokkanischen Wüste nach Havanna, Vera Cruz und New York bringen sollte. Fry gelang es, eine Option für fünfzig ›Klienten‹ des CAS auf dem Schiff zu erlangen. Diese mussten allerdings alle notwendigen Papiere haben und ihre Reise musste im Voraus bezahlt werden. Fry in Lissabon und die beiden Bénédites in Marseille arbeiteten mit vereinten Kräften, um dieses Ziel zu erreichen.[38]

Der Aufenthalt in Lissabon war für einige Emigranten nicht ungefährlich. In der Stadt bewegten sich Agenten der deutschen und italienischen Geheimdienste, sowie ihre spanischen und portugiesischen Helfer völlig ungeniert. Nach Frys Informationen waren bereits zehn deutsche und österreichische Emigranten entführt worden.[39]

Da waren etwa der Publizist und Pazifist Berthold Jacob, der sich in Frankreich die Identität eines peruanischen Staatsbürgers zugelegt hatte, und seine Frau. Sie waren bei der illegalen Durchreise durch Spanien verhaftet worden und saßen fest, bis das USC-Team einen reichen und einflussreichen spanischen Geschäftsmann überreden konnte, die beiden aus dem Gefängnis zu befreien und in seiner Limousine nach Portugal zu bringen, ganz ohne Papiere. Die Unitarier bemühten sich dann, den Jacobs alles Nötige zu beschaffen.

Nach einem Besuch im USC-Büro,, wo er sich nach dem Stand der Visa-Beschaffung erkundigte, wurde Berthold Jacob jedoch auf der Straße erneut verhaftet. Seine Frau kam am nächsten Morgen in das USC-Büro und berichtete voller Sorge von dem Verschwinden ihres Mannes. Fry und seine USC-Freunde erkundigten sich über inoffizielle Kanäle. Es stellte sich heraus, dass drei Männer Jacob festgenommen hatten, von denen einer nicht portugiesisch sprach, den anderen aber Jacob gezeigt hatte.[40] Der Verhaftete wurde nach Berlin verschleppt, wo er an den Folgen der Gestapo-Verhöre starb. Weder seine Frau noch die Fluchthelfer hörten jemals wieder von ihm.

Ein weiterer Fall war der des 35-jährigen Bau-Ingenieurs Hermann Richard Wagner, der in einer Festung in einem Vorort von Lissabon inhaftiert war. Eines Tages wurde er ohne Erklärung aus seiner Zelle abgeholt, wie ein Mithäftling dem USC am 17. September berichtete.[41]

Ein dritter Fall war der Schauspieler und Dramaturg Graf Franz Friedrich Treuberg, der ebenfalls in einer Festung einsaß, und dann plötzlich spurlos verschwunden war. Die Gestapo hatte ihn geholt und hielt ihn bis 1943 fest.

Nach den Schätzungen der Hilfsorganisationen hielten sich im Herbst 1941 4.000 offiziell registrierte Flüchtlinge in Portugal auf und noch einmal die gleiche Anzahl Emigranten ohne gültige Papiere und ohne jedes Aufenthaltsrecht.

Zu den ›Illegalen‹ gehörten etwa 500 polnische Emigranten, die sich im Frühjahr vergeblich schriftlich an Präsident Roosevelt gewandt hatten mit der Bitte, sie aufzunehmen und ihnen Asyl zu gewähren. Ihre Lage sei nicht länger zu ertragen. Die Polizei habe sie aufgeordert, das Land innerhalb von 30 Tagen zu verlassen. Der Chef der USC-Zentrale in Boston, Robert Dexter, unterstützte ihren Antrag, aber es bestand keine Chance, gegen die Mauer aus Papier anzukommen. Affidavits von nahen Verwandten und Bürgschaften von 3.000,– Dollar pro Person, diese Hürden waren unüberwindlich.[42]

Ähnlich wie das CAS-Team in Marseille bestand auch die kleinere USC-Mannschaft in Lissabon aus hoch motivierten Fluchthelfern verschiedener Nationalität. Neben dem amerikanischen Leiter Charles Joy, der britischen Sekretärin Pippa Harris und der Französin Ninon Tallon gehörten der Portugiese Jaime Raposo, ein ehemaliger Missionar, zum USC-Team sowie die aus den USA stammende Portugiesin Aurora Ramos. Diese Fünf hatten ein oft übermenschliches Arbeitspensum zu bewältigen, da komplizierte Einzelfälle zu betreuen waren und weil die portugiesischen Sicherheitsbehörden ihre Regeln immer wieder unangekündigt änderten. Für den Schriftverkehr in die Zentrale in Boston oder nach Marseille blieb oft nur die Zeit nach Mitternacht. Einer oder zwei dieser Arbeitsplätze wurde zeitweise vom CAS bezahlt, denn ein Teil der CAS-Flüchtlinge war dringend auf Hilfe in Lissabon angewiesen. Im Laufe des Jahres 1941 kamen etwa Alfred Döblin, Konrad Heiden, Hertha Pauli, Walter Victor sowie der Sohn und die Ehefrau von Franz Boegler an die Tür des USC in Lissabon. Sie hatten sich durch ein Empfehlungsschreiben des CAS auszuweisen oder durch einen verabredeten Decknamen, sonst musste das USC zu seinem eigenen Schutz ihnen die Hilfe verweigern.[43]

Das amerikanische Konsulat in Lissabon war in dieser Zeit etwas kooperativer als das in Marseille, auch nachdem Hiram Bingham im September nach Südamerika versetzt worden war. Die Amerikaner in der portugiesischen Hauptstadt sahen, wie die Vertretungen anderer Regierungen im Botschaftsviertel von Lissabon quasi reihenweise geschlossen wurden, nachdem die Nazis deren Länder besetzt hatten. Viele europäische Diplomaten wandten sich an die US-Botschaft in Lissabon mit der Bitte um Hilfe. Nicht die US-Regierung in Washington, aber einige US-Beamte in Lissabon reagierten mit Verständnis. Die jüdische Hilfsorganisation *HICEM* bezeichnete die Zusammenarbeit mit den Konsuln als entspannt.[44] Jedoch war auch in Portugal zunehmend antisemitischer Druck zu spüren. Jüdische Mitarbeiter von politisch aktiven Hilfsorganisationen standen unter verschärfter Beobachtung. Der Direktor des jüdischen Komitees wurde bei einer Razzia verhaftet und beschuldigt, er habe mit kubanischen Visa gehandelt. Alle Hilfsorganisationen wurden kontrolliert und auch behindert, aber ihre Arbeit wurde während des gesamten Krieges nicht wirklich verboten oder unmöglich gemacht.[45]

Den Flüchtlingen ohne portugiesische Aufenthalts-Genehmigung, die unter der Residenzpflicht (›residencia fixa‹) in bestimmten Häusern und Städten litten, so wie unter ihrer materiellen Armut, konnten die Hilfsorganisationen nur wenig Erleichterung bringen, etwa den ca. 400 Tschechoslowaken, denen sich das USC besonders verpflichtet fühlte. (Die geschiedene Frau des Außenministers der tschechoslowakischen Exil-Regierung in London Masaryk, Frances Crane Leatherbee, war Mitglied der unitarischen Kirche in Brooklyn/New York.) Gemeinsam mit dem tschechoslowakischen Konsul in Lissabon, Cejka, arbeitete das USC-Team an einem Not-Visaprogramm der USA für Flüchtlinge aus dem besetzten Tschechien.[46]

In einem der Flüchtlings-Quartiere mit Residenz-Pflicht, in dem Bade-Ort Caldas da Reinha, lebten auch die ehemaligen *CAS*-Mitarbeiter Marcel Verzeanu (Maurice) und Max Diamant, ohne US-Visum und ohne Aufenthaltsgenehmigung für Portugal.[47]

Beim USC traf Varian Fry auch Mary Jane Gold wieder, die im Sommer nach der Abreise ihres Freundes Raymond ebenfalls Marseille verlassen hatte. Die beiden hatten eine längere Aussprache und Fry hat offenbar sehr bedauert, die junge Dame nicht besser und kontinuierlich in das *CAS*-Team aufgenommen zu haben. Vor Ende September flog Mary Jane aber ab nach New York. »..you and Theo misjudged her« schrieb Fry an Daniel Bénédite, es sei aber sein eigener Fehler gewesen, sie auf Distanz zu halten. Sie habe ihm Haar sträubende Einzelheiten über die Drohungen erzählt, die ›Killer‹ gegen sie »und uns alle« ausgestoßen hätte, wenn sie ihm kein Geld mehr gegeben hätte. Nur um die CAS-Mannschaft zu schützen, habe sie es mit dem Ganoven ausgehalten.[48] Das sei kein Vergnügen gewesen und sie sei »certainly not in love with him and not naive enough to believe that he was in love with her«.

Fry hielt diese Auskunft für absolut ehrlich und bat die Bénédites, die Freundschaft mit Mary Jane fortzusetzen. »She is really a very good gal: not at all the brainless little rich girl she seemed in Marseille.«⁴⁹ In Lissabon habe sie im USC-Büro gearbeitet, und zwar richtig hart gearbeitet.

Charles Joy beklagte gegenüber Fry die US-Visa-Politik, die aus seiner Erfahrung auch in Lissabon erschreckend inhuman sei. Den Schlüssel habe offenbar der Leiter der Visa-Abteilung im State Department Avra M. Warren (1938 – 41). Dieser ehemalige US-Konsul habe im Herbst 40 bei einer Europa-Reise auch Botschaft und Konsulat der USA in Lissabon besucht. Statt den Visa-Prozess zu vereinfachen und zu beschleunigen, wie es seine Aufgabe gewesen sei, habe er aber das Gegenteil bewirkt, meinte Joy.⁵⁰

Es war nicht Avra Warren allein. Sein Vorgesetzter Breckinridge Long, der stellvertretende Staatssekretär, dachte genauso. Beide handelten im Einverständnis, als sie die Einwanderung von Nazi-Verfolgten verzögerten, wo sie nur konnten. Max Nussbaum, bis 1940 Rabbi in Berlin, schrieb am 30. Juni 1958 einen Bericht für das Yad Vashem Archiv in Jerusalem: »In den Tagen nach Kriegsausbruch war der amerikanische Vizekonsul Warren das größte Unglück für die Juden in Berlin. Warren sabotierte den gesamten Einwanderungs-Prozess und ist verantwortlich für den Tod von Hunderten von Juden. Denn er weigerte sich, Visa rechtzeitig auszustellen, obwohl diese bereits genehmigt waren. Er verschob die Ausstellung der Visa so lange, bis die Emigranten, denen sie zu gute kommen sollten, in Konzentrationslager deportiert waren.«⁵¹

VARIAN FRY UND DANIEL BÉNÉDITE

Am 1. November 1941 bestieg Varian Fry das Flugzeug nach New York, schweren Herzens. Er konnte sich nicht trennen, nicht von Europa, nicht von Frankreich, nicht von seinen Freunden in Marseille und vor allem nicht von seiner Aufgabe, Flüchtlingen zu helfen. »I lost my heart in France, I guess,« schrieb er an Daniel und Theodora Bénédite, »but above them all is Marseille, and in Marseille above all is ›la maison‹ (*Villa Air-Bel*). I have never in my life before lived in such a beautiful place. I wonder if I ever shall again.«⁵² Es war gewiss nicht nur der Trennungsschmerz, der Fry so sentimental werden ließ. Wie andere Fluchthelfer hatte Fry in einer äußerst angespannten Situation, besessen von dem Gedanken Menschen vor den Nazis zu retten, sich selbst verändert. Er hatte bei sich Kräfte entdeckt und einen Willen zum Durchhalten, die ihm vorher unbekannt waren. Er war über seine Grenzen hinaus gewachsen. Über den Stress, den das bedeutete, und über die Euphorie, die er dabei empfand, hatte er mehrmals seiner Frau Eileen nach New York geschrieben. Dieser Prozess war nunmehr abrupt abgeschnitten. Alles, was bevorstand, konnte dagegen nur schmerzhaft oder belanglos sein.

Daniel Bénédite stand nach der Ausweisung von Fry vor der Aufgabe, das *Centre Americain de Secours* zumindest provisorisch weiter zu führen. Das Verhältnis zum ERC in New York war zerrüttet, es kam kaum noch Geld nach Marseille. Die Beziehung zur US-Botschaft in Vichy und zum Konsulat in Marseille war gestört. Für die französischen Kontakte war Bénédite als Nicht-Amerikaner keine Respektsperson wie Fry. Das Personal im Büro musste wegen Geldmangel und wegen der geringen Anzahl von Visa für Flüchtlinge wesentlich reduziert werden. Schließlich war Bénédite nicht wie Fry mit einer Tasche voller Dollars nach Marseille gekommen und hatte sich die Mitarbeiter auch nicht ausgesucht. Er konnte nicht die Autorität von Fry haben, musste aber sofort schmerzhafte Einschnitte bei Personal und Budget durchsetzen. So verschlechterte sich die Stimmung im Büro radikal. Zwei Mitarbeiter, die entlassen wurden, beschwerten sich in Briefen an Varian Fry. Der stärkte seinem Freund und provisorischen Nachfolger den Rücken. Bei allen Entscheidungen musste nicht nur mit viel Augenmaß gehandelt werden, Fry und Bénédite rechneten fest damit, dass das ERC in New York einen neuen Leiter für seinen Ableger in Marseille bestimmen würde, der dann die volle Verantwortung zu übernehmen hätte. Aber das zog sich hin. Bénédite begann nach einem älteren, respektablen Franzosen Ausschau zu halten, der als eine Art Ehrenpräsident dem *CAS* ein gewisses Prestige sichern sollte.

Er unternahm erneut Anstrengungen, damit das *CAS* in das Koordinierungs-Komitee der internationalen Hilfsorganisationen aufgenommen wurde, dem sogenannten Nimes-Komitee. Dieser Wunsch war Varian Fry verweigert worden mit dem Argument, das *CAS* nutze zur Rettung der Flüchtlinge auch illegale Mittel, wie Devisentausch auf dem Schwarzmarkt oder Fälschung von Pässen und Visa. Besonders der *YMCA*-Chef in Vichy-Frankreich, der Amerikaner Donald Lawrie, der an der Spitze des Nimes-Komitees stand, leistete hartnäckig Widerstand. Das sollte nun auch Daniel Bénédite spüren. Trotz eines positiven Votums der Vollversammlung hat Lawrie den Vorgang im Vorstand einfach ignoriert, nachdem er alle Freunde des *CAS* zum Schweigen gebracht hatte.[53] Das hielt Bénédite nicht davon ab, Kontakte in die französische und internationale Gesellschaft in Marseille besser zu pflegen, als Fry das getan hatte. Immerhin hatte Fry anfangs geglaubt, nur wenige Wochen zu bleiben und hatte wohl auch die Bedeutung des Konsulats für den Erfolg seiner Arbeit unterschätzt. Fry gab den kritischen Anmerkungen seines Freundes dazu jetzt Recht.

Ein erstes schönes Erfolgserlebnis hatte das *CAS*-Büro dann im November 1941 aber doch: Das Schiff *Serpa Pinto*, das die jüdische Organisation *HICEM* in Lissabon gechartert hatte, fuhr ab und nahm zahlreiche Flüchtlinge aus Portugal und aus Casablanca mit, darunter 41 ›Klienten‹ des *CAS*. Allerdings schrieb Bénédite an Fry: »Wir hatte große Probleme mit der *HICEM*. Wenn es sich um nicht-jüdische Flüchtlinge handelt, zeigt die *HICEM* einen erstaunlichen Mangel an Kooperation.«[54] Hier ist zu erwähnen, dass aus Sicht der *HICEM*, das *ERC/CAS*-Unternehmen wohlhabend war und viele ›ihrer‹ Flüchtlinge prominent oder sogar reich waren.

Nach der Ausweisung von Varian Fry kamen deutlich weniger Flüchtlinge aus Frankreich nach Lissabon, aber das *USC*-Büro versorgte weiterhin nach Kräften die *CAS*-Emigranten, die sich in Portugal aufhielten. Allerdings blieb die versprochene finanzielle Entschädigung durch das *ERC* aus. Sieben Monate lang erhielt Joy keine Antwort aus New York auf seine Fragen, dann platzte ihm der Kragen: »Completely fed up with your bloody committee we stop our activity here and drop your cases«[55] ließ er das ERC-Büro wissen. So zitiert Daniel Bénédite den Wutausbruch Joys in einem Brief an Fry am 3. April 1942.

RÜCKKEHR, KEINE HEIMKEHR

Varian Fry, seit Anfang November in New York, hüllte sich seinen Freunden in Marseille gegenüber erst einmal in Schweigen. Der Schock der Rückkehr muss groß gewesen sein. Erst nach drei Wochen schrieb er einen Brief, der nach weiteren Wochen bei Daniel Bénédite ankam. Er habe Zeit gebraucht, um über seine Eindrücke nachzudenken. »Wir haben uns oft gewundert, was in New York falsch läuft«, hieß es dann. »Nun weiß ich es.« Jeder einzelne arbeite gut hier, aber dem Büro fehle der Kopf. Das Komitee der Förderer trete nie zusammen, weil die Intellektuellen zuviel anderes zu tun haben. So leite Ingrid (Warburg) das Büro und Harold (Oram) beschaffe das Geld. Ingrid sei charmant und unverzichtbar, aber sie verstehe nichts von Büroleitung.«»Sie hat die Einstellung einer reichen Frau, die noch nie über Geld nachdenken musste und alles ihrem Personal überlässt. Sie steht weit über den Kleinigkeiten, von denen wir uns aufreiben lassen. Sie leiht Geld ohne eine Idee, wie es zurückgezahlt werden kann. So haben wir mehr als 25.000 Dollar Schulden, 17.000 schulden wir allein der *HICEM*. Wenn wir Geld bekommen, werden Schulden bezahlt. Da bleibt nie etwas übrig«.[56]

Aber es sollten noch viel schlechtere Nachrichten aus New York kommen. Der Vorsitzende des Komitees, Frank Kingdon erklärte Fry, das State Department wolle keine Visa mehr für die Klienten des *ERC/CAS* ausstellen, solange dieses mit Varian Fry zusammen arbeite. Das bedeutete, dass Fry als Mitarbeiter auch in New York unmöglich geworden war. Kingdon war auch selbst von Fry dauerhaft enttäuscht, weil dieser im Herbst 1940 nicht – wie vorgesehen – nach Amerika zurückgekehrt war. Fry schrieb an Bénédite, er habe keinerlei Autorität und könne die Entscheidungen des *ERC* nicht beeinflussen. Ingrid Warburg höre sich seine Vorschläge an, nicke dazu, aber weiter geschehe nichts. Fry arbeitete nunmehr von zu Hause aus, blieb aber in Kontakt zu Bénédite, als Freund, nicht als Vorgesetzter, wie er ausdrücklich erklärte.

Die Visa-Politik der US-Regierung sei verzweifelt. Die Forderung nach zwei Affidavits allein reicht, um es fast unmöglich zu machen, Visa für Menschen zu erlangen, die keine nahen oder reichen Verwandten in den USA haben. »Für italienische Prinzen stellt das State Department Visa in Rekord-Geschwindigkeit aus, aber für andere Flüchtlinge braucht es Monate«. »Man könnte sagen, das State Department ist Amerikas offener Skandal. Jeder spricht darüber, aber keiner unternimmt etwas«.[57]

Zu beklagen war auch, dass die meisten Flüchtlinge das ihnen geliehene Geld für die Überfahrt nicht zurückzahlten. Der Anfang in den USA war für die meisten sehr schwer, Geld zu verdienen zunächst kaum möglich. Mit Hilfe der Familie Mann hatten einige literarisch Befähigte Aufträge als Drehbuch-Autoren in Hollywood bekommen, so etwa Walter Mehring. Als Mehring vom *ERC* gebeten wurde, seine Schulden nunmehr zurückzuzahlen, kam die Antwort, er habe sich einen Packard Roadster gekauft, den er nun abzahlen müsse. Der *ERC* solle sich also gedulden. Von anderen kamen ähnliche Ausflüchte oder Entschuldigungen.[58] Für Mehring habe das *CAS*. 31.000 Francs ausgegeben, errechnete Bénédite daraufhin.[59] Aber Fry wollte großzügig bleiben. Als Organisation, die von Spenden lebe, könne das *ERC/CAS* nicht viel gegen säumige Flüchtlinge unternehmen, die selbst einen schweren Stand haben. Alles andere würde den guten Ruf untergraben.

»Ich bin vom Komitee im Auftrag von Kingdon entlassen worden«, schrieb Fry am 24. Dezember an seinen Freund in Marseille.[60] Inzwischen hatte sich die weltpolitische Situation völlig verändert. Die USA waren nach dem Angriff auf Pearl Harbor im Krieg mit Japan und nach Hitlers darauf folgender Kriegserklärung auch mit Deutschland. Das State Department überprüfte alle diplomatischen Beziehungen und beschloss, keinerlei Visa für Flüchtlinge aus ›enemy nations‹ mehr auszustellen, solange die Vereinigten Staaten im Krieg seien, damit sich keine Nazi-Agenten einschleichen können. Die guten Beziehungen zwischen Washington und der Vichy-Regierung sollten vom Kriegseintritt der USA unbeschadet bleiben, solange die französische Flotte nicht den Deutschen übergeben würde und solange den Deutschen keine Stützpunkte in Nordafrika eingeräumt würden. Marschall Pétain versprach beides mündlich gegenüber US-Botschafter Leahy und dann auch schriftlich.[61] Danach, am 27. Dezember, versicherte Roosevelt in einem weiteren persönlichen Brief an Pétain, Frankreich »will resume that glorious place which it has held among the enlightened nations of the world.«[62] Pétain bedankte sich am 16. Januar in einem persönlichen Brief an Roosevelt »mit großer Genugtuung dafür, dass die amerikanische Regierung die Position der Regierung Frankreichs in diesem Konflikt versteht«.[63] Dass das Frankreich Pétains seinen ruhmreichen Platz unter den aufgeklärten Völkern längst selbst geräumt hatte, kann dem Präsidenten nicht entgangen sein. Washington schmeichelte Vichy, obwohl Frankreich jetzt aus dem Völkerbund ausstieg und damit alle menschrechtlichen Verpflichtungen aufgab. Keine Rede konnte davon sein, künftig etwa mit de Gaulle zusammenzuarbeiten, wie Großbritannien es tat. Die amerikanischen Diplomaten kooperierten mit Vichy, während Vichy mit Hitler kooperierte, der den Vereinigten Staaten den Krieg erklärt hatte.

Die spanische Regierung befürchtete, nachdem der europäische Krieg sich zu einem Weltkrieg ausgeweitet hatte, eine neue Flüchtlingswelle und schloss die Grenze an den Pyrenäen vollständig. An einigen Übergängen kamen Flüchtlinge nicht weiter. Portugal erteilte keine Transit-Visa mehr. Beide Maßnahmen verdunkelten den Blick der Fluchthelfer in die Zukunft.

In der ungeklärten Lage im Dezember entschied Frank Kingdon, das gesamte *ERC*-Team vorläufig zu entlassen. Die Zukunft der Fluchthilfe-Organisation stand auf dem Spiel. Fry schrieb an Bénédite, es werde keinen Nachfolger für ihn als *CAS*-Chef in Marseille geben. Der Mann der Fry ersetzen sollte, hatte ein Visum für Frankreich, aber dann »verlor er die Hoffnung« und nahm eine Arbeit beim Roten Kreuz an. Aber: »whatever happens here, you must plan to carry on«.[64] »Ihr müsst Euch ohne einen Amerikaner an der Spitze durchschlagen«, drängte Fry. Wenn nötig, solle das *CAS* unter die Fittiche des *USC*-Büros schlüpfen. »Ich weiß nicht, warum in Marseille nicht funktionieren sollte, was in Lissabon funktioniert.«[65] Die Unitarier waren beim State Department in Washington nicht so schlecht angesehen wie das *ERC/CAS*, aber sie hatten deutlich weniger Flüchtlingen helfen können. Fry verstand sich mit dem USC-Vorsitzenden Dexter so gut, dass dieser ihm im Januar anbot, künftig das USC-Büro in Lissabon zu leiten. Aber er musste davon ausgehen, dass das State Department ihm einen neuen Pass verweigern würde und konnte das Angebot nicht annehmen.[66]

Mit dem Kriegseintritt der Vereinigten Staaten verschärften die US-Behörden noch einmal die Visa-Bestimmungen für Flüchtlinge und Emigranten. Aus Sorge vor einer ›fünften Kolonne‹ der Nazis in den USA konnten Flüchtlinge aus dem Machtbereich Hitlers und Mussolinis fast gar nicht mehr auf ein Visum hoffen. Nur noch Flüchtlinge aus neutralen Ländern hatten eine Chance. Zugleich aber verfeinerte sich das Genehmigungsverfahren. Revisions-Möglichkeiten bei abgelehnten Anträgen wurden eingeführt, sogar mehrstufig. Die Revisions-Instanzen recherchierten aber nicht neu, sie entschieden ›nach Aktenlage‹. Außerdem blieb für die Antragsteller völlig unklar, aus welchen Gründen ihr Antrag abgelehnt worden war.[67] Umstritten blieb auch die Beteiligung der Sicherheitsdienste von Army, Navy und des *Federal Bureau of Investigation*, *FBI*. Das FBI generierte sich 1941 nicht, Informationen der Gestapo zu nutzen und sogar dort anzufragen, wenn etwa die Fälschung von Papieren zu erkunden war. Noch am 25. Oktober 1941 hatte Breckinridge Long vorgeschlagen, dass die US-Konsuln in Europa bei der Überprüfung von Visa-Kandidaten auf die Finger-Abdruck-Karteien der Herkunftsländer zurückgreifen sollten, er nannte u. a. Deutschland, Frankreich, Polen, Italien und Spanien.[68]

Für Daniel Bénédite stellte sich nun nicht nur die Frage, ob und wie sein Team, das *CAS*, überleben konnte, sondern auch für welchen Zweck. Die Aufgabe musste neu definiert werden, nicht nur in New York, sondern auch in Marseille, weil offensichtlich war, dass viele der Hilfesuchenden niemals ein Visum und ein Ticket für Amerika erlangen würden. Für einige von ihnen, jüdische oder nichtjüdische Flüchtlinge bot sich die Lösung an, eine Arbeit auf dem Lande zu suchen, wo sie unauffällig einen Lebensunterhalt fanden, sodass ihnen wenigstens die Internierungslager erspart blieben. Die Kriegswirtschaft und die Ausbeutung Frankreichs durch die Deutschen hatten neue Marktlücken und Chancen im landwirtschaftlichen und handwerklichen Bereich geöffnet. Bénédite, lebhaft unterstützt von Fry, richtete ein Haus für Flüchtlinge aus dem Elsass und Lothringen ein, das auch bei den Vichy-Behörden Zustimmung fand. Es wurde am 1. März eröffnet.

Daneben gründete Bénédite eine Holzkohle-Produktion im Gebirge bei La Garde Freinet, eine Korken-Manufaktur, eine Sandalen-Fabrikation (aus Raphia-Bast und Kaninchen-Fell) und seine ›Klienten‹ übernahmen auch Bauernhöfe. Mit diesem ›re-settlement-program‹ fand das CAS eine neue Aufgabe und behielt seinen Sinn, als bei der Auswanderung nicht mehr viel möglich war. Ähnliches betrieben andere Hilfsorganisationen, aber auch die katholische Kirche.

In den ersten Monaten des Jahres 42 arbeitete Fry fast nur noch zu Hause, die Zusammenarbeit mit Kingdon war definitiv beendet, mit dem *ERC* blieb er aber in losem Kontakt. Er schrieb Zeitungsartikel, um die Spendenbereitschaft der Amerikaner wach zu halten, aber auch, um die Flüchtlingspolitik der Vereinigten Staaten zu kritisieren. Er denunzierte die Inkompetenz und den Anti-Semitismus der US-Konsulate in Marseille und Lissabon. Er verurteilte auch die mangelnde Unterstützung der USA für die Bewegung de Gaulles. »Our State Department has not even yet learned how to deal with Hitler and his puppets. Wether still overawed by the respectability of the Vichy gang or still living in the polite diplomatic world of thirty years ago, it has been busily sawing off the branch on which it sits«.[69] Seine Kritik wurde beißend. Er hatte gute Gründe.

Im Archiv des *ERC* hatte er drei Briefe der US-Botschaft in Vichy gefunden und einiges über sich erfahren. Die Schreiben besagten, dass die Botschaft nichts dagegen gehabt hätte, wenn Fry aus Frankreich ausgewiesen werden sollte. »Sie haben sich vollständig von mir distanziert«, schrieb er seinem Freund Bénédite, »Charmant, nicht wahr?«[70]

Es sei inzwischen noch schwerer geworden, Spenden aufzutreiben, weil keine Prominenten Flüchtlinge mehr in Amerika ankamen, die man bei Fund-raising-meetings publikumswirksam hätte vorstellen können, so wie vor einem Jahr Marc Chagall, nun etwa Picasso oder Matisse. Habt Ihr nicht einen Pablo Casals, den Ihr uns schicken könnt? fragte Fry über den Atlantik hinweg. »Dann würde unser Einkommen wieder steigen«.[71] Der spanische Cellist war nach Südfrankreich geflüchtet, hielt sich in der Pyrenäen-Region auf, gab auch in Marseille Konzerte und besuchte sogar das *CAS*-Büro.

Das *ERC*, in der Not ad hoc als Verein gegründet mit dem Arbeitsstil eines Stiftungsrats, war unfähig stringente Entscheidungen zu treffen und seine Aufgabe konsequent und verantwortungsvoll auszuüben, wie nicht nur der Aufschrei von Charles Joy (Anmerkung 52) belegt. Kingdon sah das und zog schließlich Konsequenzen: Das Komitee wurde nicht ersatzlos aufgelöst, sondern verkleinert und im März mit einer weiteren Hilfsorganisation, der *IRA* (*International Relief Association*), zusammengelegt. Der neue Name lautete: International Rescue and Relief Committee, *IRRC*. Mehrere ehemalige ERC-Mitarbeiter waren nicht mehr dabei. Ingrid Warburg erschien kaum noch im Büro, als Deutsche passte sie nicht mehr in das neue Weltbild. An ihre Stelle trat Sheba Strunsky als executive secretary, eine Russin, die vom *IRA* übernommen wurde. Fry hielt weiter den Kontakt, aber urteilte gegenüber Bénédite: »Both committees give me the impression of a group of ladies amusing themselves with charitable work. Frankly I should not like to be a refugee whose fate is in their hands«.[72] Harold Oram, der früher sehr erfolgreiche Spendensammler blieb in seiner Funktion, allerdings nur bis zum Mai 1942, dann musste er zum Militär. Fry raufte sich die Haare, weil das *IRRC* fast nur noch – wie er es wahrnahm – den Klienten des ehemaligen *IRA* zur Ausreise aus Nazi-Europa verhelfen wollte, nicht aber CAS-Flüchtlingen wie etwa Bill Freier. Selbst wenn das noch fehlende Affidavit komme, werde es noch acht oder neun Monate dauern. »In Bills Fall ist das eine besondere Schande. Schuld ist Sheba Strunsky, die nur durch Dynamit zu einer anderen Entscheidung gebracht werden könnte.«[73] Bill Freier war einer der engsten Mitarbeiter von Fry in Marseille. Der energische Protest von Fry führte jedoch ganz ohne Sprengstoff zum Erfolg: Frau Strunsky setzte die Familie Freiers auf ihre Liste von Anwärtern auf mexikanische Visa. Das war allerdings zu diesem Zeitpunkt eine sehr vage Aussicht. Die mexikanische Regierung wollte keine Flüchtlinge aus den Ländern der Achsenmächte und von ihnen besetzten Gebieten mehr einreisen lassen, also ein Franzose aus Marseille durfte einreisen, ein Franzose aus Paris nicht; ein Russe aus Sewastopol (Krim) durfte, ein Russe aus Sinferopol (Krim) nicht. So weit reichte die Angst vor der ›fünften Kolonne‹. Freier kam aus Wien.

Varian Fry malte sich aus, in naher Zukunft ein neues Hilfs-Komitee unter seiner Leitung aufstellen zu können, wobei er wohl auch auf Hilfe von Mary Jayne Gold rechnete, die er jetzt wieder gelegentlich sah. Um neue Finanz-Quellen zu erschließen, bat er Bénédite um eine genaue Aufstellung seines Bedarfs.
Am 31. März teilte Bénédite seinem Vorgänger mit, Frank Kingdon habe dem CAS geschrieben, dass Varian Fry nicht mehr zum Komitee gehöre und »dass wir ihm nicht mehr schreiben« sollen. Zugleich beklagt sich Bénédite, Kingdon habe keine Ahnung von der Lage in Marseille und habe offenbar keinen der Briefe und Berichte des CAS gelesen. Viel Klarheit hat der jüngste Brief von Kingdon dem Team in Marseille nicht gebracht. Allerdings fürchtete Bénédite nun, vom New Yorker Team bei der Auswahl der Flüchtlinge, denen geholfen werden sollte, bevormundet zu werden. Schließlich drängte die Zentrale in New York zu weiteren Sparmaßnahmen, vor allem beim Personal. Bénédite schilderte Fry erneut die personelle Zusammensetzung seines Teams: Da Jean Gemähling dauerhaft ausfiel, (er saß wegen seiner illegalen Hilfe für britische Soldaten zeitweise im Gefängnis, bzw. stand vor Gericht) war Walter Fabian an seine Stelle getreten.
»Wir brauchen zwei Direktoren«, schrieb Bénédite, »zwei Interviewer, einen Büro-Jungen, einen ›homme de ménage‹, einen Finanzchef, zwei Sekretärinnen, einen Archivar« und eine halbe Arbeitskraft für ›affaires extérieures‹. So sei das Team nur noch halb so groß wie vor einem Jahr, im Sommer 1941.[74] Und außerdem: entgegen den Befürchtungen von Frank Kingdon am 31. Dezember, dass nur noch ein Dutzend Flüchtlinge aus Frankreich werde ausreisen können, habe das CAS-Team es geschafft, dass zwischen dem 1. Januar und dem 31. März 1942 120 Emigranten die Ausreise geschafft hätten. »Und das wird nicht alles sein!«[75] »Der Eintritt der Vereinigten Staaten in den Krieg hat nicht so schlimme Auswirkungen auf unsere Arbeit gehabt, wie wir zunächst befürchtet haben«, notierte Bénédite in seinem Arbeitsbericht am 25. Mai 1942.[76]
Fry litt bereits unter seiner Ausgrenzung, aber er war großmütig genug, die Haltung von Kingdon zu verteidigen. In seiner Welt dürfe man keine Dankbarkeit erwarten. Warum sollte Kingdon dankbar sein? Die Flüchtlinge sollten

dankbar sein, einige sind es. »Kingdon hat meine Einstellung immer als Ungehorsam verstanden«, so Fry an seinen Freund. »Obendrein war er eifersüchtig, dass ich mir einen Namen gemacht habe in bestimmten Flüchtlingskreisen ... Dann nach meiner Rückkehr fand er unerträglich, dass ich das Komitee gedrängt habe, härter zu arbeiten, weil die Not in Marseille so groß war. Das kann keiner aushalten, nicht einmal Kingdon.«[77] »He is a very vain man«.[78]

Es waren nicht nur Bitterkeiten, die Fry seinem Freund mitzuteilen hatte: Gestern hatten wir eine Party mit den ehemaligen (CAS)-Mitarbeitern und einigen Flüchtlingen, schrieb er am 19. Mai. Walter Mehring habe seinen Vertrag bei MGM beendet, sei jetzt in New York und schreibe.

Hans Sahl habe einen Gedichtband veröffentlicht, der in den letzten zehn Jahren in Frankreich entstanden ist, in deutscher Sprache.

»André Breton arbeitet für die Regierung und verdient viel Geld, 300,– Dollar im Monat habe ich verstanden«.[79]

Victor Serge lebe in Mexico, schreibe und klage, dass seine politischen Feinde ihm das Leben extrem schwer machen.

Ernst Oppenheimer arbeite in New York an einem Bank- und Börsen-Institut.

»Max (Ernst) hat Peggy Guggenheim geheiratet. Sie leben in einem riesigen Haus in einer der teuersten und hübschesten Strassen von New York: Beekman Place. Sie haben einen großen Garten am East River mit Blick auf eine der Brücken. Und Max hat ein großartiges Atelier im Dachgeschoß. Sie geben riesige Partys und laden Hunderte von Leuten ein. Das Haus ist voll von surrealistischen Bildern, ein perfektes Tollhaus. Max scheint ganz heiter zwischen all der Konfusion. Mit Peggys Geld, scheint mir, kann man gut heiter sein.«[80]

Von den ehemaligen Fluchthelfern ist Miriam Davenport in New York angekommen. Die junge Frau, die in Paris Kunstgeschichte studiert hatte, suchte seit Monaten schon einen Job. Einen halben Job habe sie gefunden, sie unterrichtete den Botschafter Jugoslawiens in Englisch. Aber sie sorge sich um ihren kranken Mann, einen Serben.

Franzi von Hildebrand lebe mit Frau und Tochter und unterrichte an einer Mädchenschule im Fach Geschichte.

Er bekomme sehr viele Anrufe von den Flüchtlingen, freut sich Fry. Das sei eine gewisse Entschädigung dafür, »dass ich nicht mehr zum Komitee gehöre«.[81] Er hatte gehofft, in das Direktorium des *ERC* berufen zu werden. Angesichts seiner Leistung erscheint dieser Wunsch völlig angemessen, aber nach der Vorgeschichte, nach der Zerrüttung in der Beziehung zu Kingdon, nach dem Konflikt mit dem State Department war diese Hoffnung eine Illusion.

ANMERKUNGEN

1. Robert Dallek: Franklin D. Roosevelt, S. 222
2. Zitiert nach Robert Dallek: Franklin D. Roosevelt, S. 251
3. FRUS. 1941, Bd. 2, S. 106 ff
4. Ebenda, S. 108
5. Ebenda, S. 119
6. Ebenda
7. Ebenda, S. 129
8. Anne Klein: Flüchtlingspolitik S. 234
9. Mordecai Paldiel: Saving the Jews, S. 68
10. Anne Klein, S. 310
11. Ebenda
12. Ebenda, S. 312
13. Ebenda, S. 314
14. Rafael Medoff: Blowing the Whistle, S. 4
15. Saul Friedländer: Extermination, S. 76
16. Peter Eisner: Saving the Jews of Nazi-France
17. Robert Kim Bingham: Hiram Bingham's Dramatic Rescues
18. Feuchtwangers Interview in der Samstagsausgabe der New York Times vom 06.10.1940 wurde nicht nur im State Department gelesen sondern auch in der deutschen Botschaft in Washington. Diese schrieb am 18. Oktober an das Auswärtige Amt in Berlin, ein Agent des ERC habe in Südfrankreich eine ›unterirdische Verbindung‹ errichtet, um Emigranten aus Südfrankreich herauszuschmuggeln. In Lissabon sorge ein Komitee für die Überwindung aller Pass- und Visa-Schwierigkeiten und besorge Schiffs-Tickets nach Amerika. Anne Klein: Flüchtlingspolitik, S. 239
19. Peter Eisner: Saving the Jews of Nazi-France
20. Ebenda
21. Ebenda
22. Donna F. Ryan: The Holocaust.., S. 130
23. Peter Eisner: Saving the Jews
24. Ebenda
25. Anne Klein: Flüchtlingspolitik, S. 312
26. Oliver Bentz: Zeichenkunst und Humanität
27. Anne Klein: Flüchtlingspolitik, S. 314
28. Varian Fry: Auslieferung, S. 260 f
29. Ebenda, S. 265
30. Ebenda
31. Ebenda, S. 268
32. Ebenda, S. 269
33. Ebenda
34. Ebenda
35. AsD: Fry an Bénédite am 22.09.1941
36. FRUS. 1941, vol II, S. 848 ff
37. FRUS. 1841, vol II, S. 851 f
38. AsD: Fry an Bénédite am 22.09.1941
39. Anna Klein: Flüchtlingspolitik, S. 321
40. Varian Fry: Auslieferung, S. 274 f
41. Anna Klein: Flüchtlingspolitik, S. 322
42. Ebenda, S. 324
43. Ebenda, S. 323 f
44. Ebenda, S. 326
45. Ebenda, S. 328
46. Ebenda, S. 322
47. AsD: Fry an Bénédite am 26.12.1941
48. AsD: Fry an Bénédite am 22.09.1941
49. Ebenda
50. AsD: Fry an Bénédite am 15.10.1941
51. Yad Vashem Archive: o.1-K.J.Ball-Kaduri – Collection of testimonies and reports of German Jewry (Rabbi Max Nussbaum, born in Suczawa, Bukowina 1908, regarding Jewish life in Germany during the first year of World War II)

52 AsD: Fry an Bénédite am 31.10.1941
53 AsD: Bénédite an Fry am 10.11.1941
54 AsD: Bénédite an Fry am 24.11.1941
55 AsD: Fry an Bénédite am 25.11.1941
56 AsD: Bénédite an Fry am 03.04.1942
57 AsD: Fry an Bénédite am 25.11.1941
58 Ebenda
59 AsD: Bénédite an Fry am 17.12.1941
60 AsD: Fry an Bénédite am 24.12.1941
61 FRUS.1941, Bd. 2, S.198 ff
62 Ebenda, S.205
63 FRUS.1942, Bd.2, S.123
64 AsD: Fry an Bénédite am 14.1.1942
65 AsD: Fry an Bénédite am 20.1.1942
66 AsD: Fry an Bénédite am 25.12.1941
67 Anne Klein: Flüchtlingspolitik, S.359 f
68 Ebenda, S.363
69 zitiert nach: Susan E. Subak: Rescue and Flight, S.131
70 AsD: Fry an Bénédite am 18.5.1942 und am 3.6.42
71 AsD: Fry an Bénédite am 24.3.1942
72 AsD: Fry an Bénédite am 1.6.1942
73 Ebenda
74 AsD: Bénédite an Fry am 23.4.1942
75 AsD: Bénédite an Fry am 10.4.1942
76 »L'entrée en guerre des ètats Unis n'a pas eu sur notre activité des répercussions aussi graves que nous pouvions le redouter. Certes, elle a fait naitre de nouvelles difficultés que nous étions impuissants à toutes surmonter mais qui n'ont pas abouti à un arret definitive de l'émigration, loin de là.« (rapport d'activité, 25.5.1942 Zitiert nach: Anne Klein: Flüchtlingspolitik, S.329)
77 AsD: Fry an Bénédite am 12.5.1942
78 AsD: Fry an Bénédite am 18.5.1942
79 AsD: Fry an Theodora Bénédite am 19.5.1942
80 Ebenda
81 Ebenda

11 | DIE ›BOCHES‹ RÄUMEN AUF

ERSTE DEPORTATIONEN

Im besetzten Norden Frankreichs hatten im März 1942, zwei Monate nach der Berliner Wannsee-Konferenz, die Deportationen von Juden in die Vernichtungslager begonnen. Als am 19. Juli der siebte Transport aus Frankreich in Auschwitz ankam, wurden an der Rampe bereits Selektionen vorgenommen. Vom 5. bis zum 12. Mai hielt sich Reinhardt Heydrich, der Leiter der Wannsee-Konferenz und Chef des Reichssicherheitshauptamtes in Paris auf und besprach mit Staatssekretär René Bousquet, Polizeichef des Vichy-Staates das weitere Vorgehen. Bousquet fragte Heydrich, ob es nicht möglich sei, die internierten Juden im unbesetzten Frankreich ebenfalls zu deportieren. Wegen Transport-Engpässen blieb die Frage zunächst offen.[1] Deutsche und Franzosen stellten jedoch im Juli einen festen Fahrplan auf für jeweils dreizehn Züge im August und September, die an festgelegten Daten jeweils etwa tausend Juden aus beiden Teilen Frankreichs nach Polen bringen sollten. Sowohl Internierte wie noch nicht gefasste Juden sollten abtransportiert werden, auch Kinder, aber getrennt von ihren Eltern. Wesentliche Hilfe bei den Vorbereitungen leistete das *CGQJ*, das *Commissariat Général aux Questions Juives*, eine mehr als tausend Mann starke Behörde unter Leitung von Darquier de Pellepoix mit Sitz in Vichy und Zweigstelle in Paris. Die jüdischen Organisationen auch der französischen Juden und auch in der Südzone waren dagegen weitgehend machtlos.

Im Juli beginnen groß angelegte Razzien (›Rafles‹) im Süden. Francoise Frenkel berichtet aus Nizza, was sie am 26. Juli erlebte. Sie kam vom Gemüsemarkt zurück zu der ärmlichen Pension *Arche de Noe* (heute: *La Roseraie*), wo sie wie viele Flüchtlinge ein billiges Zimmer bewohnte. Als sie um die Ecke bog, blickte sie wie üblich hinauf zum vierten Stock, wo sie ihre Nachbarin aus Wien vermutete. An diesem Tag war sie nicht zu sehen, aber im dritten

Stock stand der polnische Landsmann Sigismund auf dem Balkon und winkte ihr zu, nein, er gestikulierte. Er machte keinen Spaß sondern wollte sie offensichtlich warnen. Seine Hand wies in die nächste Einfahrt, wo sie französische Polizisten mit Lastwagen sah. Die Polizisten hielten Menschen fest, Männer, Frauen und Kinder, sie stießen sie vor sich her in die LKW. »Was ist hier los«? fragte Francoise einen Fahrer. »Sie sammeln die Juden ein«, antworteten mehre Stimmen gleichzeitig.[2] Frau Frenkel ging weg, »mechanisch«, in Richtung Meer. Am Ufer setzte sie sich auf eine Bank, versuchte sich zu fassen, ihr Gemüse neben den Füßen. Dann stand sie auf, ging zurück in die Stadt, obwohl die Straßen voll von Polizisten waren. »Einen Moment kämpfte ich mit der Versuchung, in die Menge zu laufen und herauszuschreien: ›Nehmt mich auch mit. Ich bin eine von denen.‹ Ein Gefühl intensiven Glücks überwältigte mich bei diesem Gedanken an Solidarität und Selbstaufopferung. Aber die nüchterne Logik kehrte zurück. Was würde solch ein Opfer nutzen? Was könnte es ändern? Was könnte es Gutes bewirken? Die Selbstbehauptung nahm mich in Besitz. Die Bitterkeit dieser Wahrheit lastet schwer auf mir und wird das weiterhin tun bis ans Ende meiner Tage.«[3] Die Juden wurden eingesammelt und in Internierungslager gebracht, damit sie für den Abtransport nach Osten leichter verfügbar waren.

Am 31. Juli schlagen französische Gendarmen in Pithivier auf 150 jüdische Mütter ein, um sie von ihren Kindern im Alter zwischen zwei und fünfzehn Jahren zu trennen und in die Waggons zu zwingen.[4] Am 1. August werden geheime Telegramme an die Internierungslager Gurs, Noe, Recebedou, Le Vernet, Rivesaltes und Les Milles geschickt, in denen genaue Einzelheiten der bevorstehenden Abtransporte festgelegt sind. Zugleich werden die Sicherungs-Maßnahmen um die Lager erhöht.[5]

Das alles kann nicht geheim bleiben. Die Fluchthelfer-Organisationen erfahren durch Indiskretion von den Plänen. Amerikaner aus dem Nimes-Komitee geben die Meldung an die US-Botschaft weiter, die das geplante Verbrechen nach Washington meldet. Sprecher der Menschenrechts-Organisationen werden auch bei Pétain vorstellig. Als ersten empfängt Marschall Pétain den Generalsekretär der Young Men's Christian Association, Tracy Strong aus New York. Seine Argumente beeindrucken den Staatschef jedoch kaum, auch nicht der Hinweis auf die ungünstige Wirkung dieser Nachricht auf die amerikanische Öffentlichkeit. Weitere Delegationen der Hilfswerke protestieren in Vichy.

Am 6. August ist der Leiter des Nimes-Komites, Donald Lawrie, bei Pétain, der ihn in Gegenwart seines Generalsekretärs Jean Jardel empfängt. Lawrie schreibt aus dem Gedächtnis ein Gesprächs-Protokoll, das er seinen Vorgesetzten nach New York schickt:

»Donald Lawrie: ›We come to you in the name of all philantropic organizations in France working in large part for the French population, but also for foreign refugees. Many of our organizations are giving major aid to the French.‹«[6]

Hier unterbricht Jardel und nennt bestätigend die *Quaker* und den *YMCA*. *USC* und *CAS* nennt er nicht, die beide deutlich mehr Hilfe für Flüchtlinge, nicht nur Fluchthilfe, geleistet haben.

»Pétain: ›I know both of them and we are very grateful for their help.‹ Donald Lawrie: ›For two years these organizations have been collaborating with the French Government, often at the Government's request, to help preserve and prepare those refugees for emigration. About 10.000 have already emigrated, thanks to our combined efforts. We are willing to continue this service but we are now greatly concerned about the present measures being taken against certain foreign refugees, particularly Spanish and Jews.‹«[7]

Jardel unterbricht erneut und gibt Pétain die Antwort vor:

»You know, Monsieur le Maréchal, that the Germans asked us to have 10.000 French Jews and to save them we have been obliged to give up an equal number of foreign Jews. They are to be transported to a sort of Jewish State the Germans have set up near Lublin. There, it appears, they will enjoy a certain liberty.«

Pétain: »Oh yes, I know, near Krakow.«[8]

Bei Krakau liegt nicht eine Art ›jüdischer Staat‹ sondern das Konzentrationslager Auschwitz, das größte Vernichtungslager des Zweiten Weltkriegs. Bei Lublin liegen weitere Konzentrations- und Vernichtungslager. Die Andeutung des Staatschefs zeigt, dass er über diese Lager informiert ist. Von einer ›gewissen Freiheit‹ zu sprechen, die die Juden dort genießen sollen, ist nicht nur zynisch, es ist eine glatte Lüge.

»Donald Lawrie: ›We have been deeply moved and profoundly hurt by the present measures. We cannot believe, Monsieur le Maréchal, that this has been done with your knowledge ...‹

Pétain (with a gesture of helplessness): ›You know our situation with regard to the Germans.‹

Donald Lawrie: ›We believe that there might at least be some exemptions. For example those ready to emigrate. (Vichy Prime Minister Pierre) Laval has this list under study.‹«[9]

Laval war am 16. April auf Druck der deutschen Besatzungsmacht in sein Amt als Regierungschef zurückgekehrt und hatte Admiral Darlan ersetzt.

»Here both Pétain and Jardel brightened and Pétain said he would speak to Laval about it. I went on: ›Then, children. We can naturally make no promises but believe, if we could have three or four weeks in which to launch an appeal, that the United States doors might be open for the children involved.‹

Pétain: ›I will speak of this to Laval too. Will you be in Vichy for a week or ten days to have the reply?‹

Donald Lawrie: ›Monsieur le Maréchal, the first train is leaving today.‹

Pétain: ›Well, then I will speak to Laval this afternoon and you may telephone Mr. Jardel tomorrow morning for my reply.‹

Donald Lawrie: ›We cannot conceal from You, Monsieur le Maréchal, the unfortunate impression this action will have on public opinion abroad and the serious repercussions it may have on the work of organizations in France.‹«[10]

Serge Klarsfeld weist darauf hin, dass Pétain die Verantwortung für die Deportationen den Deutschen zuschiebt, gegen die er sich nicht wehren könne, während sein Regierungschef Laval zwei amerikanischen Quakern am gleichen Tag erklärt, dass die Deutschen seinem (Lavals) Vorschlag »zugestimmt hätten, 10.000 ausländische Juden zu übernehmen«.[11] Laval will die Souveränität und Unabhängigkeit seines Regimes unterstreichen.

Die amerikanische Regierung ist von den Meldungen aus Frankreich nun doch alarmiert. Sie ist grundsätzlich bereit, eintausend jüdische Kinder aufzunehmen. Vom Botschafter des Vichy-Regimes Gaston Henry-Haye verlangt sie Auskunft über das Deportationsprogramm. So sieht Laval sich genötigt, seine Juden-Politik zu rechtfertigen. Er telegrafiert am 9. August an die französische Botschaft in Washington: »Der Prozentsatz dieser Elemente im Verhältnis zur Gesamtbevölkerung unseres Landes ist so hoch, dass ohne diese Maßnahme eine Assimilierung der Ausländer faktisch unmöglich wäre. Die Anwesenheit einer derart großen Zahl von staatenlosen Juden, die sich auf dem Schwarzmarkt betätigen und sich der gaullistischen und kommunistischen Propaganda hingeben, stellte für uns einen Unruheherd dar, der beseitigt werden musste.«[12] Gleichzeitig empfiehlt Laval seinem Botschafter in Washington, die Regierung in Washington daran zu erinnern, dass sie selbst wenig Neigung gezeigt hätte, die in Frankreich lebenden staatenlosen Juden aufzunehmen.[13]

Als wenn es eine Antwort auf die Demarche des Nimes-Komitees sein sollte, verstärken sich im August die ›Rafles‹, Razzien, Menschenjagden durch Hunderte von Polizisten, unterstützt von Sécurité Nationale und Armee, die ganze Stadtviertel absperren. In den Büros von *USC* und anderer Organisationen, wo Flüchtlinge Schlange stehend auf Beratung warten, werden diese verhaftet. Bei der Razzia vom 26. August in der unbesetzten Zone werden fast 7.000 Juden festgenommen und abtransportiert. Ebenfalls im August verläßt der erste Zug mit internierten Juden das Lager Gurs in Richtung Drancy (bei Paris), von wo es weiter geht nach Osten. Aus dem Lager Le Vernet wurde Willy Spira (Bill Freier) zusammen mit anderen Juden der Gestapo übergeben und in die östlichen Konzentrationslager deportiert. Nach den Nebenlagern von Auschwitz standen ihm Buchenwald und Theresienstadt bevor. Überlebt hat er wohl nur, weil die Lager-Aufseher sich gern von ihm zeichnen ließen. Er malte sie »schön«, so wie er es 1938 in der Wiener Karajangasse hatte lernen müssen. Als die Rote Armee ihn 1945 befreite, wog er noch gerade 30 Kilo.[14]

Auch in Frankreich selbst regt sich heftiger Protest gegen die barbarischen Deportationen. Nach der ersten großen Razzia in Marseille und anderen Städten der unbesetzten Zone schreibt der Bischof von Montauban, Mgr. Théas, einen Hirtenbrief, der am folgenden Sonntag in allen Kirchen seiner Diözese verlesen wird. »In unserer Region haben sich herzzerreißende Szenen abgespielt«, heißt es da. »Familien wurden zerrissen, Männer und Frauen wurden behandelt wie eine Viehherde und verschickt in unbekannte Richtung, mit der Aussicht auf noch ernstere Gefahren … Die gegenwärtigen antisemitischen Maßnahmen bedeuten eine Verachtung der Menschenwürde, eine Verletzung der heiligsten Rechte der Person und der Familie.«[15] Die Bischöfe von Marseille, Lyon und Albi schreiben offene Briefe mit ähnlichem Wortlaut, ebenso der Präsident der protestantischen Kirche in Frankreich, Marc Boegner. Der

Nuntius des Vatikan äußert seine Besorgnis, wobei sich seine Empörung jedoch in Grenzen hält.

Auch die fast machtlosen Präsidenten des Abgeordnetenhauses und des Senats, Herriot und Jeanneney, bringen ihre Abscheu zum Ausdruck. Die Proteste beeindrucken die Minister der Vichy-Regierung immerhin so weit, dass sie sich künftig den Deutschen nicht mehr als Helfer bei der ›Endlösung der Judenfrage‹ anbieten werden. Mindestens die Juden mit französischer Staatsangehörigkeit wollen sie nunmehr in Schutz zu nehmen.

Der Geschäftsträger der US-Botschaft in Vichy, Konsul Pickney Tuck, (der Botschafter, Admiral Leahy hat sich bereits verabschiedet,) bemüht sich, für tausend oder mehr jüdische Kinder Ausreise-Genehmigungen und US-Visa zu beschaffen. Das State Department stimmt zu, die französischen Behörden ebenfalls. Die deutsche Besatzungsmacht verlangt aber, Kinder von deportierten Erwachsenen, die nach deutscher Lesart also keine echten Waisenkinder seien, müssten von dieser Aktion ausgenommen bleiben. Auch sollten die Geretteten nicht zusammen auf einem Schiff reisen, damit ihre Ankunft in Amerika nicht propagandistisch genutzt werden könne.[16] Der im Vichy-Innenministerium für die Polizei zuständige Staatssekretär René Bousquet teilt Donald Lawrie mit: »Wir möchten nicht, dass die Kinder den Atlantik überqueren und ihre Eltern in Polen zurücklassen.«[17] Lawrie schreibt am 17. September 1942 ein ›Viertes Memorandum‹ über die Deportationen, dass er seinem Chef Tracy Strong nach New York schickt sowie an zahlreiche humanitäre Organisationen. Bis zu diesem Datum seien 10.495 Juden aus dem unbesetzten Frankreich deportiert worden. Viehwaggons für jeweils 30 Personen mit etwas Stroh auf dem Boden und einem Metall-Kübel als Toilette für alle seien das Transportmittel nach Polen. Je drei Gendarmen bewachen die Wagen. »Selten habe ein zivilisiertes Land eine noch bestialischere Missachtung aller Prinzipien von menschlicher Würde und Respekt erlebt,« urteilt Lawrie, der für den YMCA in Europa und für das Nimes-Komitee aller in Südfrankreich tätigen Hilfsorganisationen arbeitet.

An dem huguenottischen Dorf Chambon sur Lignon scheitern die Sicherheitsbehörden von Vichy. Der *Secours Suisse*, der *European Student Relief Fund* und die protestantische Hilfsorganisation *CIMADE* haben hier drei Häuser für Flüchtlinge vorbereitet. Vor allem Flüchtlinge aus den Internierungslagern fanden hier Zuflucht. Unter ihnen sind im Herbst 1942

48 Juden. Als die Polizei kommt, das Dorf umstellt, um die Flüchtlinge abzuholen, finden sie nicht einen. Sie kommen wieder und wieder, immer vergeblich. Das Dorf unter Anleitung seines Pfarrers André Trocmé wird von den Behörden mit der Kürzung der Lebensmittelrationen bedroht. Aber die Dorfgemeinschaft hält stand. In und um Chambon rettet sie mehreren tausend Menschen das Leben.

Die Fluchthelfer von *OSE* und *USC* erfahren, dass einige jüdische Familien und sehr viele Kinder in einer sicheren Festung bei Lyon eingesperrt wurden, Fort Vénissieux, von wo sie nach Polen abtransportiert werden sollen. Sie schmieden Pläne, wie die Kinder zu retten seien. Den Zug entgleisen lassen? Das erscheint zu riskant. Sie erfahren das Datum des geplanten Abtransports und haben eine bessere Idee: In der letzten Nacht bevor die LKW kommen, kappen sie die Elektrizitätsleitung. Der Zaun, der das Fort umschließt, ist nicht mehr geladen, innen erlöschen alle Lichter. Die Wachleute stehen hilflos im Dunkeln, während die Helfer von *OSE* zwischen zwei und vier Uhr nachts achtzig bis hundert Kinder entführen, bevor im Morgengrauen die Lastwagen der Polizei erscheinen. Die Fluchthelfer bringen diese Kinder in Klöster und kirchliche Einrichtungen des Erzbistums Lyon. Vergeblich versucht die Polizei, sie dort wieder wegzuholen. Kardinal Pierre-Marie Guerlier wendet sich an die Regierung in Vichy: Er könne für die öffentliche Ordnung in seiner Diözese nicht garantieren, wenn die Sicherheitskräfte versuchen sollten, sich der jüdischen Kinder zu bemächtigen.[18]

Eine kleine Anzahl von Kindern wird also gerettet. Für die Mehrheit lassen sich die Behörden jedoch so viel Zeit bei der Ausstellung der Ausreisevisa, dass der Plan am Ende mit dem Einmarsch der Deutschen und der Italiener in das bisher unbesetzte Südfrankreich scheitert.

BÉNÉDITE IM UNTERGRUND

Alle Pläne der *CAS*-Fluchthelfer waren bereits zusammengebrochen, als am 2. Juni 1942 um sechs Uhr morgens ein Kommando der Sureté Nationale ihr Büro aufsuchte, durchsuchte und offiziell schloss. Vier Inspektoren der Sureté sowie weitere Polizisten verwüsteten Unterlagen und Büroschränke, beschlagnahmten sechs Schreibmaschinen, Akten, Karteikarten mit Namen und Adressen der Flüchtlinge, Essen-Gutscheine und vor allem Bargeld. Als die

Mitarbeiter (fünf Frauen und sieben Männer) gegen neun Uhr an ihrem Arbeitsplatz erschienen, wurden sie festgenommen und anschließend auf der Polizeistation mehrere Stunden lang verhört. Die Bürotür wurde versiegelt.

Es war das Militär-Tribunal von Marseille, das diese Maßnahme angeordnet hatte, denn offenbar wurde das *CAS*-Team für Hilfe mitverantwortlich gemacht, die Jean Gemähling für britische Soldaten geleistet hatte. (Gemähling war wie sein Freund Bénédite bei der Operation in Dünkirchen Ende Mai/Anfang Juni 1940 von den Briten nach Großbritannien gerettet worden.)

Aber die Polizei-Aktion galt nicht allein dem *Centre Américain de Secours*, sondern auch anderen Organisationen und Wohnungen. Auch in anderen Städten der unbesetzten Zone fanden Razzien statt, wurden Verdächtige festgenommen. Das Ziel war, ›kommunistische oder trotzkistische Umtriebe‹ zu stoppen. Dem *CAS* wurde vorgeworfen, über einen Strohmann Geld an die trotzkistische Partei im Untergrund überwiesen zu haben. In ihrem Büro fand die Staatssicherheit ein Papier, das sie als Dokument »von revolutionärem Charakter« einstufte.[19]

DANIEL BÉNÉDITE, CA. 1940

Aus einem Observationsbericht der Polizei vom 14. März 1942 geht hervor, dass der Präfekt bereits anfangs des Jahres – wie es schien im Einverständnis mit dem amerikanischen Konsulat – die Schließung des Büros angeordnet hatte. Die Begründung des Präfekten: »unter seinem philanthropischen Aspekt beherberge das *CAS*-Büro verdächtige Politiker, bevor sie den Ozean überqueren«.[20]

Daniel Bénédite und seine Mitarbeiter protestierten nach der Polizei-Maßnahme vom 2. Juni. Anschließend versuchten sie aber, die Geschäfte im Stillen weiter zu führen und mieden die Öffentlichkeit, um nicht selbst verhaftet zu werden.

Die US-Botschaft wurde bei der Vichy-Regierung vorstellig – ohne Erfolg. Hinter der Aktion stand die deutsche Besatzungsmacht. Pétains Stellvertreter Pierre Laval klagte gegenüber dem amerikanischen Geschäftsträger Tuck in Vichy: »Die Deutschen werden immer präziser in ihren Forderungen und seine (Lavals) Position als Regierungschef sei wahrscheinlich die schwierigste, die ein Staatsmann heute in der Welt haben könne.«[21]

IRRC-Präsident Frank Kingdon intervenierte beim State Department, wobei er vor allem verlangte, den noch verbleibenden Klienten des *CAS* müsse die sichere Ausreise und Überfahrt nach Amerika garantiert werden. Zu diesen gehörte der spanische Exil-Politiker Francisco Largo Caballero (Ministerpräsident Spaniens während des Bürgerkrieges), der jedoch den Nazis in die Hände fiel und die Zeit bis Kriegsende im Konzentrationslager Sachsenhausen verbringen musste.

Ein weiterer *CAS*-Kandidat, für den Kingdon sich jetzt einsetzte, war der surrealistische Objekt-Künstler Marcel Duchamps, dem Peggy Guggenheim in den 30er Jahren ihr Know How als Kunstsammlerin verdankte. Ihm gelang die Flucht in die Vereinigten Staaten. Auf Kingdons Liste standen auch Anni und Max Diamant. Der Journalist Diamant aus Mannheim war schon 1934 nach Paris geflüchtet, um sich der Verhaftung durch die Nazi-Behörden zu entziehen. Dort hatte er sich der SAP angeschlossen, der Sozialistischen Arbeiterpartei. Seit März 1941 lebte er mit seiner Frau in Marseille, unterstützte Varian Fry und war selbst auf dessen Hilfe angewiesen. Max Diamant, als ehemaliger Spanien-Kämpfer, und seine Frau bekamen schließlich 1942 ein Visum für Mexico und konnten Frankreich verlassen.[22]

Amerikanische Zeitungen berichteten über die Schließung des *CAS*, sodass Varian Fry schon bald informiert war, allerdings eher allgemein. »Was genau ist passiert?« fragte er Bénédite am 29. Juni. »Und was können wir tun«? »Gibt es irgendeine Möglichkeit, die Arbeit neu zu beginnen?« »Wenn nicht, was wird aus unseren Schützlingen«?[23] Kann eine andere Organisation die Arbeit weiter führen? Fry wusste, dass andere amerikanische Einrichtungen in Frankreich, etwa *HICEM* oder *YMCA*, weniger gehindert weitermachen konnten. Irgendwie müsse für die Menschen gesorgt werden, denen Bénédite und sein Team geholfen habe, »bevor sie alle in Konzentrationslagern landen«, so drängte er.[24]

»In unserer eigenen Sache bleibt nichts mehr zu tun«, antwortete Daniel Bénédite am 23. August, nachdem er Frys Brief erhalten hatte. »Ich erwarte ... das Ergebnis oder zumindest das Echo auf die Demarche des Botschafters.« Die Visa-Situation für Mexiko und Cuba sei aussichtslos, die amerikanischen Behörden aber würden ›tropfenweise‹ gelegentlich Visa ausstellen für Emigranten, die schon jede Hoffnung aufgegeben haben.[25]

Zur gleichen Zeit im August 1942, als wegen der Deportationen nach Osten eine Schockwelle durch die Lager der Flüchtlinge und Emigranten ging, sah sich Charles Joy vom *USC* in Lissabon einer Wand von Ablehnungen durch die US-Behörden gegenüber. »Roughly since July there is a regular epidemic of refusals of US-Visas. (Hedwig Himmelstern, Aba Scerbac, Dr. Richard Baer – member of USC medical staff in Marseille – Mr. and Mrs. Zoltan Kenieny, Meyer, etc.)« sie alle abgelehnt, schrieb Joy nach Boston.[26] Seit die USA im Dezember 1941 in den Zweiten Weltkrieg eintraten, wurden bis September 1942 kaum ein Dutzend Visa für *USC*-›Klienten‹ in Lissabon genehmigt, angeblich aus Furcht vor der ›fünften Kolonne‹ der Nazis, während das *USC* im Jahr 1941 noch 534 Flüchtlingen zur Flucht nach Amerika hatte verhelfen können, den meisten in die Vereinigten Staaten.[27]

Doch die Deportationen verstärkten den Druck vor allem auf Juden, die sich in Südfrankreich versteckt hatten. Der aus Galizien stammende Psychologe und spätere Schriftsteller Manes Sperber flüchtete am 21. September illegal mit Hilfe eines Einheimischen in der Nähe von Evian über die Grenze im Hochgebirge in die Schweiz. Seine Frau Jenka mit dem erst wenige Monate alten Sohn konnte bald folgen.

Im Untergrund ein illegales Netz von Fluchthelfern und Unterstützern aufrecht zu erhalten, war für Bénédite und wenige Getreue eine noch einmal schwierigere Aufgabe als alles vorher. Zunächst musste das Team verkleinert werden, die Kosten mussten weiter reduziert, die Kommunikation eingeschränkt werden. Aber Daniel Bénédite war entschlossen, genauso wie Walter Fabian, Anna Gruss, Paul Schmierer und Jacques Weisslitz, die jetzt noch mit ihm weiter arbeiteten. Von Juni bis September wurden alle weiteren Mitarbeiter mit einer kleinen Abstandszahlung verabschiedet. Das Team führte die Geschäfte weiter und hielt Kontakt zu den Flüchtlingen, von denen einige vollkommen auf die laufende Unterstützung angewiesen waren. »From hand to hand«[28] nach ihren Bedürfnissen und unseren Möglichkeiten, so berichtet Bénédite, also keine Überweisung, keine Quittung, keine Unterschrift, die die Sureté hätte auf ihre Spur führen können, so gaben sie, was sie noch geben konnten. Daniel Bénédite und Anna Gruss brachten das Geld persönlich in die Verstecke von mindestens dreißig Flüchtlingen, die ihnen persönlich bekannt waren.

Im August 1942 tauschten Dexter und Joy erneut ihren Arbeitsplatz. Joy kehrte nach Boston zurück und berichtete dort von den Deportationen der

Juden in die Konzentrationslager. Dexter kam nach Lissabon und beantragte sogleich ein Visum für die unbesetzte Zone in Frankreich. Als er es erhielt, im September, reiste er nach Marseille und traf Daniel Bénédite, den er in das USC-Büro gebeten hatte. Dann gingen die zwei in einen Park, wo ihr Gespräch nicht belauscht werden konnte. Dexter fragte Bénédite, ob er sich vorstellen könne, für den US-Geheimdienst OSS zu arbeiten. Die Amerikaner würden gern erfahren, wie die Deutschen die französische Wirtschaft ausbeuten, wie sich die französischen Arbeiter verhalten und wie die Moral der Untergrund-Gruppen sei.[29] Bénédite zögerte, er wollte sich – vor seiner Antwort – erst mit Freunden beraten. Einer der Freunde befürwortete das Angebot aber ganz energisch und so entstand eine kleine OSS-Gruppe in Marseille. Bénédite hatte Kontakt zu einer Postzelle in Paris und zur Betriebsplanung der SNCF, der französischen staatlichen Bahngesellschaft. So konnte er erfahren, welche Züge mit welchem Material wann nach Deutschland fuhren.[30]

Dexter traf auch den Klinikchef Zimmer, der genauso wie Dexter für den OSS arbeitete. Die Fields sah Dexter bald danach in der Schweiz, wo sich ihre Wege kreuzten. Noel Field erzählte, wie er den medizinischen Dienst des USC mit Hilfe von Dr. Zimmer und zahlreicher Spenden aus der Schweiz ausgeweitet hatte und Dexter war beeindruckt. Fast euphorisch schrieb er nach Boston: Die Fields leisten mehr als ich angenommen habe. Die Auswanderung richtet sich jetzt aber in die Schweiz, deshalb haben wir in Boston bisher nicht viel davon bemerkt. Field hat exzellente Kontakte und durch seine Arbeit leben heute Dutzende, wenn nicht Hunderte in Sicherheit. »Die Fields sind feine Leute, aber ich mache mir Sorgen um beide. Sie arbeiten zu viel und essen zu wenig.«[31]

Auf dem Rückweg via Marseille traf Dexter erneut Daniel Bénédite, diesmal im US-Konsulat. Er fragte ihn, wie viel Geld er jetzt monatlich brauche. Bénédite nannte die Summe von 40.000 Francs und Dexter sagte den Betrag zu. Er sollte ab sofort über das US-Konsulat in die Hand des im Untergrund arbeitenden CAS-Chefs gelangen. Offenbar hatten sich die Konsuln entschlossen, oder sie waren angewiesen worden, kooperativer mit den Fluchthelfern umzugehen.

Dexter bat die Fluchthelfer, den französischen Marinehafen Toulon und andere Punkte an der Küste im Auge zu behalten und über Truppen-Bewegungen oder andere Veränderungen zu berichten. Bénédite versprach das. Die OSS baute ihr Spionagenetz in Frankreich aus, die USA bereiteten ihren ersten militärischen Schlag im Mittelmeer vor.[32]

Lange ließ sich weder die Fluchthilfe noch die Flüchtlingshilfe in den Lagern und Notquartieren fortführen. »Das Klima wurde höchst ungesund«, musste Daniel Bénédite feststellen.[33] Am ersten Oktober beschloss die Mannschaft, das gesamte *Centre Américain de Secours* nunmehr auch ihrerseits zu schließen und für einige Zeit zu verschwinden. Walter Fabian mit Frau Ruth und Tochter gelang in der zweiten Oktoberhälfte die Flucht in die Schweiz, ohne Ausreise-Genehmigung, also illegal. Anna Gruss gab Weisslitz, Schmierer und Bénédite je eine kleine Abfindung. Weisslitz verabschiedete sich, Bénédite und Schmierer wollten ebenfalls soweit wie möglich von Marseille entfernt untertauchen. Bénédite vergrub sich in einem Tal der See-Alpen, wo er zusammen mit Flüchtlingen aus Spanien etwas Geld mit der Herstellung von Holzkohle verdiente. Der Stab bestand jetzt nur noch aus der zuverlässigen und unerschrockenen Sekretärin in Marseille, Anna Gruss.[34] Sie hielt Kontakt mit zwei oder drei absolut vertrauenswürdigen Klienten, die jeweils mit kleinen Flüchtlings- Gruppen in Verbindung standen. Geld bekam Bénédite über den *OSS*-Agenten Nr. 328, René Bertholet, der vom *ERC* in New York finanziert wurde. Varian Fry hatte der US-Regierung Bertholet als Kontaktmann zum französischen Untergrund empfohlen. Allen Dulles, der im November 1942 *OSS*-Chef in Bern werden sollte, schätzte Bertholet wegen seiner guten Beziehungen zur Résitance sehr und unterstütze ihn. Grundzüge des *CAS*-Netzes blieben also trotz deutscher Besatzung erhalten, es arbeitete praktisch wie ein Agentennetz im Untergrund. Auf Daniel Bénédite, Paul Schmierer, René Bertholet und Anna Gruss lastete jetzt die gesamte Verantwortung, die sich vorher eine halbe Dutzend Flüchtlingshilfe-Organisationen mit einer Hundertschaft von Mitarbeitern geteilt hatten.

BESETZUNG DER ›FREIEN‹ ZONE

Kurz bevor Robert Dexter im August 1942 Charles Joy in Lissabon ablöste, bzw. erneut den Platz mit ihm tauschte, rechtzeitig vorher – im Juni – war er zusammen mit seiner Frau Elisabeth nach New York gefahren. Dexter war zornig wegen der restriktiven Visa-Politik des State Department, er war zornig auch wegen der Art, wie schäbig die US-Diplomaten Varian Fry behandelt hatten und schließlich war er zornig, weil die französische Vichy-Regierung das CAS-Büro sang- und klanglos geschlossen hatte.

Die beiden Dexters suchen das Rockefeller Center auf und betreten die Büroräume des *OSS* (Office of Strategic Services), eines neuen Geheimdienstes der Vereinigten Staaten, welcher den bevorstehenden Krieg gegen Hitler vorbereiten soll. Agent Nr. 110 empfängt die Dexters: Allen Dulles, zweiter Chef der Spionage-Organisation. Er führt den Code-Namen Burns. Sein Chef ist Agent Nr. 109, William Donovan. Beide haben den Auftrag der US-Regierung, in Europa eine Spionage-Organisation aufzubauen und Kontakt mit Widerstands- und Partisanengruppen aller Art aufzunehmen.

Vor dem Treffen hat Dexter seinen Zorn in einen Brief an Außenminister Hull gefasst und die Kopie dieses Briefes an Dulles geschickt, über den nun zu reden sein wird. Er betrifft das *CAS*-Büro in Marseille. »I think it is only fair,« heißt es da, »to say that Varian Fry and those associated with him in the Centre occasionally made blunders – as who does not? – but nevertheless that they had done probably the most outstanding job of any group in Europe – not even excepting our own – in the field of saving political refugees«.³⁵ Nachdem die Laval-Regierung kurz zuvor das *CAS* geschlossen und mehrere Mitarbeiter festgenommen hat, solle nun, so argumentiert Dexter, die Arbeit reorganisiert und auf die Freilassung der Verhafteten gedrungen werden.

Allen Dulles, Sohn eines Diplomaten, ist der jüngere Bruder von John Foster Dulles, der später Außenminister werden soll. Auch ihm steht später, im Kalten Krieg, eine zentrale Funktion in der US-Politik bevor, nämlich als *CIA*-Chef. Er verspricht nichts, lädt die Dexters aber ein, ›under cover‹ für den OSS zu arbeiten. Sie sollen einem Kontaktmann im US-Konsulat Berichte liefern und auch andere Aufgaben übernehmen. Es ist ein geschickter Schachzug des Geheimdienstes, bei der bevorstehenden Operation in Europa die Kontakte und das Wissen der religiösen Gruppen zu nutzen, die dort seit langem verankert sind. Robert und Elisabeth Dexter stimmen zu. Sie erhalten die Code-Namen ›Corn‹ und ›Cornette‹. Corn wird beauftragt, zehntausend US-Dollar an Léon Jouhaux im französischen Untergrund zu übergeben. Varian Fry hatte diesen Mann nachdrücklich als Kontaktmann in der Résistance empfohlen. ›Cornette‹ soll regelmäßig Berichte schreiben. Ein Geheim-Code wird ihr angetragen: Innerhalb ihrer Meldungen sollen streng geheime Zusatz-Informationen versteckt werden, die das Personal der Konsulate nicht ohne weiteres lesen kann, beginnend mit dem fünften Wort in der fünften Zeile des ersten Absatzes und danach jedes fünfte Wort. Elisabeth Dexter vergisst diese Anweisung jedoch schnellstens.³⁶

Die Dexters für den *OSS* zu rekrutieren, widerspricht einem britisch-amerikanischen Geheimdienst-Abkommen vom Juni 1942. Darin sichern sich die Briten die führende Rolle bei allen Geheimdienst-Operationen auf dem europäischen Kontinent. Die Sache zeigt aber, dass es der US-Regierung inzwischen Ernst ist mit dem bevorstehenden Krieg.

Agent 110 besteigt am 2. November 1942 in New York ein Flugboot nach Lissabon. In seinem Handgepäck hat er ein umfassendes Code-Wörterbuch (für den deutschen Geheimdienst ein Objekt von unschätzbarem Wert) und ein Couvert mit Reise-Schecks über eine Million US-Dollar. Der 49-jährige Allen W. Dulles sieht mit seiner randlosen Brille, seinem grauen Bärtchen und seiner Pfeife aus wie ein Diplomat, aber das täuscht. Der Chef des *OSS (Office of Strategic Services)* Donovan wollte ihn eigentlich nach London schicken, um dort das europäische Hauptquartier aufzubauen. Aber Dulles, der seit dem Ersten Weltkrieg Ortskenntnisse in der Schweiz hat, schlug Bern vor und setzte sich durch.

Ausgestattet mit einem US-Diplomatenpass als neuer ›Assistent‹ des amerikanischen Botschafters in der Schweiz hat er praktisch an allen Grenzen freie Fahrt, außer wenn Krieg ist. Er fliegt also von Lissabon nach Barcelona und besteigt dort einen Zug nach Genf. Es muss ihm klar sein, dass die Reise durch Vichy-Frankreich nicht ungefährlich für ihn ist, weil die Deutschen, die den USA vor zehn Monaten den Krieg erklärt haben, auch im Süden Frankreichs präsent sind. Aber er ist vollkommen überrascht, als er an der spanisch-französischen Grenze erfährt, dass die alliierten Briten und Amerikaner soeben eine Reihe von Angriffen auf die französischen Gebiete Algerien und Marokko begonnen haben. Die meisten Franzosen seien darüber erfreut, notiert er.[37] Dulles reist weiter.

Kurz vor der Schweizer Grenze, in Annemasse, hält der Zug. Es ist der 9. November 1942. Die Grenz-Polizei bittet alle Reisenden, zur Kontrolle ihrer Ausweise auf den Bahnsteig zu treten. Ein Gestapo-Offizier überwacht die Kontrolle, prüft auch Dulles' Pass selbst. »The Gestapo man carefully put down in his notebook the particulars of my passport,« notiert Dulles in sein Tagebuch.[38] »A few minutes later a french gendarme explained to me, that an order has just been recieved from Vichy to detain all Americans and British presenting themselfs at the frontier and to report all such cases to Marshall Pétain directly«[39] Dem Deutschen ist die Sache damit aus der Hand genommen, er wendet sich ab.

Dulles geht nervös eine halbe Stunde auf dem Bahnsteig auf und ab. Er denkt an Flucht. Er fragt sich, ob die Résistance im Untergrund ihm wohl helfen kann. Dann bekommt der Lokführer das Signal, das die Weiterfahrt freigibt. Der französische Polizist gibt Dulles ein Zeichen, einzusteigen und flüstert ihm zu, »unsere Zusammenarbeit mit den Nazis ist nur symbolisch«.[40] Dulles springt auf den anfahrenden Zug, ist wenige Minuten später in Genf und noch am Abend in Bern. Dort baut er sein OSS-Zentrum auf und steht bald auch in Kontakt mit dem deutschen Widerstand gegen Hitler.

Er kann nicht gewusst haben, dass an diesem 9. November 1942 der amerikanische General Eisenhower von Gibraltar aus mit Kriegsschiffen und Luftlande-Einheiten und die Briten mit einer riesigen Armada von Schottland und Irland aus drei Punkte im französischen Nordafrika angreifen und besetzen würden: Casablanca, Oran und Algier. Das Risiko, den Deutschen in Vichy-Frankreich in die Arme zu laufen, kann er nicht mit Absicht eingegangen sein.

Die erste Reaktion der Deutschen war vorhersehbar: Sie schlossen die Grenze zwischen der Schweiz und dem unbesetzten Frankreich noch am gleichen 9. November definitiv. OSS-Agent 110, Dulles, ist ihnen knapp entkommen. Nur noch Güterzüge durften die kurze Strecke von Annemasse nach Genf fahren. Am 10. und 11. November besetzten die Deutschen zusammen mit den italienischen Verbündeten den gesamten Süden Frankreichs. Dulles mag auf einen Polizisten gestoßen sein, der zu einer der Untergrund-Organisationen der Résistance gehörte. Sie hatte Zellen beim Bahnpersonal wie beim Zoll. Gerade die Strecke Annemasse – Genf war für die Résistance besonders wichtig. In Genf befand sich ein britisches Konsulat, der Vizekonsul war für Geheimdienste zuständig. In seinem Schutz arbeitete auch ein Büro der Gaullisten. Informationen und Menschen über die Grenze zu schicken, das gelang den Lokführern fast täglich. Die deutsche Besatzungsmacht hatte diesen Grenzabschnitt auch später nie vollständig unter Kontrolle.

Der Vichy-Regierung war nicht entgangen, dass die Amerikaner und Briten Anfang November in und um Gibraltar zahlreiche Flugzeuge, Schiffe und Landungsboote für die Operation Torch zusammenzogen. Ein Angriff der Alliierten im Mittelmeerraum schien sicher bevor zu stehen, aber wo? In Marseille nahmen wichtige Instanzen an, Ziel der amerikanischen Militär-Manöver könne Südfrankreich sein, und zwar wegen seines großen Hafens vielleicht

Marseille. Das Militär-Tribunal in der Stadt besann sich plötzlich auf das amerikanische Fluchthelfer-Team *CAS*, änderte seine Haltung abrupt und nahm den Befehl zur Schließung zurück. Anna Gruss, Daniel Bénédite und Paul Schmierer waren plötzlich persona grata. Man gab ihnen sogar ihr Geld zurück (immerhin: 70.000,- Francs), ihre Dokumente und Schreibmaschinen, alles, was die Behörden am 2. Juni beschlagnahmt hatten.

Die Fluchthelfer waren klug genug, der Sache nicht zu trauen. Sie nahmen ihr Hab und Gut, auch die Möbel aus dem Büro und versteckten alles. War es mehr Glück oder Verstand? Im November besetzten die Alliierten ohne Vorwarnung französische Gebiete in Nordafrika, nicht aber Südfrankreich. Die Vichy-Regierung war düpiert, brach die Beziehungen mit Washington ab und verbot die Tätigkeit amerikanischer Organisationen im Land. Sie alle wurden jetzt geschlossen. Ihr Besitz wurde beschlagnahmt, nur nicht die Wertsachen des CAS. Die waren gut versteckt, wie Bénédite nicht ohne Stolz nach New York berichten konnte.[41]

Nach dem Abbruch der diplomatischen Beziehungen, nachdem alle US-Konsulate in Südfrankreich geschlossen, die Diplomaten abgereist waren, wurde auch der Postverkehr zwischen den Vereinigten Staaten und Frankreich eingestellt. Die kleine *CAS*-Mannschaft war nun völlig abgeschnitten, ohne Kommunikation und ohne frisches Geld. Auch der Kontakt mit dem *USC* in Lissabon war unterbrochen, ebenso wie zu den Klienten des *IRRC/CAS* in Caldas da Reinha an der portugiesischen Küste, etwa fünfzehn bis zwanzig Familien oder Einzelpersonen, deren Aussichten auf ein Weiterkommen weniger als gering waren. Die Aussichtslosigkeit und die Residenzpflicht in abgelegenen Orten schlugen so massiv auf die Stimmung, dass viele Flüchtlinge in den portugiesischen Lagern an Selbstmord dachten.[42]

Als die Deutschen am 11. und 12. November 1942 militärisch über die Demarkationslinie bis ans Mittelmeer und an die Pyrenäen vor rückten, sicherten sich die verbündeten Italiener Teile des Territoriums entlang ihrer Grenze in den Alpen bis an die Rhone. Die deutschen Sicherheitsbehörden schalteten sich nun direkter und massiver ein in die Verfolgung von Juden, Linken und anderen Flüchtlingen. Die Polizei-Maßnahmen überließen sie aber im Prinzip den Franzosen, weil ihnen selbst das Personal fehlte. Hitler hatte befohlen, so gab Himmler es weiter, »dass die Juden und sonstigen Feinde in Frankreich verhaftet und abtransportiert werden ... Es handelt sich um 6–700.000 Juden«, schätzte er. »De Gaullisten, Engländer und Spanier sind von uns zu verhaften«[43]

Die Vichy-Regierung beschloss am 11. Dezember ein Gesetz, das alle Juden – nunmehr auch in der Südzone – zwang, sich durch ein sichtbares Kennzeichen als Juden zu erkennen zu geben. Das erleichterte der *Sureté Nationale* bei den Razzien die Arbeit.

ANNEMASSE – GENF

Das amerikanische Ehepaar Field, das das USC-Büro in Marseille leitete, wurde am Abend vor der Ankunft der Deutschen durch einen Telefon-Anruf gewarnt. Sie mussten unmittelbar aufbrechen und fast ihren gesamten privaten Besitz zurücklassen. Es blieb keine Zeit, das Hauptquartier in Boston zu informieren. Der Kontakt ging für Wochen verloren. Ein Pferdewagen brachte sie zum Bahnhof St. Charles. Sie nahmen den Mitternachtszug nach Genf. Aber als sie morgens in der Grenzstadt Annemasse ankamen, schien es bereits zu spät zu sein. Deutsches Militär hatte die Stadt besetzt und versuchte, die Verwaltung unter ihre Kontrolle zu bringen. Die Vichy-Polizei hatte den Auftrag, alle Briten und Amerikaner, die auftauchen sollten, festzunehmen. So wurden auch Herta und Noel Field verhaftet. Sie verbrachten Stunden im Büro des Polizeichefs von Annemasse, ungewiss, was mit ihnen geschehen sollte.

Aber der Polizeichef hatte nicht die Absicht, einfach Befehle der Nazis zu befolgen. Er ließ eines seiner Fahrzeuge mit einem Fahrer kommen, das die Fields an den Grenzübergang Collange bringen sollte. Dort rief er an und ordnete an, dass die Fields ohne Fragen und ohne Kontrolle in die Schweiz durchzulassen seien.

Während der Fahrt durch die frühe Dunkelheit sahen die Fields, dass ein anderes Fahrzeug ihnen folgte. Aber die Straße war eng, die Verfolger konnten sie nicht überholen. Am Ende retteten sie sich mit einigen Sprüngen über die Grenze, sahen aber noch wie Männer in deutschen Uniformen hinter ihnen her starrten.[44]

Robert Dexter hatte Field schon im September gedrängt, Mitarbeiter des *OSS* zu werden aber dieser »wich einer direkten Antwort aus.«[45] Seine Aufgabe sollte darin bestehen, militärische Informationen zu sammeln und etwa Befestigungsarbeiten an der Küste zu melden. Field besprach das Angebot aber mit einem der Leiter der *KPD*-Gruppe im unbesetzten Frankreich, mit Willi Kreikemeier. Dieser riet ihm, keine bindende Verpflichtung einzugehen, aber auch nicht völlig abzulehnen. Wenige Tage später nahm Dexter Field mit in das amerikanische Konsulat und stellte ihn dem dortigen OSS-Beamten vor. Wie Field später in seinen Verhören durch Sowjetische Agenten in Budapest aussagte, erklärte er dem OSS-Mann in Marseille, »dass ich mich nicht verpflichten könne, direkter oder indirekter Mitarbeiter des OSS zu werden, dass ich es jedoch als amerikanischer Staatsbürger für meine Pflicht ansähe, auf völlig freiwilliger Basis, mir eventuell bekannt werdende Informationen mit militärischem Bezug an das OSS weiter zu leiten.«[46] Kaum in der Schweiz traf Field den OSS-Chef Dulles in Genf und nun war die direkte Zusammenarbeit nicht mehr zu vermeiden. Field brauchte Geld und die Hilfe des OSS, um die Verbindung nach Boston wieder herzustellen. Dexter in Lissabon verlangte von Field ebenfalls, mit dem OSS zu kooperieren.

Noel Field erhielt die Agenten-Nummer 394. Er war damit Doppel-Agent für Moskau und Washington. Dulles und Field kannten sich schon lange, aber nicht sehr gut. Allen Dulles hatte 1918 den damals 14-jährigen Noel Field im Haus seines Vaters in Zürich kennen gelernt. Auch im State Department waren sie sich in den 20er Jahren zwei- bis dreimal begegnet.[47] Dulles hatte anfangs Bedenken, Field zu rekrutieren,[48] überwand diese aber.

Wahrscheinlich kannte Dulles die Sympathien, die Field für die Sowjetunion und das kommunistische Weltbild hegte. Das muss ihn aber nicht gestört haben, denn zu seinen Aufgaben gehörte ja gerade, die unterschiedlichen Anti-Hitler-Kräfte in Europa zusammen zu führen: Kommunisten, Gaullisten, Partisanen, Trotzkisten, Sozialdemokraten, Juden und Kirchliche Bewegungen. Und schließlich waren die USA und die Sowjetunion zu dieser Zeit Verbündete.

Als Field mit Hilfe von Dulles den Kontakt zum USC-Hauptquartier wieder hergestellt hatte, wurde er zum USC-Chef für Westeuropa befördert.

Den Lawries gelang die Flucht unter weniger dramatischen Umständen. Weitere amerikanische Fluchthelfer konnten Frankreich verlassen, andere wurden in Baden-Baden interniert. Die Fields und die Lawries mussten die meisten Flüchtlinge jedoch ihrem Schicksal überlassen. Sie verloren für mehrere Monate jede Verbindung. Emigranten, politische Flüchtlinge, Juden, die sich nicht im Ausland in Sicherheit bringen konnten, versuchten unterzutauchen. Den

Juden kam zu Gute, dass die Italiener in ihrer kleinen Besatzungszone, dazu gehörte vom 1. Januar 1943 an das gesamte Departement Haute Savoie, den deutschen Antisemitismus nicht mitmachen wollten. Auch die antisemitischen Maßnahmen der Vichy-Regierung ließen sie ins Leere laufen. Von Vichy-Beamten nahmen die italienischen Besatzer keine Anordnungen entgegen.

Aber einige Flüchtlings-Helfer blieben doch, etwa René Zimmer, der Klinikchef, der auch das medizinische Hilfsprogramm für die Internierungslager steuerte. Der Polizeichef von Marseille war dem Elsässer Zimmer eher wohl gesonnen. Er bestellte ihn zu sich, um ihm zu sagen, er müsse aus Marseille verschwinden, wenn er nicht Probleme mit der deutschen Besatzungsmacht bekommen wolle. Zimmer schloss darauf die Klinik in der Rue Fortia. Er zog sich zurück in sein weniger bekanntes Medikamenten-Lager in der Rue d'Italie. Dann machte er dem Bürgermeister von Marseille einen Vorschlag: Er wollte der Stadt die Vorräte an Medikamenten übertragen, aber die Stadt sollte eine neue Klinik unter Leitung eines nicht-jüdischen Arztes gründen, die sich vor allem der verwaisten Kinder annehmen sollte. Der Bürgermeister stimmte zu. Die Klinik ›Centre de dépistage et de prophylaxis‹ (Zentrum für Früherkennung und Vorbeugung) wurde eingerichtet[49], die heute noch existiert.

Um Hilfe für die Internierungslager kümmerte Zimmer sich selbst, nun aber nicht mehr im Auftrag des *USC*, sondern als Delegierter des Nimes-Komites, dem jetzt fast nur noch Franzosen angehörten. Die Lager waren aber praktisch zu Warte-Stationen auf dem Weg in die Deportation geworden. Die Arbeit machte kaum noch Sinn. Nach einigen Monaten stellte Zimmer diese Tätigkeit ein. Er arbeitete zunehmend für die Résistance und richtete eine neue Klinik für den französischen Untergrund ein, wobei sein Vorrat an Medikamenten und medizinischem Gerät von größtem Nutzen war.

Sein Ärzte-Team aus der Emigranten-Poli-Klinik hatte sich im Herbst 1942 komplett aufgelöst. Die Chirurgen Wolff, Mendel und Landmann versteckten sich, bzw. schlossen sich der Résistance an. Dr. Karp entkam nach Lissabon, Dr. Baer in die Schweiz. Die Russin Zina Minor tauchte ab in den Untergrund. Die Sekretärin des Medizin-Programms, Frau Haber wurde zusammen mit ihrem Mann von den Nazis festgenommen und deportiert. Flüchten konnten dagegen die Leiterinnen der Kindergärten, Frau Lang und Frau Monteil.[50]

Nachdem die Deutschen den Süden Frankreichs militärisch besetzt hatten, wuchs der Widerstand, die Résistance; auch die Spionage-Tätigkeit und Sabotage-Akte nahmen zu. Flüchtlings- und Fluchthilfe konnten nur noch im Untergrund gelingen. Annemasse, der französische Grenzort bei Genf, wurde dafür in den Jahren 1943 und 44 ein Schwerpunkt. Bürgermeister Jean Deffaugt und die Aktivisten von *OSE* und *CIMADE*, Eugène Baltazar, Georges Loinger und Joseph Weill organisierten ein gut funktionierendes Netzwerk. Georges Garel von der Résistance half ihnen.

Annemasse mit seiner privilegierten Lage nahe am Genfer See mit Blick auf das Hochgebirge war schon lange an Kinderferienlager gewöhnt. Reisende Schülergruppen, begleitet von fremden Lehrern, fielen hier nicht auf. Der jüdische Sportlehrer Georges Loinger[51], der 1910 in Straßburg geboren war, also als Deutscher, erhielt die Erlaubnis des Bürgermeisters, einen Sportplatz in unmittelbarer Grenznähe für Fußball-Spiele zu nutzen. Obwohl die Grenze mit Stacheldraht versperrt war, musste doch hin und wieder ein Ball, der sich verirrt hatte, unter dem Draht zurückgeholt werden. Das war die Gelegenheit für die ersten jüdischen Kinder, mit ihren in den Kleidern eingenähten falschen Papieren in die Schweiz zu verschwinden. Parallel wurden die richtigen Namen an das *OSE*-Büro in Genf übermittelt. Zur Not konnte auch ein Telefon der *CIMADE* oder sogar beim Weltkirchenrat in Genf alarmiert werden. Die Kinder waren psychologisch auf das riskante Abenteuer vorbereitet. Die meisten hatten jeden Kontakt mit ihren Eltern verloren, von denen einige deportiert, andere verschollen waren. Viele jüdische Kinder waren in der katholischen Umgebung orientierungslos und schrecklich einsam. Zu diesen Kindern gehörte der erst 10-jährige Saul Friedländer, der in Prag geboren war. (Später, als Historiker, schrieb er das große Standardwerk über den Holocaust.) Seine Eltern, Elli und Jan Friedländer, wurden im Jahr 1942 in Saint-Gingolph festgenommen, wenige Kilometer von Annemasse entfernt, in das Internierungslager Rivesaltes gebracht, dann deportiert und umgebracht.

In Annemasse reichte das gelegentliche Fußballspiel bald nicht mehr. Nach einem monatlich vereinbarten Fahrplan kamen zwei oder dreimal in der Woche Gruppen von fünfzehn bis zwanzig Schülern an. Sie übernachteten einmal in Schulheimen, und passierten am nächsten Tag die Grenze. Loinger, den die Kinder nur mit seinem Code-Namen Léo kannten, brachte sie soweit wie möglich an den Zaun.[52] Auch Schleuser (›passeur‹)wurden angeheuert für etwa 300,- Francs pro Kind. Es blieb ein Risiko, dass sich unter den Schleusern Verräter befinden konnten. Das Risiko teilten sich Flüchtlinge und Fluchthelfer. 350 Kinder kamen so bis zum Sommer 1944 in die Schweiz.[53]

Jedoch gelangen nicht alle Transporte und die Schweiz ging nicht mit allen Flüchtlingen gastfreundlich um. Weil in der Regel Familien mit Kindern nicht abgewiesen wurden, stellten die Fluchthelfer in Annemasse gelegentlich auch ›künstliche‹ Familien zusammen. Pfarrer Eugène Marquet versteckte Juden im Kirchturm und in der Sakristei seiner Kirche St. André d'Annemasse, wo sie auf den weiteren Weg über die Grenze warteten. Auch Jeanne Bach, die Frau des protestantischen Pfarrers von Annemasse verhalf ab 1941 mehr als 200 Flüchtlingen in die Schweiz, bis sie verraten und verhaftet wurde.[54] Mehrere Bürger von Annemasse wird die israelische Gedenkstätte Yad Vashem zu »Gerechten unter den Völkern« erklären. Auch ein Stützpunkt des Geheimdienstes OSS richtete sich in Annemasse ein.

Die Schweiz war offiziell neutral, die Schweizer nicht unbedingt. In der romanischen Schweiz sympathisierten viele mit Hitlers Gegnern und Opfern. Man versuchte den Flüchtlingen zu helfen, vor allem den Kindern. Seit den Razzien im August 1942 wuchs der Zustrom jüdischer Exilanten jedoch so stark, dass der Bundesrat in Bern sich veranlasst sah, die Grenze zu schließen, ganz ohne Druck von deutscher Seite. Juden galten nicht als politische Flüchtlinge. Mehrere tausend Hilfesuchende, nach einigen Schätzungen bis zu 25.000 wurden von den Schweizer Behörden abgewiesen. Nach erheblichem Protest in der Öffentlichkeit wurde allerdings der Polizeichef von Genf ermächtigt, mit der Abschiebung von Flüchtlingen zu warten.

Wer illegal, also ohne Papiere, über die Grenze wollte, brauchte in der Gegend um Genf und Annemasse die Hilfe von Einheimischen. Nur sie konnten den Verlauf der Grenze im Gelände sicher erkennen. Sie kannten den Rhythmus der Grenz-Patrouillen. Sie hatten Werkzeug, um den Stacheldraht aufzuschneiden. Mehrere Fluchthilfe-Organisationen arbeiteten entlang der Grenze, vernetzt mit dem Untergrund im ganzen Land. Eine große Rolle spielten die französischen Protestanten, die halb offiziell mit dem Schweizer Bundesrat Eduard von Steiger zusammenarbeiteten, dem allerdings das Wort nachgesagt wird: »Das Boot ist voll.«

Als Schlupfloch diente auch die Villa von Irène Gubier in ländlicher Umgebung unweit der Stadt mit ihrem Hinterausgang in die Schweiz. Die katholische Klosterschule du Juvénat in Ville-la-Grand öffnete ebenfalls zwischen Feldern und Weinbergen versteckte Wege nach Genf. Zwischen 1000 und 2000 Flüchtlinge haben durch das Internat und durch die genannte Villa die

Freiheit erreicht, bis die Gestapo die Schlupflöcher entdeckte und schloss, nicht ohne Strafen für Helfer und Verantwortliche.[55]

In dem Wintersport-Ort Les Gets in 1200 Metern Höhe leitete Marie-Antoinette Plemianikow ein Hotel, das zum Zufluchtsort für Juden und andere Flüchtlinge wurde. Die Hotel-Chefin, Witwe eines französischen Diplomaten und Mutter des später berühmten Film-Regisseurs Roger Vadim, organisierte illegale Fluchten in die nahe Schweiz. Ab Herbst 1942 entstand ein Netz von einheimischen Fluchthelfern und Schleusern, deren Adressen in Lyon und Marseille weitergereicht wurden. Die Idealisten unter ihnen brachten Flüchtlinge ohne Gegenleistung über die Grenze, die meisten aber verlangten Geld, bis zu 50.000 französische Francs – leicht verdientes Geld. Ein Durchschnitts-Gehalt betrug damals in Frankreich um 2.000 Francs. Eine Reihe von Helfern und Schleusern wurde allerdings vor Gericht gestellt und verurteilt. Der stellvertretende Bürgermeister von Annemasse, Jean Deffaugt, später selbst Bürgermeister, beschaffte falsche Ausweise und rettete zahlreiche Kinder, etwa als ein Transport der Fluchthelferin Marianne Cohn aufgehalten und festgenommen wurde.[56]

Auf der Schweizer Seite waren es vielfach kirchliche Einrichtungen aber auch das Internationale Rote Kreuz (IKRK), die sich um die Kinder kümmerten. Insgesamt 21.000 Juden nahm die Schweiz während des Zweiten Weltkriegs auf.[57] Die an der Grenze Abgewiesenen wurden nicht gezählt.

Francoise Frenkel unternahm drei Fluchtversuche in die Schweiz. Nach dem ersten wurde sie von der französischen Grenzsicherung festgenommen und im Arrest an der Grenze zusammen mit anderen Flüchtlingen festgehalten. Ein Polizei-Bus brachte sie zwei Tage später ins Gefängnis von Annecy. Dort wurde sie vor Gericht gestellt und zu einer geringen Strafe mit Bewährung verurteilt. Am nächsten Tag ließ man sie frei. Das Abenteuer hielt sie nicht davon ab, es erneut und dann auch ein drittes Mal zu versuchen. 1943 gelangte sie über Schneefelder im Hochgebirge an die Grenze, wurde entdeckt und beschossen. Sie rannte, taumelte, fiel, rutschte schließlich den Abhang hinab – genau vor die Füße eines Soldaten, eines Schweizer Soldaten. Der sagte: »Stehen Sie auf Madame, Sie sind nicht verwundet. Sehen Sie, Sie sind jetzt in der Schweiz«. Die Stadt Genf führt in ihrem Staatsarchiv eine Liste mit den Namen der Personen, die während des zweiten Weltkrieges an der Genfer Grenze registriert wurden und die Erlaubnis bekamen, in der Schweiz zu bleiben. Dort findet sich ihr vollständiger und ursprünglicher Name: Raichenstein-Frenkel, Frymenta, Idesa aus Polen, geboren am 14.7.1889. Ihr Ehemann Simon Raichenstein war 1942 von Drancy bei Paris nach Osten deportiert worden. Francoise ließ sich für die Dauer des Krieges am Vierwaldstädtersee nieder und schrieb ihre Geschichte auf.[58]

So waren die Umstände, unter denen es auch den Fluchthelfern vom *CAS* gelang, eine Reihe ihrer Schützlinge über die Grenze zu bringen:
* Ruth und Walter Fabian mit Tochter,
* die Ehepaare Bardach, Eksl, Rojanski und Segalis,
* sowie die Einzelnen: Dora Benjamin (Schwester von Walter B.),
* Alfred Cohnfeld, Richard Kaempfer, Willy Kress, Jacob Walter,
* Margot Wolf, Frau Freier sowie die Herren Sonnenschein und Boegler. (mit Boegler hatte Mary Jane Gold im Internierungslager Bekanntschaft gemacht.)

Diese Liste stellte Paul Schmierer am 13. Juni 1943 auf. Sie war nicht vollständig. Aber an weitere Namen konnte er sich nicht erinnern.[59] Bitter beklagte er sich jedoch beim *ICCR*-Team in New York, dass viele der Flüchtlinge, die sich hier helfen ließen, dann mit Taschen voll großer Scheine in der Schweiz ankommen. Ähnlich hatte auch Daniel Bénédite bereits im Februar geschimpft. Außerdem teilte Schmierer den New Yorkern mit: »Die Abreisen in die Schweiz sind, so merkwürdig Ihnen das erscheinen mag, genauso teuer wie die Reisen von Marseille nach New York. Sie machen genau so viel Arbeit.«[60]

MARSEILLE, DER ALTE HAFEN

In Marseille zeigten die deutschen Besatzer bald nach ihrer Ankunft, was sie unter Ordnung verstanden. Das Viertel an der Nordseite des *Vieux Port*, des Alten Hafens, galt ihnen als Hort des Verbrechens, des Widerstands, der Prostitution und als Versteck der Flüchtlinge und der Juden. Die engen, winkeligen Gassen, die unüberschaubaren Keller und Hinterhöfe waren dunkel, schmutzig, voller Ungeziefer und kaum unter Kontrolle zu bringen, aber sie zeugten vom Geist einer alten Metropole des Mittelmeer-Raums. Genau hier hatten einst die Phönizier einen ersten Handelsplatz und Flottenstützpunkt gegründet, lange bevor die Römer kamen. Seit dem Mittelalter war das Quartier St. Jean Heimat napolitanischer Fischer, hier wohnten Seeleute, Hafen- und Werftarbeiter aus Korsika und Katalonien. Mittendrin standen wenige bedeutende historische Gebäude wie das Rathaus, die *Maison Diamantée* oder das Fort St. Jean an der Hafeneinfahrt.

Viele Franzosen teilten das negative Urteil der Deutschen über dieses Viertel im Grundsatz. Es gab seit langem Pläne, alles abzureißen und neu zu bauen. Aber die Deutschen gaben nun das Kommando: Sie legten das herunter gekommene, aber malerische Hafenviertel in Schutt und Asche. Der verantwortliche SS-Brigadeführer Carl Oberg berichtete am 8. Januar 1943 an seinen Chef Himmler nach Berlin, was er vorhatte:

»Ich wünsche für die Bereinigung der Verhältnisse in Marseille eine radikale und vollkommene Lösung ... Bei diesem Plan wollen Sie berücksichtigen, dass ich folgende Dinge verlange:

1.) Verhaftung der großen Verbrechermassen in Marseille und deren Abfuhr in Konzentrationslager, am besten nach Deutschland. Ich stelle mir hier eine Zahl von rund 100.000 vor.

2.) Radikale Sprengung des Verbrecherviertels. Ich wünsche nicht, dass deutsche Menschenleben im Kampf in den unterirdischen Gängen und Höhlen aufs Spiel gesetzt werden. Diese Unterstadt von Marseille ist durch Fachleute zu sprengen, und zwar in der Form, dass allein schon durch den Explosionsdruck darin Wohnende zugrunde gehen.

3.) Die französische Polizei und *garde mobile* hat sich in größtem Umfang daran zu beteiligen. Der Saustall in Marseille ist ein Saustall Frankreichs. Lediglich die Tatsache, dass wir aus militärischen Gründen dort Ruhe haben müssen, veranlasst mich, diesen Saustall auszuräumen. Die französische Polizei und Frankreich mögen sich darüber klar sein, dass sie uns dafür zu tiefstem Dank verpflichtet sind.«[61]

Eine Art Endlösung also! Himmler billigte den Plan. Oberg, der deutsche Polizeichef in Frankreich, erschien am 13. Januar in Marseille, um mit dem französischen Polizeichef René Bousquet Einzelheiten zu besprechen. Bousquet erbat eine Ausweitung der geplanten Razzien und Durchsuchungen auf weitere Stadtviertel sowie eine Verschiebung der geplanten Maßnahmen um acht bis zehn Tage, damit die Aktion besser vorbereitet werden könne. Oberg stimmte dem zu. Weitere französische Polizei-Einheiten wurden herbei befohlen, tausend Gendarmen aus der ganzen Südzone sowie aus Paris, verstärkt durch 800 *Gardes Mobiles* nahmen ihre Positionen ein, sowie das 10. deutsche SS-Polizei-Regiment unter Oberst Bernhard Griese.

Rechtzeitig fand sich ein Vorwand für eine umfassende Polizei-Aktion. Am 3. Januar hatten Widerstandskämpfer der Résistance ein Attentat gegen das Hotel *Splendid* verübt. Das Haus, in dem 1940 Varian Fry abgestiegen war, war inzwischen ein bevorzugtes Quartier höherer deutscher Offiziere. Die Bombe explodierte im Speisesaal des Erdgeschosses und tötete die Frau eines deutschen Konsular-Attachés und einen der Hotel-Manager. Der deutsche General Mylo verhängte am nächsten Tag den Belagerungszustand über die Stadt. Drei Attentäter wurden gefasst und hingerichtet.

In der Nacht vom 22. zum 23. Januar (vom Freitag zum Samstag) wird das Viertel um die Oper, östlich des Alten Hafens, umzingelt und durchsucht. 1.865 Personen werden festgenommen und in das Gefängnis *Les Baumettes* oder in die U-Haft beim l'Échevé gebracht. Am Samstag, den 23. Januar werden die Razzien auf das *Quartier du Panier*, das nördlich an den alten Hafen angrenzt ausgedehnt. Deutsche SS-Truppen riegeln das Viertel vollkommen ab. Sperren trennen seine Bewohner von anderen Teilen der Stadt. An den Durchgängen werden die Papiere kontrolliert. Weitere 635 Personen werden festgenommen. Am Sonntag den 24. Januar werden alle Einwohner zum Bahnhof d'Arenc getrieben, sie müssen Züge besteigen, die sie auf ein Kasernen-Gelände in Fréjus bringen, mehr als hundert Kilometer weiter östlich. Sie haben zwei Stunden, um maximal 30 Kilo pro Person als Gepäck zusammen zu raffen. 20.000 Menschen verlieren ihr zu Hause. Von Fréjus dürfen die meisten nach dem 28. Januar noch einmal zurück nach Marseille, um ihre Wohnungen auszuräumen und eventuell bei Verwandten oder Freunden ein neues Dach über dem Kopf zu finden. Viele ihrer Wohnungen finden sie aber bereits ausgeplündert.

Am Sonntag den 24. Januar beginnt parallel dazu die Deportation von Juden und anderen von den Nazis Gesuchten. Am frühen Morgen verlässt ein Zug mit 1.642 Gefangenen den Bahnhof d'Arenc, um sie in das Lager Royallieu bei Compiegne zu bringen. Ein weiterer Zug schafft etwa 800 ausgesuchte Personen von Fréjus in das Sammellager Drancy bei Paris.[62] Der Transport Nr. 52 bringt 994 Häftlinge nach Sobibor und Auschwitz. Der folgende Transport Nr. 53 befördert noch einmal 1.008 Personen. Von ihnen erleben nur fünf die Befreiung und das Kriegsende, hat der französische Historiker Jean-Marie Guillon herausgefunden.[63] Einige der aus Marseille Verschleppten gelangen auch in das Konzentrationslager Sachsenhausen (Oranienburg) bei Berlin.

In den Zug, der am 24. Januar vom Bahnhof d'Arenc nach Compiegne fuhr, musste auch die erst 23-ährige Brigitte Marum steigen, eine ›Klientin‹ des *CAS*. Die Karlsruher Jüdin, Tochter eines Reichstags-Abgeordneten der SPD, den die Nazis bereits umgebracht hatten, war seit Jahren auf der Flucht. Sie hatte auch das Internierungslager Gurs kennen lernen müssen. Obwohl sie ein Visum für die USA besaß, durfte sie 1941 wegen ihrer Schwangerschaft ein Schiff nicht besteigen. Brigitte Marum kommt mit dem Transport Nr. 52 am 30. März in Sobibor an. Der gesamte Transport wird sofort vergast.

Am ersten Februar beginnen deutsche Fachleute und französische Arbeiter, das Quartier am Hafen Schritt für Schritt zu sprengen, jedes Haus einzeln. Die Aktion dauert bis zum 17. Februar. 1.400 Häuser und Gebäude versinken in Trümmern und Schutt. Eine dichte Staubwolke verhüllt mehr als zwei Wochen lang die Innenstadt, der Lärm der Sprengungen verstärkt die Panik der Bürger von Marseille. Es bleibt eine weite leere Trümmerlandschaft von vierzehn Hektar neben dem Hafenbecken, mitten darin allein das alte Rathaus.

Der Verkehr zwischen dem Hafen Marseille und Nordafrika wird für mehrere Wochen eingestellt.

In den anderen Städten des Südostens und entlang der Cote d'Azur musste man zwar mit Razzien rechnen, die italienischen Besatzer teilten aber nicht den antisemitischen Verfolgungswahn der Nazis, wollten auch keine Befehle aus Berlin entgegen nehmen. Das führte zu einem diplomatischen Konflikt zwischen Rom und Berlin, der erst mit dem Sturz Mussolinis enden sollte. Emigranten und Flüchtlinge versuchten deshalb vielfach in der italienisch besetzten Stadt Grenoble Halt zu finden. Marseille und Umgebung waren aber der deutschen Besatzung ausgeliefert. »Die Nazis haben eine Terror-Herrschaft errichtet«, so berichtete Bénédite aus seinem Versteck.[64]

Die Fluchthelfer Daniel Bénédite und Paul Schmierer entkamen den Deutschen nach einem Razzia-Alarm nur knapp. Schmierer versteckte sich mit seiner Frau und zwei Söhnen in einem Flüchtlings-Kinderheim in den Bergen oberhalb von Nizza, also in der italienischen Zone.[65] Einige der *CAS*-Klienten aber wurden von den Nazis deportiert: Walter Bergner, Brechenmacher, Eugen Epstein, Arthur Reiss und andere.[66]

Bénédite, Schmierer und Frau Gruß taten, was möglich war, um den Kontakt mit den Hilfsbedürftigen nicht abreißen zu lassen. Als die Deutschen in den Süden kamen, haben die Fluchthelfer alle Dokumente, alle Papiere, die auf das CAS hinweisen konnten, vernichtet. So bestanden fortan große Lücken bei den Adressen, so wie bei den Abrechnungen.

Schmierer und Bénédite schlossen sich Gruppen der Résistance an, mit denen sie bereits seit langem kooperierten. Seit Anfang des Jahres 1943 konnte von organisierter Fluchthilfe kaum noch die Rede sein. Emigration nach Amerika war fast nicht mehr möglich. Die Geschichte der Fluchthilfe aus Frankreich mündete in die Geschichte der Deportationen, in die Geschichte der Résistance und in die allgemeine Geschichte des Zweiten Weltkriegs, der in dieser Zeit auch militärisch seine Wende nahm.

ANMERKUNGEN

1 André Fontaine, Jacques Grandjonc, Barbara Vormeier: Les Déportations A Partir Des Milles, S. 188
2 Robert Fisk: Francoise Frenkel's escape, The Independent
3 zitiert nach: Robert Fisk, ebenda
4 Serge Klarsfeld: Vichy – Auschwitz, S. 138
5 Ebenda, S. 142
6 zitiert nach Susan E. Subak: Rescue and Flight, S. 142 f
Pétain kann nicht gewusst haben, dass Lawrie bei der verbotenen Ausreise tschechoslowakischer Soldaten nach Großbritannien eine ähnliche Rolle gespielt hatte, wie Varian Fry bei der heimlichen Flucht britischer Soldaten, sonst hätte er ihn wohl kaum empfangen.
7 Ebenda
8 Ebenda
9 Ebenda
10 Ebenda
11 Serge Klarsfeld: Vichy – Auschwitz, S. 144
12 »Or le pourcentage d'un si grand nombre de Juifs apatrides, qui se livrent au marché noir et à la propaganda gaulliste et communiste, constituait pour nous une cause de troubles à laquelle il fallait mettre fin.« Zitiert nach: André Fontaine, Jacques Grandjonc, Barbara Vormeier: Les Déportations A Partir Des Milles, S. 200
13 Serge Klarsfeld: Vichy – Auschwitz, S. 145
14 Oliver Bentz: Zeichenkunst und Humanität
15 zitiert nach: Serge Klarsfeld: Vichy – Auschwitz, S. 160
16 Serge Klarsfeld: Vichy – Auschwitz, S. 144 und S. 188
17 Ebenda: S. 189
18 Susan E. Subak: Rescue and Flight, S. 144
19 Anne Klein: Flüchtlingspolitik, S. 345
20 Commissaire principal à Police judiciaire am 14. 3. 1942: »Sous son aspect philanthropique le CAS s'occupait d'affaires louches et principalement donnait ou procurait asile à des politiciens suspects avant de traverser l'océan«. Zitiert nach Anne Klein: Flüchtlingspolitik, S. 331
21 FRUS. 1942, Bd. 2, S. 189
22 Martin Geiger: Der »amerikanische Schindler«. (Mannheimer Morgen vom 11. 10. 2012)
23 AsD: Fry an Bénédite am 29. 6. 1942
24 Ebenda

25 AsD: Bénédite an Fry am 23.8.1942
26 UUSC-Records: Outline of report presented at Case Committee meeting, oct. 8 1942, bms 16007 Box 4
27 Susan E. Subak: Rescue and Flight, S. 116
28 AsD: Bénédite an Dear Friends am 22.2.1943
29 Susan E. Subak: Rescue and Flight, S. 146
30 Ebenda, S. 147
31 Ebenda, S. 148
32 Ebenda, S. 148 f
33 AsD: Bénédite an Dear Friends am 22.02.1943
34 Ebenda
35 zitiert nach: Susan E. Subak: Rescue and Flight, S. 136
36 Ebenda, S. 137 ff
Diese Geschichte klingt, als habe Ian Flemming sie erfunden, der zu dieser Zeit im Geheimdienst der britischen Majestät in Portugal arbeitete. Hat er nicht, er hat sie abgeschrieben.
37 Neal H. Petersen: From Hitlers Doorstep
38 zitiert nach Mark Murphy: The exploits of Agent 110, Allen Dulles in Wartime, S. 65
39 Ebenda
40 Ebenda
41 AsD: Bénédite an Dear Friends am 22.2.1943
42 Anne Klein: Flüchtlingspolitik, S. 328
43 zitiert nach Anne Klein: Flüchtlingspolitik, S. 348
44 Susan E. Subak: Rescue and Flight, S. 150
45 Bernd Rainer Barth/Werner Schweizer: Der Fall Noel Field, S. 522
46 Ebenda
47 Colin Burke: Information and Intrigue, S. 287
48 Neal H. Petersen: From Hitler's Doorstep
49 Susan E. Subak: Rescue and Flight, S. 153 f
50 Ebenda, S. 154
51 Loinger war ein Cousin des Pantomimen Marcel Marceau, die beiden Knaben wuchsen bei der Mutter von Marceau auf.
52 Vincent Dozol: Annemasse, ville frontière, S. 40 f
53 AJPN: Georges Loinger
54 Vincent Dozol: Annemasse, ville frontière, S. 41
55 Ebenda, S. 40 ff
56 Ebenda, S. 65 f
Auch Jean Deffaugt hat die israelische Gedenkstätte Yad Vashem als »Gerechten unter den Völkern« geehrt.
57 Historisches Lexikon der Schweiz
58 Patrick Modiano: Vorwort zu Francoise Frenkel: Nichts, um sein Haupt zu betten.
59 AsD: Schmierer an Dear Friends am 13.6.1943
60 Ebenda
61 zitiert nach Anne Klein: Flüchtlingspolitik, S. 356
62 Jean-Marie Guillon: Évacuation du quartier du Vieux Port à Marseille
63 Ebenda
64 AsD: Bénédite an Dear Friends am 22.2.1943
65 Ebenda
66 AsD: Schmierer an Dear Friends am 13.6.1943

12 | DIE EINSAMKEIT DER RETTER

Als der Krieg endete, als Hitlers Deutschland besiegt war, hätte man vielleicht erwarten können, dass alle Fluchthelfer, alle Menschenretter geehrt und geachtet würden als die kleineren Helden neben den großen, den alliierten Staatsmännern und Feldherren, die quasi als Säulenheilige des Antifaschismus auf ihre Sockel stiegen. Das Momentum war gekommen, als am 10. Dezember 1948 die Generalversammlung der Vereinten Nationen die »Allgemeine Erklärung der Menschenrechte« in Form einer Deklaration im Pariser Palais Chaillot verabschiedete. Die Präambel und die 30 Artikel enthielten Alles, wofür die Fluchthelfer gekämpft hatten: das Recht, sein Herkunftsland und jedes andere Land zu verlassen, das Recht dorthin zurückzukehren (Art. 1), das Recht auf Asyl (Art. 14), das Recht auf eine Staatsangehörigkeit (Art. 15), das Recht auf Gedanken-, Gewissens- und Religionsfreiheit (Art. 18) sowie das Recht jedes Menschen, wegen seiner Religion, seiner Rasse, seines Geschlechts nicht benachteiligt zu werden. Eine bessere Rechtfertigung hätten sich die Fluchthelfer kaum wünschen können.

Wie schon oft in der Geschichte hatte das Entsetzen über Gräueltaten der Herrschenden (in diesem Fall der Nazis und ihrer Freunde) den Ruf nach einer Absicherung der individuellen Grundrechte machtvoll anschwellen lassen. US-Präsident Truman entsandte Eleanor Roosevelt als Delegierte seiner Regierung zu den Vereinten Nationen, sie übernahm den Vorsitz und das Steuer der Menschenrechts-Kommission, für die sie lange gekämpft hatte. Die Kommission arbeitete zwei Jahre lang an der geplanten Deklaration – unter wachsenden Schwierigkeiten. Denn der Ost-West-Konflikt gefährdete die Absichten der liberalen und humanistischen Kräfte dieser Welt. Frau Roosevelt hatte bei ihrer Lobby-Arbeit für das *ERC* bereits ein feines Gespür für das Machbare und das Nicht-Machbare entwickelt. Jetzt mussten nicht mehr nur der US-Präsident und das State Department überzeugt werden, sondern die Vereinten Nationen, einschließlich der Sowjetunion. Sie erkannte, dass zunächst darauf verzichtet werden musste, dem Katalog der Menschenrechte unmittelbare Gesetzeskraft zu geben. Sonst wäre das ganze Projekt wohl am Widerstand nicht nur aus Moskau gescheitert. Stalin war zwar schon seit Jahren an den Vorbereitungen zustimmend beteiligt, etwa bei der Konferenz von Jalta, nun aber wurde deutlich, dass er wie auch andere keine »Einmischung« in die »inneren« Angelegenheiten seines Reiches wünschte.

Die Verabschiedung (mit 43 Ja-Stimmen, 0 Gegenstimmen und 8 Enthaltungen, darunter die Stimme der Sowjetunion) veränderte die Rechtslage nicht, nicht sofort. Zur Ehre von Eleanor Roosevelt erhoben sich die Delegierten in der Nacht nach der Abstimmung, ein bisher einmaliger Vorgang. Der Kanon der Menschenrechte wurde mehr ein Programm für die Zukunft, ein Maßstab, an dem die Politik künftig aber auch rückwirkend gemessen werden konnte. Die meisten Regierungen hatten es nicht eilig damit, diese Grundsätze in ihrer Politik anzuwenden oder gar in internationale, also verbindliche Verträge zu gießen. Keine – außer der Regierung Israels – sah die Erklärung als rückwirkend gültig an.

Natürlich wollte sich keine Regierung selbst korrigieren, sich etwa bei Flüchtlingen oder Fluchthelfern für opportunistisches Taktieren, für offenes Unrecht oder beharrliche Blindheit in der Kriegszeit entschuldigen. So blieben die »Helden« der Menschlichkeit vereinsamt, unbekannt oder sogar verfemt. Da Recht und Moral nicht und nirgends deckungsgleich sind, mussten die Fluchthelfer automatisch in die Rolle des Rechtsbrechers, also in Konflikt mit den geltenden Gesetzen geraten. Dass in Diktaturen Recht und Moral auseinanderklaffen, ist banales Kennzeichen der Diktatur. Aber auch in gefestigten Demokratien ist solcher Konflikt nicht unmöglich und auch solche Staaten wie die USA lassen sich Widerspruch im Namen der Menschlichkeit nicht einfach gefallen, von Diktaturen wie dem Vichy-Regime, Francos Spanien und Salazars Portugal ganz abgesehen.

Zum Verständnis der Fluchthelfer ist es gut, sich vor Augen zu führen, dass im Zeitalter der beiden Weltkriege die meisten Menschen anders als heute an einen Sinn im Leben glaubten, der die persönliche Existenz weit überschritt, an eine Idee, die ihrem eigenen Leben Bedeutung geben konnte, wenn sie sich in ihren Dienst stellten. Das Wort, das die Idee kennzeichnete, endete meist mit dem Suffix...ismus. Solche Überzeugungen teilten Marxisten mit Nationalsozialisten, Trotzkisten mit Humanisten, Zionisten mit Liberalen und – ja – mit Fluchthelfern, ohne dass ihre Ideale hier gleichgestellt werden sollen. Auch religiöse Überzeugungen entfalteten ähnliche Wirkungen. Daraus erwuchsen Mut und Disziplin, aber auch Sturheit und Verbohrtheit, selbst tief in den politischen oder persönlichen Sackgassen, in die man mit solchen Haltungen geraten konnte.

So unterschiedlich Herkunft und politische Sozialisation der amerikanischen und europäischen Fluchthelfer war, so breit war das Spektrum ihrer Motive, anderen das Leben zu retten. Dennoch können auf den ersten Blick drei Typen von Rettern unterschieden werden: Da waren einmal unter den Flüchtlingen einige besonders besonnene, stärkere, klügere und auch solidarisch denkende, die ihren Mitmenschen in Not einfach halfen. Zu nennen wären hier etwa Lisa und Hans Fittko, Albert Hirschmann (Albert Hermant) oder Fritz Heine. Als ihre Aufgabe erfüllt war, oder die eigene Existenz gerettet werden musste, kehrten sie zurück in ihre Rolle als Flüchtling und versuchten, im Land ihrer Zuflucht Fuß zu fassen, was ihnen oft nicht leicht gemacht wurde.

Dann fällt die kleine Gruppe der Oberschicht-Amerikaner heraus, die aus persönlichen Gründen gegen die Barbarei antraten und gern die Risiken der Fluchthilfe annahmen, aber wegen ihres Reichtums oder ihres gesellschaftlichen Potentials keine schwerwiegenden negativen Folgen befürchten mussten: Mary Jane Gold etwa, Peggy Guggenheim, Erika Mann (mit einem Briten verheiratet) und einige Gründer des *ERC*, sowie die Prediger des *USC*.

Die größte Aufmerksamkeit gebührt aber der dritten Gruppe, denen, die ihre Laufbahn, ja ihre Existenz aufs Spiel setzten, die sich unter den Bedingungen der repressiven Kontrollmacht von Vichy, Washington, Madrid und Lissabon und nicht zuletzt unter den Drohungen der Nazis verleiten ließen, Gesetze zu brechen, Ausweise zu fälschen, Geld auf dem Schwarzmarkt zu tauschen, Beamte zu täuschen, zu bekämpfen, um das Leben von Unschuldigen zu retten, die anders nicht hätten gerettet werden können. Heinrich Mann schrieb später, »meine Papiere waren nicht falsch, sie trafen bloß nicht zu. Aber vor dem Papier kapituliert die Staatsmacht«. Was blieb den Fluchthelfern anderes übrig, als diese Schwäche der Staatsmacht auszunutzen? Hätte man Heinrich Mann im KZ sterben lassen sollen? Und mit welchen Argumenten könnten die Diener der staatlichen Legalität das heute verteidigen?

Frankreich und Großbritannien befanden sich vom September 1939 bis zum Mai 1940 in einem Noch-Nicht-Krieg, den sie als ›drole de guerre‹ oder als ›phony war‹ bezeichneten. Die Vereinigten Staaten wiederholten diese absurde Lage vom Dezember 1941 bis November 1942. Alle Loyalitäten schienen aufgehoben, als die Regierung in Washington mit der Regierung in Vichy vertrauensvoll zusammen arbeitete, während Vichy mit Hitler kooperierte, der den USA den Krieg erklärt hatte. Angesichts der Nazi-Verbrechen zu zögern, zu schwanken, opportunistisch Vor- und Nachteile abzuwägen, das machte die behagliche Position der Unschuld auf Dauer zur Illusion. Mit welchem Recht konnte die Regierung in Washington von ihren Bürgern noch verlangen, sich an die Gesetze von Vichy zu halten? Mit welchem Recht konnte sie prominente Künstler und Wissenschaftler als Immigranten akzeptieren, sogar einladen, Namenlose aber abweisen! Auf solche Widersprüche beriefen sich die Fluchthelfer, Varian Fry, Hiram Bingham, Noel Field, (und ähnlich Aristide de Sousa Mendes in Bezug auf die Regierung Salazar). In der extremen Anspannung, der sie ausgesetzt waren, in ihrem politischen, das heißt menschlichen Engagement veränderten sie sich so weit, dass sie aus ihrer Karriere gerissen wurden oder selbst nicht zurückfanden in das Leben, das ihnen zunächst bestimmt zu sein schien. War die Grenze zum Ungehorsam erst einmal überschritten, trat eine Dynamik in Kraft, die den Charakter veränderte und den Rückweg in die konventionelle Ordnung abschnitt, vielleicht auch dauerhaft die Gesundheit schädigte. Außerdem erwartete die Fluchthelfer Rachsucht, Missgunst und Rechthaberei der Mächtigen und der Machtapparate, die sie herausgefordert hatten.

Einige der Retter, nicht alle, hat die israelische Gedenkstätte Yad Vashem als ›Gerechte unter den Völkern‹ geehrt und damit bekannt, dass es eine Gerechtigkeit über den Interessen und den Gesetzen der aktuellen Politik geben kann, eine Gerechtigkeit, die sich aus Werten über nationale Grenzen hinweg, sogar über religiöse und ideologische Bekenntnisse hinweg speist: Quasi der gemeinsame Kern aller Hoch-Kulturen und -Religionen, der allerdings schwer definierbar ist und als Berufungspunkt vor Gericht nicht unbedingt hilft.

Hiram (genannt Harry) Bingham IV, Enkel und Urenkel zweier Missionare und Sohn eines Wissenschaftlers und Politikers war durch Herkunft und Studium prädestiniert, seine Pflicht als US-Diplomat vorbildlich zu erfüllen, aber er fühlte sich nicht weniger verpflichtet, Leben zu retten, die von den Nazis mit dem Tode bedroht wurden. Wie sollte er entscheiden, als die beiden Verpflichtungen nicht mehr zusammen passen wollten? Er trickste und mogelte, konnte das aber nicht lange verbergen. Dabei reichten die Widersprüche in Zielsetzung und Bewertung durch die US-Administration bis in die Familie von Präsident Roosevelt. Aber das State Department verlangte Eindeutigkeit. Der Vize-Konsul wurde abberufen, bzw. im Mai 1941 nach Lissabon und im September des gleichen Jahres nach Buenos Aires versetzt.

Auf seinem neuen Posten musste er bald sehen, dass zahlreiche Nazis vor und nach Kriegsende nach Südamerika flüchteten, um sich im Schutz des Nazi-Freundes Peron und anderer Diktatoren der politischen Verantwortung und der alliierten Gerichtsbarkeit zu entziehen. »Peron and his whole gang are completely unreliable, and whatever happens, all countries in South America will be seedbeds of Nazism after the war,« das berichtete Bingham seinen Vorgesetzten in einem vertraulichen Memorandum.[1] Bald nach dem 8. Mai 1945 bat Bingham darum, an Operationen der Nazi-Suche beteiligt zu werden, aber das State Department lehnte ab. Bingham war so enttäuscht, dass er den diplomatischen Dienst aufgab.

Im Alter von 42 Jahren nach zehn Jahren als Diplomat kehrte er mit seiner Familie auf seine ererbte Farm in Salem/ Connecticut zurück. Seine geschäftlichen Planungen aber blieben erfolglos, das war nicht seine Sache. So kaufte er schließlich eine Kuh und einige Hühner, um die zahlreiche Familie auf dem eigenen Stück Land zu ernähren. Seine Frau Rose arbeitete als Hilfslehrerin. Er übte sich in Landschaftsmalerei im Stil von Marc Chagall, mit dem er die Verbindung aufrecht hielt. Bingham starb in Armut 1988. Niemandem erzählte er von seinen Taten als Fluchthelfer in Marseille, auch nicht seiner Familie, die ja nicht dabei war. Sie wusste nicht, warum Binghams Karriere als Diplomat geendet hatte. Aber er versteckte ein Bündel mit Dokumenten und Tagebuchseiten in seinem alten Haus und nachdem 1996 auch seine Frau Rose gestorben war, entdeckte einer der Söhne das Konvolut. William war das jüngste unter den elf Kindern. Sein Erstaunen war groß. Der Vater hatte Hunderten das Leben gerettet, ohne sich dessen jemals zu rühmen.[2]

William brachte im gleichen Jahr seine Fundstücke zum US Holocaust Memorial Museum in Washington, wo man sowohl auf Varian Fry als auch auf Hiram Bingham aufmerksam geworden war. Jetzt nahmen sich die Historiker von Yad Vashem in Jerusalem der Bingham-Akte an. Der Diplomat wurde

nach längerer Abwägung nicht in die Reihe der »Gerechten unter den Völkern« aufgenommen. Aber die Gedenkstätte schrieb im März 2005 einen Brief an die Tochter, Mrs. Abigail Bingham Endicott, indem sie ihn feierlich ehrte:
»Yad Vashem wishes to express its thanks for the humanitarian disposition of your father at a time of persecution of Jews by the Vichy regime in France. Hiram Bingham's assistance in this regard stands out by the contrast to certain other officials who rather acted suspiciously toward Jewish refugees wishing to enter the United States. Please be assured that your fathers positive behaviour, which has been richly documented, will remain inscribed in our archives for the benefit of future generations.«[3]

Nach der Entdeckung der Dokumente, die öffentlich bekannt wurden, konnte auch das State Department nicht länger schweigen. Außenminister Colin Powell lud am 27. Juni 2002 zu einer Zeremonie in Washington ein. In Gegenwart von Binghams Kindern verlieh er dem ehemals abgeschobenen Diplomaten 14 Jahre nach seinem Tod eine Ehrung für »Constructive Dissent«. Konstruktiver Widerspruch – das ist immerhin eine Andeutung für das moralische Versagen der Roosevelt-Administration. Andere Preise und Ehrungen folgten. Damit war der gute Ruf wieder hergestellt; der gute Ruf von Hiram Bingham nämlich, nicht unbedingt der des State Department.

Varian Fry hatte, zurückgekehrt nach New York, die Unterstützung des IRRC komplett verloren, obwohl er sich die Hoffnung gemacht hatte, in das Direktorium aufzusteigen. Seine Idee, mit Hilfe von Mary Jane Gold ein neues Unternehmen humanitärer Hilfe zu starten, ließ sich nicht verwirklichen. Ein Makel, linksgerichtet zu sein, haftete ihm an, obwohl er niemals Sympathien für den Kommunismus gezeigt hatte. Die Stimmung in den Vereinigten Staaten stellte sich nach dem Krieg auf den Kalten Krieg ein. Sein 1945 erschienenes Buch »Surrender on Demand«, in dem der Verlagslektor bereits kräftig gestrichen hatte, verstärkte nur die zunehmenden Vorbehalte. Fry versuchte unterschiedliche Tätigkeiten aufzunehmen. Er schrieb weiter für Zeitungen und engagierte sich in der amerikanischen Menschenrechtsbewegung. Daneben kaufte er eine Filmproduktionsfirma, die für die Armee produzieren sollte. Damit allerdings scheiterte er glatt. Böse Zungen behaupteten, er sei seit 1937 Mitglied der kommunistischen Partei, was nachweisbar falsch war. Für diesen Nachweis brauchte er aber viel Zeit und die Firma hatte diese Zeit nicht. Fry hatte zwar auch Kommunisten und ehemaligen Kommunisten das Leben gerettet, aber was soll daran verwerflich sein? Er selbst aber war vollkommen immun gegen diese Ideologie.

Auch privat verlief sein Leben enttäuschend. Bald nach seiner Rückkehr aus Europa trennte er sich von seiner neun Jahre älteren Frau Eileen, die Mission in Marseille hatte ihn verändert. Eileen erkrankte an Krebs, Varian besuchte sie häufig im Hospital und las ihr vor.

Nachdem sie gestorben war, fand er seine zweite, deutlich jüngere Frau und bald hatten sie drei Kinder. Es musste wieder Geld ins Haus kommen. Fry arbeitete für gutes Geld an Werbe-Programmen für Coca Cola und als das endete sogar als Lateinlehrer (für weniger Geld) an einer Privatschule. Dazu lebte er in Redding/ Connecticut, während seine Familie in Manhattan blieb. Seine Frau berichtete von starken Stimmungs-Schwankungen bei Varian Fry. Die Tätigkeit als Fluchthelfer, die ihn so stark geprägt hatte, erschien jetzt wie eine Eskapade in einer fernen Vergangenheit. Von den Flüchtlingen, die er gerettet hatte, hielt nur einer den Kontakt mit ihm aufrecht: der Bildhauer Jacques Lipschitz, der ihm auch das eine oder andere seiner Werke schenkte.[4]

Erst Mitte der 60er Jahre besann er sich erneut auf seine Mission in Marseille. Er plante ein Buch über Lithographie im 20. Jahrhundert, in dem die Künstler, die er gerettet hatte, eine Rolle spielen sollten. Dazu reiste er mehrfach nach Europa, aber die Künstler, die er aufsuchte, zeigten wenig Interesse.

Andererseits traf er den Schriftsteller André Malraux, der ihn sehr herzlich begrüßte. Malraux, de Gaulles Kulturminister, war entschieden der Meinung, dass Fry Chevalier der Légion d'honneur (Ritter der Ehrenlegion) werden müsse, was die höchste Auszeichnung in Frankreich bedeutet. Dabei wollte er allerdings nicht die Verdienste des Amerikaners bei der Fluchthilfe auszeichnen, nein, es ging ihm um die britischen Soldaten, die Fry 1940–41 im Auftrag des britischen Botschafters in Madrid aus dem Lande geschmuggelt hatte. Dies war nun aber in den Augen des State Department gerade sein größtes Vergehen gewesen, das die gesamte Aktion des *ERC/CAS* ins Zwielicht gerückt hatte. Mary Jane Gold fasste ihre Verehrung für Varian Fry in einen eindrucksvollen Text für die französischen Kultur-Instanzen, er bekam die Auszeichnung 1967 für seinen »heldenhaften Beitrag für die Freiheit.« Es blieb die einzige offizielle Ehrung zu seinen Lebzeiten.

Aber weiter nagte die Frage an ihm, wieso er 1941 Frankreich verlassen musste, während anderen Amerikanern erlaubt wurde zu bleiben. Auch Donald Lawrie vom *YMCA* hatte Soldaten aus dem Land geschmuggelt: tschechische. Das kann den Geheimdiensten nicht entgangen sein. Und die Pioniere des *USC*, Robert und Elisabeth Dexter, Charles Joy, Martha und Waitstill Sharp hielten sich ebenfalls nicht getreu an die Gesetze des Vichy-Regimes. Und vor allem Noel Field und seine Frau Marta dachten und handelten sicher weit extremer als jemals Varian Fry und wurden doch von den US-Konsuln hoch geschätzt. Hat das State Department den Widerspruch nicht bemerkt? Solche Zweifel drückten Fry nieder. Er arbeitete an einer High School in Connecticut, während seine Familie weiter in New York wohnte. Am 13. September 1967, als er nicht zum Unterricht erschien, fand die Polizei den Neunundfünfzigjährigen tot in seinem Bett sitzend, um sich herum die Seiten seines neuesten Manuskripts: Es sollte eine Neu-Auflage seines Buches ›*Surrender on Demand*‹ werden. Als Ursache seines Todes wurden Gehirnblutungen angegeben. In den letzten Wochen seines Lebens wirkte er auf seine Umgebung nieder gedrückt.[5]

Erst nach dem Buch von Mary Jane Gold ›*Crossroads Marseille 1940*‹, das sie 1980 in den Vereinigten Staaten veröffentlichte, wurde Varian Fry wieder entdeckt, der vergessene Mann, der mindestens 2000 Menschen das Leben gerettet hatte, Hunderten von Künstlern, Schriftstellern und Wissenschaftlern, der Blüte der europäischen Intelligenz. Die israelische Gedenkstätte Yad Vashem in Jerusalem wurde auf ihn aufmerksam. Sie nahm ihn 1994 als ersten und damals einzigen Amerikaner in die Reihe der »*Gerechten unter den Völkern*« auf. Diesen Titel vergibt sie an Nicht-Juden, die von den Nazis verfolgten Juden das Leben gerettet haben. Zwei Jahre danach pflanzte sein Sohn feierlich einen Baum zur Ehre seines Vaters in der Gedenkstätte. Außenminister Warren Christopher war anwesend und versuchte, sich für die schmachvolle Behandlung zu entschuldigen, die das State Department Varian Fry gegenüber gezeigt hatte.

Um sich von der Vergangenheit deutlich zu distanzieren, ergriff auch der US-Konsul in Marseille, Samuel V. Brock, Ende der 90er Jahre die Initiative gegenüber den französischen Behörden. Der Platz vor dem General-Konsulat wurde umbenannt und heißt seitdem: *Place Varian Fry.*

Unvergleichlich härter traf es Noel Field, seine Frau Marta sowie seinen Bruder Hermann. Es waren Stalin, sein Geheimdienstchef Beria und der ungarische Parteichef Rakosi, die im Anfang des Jahres 1949 für den US-Bürger Field eine neue, Verderben bringende Rolle im Kalten Krieg und bei der Konsolidierung ihrer Macht ausgetüftelt hatten. Rakosi, selbst in der Defensive, berief sich auf Meldungen des ungarischen Militär-Geheimdienstes aus der Schweiz, die über Fields Kontakte mit dem OSS und kommunistischen Flüchtlingen aus Osteuropa berichtet hatten. Der Name Field wurde zum Fluch für alle, die mit ihm in Berührung gekommen waren. Denn Field – so lautete jetzt die Anklage – habe als heimlicher Helfer von Allen Dulles CIA-Agenten in alle Geheimdienste und zahlreiche Führungspositionen der kommunistischen Staaten Ost- und Mitteleuropas eingeschleust: ein amerikanisches Agenten-Netz. (Dulles setzte seine Karriere im CIA fort und wurde 1953 Chef des Geheimdienstes.) Einziger Beweis: Field kannte Dulles seit der gemeinsamen Tätigkeit im State Department und hatte ihn während des Krieges mehrfach in Bern getroffen. Das aber geschah nicht heimlich. Die kommunistischen Organisationen im Untergrund hat Field über diese Kontakte und ihren Zweck fortlaufend informiert.

Der perfide Plan Stalins, den der Berliner Historiker Bernd-Rainer Barth aufgedeckt hat6, schrieb Field eine zentrale Rolle zu: als Belastungszeuge in Schauprozessen mehrerer Länder, die den Zweck hatten, die Parteien dieser Länder – auch der DDR – zu durchleuchten und zu »säubern«. Jeder Gedanke an einen selbständigen, nationalen Weg zum Sozialismus nach jugoslawischem Muster sollte ihnen gründlich ausgetrieben, der Herrschaftsanspruch Stalins auf diese Weise gefestigt werden. Field wurde weder als Zeuge vorgeführt noch selbst jemals vor Gericht gestellt. Der Plan funktionierte auf der Basis eines bloßen Verdachts sowie mit Falschaussagen, die mit Folter erzwungen waren. Wie war das möglich?

Field hatte nach Kriegsende seine Arbeit für das *USC* fortgesetzt und von Genf aus auch großen Einfluss auf die Entwicklung in Frankreich genommen. Es gab im Westen Gerüchte, dass er in Beziehungen zu Kommunisten stand, vielleicht selbst Kommunist war, aber seine Arbeit – jetzt als Wiederaufbau-Helfer – kam voran bis das *USC* ihn wegen dieser nicht falschen Verdächtigungen entließ.

Am 11. Mai 1949 wurde er jedoch aus einem Hotel in Prag verhaftet, nach Budapest gebracht und dort in Einzelhaft jahrelang isoliert. Man folterte ihn, unterbreitete ihm vorbereitete Geständnisse, die er im Juni 1949 unterschrieb.

Als er wieder zu Kräften kam, widerrief er sie aber und war damit als Zeuge in den Schauprozessen verbrannt. Seine angeblichen Geständnisse aber wurden gegen zahlreiche Angeklagte ohne seine Anwesenheit benutzt, auch zu Todesurteilen.

Seine deutsche Frau Herta hatte keinerlei Nachricht von ihrem Mann. Um ihn zu suchen, reiste sie im August 1949 nach Prag, wurde nach Bratislava gelockt mit der Lüge, ihr Mann liege dort nach einem Attentat der CIA verletzt in einem Krankenhaus. Dort angekommen wurde sie aber an die nahe ungarische Grenze entführt und dem ungarischen Geheimdienst übergeben.

Noel Fields Bruder Hermann, ein amerikanischer Architekt, suchte den Fluchthelfer in Warschau, wurde zuletzt gesehen, als er ein Flugzeug nach Prag bestieg, kam dort aber nie an. Fünf Jahre verbrachte er in Einzelhaft in einem Warschauer Keller. Die Adoptivtochter der Fields, Erika, geriet aus dem gleichen Grund in Gefängnisse der DDR und anschließend in das sowjetische Gulag-Lager Workuta am Polarkreis. Marta und Noel Field saßen gleichzeitig in vollkommener Isolation in Budapest, ohne voneinander zu wissen. Auch erfuhren sie nicht, was sich in der Welt draußen tat. Nachforschungen von weiteren Verwandten und später von offiziellen amerikanischen Dienststellen blieben ohne Ergebnis.

Der einzige Kontakt von Field zur Welt waren seine Verhöre, man wollte alles von ihm wissen, immer wieder. Nach Jahren der Einsamkeit erzwang Noel Field durch Hungerstreik und Selbstmord-Drohung, dass ihm Papier und Bleistift gegeben wurden, sodass er einen Brief »an die Partei« schreiben konnte.

Beginnend im März 1954 richtete er ein zig-Seiten langes Schreiben an die Führung der KPDSU und bat um genaue Prüfung der Wahrheit »im Parteiinteresse« sowie um Gerechtigkeit für ihn und alle bereits zu Unrecht verurteilten Genossen. Minutiös wies er alle Verdächtigungen zurück, erklärte alle falschen Schlussfolgerungen der Anklagebehörden und Gerichte in den Ländern des sowjetischen Machtbereichs für unzulässig. Dabei schrieb er exakt in der Sprache des kommunistischen Systems, nutzte den Argumentationsstil der Partei, zeigte treuen Glauben zum Marxismus und – hatte Erfolg. Er wurde 1954 freigelassen, wie seine Frau Herta. Sein Bruder Hermann durfte sogar aus Warschau in den Westen zu seiner Familie ausreisen. Der Brief tat seine Wirkung, aber sicher spielte die Tatsache eine wesentliche Rolle, dass Stalin im Jahr 1953 gestorben war. Schrittweise wurde der Kurs in Moskau und auch in Budapest geändert. Schauprozesse wurden eingestellt. Einzelne ehemals Angeklagte wurden rehabilitiert, meist lautlos.

Noel Field und seine Frau Marta kehrten nicht in den Westen zurück. In der McCarthy-Ära hätte man ihnen das Leben in den Vereinigten Staaten ebenso wie in Westeuropa nicht leicht gemacht. Seine Agenten-Tätigkeit für die Sowjetunion galt inzwischen als erwiesen. Robert Dexter, der dem *USC* 1941 empfohlen hatte, Field zu beschäftigen, grämte sich in den Jahren vor seinem Tod endlos über diesen Missgriff.[7] Noel und Marta Field beantragten und erhielten in Ungarn politisches Asyl, ausgerechnet in dem Land, in dem sie so gequält worden waren. Field kämpfte verbissen gegen sein Trauma, blieb aber seiner marxistischen Grundüberzeugung treu. Nach einem Bericht der amerikanischen Botschaft in Budapest machte er den Eindruck »eines mit seinem Lebensschicksals restlos unzufriedenen Einzelgängers, der nur noch darauf bedacht zu sein scheint, seinen kommunistischen Brotgebern gegenüber keinen Fehler zu machen.«[8] Nach seinem Tod in Budapest im September 1970 schrieb die ungarische Parteizeitung *Nepszabadsag* in ihrem Nachruf: »Keine noch so schwere Schicksalsprüfung konnte Noel H. Fields Glauben an die Ideale des Sozialismus erschüttern«.[9]

Sein furchtbares Schicksal war nicht einfach nur Folge seiner Rolle als Doppelagent, der in die Mühlen des Kalten Krieges geraten ist. Warum ist er in die Mühlen geraten? Weil er zahlreichen Kommunisten, die vor Hitlers Truppen in den Westen geflüchtet waren, geholfen hatte (und nicht nur Kommunisten) und weil Stalin, selbst ein Massenmörder, paranoide Angst vor Mördern und Agenten aus dem Westen hatte. Gegen West-Emigranten wurde Verdacht geschürt, das schloss ehemalige Spanienkämpfer mit ein, die einst von Noel Fields Schutz schon im Auftrag des Völkerbundes in Genf profitiert hatten.

Die jüdische Frau seines Außenministers Molotow ließ Stalin auf offener Straße in Moskau entführen und auf Jahre einsperren, weil sie Verwandtschaft in den Vereinigten Staaten hatte. Sein Botschafter in London, Ivan Maiski, der dort elf Jahre lang erfolgreich die sowjetische Sache vertreten hatte, musste später nach seiner Rückkehr im Gefängnis Platz nehmen. Sogar die sowjetischen Kriegsgefangenen in Deutschland wurden von 1945 an in ihrer Heimat wie Verbrecher behandelt und in Arbeitslager verbannt. West-Kontakte waren Stalin mehr als nur verdächtig, auch ohne weiteren Anlass. Das war über viele Jahre eine Konstante in seinem Denken und Handeln, ähnlich wie die Schauprozesse.

Der Amerikaner Noel Field hatte vielen Kommunisten im Westen das Überleben und die Rückkehr in ihre Heimatländer ermöglicht. Es mag durchaus sein, dass Stalin an die Schuld von Noel Field selbst glaubte. Wenn ja, dann hat er Field nicht als Feindbild erfunden, sondern nur benutzt, um seine Macht zu festigen, was seine Verantwortung jedoch nicht mindert. Es ist aber auch möglich, dass der sowjetische Diktator gar nicht die Absicht hatte, mit seinen Schau-Prozessen innere oder äußere Feinde zu bekämpfen. Vielleicht wollte er lediglich Angst verbreiten – als Mittel seiner Herrschaft.

Gnadenlos und uneinsichtig blieb auch der Diktator von Portugal. Antonio de Oliveira Salazar hatte einen offenbar unbeherrschbaren Hass auf seinen Diplomaten Aristides de Sousa Mendes, der ihn bis zu seinem Tod 1970 nicht verlassen wollte. Als der Generalkonsul im Juli 1940 auf seinen Landsitz in Portugal zurückkehrte, hatte er die Absicht, alle Unstimmigkeiten in einem Gespräch mit seinem Chef, Außenminister Salazar (dieser war zugleich Regierungschef und Minister) beizulegen. Er kannte ihn schlecht. Appelle an das christliche Gewissen, Hinweise auf die kulturelle Führungsrolle Portugals in früheren Jahrhunderten, damit war Salazar nicht zu beeindrucken. Der Diktator empfing ihn nicht. Er hatte bereits eine Kommission im Außenministerium beauftragt, den Fall Sousa Mendes disziplinarisch zu prüfen. Das geschah gründlich: Eine Liste mit achtzehn Verfehlungen des Konsuls wurde aufgestellt, darunter der Vorwurf, er habe dem Ruf Portugals in Spanien und bei der deutschen Besatzungsmacht geschadet, wie Rui Afonso, der portugiesisch-kanadische Autor, bei Sicht der Prozess-Akten im Außenministerium in Lissabon feststellte.[10] Als Zeuge wurde der ehemalige Botschafter in Belgien Calhieros e Meneses vorgeladen, der die tragische und chaotische Situation in Bordeaux ebenfalls erfahren hatte, als er selbst auf der Flucht im Konsulat von Sousa Mendes kurzfristig untergekommen war. Er bestritt, an illegalen Taten beteiligt gewesen zu sein, verteidigte aber den Konsul eloquent und nicht ohne Ironie: »Resister aux supplications de tant de malheureux, effrayé par l'approche de l'envahisseur et craignant avec raison le camp de concentration ou, pire encore, le peloton d'exécution, nécessitait un courage moral peu banal«.[11] (Dem Flehen so vieler Unglücklicher zu widerstehen, die erschreckt durch den Vormarsch der Eroberer und die zu Recht das Konzentrationslager fürchten mussten, wenn nicht das Erschießungs-Kommando, dem zu widerstehen, hätte einen ganz ungewöhnlichen moralischen Mut erfordert.)

Auch Aristides de Sousa Mendes wurde angehört. Er sprach von elementaren Pflichten der Menschlichkeit und berief sich auf die kulturelle Tradition Portugals. Er habe das Ansehen Portugals in der Welt nicht beschädigt, sondern vergrößert.

Dann wurde abgewogen: die Disziplinar-Kommission, die nicht aus Freunden von Sousa Mendes bestand, urteilte, er sei in den Hauptanklage-Punkten schuldig. Als Strafe empfahl sie, den General-Konsul zurückzustufen auf den Rang eines Konsuls zweiter Klasse.[12] Der Ungehorsam erschien also schwerwiegend, aber nicht unverzeihlich.

Dem Diktator reichte dieses Urteil jedoch nicht. Er ordnete an, dass Sousa Mendes für ein halbes Jahr bei halbem Gehalt vom Dienst suspendiert, und danach bei minimaler Rente in den Ruhestand versetzt wurde. Sousa Mendes war zu diesem Zeitpunkt 55 Jahre alt, hatte seine Frau Angelina und elf Kinder. Salazars Strafe bedeutete die berufliche und gesellschaftliche Vernichtung des Konsuls, der – wie seine Frau – aus einem alten Adelsgeschlecht stammte.

ANGELINA UND ARISTIDE DE SOUSA MENDES, 1948

Eine extrem schwierige Zeit begann, die Söhne und Töchter suchten nach Wegen ins Ausland, weil ihnen in Portugal keine Karriere mehr offen stand. Sousa Mendes musste in vielen Schritten seine Antiquitäten, sein Mobiliar, die Bibliothek verkaufen, zusammen mit seiner Frau aß er in der Armenküche der jüdischen Gemeinde von Lissabon. Er verheizte die Türrahmen seines geerbten Palais im Kamin, um nicht zu frieren. Viele Nachbarn schnitten ihn. Sein Zwillingsbruder César, der ebenfalls Diplomat war, setzte sich vergeblich für ihn ein.

Nach dem Ende des Krieges hofften viele Portugiesen auf eine Wende, auf mehr Freiheit in der Innenpolitik, auch Sousa Mendes. Ein frischer Geist wehte durch das Land, es herrschte Optimismus oder täuschte man sich? Der Konsul nahm teil an der allgemeinen Hoffnung und schrieb an das Parlament, die National-Versammlung. Diesmal benutzte er sein bestes Argument, das er

1940 zu nutzen nicht gewagt hatte: die Verfassung. Die portugiesische Verfassung verbot nämlich die Diskriminierung von Rasse und Religion. Ein portugiesischer Konsul, der Hilfesuchende nach ihrer Religion fragt, müsse damit also gegen die Verfassung verstoßen, schrieb der gelernte Jurist.[13] Salazar wurde im Ausland für die liberale Flüchtlingspolitik Portugals während des Krieges gelobt und lobte sich selbst im Parlament dafür. Aber den bedeutendsten Vorkämpfer der humanen Fluchthilfe zu rehabilitieren, das fiel ihm nicht ein und auch seine Anhänger in der Partei und im Hohen Haus zu Lissabon besaßen diese Größe nicht. Das Ersuchen Sousa Mendes' wurde abgelehnt.

Die finanzielle Situation der Familie verschlechterte sich weiter und auch die gesundheitliche. Frau Angelina Sousa Mendes starb 1948. Anders als ein Teil ihrer Kinder hatte sie jede Entscheidung mit ihrem Mann gemeinsam überlegt und dann klaglos mitgetragen. Aristides starb am Nachmittag des 3. April 1954, einem Samstag, in einem Hospiz der Franziskaner in Lissabon an einer Lungenentzündung und einem Schlaganfall. Er hinterließ eine drückende Schuldenlast. Die Banken ließen sein bereits verfallendes Palais, eine elende Ruine in Cabanas de Viriato, bei einer Auktion versteigern. Salazar schrieb zur Trauerfeier eine Karte an den Zwillingsbruder César de Sousa Mendes. Darauf stand nur ein Wort: »Beileid«.

Der Name de Sousa Mendes geriet in Vergessenheit, so wie Salazar es wollte. Der Sohn eines Polizisten (Salazar) schien über den Sohn eines Richters zu triumphieren.

Aber auch dieser Geschichte folgt ein anderer Schluss: Aristides heißt im griechischen Kontext: der Gerechte. Am 21. Februar 1961 pflanzen die Gärtner von Yad Vashem in Jerusalem einen Baum in der Allee der Gerechten zur Ehre und Erinnerung an Aristides de Sousa Mendes.

Seine Söhne und Töchter in den Vereinigten Staaten und im Belgischen Kongo hatten nach dem Tod des Vaters um seine Rehabilitierung gekämpft. Tochter Joana und ihre Schwester Teresinha schreiben einen Brief an den israelischen Ministerpräsidenten David Ben-Gurion, der nunmehr Yad Vashem beauftragt, die Geschichte des portugiesischen Fluchthelfers zu untersuchen. Es dauert Jahre, aber dann antworten die Historiker aus Jerusalem der Familie in den Vereinigten Staaten.

Rabbi Chaim Krüger, der amerikanische Senator Tony Coelho, Senator Ted Kennedy, die Großherzogin von Luxemburg Charlotte und schließlich auch Otto von Habsburg melden sich öffentlich zu Wort, sie unterstützen Veröffentlichungen, Ausstellungen und Aktionen, die allesamt den Zweck haben, den guten Ruf von Aristides de Sousa Mendes wieder herzustellen.

Die portugiesische Regierung jedoch tut sich schwer, auch nach der Revolution von 1974, der »Nelken-Revolution«. Die Revolutionäre haben viele Tote, zu betrauern, sie haben zu Unrecht Verurteilte, Gedemütigte in den eigenen Reihen wieder zu rehabilitieren, die im Exil oder im Gefängnis überlebt hatten. Was ein Adliger, obendrein ein Monarchist, für Freiheit und Fortschritt in Portugal geleistet haben könnte, dazu fehlt zunächst jedes Verständnis. Die neuen Machthaber haben den Mann nicht gekannt, der seinerseits nichts mit der damaligen Opposition im Sinn hatte. Dann aber – im Mai 1976 – beauftragt Außenminister Nuno Alvares einen Diplomaten, Adriao Bessa Lopes, dessen Karriere Salazar ebenfalls zerstört hatte, den Fall Sousa Mendes zu untersuchen. Bessa Lopes findet und öffnet die Prozess-Akten im Archiv des Außenministeriums. Schließlich schreibt er in seinem Bericht: »Aristides de Sousa Mendes wurde verurteilt, weil er sich geweigert hat, zum Komplizen der Kriegsverbrechen der Nazis zu werden. Darin lagen der Sinn und die menschliche Tragweite seines Ungehorsams«.[14]

Doch der Generalsekretär des Ministeriums hält es noch im Jahr 1977 nicht für opportun, einen Ungehorsamen zu rehabilitieren. Man diskreditiere damit all jene, die gehorcht haben.[15] Damit ruht die Sache für weitere zehn Jahre. Erst 1988 beschließt das portugiesische Parlament, die Ehre von Aristides de Sousa Mendes wieder herzustellen.

Noch länger brauchte die Stadt Bordeaux. Hier gab es nicht wenige, die die Ereignisse des Jahres 1940 am liebsten vergessen wollten. Aber der Kapuziner-Mönch, Pater Jacques Rivière, zuständig für die Betreuung portugiesischer Einwanderer, lässt das Vergessen nicht zu. Er hört 1987 in einem portugiesischen Radio-Bericht von Sousa Mendes Rolle in Bordeaux und ist elektrisiert. Er kann nicht verstehen, warum die heimischen Résistance-Museen und Gedenkstätten diesen portugiesischen Widerstandskämpfer aussparen, warum die jüdische Gemeinde in Bordeaux dazu schweigt, warum sogar der amtierende Konsul Portugals in der französischen Hafenstadt kein Interesse zeigt.

Pater Rivière schreibt einen Artikel für das regionale Verbandsblatt *Interaction Aqitaine Portugal*, der in die Hände von Marie-Rose fällt, einer französischen Tochter von Sousa Mendes und seiner damaligen Geliebten Andrée Cibial.[16] Marie-Rose, bei Verwandten in Pau aufgewachsen, kannte ihren Vater kaum. Jetzt erst erfährt sie, was für ein Mensch er war und schließt sich spontan den Aktivitäten des Paters Rivière an.

1992 senden das portugiesische Fernsehen und der Sender France 3 Aquitaine einen Film von Diana Andringa, eine Co-Produktion mit dem Titel *Aristides de Sousa Mendes – O Consul Injusticiado*, (Der geächtete Konsul). Der Film wurde in Bordeaux gedreht und verschafft Sousa Mendes in der Stadt den Ruf, der ihm gebührt, weil zahlreiche Zeugen sich vor der Kamera der portugiesischen Autorin äußern.

Höhepunkt der Wiederentdeckung in Bordeaux wird der 29. Mai 1994: Der portugiesische Staatspräsident Mario Soares enthüllt ein Denkmal im Stadtzentrum und eine Erinnerungstafel am Haus Nr. 14 des Quai Louis XVIII. »Es ist eine große Ehre ... hier zu sein, um Aristides de Sousa Mendes zu würdigen«, sagt Mario Soares, »jenen großen Portugiesen, jenen schlichten Portugiesen, einen bescheidenen Mann, der es aber verstanden hat, entgegen den Befehlen des Diktators Salazar seine Pflichten gegenüber der Menschheit zu erfüllen.«[17]

Rabbi Chaim Krüger bezeugte in Yad Vashem als einer der ersten, was Sousa Mendes für die Flüchtlinge des Nazi-Terrors getan hatte. Krüger hatte seinen Retter auch in Lissabon wieder getroffen und zitierte aus einem ihrer Gespräche dessen lakonische Sätze: »Si tant de Juifs peuvent souffrir à cause d'un catholique (Hitler), n'est-il pas permis pour un catholique de souffrir pour tant de Juifs?«[18] (Wenn so viele Juden wegen eines Katholiken (Hitler) leiden können, warum soll nicht ein Katholik wegen so vieler Juden leiden?)

»Je n'ai pas pu agir autrement«, schloß Sousa Mendes, »donc j'ai accepté avec amour tout ce qui m'est arrive«.[19] (Ich konnte nicht anders handeln, also habe ich mit Liebe alles angenommen, was mir geschehen ist.)

Geschichte ist die Summe von Millionen Entscheidungen, die Millionen Menschen bewusst oder blind treffen. Jahre oder Jahrzehnte, nachdem eine Entscheidung gefallen ist, sieht diese im Rückblick meist so aus, als habe es keine andere Möglichkeit gegeben, so als sei das Handeln des Einzelnen oder der Gesellschaft wie das glatte Fließen des Flusses quasi von selbst passiert und zwar folgerichtig, so als habe es gar keine plausiblen Alternativen gegeben. Es ist dann kaum noch vorstellbar, was auf dem Spiel stand, wie unendlich schwer manche Entscheidung gefallen sein mag, wie umstritten sie war, wie teuer sie bezahlt werden musste, und auch mit welchem Leichtsinn damals wie heute weit reichende Entscheidungen gefällt werden, beziehungsweise ungehindert über uns hereinbrechen.

Die am Anfang des Buches gestellte Frage, ob Geschichte mehr von Strukturen oder von einzelnen Menschen bestimmt wird, ist zu theoretisch gestellt, auch unvollständig, weil andere Faktoren wie Naturkatastrophen oder Zufälle auch Geschichte machen. Sie ist zudem eigentlich längst beantwortet. Aber der Stoff der Fluchthilfe im Zweiten Weltkrieg gibt unendliches Anschauungsmaterial für diese Frage. Und wenn eine Antwort noch nötig ist, kann sie nur lauten: Wer als einzelner gegen die Strukturen ankämpft, zahlt einen hohen Preis.

Dahinter aber erscheint die andere Frage: Ist das Fließen des Flusses der Geschichte ein wertfreier Vorgang, kann er das sein? Oder trägt der Mensch im Fluss der Entscheidungen und am Ufer Verantwortung? Wem gegenüber? Und wie geht er damit um? Muss der Preis nicht gezahlt werden, wegen der Menschlichkeit des Menschen? Oder ist das Zahlen von Preisen dem Menschen nicht zumutbar? Die Fluchthelfer wussten die Antwort.

ANMERKUNGEN

1 Peter Eisner: Saving the Jews
2 Ebenda
3 Yad Vashem Archive, file #10404
4 Susan E. Subak: Rescue and Flight, S. 227
5 Ebenda: S. 229
6 Bernd-Rainer Barth: Der »Fall Noel Field«, Schlüsselfigur der Schauprozesse in Osteuropa. Verhöre und Selbstzeugnisse 1948–1957.
7 Susan E. Subak: Rescue and Flight, S. 219
8 Zitiert nach: Bernd-Rainer Barth: Wie ein amerikanischer Kommunist …
9 Ebenda
10 Rui Afonso: Le »Wallenberg portugais«. S. 26
11 Ebenda
12 Ebenda, S. 27
13 Ebenda
14 Zitiert nach José-Alain Fralon: Der Gerechte von Bordeaux, S. 170
15 Ebenda, S. 171
16 Andrée Cibial hat nach dem Tod von Angelina den bereits kranken und völlig verarmten Sousa Mendes geheiratet.
17 Zitiert nach José-Alain Fralon: Der Gerechte von Bordeaux, S. 175
18 Zitiert nach Rui Afonso: Le Wallenberg portugais, S. 28
19 Ebenda

BIBLIOGRAPHIE

QUELLEN

AdsD – Archiv der sozialen Demokratie (Friedrich-Ebert-Stiftung, Bonn):
Bénédite,Daniel. 1/DBAA 000001 Korrespondenz mit Varian Fry
Herz, Paul – Korrespondenz mit Rudolf Breitscheid
Heine, Fritz (Bedrich)
Sozialistische Mitteilungen, News for German Socialists in England; Nr. 30/Okt 1940 Flüchtlinge in Frankreich – ein Bericht und ein Appell (o. Verf.) S. 7 – 26
Nr. 24/März 1941 Breitscheid und Hilferding in Berlin (o. Verf.) S. 16 – 17

Ajpn.org, Anonymes, Justes et Persécutés durant la Période Nazie dans les Communes de France:
Article: Hannah Arendt, Zugriff 21.1.2015
Article: Hélène de Beauvoir, Zugriff 20.1.2015
Article: Lisa Fittko, Zugriff 21.1.2015
Article: Varian Fry, Zugriff 21.1.2015
Article: Chaim Hersz Krüger, Zugriff 29.11.2013
Article: Marseille en 1939 – 1945, Zugriff 29.1.2016
Article: Banyuls-sur-Mer en 1939 – 1945, Zugriff 21.1.2015
Article: Paul Schmierer, Zugriff 03.11.2015
Article: Aristide de Souza Mendes, Zugriff 03.11.2015
Article: Georges Loinger, Zugriff 18.08.2016
Article: Les Gets en 1939 – 1945, Zugriff 29.12.2016

Hannah Arendt: Essays in Understanding 1930 – 1954, Formation, Exile and Totalitarianism, hrsg. von Jérome Kohn, New York 1994

Hannah Arendt: Men in dark times, New York 1968

Hannah Arendt: Vita activa oder Vom täglichen Leben, München und Zürich 2002

Gilbert Badia, Jean-Baptiste Joly, Jacques Omnès: Défense de la Culture Allemande, In: Les bannis de Hitler, hrsg. von G. Badia, J.-B. Joly, Jean Philippe Mathieu, J. Omnès, Jean Michel Palmier und Hélène Roussel, Paris 1984

Bernd-Rainer Barth und Werner Schweizer: Der Fall Noel Field, Schlüsselfigur der Schauprozesse in Osteuropa, Gefängnisjahre 1949 – 1954, Berlin 2005

Walter Benjamin: Illuminations, hrsg. und eingeleitet von Hannah Arendt, Vorwort von Leon Wieseltier, New York 2007

Walter Benjamin: The Correspondence of Walter Benjamin, Hg. Gershom Sholem und Theodor W. Adorno, Chicago und London 1994

Wolfgang **B**enz (Hrsg): Das Exil der kleinen Leute. Alltagserfahrung deutscher Juden in der Emigration. München 1991

Francoise **B**erger: Éclairage media, In: Jalons: Pour l'histoire du temps present – Fiche Média, Internet Zugriff am 13.06.2014

Ingeborg **B**erggreen-Merkel: Provenienzbericht zu Henri Matisse, »Sitzende Frau« (Stand: 07.07.2014) www.taskforcekunstfund.de (Zugriff: 28.03.2015)

Robert Kim **B**ingham: Hiram Binghams Dramatic Rescues, US. Diplomat Goes Beyond Duty in Saving WWII Refugees, http://pages.cthome.net/WWIIHERO/;

Andrzej **B**obkowski: Wehmut? Wonach zum Teufel? Tagebücher aus Frankreich, Bd. I. 1940 – 41, aus dem Polnischen von Martin Pollack, Rospo-Verlag, Hamburg 2000

Ernst **B**uschmann: Je ne veux pas retourner en Allemagne maintenant, In: Le Vernet, Bulletin d'information de l'amicale des anciens internés et résistants du camp Du Vernet d'Arriège Nr.5, Toulouse 1975

Winston **C**hurchill: Der Zweite Weltkrieg, Bern 1954

Miriam **D**avenport: An Unsentimental Education, a memoir by Miriam Davenport Ebel (1915 – 1999) www.varianfry.org 16.10.2015

Peter **E**isner: Saving the Jews of Nazi France. In: Smithsonian Magazine March 2009, Smithsonian.com

Max **E**rnst: Biographische Notizen, In: Werner **S**pies (HG.): Max Ernst, Retrospektive 1979, (Katalog zur Ausstellung im Haus der Kunst/München und der Nationalgalerie Berlin, S121 – 203) München 1979

Max **E**rnst: Écritures (Extraits) In: EX Les Camps en Provence, Exil, Internement, Déportation 1933 – 1942, Aix en Provence 1984 S. 135 – 140

Ruth **F**abian/Corinna Coulmas: Die deutsche Emigration in Frankreich nach 1933, München/New York/London/Paris 1978

Lion **F**euchtwanger: Der Teufel in Frankreich, Ein Erlebnisbericht. Mit einem Nachwort von Marta **F**euchtwanger, München und Wien 1983

FRUS: (Foreign Relations of the United States, Diplomatic Papers), hg. v. United States Department of State, Washington 1956 ff., Bde 1940 (Bd. 2) 1941, (Bd.)1942 (Bd. 2)

Lisa **F**ittko: Mein Weg über die Pyrenäen, Erinnerungen 1940/41, München 2010

André **F**rancois-Poncet: Als Botschafter in Deutschland, Mainz und Berlin 1980

André **F**rancois-Poncet: Tagebuch eines Gefangenen. Erinnerungen eines Jahrhundertzeugen, Hrsg Thomas Gayda, Berlin 2015

Francoise **F**renkel: Nichts, um sein Haupt zu betten, München 2016 (mit einem Vorwort von Patrick **M**odiano)

Varian **F**ry: Auslieferung auf Verlangen, Die Rettung deutscher Emigranten in Marseille 1940/41, Frankfurt a. M. 2009

Charles **G**lass: The American Hospital of Paris During the Two World Wars, Brave Volunteers and Heroes of the Resistance, www.american-hospital.org Zugriff: 29.09.2015

Mary-Jane **G**old: Marseille, anneé 40, Paris 2001 (Originaltitel: Crossroads Marseille 1940)

Jean **G**uéhenno: Diary of the dark Years 1940 – 1944/ Collaboration, Résistance, and Daily Life in Occupied Paris, aus dem Französischen ins Englische übersetzt, eingeleitet und mit Anmerkungen versehen von David Ball, Oxfard 2014

Peggy **G**uggenheim: Ich habe alles gelebt, Die Memoiren der ›femme fatale‹ der Kunst Bergisch Gladbach 1990

Henny **G**urland: Brief an ihren Vetter Arkadi, 11. Oktober 1940, http://portbou1940.com/gurland.html, Zugriff am 13.05.2014

Henny **G**urland: Brief an Theodor W. Adorno (ohne Datum) http://portbou1940.com/gurland.html, Zugriff am 13.05.2014

Michael D. **J**ackson: In the Footsteps of Walter Benjamin, In: Harvard Divinity Bulletin, Spring 2006 (Band 34, Nr. 2)

Arthur **K**oestler: Arrival and Departure, London 1943

Rudolf **L**eonhard: Le Vernet – Gedichte, (Ost-)Berlin 1961

Alma **M**ahler-Werfel: Mein Leben, Frankfurt a. M. 1989

Erika **M**ann: Mein Vater, der Zauberer, Reinbek bei Hamburg 1998

Heinrich **M**ann: Ein Zeitalter wird besichtigt, Erinnerungen, Berlin und Weimar 1982

The last **P**assage, Mitteilung der Stadt Port Bou, http://walterbenjamin in portbou.cat/en/content/el-darrer-passatge, Zugriff am 13.03.2014

Philippe **P**étain: Rundfunkrede am 30. Oktober 1940, Internet: fr.wikipedia.org/wiki/Entrevue de Montoire

Neal H. **P**etersen: From Hitler's Doorstep, The Wartime Intelligence Reports of Allen Dulles, 1942 – 1945, Pennsylvania State University Press 2008

Erich Maria **R**emarque: Die Nacht von Lissabon, Köln 1963

Anna **S**eghers: Transit, Darmstadt/Neuwied 1985

Victor **S**erge: Memoirs of a Revolutionary, Vorwort von Adam **H**ochschild, ins Englische übersetzt und eingeleitet von Peter **S**edgwick mit Anmerkungen von Richard **G**reeman, New York 2012

Philippe **S**ouleau: Bordeaux dans la tourmente de la défaite, Hrsg. Comité national francais en hommage à Aristides de Sousa Mendes, Internet Zugriff: 08.10.2014

Werner **S**pies: Mein Glück, Erinnerungen, München 2012

Consuelo de **S**aint-Exupéry: Die Rose des kleinen Prinzen, München 2001

UUSC Records (AHTL) – Andover-Harvard Theological Library (Cambridge/Mass.) Dexter-Papers

Karole P.B.**V**ail: Peggy Guggenheim, Life and Art; In: Peggy Guggenheim: a celebration, hrsg von Guggenheim Foundation, New York 1998 S. 15 – 125

Leon **W**erth: 33 jours, Paris 2002

Jörg **W**ollenberg: Walter Fabian – Brückenbauer der Linken, Internet: www-user.uni-Bremen.de/Wolli/Texte/Fabian/Fabian, Zugriff: 16.07.2015

Yad Vashem Archive:
Aristide de Sousa Mendes: Der aufsässige Konsul
Hiram Bingham IV's Role, Hirambingham-rescuer.com/visas, Zugriff am 09.04.2014

Testimony of Rabbi Nussbaum born in Suczawa, Bukowina 1908, regarding Jewish Life in Germany during the first year of World War II

ZEITUNGS-ARTIKEL

Miriam **A**ssor: Aristide de Sousa Mendes, Bordeus/Bordeaux, UP-Magazin (Lissabon) März 2015

Verena **A**uffermann: Hier lebt die Sphinx, In: Die Zeit 10.04.1987

Bernd-Rainer **B**arth: Wie ein amerikanischer Kommunist zur Schlüsselfigur der stalinistischen Schauprozesse gemacht wurde: Die Affäre Noel Field. In: Berliner Zeitung 24.01.2004

Oliver **B**entz: Zeichenkunst und Humanität, Zum 100. Geburtstag des Wiener Zeichners Bil Spira (1913–1999) In: Wiener Zeitung 22./23. Juni 2013

La **C**roix: Le Statut des Juifs, 19.10.1940

Jérome **D**upuis, Jean Marie **P**ontaut und Alla **C**hevelkina: Le Dossier Picasso, L'Express (Paris), 15.05.2003

Ralph **D**utli: Loplop und das spanische Irrenhaus, In: Cicero 29. Juni 2009

Terry **E**agleton (Interview Michael Stallknecht und Johan Schloemann mit..): Die neuen Leiden des Übermenschen, In: Süddeutsche Zeitung 14.05.2014

Umberto **E**co: Urfaschismus, In: Die Zeit (Nr. 28) vom 07. Juli 1995

Ralf **E**ibl: Der große Glanzberg, In: Die Welt 31.12.1999

Le **F**igaro: Le Statut des Juifs, 19.10.1940

Le **F**igaro: 3., 4. und 5.12.1940

Robert **F**isk: Francoise Frenkel's escape from the Nazis and Vichy France: A bitter, beautiful and important book, In: The Independent (GB) 29.12.2015

Martin **G**eiger: Der »amerikanische Schindler« In: Mannheimer Morgen am 11.10.2012

Richard **G**oldstein: Richard C. Hottelet, CBS Newsman and Last of ›Murrow Boys‹ Dies at 97, In: The New York Times 17.12.2014

Haaretz: (o. Verf.): Chronicling Walter Benjamins Final Hours, 09.06.2012

Charlotte **H**iggins: Leonora Carrington: wild at heart, In: the guardian 28.01.2015

Johannes **H**ofinger: Heimkehr in Bildern, Georg Stefan Troller zum 85. Geburtstag, In: David – Jüdische Kulturzeitschrift Heft 3/2007

Paul **I**ngendaay: Augen zu und durch, In: FAZ 19.10.2006

Olivia **K**atrandjian: To Spy in Lisbon, In: Huffington Post am 12.04.2013

Ira **M**azzoni: Chronik mit blinden Flecken, In: Süddeutsche Zeitung vom 08.04.2014

Ira **M**azzoni: Mühsames Finale, In Süddeutsche Zeitung vom 16./17.05.2015

Alexander **M**enden: Adel vernichtet (Interview mit Karina Urbach), In: Süddeutsche Zeitung vom 23.06.2015

Joanna Moorhead: Leonora Carrington obituary, In: the guardian 26.05.2011

Joanna Moorhead: Leonora and me, In: the guardian 02.01.2007

Paul Preston: Ramon Serrano Suner, In: The Guardian 04.09.2003

Alan Riding: Picasso in Paris: A Suspect, Never a Citizen; The New York Times 28.05.2003

Klaus-Peter Schmid: Gefangen in der zweiten Heimat, In: Die Zeit 1990 Nr.22

Christian Stücken und Charlotte Theile: 126 Schränke, 32 Uhren – und zwei Kinderwagen, In: Süddeutsche Zeitung 16.04.2015, S. 21

Georg Stefan Troller: Wie erfährt man die Wahrheit, Herr Troller? Gespräch Trollers mit Uwe Ebbinghaus in der Frankfurter Allgemeinen Zeitung vom 9.12.2011

Georg Stefan Troller: »Hitler hat mir das Leben gerettet«. Gespräch der Welt-Online mit G.S. Troller vom 10.12.2011 Maria Ana Ventura: Palacio Estoril Hotel In: UP Magazine (Lissabon) Februar 2010

Nicolas Weill: Albert Hirschman, économiste engagé et »autosubversiv«, In: Le Monde 21.12.2012

Christian Wernicke: Platz der Republik, In: Süddeutsche Zeitung 14. Oktober 2015

DARSTELLUNGEN

Rui Afonso: Le »Wallenberg Portugais«: Aristides de Sousa Mendes, In: Revue d'histoire de la Shoah, Nr. 165, Paris 1999, S. 7–28 Hrg. Susan Sarah Cohen

Henri Amouroux: La Vie Des Francais Sous L'Occupation, Paris 1979

Hannah Arendt: Elemente und Ursprünge totaler Herrschaft, München 1991

Jean-Pierre Azéma und Olivier Wieviorka: Vichy 1940–44, Paris 2004

Jean-Pierre Azéma und Francois Bédarida: Vichy et les Francais, Paris 1992

Walther L. Bernecker: Geschichte Spaniens im 20. Jahrhundert, München 2010

Dominique Bona: Gala – Mein Leben mit Élouard und Dali, Frankfurt/Main 2005

Wayne H. Bowen: Spaniards and Nazi-Germany, Collaboration in the New Order, University of Missouri Press/ Columbia und London 2000

Wayne H. Bowen: Spain during World War II, University of Missouri Press/ Columbia und London 2006

Richard Breitman und Allan J. Lichtman: FDR and the Jews, 2013 Library of Congress

Colin B. Burke: Information and Intrigue: From Index Cards to Dewey Decimals to Alger Hiss. Cambridge/Massachusetts und London 2014

Philippe Burrin: La France à l'heure allemande, Paris 1995

Steven Casey: Cautious Crusade: Franklin D. Roosevelt, American Public Opinion and the War against Nazi Germany, Oxford University Press, Oxford/New York 2001

Thomas Christofferson/Michael Christofferson: France during World War II, From Defeat to Liberation, Fordham University Press/ New York 2006

Asher Cohen: La société »aryenne« dans la Méditerranée francaise et la minorité juive de 1940 à 1942, In: Cahiers de la Méditerranée 1987 (vol. 35) Nr. 1, S. 259–283

Jean-Paul Cointet: Pierre Laval, Paris 1993

Robert Dallek: Franklin D. Roosevelt and American Foreign Policy 1932–1945 New York, Oxford 1995

Jacques Delarue: Histoire de la Gestapo, Paris (Fayard) 1962

Francois Delpla: Montoire: Les Raisons d'une cécité, Internet: Francois Delpla: Montoire. Zugriff: 02.07.2014 (Artikel publiziert im Heft Nr. 220 der Zeitschrift »Guerres Mondiales et Conflits Contemporains«, Oktober 2005)

Ghanda Di Figlia: Martha Sharp Cogan (1905–1999) and Waitstill Sharp (1902–1984): Unitarian Service Committee Pioneers, Boston 2012 (Harvard Square Library)

Reinhard R. Doerries: Hitlers Last Chief of Foreign Intelligence, Allied Interrogations of Walter Schellenberg, London und Portland/OR 2003

Vincent Dozol: Annemasse, Ville frontière 1940–1944, Université de Lyon 2010 (Examensarbeit)

Susann Dunn: 1940, FDR, Willkie, Lindbergh, Hitler – the Election amid the Storm, 2013 Library of Congress

Christian Eggers: Unerwünschte Ausländer, Juden aus Deutschland und Mitteleuropa in französischen Internierungslagern, 1940–1942, Berlin 2002

Manfred Flügge: Die Vier Leben der Marta Feuchtwanger, Berlin 2012

Manfred Flügge: Heinrich Mann, eine Biographie, Reinbek 2006

André Fontaine, Jacques Grandjonc, Barbara Vormeier: Les Déportations A Partir Des Milles, Aout-Septembre 1942, In: EX Les Camps en Provence, Exil, Internement, Déportation 1933–1942, Aix en Provence 1984, S. 188–205

André Fontaine: Le Théatre Au Camp Des Milles, In: EX Les Camps en Provence, Exil Internement, Déportation 1933–1942, Aix en Provence 1984, S. 141–157

José Alain Fralon: Der Gerechte von Bordeaux, Stuttgart 2011

Corinna Franz: Vom »Homme Lige« zum Rivalen, Fernand de Brinon an der Seite von Pierre Laval 1942/43, In: Pariser Historische Studien Bd. 55, 2000

Saul Friedländer: Das Dritte Reich und die Juden, Die Jahre der Verfolgung 1933–1939, München 1998

Saul Friedländer: The Years of Extermination, Nazi-Germany and the Jews 1939–1945 (e-book) New York

Wolfgang Hartmann: Der »Fall Noel Field«, zum gleichnamigen Buch von Bernd-Rainer Barth, In: UTOPIE kreativ, H 184 (Februar 2006) S. 125–136

Uta Gerdes: Ökumenische Solidarität mit christlichen und jüdischen Verfolgten. Die CIMADE in Vichy-Frankreich 1940–1944, Göttingen 2005

Bettina Giersberg: Die Arbeit des Schriftstellers Rudolf Leonhard im französischen Exil 1933 bis 1945, Dissertation an der TU Berlin 2005

Yosef **G**orny: The Jewish Press and the Holocaust 1939–1945, Palestine, Britain, the United States, and the Soviet Union, Cambridge University Press, New York 2012

Agnes **G**runwald-Spier: The Other Schindlers, Why some People Chose to Save Jews in the Holocaust, Gloucestershire 2014 (e-book)

Anne **G**rynberg: Les Camps du Sud de la France: de l'internement à la déportation, In: Annales Èconomies, Sociétés, Civilisations, 48e année Nr. 3, Paris 1993, S. 557–566

Jean-Marie **G**uillon: Evacuation du quartier du Vieux Port à Marseille, fresques.ina.fr. / Zugriff 29. 01. 2016

Klaus **H**arpprecht: Arletty und ihr deutscher Offizier, eine Liebe in Zeiten des Krieges, Frankfurt a. M. 2011

Hans-Jürgen **H**eimsoeth: Der Zusammenbruch der Dritten Französischen Republik, Pariser Historische Studien, Bd. 30, hr. vom Deutschen Historischen Institut Paris, Bonn 1990

Detlef **H**offman/Volkhard Knigge: Die südfranzösischen Lager, In: Detlef Hoffmann (Hg.): Das Gedächtnis der Dinge, KZ-Relikte und KZ-Denkmäler 1945–1995, S. 208–223, Frankfurt a. M. 1998

Michael W. **J**ennings und Howard **E**iland: Walter Benjamin, A Critical Life, Harvard University Press 2014

Christer **J**örgensen: Hitlers Espionage Machine, German intelligence agencies and operations during World War II, Staplehurst (GB) 2004

Laurent **J**oly: Darquier de Pellepoix – »Champion« des Antisemites Francais (1936–1939) In: Revue d'histoire de la Shoah, Nr. 173, Paris 2001

Detlef **J**unker: Franklin D. Roosevelt und die nationalsozialistische Bedrohung der USA, In: Frank Trommler (Hg.): Amerika und die Deutschen, die Beziehungen im 20. Jahrhundert, Wiesbaden 1986

Serge **K**larsfeld: Vichy – Auschwitz, die Zusammenarbeit der deutschen und französischen Behörden bei der ›Endlösung der Judenfrage‹ in Frankreich, Nördlingen 1989

Anne **K**lein: Flüchtlingspolitik und Flüchtlingshilfe 1940–1942, Varian Fry und die Komitees zur Rettung politisch Verfolgter in New York und Marseille, Berlin 2007

Birgit **K**letzin: Trikolore unterm Hakenkreuz, Deutsch-französische Collaboration 1940–1944 in den diplomatischen Akten des Dritten Reiches, Wiesbaden 1996

Thomas A. **K**napp: Heinrich Brüning im Exil, Briefe an Wilhelm Sollman 1940–1946 In: Vierteljahreshefte für Zeitgeschichte, 1974/I S. 93–120

Elmar **K**rautkrämer: Admiral Darlan, de Gaulle und das royalistische Komplott in Algier 1942, In: Vierteljahreshefte für Zeitgeschichte, München 1984 (Heft 4) S. 529–581

Martin **K**reickenbaum: Evian und die Flüchtlingskonferenz von 1938, In: World Socialist Web Site, https://www.wsws.org/de/articles/2003/06/flc-jo5 Zugriff: 11. 07. 2014

Fred **K**upfermann: Laval, Paris 2006

Isabelle **l**e Masne de Chermont: The Arthur Goldschmidt File in the Archive of the Direction de la Sureté: French Police Archives Shed Light on Paul Graupe & Cie (Paris 1937–1939) In: Echoes of Exile: Moscow Archives and the Arts in Paris 1933–1945, hrsg. Von Ines Rotemung Reynard, Berlin, Boston 2015, S. 75–85

Tadeusz **L**epkowski: Une école libre polonaise en France occupée, Lycée Polonais Cyprian Norwid, Villard-De-Lans-1940–1946, übersetzt ins Französische von Nicolas Viron, Villard-de-Lans 2013

Neill **L**ochery: Joseph Kennedy and the WWII Jewish Refugees – Neill Lochery Blog, Jan 16. 2015

Neill **L**ochery: Lisbon, War in the Shadows of the City of Light 1939–1945, New York 2011

Neill **L**ochery: Peggy Guggenheim in Lisbon in WWII – Neill Lochery Blog, Oct. 08. 2014

Kati **M**arton: True Believer: Stalin's Last American Spy, New York/London 2016

Rafael **M**edoff: Blowing the Whistle on Genocide, Josiah E. DuBois,Jr. and the Struggle for a U.S. Response to the Holocaust. Purdue University Press/ West Lafayette, Indiana 2009

Bob **M**oore: Survivors, Jewish Self-help and Rescue in Nazi-Occupied Western Europe, Oxford 2010

Patrik von zur **M**ühlen: Fluchtweg Portugal, Vorwort zu: Julia Nery: Der Konsul, Zürich 1997

Mark **M**urphy: The Exploits of Agent 110, Allen Dulles in Wartime, In: Studies in Intelligence, Hrsg. Paul Arnold ,Vol 37. No. 5 1994, S. 63–70

Julia **N**ery: Der Konsul, Zürich 1997

Mordecai **P**aldiel: Saving the Jews, Amazing Stories of Men and Women who defied the »Final Solution«. Rockville/Maryland 2000

Robert O. **P**axton: La France de Vichy 1940–1944, Paris 1973 und 1997

Helena **P**into Janeiro: Salazar et les trois France (1940–1944) In: Vingtieme Siècle. Revue d'histoire Nr. 62, II 1999, S.39–50

Ilse **P**ollack: Es war wirklich meine Absicht, all diese Leute zu retten, Nachwort zu: Julia Nery: Der Konsul, Zürich 1997

Paul **P**reston: Las 13 Rosas, Rede im Imperial War Museum London am 12. März 2005, (Internet: Paul Preston lecture, The Crimes of Franco, Zugriff am 13. 06. 2014)

Alois **P**rinz: Hannah Arendt oder Die Liebe zur Welt, Berlin 2013

Robert A. **R**osenbaum: Walking to Danger, Americans and Nazi-Germany 1933–1941, Santa Barbara, California/Denver, Colorado/ Oxford,England 2010

Henry **R**ousso: Vichy – Frankreich unter deutscher Besatzung 1940–1944, München 2009

Donna F. **R**yan: The Holocaust & the Jews of Marseille: The Enforcement of Anti-Semitic … University of Illinois Press 1996

Pierre **S**auvage: Varian Fry in Marseille, (Internet: www.chambon.org/sauvage_fry_ oxford.htm) Chambon Foundation 2005, Revised 2010, Zugriff: 15. 09. 2014

Alan **S**eaburg: Charles Rhind Joy, Internet: Dictionary of Unitarian & Universalist Biography (Harvard Square Library) posted September 16, 2012

Dierk Ludwig **S**chaaf: Der vertuschte Verrat, Churchill, Stalin und der Tod Sikorskis, Osnabrück 2013

Dieter **S**chiller: Der Traum von Hitlers Sturz, Studien zur deutschen Exilliteratur 1933–1945, Frankfurt/Main, Berlin, Bern, Bruxelles, New York, Oxford, Wien 2010

Gerhard **S**chreiber: Der Mittelmeerraum und Südosteuropa, In: Gerhard Schreiber, Bernd Stegemann, Detlef Vogel: Das Deutsche Reich und der Zweite Weltkrieg, Band 3, Stuttgart 1984

Susan Elisabeth **S**ubak: Rescue and Flight: American Relief Workers Who Defied the Nazis, University of Nebraska 2010

Rosemary **S**ullivan: Villa Air-Bel, The Second World War, Escape and a House in France, London 2006

Juan Maria **T**homas: Roosevelt and Franco During the Second World War – From the Spanish Civil War to Pearl Harbor, New York 2008

Irwin **U**nger und Debi **U**nger: The Guggenheims, A Family History, London, New York 2006

Hal **V**aughan: Coco Chanel – der schwarze Engel, ein Leben als Nazi-Agentin, München 2013

Barbara **V**ormeier: La situation des réfugiés en provenance d'Allemagne, Septembre 1939 – juillet 1942 In: EX Les Camps En Provence, Exil, Internement Déportation 1933 – 1942, Aix en Provence 1984, S. 88 – 102

Elisabeth **Y**oung-Bruehl: Hannah Arendt, Leben, Werk und Zeit, Frankfurt a. M. 2013

BILDNACHWEIS

Comité Sousa Mendes, Famille de Sousa Mendes   19, 409

Ullstein bild   47

United States Holocaust Memorial Museum   67, 118, 340, 349

dpa picture-alliance GmbH   98

Deutsche Nationalbibliothek, Deutsches Exilarchiv 1933–1945   154

Fondation Chambon   228, 376

Archiv der sozialen Demokratie in der Friedrich-Ebert-Stiftung   275

Photo Archive Yad Vashem, Jerusalem, Israel   270

Getty Images   284, 316

Rechteinhaber nicht ermittelbar   59